임상심리 수련생을 위한

종합심리평가 보고서 작성법 2

–아동 · 청소년 정신장애 (DSM-5 진단 포함)–

성태훈 저

Psychological Assessment Report Writing 2

학지사

이 책을 활용하는 방법

심리평가의 보고서 작성은 임상심리 수련의 절대적인 부분을 차지한다. 그런데 보고서를 작성하는 방법을 배우기 위해서는 수련기관에 들어가서 수련감독자에게 개인적으로 사사받는 것이 대부분이었다. 수련감독자의 지식과 경험을 신뢰하기 때문이기도 하지만 그 권위에 의지하는 면이 있어서 어떤 구조화된 틀에 따르기보다는 일일이 하나하나 쓰고 지적받고 고치는 방식으로 이루어져 왔고, 결국은 수련생 개인의 경험이 쌓이면서 감독자의 방식에 익숙해져야 하기 때문에 상당히 많은 시간이 걸리게 된다. 교육을 받는 데 있어서 어느 정도 시간이 필요한 것은 당연하지만, 많은 사람이 같은 일을 수도 없이 반복하는 것을 고려하면 다소 소모적인 면이 있는 것도 사실이다. 보고서 작성에 있어서 구조화된 틀과 활용할 수 있는 풍부한 자료를 강조하면서 『종합심리평가 보고서 작성법』을 쓴 지 5년이 흘렀다. 많은 자료를 넣고자 했지만 그 당시에 포함시키지 못한 자료가 많았고, 바로 추가해서 책을 쓰고 싶은 욕심이 있었지만 여력이 닿지 않아 이제야 아동 · 청소년 장애를 위주로 한 두 번째 책을 낼 수 있게 되었다.

포함된 검사 중에서 특히 지능검사의 범위를 정하는 것이 어려웠다. 고민하는 사이에 웩슬러 지능검사가 모두 IV판으로 개정된 관계로 IV판을 실시한 사례로 모두 제시하고 싶었으나, 흔하지 않은 사례이거나 대표적인 사례인 경우는 K-WAIS나 K-

WISC-III가 포함된 보고서도 포함시켰다. 극히 일부 사례이지만 ADS(주의력 검사)나 기초학습기능검사의 결과를 기술하여 필요할 때 참고할 수 있도록 하였다. 또한 유아기 장애의 경우 K-ABC와 사회성숙도의 사례도 넣었다(저자는 미취학 아동의 지능평가에 K-ABC를 사용한다.). 설문지 같은 경우에도 모든 보고서의 통일성을 맞추기보다는 K-CBCL, KPR-C, JTCI 등 해당 설문지가 있는 경우에는 그대로 포함시켰으며, 이렇게 하는 것이 전체 보고서의 맥락을 이해하는 데 더 도움이 될 것이라 생각한다. 초점은 장애의 특성에 따라 보고서상에 기술된 내용의 차이를 보는 것이기에 검사의 종류가 일관되지 못하더라도 최대한 사례의 범위를 넓혀서 다양한 장애군을 접할 수 있도록 하였다.

아직까지는 병원을 비롯한 정신건강 장면에서 DSM-IV의 용어를 많이 사용하고 있고, 책에 포함된 모든 보고서도 최초 작성 시에 모두 DSM-IV의 진단명을 사용하였기에 기존의 진단명은 그대로 두었다. 그리고 DSM-5로의 개정이 이루어지면서 한글판도 출판되었고, 앞으로의 변화 추이를 고려하여 5판의 진단명은 저자가 판단하여 같이 병기하였다. 단, 보고서의 진단은 평가 당시의 임상적 인상이고, 의사(또는 주 치료자)와 합의된 결과는 아니다. 가능하면 진단적으로 명확한 보고서만 실으려고 하였으나, 이에 동의하지 않는 경우도 있을 수 있다. 또한 여기서 언급하는 내용은 연구를 통해 나온 것이 아니다. 수년간 임상심리전문가로서 활용하면서 쌓은 저자의 경험을 바탕으로 기술하였고, 이에 대해서도 다른 해석의 여지가 있을 수 있다. 각 사례는 모두 출판에 맞게 수정 과정을 거쳤고, 개인을 확인할 수 있는 인구통계학적인 정보는 삭제하거나 수정하였다.

재검사 사례, 부모 평가 결과 등 다양한 상황에서 볼 수 있는 내용들도 포함시켰다. 재검사를 하게 되는 경우가 많이 있지만, 이전 검사와 어떻게 비교를 해야 하는지 난감하고, 아동·청소년을 검사할 때 부모의 MMPI를 실시하는 것은 아주 기본적이지만, 종합적인 평가 안에서의 MMPI에 익숙하다가 MMPI 단독으로만 해석을 해야 하는 경우에 어떤 식으로 정리를 해야 하는지 역시 어렵기는 마찬가지다. 이전에 검사를 한 적이 있다면 최대한 그 정보를 얻어서 보고서에 포함시켜야 한다. 그 결과가 어떤 식으로든 현재에 영향을 미치기 때문이다. 부모 평가가 가능하다면 그 결과를 포함시켜야 한다. 부모가 평가와 치료 작업에 참여하는 것만으로도 아이들의 치료는 이미 시작된 것이다.

검사를 실시하는 것이 아니라 심리평가를 하고자 한다면, 검사 자체에 대한 지식

뿐 아니라 정신병리에 대한 지식을 가지고 있어야 한다. 암이 뭔지 모르는 사람은 MRI에 암의 증거가 나와도 이를 알아낼 수 없다. MRI를 찍는 방법만 알아서는 환자를 도와줄 수가 없다. 병리적 이해에 도움이 되도록 최대한 많은 장애와 사례를 넣으려고 했고, 각 장애의 앞부분에는 평가할 때 자주 나타나는 심리과정상의 특징들을 정리해서 넣었다. 그러나 이 내용에만 의지하기보다는 해당 장애가 의심될 때 먼저 그 장애를 개별적으로 공부하고 나서 장애별 보고서를 보기를 권한다.

임상심리전문가로서 자리를 잡고 이러한 결과물을 낼 수 있기까지는 많은 분의 도움이 있었다. 바쁘게 지낼 수 있도록 항상 새로운 도전을 자극하시는 학지사 김진환 사장님과 보고서 작성법 강의 때마다 혼자 밥 먹지 않게 식사를 챙겨 주시는 최현용 부장님, 그리고 방대한 내용을 깨끗하게 정리해 주신 편집부 이상경 대리님께 감사드린다. 그리고 임상심리에 첫발을 내딛게 해 주신 안창일 선생님과 권정혜 선생님, 수련감독자의 롤모델인 김지혜 선생님, 후배이자 제자인 저의 성장을 먼발치에서 믿고 기다려 주시는 고영건 선생님, 이분들은 심리학을 하는 한 계속해서 마음속에 간직해야 할 은사님들이다. 꿈꾸던 씽크탱크를 함께하고 있는 pbCG 박두진 소장님과 김신희 소장님, 그리고 그다지 친절하지 않은 수련감독자를 만나 고생하는 우리 수련생들에게도 이 기회를 빌려서 감사의 인사를 전하고 싶다. 마지막으로 든든한 부모님과 장인 · 장모님, 힘이 되는 딸과 아들, 사랑하는 아내에게 가슴 깊이 감사의 인사를 전한다.

부디 임상심리 수련생뿐 아니라 정신건강 장면에서 심리평가를 필요로 하는 많은 분들에게 이 책이 조금이나마 도움이 되길 바란다.

2017년 1월 원주에서

성태훈

차 례

□ 이 책을 활용하는 방법 _ 3

Chapter 01 지적장애 / 13
1. 심리과정상의 특징 … 13
2. 보고서 사례 … 14
3. 자주 나타나는 반응 … 39

Chapter 02 언어장애 / 49
1. 심리과정상의 특징 … 49
2. 보고서 사례 … 50
3. 자주 나타나는 반응 … 64

Chapter 03 말소리장애 / 69
1. 심리과정상의 특징 … 69
2. 보고서 사례 … 70
3. 자주 나타나는 반응 … 76

Chapter 04 아동기 발병 유창성장애 / 79
1. 심리과정상의 특징 … 79
2. 보고서 사례 … 80
3. 자주 나타나는 반응 … 91

Chapter 05 사회적 의사소통장애 / 97
1. 심리과정상의 특징 … 97
2. 보고서 사례 … 98
3. 자주 나타나는 반응 … 119

Chapter 06 자폐스펙트럼장애 / 131
1. 심리과정상의 특징 … 131
2. 보고서 사례 … 132
3. 자주 나타나는 반응 … 152

Chapter 07 주의력결핍 과잉행동장애 / 157
1. 심리과정상의 특징 … 157
2. 보고서 사례 … 158
3. 자주 나타나는 반응 … 177

Chapter 08 특정학습장애 / 185
1. 심리과정상의 특징 … 185
2. 보고서 사례 … 186

Chapter 09 발달성 협응장애 / 209
1. 심리과정상의 특징 … 209
2. 보고서 사례 … 210
3. 자주 나타나는 반응 … 216

Chapter 10 투렛장애 / 219
1. 심리과정상의 특징 … 219
2. 보고서 사례 … 220
3. 자주 나타나는 반응 … 228

Chapter 11 지속성 운동 또는 음성 틱장애 / 235
1. 심리과정상의 특징 … 235
2. 보고서 사례 … 236

Chapter 12 잠정적 틱장애 / 251
1. 심리과정상의 특징 … 251
2. 보고서 사례 … 252
3. 자주 나타나는 반응 … 277

Chapter 13 파괴적 기분조절부전장애 / 281
1. 심리과정상의 특징 … 281
2. 보고서 사례 … 282
3. 자주 나타나는 반응 … 303

Chapter 14 우울장애 / 311
1. 심리과정상의 특징 … 311
2. 보고서 사례 … 312
3. 자주 나타나는 반응 … 346

Chapter 15 불안장애 / 357
1. 심리과정상의 특징 … 357
2. 보고서 사례 … 358
3. 자주 나타나는 반응 … 378

Chapter 16 분리불안장애 / 385
1. 심리과정상의 특징 … 385
2. 보고서 사례 … 386

Chapter 17 선택적 무언증 / 399
1. 심리과정상의 특징 … 399
2. 보고서 사례 … 400
3. 자주 나타나는 반응 … 418

Chapter 18 강박장애 / 421
1. 심리과정상의 특징 … 421
2. 보고서 사례 … 422

Chapter 19 신체이형장애 / 433
1. 심리과정상의 특징 … 433 2. 보고서 사례 … 434

Chapter 20 발모광 / 441
1. 심리과정상의 특징 … 441 2. 보고서 사례 … 442

Chapter 21 반응성 애착장애, 탈억제성 사회적 유대감 장애 / 457
1. 심리과정상의 특징 … 457 2. 보고서 사례 … 458
3. 자주 나타나는 반응 … 469

Chapter 22 신체증상장애 / 473
1. 심리과정상의 특징 … 473 2. 보고서 사례 … 474
3. 자주 나타나는 반응 … 484

Chapter 23 유뇨증 / 487
1. 심리과정상의 특징 … 487 2. 보고서 사례 … 488
3. 자주 나타나는 반응 … 501

Chapter 24 유분증 / 507
1. 심리과정상의 특징 … 507 2. 보고서 사례 … 508

Chapter 25 NREM 수면 각성장애, 야경증형 / 517
1. 심리과정상의 특징 … 517 2. 보고서 사례 … 518

Chapter 26 청소년과 성인에서의 성별 불쾌감, 변태성욕장애 / 525
1. 심리과정상의 특징 … 525 2. 보고서 사례 … 526

Chapter 27 적대적 반항장애 / 543

1. 심리과정상의 특징 … 543
2. 보고서 사례 … 544
3. 자주 나타나는 반응 … 559

Chapter 28 품행장애 / 567

1. 심리과정상의 특징 … 567
2. 보고서 사례 … 569
3. 자주 나타나는 반응 … 595

Chapter 29 외상후 스트레스장애 / 603

1. 심리과정상의 특징 … 603
2. 보고서 사례 … 604

□ 보고서 작성에 도움이 되는 참고문헌 _ 614

▼ 보고서 작성 규칙

1. 보고서에 포함된 검사들은 다음과 같다.
   지능검사(K-WISC-III, K-WISC-IV, K-WAIS, K-WAIS-IV, K-ABC)
   그림어휘력 검사
   시각-운동 통합검사(VMI)
   사회성숙도(SMS)
   집-나무-사람 그림검사(HTP)
   동적가족화(KFD)
   로르샤하 잉크반점검사(Rorschach)
   주제통각검사(TAT)
   미네소타 다면적 인성검사(MMPI-A, MMPI-II)
   문장완성검사(SCT)
   설문지(K-CBCL, K-YSR, KPR-C, KPI-C, JTCI)
2. 의뢰 사유를 비롯한 수검자의 반응은 현장감을 살리기 위해서 최대한 원자료 그대로 사용하였으나, 지명이나 이름과 같은 구체적인 개인 정보는 명칭을 바꿔서 실었다.
3. 이 책의 목적상, 모든 보고서들은 개인사보다는 검사 결과에 초점을 맞춰서 볼 수 있도록 수정되었다.
4. 본문에서 ( ) 안에 검사 자료를 제시할 때는 아래와 같은 방법으로 하였다.
   (Rorschach: '뭐라고 하지 아 짜증 나 패스' / HTP: 집 그림 '미래-부셔야 한다')

▼ '자주 나타나는 반응' 참고 사항

1. / / 안에 있는 내용들은 한 사람의 반응이다.
2. DSM-5의 준거를 기준으로 하였으나, 검사상 많이 나타나는 증상도 포함시켰다.
3. 사례 수가 적은 경우에는 '자주 나타나는 반응'을 작성하지 못하였다.

01 Chapter 지적장애

1. 심리과정상의 특징

지적장애(Intellectual Disabilities) 보고서는 가장 쉬우면서도 가장 어려운 보고서다. 지능 점수만 써서 낸다면 가장 간단한 보고서가 되겠지만, 수검자가 가지고 있는 능력들 중에서 그래도 가장 쓸 만한 능력을 찾아내고 활용하는 방법을 찾아내려면 가장 어려운 보고서가 된다. 이 보고서는 지능검사에서 상대적 장점을 찾아내어 앞으로 가장 잘하는 것을 통해 자존감을 적당히 유지하는 데 도움을 주고, 가능한 직업군을 찾아서 독립적인 성인으로서 기능할 수 있도록 민거름이 되어야 한다.

나이가 많아지면 타고난 인지 기능 외에도 영향을 주는 요인이 많아지기 때문에 지적장애를 판단하는 데 있어서 고려해야 할 것이 많아진다. 청소년 이상의 지적장애는 다른 성격과 환경적인 부분을 고려해야 한다. 지능 자체가 바뀌는 경우는 크게 없지만, 오랜 기간 적응의 어려움이 커짐으로 인하여 우울이나 품행장애 등의 공존장애뿐만 아니라 열악하거나 불안정한 환경적 영향도 고려해야 한다.

특정 능력이 높아서 지적장애로 보이지 않는 경우가 있다. 그러나 초점은 전반적인 기능에 있으며, DSM-5에 나와 있는 〈표1. 지적장애의 심각도 수준, p. 34〉를 참고하여 결정하면 된다. 판단이 애매할 때 경도 지적장애는 '교육가능', 중등도 지적장애는 '훈련가능'을 기준으로 판단하면 된다. 고도나 최고도의 지적장애는 병원이 아니면 보기 힘들고, 대부분 유전적인 문제가 있는 경우가 많다.

2. 보고서 사례

1) 지적장애 고등학생(남자 / 만 17세 / 고2)

■ 의뢰 사유

내담자는 '정서불안' '학습력 저하' 등을 주 호소로 상담센터를 방문하였으며, 인지 기능 및 정서 파악을 위해 청소년종합심리평가를 실시하였다.

■ 행동 관찰과 면담

내담자는 보통 키와 체격으로 희고 깨끗한 피부에 깔끔한 복장을 하고 있었으며, 머리에는 제품을 바른 상태였고, 반지를 끼는 등 멋을 낸 모습이었다. 위생 상태는 양호하였으며 눈맞춤도 충분한 수준이었다. 검사 시 지시에 주의를 기울이고 있었지만, 검사 초반에는 삐딱한 자세로 앉아서 턱을 괴거나 웃어넘기는 경우가 많았고, 과제가 어려운 경우 "다음!" 이라고만 말하는 등 부적절한 행동이 자주 나타났다. 전반적으로 반응이 늦었고, 답변을 하려 입을 움직이다가 바로 포기하는 등 자신감이 부족해 보였다. HTP 검사 시 "대충해도 되죠." 라고 하면서도 긴 시간 고민하며 대답하였고, 연필을 종이에 댈 듯 말 듯 망설이는 경우가 많았다. Rorschach 검사에서도 힘없이 카드를 잡고 들여다보다가, 갑자기 인상을 쓰며 "아무것도 안 보여요. 모르겠어요." 라고 하는 등 행동을 예측하기 힘들었다. 내원 사유에 대해서는 "답답한 거…… 고치려고…… 참다가 갑자기 화나고…… 화나면 손이 나가요." 라고 하면서 눈치를 보며 불편감을 띄엄띄엄 말하였다.

지능과 인지 기능

한국 웩슬러 성인 지능검사 (K-WAIS)			
지 능	점 수	백분율(%)	수 준
언어성 지능	69	1.9	경도 지적장애
동작성 지능	74	4.2	경계선
전체 지능	66	1.2	경도 지적장애

내담자의 전체 지능은 66으로 경도 지적장애 수준을 나타냈으며, 언어성 지능은 69로 경도 지적장애 수준을, 동작성 지능은 74로 경계선 수준을 보였으며 두 지능 간의 차이는 유의미하지 않았다. 다만, 소검사 간의 격차가 매우 크게 나타나고 있어서 상황에 따라 기능 수준의 차이가 매우 크게 나타날 수 있겠다.

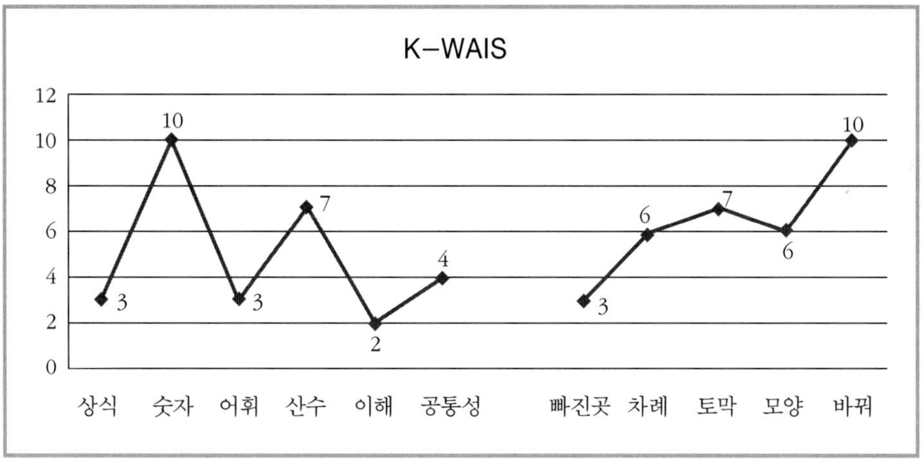

언어성 지능을 살펴보면, 순간적인 자극에 주의를 기울이는 능력은 평균 수준이며 바로따라외우기가 11점으로 비교적 높게 나타나고 있어서 간단한 자극이 주어질 때는 양호한 기능을 보일 수 있겠다. 그러나 거꾸로따라외우기가 6점으로 매우 낮게 나타나고 있어서 작업기억력이 매우 부족해 보이며, 산술능력도 평균 하 수준으로 낮게 나타나고 있어서 자극이 복잡해지면 기능 수준이 상대적으로 저하될 수 있겠다. 그리고 사물의 유사성을 파악하는 능력과 어휘구사력은 지적장애 수준이어서 의사소통 시 자신의 생각을 명확하게 표현하거나 타인의 의도를 정확하게 파악하기 힘들 수 있겠다('서툴다—느리다' '고구마와 쌀—무응답'). 또한 기본적인 상식과 사회적 상황에 대한 이해력은 지적장애 수준으로 사회적·학업적 상황에서 습득된 지식이 매우 부족해서 일상생활을 유지하는 데 필요한 기본적인 수준의 행동을 수행하기도 힘들 수 있겠다('물—모르겠다' '나무—모르겠다').

동작성 지능 영역에서는 시공간 운동 속도가 평균 수준이어서 간단한 운동 과제가 주어졌을 때는 연령 수준에 맞게 기능할 수 있겠다. 그러나 시공간 구성능력과 부분을 통해 전체 상을 구성하는 능력이 각각 평균 하, 경계선 수준이어서 과제가 복잡해지면 기능 수준은 급격하게 떨어질 것 같다. 한편, 사회적 판단력이 경계선 수준으로 매우 부족한 수준이며, 시각적 예민성은 지적장애 수준이어서 주변 환경 변화에도 둔감해 보이므로 대면 상황에서 부적절한 판단 및 대응을 하기도 쉬운 것 같다.

지능검사 결과, 간단하고 쉬운 과제를 해결하는 능력은 양호하며 동기 수준도 적절해 보인다. 그러나 주요한 소검사들이 대부분 평균 하에서 지적장애 수준에 그치고 있어서 전반적으로는 연령 수준에 맞는 적응을 하기 어려운 것 같다. 게다가 지식 습득 수준이 매우 부족하고, 작업기억력도 부족해서 과제가 복잡해지면 기능 수준이 급격히 떨어지면서 스트레스가 커질 수 있겠다. 또한 대면 상황에서도 맥락을 명확하게 파악하지 못하여 오해가 생길 가능성이 높아 보인다.

Rorschach 검사 결과, 내담자는 총 반응 수가 4개에 불과하여 심리적 자원이 극심하게 부족해 보이므로, 일상적인 문제 상황에서조차 어떠한 대처도 하지 못한 채 무기력해져 있을 수 있겠다. 특히, 문제가 주어지면 바로 '모르겠다'라고 말한 후 답변을 하는 경우가 많아서 스트레스 상황을 벗어나지도, 직면하지도 못하는 애매한 태도를 보일 수 있겠다.

성격과 정서

내담자는 SCT에서 '나의 장래는 멋있는 사람이 되는 것' '내가 믿고 있는 내 능력은 자신만만'이라고 하듯이 기대감이 높아 보이며, HTP 나무 그림에서 나뭇가지를 매우 강조해서 그리듯이 통제 욕구도 높고, SCT에서 '우리 가족이 나에 대해서는 자랑스러운 자식' '내 생각에 남자들이란 자존심쟁이'라고 하듯이 자존심도 강해 보인다. 그러나 인지 기능이 부족하고 심리적 자원도 매우 부족하여 자신의 기대감을 충족시킬 만큼의 성과를 얻기는 힘들었던 것 같다. 이러한 내담자는 HTP 그림 검사에

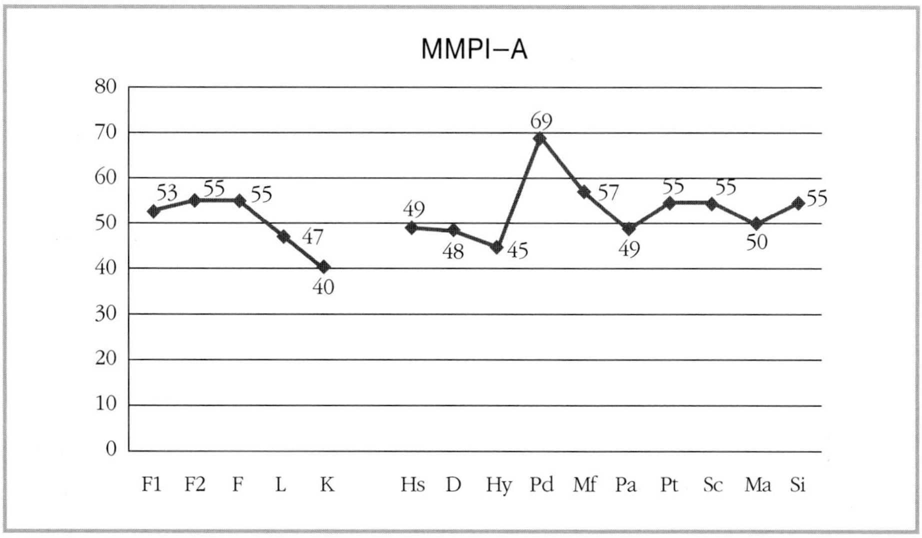

서 필압이 매우 약하고, 나무 그림에서 나무 기둥을 매우 가늘게 그리고 있듯이 상당히 위축되어 있는 것 같다.

또한 MMPI 4번 척도가 높게 나타나고 있듯이 상당한 불만을 느끼고 있으며, Rorschach 검사에서 '검은색, 빨간색 피 같다'라고 하듯이 상당한 분노감도 느끼고 있는 것 같다. 그러나 Rorschach 검사에서 대부분 '모르겠다'라고 할 정도로 스트레스에 대처할 수 있는 자원이 매우 부족한 내담자는 SCT에서 '내가 어렸을 때 우리 가족은 힘이 들었다'라고 하면서도 '다른 가정과 비교해서 우리 집안은 부족한 게 없다'라고 하듯이 문제 상황을 부인하는 데 익숙하고, HTP 사람 그림에서 얼굴만 그리면서 옆얼굴을 그리고 TAT에서 '귀를 막고 있는 것 같다'라고 하는 등 스트레스 상황에 직면하기를 꺼리는 것 같다.

한편, HTP 나무 그림에서 '소원－젊어지는 것', 남자 그림에서 '소원－그냥 행복한 일만 있는 것'이라고 하고, TAT 16번 카드에서 '해맑게 웃고 있는 나 자신'이라고 하듯이 막연하게 긍정적인 기대만 하고 있는 것 같다. 그러면서도 Rorschach II번 카드를 제일 싫어하는 카드로 선택하면서 '불실하다'라고 하듯이 스트레스 상황에서 막연한 불안감을 느끼고 있으며, 불편감을 해소하지 못하고 있는 자신에 대해 상당한 무기력감을 표현하고 있어서(TAT: '쓰러져 있다' '이제 이별하는데 마지막 포옹' '전쟁하다가 죽은 사람') 내면의 불편감이 더욱 가중되고 있는 것 같다.

요약과 제언

• 요 약

전체 지능: 66, 경도 지적장애 / 언어성 지능: 69, 경도 지적장애 / 동작성 지능: 74, 경계선

내담자의 지능 수준은 경도 지적장애 수준으로 나타남. 간단하고 쉬운 과제를 해결하는 능력은 양호하며 동기 수준도 적절해 보이나 연령 수준에 맞는 적응을 하기는 어려워 보임. 내담자는 기대감과 통제 욕구가 높고, 자존심도 강해 보이나 자신의 기대감을 충족하기는 어려웠던 것으로 생각되며, 이로 인해 상당히 위축되어 있는 것으로 보임. 상당한 불만과 분노감을 느끼고 있으나, 스트레스에 대처할 수 있는 자원이 매우 부족하여 문제 상황을 부인하고 회피하고 있으며, 막연하게 긍정적인 기대만 하고 있는 것으로 여겨짐. 그러나 막연한 불안감을 느끼고 있으며, 불편감을 해소하지 못한 채 경험하는 무기력감도 커 보이므로 내면의 불편감이 더욱 가중되고 있는 것으로 생각됨.

• 심리평가 결과, 내담자는 다음과 같은 진단이 시사됨.

Axis II. Mental Retardation, Mild(Intellectual Disability, Mild)

• 제 언

1. 수준에 맞는 학업적 노력 기울이기
2. 현실적인 문제해결 도와주기
3. 작업기억력 향상시키기
4. 즐거운 경험 늘리기

2) 자존심 센 중학생(남자 / 만 14세 / 중2)

의뢰 사유

내담자는 '학습능력이 떨어짐' '의사표현 능력이 부족함' '화를 조절하지 못함' 등을 주 호소로 상담센터를 방문하였으며, 전반적인 인지 기능 및 정서 파악을 위해 청소년종합심리평가를 실시하였다.

▣ 행동 관찰과 면담

내담자는 보통 키와 마른 체격이었다. 위생 상태는 양호하였으며, 검사실 주변을 둘러보거나 고개를 돌리고 있는 경우가 많아서 눈맞춤은 간헐적으로 이루어졌다. 검사 초반부터 "이런 검사를 저한테 왜 하는 거예요?" "아, 짜증 나!"라고 말하면서 의자 뒤로 몸을 기대고 앉아 있는 등 상당히 거부적인 태도를 보이면서도, 검사 중간에는 도구 정리를 도와주는 등 검사자를 배려하는 모습도 나타났다. 한편, 언어성 과제에서는 혼자서 중얼거리는 경우가 많았고, 정답에 근접한 대답을 하다가도 "아…… 그거 아니에요, 취소."라며 다시 철회하는 경우가 많았으며, 크게 한숨을 내쉬거나 고개를 숙이는 등 자신감이 매우 부족해 보였다. 또한 새로운 과제의 첫 문항을 시작할 때는 문제를 듣자마자 "아…… 뭐라고 해야 하지."라며 고심하는 모습을 보였으나, 이내 바로 포기하였다. 내원 사유에 대해서는 냉소적인 표정으로 "오기 싫었어요."라고만 하였고, 면담 시에는 "이거는 진짜 선생님만 알고 있어야 해요. 정말 누구한테 말하면 안 돼요."라며 비밀보장을 여러 번 확인하였으며, 가족에 대해서는 "말하고 싶지 않은데……."라고 하며 간단한 질문에도 전혀 대답을 하지 않았다.

▣ 지능과 인지 기능

한국 웩슬러 아동용 지능검사 4판 (K-WISC-IV)

영 역	지 능	백분율(%)	수 준
언어이해	52	<1	경도-중등도 지적장애
지각추론	56	<1	경도 지적장애
작업기억	58	<1	경도 지적장애
처리속도	62	<1	경도 지적장애
전체 지능	52	<1	경도-중등도 지적장애

내담자의 전체 지능은 52로 경도-중등도 지적장애 수준을 나타냈으며, 같은 연령대에서 하위 1%에도 미치지 못하는 수준이었다. 언어이해는 52로 경도-중등도 지적장애 수준을, 지각추론은 56으로 경도 지적장애 수준을, 작업기억은 58로 경도 지적장애 수준을, 처리속도는 62로 경도 지적장애 수준을 나타냈다. 하위영역 간에는 그다지 유의미한 차이가 나타나지 않았다.

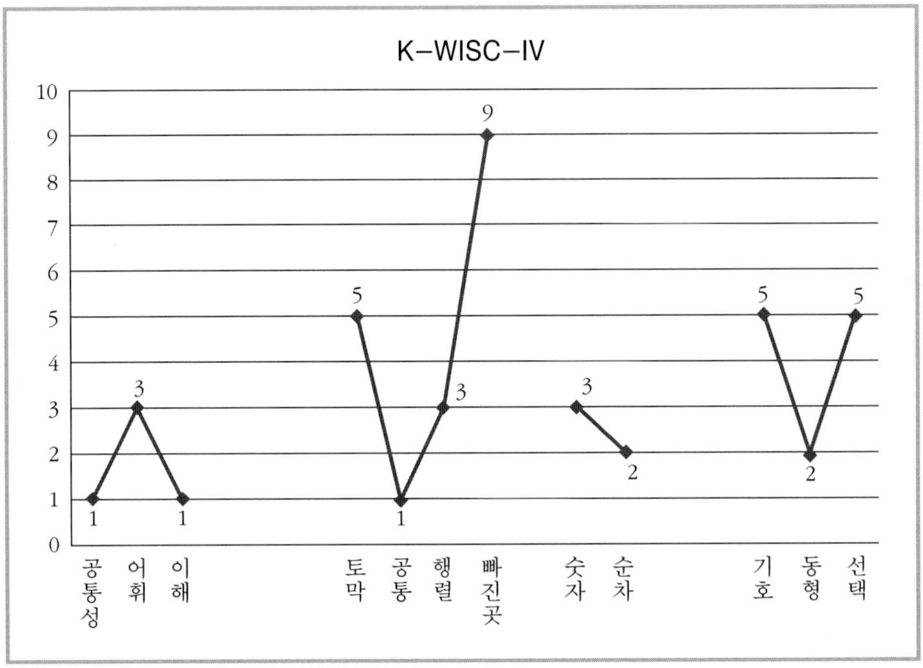

언어성 지능을 살펴보면, 어휘구사력과 사물의 유사성을 파악하는 능력이 지적장애 수준으로 나타나고 있어서 언어적인 개념에 대한 이해력이 상당히 부족해 보이는 바('고양이와 쥐-귀엽다' '용감한-자기가 잘하는 건 용감하다'), 의사소통 시 자신의 생각을 전달하거나 타인의 의도를 이해하는 데 어려움이 클 것으로 생각된다. 또한 사회적 상황에 대한 이해력도 지적장애 수준을 보이고 있어서 관습 및 규범에 대한 습득 수준도 상당히 부족해 보이므로('싸움-키가 작은 애가 유리할 거 같은데'), 또래 수준에 맞지 않는 미숙한 모습을 보이는 경우가 많겠다.

지각추론 영역에서는 시각적 예민성이 평균 수준으로 상대적으로 가장 높게 나타나고 있어서 시각적 탐색이 필요할 때는 연령 수준에 맞는 기능 수준을 보이겠다. 그러나 시공간 구성능력이 경계선 수준을 보이고 있어서 도구를 다루는 능력이 매우 부족하게 나타났다. 또한 자극 간의 관련성을 찾아내는 능력과 전체를 고려하여 핵심을 파악하는 능력이 지적장애 수준으로 나타나고 있어서 추론능력도 매우 부족해 보인다. 따라서 주변 환경 자극에는 예민해져 있으나, 실제로는 적절한 대처를 하지 못하는 경우가 많을 것 같다.

직업기억 영역에서는 단순한 자극에 주의를 기울이는 능력과 보다 복잡한 자극에 주의를 기울이는 능력이 모두 지적장애 수준으로 나타나고 있어서 전반적인 주의력이 매우 부족해 보이므로, 학습의 어려움이 클 것 같다.

처리속도 영역에서는 긴장감 속에서 빠른 논리적 판단력을 발휘하는 능력과 간단한 시각적 자극에 짧은 순간 동안 집중력을 발휘하는 능력이 경계선 수준이었고, 시공간 운동 속도가 지적장애 수준을 보이고 있어서 시공간 협응능력도 매우 부족해 보이므로, 간단한 운동 과제가 주어졌을 때에도 매우 낮은 기능을 보이겠다.

지능검사 결과, 주변 환경에 대한 시각적 탐색이 필요할 때에는 연령 수준에 맞게 기능할 수 있겠으나, 다른 기능 수준들이 모두 매우 낮은 수준임을 감안하면 이는 오히려 주변 환경에 예민해져서 경계하고 있는 상태를 시사하며, 대부분의 상황에서는 상당히 미숙한 모습을 보일 것으로 예상된다.

Rorschach 검사 결과, 2회의 시행에도 불구하고 총 10개의 적은 반응 수를 보이고 있어서 스트레스에 대처할 수 있는 심리적 자원이 매우 제한적인 것으로 보인다. 이러한 내담자는 "뭐라고 해야 할지 모르겠어요. 너무 애매해요."라면서 대부분의 반응들에서 영역 지정이나 형태를 묘사하는 데 상당한 어려움을 보이고 있어서 스트레스 상황에서는 매우 무기력하거나 위축된 모습을 보일 수 있겠다.

■ 성격과 정서

HTP 집 그림에서 집 전체를 많은 창문들로 가득 채우고 있듯이 애정 욕구가 상당히 높아 보인다. 그러나 불안정한 가정환경에서 자라 왔던 것으로 보이므로 SCT에서

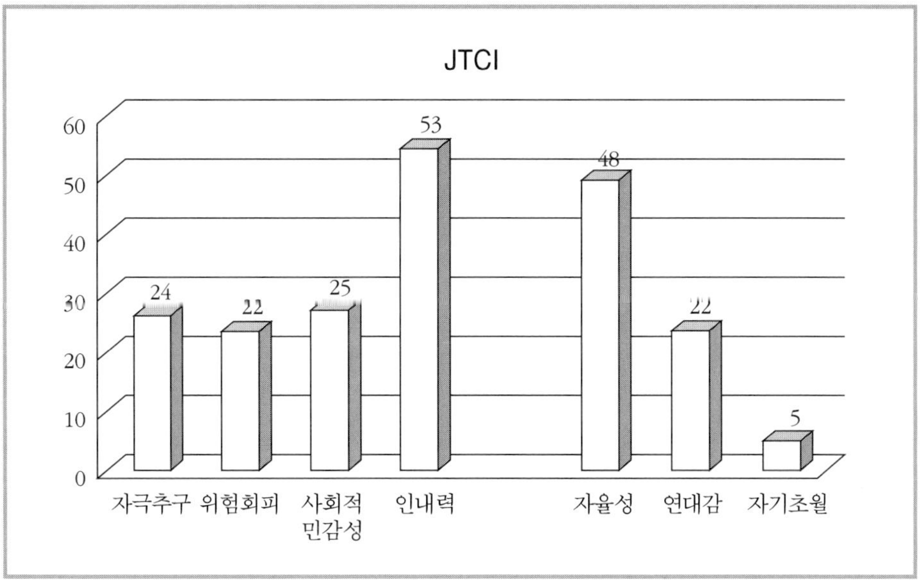

부모와 관련된 문항에 대해서는 '모르겠다' 또는 '×'로만 표시하고 있고, 면담 시에도 부모에 대해서 인상을 쓰면서 "거기까지만 하죠, 더 말하고 싶지 않은데."라며 단호하게 말하고 있는 것을 보면, 오히려 친밀한 관계에 대한 거부감이 커 보인다. 이러한 내담자는 TAT에서 '소년이 오두막에서 쓸쓸하게…… 한 남자아이가 멍하니 있어요' 라고 하듯이 만족스러운 관계를 맺지 못한 채 외로움을 느끼고 있는 것 같다.

한편, HTP 나무 그림에서 '나이―100세'라고 하듯이 자신에 대한 기대감이 높아 보이며, HTP 사람 그림에서 손을 강조해서 그리듯이 통제 욕구도 높은 것 같다. 또한 JTCI 답지에 매번 붙어 있는 답끼리 체크하는 경우가 많은 것을 보면 완벽주의적인 성향도 있는 것 같다. 그러나 기능 수준이 낮게 나타나고 있어서 좌절감을 경험하는 경우가 많았을 것으로 여겨진다(TAT: '요리사 …… 뭐라고 하지…… 주방에서 음식 만들고 있는데 실수해서…… 뭐라고 하지…… 음식이 맛이 없다').

SCT에서 대답하기 어려운 문항에서는 '없다' '그저' 등과 같은 단어를 반복해서 사용하고 있어서 평소에는 반응 자체를 거부하면서 자신을 감추고 위축된 모습을 보일 것으로 생각된다. 이러한 내담자는 또래관계나 성취 영역에서 좌절감을 느낄 때, 부적절하게 공격적인 행동을 보일 수 있겠다(Rorschach: '뭐라고 하지, 아 짜증 나 패스' / HTP: 집 그림 '미래―부셔야 한다'). 따라서 공격행동이 나타날 때는 그 직전의 좌절 경험을 파악하는 것이 다음의 공격행동을 줄이는 데 도움이 될 것으로 생각된다.

■ 요약과 제언

• 요 약

전체 지능	52	경도-중등도 지적장애			
언어이해	52	경도-중등도 지적장애	지각추론	56	경도 지적장애
작업기억	58	경도 지적장애	처리속도	62	경도 지적장애

내담자의 지능 수준은 경도 지적장애 수준으로 나타남. 주변 환경 자극에 매우 예민해져서 경계하고 있는 것으로 보이며, 대부분의 상황에서는 상당히 미숙한 모습을 보일 것으로 예상됨. 애정 욕구가 높아 보이나, 불안정한 가정환경에서 사라 왔던 것으로 보이므로 외로움이 커 보임. 자존심이 강하고, 주변 환경에 대한 통제 욕구가 높고 완벽주의적인 성향도 있는 것으로 보이나, 기능 수준이 낮

아 좌절하는 경우가 많았을 것으로 여겨짐. 이러한 내담자는 평소에는 자신을 감추고 위축된 모습을 보일 것으로 생각되며, 또래관계나 학업 영역에서 좌절감을 경험하게 되면 부적절하게 공격적인 행동을 보일 수 있음.

• 심리평가 결과, 내담자는 다음과 같은 진단이 시사되며, 공격행동이 나타날 때 그 직전의 좌절 경험을 파악하는 것이 다음의 공격행동을 줄이는 데 도움이 될 것으로 생각됨.
Axis II. Mental Retardation, Mild(Intellectual Disability, Mild)

• 제 언
1. 언어표현 능력 키우기
2. 수준에 맞는 과제 수행을 통해 성취 경험 늘리기
3. 지지적인 사회적 관계 만들어 주기
4. 분노감정 조절하기

3) 산만함과 환경적 결핍(남자 / 만 8세 / 초1)

■ 의뢰 사유

아동은 '의사소통의 어려움' '대인관계 문제' '낮은 학업성취' 등을 주 호소로 심리평가를 위해 상담센터에 의뢰되었고, 전반적인 인지 기능 및 정서 파악을 위해 아동종합심리평가를 실시하였다.

■ 행동 관찰과 면담

아동은 또래보다 약간 작은 키에 적당한 체격이었으며, 복지센터 교사와 함께 센터를 방문하였다. 동그란 얼굴형에 눈이 매우 컸으며, 옷에는 얼룩이 많이 묻어 있어서 위생 상태는 불량한 편이었으나, 검사자와의 눈맞춤은 무난하게 이루어졌다. 검사 시작 시에는 집중하는 듯하였으나, 10분 정도 지나면서부터 자극 책자를 본인이 넘기려고 하거나 설명이 다 끝나기도 전에 수행을 시작하려고 하는 등 성급한 모습이 나타났다. 그리고 창밖을 내려다보면서 수행과 무관한 말을 하거나("여기 30층도 있어요? 우리 집은 1층인데."), 답을 하면서 앉고 일어나기를 반복하였고, 검사자 뒤편에 있는 장난감을 가리키며 "장난감 가지고 놀아도 돼요?"라고 물어보는 등 검사에 집중을 하지 못하고 돌아다니는 경우가 많았다. 게다가 똑같은 설명을 여러 번 해 줬음에도 잘 알아듣지 못하고 같은 실수를 반복했으며, 어휘 소검사에서는 2~3개 글자로 된 단어를 스스로 읽었음에도 불구하고, '가, 나, 다'와 같은 낱글자를 읽는 과제에서는 "저는 장난감 놀 거예요. 아까는 글씨 읽었는데, 이제는 못 읽어요. 장난감 가지고 놀고 싶어요."라고 다른 말을 하거나, 기호쓰기 소검사에서는 기호와 비슷한 도형을 임의적으로 붙여 가면서 수행했고, 동형찾기 소검사에서도 "이거는 네, 이거는 아니요."라고 말하는 등 과제를 정확히 이해하지 못한 채 자신의 생각을 표현하는 경우가 많았다. 다만, 부산스럽게 움직이다가도 검사자가 행동을 제지하거나 새로운 지시를 내리면 행동을 중단하고 과제에 집중할 수 있었다. 내원 사유에 대해서는 별다른 대답을 하지 못하였다.

지능과 인지 기능

한국 웩슬러 아동용 지능검사 4판 (K-WISC-IV)

영 역	지 능	백분율(%)	수 준
언어이해	52	0.1	경도-중등도 지적장애
지각추론	61	0.5	경도 지적장애
작업기억	79	8.4	경계선
처리속도	57	0.2	경도 지적장애
전체 지능	58	0.3	경도 지적장애
일반능력	46	< 0.1	중등도 지적장애

아동의 전체 지능은 58로 경도 지적장애 수준을 나타냈으며, 같은 연령대에서 하위 0.3%의 수준이었다. 언어이해는 52로 경도-중등도 지적장애 수준을, 지각추론은 61로 경도 지적장애 수준을, 작업기억은 79로 경계선 수준을, 처리속도는 57로 경도 지적장애 수준을 나타냈다. 언어이해와 작업기억 영역 간의 차이가 27점으로 큰 차이가 나타나서(기준은 20점 차이), 전 영역을 고려한 '전체 지능'과 언어이해와 지각추론을 고려하여 산출된 '일반능력(46, 중등도 지적장애 수준)' 모두 아동의 기능을 온전히 대표한다고 보기 어렵기 때문에 각 지표가 나타내는 기능 수준을 개별적으로 파

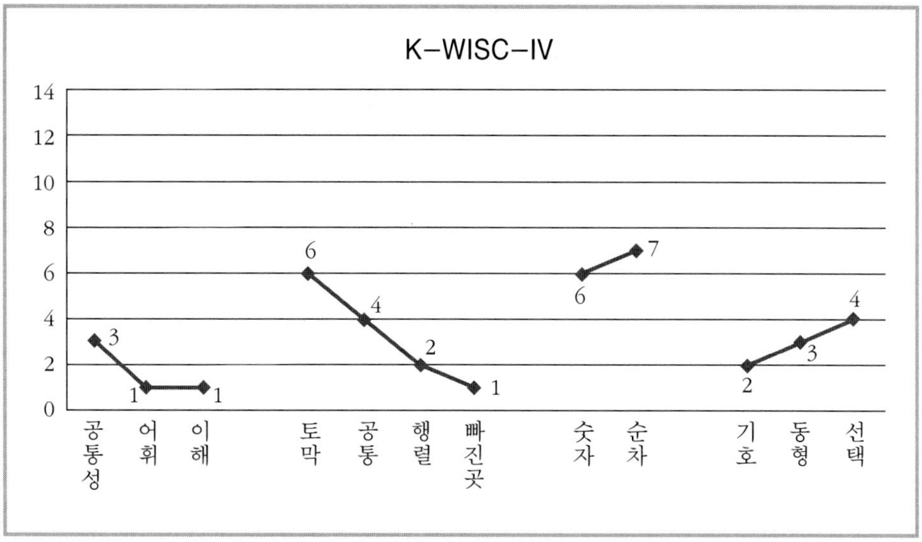

악하는 것이 더 중요해 보인다.

언어이해 영역에서는 공통성, 어휘, 이해 소검사가 모두 지적장애 수준으로 나타났고, 초반에 제시되는 한두 문항에서만 점수를 얻고 있어서 언어적 대처능력은 매우 제한적인 것 같다. 전반적인 반응양상을 살펴보면, 대답을 계속하고 있지만 문항의 단어와 관련된 자신의 경험에 대해서 말하는 경우가 많아서('치아—여기가 흔들려서 이빨 뺐어요' '안전벨트—안전벨트 매고 갔어요'), 의사전달에 어려움이 클 것으로 생각된다. 또한 공통성 소검사와 HTP에서 문법에 맞지 않는 말을 하고('겨울과 여름의 공통점—겨울은 여름하고 있어요. 여름책' / HTP: 사람 그림 '절대로 슬퍼요'), SCT에서도 대부분의 문항을 완성하지 못하고 있어서 언어학습도 상당히 부족한 것으로 여겨진다. 다만, 기초적인 수준의 단어들을 사용하는 것에는 무리가 없을 것으로 예상되므로('고양이와 쥐의 공통점—고양이는 어, 쥐한테, 어, 쥐는 고양이한테 물렸어요' '도둑—잡아가는 거예요'), 환경적 결핍으로 인해 언어학습이 더욱 이루어지지 않았을 가능성이 높아 보인다.

지각추론 영역에서는 시공간 구성능력이 경계선 수준으로 나타나서 기본적인 문제해결력은 낮은 것으로 생각된다. 다만, 상대적으로 높은 수준이어서 지침이 명확한 구조화된 상황에서는 가장 나은 수행을 보일 것으로 예상된다. 자극 간의 관련성을 찾아내는 능력과 전체를 고려해서 핵심을 파악하는 능력이 지적장애 수준으로 나타나서 추론능력은 빈약한 것 같다. 그리고 시각적 예민성도 지적장애 수준에 그치고 있어서 주변 환경 변화에도 매우 둔감해 보이고, 연령 수준에 비해 일상적인 생활 경험도 상당히 제한적인 것 같다.

작업기억 영역에서는 고차원적인 자극에 주의를 기울이는 능력과 간단한 자극에 주의를 기울이는 능력이 각각 평균 하, 경계선 수준으로 나타나서 주의집중력은 낮아 보인다. 하지만 다른 영역의 기능들보다는 상대적으로 높은 수준이어서 청각적 자극에 상대적으로 더 민감할 수 있겠다.

처리속도 영역에서는 선택, 동형찾기, 기호쓰기 등의 소검사가 모두 지적장애 수준으로 나타나서 민첩성도 현저히 부족한 것으로 여겨진다.

지능검사 결과, 아동은 전반적인 기능 수준이 낮아서 일상생활에서 매우 미숙한 언행을 보이기 쉬울 것 같다. 다만, 청각적 주의력이 상대적으로 양호해서 간단한 언어적 지시에는 따를 수 있을 것으로 생각되고, 지침이 명확한 상황에서는 기초적인 수준의 수행능력을 보일 수도 있겠다. 한편, 언어적 대처능력이 매우 낮게 나타났으나, 환경적 결핍의 영향이 커 보이므로 수준에 맞는 학습이 이루어진다면 언어능력이 더 향상될 수도 있겠다.

Rorschach 검사 결과, 아동은 총 8개의 적은 반응 수를 보이고 있어서 스트레스 상황에 대처할 심리적 자원이 매우 제한적인 것으로 보인다. 그리고 사고가 상당히 단순하고 경직되어 있어서(L=3.00) 매우 피상적인 대응행동만 하기 쉬울 것으로 생각된다.

■ 성격과 정서

아동은 Rorschach 검사와 TAT에서 '사랑'이라는 단어를 언급하고 있고, 주변 사람들에 대해서도 긍정적으로 표현하고 있어서(SCT: '내가 가장 좋아하는 사람은 엄마' '우리 엄마 아빠는 기분 좋이요' '여자애들은 좋아요' '남자애들은 좋아요' '선생님들은 좋아') 친밀한 관계에 대한 욕구가 높아 보인다. 그러나 HTP 여자 그림에서 '엄마'라고 하면서 '부산에 갔어요. 할아버지랑 부산에 갔어요' '기분—나쁜 사람이요'라고 하듯이 가정 내에서 충분한 보살핌을 받지 못하고 지내 온 것으로 생각되며, 아버지와도 불안정한 관계를 맺어 온 것 같다(SCT: '나를 가장 화나게 하는 것은 아빠가 저한테 화가 났어요'). 그리고 HTP에서 사람 그림을 지면에 꽉 채워서 그리는 등 적극적인 모습을 보이고 있지만, 인지 기능이 낮고 언어적 학습능력이 부족해서(경도 지적장애 수준의 지적 능력), 자신의 의도를 주변 사람들에게 전달하거나 행동을 적절히 조절하기

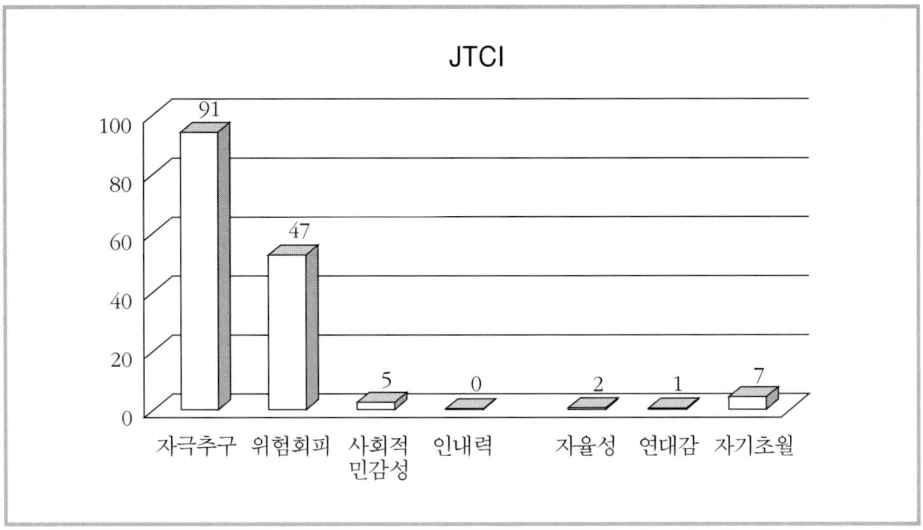

힘들어 보이며, 이러한 행동들이 타인에게는 산만하고 충동적으로 보일 수 있을 것 같다(JTCI: '자극추구－91%').

요약과 제언

• 요 약

전체 지능	58	경도 지적장애	일반능력	46	중등도 지적장애
언어이해	52	경도-중등도 지적장애	지각추론	61	경도 지적장애
작업기억	79	경계선	처리속도	57	경도 지적장애

아동의 지능 수준은 경도 지적장애 수준으로 나타났으며, 전반적으로 기능 수준이 낮아서 일상생활에서 미숙한 언행을 보일 것으로 생각됨. 다만, 구체적으로 틀이 갖춰진 상황에서 간단한 언어적 지시를 따르도록 하면 보다 나은 수행능력을 보일 것으로 예상됨. 사고가 단순하고 경직되어 있어서 스트레스 상황에서 피상적인 대응행동만 보일 수 있음. 친밀한 대인관계를 원하지만 가정 안에서 욕구를 충족하지 못했던 것으로 보임. 또한 적극적이지만 인지 기능이 낮고 언어학습 수준이 부족해서 자신의 행동을 적절히 조절하기는 어려워 보이며, 이러한 행동이 주변 사람에게는 산만하고 충동적으로 보일 수 있음.

- 심리평가 결과, 아동은 다음과 같은 진단이 시사됨. 수준에 맞는 학습 환경이 제공된다면 보다 나은 적응 수준을 보일 것으로 기대됨.

  Axis II. Mental Retardation, Mild(Intellectual Disability, Mild)

- 제 언

  1. 수준에 맞는 학습 환경 조성하기
  2. 체계적인 언어학습
  3. 대인관계 기술 익히기
  4. 지지적인 교실 환경 제공하기

4) 개선 가능성이 높은 지적장애(남자 / 만 8세 / 초1)

◻ 의뢰 사유

아동은 '발달이 늦음' '감정기복이 심함' '혼자 있으면 불안해함' 등을 주 호소로 상담센터를 방문하였으며, R/O Borderline Intellectual Functioning, R/O Depressive Disorder NOS, R/O Parent-Child Relationship Problem 임상적 인상 하에 아동종합심리평가를 실시하였다.

◻ 행동 관찰과 면담

아동은 보통 키, 통통한 체구의 초등학생으로 어머니와 함께 내원하였다. 검사 시작 전에 대기실에서는 어머니의 손을 잡고 있는 등 다소 불안해하는 모습이었으나, 검사실에 들어와서는 밝은 표정으로 검사에 임하였다. 위생 상태는 양호하였으며, 검사자와의 눈맞춤도 잘 되는 편이었다. 검사 내내 어리숙하게 웃는 모습이었으며, 큰 목소리로 외치듯이 대답하는 경우가 많았다. 과제가 주어지면 대답을 하려고 입을 움직이면서도 적절한 대답을 하지 못하는 경우가 많았고, 검사자가 설명을 해 주면 "네!"라고 크게 대답은 하지만 제대로 이해하지는 못하였다. 아동은 과제의 성공 여부에 따라 감정 변화가 큰 편이었는데, 잘하면 웃으면서 기분이 좋아졌다가도 해결을 하지 못하면 시무룩해지곤 하였다. 내원 사유에 대해서는 '얘기하러 왔다'라고만 하였다.

지능과 인지 기능

한국 웩슬러 아동용 지능검사 3판 (K-WISC-III)			
지 능	점 수	백분율(%)	수 준
언어성 지능	61	0.5	경도 지적장애
동작성 지능	58	0.3	경도 지적장애
전체 지능	54	0.1	경도-중등도 지적장애

아동의 전체 지능은 54로 경도-중등도 지적장애 수준을 나타냈으며, 같은 연령대에서 하위 0.1%의 수준이었다. 언어성 지능은 61로 경도 지적장애 수준이었으며, 동작성 지능은 58로 경도 지적장애 수준을 나타내 두 지능 간의 차이는 크지 않았다.

언어성 지능을 살펴보면, 단편적인 상식은 평균 하 수준까지 유지되고 있는 것으로 나타났으나, 이외의 다른 소검사들은 모두 경계선-지적장애 수준에 분포하는 등 전반적인 언어적 자원이 매우 제한적이었다. 공통성 소검사는 환산 점수가 5점이지만 실제로는 1개 문항도 성공하지 못하였으며, 이해 소검사에서도 매우 간단한 대답만 2개 하는 데 그쳤다. 어휘 소검사에서도 원점수는 1점에 불과했으며, 산수 소검사에서도 12까지 숫자를 세는 것만 가능하였고, 가감 계산을 해야 하는 간단한 응용

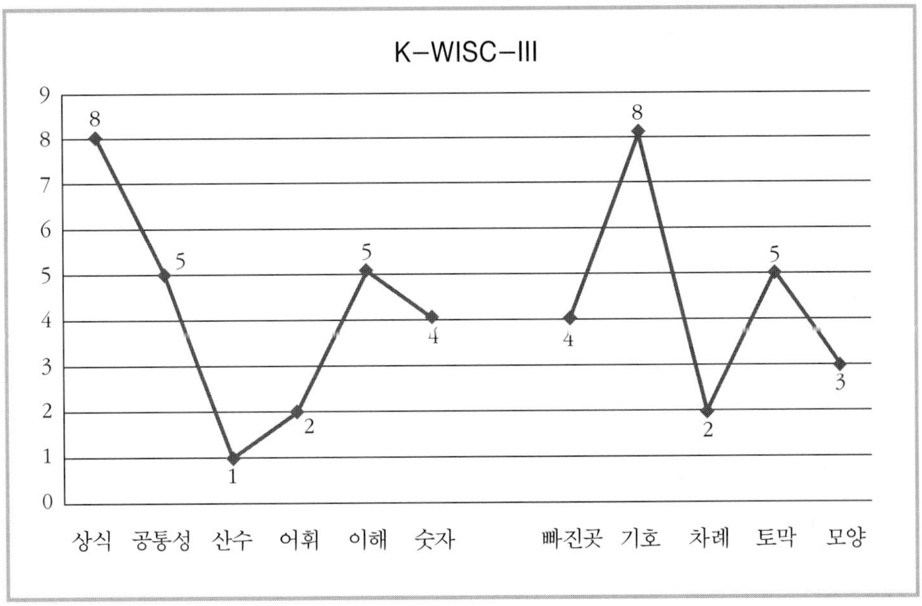

문제조차도 성공하지 못하였다. 숫자 소검사에서는 바로따라외우기를 네 자리까지 성공하였으나, 거꾸로따라외우기는 검사 지시를 이해하지 못하여 수행하지 못했다.

동작성 지능 영역에서는 가장 간단한 과제로 평가에 대한 동기 수준의 영향을 많이 받는 기호쓰기 소검사에서 평균 하 수준의 수행을 보이고 있어 문제해결에 대한 의지는 높아 보이지만, 이를 제외한 모든 소검사는 경계선—지적장애 수준에 분포하고 있어 동작성 지능 역시 전반적으로 지체되어 있었다. 아동은 시공간 구성 및 협응 능력이 경계선 수준이었으며, 시각적 예민성, 상황적 맥락을 파악하는 능력, 부분 자극을 통해 전체상을 형성하는 능력 등이 모두 지적장애 수준이었고, 검사자가 문제해결 과정을 두 번씩 직접 보여 주어도 조금만 어려워지면 전혀 해결을 하지 못하였다.

지능검사 결과, 아동은 경도 지적장애 수준의 지적 능력을 가지고 있는 것으로 나타났다. 상식과 기호쓰기 소검사가 평균 하 수준이었고 다른 소검사들에 비해 상대적으로 높은 수준임을 감안하면, 성취에 대한 욕구가 높고 단편적인 수준의 학습은 가능할 것으로 보인다. 그러나 과제가 조금만 복잡해져도 학습의 어려움이 급격히 커질 수 있어서 이를 고려한 맞춤 학습이 필요할 것으로 생각된다.

지적 능력이 낮은 아동은 애매하고 복잡한 자극이 주어지는 Rorschach 검사에서 총 10개의 반응을 보이고는 있으나, 영역이나 결정인에 대한 설명을 하나도 하지 못하였다. 따라서 아동의 문제해결 능력 자체는 매우 제한적인 것으로 생각되지만, 일반적인 부분 반응을 많이 보이고 있고 평범 반응도 3개나 보이고 있어 규범에 어긋나지 않는 반응을 하기 위한 노력을 계속하고 있는 것으로 여겨지므로, 수준에 맞는 대처 방법을 교육시킬 필요가 있겠다.

■ 성격과 정서

휜이는 HTP 집 그림에서 창문을 크게 그리고 있어 애정 욕구가 높아 보인다. 그러나 HTP 나무 그림에서 기둥을 지나치게 굵게 그리고 있어 자신의 행동을 조절하는 능력은 매우 부족해 보이며, Rorschach 검사에서 10개 반응을 모두 동물로 하여 사고가 미숙하고, 색채 반응을 하나도 하지 못하는 등 정서적 자원도 매우 제한적인 것으로 여겨지므로, 자신의 기대와는 달리 부정적 평가를 더 많이 받아 온 것 같다(SCT: '다른 사람들은 나를 좋아하지 않는다'). 또한 앞의 결과와 같이 지적인 제한이 있으면서도 학습에 대해서는 상당한 부담과 자책감을 느끼고 있어서(SCT: '나의 나쁜 점은 공부 안 하는 애' '내가 제일 걱정하는 것은 공부') 과도한 스트레스를 받아 온 것으로 생각된다. 불안 수준이 높은(SCT: '내가 가장 무서워하는 것은 귀신') 아동은 이러한 불편감을 겉으로 잘 표현하지 못해 온 것으로 여겨지므로, 기능과 정서 상태를 고려한 치료적 개입이 필요해 보인다.

요약과 제언

• 요 약

전체 지능: 54, 경도-중등도 지적장애 / 언어성 지능: 61, 경도 지적장애 / 동작성 지능: 58, 경도 지적장애

아동은 경도 지적장애 수준의 지적 능력을 가지고 있는 것으로 보임. 성취에 대한 욕구가 높고 단편적인 수준의 학습은 가능할 것으로 보이지만, 과제가 조금만 복잡해져도 학습의 어려움이 급격히 커질 수 있어서 이를 고려한 맞춤 학습이 필요할 것으로 생각됨. 규범에 맞춰 행동하거나 학습에 있어서 성취를 하고자 하는 욕구가 높지만, 부족한 기능으로 인해 오히려 좌절감을 느끼기 쉽고, 능력에 비해 과도한 부담감을 가지고 있는 것으로 여겨짐. 따라서 아동의 욕구와 기능 수준을 고려한 개입이 이루어진다면, 전반적인 대처능력이 향상될 수 있을 것으로 보임.

• 심리평가 결과, 환아는 다음과 같은 진단이 시사되며, 아동의 지능과 정서 상태를 고려한 환경적 지원이 필요할 것으로 생각됨.

Axis II. Mental Retardation, Mild(Intellectual Disability, Mild)

5) 중등도의 지적장애(남자 / 만 10세 / 초5)

의뢰 사유

청각장애를 가지고 있는 아동은 '사람들을 보면 멈칫하고 무서워함' '자기 문건은 뺏기고 관리가 안 됨' 등을 주 호소로 ○○병원을 통해 심리검사를 받기 위해 상담센터를 방문하였으며, Mental Retardation 임상적 인상하에 아동종합심리평가를 실시하였다.

■ 행동 관찰과 면담

안경을 쓴 아동은 또래에 비해 작은 키, 보통 체구의 초등학생으로 어머니와 함께 내원하였다. 청각장애로 인하여 어머니의 동석하에 검사를 실시하였으며, 언어적 지시는 어머니가 수화로 통역하여 전달하였다. 머리는 다소 산발이었으나 전반적인 위생 상태는 양호한 편이었으며, 어머니와의 눈맞춤은 잘 되는 편이었으나 검사자와는 시선을 잘 맞추지 않았다. 기호쓰기 과제에서는 다소 구부정한 자세로 경련하듯이 온몸을 떨면서 수행하였으며, 검사 도중 종종 밖으로 나가자고 조르기도 하였으나 나가지 않고 검사를 완료하였다. 검사 중간에 여유가 생기면 어머니를 보고 박수 치며 장난을 하였고, 갑자기 웃으면서 머리나 책상을 치는 등 상동증적인 행동을 보이기도 했다.

■ 지능과 인지 기능

한국 웩슬러 아동용 지능검사 3판 (K-WISC-III)			
지 능	점 수	백분율(%)	수 준
언어성 지능	44	< 0.1	중등도 지적장애
동작성 지능	50	< 0.1	경도-중등도 지적장애
전체 지능	43	< 0.1	중등도 지적장애

아동의 전체 지능은 43으로 중등도 지적장애 수준을 나타냈으며, 같은 연령대에서 하위 0.1% 이하의 수준이었다. 언어성 지능은 44로 중등도 지적장애 수준을, 동작성 지능은 50으로 경도-중등도 지적장애 수준을 나타내 두 지능 간의 차이는 크지 않았다.

언어성 소검사는 모두 어머니의 수화 통역을 거쳐서 실시하였으나, 그럼에도 불구하고 전반적인 수준은 매우 지체된 것으로 나타났다. 숫자 소검사가 가장 높은 경계선 수준이었으며, 거꾸로따라외우기 과제를 이해하고 수행하였으나 주의 폭은 그다지 길지 않았다. 산수 소검사에서는 가감 계산이 가능하였으며, 한 자릿수 곱셈 계산까지도 가능하였으나('3×8=24') 그 수준은 지적장애 수준에 머물렀다. 어휘 소검사에서 아는 단어만을 확인했는데도 단 6개에 그치는 등 연령 수준에 비해 제한된 어휘력을 가지고 있었고, 기본 지식도 '개의 다리—4개' '목요일 다음 —금요일' '일주

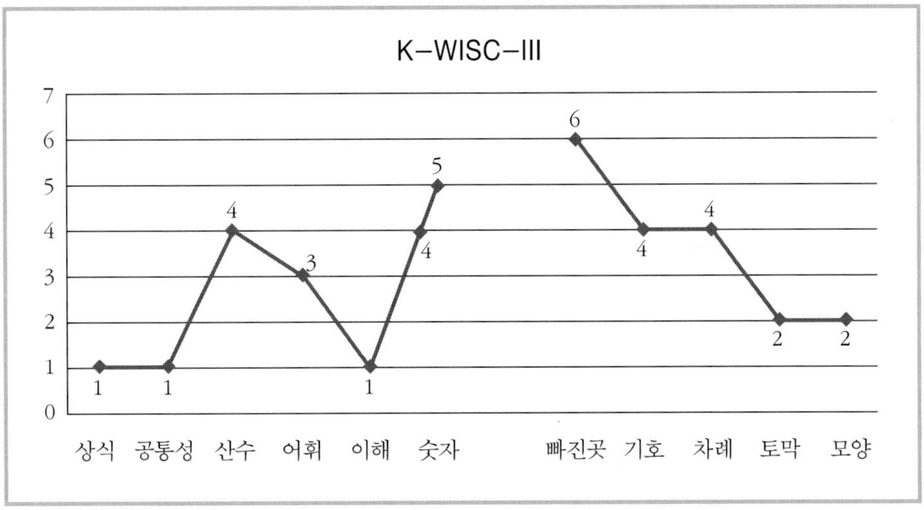

일－7일' 등 3개만 맞히는 데 그쳤다. 공통성과 이해 소검사는 문제 자체를 이해하기 힘들어하였다.

아동은 상대적으로 청력의 제한에서 자유로운 동작성 소검사에서도 대부분 지적장애 수준을 보였다. 시각적 예민성이 경계선 수준이었지만 가장 높게 나타나서, 주변에서 시각적으로 주어지는 자극들에 기본적인 관심과 주의를 기울이고 있는 것으로 생각된다. 그러나 시공간 구성 및 협응 능력이 모두 심하게 지체된 수준이었으며, 상황파악 능력도 매우 낮아서 실제적인 대처는 매우 제한적일 것으로 예상된다.

지능검사 결과, 아동은 전반적으로 중등도의 지적장애 수준을 보이고 있었다. 어머니와의 수화를 통해 기본적인 의사소통은 할 수 있었고, 가감 계산이 가능하였으며, 기초적인 수준의 상식은 가지고 있었다. 또한 주변 환경에 대해서도 자신의 능력 이상의 관심과 주의를 기울이고 있는 것으로 여겨진다. 따라서 꾸준한 학습이 이루어지고 아동의 기능을 고려한 보호 환경이 주어진다면, 간단한 수준에서는 독립적인 기능을 할 수도 있을 것으로 여겨진다.

▢ 성격과 정서

아동은 HTP의 모든 그림을 적당한 필압과 크기로 그렸으며, 나무 그림에서는 기둥을 굵고 길게 그렸고, 사람 그림에서 모두 웃는 표정으로 그리는 등 자아상이 긍정적이고 자신이 처한 상황에 대처하는 데 필요한 충분한 에너지와 의지력을 가지고 있는 것으로 보인다. 그러나 Rorschach III번 카드를 가장 싫어하는 카드로 선택하는 등 또래관계 불편감이 커 보이는 아동은 HTP 사람 그림에서도 남녀 모두 팔과 다리가 거의 드러나지 않을 정도로 작게 그리는 등 또래관계 상황에서 상당한 무력감을 경험하고 있을 것으로 생각된다. 또한 아동은 Rorschach I번 카드에서 '악마', II번 카드에서 '귀신' '곰…… 무섭다'라고 하는 등, 낯설고 복잡한 자극을 접하면서 급격하게 불안정한 모습을 보이다가도 VI번 카드에서는 '고양이 귀엽다'라고 하면서 안정감을 찾는 등 주변 환경 변화에 따라 정서 상태가 쉽게 변화하는 불안정한 모습도 나타나고 있었다.

▣ 요약과 제언

• 요 약

전체 지능: 43, 중등도 지적장애 / 언어성 지능: 44, 중등도 지적장애 / 동작성 지능: 50, 경도-중등도 지적장애

아동은 전반적으로 중등도의 지적장애 수준을 보이고 있음. 수화를 통한 기본적인 의사소통과 가감 계산 등이 가능하였고, 기초적인 상식도 가지고 있으며, 주변 환경에 대해 충분한 관심과 주의를 기울이고 있으므로, 보호 환경 속에서는 기본적인 일상생활을 독립적으로 유지할 수 있는 정도의 학습이 가능할 것으로 생각됨. 한편, 긍정적인 자아상을 가지고 있고 자신이 경험했던 익숙한 일들에 대해서는 주저 없이 수행할 정도로 동기 수준도 적절해 보임. 다만 주변 환경 변화에 따른 감정 변화가 큰 편이며 지적 제한이 큰 아동은 낯선 환경이나 대인관계 상황을 위협적으로 인식하면서도 대응은 제대로 하지 못해 무기력하고 의존적인 모습을 보일 수 있음.

• 심리평가 결과, 아동은 다음과 같은 진단이 시사됨.

Axis II. Mental Retardation, Moderate(Intellectual Disability, Moderate)

• 제 언

불안 수준을 낮출 수 있도록 안정적 환경 속에서 청력 제한과 지적 수준을 고려한 학습이 이루어질 필요가 있음.

6) 명시되지 않는 지적장애(여 / 만 8세 / 초2)

■ 의뢰 사유

아동은 '글자 해독 및 이해의 어려움' '말을 하지 않음' 등을 주 호소로 상담센터를 방문하였으며, 인지 기능 및 정서 파악을 위해 아동종합심리평가를 실시하였다.

■ 행동 관찰과 면담

아동은 또래 수준에 비해 다소 작은 키에 마른 체격으로 어머니와 함께 내원하였으며, 작고 동그란 얼굴에 눈만 동그랗게 뜨고 말 없이 고갯짓으로만 의사를 표현하였다. 위생 상태는 양호하였으며, 눈맞춤도 충분한 수준이었다. 아동은 검사 초반에는 거의 소리를 내지 않았으나, 자신이 확실하게 알고 있거나 매우 짧은 답변일 경우에는 빠르게 소리 내어 반응하였으며, 비언어적 과제나 그림 검사에서도 열심히 수행하며 최선을 다하는 모습이었다. 또한 검사 후반에는 일부 간단한 단어로 의사를 표시할 수 있었으나, 자신의 불편감에 대해서는 대답하지 못하였다.

■ 지능과 인지 기능

한국 웩슬러 아동용 지능검사 3판 (K-WISC-III)			
지 능	점 수	백분율(%)	수 준
언어성 지능	41	<1	중등도 지적장애
동작성 지능	43	<1	중등도 지적장애
전체 지능	37	<1	중등도-고도 지적장애

아동의 전체 지능은 37로 중등도-고도 지적장애 수준을 나타냈으며, 언어성 지능은 41로 중등도 지적장애 수준을, 동작성 지능은 43으로 중등도 지적장애 수준을 나타내 두 지능 간의 차이는 크지 않았다.

언어성 지능을 살펴보면, 상식, 공통성, 어휘, 이해 소검사 등에서 아무런 언어적 반응을 보이지 않고 있듯이 언어적 표현능력이 매우 제한되어 있는 것으로 보이며, 일부 간단한 과제에서만 반응하고 대부분의 검사에서 반응을 보이지 못한 것을 볼 때 아동의 언어적 대처능력, 지적 수준 등이 극심하게 부족해 보이며, 주의력이나 단

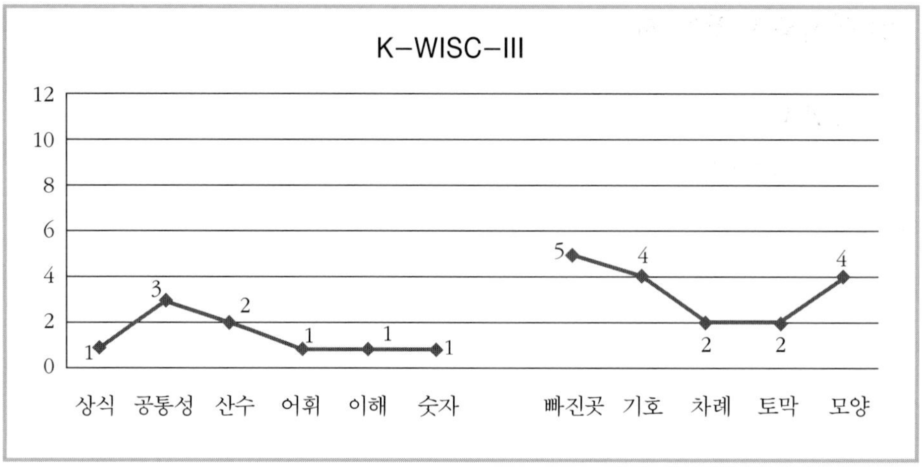

기기억력 등도 상당히 낮은 수준인 것 같다. 다만, SCT의 모든 문항을 의미에 맞게 작성하고 있어서 현재 측정된 수준보다는 기능이 다소 높을 수 있겠다. 이러한 아동은 언어적 능력이 요구되는 상황에서 상당히 위축된 모습을 보여 왔을 것으로 생각된다.

동작성 지능 영역에서는 토막짜기와 모양맞추기, 기호쓰기 소검사에서 제한시간까지 포기하지 않고 열심히 수행하고 있어서 간단하고 익숙한 과제를 해결하려는 의지는 높아 보이지만, 수행 수준이 매우 낮게 나타나고 있어서 상당한 좌절감을 느낄 수 있겠다. 한편, 시각적 예민성은 경계선 수준으로 주변 환경에 대한 민감성은 매우 부족하지만, '얼굴'에서만 유독 빠르게 반응하고 있는 것을 고려하면 대인관계에 대한 관심은 높은 것 같다. 그러나 상황적 맥락을 파악하는 능력도 극심하게 부족해서 대면 상황에서 적절한 대응을 보이기는 어려울 것 같다.

지능검사 결과, 수검 태도를 보면 과제 해결에 대한 의지가 높아 보이지만, 자신이 명확하게 답변할 수 있는 상황(간단하거나 익숙한 과제)에서만 반응을 하고 있고, 이마저도 낮은 수준이어서 검사 시 나타나고 있는 제한적인 반응은 소극적 태도와 낮은 인지능력이 모두 관련되어 있는 것 같다. 이러한 아동은 스스로 문제를 해결하거나 표현할 수 있는 능력이 극심하게 부족해서 전반적으로 위축된 모습을 보일 수 있으며, 사회적 대처능력도 상당히 부족해서 대인관계도 매우 제한적일 수 있겠다.

Rorschach 검사 결과, 아동은 총 6개의 반응을 보이고 있고, 모든 반응을 동물로 하고 있듯이 사고 수준이 미숙하고 심리적 자원도 매우 부족한 것 같다. 게다가 특이 영역 반응을 많이 보이고 있듯이(Dd=3) 세부적인 영역에 주의를 기울이고 있어서 주변 사람들과 의미 있는 소통을 할 수 있는 여지가 더욱 부족한 것 같다(X-%=0.83).

■ 성격과 정서

아동은 HTP, KFD 같은 그림 검사에서 필압이 강하게 나타나고, SCT에서 '나는 공부 잘하는 공상을 잘한다'라고 하듯이 자신에 대한 기대감을 유지하고 있는 것 같다. 그러나 지능검사에서 나타나고 있듯이 인지능력이 매우 부족하고, HTP 사람 그림에서 손발을 동그랗게 그렸으며, JTCI에서 '인내력-13%'로 나타나듯이 현실적이고 구체적인 노력을 지속하지도 못하고 있어서 연령 수준에 맞는 성과를 얻기는 힘들었던 것 같다. 이러한 아동은 JTCI에서 '자극추구-1%'로 나타나고 있듯이 매우 위축되어 지내 온 것으로 보이며, 주변의 부정적인 평가에 매우 민감해져 있어서(JTCI: '위험회피-96%') 조금이라도 부정적 평가를 받을 수 있는 상황을 극도로 회피해 왔던 것 같다.

또한 아동은 SCT에서 '나는 친구가 있으면 좋겠다' '내가 가장 좋았던 일은 친구와 함께 논 것'이라고 하듯이 관계에 대한 욕구를 보이고 있으나(HTP: 집 그림 '창문이 많음'), JTCI에서 '사회적 민감성-5%'로 나타나듯이 주변 사람들과 정서적으로 교류할 수 있는 자원이 부족하고, 검사 전반에 걸쳐 나타나고 있듯이 의사소통 능력도 매우 부족해서 일부 제한적인 주변 사람들과만 관계를 맺어 왔던 것 같다. 게다가 주변 환경을

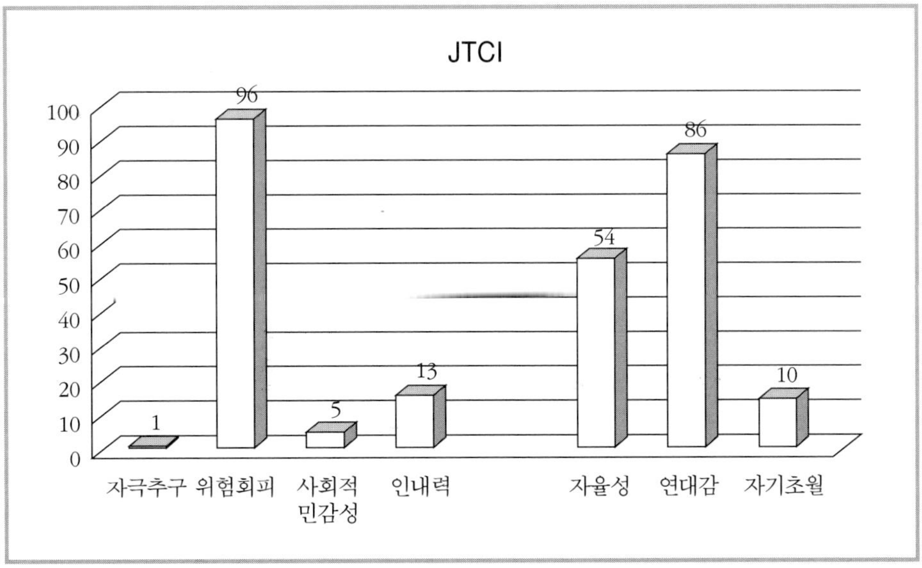

바라보는 시각이 협소하고(Rorschach: Dd=3) 사고 수준이 미숙한 아동은 SCT에서 '내가 제일 걱정하는 것은 아빠가 술 먹은 것' '내가 가장 무서워하는 것은 싸운 것'이라고 하듯이 상황을 전체적으로 이해하지 못하고 단편적인 근거만으로 판단하고 있어서 사소한 자극에 대해서도 민감하게 반응해 온 것 같다. 이러한 아동은 Rorschach 검사에서 친밀감에 대한 태도가 나타나는 카드를 가장 싫어하는 카드로 선택하고 있듯이 가족과 같은 가까운 주변 사람들에게서도 안정감을 느끼지는 못하고 있는 것 같다.

요약과 제언

• 요 약

전체 지능: 37, 중등도-고도 지적장애 / 언어성 지능: 41, 중등도 지적장애 / 동작성 지능: 43, 중등도 지적장애

아동의 지능 수준은 중등도-고도 지적장애 수준으로 나타남. 지나치게 위축된 태도와 지능검사 외의 다른 검사 수행 수준을 고려할 때, 현재 측정된 수준보다는 다소 높은 기능을 보일 수 있겠으나, 의지를 보인 소검사에서도 낮은 수행을 보이고 있어서 실제 기능 수준도 매우 낮을 것으로 보임. 아동은 기대감을 유지하고 있으나 인지능력이 매우 부족하며, 실질적이고 지속적인 노력을 기울이지 못하고 있어서 연령 수준에 맞는 성과를 얻기는 힘들었던 것으로 보이며, 주변의 부정적인 평가에 매우 민감해져 있어서 평가 상황을 극도로 회피해 왔던 것으로 생각됨. 관계에 대한 욕구를 보이고 있으나 정서적으로 교류할 수 있는 자원이 부족하고 의사소통 능력도 매우 부족해서 일부 제한적인 사람들과만 관계를 맺어 왔던 것으로 보이지만, 이들과의 관계에서도 안정감을 느끼지 못하고 있고 사고 수준도 미숙해서 사소한 자극에 대해서도 민감하게 반응하며 불안감을 느끼고 있는 것으로 생각됨.

• 심리평가 결과, 아동은 다음과 같은 진단이 시사됨. 현재 측정된 지능 수준이 중등도-고도 지적장애 수준으로 나타나고 있지만, SCT 문장 작성과 그림 수준을 고려하면 아동의 실제 지적 능력은 다소 높을 수 있음.

Axis I. Selective Mutism

Axis II. Mental Retardation, Severity Unspecified

(Unspecified Intellectual Disability)

• 제 언

1. 안정적이고 지지적인 환경 제공하기
2. 언어능력 향상시키기
3. 사소한 자극에 대해 설명해 주기
4. 또래 수준에 맞는 일상 경험 늘리기
5. 수준에 맞는 학업적 노력 기울이기

3. 자주 나타나는 반응

1) 주 호소

'무기력' '말을 하지 않는다' / '주의산만' '아이 같은 행동을 한다' '또래 친구들과 어울리지 못한다' / '감정 조절의 어려움' '또래관계 어려움' '자살과 관련된 언어 사용' / '자살사고' / '폭력적 성향을 보인다' '분노 조절을 못한다' '게임 중독 경향을 보인다' / '수리능력 저조' '대인관계 능력 미숙' / '거짓말', '남의 물건을 훔침' / '학교생활이 원활하지 않다(무단이탈, 등교거부)' '친구들과 밤 늦게까지 같이 있으려고 한다' '친구들이 자기를 싫어하는 걸 견디기 힘들어한다' / '전반적인 발달이 또래 수준에 못 미친다' '의사소통의 어려움' / '불안정하다' '욕설과 짜증이 많다' '의욕이 없다' / '단체 생활에서의 이탈행동' / '언어구사 능력의 저하' '단체 수업의 어려움' '자조능력의 저하' / '게임 중독' / '교우관계의 어려움' '서툰 언어표현' '자존감 저하' '감정표현의 제한' / '학습의 어려움' / '산만하다' '물건을 훔친다' / '친구관계의 어려움' '화를 잘 낸다' '싸움을 잘한다' / '주의가 산만하고 학습이 부진하며 언어표현을 제대로 못하고 상황 판단이 느려 친구들과 어울리지 못한다' / '다운증후군' / '자신이 없으면 눈을 깜박거리고 울려고 한다' '입을 벌리고 멍하니 바라본다' '사람들을 피하고 혼자 있기를 좋아한다' / '짜증이 많다' '산만하고 집중을 하지 못한다' '공부에 흥미가 없다' / '듣기는 잘 하는데 이해를 잘 못한다' '숙제를 거의 어머니가 다 해서 보내 준다' / '장애 진단' / '아직도 한글을 떼지 못했다' / '말주변이 없고 잘 어울리지 못한다' / '공부 방법을 알고 싶다' / '말더듬' '위축' / '발달이 늦다'

2) 낮은 기능-언어성 지능(언어이해, 작업기억)

행동: 말을 하지 못하고 '아~'와 같이 소리만 내는 수준이어서 언어성 과제는 수행이 불가함

지능: 낮은 지능 수준 및 소검사 점수 / 실생활에서 자주 쓰이는 간단한 덧셈・뺄셈・곱셈은 가능하지만, 단순한 두 자릿수의 나눗셈에서도 오류를 보임 / 미숙한 수준의 의사소통을 하고 있을 것으로 여겨짐('풍년–모르겠다' '김치–배추' '단풍–가을에 나는 단풍잎') / 일상생활에 필요한 기본적인 지식조차 습득하지 못함('운명교향곡–모르겠다' '국보1호–모르겠다' '산에 나무를 심는 이유–모르겠다' '음식을 익혀 먹는 이유–모르겠다') / 어휘, 이해 등 긴 설명이 필요한 소검사에서는 전혀 말을 하지 않음 / 평균 하 수준의 공통성, 지적장애 수준의 어휘 / '경찰–경찰이니까' '싸움–싸운다' 등 문제 반복 / 단어의 의미에 대해 설명을 하기보다 구어체로 자신의 느낌을 말함('성가신–애, 너무 짜증 나' '강요하다–너, 이거 해야 돼 하면서 강요하다') / 수계산 능력은 경계선 수준으로 낮게 나타났으며, 그나마 2개 문제는 같은 대답을 반복하는 중에 우연적으로 맞힌 것으로, '크다' '작다'의 개념 외에 한자리 숫자를 세는 것 정도만 가능함 / 쉬운 문항에서조차 질문의 내용과는 완전히 다른 엉뚱한 대답을 하는 경우가 많음

3) 낮은 기능-동작성 지능(지각추론, 처리속도)

행동: 검사 자극을 맞혔음에도 불구하고 '이거 맞아요?'라고 하고 있어서 자신의 수행에 자신감이 부족해 보임

지능: 토막짜기 소검사에서는 난이도가 높아지자 제시되는 자극과 무관하게 토막만 굴리거나 쉽게 포기하는 모습을 보였고, 단어의 뜻을 잘 이해하지 못하고 반문하거나 머리를 긁적이며 지연된 반응을 보임 / 토막짜기나 모양맞추기 소검사의 경우 정답에 비슷하게 맞춰 놓고도 전혀 이해하지 못하는 표정을 짓기도 함 / 정답에 가까운 모양을 만들어 놓고도 전혀 모르겠다는 표정을 짓거나 흩어 버리고 처음부터 다시 함 / 공통그림찾기와 빠진곳찾기의 상대적 상승, 토막짜기와 행렬추리의 상대적 저하 / 차례맞추기에서는 우연적인 수준에서 검사자의 시범을 보고 1개 문항에 성공함 / 기호쓰기에서 그리다가 잊어버려서 다시 보는 걸 반복하느라 시간이 상당히 지연됨

4) 낮은 기능-지능검사 외

행동: '마' '엄마' '파' 등의 매우 단순한 언어표현만 가능함 / 질문에 대한 대답을 하지 못한 채 자신이 할 수 있는 단어만 반복해서 말함 / 일상적인 간단한 질문에 대해서조차도 적절히 답하지 못함 / 어눌한 말투 / 사물의 명칭을 구체적으로 언급하지 못한 채 '이거' '저거' 등 애매하게 말함 / 전반적으로 말과 행동이 느림 / 발음이 자연스럽지 않고, 단어만 나열하는 수준으로 말은 짧게 함 / 검사자가 질문을 하면 대답을 계속하였으나 부적절한 경우가 많았으며, 정답인지 여부는 별로 신경 쓰지 않는 듯함 / '이거' '저거' 등 대명사를 자주 사용함 / 눈에는 사시기가 있어 초점이 잘 맞지 않음 / 자신이 과제를 마치거나 검사자가 시범을 보이면 '됐다'라고 하면서 엄지를 추켜올리는 등 단순한 수준의 말과 행동만 함 / 검사자의 말 중에서 '주세요' '보세요' 등은 알아들을 수 있음 / 의미 있는 언어표현이 거의 불가능함 / 연필을 부자연스럽게 잡음 / 나이에 비해 손동작이 그다지 정교하지 못함 / 자신이 했던 말을 취소하는 경우가 많음 / 과자를 소리 내서 먹었고, 검사 도중에 턱을 괴면서 과제를 수행하거나, 과제가 어려워지자 게임하듯이 '통과!'라고 말함

MMPI: 극단적으로 높거나 낮은 점수 / 무응답(?) 척도가 69T로 나타나고 있어 전반적인 검사의 신뢰도가 매우 낮은 상태

HTP: HTP, KFD 등의 검사에서는 그림을 전혀 그리지 않으면서 갑자기 반응을 거부함 / 적은 반응 / 사람 그림에서 얼굴에서 다리가 바로 나옴 / 사람 그림에서 목을 그리지 않음 / 정교함이 부족해 유치원생 수준의 그림을 그림 / 남자 그림에서 '나이−10세', 여자 그림에서 '나이−5세' '필요한 것−장난감' / 나무 그림을 열쇠구멍과 같은 모양으로 그림, 사람 그림에서 목이 없고 손과 발을 적절히 표현하지 못함

Rorschach: 적은 반응 수 / 적은 M / 높은 X-% / 반응 거부 / WDA% 저하 / 많은 Dd / 많은 동물 반응 / 나비, 벌, 꽃게, 거미, 개미, 호랑이 등 대부분 평이한 동물 반응만 보임 / '똥강아지가 똥 싸는 거' / 음식 반응

TAT: 적은 반응 / 간단한 반응 / 그림을 있는 그대로만 표현함('여기 남자가 있고, 여기 여자가 있다' '창문 앞에 사람이 있다' 등)

SCT: 무응답이 많음 / 짧은 반응 / 단어의 철자를 많이 틀리고, 제시되는 문항과 무관한 문장을 작성함 / '돈봐다다, 좇핬하다, 수학어렸다, 이유없씨, 공부갈리킸다' 등 철자법 오류가 많이 나타남

5) 낮은 기능에 대한 변명

행동: 검사지를 처음에 제시하자 "하기 싫어요." "재미없을 거 같아요." "이런 거 못하는데……."라고 하며 거부함 / 토막짜기 과제에서 "4개로 되긴 돼요?"라고 물었고, 모양맞추기 수행 시 "이거 하나가 남는데요?"라며 문제를 탓함 / 자신이 풀지 못하는 과제일 경우 "없는 거 같다."라고 하였고, 검사자의 지시를 알아듣지 못하고 반복해서 물어봄 / 과제 수행이 어려워지자 쉽게 포기하거나 "4개로 되는 거 맞아요?"라며 검사도구를 탓하기도 함 / 바닥권의 성적을 보이면서도 "반에서 5등 정도 해요."라고 말함

6) 낮은 자기관리 기능

행동: 손을 씻지 않은 듯 까맣게 되어 있음 / 뒷머리는 뻗쳐 있었으며 옷에 얼룩이 져 있었고 냄새가 남 / 손톱이 길고 때가 껴 있음 / 과제가 어려워지자 손톱을 물어뜯었으며, 검사 중간에 계속해서 하품을 함 / 걸음걸이가 부자연스러웠고, 침을 흘리기도 함 / 옷에 얼룩이 묻어 있고, 침을 자주 흘림 / 멍한 표정으로 있는 경우가 많았으며, 말도 어눌함 / 손목에는 분홍색 하트 팔찌를 하고 분홍색 블라우스를 입는 등 외모에 상당히 신경 쓰는 듯 보였으나, 나이에 비해 부적절하게 꾸민 모습임 / 매번 '모른다'고 매우 자신 있는 표정으로 말하였으며, 숨 쉬는 소리가 마치 코를 고는 듯 거칠었으나 이에 대해 신경 쓰지 않는 듯 보임

7) 높은 기대

HTP: 집 그림과 나무 그림에서 '소원—더 커지는 거' / 나무 그림에서 '나이—1,000세' / 나무 그림에서 기둥을 크게 그림 / 나무 그림에서 나무의 수관을 풍성하게 그리고, '나이—101세' '필요—나뭇잎' / 나무 그림에서 '나이—오래됐어요. 한, 100년' / 사람 그림에서 '필요—공부' '소원—공부 잘해서 남부럽지 않게 사는 것' / '자신에게 하고 싶은 말—책을 많이 읽어서 유명한 사람이 돼라'

SCT: '인젠가 나는 부자가 될 기다' / '내가 가장 행복한 때는 시험 100점 맞을 때' / '제일 좋은 꿈은 반에서 1등 하는 것' / '둘째 소원은 똑똑해지는 것' / '나는 공부가

싫지만 앞으로 많이 노력해서 훌륭한 사람이 될 것이다' '셋째 소원은 내가 열심히 공부해서 하버드에 가는 것'

8) 기대와 기능의 차이로 인한 불편감(좌절감, 무기력, 위축)

행동: 과제가 어려워지자 목소리가 작아지고 말끝을 흐리면서 말함 / "아닌가?"라며 자신의 답에 확신하지 못한 채 목소리가 작아지는 경우가 많음 / 쉬운 과제에서는 "이거 너무 쉽다."라며 자신만만해하면서도, 난이도가 높아지면 바로 포기함 / 언어적 능력이 필요한 과제에서 반응이 매우 느렸으며, 머뭇거리면서 말을 쉽게 내뱉지 못하였고, HTP에서도 검사지를 받고 한참 동안 그리려는 시도를 하면서도 선뜻 그리지 못함 / 답을 잘하지 못할 때에는 고개를 갸우뚱거리거나 눈을 깜박이며 지연된 반응을 보임 / 웃음을 보이면서도 멍한 표정인 경우가 많음 / 질문에 대답을 하지 못하는 경우에는 아무 말도 없이 딴청을 부리거나 그냥 검사자만 쳐다보고 있음 / 대답은 잘하지 못하면서 검사자의 눈치를 살피고, "아, 힘들다. 씨!" "이걸 어떻게 만들어!" "또 해요? 힘들어 죽겠는데?"라며 불평을 함 / 상황에 맞지 않게 웃음

지능: 이해 소검사에서 '도서관－없어요' '신문－좋은 이유 없는데'라고 하듯이 자신이 모르는 문항에서는 애매하게 대답하는 경우가 많음

MMPI: '낮은 포부' 상승 / 9번 저하

HTP: 모든 그림을 작게 그림 / 사람 그림에서 손과 발을 그리지 않음 / 나무 그림에서 옹이를 2개 그림 / 나무 그림에서 기둥은 굵고 길게 그리면서도 수관은 작게 그림 / 모든 그림을 작게 그리고 종이의 구석에 그림

Rorschach: 카드를 제시하자 이후 40분 동안 검사를 거부함 / m 상승

TAT: '절망하는 모습' / '어두워 보이는 거 같다' '어두운 느낌' '어두운 산속'

SCT: '행운이 나를 외면했을 때 짜증 난다' / '내가 제일 걱정하는 것은 공부' '나를 가장 화나게 하는 것은 공부' '나는 공부를 못한다' / '대부분의 아이들은 공부를 잘한다' / '나의 좋은 점은 없다' / '나의 좋은 점은 모르겠다' / '내가 제일 걱정하는 것은 시험을 못 볼까 봐' / '나의 나쁜 점은 말을 하지 않는 것' '다른 사람들은 나를 말을 잘 안 하는 아이라고 한다' / '나는 공부가 제일로 싫다' / '나는 너무 한심하다. 공부도 못하고 말도 더듬고 잘하는 게 없어서' '나의 가장 나쁜 점은 여러 가지 많은데…… 자신감이 없고 말도 못하고 사람들 앞에서 나서지 못하고 또 여러 가지 많

다' / '나의 장래는 아직 없다' '내가 보는 나의 앞날은 불행하다' '내가 믿고 있는 내 능력은 없다'

9) 미래에 대한 부정적 사고

HTP: 집 그림에서 '미래—없어져요. 불에 타서' / 나무 그림에서 '앞으로—죽겠죠' / 집 그림에서 '앞으로—부서질 것 같다…… 불이 날 것 같다' / 나무 그림에서 '앞으로—죽을 것 같다'

SCT: '내가 보는 나의 앞날은 어둡다'

10) 우울감(정서적 고통감)

MMPI: 2, 7, 0번 상승

HTP: 나무 그림에서 '오래 살지 못하고 시들어서 죽을 것 같다' / 나무 그림에서 '가을 되니까 낙엽이 떨어지고 가지만 남은 나무'

Rorschach: MOR 상승 / C′상승 / V번 카드의 반응 실패

TAT: '슬퍼서 울어요. 나중에 죽어요' / '슬퍼하는 것 같아요' '울고 있어요' / '쓸쓸하게 아내를 기다리는 모습' / '자살하려는 사람의 모습' / '불쌍하다' '초라해 보여요' '죽었을 것 같아요' '평생 우울하게 지내는 것 같다' / '몹시 괴로워하는 표정' / '좌절하고 있는 거…… 울고 있어요' / '슬퍼 보이는데' '부인이 죽어서 울고 있어요' '자살 중이에요' '엄마가 죽었어요' / '우울해 보여요' '절망에 빠진 사람 같아요' '죽은 사람' / '부부싸움 하다가 울고 있다' '남편한테 안겨서 울고 있다' '남자가 아프다'

SCT: '나는 때때로 우울해진다' / '나를 가장 슬프게 하는 것은 나 자신이다'

11) 단순한 사고(피상적 사고)

Rorschach: 높은 Lamda / W 상승 / 가장 애매한 IX번 카드 반응 실패

TAT: 자율적인 연상 반응이 필요한 16번 카드에서만 반응을 실패함

SCT: '우리 윗사람들은 나이 많은 사람이다' '내가 늙으면 죽는다' '내가 어렸을

때 우리 가족은 가족이다'

12) 불편감의 부인

MMPI: L, K 척도의 상승

HTP: '평범한 빌라' '평범한 나무' '평범한 사람'

SCT: '내가 제일 걱정하는 것은 없다' '나의 나쁜 점은 없다' / '내가 꾼 꿈 중에서 가장 무서운 꿈은 없다' / '나의 나쁜 점은 몰라요' '나를 가장 슬프게 하는 것은 몰라요'

13) 과도한 노력(극복 및 통제 욕구)

행동: 거부적이거나 위축된 태도를 보이다가 검사 자극이 주어지면 열심히 함 / 문을 열고 들어오면서 "문 닫아요."라고 말하며 조심스럽게 행동하였고, 두 손을 무릎 위에 올린 자세를 유지함

지능: 기호쓰기의 단독 상승 / 숫자의 단독 상승 / 기호쓰기와 동형찾기 소검사에서도 제시 자극을 하나씩 세심하게 보면서 과제를 진행함 / 지능검사의 지필과제에서 수행 양상을 볼 때, 시간 제한이 있음에도 불구하고 필요 이상으로 완벽주의적인 태도를 보임 / 기호쓰기에서 필압이 높음

HTP: 나무 그림에서 가지를 많이 그림 / 사람 그림에서 손을 강조해서 그리고 어깨를 크고 넓게 그림 / 남자 그림에서 손가락을 강조해서 그림 / 원하는 그림을 그려보라고 지시했음에도 불구하고 "간판 그려도 돼요?" "집이랑 똑같이 그려요?" "머리카락도 그려요?"라고 추가적으로 질문함 / 높은 필압

Rorschach: 많은 반응 수, 높은 Lamda, 같은 반응 내용의 반복 / 적은 반응 수, 상대적으로 높은 평범 반응 수 / 첫 번째 카드에서 반응을 많이 하고, 이후에 반응 수가 급격히 줄어듦 / 높은 Dd / 23개의 단순한 형태 반응(F)을 보였으나, 대부분 '나비' '박쥐' '나방' '바위' 등의 반응을 2~4회씩 반복한 결과임 / D의 비율이 높음

SCT: '내가 만약 동물로 변할 수 있다면 고양이가 되고 싶다. 왜냐하면 고양이가 좋고 예쁘고 귀엽기 때문이다' / '내가 만약 동물로 변할 수 있다면 호랑이가 되고 싶다. 왜냐하면 아무도 건드리는 사람이 없으니까'

14) 낮은 기능에 따른 충동성

행동: 모르는 문제에 대해서는 고민하지 않고 빠르게 "모르겠다."라고 말하였고, 산수 과제 시 문제가 끝나기도 전에 답변을 함 / 검사과제가 어려워지자 빠르게 포기하였고, 검사가 20분 정도 지나자 앉은 자리에서 자세를 계속 바꾸었으며, 책장에 있던 스펀지밥 인형에 관심을 두며 만지는 등 움직임이 많아짐 / 검사 중간에 고개를 좌우로 계속 흔듦 / 눈맞춤을 안정적으로 유지하고 못하고 주변을 두리번거리거나 검사실 내의 여러 가지 물건과 도구들에 시선을 두는 경우가 많음 / 검사자의 행동을 따라 하며 관심을 보이다가도 바로 다른 곳에 주의가 쉽게 분산되는 모습을 보였고, 자리에서 불쑥불쑥 일어나서 돌아다니고 밖으로 나가려고 문을 엶 / 두 문항 이상 주의를 집중하지 못하였고, 과제 수행 중간에 필통을 만지고, 검사와는 관련 없는 질문을 함 / 검사 도중에 검사지 기록을 보려고 앞으로 몸을 숙이거나 필요하지 않은 도구를 갑자기 만짐

지능: 숫자외우기 소검사에서는 숫자를 다 부르기도 전에 먼저 말해 버림 / 지시사항을 듣지 않고 먼저 검사카드를 만짐

15) 부정적 평가에 대한 민감성(위협적 · 적대적 지각)

MMPI: 6번, 8번 상승

HTP: 나무 그림에서 '소원—사람들이 자르지 않는 거' / 사람 그림에서 눈을 강조해서 그림 / 사람 그림에서 머리를 크게 그리고 눈을 강조해서 그림 / '생각—나를 베어 버리면 어떻게 하지' '소원—자기를 베어 버리지 않았으면' / 사람 그림에서 눈을 진하게 그림 / 남자 그림에서 '불행—아빠한테 혼날 때' / 남자 그림에서 '소원—부모님이랑 친구들이 안 괴롭히는 거, 안 때리는 거'

Rorschach: 정서적 불편감을 일으키기 쉬운 I, IV, IX번 카드에서 반응에 실패 / '괴물' '귀신' '사마귀' / 왕개구리, 왕너구리, 왕박쥐, 왕코뿔소, 호랑이, 사자, 괴물박쥐 등 대부분 크고 위협적인 대상 반응을 많이 보임 / VI, VII번 카드 반응 실패(친밀하고 지지적인 지각의 실패) / '공포' '두려움' '사람들을 잡아먹는 괴물'

TAT: '전쟁이 일어나서 가난해졌다' '바위가 무너져서 죽을 것 같아요' '일하다가 해고당해서 밥도 못 먹고 밥 먹는 것을 구경하는 것 같아요'

SCT: '내가 없을 때 친구들은 내 욕을 한다' / '우리 엄마는 화를 낸다' '우리 아빠는 화를 낸다' / '우리 엄마는 너무 무섭다' '우리 엄마 아빠는 무섭습니다' / '내가 가장 무서워하는 것은 뱀' '내가 꾼 꿈 중에 제일 무서운 꿈은 뱀길을 걷는 꿈' / '내가 가장 좋아하는 사람은 괴롭히지 않는 사람' '내가 가장 싫어하는 사람은 괴롭히는 사람' / '다른 사람들은 나를 싫어해' '대부분의 아이들은 너무 싫어' '첫째 소원은 놀림 안 받는 것' / '내가 가장 무서워하는 것은 무서운 생각' '내가 꾼 꿈 중에 제일 무서운 꿈은 무서운 생각 하는 꿈' '내가 가장 싫어하는 사람은 말투가 짜증 나는 사람이다' '나를 가장 화나게 하는 것은 짜증 나는 말투와 잔소리' / '우리 아빠는 때로는 착하고 내가 잘못하면 혼낸다' '내가 가장 무서워하는 것은 아빠' / '내가 가장 싫어하는 사람은 이유 없이 겉모습만 보고 욕하는 사람' / '내가 제일 걱정하는 것은 아빠한테 혼나는 것'

16) 대인관계 단절(외로움, 소외감)

지능: 빠진곳찾기 소검사 저하

HTP: 집 그림에서 창문을 그리지 않음 / 집 그림에서 '분위기—외로워요', 나무 그림에서 '외로운 나무' / 사람 그림에서 '불행—왕따당했을 때' / 집 그림에서 문을 그리지 않고, 나무 그림에서는 가지를 매우 짧게 그림

Rorschach: 적은 H / III번 카드 반응 실패

TAT: '외로움' '혼자 있어요' / '외로워 보여요'

SCT: '나는 친구가 싫다' '여자애들은 싫다' / '다른 사람들은 나를 싫어하는 것만 같다' / '내가 제일 걱정하는 것은 내 곁에 아무도 없는 날이 올 것 같다' / '나는 친구가 나에 대해 어떤 생각을 할까?' '다른 사람들은 나를 이상하게 볼까?' '대부분의 아이들은 날 좋아할까?' / '다른 사람들은 나를 싫어해' '대부분의 아이들은 너무 싫어' '첫째 소원은 놀림 안 받는 것' / '나는 친구가 별로 없다'

17) 공격성(분노감)

행동: "아휴. 힘들어." "너무 빨라서 못 하겠다."라고 하면서, 얼굴을 찌푸리면서 짜증을 냈고, 아예 창밖을 응시하거나 무작위로 반응하고, 주먹을 내리치기도 함 /

공격적인 말투로 "됐어요." "그냥 해요."라고 소리침

지능: 이해 소검사에서 '지갑—갖고 간다' '연기—그냥 가만히 자기 길 간다' '싸움—그냥 떠요' 등 반항적인 태도를 보임 / '싸움—나대지 말라고 한다' '복종하다—가지고 놀다' '방해하다—싸가지 없다' 등 적대적이고 공격적인 반응을 보임

HTP: 나무 그림에서 가지를 뾰족하게 그림 / 사람 그림에서 손을 원 모양으로 그리고 직선으로 뾰족하게 손가락을 그림 / 남자 그림에서 '생각—만화책 몰래 읽는 애들 죽여 버린다. 단단히 혼을 내야지' / 사람 그림에서 '기분—화난 것 같다' / 나무 그림에서 '소원—제발 사람들이 날 패고 그러지 말라고', 여자 그림에서 '행동—친구가 물건 뺏어 가서 화난 거' '단점—친구를 막 때린다' '가장 불행할 때—친구가 막 때릴 때'

Rorschach: S(공백 반응) 상승 / '싸우는 모습' '칼을 차지하기 위해 서로 죽고 죽이는' / '피 같아요' / AG 상승

TAT: '매복' '공격' / '정말 죽이고 싶은 사람 죽일 것' / '싸우는 것 같아요' / '사람을 죽이는 것 같아요' / '도둑질하러 온 것 같아요, 범죄자가 될 것 같아요' '도둑질하다 걸려서 감옥에 들어간 것 같아요' / '수술해서 아파 보이는데 그거 복수하려고 총 들고 가는 것 같아요' / '누구를 죽이려고 하는 거'

SCT: '내가 가장 싫어하는 사람은 우리 반 전체' '선생님들은 짜증 난다' / '남자애들은 짜증 나고 죽여 패고 싶다' / '나의 나쁜 점은 자주 화를 낸다' / '나는 때때로 짜증을 낸다' / '나의 나쁜 점은 친구랑 많이 싸운다' / '내가 가장 싫어하는 사람은 선생님' / '나는 때때로 착하다가 건들면 화난다' '나를 가장 화나게 하는 것은 건드리거나 짜증 나게 하는 것' / '나를 가장 화나게 하는 것은 친구들이 때릴 때 화가 나서 폭력이 나온다' / '내가 좀 더 나이가 많다면 더 뺀질거린다' '다른 사람들은 나를 착하게 알지만 그렇지 않다' / '나의 가장 나쁜 점은 조금씩 애들을 괴롭히는 것'

02 Chapter 언어장애

1. 심리과정상의 특징

미숙하게 말하거나 부적절한 표현을 쓰거나 상대의 말을 이해하지 못하는 등 언어생활에 문제가 있으면 연령 수준에 맞게 학습을 하기 어렵고, 또래관계에서도 점점 밀려나게 된다. 추후 개선을 위해서는 우선 어떠한 언어능력이 부족한지 구체적으로 찾아내야 한다.

한편, 언어장애를 가진 아동·청소년은 언어적 능력이 부족하면서도 비언어적 능력은 유지되기 때문에 판단력은 또래와 같은 수준을 유지하고 있어서 자존심을 내려놓기는 힘들고, 결국은 언어생활을 최소화시키는 방향으로 행동하기 쉽다. 따라서 검사 시에는 지지적인 말을 통해 최대한 자존심을 유지할 수 있도록 해야 많은 반응을 이끌어 내서 기능을 제대로 판단할 수 있다.

또한 언어적 능력이 부족하면서도 자존심을 유지하려면 다른 능력을 개발해서 보완해야 하는데, 이 과정에 성격적 특성이 작용하고 정서적 불편감이 생길 수 있으므로 보완 기제를 찾아내는 것이 역동을 파악하는 데 필요하다.

2. 보고서 사례

1) 재검사, 우울증(여자 / 만 12세 / 초6)

■ 의뢰 사유

아동은 학교에서 실시한 지능검사 결과 기능 수준의 극심한 차이가 나타났으나 높은 성취 욕구를 드러내었고, 학습 기능 향상 프로그램에 참여한 후 기능 개선 여부를 확인하기 위해 상담센터에 심리평가를 의뢰하였으며, 인지 기능 및 정서 파악을 위해 아동종합심리평가를 실시하였다.

■ 행동 관찰과 면담

아동은 작은 키와 왜소한 체구의 초등학생으로, 방울이 달린 후드티를 착용하였으며 단정한 단발머리에 귀여운 인상이었다. 위생 상태는 양호하였고, 검사자와의 눈맞춤도 적절하였다. "어떤 검사를 하는 거예요?"라고 물으며 긴장되어 보였으나, 전에 수행했던 검사라는 말를 듣고는 한결 편안해진 모습이었다. 그러나 Rorschach 검사에서는 "그림 정말 이상하네요."라며 검사에 대한 불편감을 표현하였고, TAT 수행 시에는 '~하고 있다' '~하는 것 같다' 등 갑자기 국어책을 읽듯이 딱딱한 말투를 사용하며 상당히 경직된 모습을 보이기도 했다. 내원 사유에 대해서는 "공부 잘하려고……."라고 하면서 성취 욕구를 드러내었다.

■ 지능과 인지 기능

한국 웩슬러 아동용 지능검사 3판 (K-WISC-III) - 2010. 4. 10.			
지 능	점 수	백분율(%)	수 준
언어성 지능	67	1	지적장애
동작성 지능	98	45	평균
전체 지능	74	8	경계선

한국 웩슬러 아동용 지능검사 3판 (K-WISC-III) - 2010. 5. 30.			
지 능	점 수	백분율(%)	수 준
언어성 지능	73	2	경계선
동작성 지능	114	83	평균 상
전체 지능	91	27	평균

2010년 4월 10일에 학교에서 측정한 아동의 전체 지능은 74로 경계선 수준을 나타냈으며, 언어성 지능은 67로 지적장애 수준을, 동작성 지능은 98로 평균 수준을 나타냈으며, 두 지능 간에 큰 차이를 보였다. 50일 뒤인 5월 30일에 시행된 지능검사에서도 두 지능 간의 차이가 크게 나타났다. 두 번의 시행에서 모두 언어성 지능과 동작성 지능 간에 30점 이상의 큰 차이를 보였으며, 언어성 지능이 매우 낮게 나타나고 있어서 언어 구사와 지식 습득에 상당한 어려움이 있을 것으로 생각된다. 다만, 2010년 5월 30일에 측정된 전체 지능이 이전의 수행에 비해 17점의 상승을 보이고 있는데, 이러한 전반적 상승은 학습 기능 향상 프로그램으로 인한 학습 효과와도 관련이 있어 보인다.

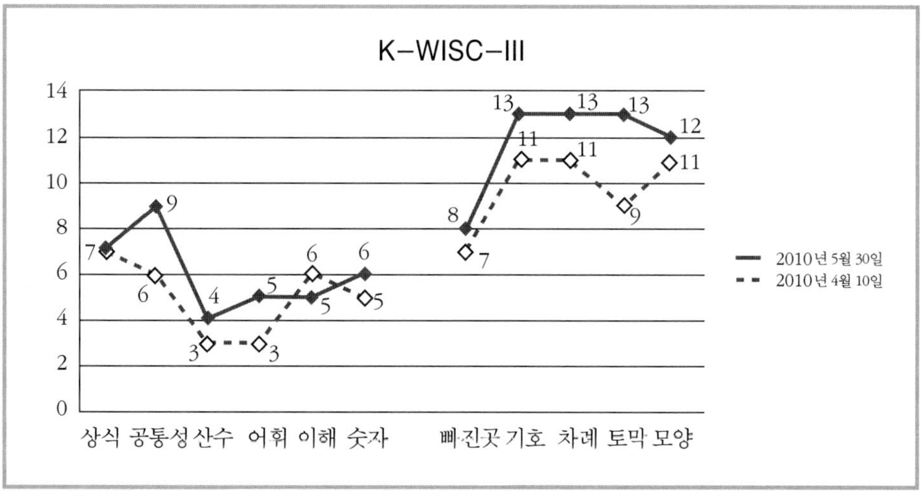

언어성 지능을 살펴보면, 사물의 유사성을 파악하는 능력은 평균 수준이며 이전의 검사에 비해 3점이나 상승하고 있어서 단어 개념에 대한 이해 수준이 좀 더 향상된 것으로 여겨진다. 다만, 여전히 쓰기에서는 간단한 단어에서조차 오류가 많이 나타

나고 있어서('밝다 → 밟다' '전기세 → 전기새') 이에 대한 지도가 필요해 보인다. 또한 어휘구사력은 경계선 수준으로 약 2개월 전보다 상승하고 있으나, 여전히 매우 부족한 수준이어서 자신의 생각을 전달하는 데 있어 상당한 어려움이 예상된다('섬—아무도 없는 것' '전염—마트'). 기본적인 지식 수준은 평균 하 수준으로 기초적인 지식조차 충분히 습득하지 못한 것으로 보이고('나흘 다음 날—오흘' '기압계—기계 보는 것'), 사회적 상황에 대한 이해력도 경계선 수준으로 한 문항에 정답을 여러 개 말하면서도('자동차 안전벨트의 필요성—안전하기 위해, 죽지 않게' '고기 검역의 중요성—몸에 좋은 걸 먹으라고, 건강해지려고') 같은 의미를 내포한 이야기가 불필요하게 반복되는 경우가 많아서 언어 사용의 효율성도 매우 부족해 보인다. 또한 반복 수행에도 불구하고 단순한 자극에 대한 주의력은 경계선 수준을, 수계산 능력은 별다른 변화 없이 지적장애 수준을 유지하고 있어서 주의력 수준이 매우 부족한 것 같다.

동작성 지능 영역에서는 시공간 구성능력과 부분을 통해 전체 상을 구성하는 능력, 시공간 운동 속도가 모두 평균 상 수준으로 문제해결 능력 · 응용력 · 민첩성은 높게 나타났으나 이는 연습 효과로 인한 상승으로 여겨지며, 이전 검사에서 나타난 평균 수준이 아동의 실제 기능을 더욱 적절하게 반영하는 것 같다. 다만, 점수 상승폭을 고려할 때, 반복적으로 학습한 자극을 다루는 상황에서는 좀 더 향상된 기능을 발휘할 수 있겠다. 한편, 상황적 맥락을 파악하는 능력은 평균 상 수준으로 나타나고 있는데, 학습 효과와 관련된 상승으로 생각되므로 약 2개월 전 실시된 평균 수준이 아동의 실제 능력과 더욱 관련 있어 보인다. 그러나 시각적 예민성은 평균 하 수준으로 이전과 비슷한 수준이어서 주변 환경의 변화에 그다지 민감하게 반응하지는 못할 것으로 생각된다.

지능검사 결과, 약 2개월의 간격을 두고 실시한 두 번의 시행에서 모두 두 지능 간의 편차가 크게 나타나고 있어서 문제 상황에서의 행동적 대처능력은 연령 수준에 맞게 유지되는 데 비해, 언어적 자원과 학습 수준은 상당히 저하되어 있는 것 같다. 다만, 반복적인 학습을 통해 익숙해진 자극을 다룰 때에는 기능 수준이 향상되고 있어서 비언어적 학습능력이 높고, 성취 욕구도 매우 높아 보인다. 단어 개념에 대한 이해력은 이전보다 다소 향상된 모습을 보이고 있으나, 간단한 단어에서조차 문법을 틀리고 언어적 표현력도 매우 부족해서 좀 더 적극적인 개입이 요구된다. 또한 주의력과 민감성이 떨어지고 있어 주변 환경 변화에 기민한 대응을 하기도 힘들어 보인다.

Rorschach 검사 결과, 총 반응 수가 18개로 주변 환경에 대한 관심은 비교적 적절해 보이며, 자신에 대한 기대감도 매우 큰 것 같다(W:M=9:0). 그러나 18개 중에서 16개가 단순 형태 반응이어서 사고의 유연성이 매우 부족하고, 외부의 다양한 자극을 효율적으로 다루지 못하여(ZD=-6.0) 스트레스에 압도되어 주변 상황을 충분히 파악하지 못한 채 부적절한 판단을 내릴 가능성이 높겠다(P=3, X-%=.44). 게다가 감정적인 결정을 내릴 가능성이 높아서(EB=0:2.5) 상황에 따라 충동적인 행동을 할 수도 있겠다.

▣ 성격과 정서

아동 · 청소년 행동평가척도 (K-CBCL)														
	사회성	학업 수행	총사회 능력	위축	신체 증상	우울 · 불안	사회적 미성숙	사고 문제	주의 집중	비행	공격성	내재화	외현화	총문제
T	42	32	35	56	39	47	64	45	59	53	52	48	52	54

아동의 어머니는 아동의 내면적인 문제를 보고하지 않았고, 외현적인 문제에 대해서는 '사회적 미성숙'을 보고하였으며, 면담에서는 또래에 비해 떨어지는 학습능력에 대해서만 우려하고 있었다. 아동은 HTP 나무 그림에서 '열매 달린 나무'를 매우 크게 그리고 있어서 인정에 대한 욕구가 높은 것 같다(HTP: 나무 그림 '소원-사과가 많이 열리는 것'). 그러나 인지적 불균형이 매우 크게 나타나고 있어서 학업적 성과는 아동의 노력이나 기대에 미치지 못했을 것으로 생각된다(TAT: '농사가 잘 안 되어 우울해 보인다' / SCT: '내가 제일 걱정하는 것은 공부를 못하는 것'). 이러한 아동은 학업과 관련한 스트레스도 매우 극심해 보이고(SCT: '내가 만약 동물로 변할 수 있다면 강아지가 되고 싶다. 왜냐하면 공부를 하지 않아도 돼서'), 좌절감을 느끼면서 우울감을 경험하고 있는 것 같다(TAT: '바이올린 끊어져서 우울해 보인다' '안 좋은 일이 생겨서 처참하게 있는 모습' '사람이 죽어서 울고 있다').

한편, 주변 사람들과의 관계에 대한 욕구가 커 보이며(HTP: 여자 그림 '소원-애들이 잘 노는 것' '나중에-친해진다', 남자 그림 '소원-친구들이랑 사이좋게 노는 것' / SCT: '내가 가장 행복한 때는 친구들이랑 놀러 갔을 때'), 타인에 대해 긍정적으로 언급하고 있었다(SCT: '다른 사람들은 나를 좋아한다고 생각한다'). 그러나 Rorschach 검사의 친밀감에 대한 태도를 나타내는 카드에서 '옷, 치마랑 멜빵'과 같은 의복 반응을 보이듯이, 가까운 사람들과의 관계에서 오히려 방어적인 모습을 보일 수 있겠다. 게다가 아동의 어머니 역시 그다지 지지적으로 느끼진 못하는 것 같다(SCT: '셋째 소원은 엄마가 착해지는 것'). 그리고 지능검사에서 나타나듯이 언어적 자원이 매우 빈약하고, Rorschach 검사에서 동물 반응을 13개나 하고 있듯이 사고 수준도 미숙해서(HTP: 여자 그림 '나이-4세'), 동성 또래와도 친밀한 관계를 형성하기 힘들었던 것 같다. 이러한 아동은 외부 환경을 위협적으로 느끼고 있는 것으로 보인다(TAT: '집이 불에 타는 모습' / Rorschach: '나쁜 토끼' '유령' / SCT: '내가 가장 무서워하는 것은 사린마(살인마)' '내가 꾼 꿈 중에서 가장 무서운 꿈은 귀신이 뒤에서 쫓아오는 것').

■ 요약과 제언

• 요 약

전체 지능: 91, 평균 / 언어성 지능: 73, 경계선 / 동작성 지능: 114, 평균 상

아동의 지능은 평균 수준으로 나타났으나 이는 학습 효과의 영향으로 보이며, 2개월 전 결과인 경계선 수준(전체 지능 74)이 아동의 기능 수준인 것으로 여겨짐. 문제 상황에서의 행동적 대처능력은 연령 수준에 맞게 유지되는 데 비해, 언어적 자원과 지식 수준은 상당히 저하되어 있음. 다만, 반복적인 학습을 통해 익숙해진 자극을 다룰 때에는 기능 수준이 향상되고 있어서 아동의 수준에 맞는 학업적 지원이 이루어진다면 보다 나은 기능 수준을 보일 것으로 예상됨. 또한 학업과 또래관계에서 모두 보다 나은 기능을 하고 싶은 욕구가 강하지만, 언어적 제한에 더하여 가까운 주변 사람들조차 지지적으로 인식하지 못한 채 오히려 주변 환경을 위협적으로 느끼고 있고, 좌절감을 혼자서 감내하며 우울감을 느끼고 있는 것으로 여겨지므로, 이에 대한 개입이 필요해 보임.

• 심리평가 결과, 아동은 다음과 같은 진단이 시사됨.

Axis I. Depressive Disorder NOS(Unspecified Depressive Disorder)

Communication Disorder NOS(Language Disorder)

• 제 언

1. 인지적 불균형의 해소를 위한 어휘력 및 지식 수준 향상
2. 관습적이고 성숙한 사고력의 향상

3. 또래와의 원활한 관계 형성을 위한 사회성 훈련
4. 우울감 개선을 위한 정서적 안정감 제공

2) 무언증, 불안장애 동반(여자 / 만 7세 / 초1)

■ 의뢰 사유

아동은 '학교에서 말을 하지 않음'을 주 호소 문제로 상담센터를 방문하였으며, 인지 기능 및 정서 파악을 위해 아동종합심리평가를 실시하였다.

■ 행동 관찰과 면담

아동은 보통 키, 보통 체격의 초등학생 여아로 어머니와 함께 방문하였다. 하얀 피부에 티셔츠와 바지 차림이었고, 머리를 뒤로 묶은 수수한 외모였다. 검사 시 초반에 시무룩한 표정으로 질문에 아무런 말도 하지 않았다. '빠진곳찾기' 과제에서 정답을 손가락으로 가리키며 적절한 수행을 보였고, 동작성 과제도 무난히 실시하였다. 그러나 언어성 과제에서는 대부분 답변을 거의 하지 못했고 '모르겠다'는 말조차 하지 않은 채 가만히 있는 등 반응을 거의 하지 못하여, 과제의 종류에 따른 태도의 차이가 크게 나타났다. 또한 아동은 검사자를 향해 활짝 웃는 표정을 보이기도 했지만, 검사 기록지를 자주 바라보고 있어서 평가에 예민해 보였다. 검사 도중에 '화장실 가고 싶다'며 여러 번 검사가 중단되었고, 이때마다 "엄마, 거기 있어야 돼."라며 어머니의 위치를 확인하였다. 그리고 아동은 어머니가 면담 중인 것을 알고 있음에도 불구하고 자신의 휴대폰으로 어머니에게 전화를 걸어 위치를 확인하는 등 어머니가 보이지 않는 상황에서 상당히 불안해하였다. 한편, 아동은 '사과'를 '차과'라고 말하는 등 발성 문제가 있었고, 자신의 불편감을 스스로 말하지 못하였다.

■ 지능과 인지 기능

한국 웩슬러 아동용 지능검사 3판 (K-WISC-III)

지 능	점 수	백분율(%)	수 준
언어성 지능	53	＜1.0	경도-중등도 지적장애
동작성 지능	83	12.9	평균 하
전체 지능	66	1.2	경도 지적장애

아동의 전체 지능은 66으로 경도 지적장애 수준을 나타냈으며, 언어성 지능은 53으로 경도-중등도 지적장애 수준을, 동작성 지능은 83으로 평균 하 수준을 나타냈으며, 두 지능 간의 차이가 30점으로 매우 큰 격차를 보였다. 즉각적인 문제해결 능력은 다소 부족한 정도였지만, 이에 비해 언어적 자원과 지식 습득 수준은 극단적으로 저하되어 있는 것 같다.

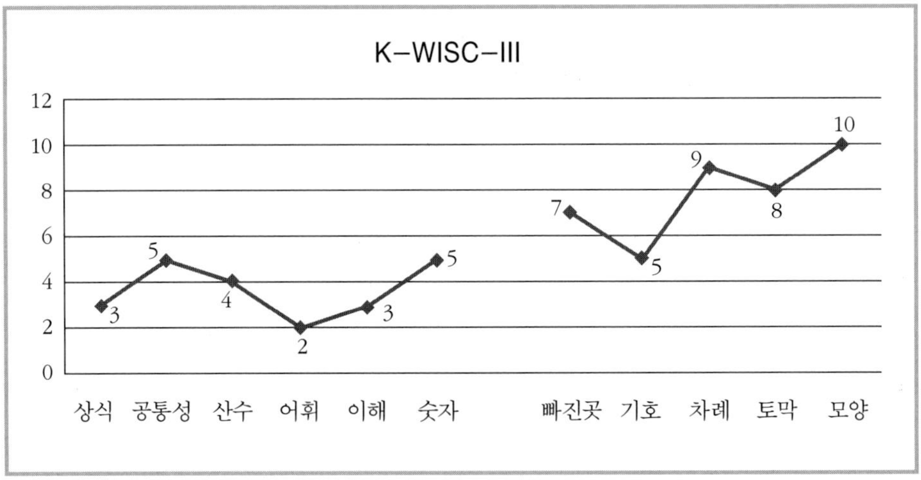

언어성 지능을 살펴보면, 사물의 유사성을 파악하는 능력과 어휘구사력을 평가하는 과제에서 한 문제도 대답하지 못하여 언어 개념에 대한 이해가 부족하고 전반적인 표현력도 낮은 것으로 여겨지므로, 의사소통 능력이 매우 제한적인 것으로 보인다. 단순한 자극에 대한 주의력은 경계선 수준으로 단기집중력이 매우 낮아 보이고, 수계산 능력은 지적장애 수준으로 수 개념을 다루는 능력도 매우 저조한 것으로 보인다. 다만, 간단한 한 자릿수 뺄셈은 가능하였다('10-3=7'). 또한 사회적 상황에 대한 이해력과 기본적인 상식 수준은 지적장애 수준으로 상당히 낮아서 일상생활에서 필요한 기초적인 지식조차 습득하지 못한 것으로 여겨진다('목요일 다음 날-화요일').

동작성 지능 영역에서는 부분을 통해 전체를 구성하는 능력이 평균 수준으로 익숙한 도구를 다루는 능력은 양호한 것으로 보이지만, 시공간 구성능력은 평균 하 수준이어서 낯설고 추상적인 도구를 다룰 때에는 기능 수준이 다소 떨어질 수 있겠다. 시공간 운동 속도는 이보다 더 저조한 경계선 수준에 그치고 있어서 행동의 민첩성도 매우 부족해 보인다. 한편, 사회적인 판단력은 평균 수준으로 연령 수준에 적절해 보이지만, 시각적 예민성은 평균 하 수준이어서 주변 사람들의 미묘한 감정 차이나 뉘앙스를 파악하는 것이 다소 힘들 것으로 여겨지며, 이로 인해 고집스러운 모습을 보일 수 있겠다.

지능검사 결과, 익숙한 도구를 다루는 상황에서는 비교적 적절한 능력을 보일 수 있겠으나, 낯설거나 빠른 대응이 필요한 상황에서는 대처능력이 부족할 것으로 여겨진다. 또한 언어적 자원이 상당히 저조하고, 사회적인 관습이나 도덕적인 규범의 습득 수준도 부족하며 주변 환경 자극에도 둔감해서 사회적 상황에서도 부적절한 모습을 보이기 쉬운 것 같다. 그리고 산수, 상식 등 학습에 필요한 기본 지식의 습득도 현저히 부족해서 학습에 어려움이 클 것으로 여겨진다.

Rorschach 검사 결과, 단 3개의 반응만 보였고, 가장 쉽게 자극의 형태를 변별할 수 있는 카드들에서만 '나비' '박쥐' '사람' 등 무난하고 단순한 반응을 보일 뿐 이외에는 전혀 반응하지 못하고 있어서 스트레스에 대응할 수 있는 자원이 현저히 부족한 것으로 보인다. 다만, 이렇듯 부족한 대처능력은 언어적 제한과도 관련이 있는 것 같다.

■ 성격과 정서

아동 · 청소년 행동평가척도 (K-CBCL)														
	사회성	학업수행	총사회능력	위축	신체증상	우울·불안	사회적미성숙	사고문제	주의집중	비행	공격성	내재화	외현화	총문제
T	43	47	44	100	56	77	58	58	54	43	47	73	46	60

아동의 어머니는 K-CBCL에서 '위축' '우울 · 불안' '내재화' 등 아동의 내면적인 정서적 불편감에 대해 상당히 높게 보고하였다. TCI에서도 '위험회피'가 81%로 극단적으로 높게 상승하고 있는데, 이는 일어나지 않은 상황을 미리 걱정하고 위험과 실패를 먼저 예상하는 성향을 반영한다. 이러한 아동은 HTP의 집 그림과 나무 그림을 좌측 하단의 지면 선에 붙여서 그리고 있어 불안 수준이 높아 보인다(TAT: '깜짝 놀란 표정'/ SCT: '선생님들은 무섭다'). 이러한 아동은 SCT에서 '나를 가장 슬프게 하는 것은 엄마가 어디 가는 것' '내가 제일 걱정하는 것은 엄마 핸드폰 켜졌나 안 켜졌나'라고 하듯이 어머니와의 분리에 대해서도 상당한 불안감을 갖고 있었다.

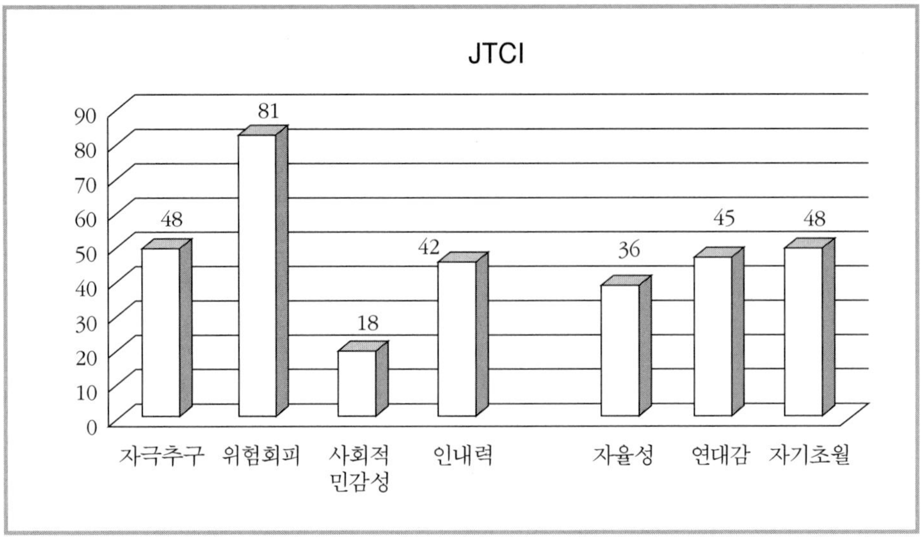

한편, 아동은 HTP의 사람 그림에서 활짝 웃고 있는 표정을 그렸고, 집 그림에서 '주변—나무, 꽃'이라고 하였으며, 행동상으로도 검사자의 말에 활짝 웃는 모습을 여러 번 보이는 등 친밀한 관계에 대한 욕구가 높아 보인다(SCT: '나는 친구가 좋다'). 그러나 아동은 TCI의 '사회적 민감성'이 상당히 부족하고, Rorschach 검사의 대인관계에 대한 태도를 나타내는 카드를 가장 싫어하는 카드로 선택하였으며, HTP의 사람 그림에서 '손'을 그리지 않고 있어서 실제 또래관계에서는 적극적 행동을 하지 못한 채 무기력하게 대응하고 있는 것 같다. 게다가 SCT에서 '대부분의 아이들은 나를 우습게 본다'라고 하듯이 오히려 부정적 피드백을 받고 있는 것 같다. 그러나 이와 같이 불안 수준도 높고 대처 자원이 매우 부족한 아동(검사 전반에 걸쳐 대부분의 질문에 '모르겠다'고 말하거나 침묵으로 일관함)은 불편감을 표현하지 못하고 침묵을 유지하는 등 수동적이고 회피적인 대응만 하고 있는 것으로 여겨진다.

요약과 제언

• 요 약

전체 지능: 66, 경도 지적장애 / 언어성 지능: 53, 경도 - 중등도 지적장애 / 동작성 지능: 83, 평균 하

아동의 지적 능력은 경도 지적장애 수준임. 아동은 익숙한 상황에서는 적절한 능력을 보일 수 있겠으나, 낯설거나 빠른 대응이 필요한 상황에서 대처능력이

부족할 것으로 여겨짐. 또한 언어적 자원이 상당히 부족하고, 관습이나 규범의 습득 수준도 매우 낮으며, 환경 자극에 둔감해 보임. 그리고 산수, 상식 등 학습의 어려움도 커 보임. 아동은 일어나지 않은 상황을 미리 걱정하고, 위험과 실패를 먼저 예상하는 경향이 강하고, 불안 수준이 높아 보임. 이러한 아동은 어머니와의 분리에 대해서도 상당한 불안감을 드러내고 있음. 한편, 아동은 친밀한 관계에 대한 욕구가 높아 보이지만, 실제 또래관계에서는 상당한 불편감을 느끼고, 부정적 피드백까지 받고 있는 것으로 여겨짐. 불안 수준이 높고 대처 자원이 부족한 아동은 불편감을 표현하지 못한 채 침묵을 유지하는 등 수동적이고 회피적인 대응을 보이고 있어서 환경적인 개입이 필요해 보임.

• 심리평가 결과, 아동은 다음과 같은 진단이 시사됨.

Axis I. Anxiety Disorder NOS(Unspecified Anxiety Disorder)
Selective Mutism
Communication Disorder NOS(Language Disorder)

• 제 언

1. 불안감을 감소시키기 위한 지지적 환경 조성
2. 의사소통 능력 향상
3. 주변의 위험 요소에 대한 현실적인 지각을 갖기
4. 스트레스 대처능력 향상

3) 높은 기대와 통제 욕구(남자 / 만 14세 / 중3)

■ 의뢰 사유

내담자는 '친구와 어울리지 못함' '연령에 맞지 않는 언어를 사용함' '욕을 많이 함' '말수가 없음' 등을 주 호소로 상담센터를 방문하였으며, 전반적인 인지 기능 및 정서 파악을 위해 청소년종합심리평가를 실시하였다.

■ 행동 관찰과 면담

내담자는 큰 키에 마른 체격으로 다소 그을린 피부였다. 갈색머리에 파란 남방을 입고 단추를 풀고 있는 등 외모에 신경을 쓴 모습이었고, 위생 상태는 양호하였으며, 검사자와의 눈맞춤도 적절하였다. 도구를 다루는 과제들에서는 수행 수준이 양호하였고, 턱을 괴고 있는 등 여유로운 모습을 보이기도 하였으나, 언어적 반응이 필요한 과제에서는 단답형으로 말하거나 모른다고 대답하는 경우가 많았고, 검사자의 지시를 한번에 알아듣지 못하고 다시 물어보는 등 힘들어하였다. 그리고 검사가 1시간 정도 지나자 앉은 자리에서 의자에 기대거나 자세를 바꾸는 등 움직임이 많았다. 내원 사유에 대해서는 '교사 추천'이라고만 하였다.

◻ 지능과 인지 기능

한국 웩슬러 아동용 지능검사 4판 (K-WISC-IV)			
영 역	지 능	백분율(%)	수 준
언어이해	55	0.1	경도-중등도 지적장애
지각추론	104	61.6	평균
작업기억	70	2.5	경계선
처리속도	92	28.9	평균
전체 지능	72	3.0	경계선

내담자의 전체 지능은 72로 경계선 수준을 나타냈으며, 같은 연령대에서 하위 3%의 수준이었다. 언어이해는 55로 경도-중등도 지적장애 수준을, 지각추론은 104로

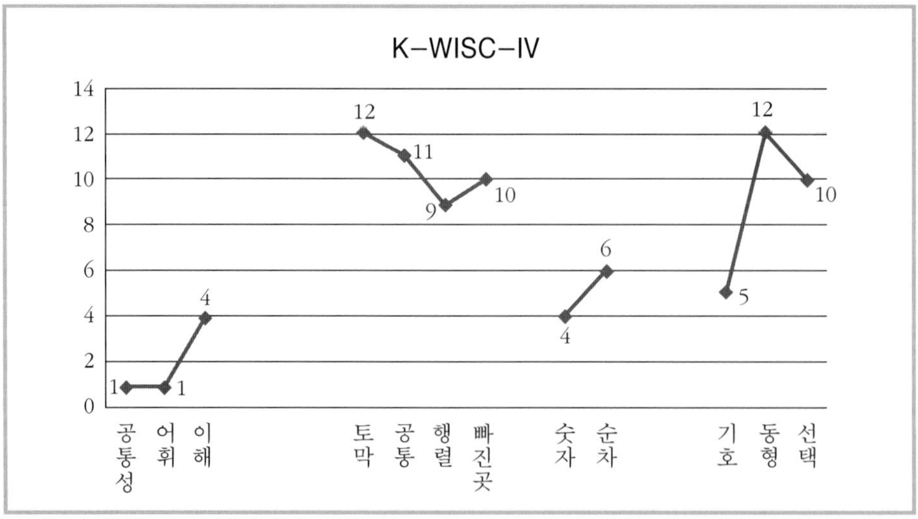

평균 수준을, 작업기억은 70으로 경계선 수준을, 처리속도는 92로 평균 수준을 나타냈으며, 지능 영역 간의 차이가 49점으로 매우 크게 나타나고 있었다(기준은 20점 차이). 문제 상황에서의 즉각적인 해결능력은 적절해 보이지만, 이에 비해 의사소통, 학습 및 주의집중이 필요한 상황에서는 상당한 어려움이 예상된다.

언어이해 영역에서는 모든 소검사가 지적장애 수준을 보이고 있어서 전반적인 언어적 자원이 매우 제한적인 것으로 나타났다. 사회적 상황에 대한 이해력은 지적장애 수준을 보이고 있어서 관습과 규범에 대한 습득 수준이 매우 부족해 보인다. 그리고 사물의 유사성을 파악하는 능력과 어휘구사력이 지적장애 수준이어서 언어적 자원도 매우 부족해 보이므로, 의사소통 시 상당히 미숙한 모습을 보일 것으로 생각된다.

지각추론 영역에서는 시공간 구성능력이 평균 상 수준으로 나타나서 지적 잠재력은 다소 높아 보이고, 전체를 고려하여 핵심을 파악하는 능력과 자극 간의 관련성을 찾아내는 능력이 평균 수준을 보이고 있어서 자신이 접해 보지 못한 자극을 통해 새로운 결론을 찾아내는 추론능력도 양호해 보인다. 그리고 시각적 예민성이 평균 수준이어서 주변 환경에도 적당히 민감해져 있는 것 같다.

작업기억 영역에서는 복잡한 자극에 주의를 기울이는 능력과 간단한 자극에 주의를 기울이는 능력이 각각 경계선, 지적장애 수준으로 나타나서 주의집중력 및 작업기억력이 매우 부족해 보인다.

처리속도 영역에서는 긴장감 속에서 빠른 논리적 판단이 필요한 상황에서 평균 상 수준의 기능을 보이고 있어서 간단한 자극이 주어질 때는 시간적 압력이 주어지는 상황에서도 비교적 높은 기능을 보일 수 있겠다. 그리고 간단한 시각적 자극에 짧은 순간 동안 높은 집중력을 발휘하는 능력은 평균 수준으로 나타나서 익숙한 자극을 다루는 상황에서도 양호한 기능을 보일 수 있겠다. 그러나 시공간 운동속도는 경계선 수준이어서 정교한 운동 기능이 필요한 상황에서는 급격히 기능이 떨어질 것으로 예상된다.

지능검사 결과, 내담자의 지적 잠재력은 다소 높은 편이었고, 도구적 문제해결 상황에서는 양호한 기능을 보일 것으로 생각된다. 그러나 언어적 자원, 기본적인 상식 등이 매우 빈약해 보이므로 의사소통 및 학습이 필요한 상황에서는 상당히 미숙하고 수동적인 모습을 보일 수 있겠다. 게다가 주의력 및 운동의 정교함도 부족한 상태로 기민한 대응이 필요한 상황에서도 적응의 어려움이 커질 것으로 여겨진다.

Rorschach 검사 결과, 내담자는 18개의 적절한 반응 수를 보이고 있으나, 단순한 형태 반응이 많아 사고가 매우 단순하고 경직되어 있는 것으로 보인다(L=8.00). 그리고 피상적인 시각으로만 주변 사물을 대하고 있으며(W:D:Dd=14:3:1), 조직화 능력이 현저하게 저하되어 있어서(ZD=-7.0) 주변의 많은 자극을 전혀 효율적으로 다루지 못하고 있는 것으로 보인다. 게다가 객관적 지각에도 어려움을 보이고 있어서(X-%=0.50) 스트레스 상황에서 문제해결에 어려움이 클 것으로 생각된다.

■ 성격과 정서

※ 보호자와 내담자는 설문지를 작성하지 않았음(부모 MMPI/SCT, JTCI)

내담자는 HTP 나무 그림에서 기둥을 크게 그리고 '나이 – 100세'라고 하여 자신에 대한 기대감이 높아 보이나, Rorschach 검사에서 '여우' '개구리' '사마귀' 등 동물 반응을 많이 보이고 있어 사고가 미숙하고, 지능검사에서 낮은 언어적 능력을 보이고 있어서 만족할 만한 성취를 이루지 못한 채 좌절감을 느끼는 경우가 많았을 것으로 생각된다(HTP: 사람 그림 '불행 – 상 못 받았을 때').

내담자는 TAT에서 '(끌어)안은 거 같아요'라고 하였고, HTP 집 그림에서 굴뚝을 그리듯이 애정 욕구가 높고, 부모에 대해서도 긍정적인 태도를 보이고 있었다(SCT: '우리 엄마는 나한테 잘해 준다' '우리 아빠는 가장 멋있고 자랑스러운 아빠다'). 그러나 친밀감에 대한 태도를 나타내는 Rorschach 카드에서 반응에 실패하였는데, 실제로는 가족과 같은 가까운 대상과의 관계에서 지지적인 관계를 맺지 못하고 있는 것 같다(SCT: '내가 가장 무서워하는 것은 아빠' / TAT: '외로운 거 같아요'). 그러면서도, SCT에서 '내가 가장 좋아하는 놀이는 애들하고 계곡 가서 물놀이할 때'라고 하였고, TAT에서 '애들이 노는 거'라고 하듯이 관계에 대한 욕구가 높고, HTP 사람 그림에서 손가락을 강조하여 그리고 있듯이 통제 욕구도 높아 보이므로, 주변 사람들의 반응을 고려하지 않은 채 자신의 의도대로만 하려는 경향이 강해 보인다. 이러한 내담자는 Rorschach 검사에서 색채 반응을 거의 보이지 않는 등 정서적 자원도 부족해 보이므로(Rorschach: WSumC=0.5), 주변 사람들과 공감적인 관계를 맺기 어려워 보인다. 이러한 상황에서 HTP 나무 그림에서 가지를 뾰족하게 그리고 있고, SCT에서 '내가 좀 더 어렸다면 엄마한테 대들었을 거 같다'라고 하듯이 공격성을 시사하는 반응들을 보이고 있어서, 대면 상황에서 스트레스가 가중되면 충동적인 문제행동을 보일 가능성이 높아 보인다.

요약과 제언

• 요 약

전체 지능	72	경계선			
언어이해	55	경도-중등도 지적장애	지각추론	104	평균
작업기억	70	경계선	처리속도	92	평균

내담자의 지능 수준은 경계선 수준으로 나타남. 지적 잠재력은 다소 높은 편이었고, 도구적 문제해결 상황에서는 양호한 기능을 보일 것으로 생각됨. 그러나 언어적 자원, 기본적인 상식 등이 매우 빈약해 보이므로, 의사소통 및 학습이 필요한 상황에서는 상당히 미숙하고 수동적인 모습을 보일 수 있음. 게다가 민첩한 상황 대처에도 어려움이 예상됨. 내담자는 자신에 대한 기대감이 높지만, 사고가 미숙하고 기능 수준이 낮아서 자신이 만족할 만한 성과를 이루지 못한 채 좌절감을 느끼기 쉬움. 내담자는 애정 욕구가 높고, 부모에 대해서도 긍정적인 태도를 보이고 있었으나, 실제로는 가족과 같은 가까운 대상과의 관계에서 지지적인 관계를 맺지 못하고 있는 것으로 보임. 통제 욕구가 높은 내담자는 또래관계에서 자신의 의도대로만 하려는 경향이 강해 보이므로, 대면 상황에서 스트레스가 가중되면 충동적인 문제행동을 보일 가능성이 높아 보임.

• 심리평가 결과, 내담자는 다음과 같은 진단이 시사됨.

Axis I. Communication Disorder NOS(Language Disorder)

• 제 언

1. 언어능력 향상시키기
2. 주의집중력 키우기
3. 성취감을 경험할 수 있는 과제 내주기
4. 사회기술 훈련
5. 지지적인 양육 환경 제공하기

3. 자주 나타나는 반응

1) 주 호소

'또래에 비해 언어능력이 떨어진다' '멍하니 딴생각을 한다' '자폐 같다는 얘기를 들었다' / '학교 부적응' '산만함' / '낮은 이해 및 해결능력' / '학습능력 저하' '언어 구사 능력 부족' '정서불안' / '주의집중력 저하' '자신감 부족' / '낮은 자존감' '학습된 무기력' '거짓말' '높은 우울 수준' '자살사고' / '학업의 어려움' '대인관계의 어려움' / '부주의' '과잉행동' '분노발작'

2) 언어능력 부족

행동: 정답과 유사한 답을 얘기하고는 쉽게 포기하는 경우가 많음 / 말끝을 얼버무리는 경우가 많았으며, 혼잣말을 하는 경우도 종종 눈에 띔 / 자주 검사자의 질문을 반복해서 물어봄 / 검사자가 질문을 하거나 말을 시켜도 전혀 발성을 하지 않음 / 검사 초반에는 거의 소리를 내지 않고 손짓을 하거나 입모양을 흉내 내며 반응함 / 언어적 답변이 필요한 경우에 머뭇거리며 웃거나 '잘 모르겠다'고 하는 경우가 많음 / 지시 사항을 들으면서도 검사지를 보려고 함 / 검사자의 질문에 고개만 끄덕거리거나 '아니요' '맞아요' 등의 단답식으로만 대답함 / 작은 목소리로 대답하고 말끝을 흐리면서 끝맺음을 하지 않는 경우가 많음 / 어눌한 말투로 말하고, 발음이 불분명하였으며, "아픈 거…… 아픈 거…… 아픈 거…… 고통이라고 해요." "애들이…… 애들이…… 애들이 나를 놀려요."라며 말을 시작할 때마다 앞부분을 반복해서 말함 / "두 발이 이렇게 있는 거를 자전거라고 생각해요." "이렇게 되는 게 많아요."라며 정확한 명칭을 말하지 못하고 지시어('이렇게' '그런 거' 등)를 사용하는 경우가 많음 / 불분명한 발음으로 의미가 전달되지 않는 경우가 많음

지능: 언어성 지능의 저하 / 언어이해, 작업기억 능력의 저하 / 어휘, 공통성 소검사 저하 / 언어성 과제에서는 무반응으로 일관하다가 동작성 과제에서는 열성적인 태도를 보임 / 동작성 지능의 상대적 상승 / 어휘, 이해 등 긴 답변이 필요한 소검사에서 대답을 하지 못함 / 추가적으로 실시한 받아쓰기에서 언어적인 잠재력에 비해 철자

의 오류('미끄럼틀 → 믿끄럽틀' '앉아 → 안자' '맑은 → 말흔'), 띄어쓰기의 오류('아름이가 좋아하는 곳은 숲 속에 있는 멋진 곳이다 → 아름이가좋아하는거곳은 숲속에있는멋진곳이다') 등의 문법적인 오류를 많이 보임 / 언어적 반응은 하고 있으나 문항이 의도하는 바를 이해하지 못함 / 어휘 소검사에서는 단어의 뜻을 설명하지 못하고('시계-시계의 숫자를 읽음'), 그림을 보고 간단한 사물의 이름을 명명하는 것만 가능함('자동차' '꽃' '기차'의 3개 문항만 맞힘) / 공통그림찾기에서 예시 문항에서조차 사물의 이름을 정확하게 말하지 못하였고(트럼펫을 기타라고 함), 행렬추리 소검사에서도 지시를 이해하지 못함

HTP: 집 그림에서 "집 한 채 그려 주세요."라는 검사자의 질문을 이해하지 못함

Rorschach: 단순한 형태 반응이 많음 / 반응이 짧음

TAT: 반응이 짧음 / '고민' '일하는 모습' '싸우는 모습' 등 매우 단순하게 그림을 묘사함

3) 관계 형성의 어려움(정서적 자원 부족)

Rorschach: VI, VII번 카드에서 반응의 어려움 / 적은 H / 색채카드에서 '갑옷' '괴물' 등의 반응을 보이고 가장 색채가 다양한 X번 카드를 '징그럽다'며 가장 싫어하는 카드로 선택함 / M-상승

TAT: '나쁜 사람들이 들어와서 우리에게 먼저 총을 쏜 거 같아요' '군함을 타고 싸우는 거 같아요' '누가 자주 괴롭혀서 창문 밖으로 뛰어나갈 거 같아요'

SCT: '나는 친구를 사귀기 힘들다' '나를 가장 화나게 하는 것은 애들이 싸울 때'/ '내가 신이라면 괴롭히는 애들을 따로 모아 둔다' '나를 가장 화나게 하는 사람은 친구들'

4) 위축된 모습(외부 평가에 민감함, 높은 불안, 낮은 자존감)

행동: 과제가 어려워질 경우에는 급격하게 표정이 굳어짐 / 모르는 문항에서는 빠르게 포기하였고, 대답을 하지 못한 채 검사자만 쳐다봄 / 연필을 힘주어 씀 / 난이도가 높은 과제를 수행할 때는 확신이 없는 말투로 "이거 맞아요?" "틀렸나……?" "아…… 아닌 거 같다."라며 지속적으로 정답을 확인함 / 모르는 과제에서는 반응이

느려지고, '뭐랄까' '그거는' '어' 등의 불필요한 삽입음을 많이 사용하며 머뭇거림 / 과제가 조금만 복잡해지면 지시를 아예 듣지 않고 시도조차 하지 않음

지능: 빠진곳찾기의 상대적 상승

HTP: 나무 그림에서 가지를 그리지 않음 / 사람 그림에서 '생각—혹시 어려운 거 할까 봐 걱정된다' '너무 시끄러우면 사람들이 싫어할 거 같아요' / 나무와 사람 그림에서 그림을 지면 하단에 치우쳐서 매우 작게 그림 / 사람 그림에서 '생각—바보라서 아무 생각이 없다' '성격—바보'

Rorschach: Economy Index에서 D의 비율이 과도하게 높음

TAT: '걱정되는 모습' / '바이올린 시험을 봤는데 탈락한 거 같아요'

SCT: '나는 공부를 안 한다' / '나의 나쁜 점은 공부를 못한다' '나는 공부를 못한다'

5) 불안(분리불안, 수행불안)

행동: 어머니와 분리되는 것을 몹시 꺼림 / 낮은 기능이 예상되는 상황에서 검사 도구를 만지작거리며 딴청을 피우고, 다리를 떨고, 검사자에게 투덜거리며 불성실한 태도를 보임

HTP: 집 그림에서 '미래—태풍이 불어서 다 날아가서 거대한 건물이 부서져서 산산조각 난다'

TAT: '아이가 생활이 좀 부담이 있어서 고민하는 거 같아요' '아이가 걱정하고 있어요'

SCT: '내가 제일 걱정하는 것은 내 안전' / '내가 꾼 꿈 중에서 가장 무서운 꿈은 좀비가 나오는 꿈' '나는 무서운 공상을 잘한다'

6) 의욕적인 모습

행동: 그림을 그릴 때 여러 개의 펜을 한꺼번에 들고서는 강하고 불규칙하게 돌림 / 흥미 있는 과제에서는 바른 자세로 집중하는 모습을 보임 / 도구를 다루는 과제에서는 매우 빠르게 반응하며 도구를 챙기는 것을 도움 / 어려움을 느끼는 문항에서는 혼자서 중얼거림 / 자세를 바로잡고 다음 과제를 기다림

지능: 공통성, 상식 등 간단한 답변을 요하는 과제에서는 양호한 기능을 보임

HTP: 열심히 그림을 그림 / 필압이 강하고, 그림의 크기가 크며, '큰 집' '큰 나무' 등의 반응을 보임 / 나무의 기둥을 굵게 그림 / 사람 그림에서 입을 강조해서 크게 그림

Rorschach: 카드를 많이 돌리며, 오래 관찰함 / 많은 반응 수 / '왕'

TAT: '책 읽고, 똑똑해진다'

SCT: '다른 사람이 내게 기대를 많이 하면 나는 그 기대에 부응한다' / '아무도 모르게 내가 원하는 것은 대학교 합격' '언젠가 나는 대학교 합격할 것이다' '내 소원이 마음대로 이루어진다면, 첫째와 둘째 소원은 대학교 합격'

7) 보호자에 대한 의존성

행동: 어머니가 같이 들어와서 책을 읽어 주자 그 소리를 들으며, 이후 시행된 과제를 매우 빠르게 수행하였고 소리를 내어 대답하기도 함 / 검사 초반에 수행을 어려워하다가 어머니가 옆에서 책을 읽어 주자 매우 빠르게 수행함 / 어머니에게 "했어요." "그랬어요."라며 꼬박꼬박 높임말을 사용함 / 검사를 시작하자마자 바로 "엄마." 하고 우는 시늉을 해서 어머니의 동석하에 검사를 진행함 / 검사자에게 요구 사항을 얘기하면서도 동석한 어머니가 아동을 어르면 이내 잠잠해짐

HTP: 남자 그림에서 '불행—부모님이 돌아가시거나 헤어졌을 때'

SCT: '내가 가장 따뜻하게 느끼는 사람은 엄마' / '우리 엄마 아빠는 멋지다' '내가 가장 좋아하는 사람은 엄마' / '우리 엄마는 나한테 소중한 사람이다' '우리 아빠는 나한테 잘해 주신다' '우리 엄마 아빠는 착하시다' '내가 만약 외딴곳에 혼자 살게 된다면 부모님과 제일 같이 가고 싶다'

8) 공격성

지능: 이해 소검사에서 '안전벨트—죽어야 되니까' '연기—유리창을 깨뜨려야' '손가락을 베이면—손가락을 잘라야 돼'

Rorschach: '화산이 폭발한 거 같아요' / '옛날 장수들이 뭐해서 피가 쫙, ……옛날 장수들이 그린 벽화 같아요' / '어떤 괴물이 사람 두 명을 밟는 거 같다' / S 상승 / '끌고 가서 때리는 거 같다'

TAT: '같이 놀다가 싸움이 일어났다' '둘 다 화가 났어요' / '총을 쏜 거 같아요' '같이 싸우다 일부러 총을 쐈어요' / '석궁으로 누구를 쏜 거 같다' '이 사람이 살인하는 거 같아요' '싸움이 일어날 거 같아요'

SCT: '나의 나쁜 점은 폭력을 쓰는 것'

9) 학습의 부족

지능: 상식, 산수 소검사 저하

SCT: '나의 나쁜 점은 공부를 못하는 것'

10) 스트레스 취약성(사고 유연성 부족)

지능: 동형찾기 저하 / 공통그림찾기 저하

Rorschach: 가장 애매한 IX번 카드를 가장 싫어하는 카드로 선택함

TAT: '걱정된다' / 16번 카드 반응 실패

11) 미숙한 사고[경직된(concrete) 표현, 단순한 사고, 자기중심적 사고]

HTP: 가족 그림(KFD)에서 '나는 휴대폰을 가지고 놀고 있고, 아빠는 운전을 열심히 하고 있다' / 사람 그림에서 '나이—4세나 5세' / 사람 그림에서 '생각—내일은 무슨 반찬을 먹을까' / 사람 그림에서 '어린아이'

Rorschach: 동물 반응을 많이 함 / '호랑이, 호랑이는 정글에 사니까' '원숭이, 원숭이는 바나나를 좋아하니까' 등 맥락에 상관없이 아는 대로 대답함 / 높은 Lamda / 반영 반응 / '나비가 화장실을 가고 싶어 하는 거 같아요'

SCT: '내가 가지고 있는 것 중에서 제일 아끼는 것은 레고, 히어로팩' '내가 가장 가지고 싶은 것은 또봇' / '내가 만약 동물로 변할 수 있다면 드래곤이 되고 싶다. 왜냐하면 드래곤은 멋있기 때문이다'

03 Chapter 말소리장애

1. 심리과정상의 특징

말소리장애[Speech Sound Disorder(Phonological Disorder)]를 진단하기 위해서는 음소에 대한 이해가 필요하다. '음소(phoneme)'란 한글에서 'ㄱ' 'ㄴ' 'ㅏ' 'ㅓ' 등이 해당되는 것으로서 기능을 가지는 소리의 가장 작은 단위이며, 일부 음소를 규칙에 맞지 않게 제외하거나 추가하는 경우가 자주 발생하면 말소리장애를 진단 내릴 수 있다. 받침을 발음하지 못하는 경우가 가장 많고, 이중모음같이 복잡한 글자의 발음이 더 어렵다. 보고서에서는 이러한 발음의 문제를 구체적으로 표현해야 하고, 그래야 어떤 것이 문제이고 어떻게 고쳐야 할지 계획을 세우는 데 도움이 된다. 또한 소근육 운동능력도 같이 저하되는 경우가 많다. DSM-IV에서는 음성학적 장애(Phonological Disorder)라고 해서 '음소(phoneme)'의 중요성을 직접적으로 표현하였으나, 이제는 좀 더 일반화된 진단명으로 바뀌었다.

발음이 잘 되지 않기 때문에 언어생활의 비중이 커질수록 자신감이 줄어들고, 실제적으로 학습의 어려움도 커진다. 말을 해야 하는 상황을 피하기 때문에 대인관계에 대한 불편감이 심해지고, 비언어적 능력에 더욱 몰입할 수 있다. 암기력, 추론능력 등의 다른 능력이 상대적으로 높은 경우에는 자존심이 강하지만 부적절감이 커서 회피적인 성향을 가질 수 있다.

2. 보고서 사례

1) 운동으로 좌절감 극복(남자 / 만 10세 / 초4)

■ 의뢰 사유

아동은 '학습장애가 의심됨' '큰 소리에 예민하고, 눈물을 자주 흘림' 등을 주 호소로 상담센터를 방문하였으며, 전반적인 인지 기능 및 정서 파악을 위해 아동종합심리평가를 실시하였다.

■ 행동 관찰과 면담

피부가 희고, 작은 키, 마른 체형의 초등학생으로 어머니와 함께 내원하였다. 안경을 쓰고 있었고, 위생 상태는 양호하였으며, 검사자와의 눈맞춤도 적절하였다. 검사에 협조적이었고, 도구를 정리하는 등 검사자를 도와주기도 하였다. 대답하는 데 시간이 오래 걸리면서도, 정작 말은 짧았다. 한편, 검사 도중에 검사 자극을 자신이 넘기려 하였고, 갑자기 옆에 있던 검사 카드를 가져가는 등 다소 충동적인 모습을 보였으며, 검사가 40분 정도 지나자 "왜 이렇게 많아요?" "언제까지 해요?" "그만하고 싶다."라고 하면서 힘들어하였다. 내원 사유에 대해서는 '엄마가 오라고 해서'라고 하는 등 별다른 불편감은 나타내지 않았다.

■ 지능과 인지 기능

아동의 전체 지능은 81로 평균 하 수준을 나타냈으며, 같은 연령대에서 하위 11% 정도의 수준이었다. 언어이해는 84로 평균 하 수준을, 지각추론은 87로 평균 하 수준을, 작업기억은 73으로 경계선 수준을, 처리속도는 103으로 평균 수준을 나타냈다.

지능 영역 간의 차이가 30점으로 크게 나타나고(기준은 20점 차이), 소검사 간의 차이도 10점으로 크게 나타나(기준은 5점 차이) 상황에 따른 기능상의 차이가 클 것으로 예상된다.

한국 웩슬러 아동용 지능검사 4판 (K-WISC-IV)			
영 역	지 능	백분율(%)	수 준
언어이해	84	14.3	평균 하
지각추론	87	18.8	평균 하
작업기억	73	3.8	경계선
처리속도	103	57.9	평균
전체 지능	81	10.5	평균 하

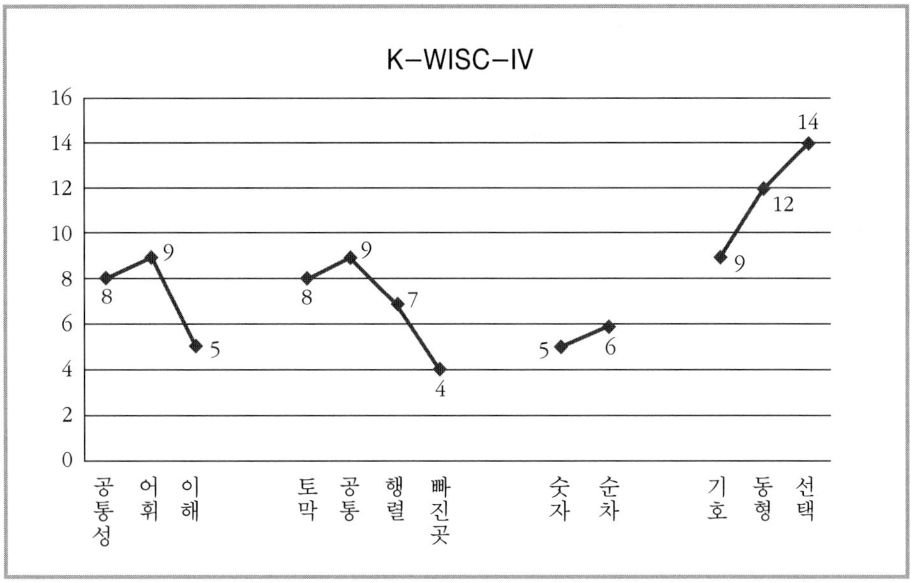

언어이해 영역에서는 어휘구사력과 사물의 유사성을 파악하는 능력이 각각 평균, 평균 하 수준으로 나타나서 언어적 개념에 대한 이해력은 비교적 양호해 보인다. 그리고 어휘 소검사에서 제시되는 단어를 읽을 때는 대부분 무난하게 발음하였으나, 연음이나 이중모음의 어려움이 나타나기도 했다[강여하다(강요하다) / SCT: '나는 커서 태권도 선수가 도리(될) 것이다']. 사회적 상황에 대한 이해력이 경계선 수준을 보이고 있어서 관습과 규범에 대한 습득 수준은 매우 부족해 보이므로('경찰—가벼워서'), 대

면 상황에서 미숙한 모습을 보일 수 있겠다.

지각추론 영역에서는 자극 간의 관련성을 찾아내는 능력과 전체를 고려하여 핵심을 파악하는 능력이 각각 평균, 평균 하 수준으로 나타나서 주어진 자극을 가지고 새로운 결론을 찾아내는 추론능력은 비교적 양호해 보인다. 그리고 시공간 구성능력이 평균 하 수준을 보이고 있어서 도구를 다루는 능력도 비교적 적절한 것 같다. 그러나 시각적 예민성은 지적장애 수준으로 나타나서 애매한 사회적 자극이 주어지거나 미묘한 감정 변화를 파악해야 하는 상황에서는 판단하기가 힘들 것으로 보인다.

작업기억 영역에서는 간단한 자극에 주의를 기울이는 능력과 보다 복잡한 자극에 주의를 기울이는 능력이 경계선 수준으로 나타나서 주의집중력이 매우 부족해 보인다. 아동은 숫자 소검사의 바로따라하기에서 네 자릿수까지만 가능하였다.

처리속도 영역에서는 간단한 시각적 자극에 짧은 순간 동안 높은 집중력을 발휘하는 능력은 우수 수준으로 나타나서 단순하고 익숙한 자극을 다루는 상황에서는 매우 높은 기능을 보일 수 있겠다. 그리고 긴장감 속에서 빠르게 논리적 판단력을 발휘하는 능력은 평균 상 수준으로 나타나서 간단한 시각적 과제가 주어질 때에는 시간적 압력이 느껴져도 자신의 기능 수준을 잘 발휘할 것으로 보인다. 그러나 시공간 운동속도는 상대적으로 낮은 평균 수준에 그치고 있어서 운동의 정교함이 필요해지면 주관적으로 불편감이 커질 수 있겠다.

지능검사 결과, 간단한 시각적 자극을 다룰 때에는 높은 기능 수준을 보일 수 있겠으나, 운동의 정교함이 필요해지면 상대적으로 기능 수준이 떨어지면서 주관적 불편감이 커질 수 있겠다. 그리고 언어적 이해력과 지각적 추론능력은 비교적 양호해 보이나, 사고 수준이 너무 미숙하고 주변 환경에 둔감해서 또래에 비해 환경 변화에 적절하게 대처하지 못하고 있는 것 같다. 게다가 주의력 수준이 낮고 발음상의 문제가 나타나고 있으므로 학습의 어려움도 클 것으로 예상된다.

지능검사에서 나타나듯이, 애매한 상황에서 판단의 어려움을 보이고 있음에도 불구하고 Rorschach 검사 결과에서 16개의 반응 수를 보이고 있는 것을 보면, 나름대로 문제 상황을 해결하기 위해 노력하고 있는 것 같다. 그러나 특이한 부분 반응이 많아서(Dd=5), 상기의 노력이 상당히 부적절하게 나타나는 경우가 많을 것으로 생각된다. 그리고 사고가 미숙하고(A=8), 객관적인 판단을 내릴 수 있는 자원이 매우 부족하며(M=0, X-%=0.69), 정서적 충동성도 높아 보이므로(C=3) 스트레스가 가중되면 충동적인 모습을 보이기 쉬운 것 같다.

성격과 정서

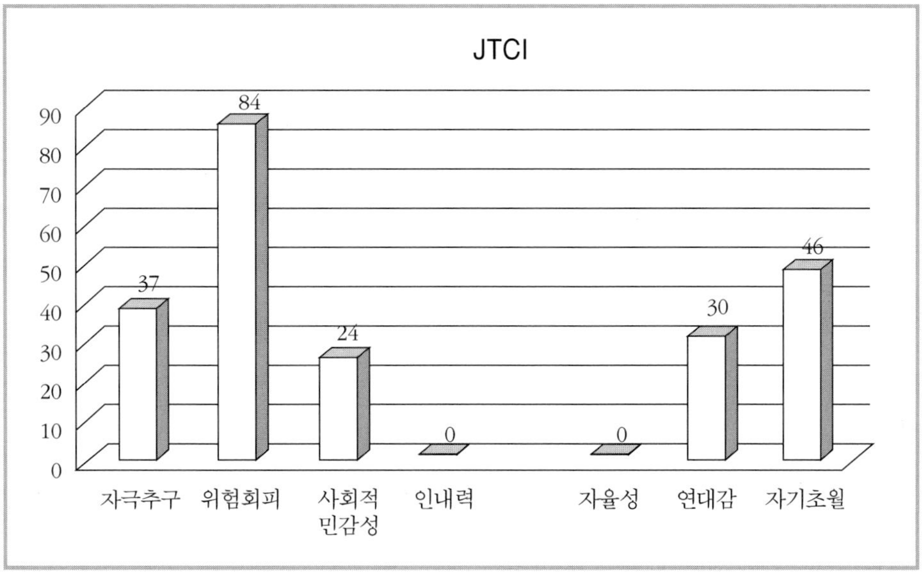

아동은 애정 욕구가 높고(HTP: 나무 그림 '사과나무'), 부모에게 긍정적인 태도를 보이고 있었으나(SCT: '우리 엄마는 착하다' '내가 가장 좋아하는 사람은 엄마' '우리 아빠는 나를 사랑한다' '우리 엄마 아빠는 착하다'), 친밀감에 대한 태도를 나타내는 Rorschach 카드에서 반응에 실패하고 있듯이 실제로는 가족과 같은 가까운 대상과 지지적인 관계를 맺지 못하고 있는 것으로 보인다(KFD: 가족을 그리지 않음). 그리고 형으로서의 권위를 인정해 주지 않는 동생에 대한 불만도 큰 것 같다(SCT: '나를 가장 화나게 하는 것은 동생이 때릴 때'). 아동은 또래관계에서도 만족감을 표현하고 있었으나(SCT: '나는 친구가 많다' '내가 만약 외딴곳에 혼자 살게 된다면 친구와 제일 같이 가고 싶다'), 사회적 자극에 둔감하고(JTCI: '사회적 민감성－24%'), 사고가 단순하고 미숙해서(Rorschach: A＝8 / HTP: 사람 그림 '5세' '1세'), 자신이 원하는 만큼의 친밀한 관계를 맺기는 힘들었을 것으로 생각된다(Rorschach: H＝0).

아동은 자신에 대한 기대감이 높으나(HTP: 나무 그림 '앞으로－100세가 돼요'), 주의력이 부족하고(지능검사－작업기억 73), 주도적으로 일을 시작하지도 못하며(JTCI: '자율성－0%'), 현실적인 노력도 하지 못하고 있어서(JTCI: '인내력－0%' / HTP: 나무 그림 '가지를 그리지 않음'), 만족할 만한 성과를 얻지 못한 채 좌절감을 겪고 있는 것 같다

(SCT: '나는 공부를 못한다'). 그리고 부정적 평가에도 취약해 보이므로(JTCI: '위험회피-84%' / '나를 가장 슬프게 하는 것은 엄마한테 혼나서'), 학업적 상황에서의 스트레스가 클 것으로 생각된다(HTP: 여자 그림 '생각-공부는 없으면 좋겠다' '불행-공부할 때'). 다만, 운동에 몰입함으로써 부족한 성취감을 보충하고 있는 것 같다(SCT: '나는 운동 공상을 잘한다' '내가 가장 좋았던 일은 운동' '내가 좀 더 나이가 많다면 운동을 한다' '내가 꾼 꿈 중에서 제일 좋은 꿈은 태권도').

한편, Rorschach의 색채카드들에서 색채 반응을 많이 보이면서도(WSumC=5.5) 그 형태질이 저하되어 있는 것을 보면, 감수성은 풍부하지만 주변 상황에 맞도록 자신의 감정을 적절하게 표현하는 능력은 매우 부족해 보인다. 이와 같이 좌절감이 큰 아동은 평소에 위축된 모습을 보일 것으로 생각되나, 내면의 공격성을 가지고 있고(Rorschach: '톱 상어'), 자신의 감정을 통제하는 데 어려움을 보이고 있어서(Rorschach: EB=0:5.5) 향후 스트레스가 가중되면 의외의 상황에서 공격적인 모습을 보일 수 있겠다.

부모 MMPI / SCT

• 어머니

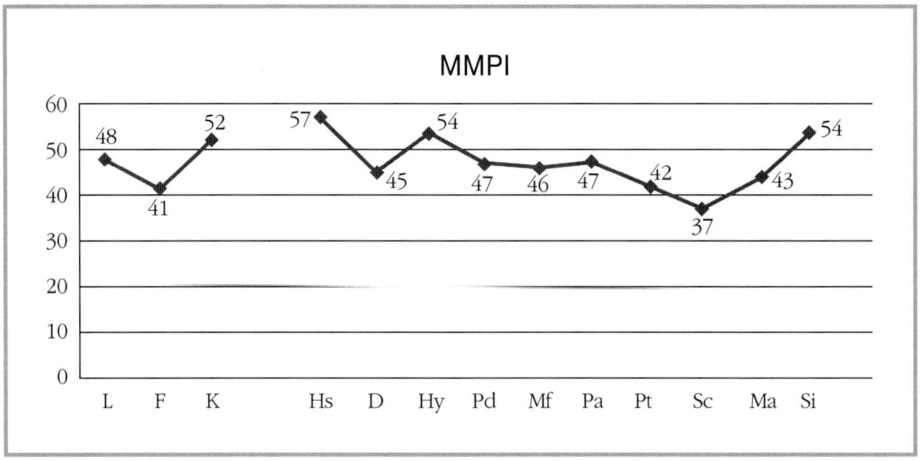

아동의 어머니는 MMPI에서 대부분의 척도가 평이한 수준을 나타내고 있듯이 별다른 스트레스는 시사되지 않았다. MMPI에서 3번 척도가 상대적으로 상승되어 있듯이 애정 욕구가 높아 보이나, SCT에서 '내가 어렸을 때 우리 가족은 사랑이 부족했

다' '나는 어머니를 좋아했지만 엄마는 본인 몸이 아파서 날 사랑해 주지 않았다' '내 생각에 가끔 아버지는 본인만 생각하신다'라고 하여 자신의 원가족에게 충분한 정서적 지지를 받지 못한 채 외로움을 많이 느꼈던 것으로 보인다('내가 어렸을 때는 외로웠다'). 그리고 SCT에서 '내가 늘 원하기는 얼굴에 웃음이 떠나지 않기' '내가 정말 행복할 수 있으려면 사랑을 나눠 준다' '내가 보는 나의 앞날은 평안함' '언젠가 나는 평안해질 것이다'라고 하여 이상적이고 추상적인 수준의 기대감을 표현하고 있는데, 이러한 표현들은 다소 과장되어 보이므로 오히려 현재의 높은 고통감을 시사할 가능성이 높아 보인다. 그리고 자신의 학력에 대해 불만을 가지고 있는['어렸을 때 잘못했다고 느끼는 것은 상과(고입) 진학'] 아동의 어머니는 자녀들에게 학업적으로 무리한 요구를 할 수 있고, 이러한 요구가 충족되지 않는 경우에 상당히 신경질적인 모습을 보일 수 있겠다('무슨 일을 해서라도 잊고 싶은 것은 아이에게 상처 주는 말 했던 것, 체벌' '내가 저지른 가장 큰 잘못은 아이들 대할 때 화를 다스리지 못하는 것' '내가 잊고 싶은 두려움은 아이에게 체벌했던 일로 아이가 상처받고 살까 봐').

요약과 제언

• 요 약

전체 지능	81	평균 하			
언어이해	84	평균 하	지각추론	87	평균 하
작업기억	73	경계선	처리속도	103	평균

아동의 지능 수준은 평균 하 수준으로 나타남. 간단한 시각적 자극을 다룰 때에는 높은 기능 수준을 보일 수 있겠으나, 운동의 정교함이 필요해지면 상대적으로 기능 수준이 낮아질 수 있음. 그리고 언어적 이해력과 지각적 추론능력은 비교적 양호해 보이나, 사고 수준이 너무 미숙하고 주변 환경에 둔감해서 또래에 비해 환경 변화에 적절하게 대처하기 힘들어 보임. 게다가 주의력 수준이 낮고, 발음상의 문제가 나타나고 있어서, 학습의 어려움도 클 것으로 예상됨. 아동은 가족과 같은 가까운 대상과 지지적인 관계를 맺지 못하고 있고, 자신이 원하는 만큼의 친밀한 또래관계를 맺지도 못하고 있는 것으로 생각됨. 자신에 대한 기대감이 높으나, 현실적인 노력을 하지 못하고 있어서, 만족할 만한 성과를 얻지

못한 채 좌절감을 겪고 있고, 부정적 평가에 취약해 보임. 다만 운동에 몰입함으로써 부족한 성취감을 보충하고 있는 것으로 보임. 한편, 좌절감이 큰 아동은 평소에 위축된 모습을 보일 것으로 생각되나, 내면의 공격성과 감정 통제에 어려움을 보이고 있어서, 향후 스트레스가 가중되면 의외의 상황에서 공격적인 모습을 보일 수 있음.

• 심리평가 결과, 아동은 다음과 같은 진단이 시사됨.

Axis I. Attention-Deficit/Hyperactivity Disorder, Predominantly Inattentive Type(Attention-Deficit/Hyperactivity Disorder, Predominantly inattentive presentation)

R/O Phonological Disorder(Speech Sound Disorder)

Axis IV. Parent-Child Relational Problem

• 제 언

1. 주의력 향상시키기
2. 성취를 위한 실제적인 노력하기
3. 분노감 해소하기
4. 부모와의 긍정적인 상호작용 늘리기
5. 적절하게 감정을 표현할 수 있도록 능력 키우기
6. 발음 교정을 위해 노력하기

3. 자주 나타나는 반응

1) 주 호소

'언어표현이 어눌하다' / '발음이 부정확하다'

2) 부정확한 발음

행동: 발음이 어눌함 / 이중모음 발음을 어려워함

3) 낮은 학습 수준

지능: 상대적으로 낮은 언어성 지능 / 어휘, 상식 등 학습과 관련된 소검사의 저하

4) 의사소통의 어려움

행동: 지시 사항을 제대로 이해하지 못해서 질문을 되묻는 경우가 많음 / 자발적인 언어표현이 적음 / 발음이 부정확하여 알아듣기 힘듦 / 검사자가 알아들을 수 없어서 아동의 어머니가 듣고 검사자에게 전달해 주는 경우가 많음

5) 또래관계의 어려움

SCT: '대부분의 아이들은 나쁘다. 나를 놀린다'

6) 평가에 대한 부담감

행동: HTP, SCT 등의 지필 과제에서 필압이 매우 높음 / 조금만 어려워져도 검사자의 눈치를 보며 대답을 하지 못함

7) 소근육 운동능력의 저하

지능: 기호쓰기 소검사의 저하
HTP: 나이에 비해 그림의 정교함이 부족함

04
Chapter

아동기 발병 유창성장애

1. 심리과정상의 특징

아이가 말을 더듬으면 이를 보는 부모의 반응은 걱정을 많이 하거나 화를 내거나 둘 중의 하나인 경우가 많다. 두 반응이 다른 것 같지만 이들의 공통점이 더 중요하다. 바로 부모를 고통스럽게 한다는 것이다. 부모를 고통스럽게 한다는 것은 부모를 공격한다는 말이다. 말더듬이 있는 아이들은 대부분 바르고 착하다는 인상을 가지고 있다. 그러다 보니 부모의 부당한 요구가 있어도 다 참고 그냥 받아들이며 억압하는 데 익숙해져 있다. 아이가 받아들이면 부모는 더 요구를 하게 되고, 요구하는 데 익숙한 부모는 아이에게 무리가 되는 것까지도 당연한 듯 요구한다. 바르고 착한 아이는 '싫다' '못한다'는 말을 하지 못한다. 그저 그 당시의 압박감과 스트레스가 말더듬, 즉 아동기 발병 유창성장애[Childhood-Onset Fluency Disorder(Stuttering)]로 표현될 뿐이다. 이러다 보니 아이는 내면의 분노감을 인식하지도 못하는데 검사에서는 그것이 나타나는 경우가 많다. 말더듬은 검사 중에 행동으로 나타나지 않을 수도 있다. 그렇기 때문에 말더듬 현상은 면담에서 확인하고, 검사에서는 앞서 언급한 심리적 역동을 확인해야 한다.

2. 보고서 사례

1) 자기과시가 불러일으킨 말더듬(남자 / 만 7세 / 초1)

■ 의뢰 사유

아동은 '높은 불안 수준' '말더듬' '집중력 저하' 등을 주 호소로 상담센터를 방문하였으며, 전반적인 인지 기능 및 정서 파악을 위해 아동종합심리평가를 실시하였다.

■ 행동 관찰과 면담

아동은 보통 키에 보통 체격으로 귀염성 있는 얼굴이었고, 검사 시에는 말더듬이 나타나지 않았다. 위생 상태는 양호하였고, 검사자와의 눈맞춤도 잘 이루어졌다. 검사 내내 웃는 인상이었고, "이 검사는 왜 하는 거예요?"라며 평가에 대한 관심을 보였다. 한편, 쉬운 과제에서는 노래를 흥얼거리고, "와~이거 별거 없네."라며 자신감 있는 모습을 보이다가, 과제가 조금만 복잡해지면 입을 삐죽거리며 "이거는 뭐가 이렇게 어려운 거야."라며 투덜거리는 등 과제의 난이도에 따라 태도가 자주 변화하였다. 그리고 모르는 문항에서는 검사자를 쳐다보며 눈치를 봤고, 금방 울 것 같은 표정으로 "에이, 미워요."라며 애교 섞인 모습을 보이기도 했다. 또한 과제를 수행한 후에 정답 여부를 반복적으로 확인하는 등 평가에 민감해 보였다. 내원 사유에 대해서는 '학원을 5개나 다니고 있는데, 집에 오면 저녁 7시라서 너무 힘들다'라며 과외 활동에 대한 부담감을 언급하였다.

■ 지능과 인지 기능

아동의 전체 지능은 78로 경계선 수준을 나타냈으며, 같은 연령대에서 하위 7%의 수준이었다. 언어이해는 86으로 평균 하 수준을, 지각추론은 72로 경계선 수준을, 작업기억은 92로 평균 수준을, 처리속도는 92로 평균 수준을 나타냈다. 다만, 지능 영역 간의 차이가 20점으로 크게 나타나고 있으며(기준은 20점 차이), 시지각적 판단능

한국 웩슬러 아동용 지능검사 4판 (K-WISC-IV)			
영 역	지 능	백분율(%)	수 준
언어이해	86	17	평균 하
지각추론	72	3	경계선
작업기억	92	29	평균
처리속도	92	29	평균
전체 지능	78	7	경계선

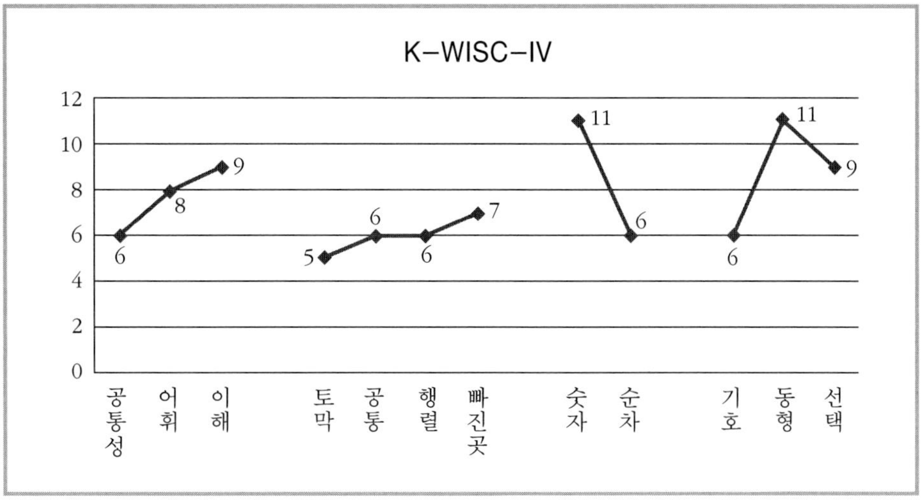

력이 매우 부족해 보인다.

언어이해 영역에서는 사회적 상황에 대한 이해력이 평균 수준으로 나타나고 있어서 관습 및 규범에 대한 습득 수준이 적절한 것 같다. 그리고 어휘구사력이 평균 하 수준을 보이고 있어서 언어를 통해 의사소통하는 능력도 비교적 양호해 보이나, 사물의 유사성을 파악하는 능력이 경계선 수준으로 나타나고 있어서 고차원적인 개념에 대한 이해력이 부족해 보이므로('겨울과 여름 – 춥다') 깊이 있는 대화가 필요한 상황에서는 이해가 힘들 수 있겠다.

지각추론 영역에서는 시각적 예민성이 평균 하 수준을 보이고 있어서 가벼운 환경 변화 정도는 적절히 인식할 수 있을 것 같다. 그러나 전체를 고려하여 핵심을 파악하는 능력과 자극 간의 관련성을 찾아내는 능력이 경계선 수준으로 나타나고 있어서 주어진 자극을 통해서 추론하는 능력은 매우 부족해 보인다. 그리고 시공간 구성능력이 경계선 수준을 보이고 있어서 직접적으로 도구를 다룰 때에도 매우 낮은 기능 수준을 보일 것으로 생각된다.

작업기억 영역에서는 숫자 소검사가 평균 수준이어서 단순한 자극이 주어질 때는 양호한 집중력을 보일 수 있겠다. 그러나 보다 복잡한 자극에 주의를 기울이는 능력이 경계선 수준이었고, 숫자 소검사에 비해 5점이나 낮게 나타나고 있어서, 종류가 다른 자극들을 동시에 처리해야 하는 상황에서는 기능이 급격하게 저하될 수 있겠다.

처리속도 영역에서는 긴장감 속에서 빠른 논리적 판단력을 발휘하는 능력이 평균 수준을 보이고 있어서 간단한 과제에서는 압력이 느껴지는 상황에서도 자신의 기능을 적절하게 발휘할 수 있겠다. 그리고 시각적 자극에 짧은 순간 동안 집중력을 발휘하는 능력이 평균 수준으로 나타나고 있어서 시각적 주의력도 양호해 보인다. 그러나 시공간 운동속도가 경계선 수준을 보이고 있어서 정교하거나 미세한 손동작이 필요한 상황에서는 매우 느리게 반응할 것으로 여겨진다. 다만, 처리속도가 중요한 과제임에도 불구하고 "제가 도형을 외워서 썼어요."라며 단순 암기에 초점을 둠으로써 과제의 핵심을 파악하지 못하고, 그림에 맞는 도형을 잘못 모사해서 수정을 많이 하는 등 자의적으로 과제를 수행하는 것을 보면, 성취에 대한 과도한 욕구와 자만하는 태도가 점수 저하에 영향을 미치는 면도 있는 것 같다.

지능검사 결과, 쉬운 언어적 표현이 필요할 때는 적절한 기능 수준을 보일 수 있겠고, 간단한 자극을 다루는 상황에서도 양호한 기능을 유지할 것으로 여겨진다. 게다가 평가 상황에서의 동기 수준이 매우 높아서 해결 가능한 과제가 주어졌을 때에는 적극적이고 자신감 있는 태도를 보일 것으로 여겨진다. 그러나 많은 기능들이 경계선 수준으로 낮게 나타났고 과제의 난이도가 조금만 복잡해지면 기능이 급격하게 저하되고 있어서, 기대 수준에 이르지 못한 채 좌절감을 느끼는 경우가 많을 것으로 보인다. 그리고 과제의 난이도가 쉬운 문항에서 맥락에 맞지 않게 과시하는 모습을 보이고 있는데, 이러한 태도가 오히려 과제 수행을 방해하는 것 같다.

Rorschach 검사 결과, 2회의 시행에도 불구하고 15개의 적은 반응 수를 보이고, 전체 영역 반응을 많이 보이고 있어서(W:D:Dd = 12:2:1) 스트레스 상황에서 경직되고 피상적인 대응을 하기 쉬운 것 같다. 그리고 평범 반응을 단 1개도 하지 못하고 있어서 관습적 판단을 하기 어렵고, 조직화 능력도 저하되어 있어서(ZD = −3.5) 정보량이 조금만 많아져도 압도되어 무기력해질 가능성이 높아 보인다. 게다가 왜곡된 형태 반응을 많이 하고 있듯이(X−% = 0.60) 문제해결 능력이 부족한 상태에서 자신의 판단에 따라 고집스럽게 행동하면서(Xu% = 0.33) 또래관계에서 갈등을 겪기 쉬운 것 같다.

■ 성격과 정서

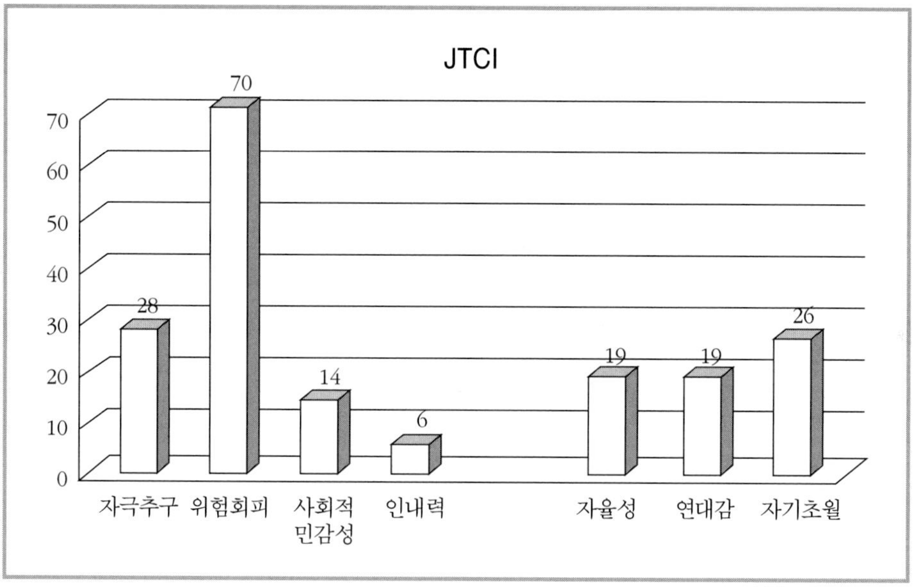

아동은 HTP 나무 그림에서 '필요—친구들' '소원—친구들이 많이 있게 해 달라'라고 하듯이 관계 형성에 대한 욕구가 상당히 강한 것 같다. 그러나 JTCI에서 '사회적 민감성—14%' '연대감—19%'로 낮게 나타나고 있듯이 사회적 자극에 둔감해 보인다. 또한 Rorschach 검사에서 일반적인 인간 반응은 전혀 하지 못한 채(H = 0) '마왕' '옛날 무사' '불사신' 등 가상적인 인간 반응만 하는 것을 보면, 대인관계에 대한 지각이 부정확한 경우가 많을 것으로 여겨지므로(Rorschach: M− = 3), 자신의 문제 행동은 인식하지 못하면서 주변 사람들의 반응을 오해할 수 있고, 분노감을 표현함으로써(Rorschach: '불타는 화산') 갈등을 겪을 가능성도 높아 보인다(HTP: 사람 그림 '단점—친구들이 먼저 신경질 내서 친구들이랑 싸운다'). 게다가 Rorschach 색채카드에서 "헉…… 이건 도대체 뭐야……."라고 하듯이 정서적 자극이 주어지는 상황에서 불편감이 커 보이는데, 이러한 발언 직후에 "백발백중 이건 상어다." "정말 정말 총을 맞으면 몸이 갈라지는 상어다."라며 자신의 반응에 대한 명확성을 강조하는 것을 보면, 평소 겉으로 드러나는 아동의 과장된 자신감은 오히려 내면의 불편감을 드러내지 않기 위한 시도로 여겨진다.

한편, 친밀감에 대한 태도를 나타내는 Rorschach 카드에서 '무기 같다, 칼처럼 보인다'라고 하듯이 가까운 대상을 위협적으로 인식하고 있는 아동은 불안 수준이 높아 보인다(HTP: 모든 그림 '지면 하단에 붙여서 그림'). 이러한 아동은 HTP에서 사람의 다리를 길게 그리면서도 발은 그리지 않았는데, 이는 자율성에 대한 욕구가 강하면서도 독립적으로 행동하는 것에 대한 불편감을 가지고 있는 양면적인 모습을 시사하는 것 같다. TAT에서 '일본인' '프랑스인' 등 외국인 명칭을 부여하는 경우가 많았는데, 이는 자기과시적인 모습을 반영하는 것으로 보이므로, 스트레스 상황에서 과시적인 태도로 문제의 심각성을 부인함으로써(KFD, HTP: 모든 사람을 웃는 인상으로 그리고, '성격-좋다' '뭐-웃고 있어요'라며 긍정적인 태도를 강조함) 즉각적인 문제해결을 계속해서 지연시키고 있는 것 같다. 그리고 문제해결이 지연될수록 불안감이 커져서 말더듬으로 이어질 가능성도 더 커질 수 있겠다.

■ 요약과 제언

• 요 약

전체 지능	78	경계선			
언어이해	86	평균 하	지각추론	72	경계선
작업기억	92	평균	처리속도	92	평균

아동의 지능 수준은 경계선 수준으로 나타남. 일상적인 언어생활에는 크게 문제가 없을 것으로 보이고, 간단한 자극을 다루는 상황에서도 양호한 기능을 유지할 것으로 여겨짐. 그러나 과제의 난이도가 조금만 복잡해지면 기능이 급격하게 저하되고 있어서 객관적인 성과를 얻지 못하고 좌절감을 느끼는 경우가 많을 것으로 보임. 그리고 과제의 난이도가 쉬운 문항에서 맥락에 맞지 않게 과시하는 모습을 보이고 있는데, 이러한 태도가 오히려 과제 수행을 방해할 수 있음. 아동은 관계 형성에 대한 욕구가 상당히 강해 보이나, 사회적 자극에 둔감해 보임. 또한 자신의 문제는 인식하지 못한 채 주변 사람의 반응을 오해해서 분노감을 표현함으로써 갈등을 겪을 수 있겠음. 게다가 내면의 불편감을 드러내지 않기 위해 오히려 더욱 과장된 모습을 보일 수 있겠음. 한편, 가까운 대상을 위협적으

로 인식하고 있는 아동은 불안 수준이 높아 보임. 이러한 아동은 자율성에 대한 욕구가 강하면서도 독립적으로 행동하는 것에 대한 불편감을 느끼는 것으로 여겨짐. 그러면서도 스트레스 상황에서 문제의 심각성을 부인함으로써 문제해결을 지연시킬 수 있어서, 이를 개선하기 위해서는 외부의 개입이 필요할 것으로 생각됨.

• 심리평가 결과, 아동은 다음과 같은 진단이 시사됨.

Axis I. Anxiety Disorder NOS(Unspecified Anxiety Disorder)

Stuttering(Childhood-Onset Fluency Disorder)

Axis II. Borderline Intellectual Functioning

• 제 언

1. 불안 수준 낮추기
2. 추상적인 사고능력 키우기
3. 수준에 맞는 과제 수행을 통해 성취감 높이기
4. 적절한 스트레스 대처 방법 배우기
5. 정서적 소통능력 키우기
6. 안정감 있고 지지적인 양육 환경 제공하기

2) 사회적 바람직성의 부작용(남자 / 만 15세 / 중3)

■ 의뢰 사유

내담자는 말더듬으로 언어치료를 받던 도중 정확한 치료를 위해 심리검사를 권유받아 상담센터를 방문하였으며, 전반적인 인지 기능 및 정서 파악을 위해 청소년종합심리평가를 실시하였다.

■ 행동 관찰과 면담

내담자는 보통 키에 보통 체격으로, 남색 티셔츠 차림의 단정해 보이는 인상에 머리를 깔끔하게 손질한 모습이었다. 위생 상태는 양호하였고, 시선을 아래로 향하는 경우가 많아서 검사자와의 눈맞춤은 거의 이루어지지 않았다. 바른 자세로 앉은 채 미동이 없는 편이어서 다소 경직되어 보였고, "모르겠어요."라면서 부끄러운 듯 웃음을 짓는 경우가 많았으며, 검사실이 더운 듯 손부채질을 자주 하였다. 그리고 검사자가 문항을 설명해 주면 고개만 끄덕이고, 완료 시 '다 했다'는 언어적 반응을 하지 않는 등 다소 소극적인 태도를 보였다. 그러면서도 일부 검사들에서는 "아까처럼요?" "둘이 같이 있는 것도 돼요?" "(카드를) 뒤집어도 돼요?" 등 사소한 부분까지 구체적으로 확인하는 경향도 나타났다. 내원 사유에 대해서는 '말더듬는 거 치료 때문에요'라고 말하였다.

■ 지능과 인지 기능

한국 웩슬러 아동용 지능검사 4판 (K-WISC-IV)			
영 역	지 능	백분율(%)	수 준
언어이해	90	25	평균
지각추론	102	56	평균
작업기억	89	23	평균 하
처리속도	100	50	평균
전체 지능	93	31	평균
일반능력	96	39	평균

내담자의 전체 지능은 93으로 평균 수준을 나타냈으며, 같은 연령대에서 하위 31%의 수준이었다. 언어이해는 90으로 평균 수준을, 지각추론은 102로 평균 수준을, 작업기억은 89로 평균 하 수준을, 처리속도는 100으로 평균 수준을 나타냈다. 지능 영역 간의 차이가 13점으로 유의미하게 나타나지 않았으나(기준 20점 차이), 지각추론 영역에서 소검사 간 차이가 5점으로 크게 나타나서(기준 5점 차이) 전체 지능(93, 평균 수준) 및 일반능력(96, 평균 수준)이 아동의 기능을 온전히 대표한다고 보기 어려울 것으로 생각된다. 그러므로 각 지표가 나타내는 기능 수준을 파악하는 것이 더 중요해 보인다.

언어이해 영역에서는 사회적 상황에 대한 이해력이 평균 수준으로 나타나서 일상생활 경험을 통한 지식 습득이 적절하게 이루어진 것으로 보인다. 그리고 사물의 유사성을 파악하는 능력이 평균 수준을 보이고 있어서 언어적 잠재력도 양호해 보이

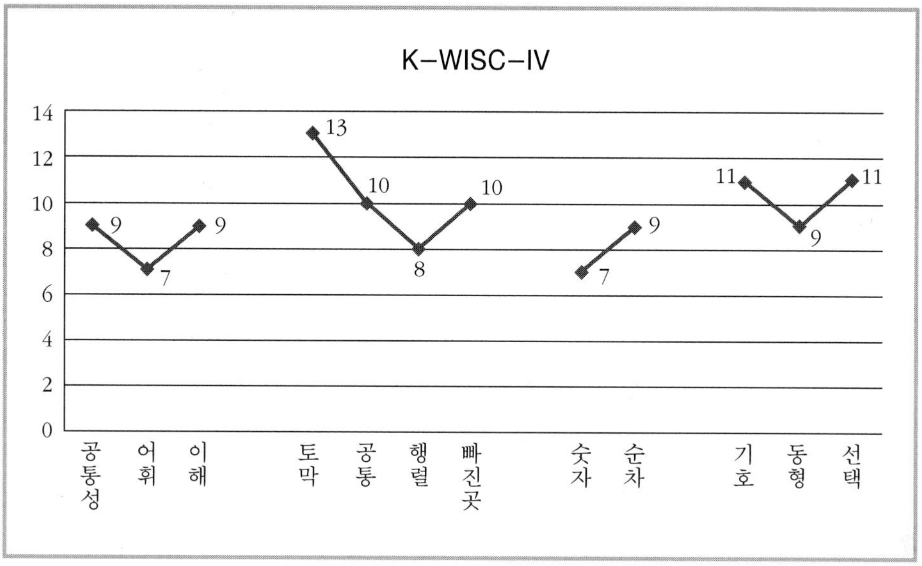

나, 어휘구사력이 평균 하 수준으로 나타나서 언어적 학습은 다소 부족했던 것으로 여겨진다.

지각추론 영역에서는 시공간 구성능력이 평균 상 수준으로 가장 높게 나타나서 구조화된 상황에서 도구를 다룰 때 가장 뛰어난 적응 수준을 보일 수 있겠다. 그리고 자극 간의 관련성을 찾아내는 능력이 평균 수준으로 나타나서 시각적 자극을 직접적으로 비교하는 능력도 양호해 보인다. 그러나 전체를 고려하여 핵심을 파악하는 능력은 평균 하 수준이어서 순수 추론능력은 다소 낮은 것 같다. 한편, 시각적 예민성이 평균 수준으로 나타나서 주변 환경 자극에도 적절히 민감해져 있는 것 같다.

작업기억 영역에서는 고차적인 자극에 주의를 기울이는 능력이 평균 수준을 보이고 있어서 주의분할 능력이 적절한 것으로 여겨진다. 그러나 단순한 자극에 주의를 기울이는 능력은 평균 하 수준이었는데, 바로따라하기가 11점(환산점수: 8점)으로 단순주의력은 비교적 적절해 보이나, 거꾸로따라하기는 7점(환산점수: 6점)으로 작업기억력이 다소 부족해 보이므로 자극이 복잡해지면 기능이 저하될 수 있겠다.

처리속도 영역에서는 시공간 운동속도, 간단한 시각적 자극에 짧은 순간 동안 높은 집중력을 발휘하는 능력, 긴장감 속에서 빠른 논리적 판단력을 발휘하는 능력 등이 평균 수준으로 나타나고 있어서 민첩성과 간단한 자극을 다루는 능력이 양호해 보인다.

지능검사 결과, 내담자는 구조화된 상황에서 도구를 다룰 때 높은 기능 수준을 보일 수 있겠다. 그리고 대부분의 소검사들이 평균에서 평균 하 수준에 분포하고 있어서 일상생활에서는 양호한 기능을 발휘할 것으로 여겨진다. 다만, 추론능력과 작업기억력이 상대적으로 부족해서 복잡하고 사변적인 자극이 주어질 때에는 기대 수준에 미치지 못하는 모습을 보일 수 있겠다.

Rorschach 검사 결과, 총 반응 수가 17개로 비교적 적절한 반응 수를 보이고 있으나, 대부분 단순한 형태 반응들이어서 사고가 경직되어 있는 것 같다(L=1.13). 그리고 평범 반응은 4개로 관습적 지각능력은 양호하고 이성적인 판단력도 적절해 보이지만(M=5), 특이한 영역 반응과 왜곡된 형태 반응이 많이 나타나서(Dd=4, X-%=0.29) 판단이 애매한 스트레스 상황에서는 객관적이고 이성적인 판단을 내리지 못한 채 상상이나 공상에만 빠져서 지낼 가능성이 높은 것 같다(Ma:Mp=1:4).

성격과 정서

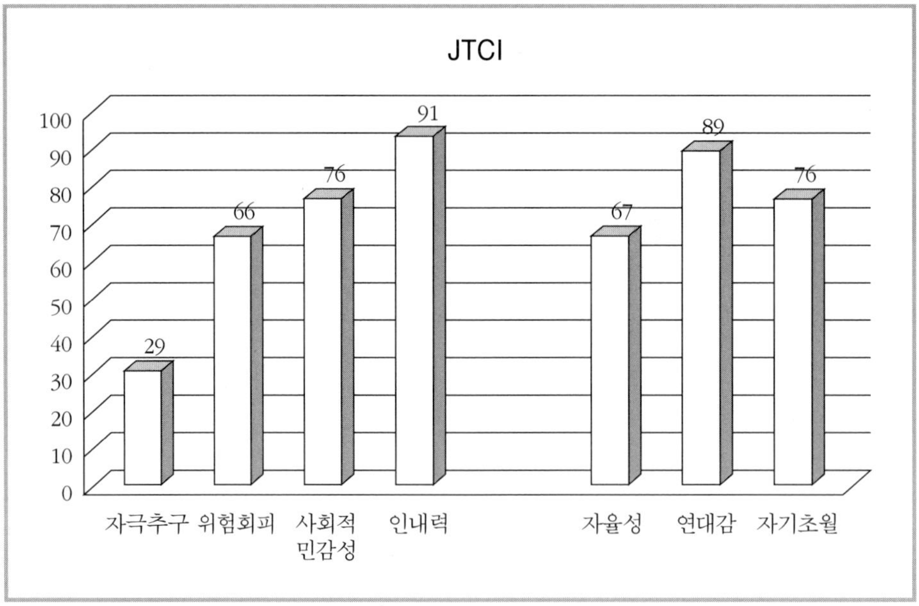

HTP 집 그림에서 창문을 크게 많이 그렸는데, 애정 욕구가 높은 내담자는 가족과 원만한 관계를 맺고 있고(SCT: '내가 가장 좋아하는 사람은 가족이다'), 또래와도 공감적인 관계를 형성하고 있는 듯 보인다(JTCI: '연대감-89%'). 이러한 내담자는 SCT에서

'셋째 소원은 정직한 사람으로 살고 싶다'라고 하고, HTP 사람 그림에서 '성격—친절한'이라고 하듯이 바람직한 모습을 보이며 주변의 인정을 받아 왔던 것 같다. 그러나 JTCI에서 '위험회피—66%'로 나타나듯이 회피적 성향이 높아서 부정적 평가가 예상되는 상황에서 위축되고 소극적인 모습을 보일 수 있고, SCT에서 '배신'을 언급하듯이 불신감이 시사되는 반응을 보이고 있어서 앞서 표현한 만큼의 친밀한 관계를 맺지 못하고 오히려 외로움을 느끼며 지내 왔을 가능성이 높아 보인다(HTP: 사람 그림 '불행—혼자 남아 있을 때'). 내담자는 주변 사람들의 시선에 예민해져 있는 것으로 보이나(HTP: 사람 그림 '눈과 귀를 강조해서 그림'), 앞에서 보여 주듯이 사회적 바람직성이 높아서 불편감을 적절하게 해소하지 못하고 억압하고 있는 것 같다.

자존심이 강한(HTP: 나무 그림 '기둥을 굵게 그림') 내담자는 SCT에서 '나는 커서 큰 호텔의 주방장이 되고 싶다'라고 하듯이 성취 목표가 뚜렷해 보이므로, 자신이 선택한 목표에 맞게 행동을 조절하고(JTCI: '자율성—67%') 꾸준한 노력을 통해(JTCI: '인내력—91%') 학업 영역에서 일정 수준의 성취를 이루어 왔던 것으로 생각된다. 그러나 한편으로는 지능검사에서 나타나듯이 추론능력과 작업기억력이 부족해서 해야 할 일들이 많아지면서 기능 수준이 낮아질 수 있겠고, TAT에서 '너무 많은 일을 해서 지친 사람' '일로 지쳐 있고' 등의 반응을 보이듯이 성취에 대한 스트레스를 경험하고 있는 것으로 여겨지므로, 학습량을 능력에 맞게 조절한다면 보다 적응적인 모

KPRC

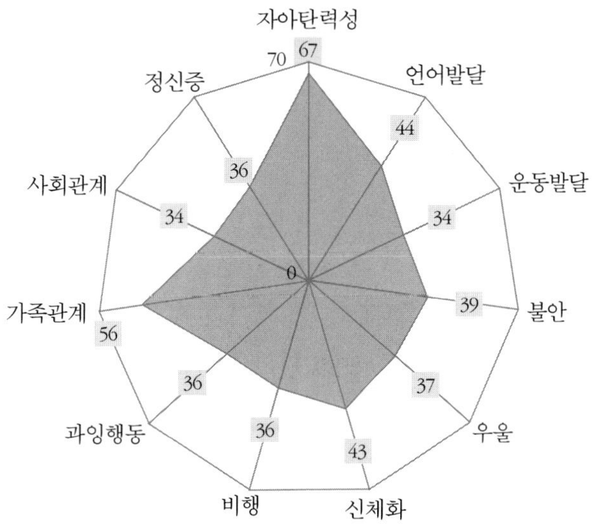

습을 보일 수도 있겠다.

통제 욕구가 높은(HTP: 사람 그림 '손을 강조해서 그림') 내담자는 검사 전반에 걸쳐 별다른 불편감을 호소하지 않았고, 평상시에는 이성적이고 합리적인 모습을 보이며 주변 상황에 대처해 왔을 것으로 생각된다(Rorschach: M=5). 그러나 스트레스에 대처할 수 있는 정서적 자원이 부족해 보이므로(Rorschach: 카드 회전이 많음, WSumC =1.5) 기대만큼 상황을 통제하기 어려운 상황에서는 부정적인 감정이나 사고에 대해 반추하며(HTP: 사람 그림 '머리를 까맣게 칠함') 걱정만 하고 있거나, TAT에서 '엄마 품에 안긴'이라고 하듯이 퇴행되어 의존적인 모습을 보일 수 있겠다.

◻ 요약과 제언

• 요 약

전체 지능	93	평균	일반능력	96	평균
언어이해	90	평균	지각추론	102	평균
작업기억	89	평균 하	처리속도	100	평균

내담자의 지능 수준은 평균 수준으로 나타남. 구조화된 상황에서 도구를 다룰 때 높은 기능 수준을 보일 수 있겠고, 일상생활에서 양호한 기능을 발휘할 것으로 여겨짐. 그러나 언어적 학습이 상대적으로 부족했던 것으로 보이고, 추론능력과 작업기억력도 부족해서 복잡한 자극이 주어지는 상황에서는 기대 수준에 미치지 못하는 모습을 보일 수 있음. 바람직한 모습을 보이며 주변의 인정을 받아 왔던 것으로 보이나, 한편으로는 기대만큼 친밀한 관계를 맺지 못한 채 외로움을 느껴 온 것으로 보임. 내담자는 일정 수준의 성취를 이루어 왔던 것으로 생각되나 성취에 대한 스트레스도 컸던 것으로 여겨지므로 학습량에 대한 조절이 필요해 보임. 또한 스트레스에 대처할 수 있는 정서적 자원이 부족해 보이므로 기대만큼 상황을 통제하기 어려운 상황에서는 부정적인 감정이나 사고에 대해 반추하며 걱정만 하고 있거나, 퇴행되어 의존적인 모습을 보일 수 있겠음.

• 심리평가 결과, 내담자는 다음과 같은 진단이 시사됨.

Axis I. Stuttering(Childhood-Onset Fluency Disorder)

• 제 언
1. 작업기억력 향상시키기
2. 감정표현 원활하게 하기
3. 대인관계에서 능동적 태도 기르기
4. 가정 내에서 내담자에 대한 수용적 태도 가지기
5. 경계심 낮추기

3. 자주 나타나는 반응

1) 주 호소

'공부하기 싫은데 아빠 생각이랑 내 생각이랑 많이 다르다' / '부모님이 기대를 많이 했는데 부담스럽다' / '긴장하면 말더듬이 심해진다' / '어른들과 있거나 친구들이 많이 있으면 말을 더듬는다' / '말더듬, 이해력 저하' / '불안해하고 친구들과 어울리지 못한다' / '대인관계 어려움' / '친구들과 잘 어울리지 못한다' / '발달이 늦다'

2) 말더듬

행동: 눈에 띄게 말더듬을 보이지 않으나, 작은 목소리로 말끝을 흐리거나 말을 길게 늘어뜨려서 말하는 편이었고, 혼자서 중얼거리는 경우가 간혹 있음 / 발음이 다소 부정확하여 주의 깊게 들어야 알아들을 수 있었고 평가 시에는 말더듬이 두드러지게 나타나지 않음 / 초성 발음 시에 말더듬이 두드러짐

지능: 지능검사 시에 언어적인 표현이 상당히 미숙했던 것에 비해 미리 작성해 온 SCT는 비교적 문맥에 맞게 작성함

SCT: '무슨 일을 해서라도 잊고 싶은 것은 말더듬' '어리석게도 내가 두려워하는 것은 말더듬' '내가 저지른 가장 큰 잘못은 말실수'

3) 높은 불안 수준

행동: 시선이 불안하고 주변을 두리번거리는 경우가 많음 / 단어를 반복해서 말하거나 말을 시작하기 전에 머뭇거리는 경우가 많고, 행동도 주저하는 경우가 많음 / 문항에 대답하기까지 시간이 매우 오래 걸리고, 문항을 반복해서 말하거나 '이건가, 아닌데'와 같이 혼잣말을 중얼거려서 검사가 매우 지연됨 / 시선이 불안하고 주변을 두리번거리는 경우가 많음 / 단어를 반복해서 말하거나 말을 시작하기 전에 머뭇거리는 경우가 많고, 행동도 주저하는 경우가 많아서 어색해 보임 / 검사 초반 주저하면서 주로 대명사로만 말하거나 종이에 땀이 배어 있음

MMPI: 7번 척도 상승

기타: 보호자 설문지에서의 높은 불안 수준

4) 높은 기대(상대적으로 높은 기능)

행동: BGT에서 상당히 오랜 시간 동안 정성을 들여 그림을 그림 / 아는 문제에서는 질문은 다 듣기도 전에 대답함

지능: 숫자, 도형 등 기계적인 자극을 다루는 능력이 높게 나타남 / 언어성 소검사들에서 틀린 답을 하면서도 길고 구체적인 설명을 하거나('땅값—도시는 건물이 많고 땅도 넓다 보니까, 너무 좋은 건물이 올라가다 보니까 비싼 것 같습니다') 질문에서 연상되는 단어들을 늘어놓음('퀴리 부인—생물학자' '혈관—모세혈관, 혈당판')

HTP: 나무 그림에서 '미래—무럭무럭 잘 자란다' / 사람 그림을 5분 이상 그림

Rorschach: 마지막 카드에서 '이순신 장군'

TAT: 공백 카드에서 '제가 훌륭한 사람이 되는 거'

SCT: '나의 야망은 크다' / '내가 보는 나의 앞날은 밝다' / '내가 가장 행복한 때는 시험을 백점 맞고 부모님께 칭찬받을 때다' '내가 좀 더 어렸다면 공부를 열심히 했을 거다' '나는 공부를 열심히 해서 훌륭한 사람이 되고 싶다'

5) 사회적 바람직성

MMPI: 억압 소척도 상승, 사회적 책임감 소척도 상승, L 상승

SCT: '우리 가족이 나에 대해서는 착하고 조금 부족하지만 그래도 막내아들이 최고라고 말합니다'

6) 억압

MMPI: 억압 소척도 상승

Rorschach: 불편감을 주기 쉬운 IV번 카드에서 '박쥐' '고드름' 등의 평이한 반응을 보인 반면, 오히려 뒤에 이어지는 쉬운 카드에서 '나비와 인간의 합체' '악어 입' 등의 반응을 함

7) 내면의 부적절감(기능 저하, 자신감 부족)

행동: 오랜 기간 미간을 찌푸리고 신음하는 등 과장된 행동을 보이며 생각하다가 결국은 "모르겠습니다."라고 말하는 경우가 빈번함 / 과제를 완수하고 난 후에는 고개를 숙이거나 한숨을 쉬는 경우가 많음 / 문제의 난이도가 높아지자 쉽게 포기하려고 하고, 산수 소검사에서 "제가 암산을 못해서요. 잘 모르겠습니다."라고 말함 / 검사자가 질문을 해도 소리 내어 대답하지 못함 / "다 했는데……."라면서 말끝을 흐리는 경우가 많음

지능: 언어성 지능의 상대적 저하 / 공통성과 어휘 소검사의 저하 / 차례맞추기, 빠진곳찾기의 저하

MMPI: L척도 상승

HTP: 사람 그림에서 윤곽만 그림 / 그림이 작고 지면의 하단에 위치함

Rorschach: 낮은 R, 높은 Lamda / 온전한 형태보다는 '구름' '지도'와 같이 모호한 형태를 보고함

SCT: '나의 야망은 크다'라고 하면서, 동시에 '어리석게도 내가 두려워하는 것은 나 자신이다' '다른 친구들이 모르는 나만의 두려움은 나 자신' '내가 믿고 있는 내 능력은 나조차 가늠하기 힘들다' '내가 보는 나의 앞날은 불투명하다' / '내가 늘 원하기는 남들과 다르지 않는 사람이기를 원한다' / '나의 가장 큰 결점은 나 자신의 성격인 것 같다' / '자신감 부족' '자신감과 말더듬' 등의 내용을 반복적으로 언급함 / '어리석게도 내가 두려워하는 것은 사람들 시선과 자신감이 없다는 것이다' / '나의

나쁜 점은 공부 안 하는 것' '나는 공부를 싫어한다' '나를 가장 화나게 하는 것은 공부할 때'

8) 무기력한 모습

행동: 반복적으로 과제에서 낮은 수행을 보이자 심드렁한 표정을 짓거나 도구를 다루는 과제에서 힘없이 한 손으로 수행함

Rorschach: 초반 5개의 카드에서는 매우 구체적이고 자세한 설명을 하였으나, 후반 5개의 카드에서는 거의 반응을 하지 못함

9) 미숙함

행동: 갑자기 검사를 진행하지 못할 정도로 웃음을 참지 못하였는데 이유는 설명하지 못함, 검사자가 잠시 나갔다가 웃음을 멈추고 들어오도록 하자 바로 웃음을 그쳤으며, 이후에는 하품을 함 / 유약해 보이는 인상

지능: 언어능력의 부족

HTP: 나무 그림에서 '나이－5세' / 사람 손을 동그랗게 표현함

Rorschach: '마술사' / 동물 반응을 많이 보임 / 적은 평범 반응 / 낮은 Z

10) 비판에 취약함

SCT: '내가 싫어하는 사람은 남을 무시하는 사람'

11) 회피적 태도

HTP: 그림이 작고 지면의 하단에 위치함

SCT: '다른 친구들이 모르는 나만의 두려움은 없다' '내가 잊고 싶은 두려움은 모르겠다' / '나에게 이상한 일이 생겼을 때 어떤 방법을 써서라도 피할 것 같다' '무엇보다 좋지 않게 여기는 것은 없다'

12) 의존적 태도

SCT: '나에게 이상한 일이 생겼을 때 주위 사람에게 알린다' '도움을 요청한다'

13) 친밀한 관계 형성의 어려움

지능: 빠진곳찾기의 낮은 점수 / 이해 소검사의 낮은 점수

Rorschach: VI, VII번 카드의 반응 실패 / VI번 카드에서 '그림자'

SCT: '내가 없으면 친구들은 친구가 별로 없어 생각한 적 없다' / '내가 없으면 친구들은 자주 안 만나고 연락도 자주 안 해서 잘 모르겠다'

14) 표현하지 못한 분노감

MMPI: 냉소적 태도 소척도 상승

Rorschach: S 상승

15) 경직된 사고

MMPI: 높은 L 척도

Rorschach: 높은 Lamda

16) 피해의식

HTP: 나무 그림에서 '나한테 쓰레기를 버리지 마라'

TAT: 가장 애매모호한 카드에서 '마법의 집…… 이상한 유령이 나타난다' '바이올린이 밑으로 떨어진다' '구급차에 실려 간다'

SCT: '내가 제일 걱정하는 것은 교통사고가 일어나는 것이다'

05 Chapter 사회적 의사소통장애

1. 심리과정상의 특징

사회적 의사소통장애[Social Communication Disorder(Asperger's Disorder)]는 이전에는 아스퍼거장애에 가장 합당한 것으로 판단되었던 장애군이다. 이것은 친교가 목적인 사회적 의사소통에 문제가 있는 것인데, 통상적으로는 의사소통이 정확해야 할 것 같지만 사회적 의사소통의 핵심은 사실 '얼마나 유연하게 판단하고 대응하는가' '은유나 비교적 표현을 얼마나 잘하는가'에 달려 있다. 유연하고 비유적인 표현을 많이 할수록 즐거운 소통을 할 수 있고 사회성은 높아진다. 그리고 이러한 소통을 방해하는 가장 큰 적은 구체적 사고(concrete thinking)다.

구체적 사고 경향은 대부분 타고난 특성이다. 어려서부터 사고가 경직되어, 확실한 것을 좋아할 수밖에 없고, 유연성을 필요로 하는 복잡하고 애매한 것들에 대한 판단 및 대응을 회피하게 된다. 단순 암기력이 높은 경우가 많아서 어릴 때는 똑똑하다는 소리를 듣고 한때 학습으로 관심을 받을 수도 있지만, 초등학교 고학년으로 들어

갈수록 부족한 사회성이 드러나고, 중학교에 들어가서 과제가 복잡해질수록 사고의 유연성이 부족한 것도 드러나게 된다.

인지적 특성으로 인하여 학습 및 사회 영역에서 호불호가 확실하게 나타나기 때문에 학습에 있어서 과목별 성적의 편차가 크게 나타나는데, 이는 애초에 균형이 맞지 않는 인지 기능의 영향이 커 보인다. 그리고 곤충, 우주 등 특정 영역에만 관심을 쏟아 내는 경우도 자주 나타난다. 사회적으로도 확실한 규칙이 있는 도덕이나 관습에 몰입하게 되고, 이러한 면을 수용해 주는 사람들을 선호하지만, 청소년기에 들어서 또래의 반항심과 부도덕한 행동이 늘어나면 사회 전반에 대한 불만이 생길 수 있다. 부수적으로는 소근육 운동능력이 떨어지는 경우가 있는데(clumsy movement), 상황에 따른 기민한 신체적 대응의 어려움은 필기나 체육 활동을 방해한다.

2. 보고서 사례

1) 자기만의 세계에 빠져 있는 중학생(남자 / 만 14세 / 중2)

■ 의뢰 사유

내담자는 '학업 성적이 부진하다' '공부를 하기 싫어한다' 등을 주 호소로 상담센터를 방문하였으며, 전반적인 인지 기능 및 정서 파악을 위해 청소년종합심리평가를 실시하였다.

■ 행동 관찰과 면담

내담자는 큰 키에 통통한 체격으로 안경을 쓰고 있었다. 위생 상태는 양호하였으나, 검사자와의 눈맞춤은 간헐적으로 이루어졌다. 과제가 어려워지면 "아…… 골이 아프기 시작한다."라며 두통을 지속적으로 호소하였고, "아…… 이거 맞나?" "음…… 은근 재미있기도 하네."라며 혼자서 중얼거리는 경우가 많았다. 그리고 과제를 시작하기 전에 지시를 다시 정확하게 확인하는 경향이 있고, 손톱을 자주 물어뜯고 있어서 불안해 보였다. 내원 사유에 대해서는 '엄마한테 갑자기 끌려왔다'며 문제의식이 부족해 보였으며, '책 볼 때 건드리면 짜증 난다' '일주일에 30권 이상 책을 읽는다. 공상 과학 관련 책을 많이 읽고, 그거에 대한 공상도 많이 한다'라고 하는 등 특정 영역에 상당히 몰입해 있었다.

지능과 인지 기능

한국 웩슬러 아동용 지능검사 4판 (K-WISC-IV)			
영 역	지 능	백분율(%)	수 준
언어이해	92	30	평균
지각추론	74	4	경계선
작업기억	76	6	경계선
처리속도	106	66	평균
전체 지능	81	11	평균 하

내담자의 전체 지능은 81로 평균 하 수준을 나타냈으며, 같은 연령대에서 하위 11%의 수준이었다. 언어이해는 92로 평균 수준을, 지각추론은 74로 경계선 수준을, 작업기억은 76으로 경계선 수준을, 처리속도는 106으로 평균 수준을 나타냈다. 지능 영역 간의 차이가 32점으로 크게 나타나고, 소검사 간의 차이도 8점으로 크게 나타나 상황에 따른 기능상의 차이가 클 것으로 예상된다.

언어성 지능을 살펴보면, 사회적 상황에 대한 이해력이 평균 수준으로 나타나고 있어서 관습 및 규범에 대한 이해력이 적절해 보인다. 그러나 사물의 유사성을 파악

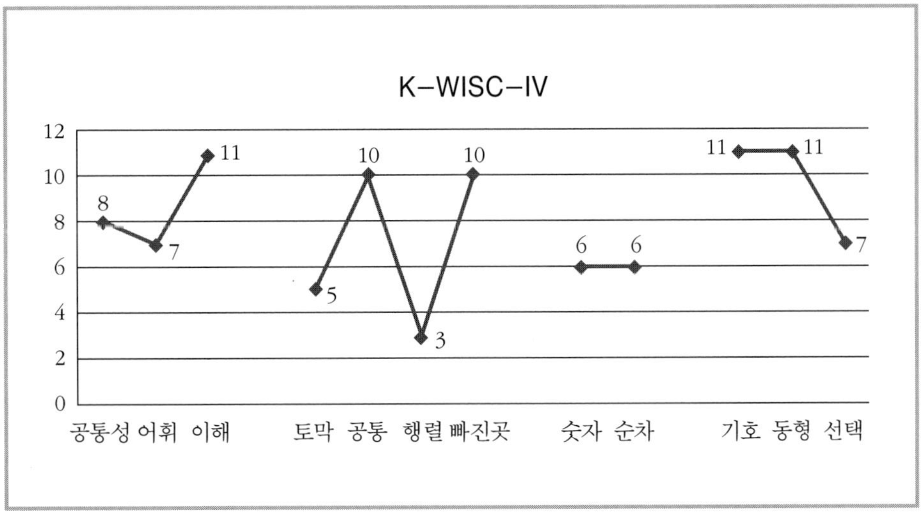

하는 능력과 어휘구사력이 평균 하 수준을 보이고 있어서 언어적 개념에 대한 이해가 부족해 보이므로('우화—모르겠어요' '얼음과 수증기—모르겠어요') 의사소통 시 피상적인 수준에서만 소통하고 있을 것으로 생각된다.

지각추론 영역에서는 시각적 예민성이 평균 수준으로 나타나고 있어서 주변 환경의 변화를 인식하는 능력이 적절해 보인다. 또한 자극 간의 관련성을 찾아내는 능력이 평균 수준을 보이고 있어서 익숙한 자극을 통해서 추론하는 능력도 적절한 것으로 여겨진다. 그러나 시공간 구성능력이 경계선 수준이고, 전체를 고려하여 핵심을 파악하는 능력이 지적장애 수준을 보이고 있어서 추상적인 자극을 다루거나 추론하는 능력은 매우 부족한 것으로 생각되므로 자극의 추상성이 높아질수록 기능 수준이 급격하게 저하될 것으로 보인다.

작업기억 영역에서는 간단한 자극에 주의를 기울이는 능력과 보다 복잡한 자극에 주의를 기울이는 능력이 경계선 수준을 보이고 있어서 주의집중력이 매우 부족해 보인다.

처리속도 영역에서는 긴장감 속에서 빠른 논리적 판단력을 발휘하는 능력이 평균 수준을 보이고 있어서 간단한 과제를 수행할 때는 압력이 느껴지는 상황에서도 자신의 기능 수준을 잘 발휘하는 것으로 보이며, 시공간 운동속도 역시 평균 수준으로 나타나서 정교한 운동 기능도 양호해 보인다. 그러나 간단한 시각적 자극에 짧은 순간 동안 집중력을 발휘하는 능력이 평균 하 수준을 보이고 있는데, 이는 검사지 위아래를 번갈아 가면서 체크하는 비효율적인 방법을 사용한 것과 관련이 있어 보인다.

지능검사 결과, 일상생활을 통해서 얻어지는 관습과 규범의 습득 수준과 익숙한 시각적 자극을 통해서 추론하는 능력이 적절해 보이므로 반복적으로 접하게 되는 낯익은 상황에서는 양호한 기능 수준을 보이겠다. 그러나 추상적인 자극을 다루는 능력이 매우 낮게 나타나고 있어서 고차원적인 개념을 다루어야 하는 상황에서는 기능 수준이 급격하게 저하될 것으로 생각된다. 이러한 내담자는 언어적 개념도 구체적으로 파악하지 못한 채 피상적인 수준에서만 이해하고 있는 것으로 보인다.

Rorschach 검사 결과, 총 28개의 많은 반응 수를 보이고 있어서 문제 상황에 대처하기 위해서 상당히 노력을 기울이고 있는 것으로 보이나, 노력 방식이 매우 단순해서(L=8.33) 효과를 발휘하기는 어려웠을 것으로 생각된다. 또한 평범 반응을 단 2개만 보이고 있어서 관습적인 지각능력이 부족해 보이며, 특이한 영역 반응도 4개나 보이고 있어서 부적절한 행동을 보이는 경우가 많을 것으로 여겨진다. 그리고 내담자는 SCT에서 '내가 만약 동물로 변할 수 있다면 호랑이가 되고 싶다. 왜냐하면 내가 호랑이 띠라서'라고 하고, HTP 집 그림에서 '집 주변—주택가니까 나무도 있고 길도 좀 있다'라고 하듯이 구체적인 사고 경향이 강해 보이며, HTP 집 그림에서 항아리 모양으로 집을 그리고, 사람 그림도 몸에 비해 팔을 상당히 길게 그리고 있어서 사고 내용도 특이해 보인다.

■ 성격과 정서

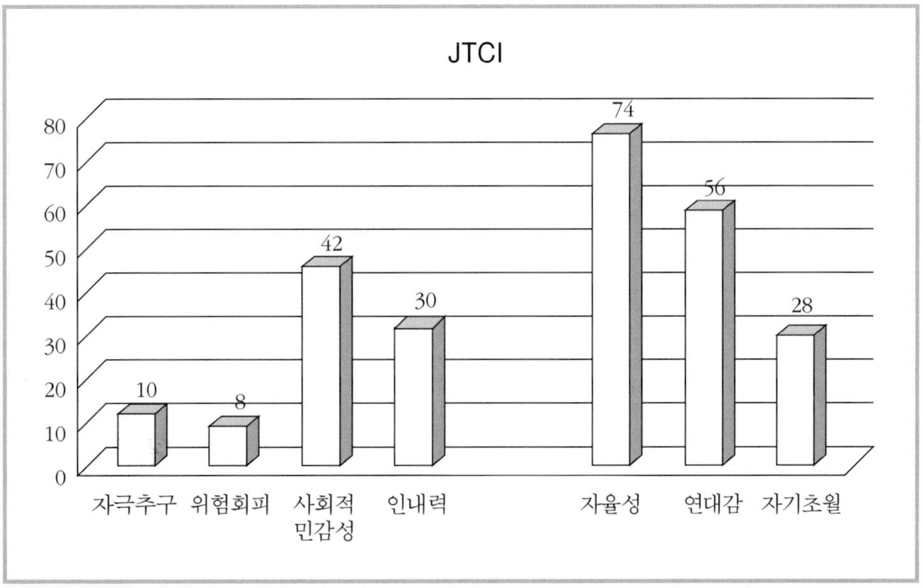

구체적이고 특이한 사고 경향을 보이고 있는 내담자는 Rorschach 색채카드에서 "오~ 색이 화려하네."라고 하면서도, 색채 반응을 전혀 하지 못한 채 '산맥' 'V자 계곡'이라고 자연물 반응을 하듯이 정서적 자원이 부족해 보이므로 주변 사람들과 감정을 교류하는 데 어려움이 클 것으로 생각된다(HTP: 사람 그림 '이목구비를 그리지 않음'). 게다가 TAT에서 '남자가 술을 마시고 뻗어 있는 거 시겁세도 먹었거든요(TV에서 지겹게 봤다). 회식 때문에 3차까지 다녀와서'라고 하듯이 상황적인 묘사를 할 때 TV나 책을 통해서 얻은 지식을 바탕으로 내용을 언급하듯이 실제 사회적 상호작용에 대한 이해는 부족할 것으로 생각된다. 이러한 내담자는 또래관계를 친밀하게 표현하고 있으나(SCT: '대부분의 아이들은 나랑 친하다'), 깊이 있는 관계를 맺지는 못하

고(대인관계에 대한 태도를 나타내는 Rorschach 카드: '벌레' '해골'), 자신만의 공상적 세계에 빠져 지내고 있는 것으로 보인다(SCT: '나는 책을 읽고 그 책의 내용을 내 생각대로 바꾸는 공상을 잘한다').

한편, SCT에서 '나는 공부를 잘하고 싶다'라고 하듯이 성취에 대한 욕구가 높아 보인다. 그리고 SCT에서 대부분의 문항을 '내가 가장 행복할 때는 책을 읽을 때' '내가 가지고 있는 것 중에서 제일 아끼는 것은 책' '내가 좀 더 나이가 많다면 내 방을 전자기기로 채우고 싶다' '내가 가장 좋아하는 놀이는 컴퓨터 게임'이라고 반응하듯이 특정 영역에만 상당히 몰두해 있는 내담자는 자신이 관심을 가지고 있는 영역에서는 주도적으로 목표 지향적인 활동을 계획하고 지속할 수 있을 것으로 생각된다(JTCI: '자율성−74%'). 그러나 인지적 불균형이 심한 내담자는 성취에 어려움이 많았을 것으로 생각되므로 능력이 발휘되지 않는 영역에서는 무기력해지기 쉬운 것 같다(SCT: '나의 나쁜 점은 뭔가 쉽게 귀찮다'). 이러한 내담자는 SCT에서 '나는 커서 생명공학자가 되고 싶다. 왜냐하면 사람의 생명을 위해 자연이나 그런 것을 연구하는 데 홍미가 생겨서'라고 하듯이 스스로 잘할 수 있다고 여겨지는 특정 영역에만 더 몰입하고 있는 것으로 여겨진다.

■ 요약과 제언

• 요 약

전체 지능	81	평균 하			
언어이해	92	평균	지각추론	74	경계선
작업기억	76	경계선	처리속도	106	평균

내담자의 지능 수준은 평균 하 수준으로 나타남. 익숙한 시각적 자극을 통해서 추론하는 능력이 적절해 보이므로 반복적으로 접하게 되는 낯익은 상황에서는 양호한 기능 수준을 보이겠음. 그러나 복잡한 개념을 다룰 때는 기능 수준이 급격하게 저하될 수 있음. 이러한 내담자는 언어적 개념도 피상적인 수준에서만 이해하고 있는 것으로 보임. 구체적인 사고 경향이 강하고 사고 내용이 특이한 내담자는 또래관계에 대한 관심을 표현하고 있으나, 깊이 있는 관계를 맺지 못하고 자기만의 공상적 세계에 빠져 있는 것으로 보임. 한편, 성취에 대한 욕구가

높아 보이므로 자신이 관심을 가지고 있는 영역에서는 주도적으로 목표 지향적인 활동을 계획하고 지속할 수 있을 것으로 생각됨. 그러나 다양한 영역에서 성취를 이루는 데는 어려움이 많아 스스로 잘할 수 있다고 여겨지는 특정 영역에만 몰입하고 있는 것으로 여겨짐.

• 심리평가 결과, 내담자는 다음과 같은 진단이 시사됨.
R/O Asperger's Disorder(Social Communication Disorder)

• 제 언
1. 사회기술훈련
2. 사고 유연성 키우기

2) 전형적인 초등학생(남자 / 만 10세 / 초3)

■ 의뢰 사유

아동은 '또래와 의사소통의 어려움' '폭력적인 언어표현' '상동증적 행동' 등을 주호소로 상담센터를 방문하였으며, 전반적인 인지 기능 및 정서 파악을 위해 아동종합심리평가를 실시하였다.

■ 행동 관찰과 면담

아동은 보통 키에 보통 체격으로 여성스러운 목소리로 말하였다. 위생 상태는 양호하였으며, 검사자와의 눈맞춤도 잘 이루어졌다. 검사 초반부터 "이거 보통이 아니네." "이건 쉽기도 하고 어렵기도 하구나." "내 손놀림이 빠르네."라며 혼잣말을 중얼거렸다. 모르는 문항에서는 갑작스럽게 당황스러워하고 입술을 움찔거리며 손을 만지작거리는 등 긴장 수준이 높아 보였다. 그리고 정답을 말하고 난 후에 "이렇게 말해도 돼요?"라며 확인을 구하는 등 평가에도 민감해 보였고, "검사 결과는 언제, 어떻게 나오는 거예요?"라며 결과에 대한 관심을 보이기도 하였다. 내원 사유에 대해서는 '선생님이 오라고 해서 왔다' '스트레스 없다'라고 하는 등 문제에 대한 인식은 부족해 보였다.

지능과 인지 기능

한국 웩슬러 아동용 지능검사 4판 (K-WISC-IV)			
영 역	지 능	백분율(%)	수 준
언어이해	84	14	평균 하
지각추론	94	33	평균
작업기억	92	30	평균
처리속도	126	96	우수
전체 지능	95	37	평균

아동의 전체 지능은 95로 평균 수준을 나타냈으며, 같은 연령대에서 하위 37%의 수준이었다. 언어이해는 84로 평균 하 수준을, 지각추론은 94로 평균 수준을, 작업기억은 92로 평균 수준을, 처리속도는 126으로 우수 수준을 나타냈다. 지능 영역 간의 차이가 42점으로 크게 나타났다. 아동은 처리속도가 가장 높게 나타나고 있듯이 간단한 운동 기능이 필요한 상황에서는 매우 높은 기능을 발휘할 것으로 보이나, 언어 능력이 낮게 나타나고 있어서 언어적 의사소통이 필요한 상황에서는 기능이 급격히 저하될 수 있겠다.

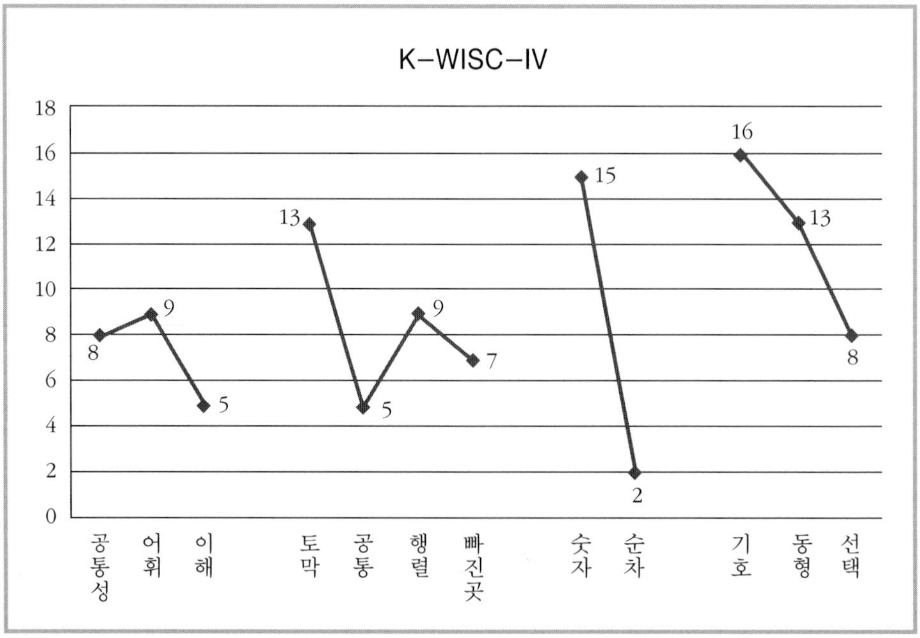

언어이해 영역에서는 어휘구사력이 평균 수준이었고, 사물의 유사성을 파악하는 능력이 평균 하 수준으로 나타나고 있어서 언어적 개념에 대한 이해력은 비교적 양호한 것 같다. 그러나 사회적 상황에 대한 이해력이 경계선 수준을 보이고 있어서 관습 및 규범에 대한 습득 수준은 상당히 부족해 보이므로('약속 – 약속을 어기면 무슨 일이 생길지 모른다') 대면 상황에서 연령 수준에 맞지 않는 부적절한 행동을 보일 수 있겠다.

지각추론 영역에서는 시공간 구성능력이 평균 상 수준이어서 구조화된 상황에서는 다소 높은 기능을 발휘할 것으로 여겨진다. 또한 전체를 고려하여 핵심을 파악하는 능력이 평균 수준을 보이고 있어서 주어진 자극을 바탕으로 새로운 결론을 추론하는 능력도 적절해 보인다. 그러나 자극 간의 관련성을 찾아내는 능력이 경계선 수준이고, 자극의 양과 상관없이 빠르게 반응했던 점을 고려하면, 인상에 근거하여 피상적으로 자극 간의 관계를 추론하는 것으로 보이며, 토막짜기 소검사에 비해 행렬추리와 공통그림 소검사가 4점 이상 낮게 나타나고 있어서 명확한 지침의 여부가 내담자의 기능 수준에 상당히 영향을 미치는 것 같다. 한편, 시각적 예민성이 평균 하 수준으로 나타나고 있어서 주변 환경 변화에 둔감한 모습을 보일 수 있겠다.

작업기억 영역에서는 숫자 소검사가 우수 수준이어서 단순한 자극에 대한 주의집중력이 높아 보인다. 그러나 보다 복잡한 자극에 주의를 기울이는 능력은 평균 하 수준을 보이고 있고, 숫자 소검사에 비해 13점이나 낮게 나타나고 있어서 자극이 복잡해지면 기능 수준이 급격하게 저하될 것으로 생각된다.

처리속도 영역에서는 시공간 운동속도가 최우수 수준으로 나타나서 정교한 운동기능이 필요한 상황에서 뛰어난 능력을 보일 것 같다. 그리고 긴장감 속에서 빠른 논리적 판단력을 발휘하는 능력이 평균 상 수준을 보이고 있어서 압력이 느껴지는 상황에서도 자신의 기능 수준을 잘 발휘하는 것으로 보인다. 그러나 간단한 시각적 자극에 짧은 순간 동안 집중력을 발휘하는 능력은 평균 하 수준으로 낮게 나타나고 있어서 단순하지만 많은 자극이 주어지는 상황에서는 자신의 기능을 발휘하기 힘든 것 같다.

지능검사 결과, 숫자, 도형 등 기계적인 자극을 다루는 능력, 시공간 협응능력 등이 높게 나타나고 있어서 인지적 잠재력은 적절해 보인다. 그리고 지침이 정해져 있는 구조화된 상황에서 높은 기능 수준을 보일 것으로 생각된다. 그러나 추상적인 자극을 통해서 추론하는 능력이 평균 수준에 그치고 있어서 틀이 정해져 있지 않고 새로운 해결 방안을 찾아야 하는 상황에서는 기능 수준이 떨어질 수 있겠다. 게다가 과제의 난이도가 증가하거나 자극의 양이 많아지면 기능이 저하되고 있으므로 학년이 올라가면서 학업의 복잡성이 증가하고 학습의 양이 늘어나면서 스트레스가 클 수 있겠다.

Rorschach 검사 결과, 총 18개의 적절한 반응 수를 보이고 있어서 스트레스에 대처할 수 있는 심리적 자원은 적절해 보이나, 단순한 형태 반응을 많이 보이고 있어서 사고가 단순하고 경직되어 있는 것 같다(L = 1.57). 그리고 평범 반응을 단 2개만 보이고 있어서 관습적인 지각능력이 부족해 보이며, 특이한 영역 반응도 3개나 보이고 있어서 부적절한 행동을 보이는 경우가 많을 것으로 여겨진다. 게다가 대인관계에 대한 지각이 부정확한 경우가 많을 것으로 여겨지므로(M- = 3) 주변 사람의 반응을 오해하기 쉽고, 문제 상황에서 감정적이고 충동적인 결정을 내릴 가능성도 높아 보인다(FC:CF + C = 0:2).

■ 성격과 정서

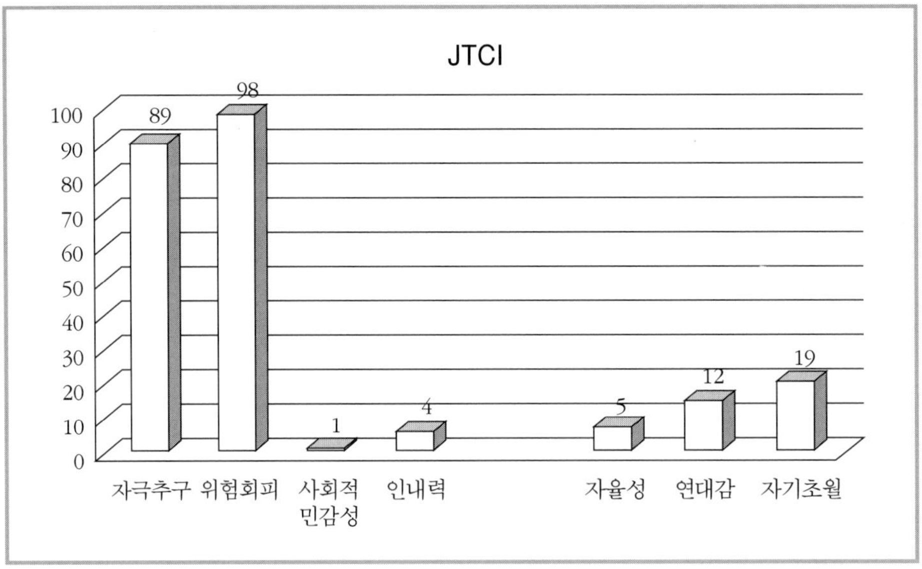

아동은 Rorschach 검사에서 '서로 마주치는 것 같다'라는 반응을 반복하고 있듯이 관계 형성에 대한 욕구가 강한 것 같다. 그러나 구체적으로 사고하는 경향이 강하고(HTP: 집 그림 '1층은 주인아줌마랑 아저씨가 살고 있고, 2층은 형, 엄마, 아빠가 살고 있다' / Rorschach: '나비하고 100% 중 10% 정도만 닮았다'), 사고 내용도 특이해 보인다(TAT: '바이올린 연습 중이었는데 졸려서 한숨 자고 일어났는데 입이 이상해서 눈을 뜨니 피가 난다'). 그리고 사회적 자극에도 둔감하고(JTCI: '사회적 민감성—1%' '연대감—

12%'), 사회적 기술이 부족해 보이므로(TAT: '여자는 남자와 만났는데 창피한지 눈을 돌리고 모른 척한다') 또래와 소통의 어려움이 컸을 것 같다(SCT: '나는 친구가 없다'). 이러한 아동은 SCT에서 '내 소원이 마음대로 이루어진다면, 첫째 소원은 나에게 초능력이 생기는 것'이라고 하듯이 공상적 세계에만 빠져 지내고 있는 것 같다.

한편, HTP 나무 그림에서 '나이 – 200세' '생각 – 더 자라야 한다'라고 하듯이 자기 자신에 대한 기대 수준이 높아 보인다. 그리고 SCT에서 '내가 만약 동물로 변할 수 있다면 곰이 되고 싶다. 왜냐하면 힘이 세니까'라고 하듯이 자신을 과시하고 싶은 욕구도 강해 보이는 아동은 지적 잠재력은 적절해 보이나, 지엽적인 부분 영역을 통해서 전체를 지나치게 단순화시켜서 해석하고(Rorschach: '나비 손가락이 보여서 나비 같다' '파리 발톱이 보여서 파리 같다'), 과제가 복잡해지거나 자극의 양이 많아지면 기능이 저하되고 있어서 객관적인 성과를 얻지 못해 왔을 것으로 생각된다. 이러한 상황에서 부정적인 평가에 민감하고(JTCI: '위험회피 – 98%'), 반추사고 경향이 강해서(HTP: 그림을 덧칠함) 스트레스가 더욱 가중되었을 것으로 여겨진다. 이러한 아동은 SCT에서 '내가 가장 행복한 때는 밖에 나갔을 때다' '내가 가장 좋았던 일은 나가 노는 것이다'라고 하듯이 특정 활동에만 몰입하는 모습을 보일 수 있겠다.

아동은 SCT에서 '내가 가장 좋아하는 사람은 아빠, 엄마'라고 하듯이 부모에 대해 호의적인 태도를 보이고 있었다. 그러나 친밀한 관계에 대한 태도를 나타내는 Rorschach 카드에서 '괴물 풍뎅이'라고 하듯이 가까운 대상을 지지적으로 인식하지 못하는 것으로 보인다. 게다가 HTP 사람 그림에서 단추와 벨트를 그리고 있고, SCT에서 '나를 가장 화나게 하는 것은 없다' '나의 나쁜 점은 없다'라고 하듯이 부정적인 감정들을 억압하거나 부인하는 경향이 강한 것 같다. 그러면서도 JTCI에서 '자극추구 – 89%'로 높게 상승하고 있듯이 쉽게 흥분하는 경향이 강한 아동은 스트레스가 쌓이는 상황에서는 내면의 불편감이 부적절하게 표현될 수 있겠다(Rorschach: Dd = 3).

요약과 제언

• 요 약

전체 지능	95	평균			
언어이해	84	평균 하	지각추론	94	평균
작업기억	92	평균	처리속도	126	우수

아동의 지능 수준은 평균 수준으로 나타남. 평가 상황에서의 동기 수준이 높아 보이며, 익숙한 자극을 다루는 상황에서도 양호한 기능을 보일 수 있겠음. 그러나 기대만큼의 성취를 이루지 못하는 상황에서 부적절감을 느끼는 경우가 많을 것으로 생각됨. 특히 과제의 복잡성이 증가하거나 운동 기능의 정교함이 요구될수록 기능 수준이 급격하게 저하될 것으로 보임. 관계 형성에 대한 욕구가 강해 보이나, 구체적으로 사고하는 경향이 강하고 사고 내용도 특이한 아동은 또래와 소통의 어려움이 컸을 것으로 생각됨. 이러한 아동은 공상적 세계에 빠져 지내고 있는 것으로 보임. 한편, 자기 자신에 대한 기대 수준이 높아 보이나, 객관적인 성과를 얻지 못해 왔을 것으로 생각됨. 이러한 상황에서 반추사고 경향이 강해서 스트레스가 더욱 가중되었을 것으로 여겨지므로 특정 활동에만 몰입하는 모습을 보일 수 있겠음. 아동은 부정적인 감정들을 억압하거나 부인하는 경향이 강해 보임. 그러면서도 쉽게 흥분하는 경향이 강한 아동은 스트레스 상황에서 내면의 불편감이 부적절하게 표현될 수 있겠음.

- 심리평가 결과, 아동은 다음과 같은 진단이 시사됨.

  Axis I. Asperger's Disorder(Social Communication Disorder)

- 제 언

  1. 사고의 유연성 키우기
  2. 흥미나 관심 영역 넓혀 주기
  3. 사회적 상황에 대한 이해력 키우기
  4. 사회기술 훈련
  5. 특이한 행동 조절하기
  6. 가정 내에서 안정적이고 지지적인 가정환경 만들기

3) 사고 양상에 대한 구체적 기술(남자 / 만 14세 / 중2)

◻ 의뢰 사유

내담자는 '공부에 집중이 안 된다' '우울증이 오래간다' 등을 주 호소로 내원하였으며, Depressive Disorder NOS, Game Addiction 임상적 인상하에 청소년종합심리평가를 실시하였다.

■ 행동 관찰과 면담

안경을 쓴 내담자는 보통 키에 체구가 좋은 편으로 어머니와 함께 내원하였다. 코가 큰 편이고 얼굴엔 여드름이 많이 나 있었으며 머리는 덥수룩하게 자라 있어 그다지 깔끔해 보이지 않았으나, 전반적인 위생 상태는 양호한 편이었다. 검사자와 눈맞춤을 잘 하지 않고 졸린 표정으로 아래만 보고 웅얼거리듯 애매하게 대답하여 재질문이 필요한 경우가 많았다. 목소리가 거칠었고, 검사자가 질문을 한 후에 생각하느라 '끙끙'거리는 소리가 날 정도로 대답하기 힘들어하는 경우가 많았으며, 전반적으로 반응이 느린 편이었다. 산수 소검사에서는 검사자가 문제를 소리 내서 읽으라는 지시를 문항마다 반복할 정도로 의욕 없고 짜증스러운 모습을 보였으며, 토막이나 모양 소검사를 수행할 때는 매우 부산스럽게 맞추다가 금방 풀리지 않으면 "아이씨!"라고 소리를 치며 불편감을 표현하기도 했다. 면담 시 내원 사유에 대해서 '공부에 집중이 안 되고 우울하고 자신감이 없다'라고 하였고, 발표 불안과 함께 화가 나도 많이 참는다면서 억제적인 성향에 대해 언급하였다. 팔에 있는 자잘한 상처에 대해서는 초등학교 때부터의 이야기를 장황하게 설명하였으며, '(상대가) 꼬집어서 생긴 상처'라고 하였다.

■ 지능과 인지 기능

한국 웩슬러 아동용 지능검사 3판 (K-WISC-III)			
지 능	점 수	백분율(%)	수 준
언어성 지능	97	32.0	평균
동작성 지능	92	29.7	평균
전체 지능	94	34.5	평균

내담자의 전체 지능은 94로 평균 수준을 나타냈으며, 같은 연령대에서 하위 35% 정도의 수준이었다. 언어성 지능은 97로 평균 수준을, 동작성 지능은 92로 평균 수준을 나타냈으며, 두 지능 간 유의미한 차이는 나타나지 않았다. 다만 소검사 간의 차이가 9점으로 매우 크게 나타나고 있어 활동하는 영역에 따른 기능 차이가 나타날 수 있겠다.

언어성 지능을 살펴보면, 산수, 숫자 등 주의력 관련 소검사의 점수가 평균 상 수

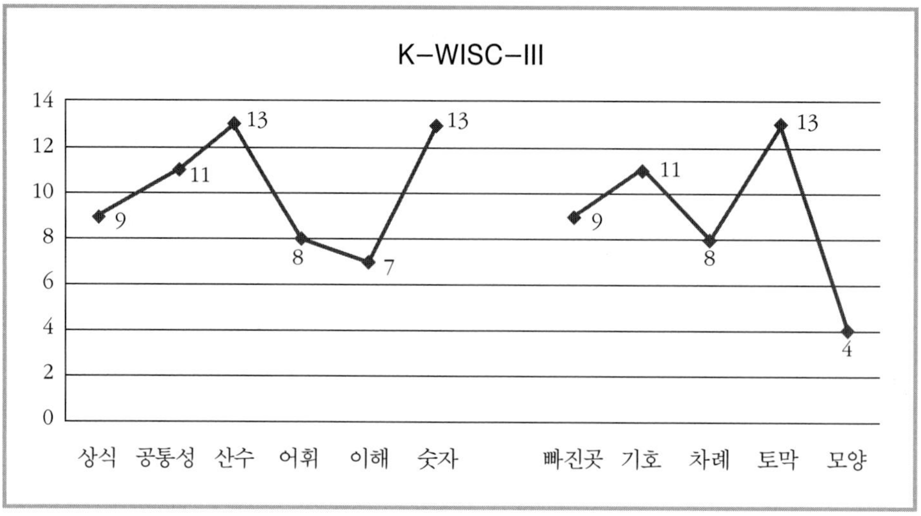

준으로 높게 나타났다. 이렇듯 양적 수준이 높게 나타나고 있어 스스로 관심을 가지고 노력을 기울이면 충분한 주의집중을 할 수 있을 것으로 보인다. 그러나 두 소검사에서 모두 쉬운 문항에서 틀리는 경우가 나타나고 있듯이 집중력을 일관되게 유지하지는 못하고 있는 것 같다. 추상적 사고능력은 평균 수준을 유지하고 있으며, 기본지식도 평균 수준이었으나, 쉬운 문항을 많이 틀리고 어려운 문항을 맞히는 등 학업 수행이 매우 불규칙했던 것으로 생각된다. 그리고 어휘구사력과 사회적 상황에 대한 이해력은 평균 하 수준으로 낮게 나타나고 있으며, 대부분 1점(문항당 2점 만점)에 해당하는 대답을 많이 하고 있어 언어나 사회적 개념에 대한 깊이 있는 이해가 충분히 형성되지 않은 것으로 보인다. 또한 SCT에서 '나는 친구가 보통 있다' '다른 사람들은 나를 다양각색하게 생각한다' 등 독특한 언어구사 양상을 보임으로써 학습 및 사회적 소통을 더욱 어렵게 하고 있는 것 같다.

동작성 지능 영역에서는 시공간 자극을 분석/통합하는 능력이 평균 상 수준이었으며, 시공간 운동속도가 평균 수준으로 나타나고 있어 시공간 자극을 다루는 협응능력과 기본적인 문제해결 능력은 적절한 수준을 유지하고 있는 것 같다. 시각적 예민성도 평균 수준이었으나 시공간 협응능력에 비해서는 다소 낮았으며, 상황적 맥락을 파악하는 능력은 평균 하 수준으로 낮게 나타나 사회적 상황에서의 실제적인 대처행동 수준은 또래 수준에 미치지 못하는 것 같다. 특히 부분을 통해 전체 상을 추론하는 능력이 지적장애 수준으로 극심한 저하를 보이고 있는데, 이는 매우 경직되고 무계획한 문제해결 방식과 관련이 있어 보인다.

지능검사 결과, 내담자의 지적 능력은 평균 수준으로 나타났으나, 소검사 간의 편차가 크게 나타나고 있어 상황에 따라 또래 수준과 비슷한 정도의 기능을 하지 못하는 경우도 있을 것으로 생각된다. 기계적이고 공간적인 자극을 다루는 능력은 보통 수준을 넘어서는 것으로 생각되나, 이조차도 일관된 기능 수준을 유지하지 못하고 있으며, 해결책을 확실히 예상할 수 없는 애매한 상황에서는 잠재력을 발휘하지 못한 채 심한 부적응을 경험할 수 있다. 무엇보다도 단순하고 즉각적인 해결이 가능한 경우에는 잘 기능할 수 있으나, 복잡하고 깊이 있는 생각과 판단이 요구되는 경우에는 대처 수준이 급격히 떨어질 것으로 생각되므로 학년이 올라갈수록 점점 복잡해지고 고차원적인 사고 수준이 요구되는 학업을 따라가기 힘들 것으로 생각된다.

Rorschach 검사 결과, 총 반응 수 10개로 문제 상황에서의 해결을 위한 인지적 활성화 정도가 부족해 보이며, 문제해결의 질적 수준도 낮게 나타났다(X-%=0.40). 논리적이고 추상적인 고차원적 사고 개념에 대한 관심이 높아 보이지만(M=5), 평범 반응을 한 개도 보이지 못할 정도로 관습적 지각능력이 빈약한 아동은 주변 환경을 조직화시키고자 부단히 노력하고 있음에도 불구하고(ZD=3.0) 자신의 생각을 현실적 상황에 맞게 구조화시키는 능력이 매우 부족해 보인다(M-=3). 내담자는 MMPI 8번 척도가 76T로 가장 높게 나타나고 있으며, Rorschach 검사에서 '개구리가 점프하는 1~2단계를 모두 보여 주는 거' '아기가 태어나서 꿈을 달성하는 삶을 1~5단계로 다룬 거' 등의 필요 이상으로 수치화시키는 대답을 하는 등 현실에 근거하지 않는 특이한 자극에 관심을 기울이기 쉬울 것으로 생각되므로(SCT: '나는 이상한 공상을 잘한다'), 주변 사람과 소통하지 못하고 점점 고립된 생활에 빠져들 가능성이 높아 보인다.

■ 성격과 정서

내담자의 어머니는 아동의 일탈행동, 또래관계의 어려움, 특이한 사고 경향 등을 문제로 인식하고 있는 것 같다. MMPI에서도 8번 척도가 가장 높게 상승해 있으며, 소척도 중에서도 '사회적 불편감'이나 '소외감'이 높게 나타나고 있어서 특이한 사고방식과 관련하여 사회적 관계 형성에 어려움을 겪고 있을 것으로 생각된다. 그리고 이러한 내담자는 HTP의 집 그림에서 창문과 지붕에 격자선을 많이 그어 지저분하게 하는 등 스스로도 상당한 혼란감을 느끼고 있으며, 주변 환경에 대해서도 민감해져 있는 것 같다(HTP: 남녀 그림 모두 '머리를 진하게, 눈은 크게 그림'). 그러나 HTP의 남자 그림에서 '행동－뭔가를 보는 거' '생각－뭔가를 보면서 그거에 대한 생각을 하

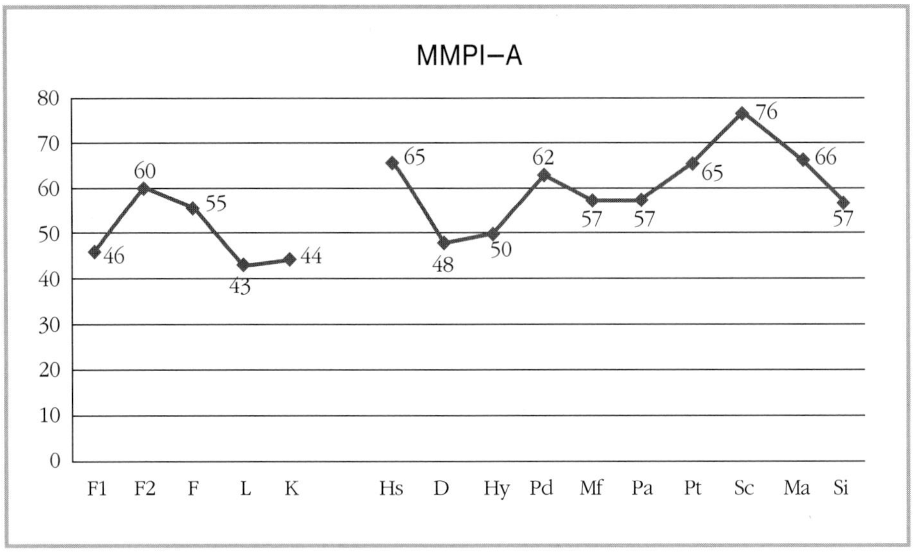

※ 상승한 소척도: 건강염려, 냉소적 태도, 사회적 불편감, 가정문제, 신체 증상 호소, 가정불화, 사회적 소외, 예민성, 사회적 소외, 기태적 감각경험

한국아동인성평정척도 (KPR-C)														
	신뢰도	타인 의식	특이 반응	자아 탄력성	언어 발달	운동 발달	불안	우울	신체화	비행	과잉 행동	가족 관계	사회 관계	정신증
T	44	34	50	31	57	56	61	66	57	67	56	54	69	68

아동 · 청소년 행동평가척도 (K-CBCL)														
	사회성	학업 수행	총사회 능력	위축	신체 증상	우울 · 불안	사회적 미성숙	사고의 문제	주의 집중	비행	공격성	내재화	외현화	총문제
T	43	39	39	64	40	49	63	55	58	58	50	54	53	53

는 거' '소원 — 자기 꿈을 이루는 거…… 그게 뭔지는 모른다' 등의 반응을 고려할 때 상상력이 부족하고 사고가 매우 단순화되어 있어 문제해결을 위한 자원이 빈약해 보이므로 근시안적인 문제해결밖에 하지 못하는 것 같다(SCT: '내가 좀 더 어렸다면 인생을 고칠 테다…… 이미 시험 문제를 다 아니까').

친밀감에 대한 태도를 나타내는 Rorschach 카드에서 '항공모함이 침몰하는 거'와 같은 반응을 보이듯 통상적으로 가깝고 친밀한 대상과의 관계에서 상당한 고통감을 경험하고 있는 것으로 보이며, 사회적 민감성까지 심각하게 부족한(SCT: '남자애들은 나를 웃기다고 한다. 웃음의 이유를 잘 모르겠다') 내담자는 SCT에서 '나를 가장 화나게 하는 것은 나를 짜증 나게 하는 놈들'이라고 하듯이 자신에게 해를 가하는 아이들에 대해서 불편감을 느끼면서도 '어떻게 대응해야 하는지' '구체적으로 무엇이 잘못된 것인지' 등을 명확하게 파악하지 못해 애매한 스트레스만 받고 있는 것으로 보인다. 또한 HTP의 나무를 매우 단조롭게 그리면서 사람의 크기도 작아 전반적으로 위축되고 있어, 나무 그림에서 '소원 — 인간에게 안 베어 가기'라고 하듯이 위협적으로 인식하고 있는 환경에 대해 수동적인 태도만을 취하고 있는 것 같다(SCT: '나의 나쁜 점은 다 참는 것').

이렇듯 외적으로는 매우 소심하고 위축된 모습을 보이고 있으나, Rorschach 검사에서 반영 반응을 2개나 보이고 있듯이 자신에 대해서 반추하는 경향이 강한 내담자는 현실과는 거리가 먼 상상이나 고차원적인 개념에 관심을 두고 있으나(SCT: '과학자가 되고 싶다…… 증명하고 싶은 게 많기 때문에' '소원은 비현실을 현실로 바꾸는 힘을 얻는 것') 논리적이고 이성적인 사고능력이 부족해 오히려 좌절감을 경험할 수 있어 스스로 통제 가능한 인터넷이나 게임에만 몰입하고 있는 것 같다.

■ 요약과 제언

• 요 약

전체 지능: 94, 평균 / 언어성 지능: 97, 평균 / 동작성 지능: 92, 평균

내담자는 평균 수준의 지적 능력을 가지고 있음. 다만 기계적이고 구체적인 자극이 주어지는 상황에서는 적절히 기능할 수 있는 반면, 애매하고 복잡한 자극이 주어지거나 고차원적인 개념을 다루어야 하는 경우 대처할 수 있는 능력은 부족해 보임. 또 사회적 상황에서의 대처 및 적응 능력도 매우 부족한 상태임. 내담자는 관계 형성 및 유지의 어려움으로 상당한 고통감을 경험하면서도 적극적인 대처를 하지 못하고 있는 것으로 보임. 이러한 상황에서 자신을 계속 반추하면서 현실과는 거리가 먼 고차원적이고 추상적인 개념에 관심을 가지는 것으로 보이나, 지적 한계로 인해 오히려 좌절감을 느꼈을 가능성이 높아 보이므로 우울감과 무기력감을 느끼며 게임과 같이 스스로 통제 가능한 상황에 몰입하고 있는 것으로 생각됨.

• 심리평가 결과, 내담자는 다음과 같은 진단이 시사됨.

R/O Asperger's Disorder(Social Communication Disorder)

R/O Depressive Disorder NOS(Unspecified Depressive Disorder)

• 제 언

사회적 스트레스 요인을 줄이고 자신의 적성에 맞는 영역을 찾아 발전시킬 필요가 있을 것으로 생각됨.

4) 검사 상황에 대한 기술, 지침이 없는 상황에서 무기력, 분노감 생성 과정(남자 / 만 11세 / 초5)

■ 의뢰 사유

아동은 '등교거부' '강한 반항심' '수업에의 집중 불가' 등을 주 호소로 상담센터를 내원하던 중, 이러한 증상과 관련하여 정서 및 행동 상태를 보다 자세하게 파악하기 위해서 Asperger's Disorder, Attention-Deficit/Hyperactivity Disorder 임상적 인상하에 아동종합심리평가를 실시하였다.

■ 행동 관찰과 면담

다소 작은 키, 마른 체구의 아동은 검사를 위해 방문하였으나, 심하게 거부적인 태도를 보여 검사를 하지 못하였다. 당시 검사를 하는 대가로 '컴퓨터 오락'이나 '돈'을 요구하였고, "이거 해 봤자 뭐 해요!"라고 하는 등 강하게 거부감을 표현하기도 하였다. 2주 뒤에 다시 검사 일정을 잡아 내원하였으며, 여전히 '오락'이나 '돈'과 같은 대가를 요구하였으나, 이전보다는 다소 수용적인 태도를 보여 검사를 진행할 수 있었다. 검사실에 들어올 때는 혼자 검사실에 들어가서 대가가 될 만한 것을 가져오도록 하자, '혼자는 안 간다'라고 하는 등 치료진과의 연결 상태를 유지하려는 모습도 보였다. 전반적인 위생 상태는 양호하였으며, 옷차림도 2주 전에 비해 더 깔끔하였다. 간혹 검사자를 불쾌한 듯이 똑바로 쳐다보는 것을 제외하고는 의도적으로 눈맞춤을 피하여 다른 곳을 응시하는 경우가 많았다. 일단 검사가 시작되면서부터는 검사자의 눈치를 살피면서 지시에 잘 따랐으며, 과제를 수행하는 데 별다른 어려움이 없었다. 그러나 전반적으로 조급하고 쉬운 것만 빨리빨리 해결하는 경향이 강했고, 산수 소검사에서 조금 복잡한 문제가 나오자 아예 해결할 생각조차 하지 않았으며, 검사가 1시간 정도 지나면서는 힘들어하는 듯하더니 마지막에 실시한 Rorschach 검사에서는 모든 카드에 대해서 '모른다'는 말로 일관하였고, 카드를 집어 던지는 등 도발적인 행동을 하기도 하였다.

지능과 인지 기능

한국 웩슬러 아동용 지능검사 3판 (K-WISC-III)			
지 능	점 수	백분율(%)	수 준
언어성 지능	101	42.1	평균
동작성 지능	82	11.5	평균 하
전체 지능	91	27.4	평균

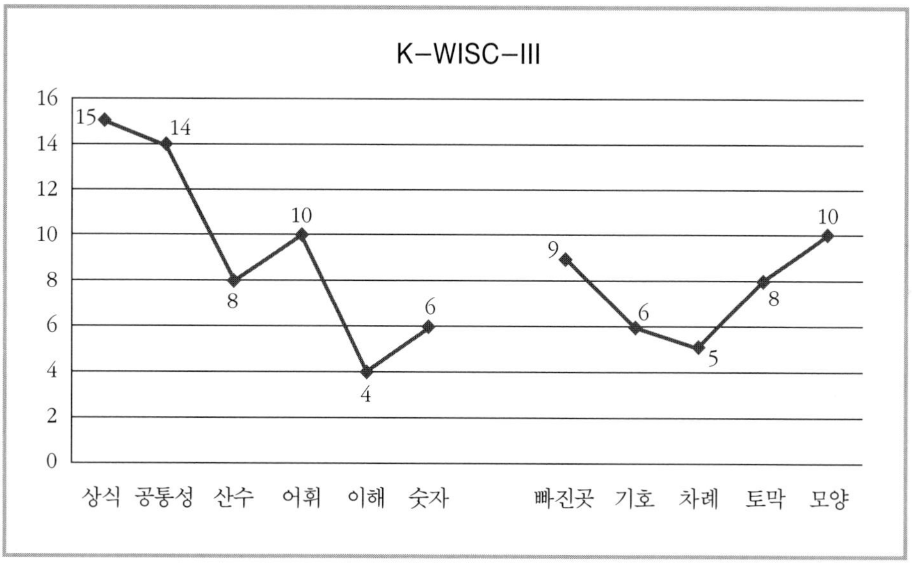

아동의 전체 지능은 91로 평균 수준을 나타냈으며, 같은 연령대에서 하위 27% 정도의 수준이었다. 언어성 지능은 101로 평균 수준을, 동작성 지능은 82로 평균 하 수준을 나타냈으며, 두 지능 간의 유의미한 양적 차이가 나타나고 있으며, 소검사 간의 편차도 11점으로 크게 나타나고 있어 인지 기능의 불균형이 매우 심한 것으로 생각된다.

언어성 지능을 살펴보면, 기본지식과 사물의 유사성을 찾아내는 능력이 우수 수준으로 나타나고 있어 지식 습득에 대한 욕구가 높고 고차원적인 개념 형성 능력도 뛰어난 것으로 생각된다. 그러나 어휘구사력은 평균 수준에 그치고 있어 일상적인 언어의 자연스러운 습득을 위한 환경적인 학습은 다소 부족했던 것으로 보인다. 아동은 사회적 상황에 대한 이해력이 지적장애 수준으로 매우 부족한 것으로 나타났으며, 문항 자체로 바로 답을 구할 수 없는 경우에는 모두 '모른다'로 일관하는 등 사회적 자극에 대한 탐색 의지가 매우 약해 보인다. 아동은 산수 소검사에서도 단순한 가감승제 계산을 뛰어넘자 바로 '모른다'로 일관하여 평균 하 수준에 그치고 있으며, 숫자 소검사에서는 바로따라외우기는 일곱 자릿수까지도 가능하였으나, 거꾸로따라외우기에서는 세 자릿수에서도 실패하는 등 조금이라도 인지적 노력을 요구하는 상황에서는 더 이상 해결 의지를 보이지 않고 단념하였다.

동작성 지능 영역 중에서는 익숙한 자극을 통한 문제해결 능력을 측정하는 모양 소검사가 가장 높게 나타났으나, 그 수준은 평균에 머물러 있어 언어적 잠재력에 비해 동작성 능력은 현저하게 낮은 것으로 생각된다. 또한 낯설고 추상적인 자극이 제시되는 토막 소검사에서는 이보다 낮은 평균 하 수준의 수행을 보이고 있어 낯선 환경에서의 문제해결 능력 저하가 시사된다. 아동은 모양 소검사에서도 유일하게 윤곽선이 그려져 있지 않은 '말' 그림 과제에서 하나도 맞히지 못한 채 포기하는 등 안내나 지침이 없는 상황에서의 대처능력이 심각하게 부족해 보인다. 아동은 시각적 예민성이 평균 수준을 유지하고 있어 주변 환경의 변화에 대한 인식은 적절히 하고 있는 것으로 보이나, 민첩성이 매우 부족하고 적절한 대응행동을 하지 못하는 등 상황 변화나 사회적 상황에 대처하는 데 어려움이 클 것으로 예상된다.

지능검사 결과, 아동은 평균 수준의 지적 능력을 보이고 있으나, 언어성-동작성 지능 그리고 각 소검사 간의 차이가 크게 나타나고 있어 상황에 따른 기능의 차이가 클 것으로 예상된다. 지적 잠재력은 현재의 지능 수준보다 높을 것으로 예상되나, 특히 사회적 자극이 제시되는 과제에서 현저하게 저하된 수행 양상을 보이고 있으며, 실행에 대한 지침이 부족하거나 즉각적인 해결이 되지 않는 상황에서는 상당한 불안감 및 거부감을 느끼고 있어 사회적 상황에서 상호 이해가 필요하거나 낯설고 복잡한 사고가 요구되는 상황에서는 대처에 심각한 어려움을 겪을 수 있겠다.

Rorschach 검사에서는 아동이 모든 카드에서 '모른다'라는 대답만 하면서 거부적인 태도를 보이고 있는데, 이렇듯 낯선 자극에 대한 거부감이 큰 것을 고려하면, 고통을 경험함으로써 문제해결의 시작조차 하지 못한 채 점점 스스로를 고립시키고 있는 것 같다.

성격과 정서

아동 · 청소년 행동평가척도 (K-CBCL)														
	사회성	학업 수행	총사회 능력	위축	신체 증상	우울 · 불안	사회적 미성숙	사고 문제	주의 집중	비행	공격성	내재화	외현화	총문제
T	40	41	40	72	56	72	67	67	67	66	53	70	58	70

한국아동인성평정척도 (KPR-C)														
	신뢰도	타인 의식	특이 반응	자아 탄력성	언어 발달	운동 발달	불안	우울	신체화	비행	과잉 행동	가족 관계	사회 관계	정신증
T	41	32	69	26	37	35	75	76	33	62	74	51	72	51

아동의 어머니는 아동에 대해서 우울 · 불안 등 정서적 불편감이 심하고 충동적이면서도 위축된 면이 있어 매우 고립된 생활을 하고 있는 것으로 보고하고 있다. 아동은 HTP에서는 모든 그림을 무성의한 태도로 작고 간단하게 그렸으며, 특히 나무 그림에서는 앙상한 가지만 그리고 있듯이 의욕이 없고 심리적 자원이 매우 빈약해 보였다. 그러나 아동의 언어적 잠재력을 감안할 때 검사상의 대응 정도가 이렇게 낮은 것은 수동적이고 적대적인 아동의 태도와도 관련이 있어 보인다.

SCT에서 '다른 사람들은 나를 아주 싫어한다'라고 하듯이 자신에 대해서 매우 부정적인 타인의 시각을 당연한 듯 받아들이고 있으며, 주변 사람들, 특히 가족에게 매우 심각한 수준의 적대감과 공격성을 드러내고 있다[SCT: '나는 사람을 죽이는 공상을 잘한다' '첫째 소원은 내가 싫어하는 사람을 모두 없애는 것' '선생님들은 모두 매춘부년 같은 존재다(화냥년도 포함)' / KFD: '동생을 칼로 위협하는 거' '밧줄이 필요하다. 엄마가 동생을 구하지 못하게 묶으려고' / 자유주제로 그린 그림에서 칼을 그린 다음 '추가로 화염방사기하고 총이 필요하고 이것들로 동생이 내장을 파고 목을 찌르고 해부한 다음에 화염방사기로 태우고 총으로 마무리하려고요']. 지능검사에서 사회적 지각능력이나 대처능력이 매우 부족하게 나타난 점을 고려하면 상기의 극단적인 표현들은 정서적 자원과 사회적 상황에 대한 이해가 부족한 아동이 고립된 사고방식에 익숙해지면서 주변에 대한 불만이 전혀 해소되지 않은 채 계속 쌓여 왔기 때문인 것으로 생각된다.

외부 환경을 매우 위협적으로 인식하고 있는 아동은 HTP의 집 그림에서 문과 창문을 전혀 그리지 않았고 사람 그림에서도 얼굴의 눈, 코, 입, 귀 등을 그리지 않는 등 외부 환경과의 소통을 스스로 차단하고 있으며, 사람 그림에서 팔과 다리를 그리지 않는 것은 타인과의 접촉이 필요한 상황에서 상대방을 무력화시켜 자신의 통제하에 둠으로써 심리적 안정을 유지하려는 것으로 생각된다. 그러나 HTP의 집 그림에서 '황량한 집. 아무것도 없다', 남자 그림에서 '장애인이다. 주변에 아무도 없다', 여자 그림에서 '장애인이다. 죽는 게 낫다' 등의 반응을 보이듯 매우 고통스럽고 부정적이며, 결핍되어 있는 자아상을 가지고 있는 아동은 한편으로는 계속해서 타인과의 관계, 외부세계를 통한 만족 등을 추구하고자 노력하고 있는 것 같다(SCT: '나는 친구가 괜찮다' '둘째 소원은 이 세상 물건을 모두 가진다').

요약과 제언

- 요 약

전체 지능: 91, 평균 / 언어성 지능: 101, 평균 / 동작성 지능: 82, 평균 하

아동의 지능은 평균 수준으로 나타났으나, 인지적 불균형이 심하여 상황에 따른 기능의 차이가 클 것으로 예상됨. 언어적 지식이나 고차원적인 개념의 습득 수준이 매우 높아 지적 욕구가 커 보이는 반면, 전반적인 문제해결 능력 및 주의집중력, 운동능력 등은 보통 수준을 겨우 유지하고 있으며, 사회적 상황에서의 대처능력은 현격히 낮은 수준을 보이고 있음. 게다가 매우 극단적인 태도와 인내심 부족이 학업적 성취 및 문제해결을 더욱 어렵게 하고 있음. 이러한 아동은 자아상이 매우 부정적이고 타인에 대해서 느끼고 있는 위협이나 적대감이 극대화되어 있어 심리적으로 상처받는 것으로부터 자신을 보호하는 데 급급해 있는 상태로, 주변 사람의 관심을 받으면서도 타인으로 하여금 자신을 통제하지 못하게 하기 위해 부단히 노력하고 있는 것으로 보임. 이러한 과정을 통해 관계가 점차 차단되면서 고립되어 가고 있으나, 한편으로는 고립에서 벗어나기 위한 노력도 지속되고 있어 주변의 도움이 필요해 보임.

- 심리평가 결과, 아동은 다음과 같은 진단이 시사됨.

Axis I. Asperger's Disorder(Social Communication Disorder)

• 제 언

고립감과 공격성이 극단적인 형태로 나타나고 있으며, 인지적 불균형으로 인해 학습상의 어려움도 컸을 것으로 보임. 아동의 인지적 특성을 고려한 특화된 학습이 필요할 것으로 생각되며, 이와 더불어 정서적 자원을 개발할 수 있는 놀이치료 등도 도움이 될 것으로 보임.

3. 자주 나타나는 반응

1) 주 호소

'교우관계의 어려움' '짜증스럽고 공격적인 말투' / '표현이 부정적이고 직설적으로 말한다' '친구에 대한 흥미가 별로 없다' / "흑인 아이가 악마다. 까치들이 마귀다' '옆집에서 말하는 소리가 들린다' 등의 피해망상을 호소한다" '멍하게 웃는다(silly smile)' / '친구들에게 괴롭힘을 당한다' '화를 폭발하면 제어가 잘 되지 않는다' / '이해력 부족' '또래관계의 어려움' / '왕따' '교우관계의 어려움' / '사소한 일을 참지 못하고 흥분한다' '뭔가 하고자 하는 일이 없다' / '불안해한다' / '부적절한 정동' '부적절한 행동' '심한 성적 저하' '신흥 종교단체 심취' / '전반적인 지적 능력이 떨어지며 학습이 부진하다' '또래와의 교우관계가 잘 안 된다' / '언어발달이 늦다' '혼잣말, 무의미한 말을 반복한다' '사회성이 떨어진다' / '사회적 상황에 맞지 않게 어려운 단어를 사용하고, 대처를 잘 못한다' / '또래에 비해 상황 대처능력이 부족하고 말투가 부자연스럽다' / '학교 성적의 기복이 심하다' / '유치원에서 적응을 잘 못한다' '대화가 잘 안 된다' '친구와 잘 안 어울린다' / '친구들과 잘 어울리지 못하고 반항적이다' '혼자 잘 웃는다'

2) 경직된 사고 및 관련된 언어표현(추상적 사고의 어려움, 사고 유연성 부족)

행동: "이건 쉽기도 하고 어렵기도 하구나!" "내 손놀림이 빠르네." / "자기가 살고 싶은 집이요?" "상상해서 그려야 돼요?" "캐릭터처럼 그려도 돼요?" 등 검사자의

확인을 구하는 질문을 많이 함 / "농구 동아리 친구들을 만나서 1주일에 2번 농구를 해요."라고 숫자를 강조해서 말함 / 검사자의 질문을 구체적으로 확인함 / "근데 틀려도 돼요?"라고 순진한(naive) 태도로 질문함 / 검사가 바뀔 때마다 "아, 제가 좀 긴장을 많이 해요. 떨리면 잘 못하거든요."라고 말함 / 딱딱 끊어지는 듯한 말투를 사용함 / 질문 하나하나에 대해서 매우 장황하고 길게 설명하고, 마치 책을 보며 이야기하듯 학술적인 지식을 줄줄 읊어 가는 모습을 보임 / 대부분 검사자의 질문에 대하여 "~입니다."로 끝맺음 / 시종 "네." "네."를 반복함 / 관심 범위가 매우 제한적이어서 자신이 집중하는 곳에만 신경 쓰느라 옆에 있는 물건들을 건드리는 경우가 많음 / 사소한 부분까지 질문하여 확인함

지능: 공통성 소검사 저하 / '고양이와 쥐의 공통점 – 모른다' '겨울과 여름의 공통점 – 겨울에 춥고 여름엔 덥다' / '성가신 – 무엇이 가신을 뜻하다' '틀림없는 – 무엇이 틀리지 않는' / 검사 초반부터 검사 자극을 보며 "끝까지 다 하는 거예요?"라며 물어보았고, 이후에 "빨리 넘어가요." "다 해야 돼요?" "내일 할래요."라고 말함 / 이해 소검사에서 '싸움 – 잘못했을 경우 사과해야 하지만 상대가 잘못했을 경우에 싸워야 한다' / '사과 – 잘못을 하면 용서를 구해야 한다. 그리고 용서를 구하려면 사과를 해야 한다' / 언어성 지능 또는 언어이해 지표의 상대적 저하 / 이해 소검사의 속담 문항 대답하기 어려움 / '서툴다 – 행동이 갑작스럽게 하다 보면 서툴 수 있다' / "해가 저녁에 어느 방향으로 지냐고요? 서쪽이요."와 같이 질문을 반복한 후에 반응을 하는 경우가 많음

HTP: 모든 그림을 종이의 좌상단에 작고 간단하게 그림

Rorschach: Lamda 상승 / Zd 저하 / 각 카드마다 체계적으로 회전함으로써 면밀하게 카드를 살펴봄

TAT: 각 카드마다 내용을 길게 말하고 있으나, '여자가'라는 주어를 문장마다 사용하는 등 단순한 문장 구조를 반복함

SCT: '내가 보는 나의 앞날은 별로 생각 안 했다' '대개 아버지들이란 별로 생각 안 했다' '다른 친구들이 모르는 나만의 두려움은 생각하지 않는다' '내가 싫어하는 사람은 생각하지 않는다' '결혼생활에 대한 나의 생각은 생각하지 않는다' '내가 늙으면 잘할 것 같다' '때때로 두려운 생각이 나를 휩싸일 때 잘할 것 같다' '내가 없으면 친구들은 더 잘할 것 같다' '생생한 어린 시절의 기억은 더 잘할 것 같은 느낌이었다' / '어머니는 가사를 많이 하시는 분이다' '아버지와 나는 부자관계다'

3) 자폐적 행동(부자연스러운 행동)

행동: 혼잣말을 중얼거림 / 눈맞춤을 잘하지 못함 / 시선을 아래로 향하는 경우가 많아서 검사자와의 눈맞춤은 간헐적으로 이루어짐 / 검사자의 안내에 고개를 끄덕이며 반응하고, 모르는 문항에서는 '음' 소리를 내며 고민을 하거나, 혼자 '아하'라고 소리를 내며 고개를 끄덕이는 등 반응에 과도한 면이 있었으며, 멋쩍은 듯 웃음을 지음 / "머리가 아프다." "이건 아닌 것 같은데……." 등 혼잣말을 함 / 발음이 어눌하고 경직되고 기계적인 말투 / 마치 혼자만 있는 듯이 주변 사람의 불편감을 유발하는 행동들을 거리낌 없이 함 / 구경 온 듯이 검사 도구를 빤히 쳐다봄 / 모든 질문에 대답을 할 때마다 "정확히는 잘 모르겠다." "자세힌 모르겠다."라고 미사여구를 달았고, "~거나 아니면 ……." "착각일 수도 있다." "그런 거 잘 모르는데……."와 같이 확답을 하지 않은 채 답을 미루는 경우가 많음 / 검사 도중 혼자 웃으면서도 그 이유에 대해서는 구체적으로 말하지 못함 / 지능검사 도중 "이런 거 질문해도 됩니까? 이런 거(검사 도구) 구할 수 있습니까?"라고 하고, HTP 수행 중에는 "부익부 빈익빈의 뜻을 모르겠는데 알려 줄 수 있어요?"라고 물었으며, 검사 종료 시에는 "영어 공부를 하고 싶은데 좋은 영어책을 소개해 주세요."라고 하는 등 검사 상황에 전혀 맞지 않는 엉뚱한 질문을 서슴없이 함 / 다소 멍한 태도로 검사에 집중하지 않고 장난하는 듯한 말투 / 눈빛이 경직되어 있고 눈을 감고 말하는 경우가 많음 / 검사실에 있는 다른 사물을 보고 명칭이나 관련된 생각을 말하는 경우가 많음 / 검사자의 질문이나 상황에 관계없이 떠오르는 대로 말하는 경우가 많음 / 독특한 억양으로 "알았다!"라고 말한 후 반응을 보이는 경우가 자주 나타남 / 지시 사항과 관계없이 자신의 경험을 바탕으로 과제에서 연상되는 내용을 반복적으로 말함 / 검사자가 하는 행동을 유심히 관찰하거나 혼자서 히죽히죽 웃는 등 부자연스러운 모습을 보임

지능: 산수, 순차, 숫자 소검사의 상승 / 이해 소검사 '빈수레 — 경박하게 행동하는 사람일수록 그런 행동의 여파가 광범위하다' '기미기리 전두엽하고 측두엽이라는 게 있는데…… 그런 게 발달이 안 돼서' / 어휘와 이해 소검사에서는 검사자의 질문과 상관없는 부적절하고 엉뚱한 대답

HTP: 집 그림에서 문 없이 창문만 1개를 그림 / 집 그림에서 문과 창문을 그리지 않음

Rorschach: Mp > Ma

4) 부적절한 과시(자신에 대한 높은 기대, 과도하게 의욕적임, 높은 인정 욕구)

행동: 한 과제의 수행을 마치기도 전에 다음 과제에 대해 질문을 하는 경우가 많음 / 문제가 제시되면 고개를 숙이고 고심하는 표정을 짓다가 못하는 경우가 많음 / "저 잘하죠?"라고 검사자에게 물으며 자신의 수행에 대해 칭찬받으려고 하는 모습 / 문제가 주어지면 오랜 시간 진지한 표정으로 고민함 / 정답을 맞혔음에도 불구하고 다시 수정함 / 성급하게 하려다가 금방 해결되지 않으면 혼란스러워하고 더욱 엉뚱하게 해결하려는 모습 / "이건 완전히 난코스네요." "이런 건 식은 죽 먹기죠." "제가 만들기는 선수거든요." 등 자신의 수행 수준과 관련하여 계속 스스로 언급 / 매우 성급한 경향이 있어서 검사자의 진행 속도에 맞추지 않고 도구에 충동적으로 손을 대는 경우가 자주 있음 / 어려운 과제를 관심 없다는 듯 애매한 태도를 보이며 포기하였으나, 쉬운 과제는 빨리 수행하고 완성한 과제를 검사자 앞으로 내밈

지능: 간단한 과제에서는 높은 기능 수준 / 나이에 비해 수준 높은 단어를 구사함('집세' '천연기념물') / 쉬운 문항에서 엉뚱하게 틀리거나('사군자 – 천상에 관한 거' '숨을 내쉴 때 가장 많이 나오는 원소는 – 산소'), 핵심에서 벗어난 대답('겨레 – 나의 조국' '숭배하다 – 기도하다' '개척하다 – 일을 해 나가는 거')을 함 / 선택 소검사에서 시간이 초과했음을 알리자 바로 1개를 더 긋기 / 상식 소검사의 과도한 상승 / 언어성 검사에서는 전반적으로 발화량이 많은 편이었으며, 자신의 논리 안에서 장황하게 설명하는 경향 / '개척하다 – 땅이 더 커지게 하는 밭이라고 하면 일굴 수 있는 좀 더 크게 할 수 있다' '근로기준법 – 일종의 노동시간이나 임금 아니면 그거에 대한 스트레스 같은 거. 그게 안 되면 가난해진다. 임금 같은 것도 생각해야 하고 노동법 그런 것도 생각하고 법이 없으면 더 가난해진다' / 기본 상식이 전체 문항 중 2개 문제만 틀린 평균 상 수준으로 과거 학습을 통해 습득한 지식이 매우 잘 유지됨 / 숫자 소검사에서 억지로 숫자를 만들어서 대답함 / 산수 소검사에서 맞힌 문항은 대부분 1초만에 빠르게 대답하였고, 어려운 문항은 급하게 답을 내느라 정답에 유사한 대답만 하고 있어 성급한 태도로 인해 자신의 잠재력을 충분히 발휘하지 못함

HTP: 나무 그림에서 '나이 – 100세' / 나무 그림에서 '굴렁쇠 굴리는 사람'을 그렸고, '매난국죽 할 때 대나무. 부러지거나 휘어지거나 절개 지조' '소원 – 나무가 실력이 있는 건 아니지만 하나하나 배워 가는 거'라고 하거나, 남자 그림에서 '생각 –

나라 사정 이런 거 아니면 자원적인 거 땔감 이런 거' '가장 행복한 때 — 책 읽을 때 글 쓸 때 아니면 무슨 일을 하면서 느끼는 그런 것들……' 등의 반응을 보이듯 말은 많지만 전혀 정리되지 않고 생각나는 단편적인 내용만 장황하게 나열함 / 나무 그림에서 '생각 — 열매를 많이 맺고 싶은 마음' / 남자 그림에서 '저를 그린 거. 꿈을 가지고 무엇을 할 것인가 생각하는 거' / 사람 그림에서 '유명한 사람' / 나무 그림에서 기둥을 크게 그림 / 나무 그림에서 나무를 지면에 다 그리지 못할 정도로 크게 그리고, '나이 — 200세'라고 함 / 나무 그림에서 '나이 — 2,000세' / 남자 그림에서 '고을의 벼슬아치 관리'

Rorschach: '대왕용' / 높은 Zd

SCT: '나의 가장 큰 결점은 오버하는 거다' / '나에게 가장 좋았던 일은 웃겼을 때다' '내가 제일 걱정하는 것은 내 능력(유머감각)이 돌아왔으면 좋겠다' '내가 가장 가지고 싶은 것은 내 능력(유머감각)이다' / '사업에서 성공하여 좋은 일을 하고 싶다' / '내가 믿고 있는 내 능력은 난 뭐든지 할 수 있다는 것이다' / '내 소원이 마음대로 이루어진다면, 커서 성공했으면 좋겠다, 뭐든지 다 잘했으면 좋겠다'/ '나는 인기가 많아지는 공상을 잘한다' / '나의 장래는 한의사가 되는 것이다'/ '내가 어렸을 때는 웅변대회에서 최우수상을 탔다' '내가 믿고 있는 내 능력은 천재성, 상황 파악, 근면성이다' '완전한 남성상은 근면, 성실, 재미있으면 한다' '내가 제일 좋아하는 사람은 세종대왕이다' / '나의 장래는 CEO다' '나의 야망은 세계 시장을 휘두를 수 있는 것' / '나의 좋은 점은 축구를 잘한다' '내 소원이 마음대로 이루어진다면, 둘째 소원은 공부 잘하기'

5) 자기 정당성 확보(미숙한 자기중심성)

행동: 이르는 듯한 말투로 말함 / Rorschach 검사에서 몇 분 동안 반응이 없어서 검사자가 큰 소리로 재질문을 하자 "깜짝 놀랐잖아요. 그러시면 안 되는데……."라고 하면서 매우 불쾌한 표정을 지음

지능: 이해 소검사 '싸움 — 주위 사람한테 건방지다고 알려 줘서 그 애하고 친구랑 못 놀게 할 거예요'

SCT: '내가 좋아하는 사람은 나의 아픔을 감싸 안아 주고 같이 나누며 나아가길 주저하지 않는 사람이다'

6) 구조화된 상황에서 양호하거나 높은 기능(학습 수준 유지)

행동: 성실한 태도로 검사에 임함

지능: 토막 소검사 상승 / Rorschach 검사에서의 질적으로 낮은 기능에 비해 양호한 수준의 지능 / 숫자 소검사 바로따라하기의 상승 / 상식, 이해 등 지식 습득과 관련된 소검사의 상승 / 언어성 지능의 상승 / 어휘, 상식, 산수 등의 학습 관련된 소검사 상승

7) 비구조화된 상황에서 기능 저하(불안 수준 상승, 유연성 부족)

행동: 검사를 시작하자 숨소리가 거칠어지고, 입술을 깨물고, 침을 삼키는 소리가 들림 / 문항의 난이도가 높아지면 손으로 책상을 두드리고, 몸을 가만히 있지 못하는 등 안절부절못함

지능: 행렬추리, 공통그림 소검사 저하 / 숫자 소검사 거꾸로따라하기의 저하 / 동작성 지능의 저하 / 산수 소검사에서 다소 높은 점수를 보였으나 그중에서 여러 가지 연산이 포함된 문항은 어려워함

MMPI: 7번 상승

Rorschach: IX번 카드에서만 반응에 실패함 / 지능은 평균 수준이지만, 반응 수가 10개로 매우 적게 나타남 / 높은 X-%

TAT: 16번 카드에서 반응 실패

8) 부자연스러운 운동능력(미숙한 행동)

행동: HTP 등과 같은 지필 과제 수행의 어려움 / 손운동이 필요할 때 속도가 매우 느림 / 어눌한 말투 / 조절이 잘 되지 않는 듯 목소리가 큼 / 말투는 어린애 같은 느낌이었으며 발음도 다소 부정확하고 전반적인 말의 속도도 느린 편임 / 운동의 속도가 느리며 부자연스러움 / 대답을 할 때는 큰 소리로 내뱉듯이 짧게만 말하는 경우가 많음 / '~해서' '~는데'라고 하면서 끝을 올리는 등 반말투로 어색하고 빈정대는 듯 말하는 경우가 많음 / 말이 어눌하고 더듬는 경우가 많고 발음도 부정확함 / 목소리가 크며 부자연스럽게 빠르게 대답함 / 상당히 말이 많지만 어조가 부자연스러웠고 음성 크기를 잘 조절하지 못함

지능: 기호쓰기 저하 / 토막짜기 소검사의 토막을 매우 투박하게 다룸

HTP: 사람 그림에서 남녀 모두 '5~6세'(청소년) / 그리기 과제를 싫어함

SCT: '내가 가장 행복한 때는 컴퓨터 게임에서 이겼을 때' '내가 제일 좋아하는 놀이는 메이플 스토리'

9) 미묘한 의미 파악의 어려움(통찰력 부족)

지능: 빠진곳찾기 저하 / 언어이해 영역의 소검사들 중 1점을 획득한 문항이 많음 / 이해 소검사 저하 / 이해 소검사의 속담 문항에 대답하기 어려움 / 어휘, 이해 소검사의 저하

MMPI: L 척도 상승

Rorschach: 적은 반응 수 / 10개 중 4개 카드에서 반응에 실패

10) 자의적 의미 부여(맥락 파악 어려움)

HTP: 나무 그림에서 '자동차가 필요하다. 부채가 들어 있어서' / 나무 그림에서 '소원 — 이산화탄소 없게 해 달라는 거'

KFD: '아빠에게 하고 싶은 말 — 슈퍼와 이성관계다' '엄마에게 하고 싶은 말 — 이성관계는 전화다'

Rorschach: M 상승 / 높은 Xu

SCT: '남자에 대해서 무엇보다도 좋지 않게 생각하는 것은 아름다워 보일 것이다' '무슨 일을 해서라도 잊고 싶은 것은 나의 진로 방향이다'

11) 단편적인 반응

행동: 전반적으로 짧고 무난한 반응을 보임

지능: 언어성 소검사 전반에 걸쳐서 같은 문구가 반복되는 경우가 많음('그때' '어떤' '이상한' '정체불명') / 산수 소검사에서는 두 자릿수 곱셈까지만 가능할 뿐 더 이상의 응용이 필요한 계산은 잘하지 못함 / 이해, 어휘 등의 소검사가 평균 하 수준으로 긴 언어적 반응을 해야 하는 상황에서 기능이 저하됨('강요하다 — 똑같은 말만 하

다' '약속－정한 거니까') / 숫자 소검사의 바로따라하기 상승

HTP: 그림에 상관없이 '피아노 치고, 기타 치고, 마이크 잡고, 노래하는 거'라는 반응을 반복함

Rorschach: '빨간색하고 입하고 얼굴이다, 빨간색 눈이 번지면서 튀기고 흘리는 자국이 쭉 내려가는 물 같은 게 흐르고 있어서' / 적은 반응 수 / 적은 반응 카드 수

SCT: '나는 공부가 싫다' '나는 커서 부자가 되고 싶다' '나의 좋은 점은 착하다, 나의 나쁜 점은 화를 잘 낸다' '선생님들은 나쁘다' / 문항에 상관없이 '피아노 치고, 기타 치고, 마이크 잡고, 노래하는 거'라는 반응을 반복함

12) 대인관계 판단력 부족(공감의 어려움, 사회적 자극에 대한 둔감성, 정서적 자원 부족)

지능: 빠진곳찾기 저하 / 이해 소검사에서 단편적인 대답('근로기준법－일의 성과를 맞추기 위해서' '삼권분립－각 부처마다 하는 일이 달라서') / 차례맞추기 소검사 저하

HTP: 사람 그림에서 눈, 코, 입을 그리지 않음

Rorschach: M- 상승 / 낮은 SumC / 색채카드들에서 반응을 거의 하지 못함 / III번 카드에서 '외계인' / '사람이 웃는다' '둘이서 싸우는 것 같다'라고 하듯이 감정을 나타내는 반응을 많이 하고 있으나, 색채 반응을 전혀 보이지 않고 있음 / VI, VII번 카드에서 반응 어려움 / 색채카드 중 하나인 IX번 카드를 '알록달록해서' 가장 좋다고 하면서도 정작 3개의 색채카드 중 2개 카드에서 반응을 하지 못하고 IX번 카드에 대해서도 '말의 코만 보인다. 강한 색채대비 때문에'라고 하듯이 왜곡된 형태질과 부적절한 설명 / 적은 인간운동 반응 / 색채카드들에서 반응에 실패하거나, '악마의 얼굴', 특이한 부분 반응(Dd), 공간 반응 등의 반응을 보임

13) 높은 도덕성(지나친 관습적 태도)

행동: 검사 시간 30여 분을 경과하면서 '졸려서 잠이 온다. 화장실에 다녀오겠다'라고 말한 다음에 얼굴을 씻고 옴

MMPI: L 상승

Rorschach: 많은 평범 반응 / 높은 D의 비율

SCT: '어렸을 때 잘못했다고 느끼는 것은 거짓말한 점이다' '완전한 남성상은 가정적이어야 한다'

14) 특이한 사고 및 언어표현

행동: 내원 사유에 대해서 '미래에 어떤 아이들에게 맞을 것 같다'

지능: '얼음과 수증기의 공통점 – 액체에서 비롯된다' '돌아가다 – 옆길로 하여금 가고자 하는 곳을 가는 거' / 검사 전반에 걸쳐 다소 특이하게 문제해결을 시도하는 모습

MMPI: Sc 척도 상승

HTP: 집 그림에서 우리나라 지도를 그리고 아무런 문제의식 없이 '우리나라가 근본이라고 생각해서 우리나라를 그렸다'라고 당당하게 말하며 검사 지침을 따르지 않음 / 나무 그림에서 기괴한 모양의 가지, 사람 그림에서 투시된 신체 등을 그림

Rorschach: P 저하, Xu%와 Dd 상승 / 높은 X-% / '개들이 입 맞추는 거' '마법사' '심령술사'

SCT: '내가 제일 걱정하는 것은 철갑상어가 바닥에 떨어지는 것입니다' / '나는 내가 도술을 잘해 온 세상을 편안하게 만드는 공상을 잘한다'

15) 순진한 사고 및 행동(무난해 보이는 모습, 미숙한 솔직함)

행동: 검사 지시에 잘 따르고 순응적임 / 연령에 맞지 않게 커다란 분홍색 머리띠를 착용하고 있었으며, 노란색 원피스 치마를 입고 있는 등 인형 같은 옷을 입고 있음 / 질문에 대한 대답을 하다 말고 엉뚱한 이야기를 꺼내곤 하여 다시 과제에 집중하도록 하면 "아! 예!"라며 장난스럽게 반응함

지능: 평균 수준의 지적 능력 / 양적으로 양호한 언어능력

MMPI: L 척도 상승 / '미성숙' 소척도 상승

HTP: 사람 그림에서 '장점 – 친구들과 잘 놀아 준다, 꼬마들을 잘 돌봐 준다' / 웃고 있는 사람을 그림 / 집 그림에서 '화목해 보인다' / 집 그림에서 '분위기 – 따뜻해 보인다' / (남자가) HTP의 여자 그림에서 '소원 – 좋은 남자를 만나는 거'

Rorschach: 총 반응 수는 10개로 적은데, 평범 반응은 5개를 함

TAT: '동화 속에 집이 있는 거'

SCT: '내가 가장 좋아하는 사람은 엄마 아빠입니다' / '우리 엄마는 웃기시고 친절하다' '우리 아빠는 친절하시다' / '내가 믿고 있는 내 능력은 성실함이다' / '완벽할 때—친구와의 약속에서 약속 장소에 먼저 갔을 때' / '나는 친구가 좀 많다. 해 달라는 거 다 해 준다' / (남자가) '내가 가장 좋아하는 사람은 어떤 여자애다' '남자들은 여자를 사귀고 싶어 한다' '혼자 살게 된다면 여자아이와 같이 살고 싶다' / '어리석게도 내가 두려워하는 것은 조금이라도 누가 소리를 지르면 잘 놀라는 것이다' '나만의 두려움은 조금이라도 잘못하면 잘 놀라는 것이다'

16) 특정 영역에의 몰입

지능: 상식 소검사 단독 상승 / 이해 소검사 단독 상승

Rorschach: '나비의 날개만 보인다' '괴물의 눈만 보인다' '벌레의 눈과 입만 보인다' '달팽이 더듬이만 보인다'라고 하는 등 애매한 검사 자극을 지나치게 분절하고 구체화시킴

SCT: '내가 가장 좋아하는 놀이는 레고 조립하는 것입니다' '내가 가지고 있는 것 중에 제일 아끼는 것은 거북이나 내가 수집하는 것들입니다' / '나의 좋은 점은 레고나 발명, 물고기 같은 것을 관찰하는 것입니다'

17) 높은 사회적 불편감(부정적 평가에 민감함)

MMPI: Si 척도 상승

HTP: 사람 그림에서 '행복—밖에서 누군가와 어울려 다닐 때' / 집 그림에서 '울타리가 높은 집'

KFD: 부모님과 동생을 그리고, 옆집 아저씨까지 그리면서도 자신을 그리지 않음

Rorschach: P 저하 / H 부족 / M 부족 / III번 카드를 가장 싫어하는 카드로 선택함 / III번 카드에서 '괴물' / VI번 카드에서 '나뭇잎' '딱정벌레 앞 날' / III번 카드에서 반응 실패 / '얼굴' 반응이 많음

SCT: '나는 친구가 제일 싫습니다. 왜냐하면 왕따를 시키기 때문입니다' '남자애들은 나를 싫어합니다' / '나는 친구가 조금 싫다' / '다른 사람들은 나를 어떻게 생

각할지 궁금하다' / '내가 잊고 싶은 두려움은 왕따에 대한 경험이다' / '다른 친구들이 모르는 나만의 두려움은 친구관계다' / '나는 친구가 없다' '다른 사람들은 나를 미워하거나 쓸데없는 존재라고 생각한다' '나를 가장 슬프게 하는 것은 나를 놀렸을 때' / '나는 친구가 날 이해하는 친구였으면 좋겠다' '내가 가장 무서워하는 것은 괴롭힘을 당하는 것' / '내가 싫어하는 사람은 따돌림을 하는 사람이다' / '다른 사람들은 나를 이상하게 본다' '나는 때때로 내 자신이 무서울 때도 있다' / '우리 엄마는 예쁘지만 조금만 말해도 화낸다' '대부분의 아이들은 나를 기분 나쁘게 한다'

18) 억울함

TAT: '둘이 같이 게임하다 한 명이 진 것을 인정을 안 해서 남자가 화가 나서 나갔다'

19) 분노감과 높은 공격성(외부 환경에 대한 경계심)

MMPI: Pa 척도 상승

Rorschach: '여러 사람들이 한 사람을 놀리는 것 같다' / V번 카드 '악마' / '눈물을 흘리면서 입을 벌리는 거 같아요. 피를 토하면서' / S 상승 / '악마의 가면' '드라큘라' '프레데터' '돌연변이 잠자리' '칼' '돌연변이 식인꽃' / '큰 오리' '큰 몬스터' '큰 나비' / '도깨비, 무섭게 보였어요'

SCT: '나는 때때로 동생을 때리는 일도 있습니다' / '내가 제일 걱정하는 것은 누군가가 나의 주민등록증을 도용해서 각 인터넷 사이트에 가입했을 때, 내가 다른 사람 주민등록번호를 써서 인터넷에 가입했을 때' / '제일 무서운 꿈은 귀신이 나타났을 때' / '용이 되고 싶다. 용처럼 승천하여 무엇을 호령하고 싶다는 마음 갖고 노력하고 정진할 것이다' / '나의 나쁜 점은 부정적이고, 이중인격자, 다중인격자, 가식저, 폭력저, 입이 험하며 욕을 안전히 잘한 또는 한번 폭발하면 무서운 어른, 힘센 어른이라도 위협함' / '나른 사람들은 나를 깔보는 듯하다' '나를 가장 화나게 하는 것은 겉으로만 친한 척하는 친구들이다' / '내가 좀 더 나이가 많다면 나를 화나게 하는 아이들을 감옥에 가둔다' '나는 스트레스를 푸는(나를 화나게 하는 사람 때리기) 공상을 잘한다'

20) 높은 부적절감(높은 불안 수준, 위축, 고통감)

행동: 과제가 어려워지면 짜증을 내며 불쾌한 표정을 감추지 않았고, 크게 숨을 쉬는 경우가 많았으며, 입맛을 다시듯이 '쩝쩝' 소리를 자주 냄

지능: 소검사 간의 심한 불균형

HTP: 나무 그림에서 '왜 다른 나무는 열매 열리는데 나는 왜 안 열리지?'

SCT: '나는 공부가 좋기도 하고 싫기도 합니다' / '나를 가장 슬프게 하는 것은 학원 보충' '나를 가장 화나게 하는 것은 학원 보충이 있을 때' / '나는 공부를 싫어한다' / '내가 꾼 꿈 중에서 가장 무서운 꿈은 누군가 막 좇아오는 꿈' / '나의 나쁜 점은 눈치를 많이 본다, 사람 얼굴을 잘 못 쳐다본다, 자신감이 없다, 용기가 없다' / '때때로 두려운 생각이 나를 휩싸일 때 너무 고달프다' / '나는 때때로 이상할 때가 있다' '나에게 가장 문제되는 것은 생각과 잡념이 너무 많다' '나를 괴롭히는 것은 집착이다'

06 Chapter 자폐스펙트럼장애

1. 심리과정상의 특징

자폐스펙트럼장애(Autism Spectrum Disorder)가 있는 경우, 증상을 검사 결과로 파악하기는 쉽지 않다. 따라서 자폐 증상을 검사자가 먼저 알고 있는 상태에서 이를 점검하듯이 평가 과정에 임해야 한다. 초진 기록지로 파악한 내용에 더하여, 검사를 실시하면서 확인할 수 있는 증상들을 최대한 눈으로 직접 확인하고, 무엇보다도 보호자와의 면담에서 해당 증상들이 있는지 적극적으로 파악하는 것이 중요하다. 따라서 DSM-5의 진단 준거에 따라 확인을 하면 되지만, 자폐 증상을 추정하는 간단한 체크리스트를 하게 하거나 진단적 면접지를 사용하는 것이 좋다(필자는 주로 CARS를 사용하였으나, 다양한 검사지를 직접 보고 본인에게 맞는 검사지를 선택할 것을 권한다.).

대부분 지적장애 수준의 낮은 지적 능력을 가지고 있는 경우가 많다. 낮은 인지 기능에 비해서 암기력이 상대적으로 높은 경우가 대부분이며, 영화에서 나오는 것처럼 극적인 암기력을 보이는 경우는 그렇게 많지 않다. 그러나 간혹 지능검사에서 평균 이상의 수준을 보이는 경우도 있고, 암기뿐만 아니라 다른 영역에서 두드러진 능력을 보이는 경우도 있으니 모든 능력을 꼼꼼하게 확인해야 한다.

사회적 관계를 맺기 어렵기 때문에 지적장애보다도 독립적인 기능을 하기가 쉽지 않다. 그러나 장애가 무엇이든 언제나 우리의 목표는 독립적 기능 수준을 최대치로 끌어올리는 것이다. 당연히 상대적으로 가장 높은 능력이 무엇인지 파악하는 것이 중요하고, 무엇보다 낮은 능력들에 대해서도 '산수 소검사에서 한 자릿수 가감계산은 가능하였다'와 같이 최대한 구체적으로 기술을 해야 당장 어느 정도 수준에서 도와줄 수 있는지 현실적인 치료 및 교육 계획을 세울 수 있다.

2. 보고서 사례

1) 미취학 진단 사례, 평가 결과의 질적 기술의 중요성(남자 / 만 4세 / 미취학)

■ 의뢰 사유

아동은 '전반적인 발달이 또래에 비해 느리다' '의사소통의 어려움이 크다' 등을 주 호소로 상담센터를 방문하였으며, 인지 기능 및 정서 파악을 위해 유아종합심리평가를 실시하였다.

■ 행동 관찰과 면담

아동은 보통 키에 마른 체형이었고, 어머니와 함께 센터를 방문하였다. 위생 상태는 양호하였으나, 검사자를 쳐다보지 않고 검사실 주변을 두리번거리거나 검사 도구만 쳐다보고 있어서 검사자와의 눈맞춤은 거의 이루어지지 않았다. 검사실에 들어오자마자 창문 밖을 쳐다보고, 물건들 하나하나 손으로 만져 보며 의자에 앉지 않고 서성거리는 등 산만해 보였다. 그리고 한 과제에 5분 이상을 집중하지 못하고 다른 도구에 관심을 보이는 등 주의력이 매우 부족해 보였으며, 검사자의 제지에도 불구하고 검사 도구를 넘기려는 행동을 반복하고 있어서 충동성도 높아 보였다. 아동은 어눌한 말투로 말하고 발음이 불분명하였으며, "엄마 물 줘." "이거 뭐하는 거야?" 라며 두세 음절 정도의 언어표현만 가능했고, 지시를 이해하지 못해서 다시 설명해야 하는 경우가 많았다. 또한 검사자가 불러도 대답을 하지 않은 채 검사자의 말을 따라 하거나 질문의 내용과는 상관없이 자신이 하고 싶은 말을 하였다. 한편, 검사 중반으로 갈수록 "나 그만할래."라며 검사실 주변을 돌아다니고, 과제를 쳐다보지 않는 등 거부적인 태도를 보이다가, 검사실 밖으로 나가서 10분 정도 검사가 중단되기도 했다. 검사를 다시 시작한 후에도 여전히 검사 도구를 쳐다보지 않은 채 다른 곳을 응시하였고, Rorschach 검사에서 '집'이라며 한 가지 반응만 보이다가 다시 검사실 밖으로 나가서 검사가 다시 중단되었다.

◻ 지능과 인지 기능

한국 카우프만 아동 지능검사 (K-ABC)			
지 능	점 수	백분율(%)	수 준
순차처리척도	41	＜1	중등도 지적장애
동시처리척도	45	＜1	중등도 지적장애
인지처리과정척도	49	＜1	중등도 지적장애
습득도척도	-	-	-

※ 아동은 산수, 수수께끼 등의 하위검사에서 검사를 거부하여 습득도척도의 표준 점수는 산출하지 못하였음.

아동의 인지처리과정척도는 49로 중등도 지적장애 수준을, 순차처리척도는 41로 중등도 지적장애 수준을, 동시처리척도는 45로 중등도 지적장애 수준을 나타냈다. 아동은 대부분의 능력이 매우 낮게 나타나고 있어서 간단한 일상생활 기능을 수행하는 데에도 주변 사람의 도움이 필요한 경우가 많을 것으로 생각된다.

아동은 순차적으로 제시된 시각적 자극의 통합능력(마법의창)이 평균 하 수준으로 다른 하위검사에 비해 상대적으로 가장 높게 나타나고 있어서 익숙한 시각적 자극이 주어질 때 부분과 전체 간의 관계를 파악하여 통합하는 능력은 비교적 양호해 보인다. 그러나 그 외의 기능들이 극심한 점수 저하를 보였다. 또한 손동작, 수회생, 단어배열, 얼굴기억 등의 하위검사에서 우연적인 수준에서 검사자의 시범을 보고 한두 개 문항만 성공하였고, 이후의 문항에서는 검사자의 지시를 반복하거나 이전 수행과 같은 반응을 그대로 반복하는 등 매우 단순한 대응행동만 나타났다. 그리고 전반적으로 지시 사항을 이해하지 못하고, 쉬운 문항에서조차 질문의 내용과는 다

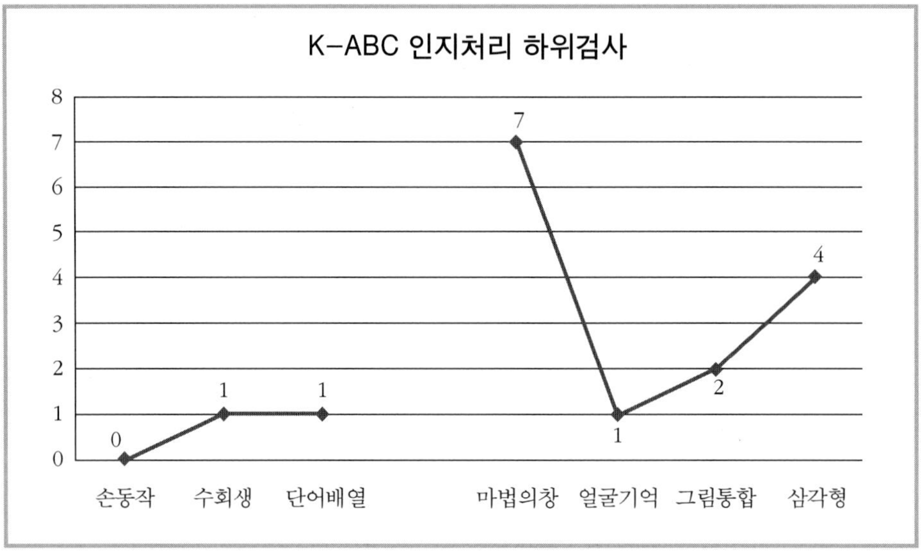

른 엉뚱한 대답을 하는 경우가 많았다. 다만, 검사 내내 집중하지 못하고 과제 수행 중에도 다른 검사 도구에 관심을 보이거나 일어나서 검사실 주변을 돌아다니며 산만한 모습을 보였던 점을 고려하면, 극심한 점수 저하는 주의력 부족과도 관련이 있는 것 같다.

아동은 그림을 보고 언어적 명칭을 표현할 수 있는 능력(표현어휘)과 기본적인 상

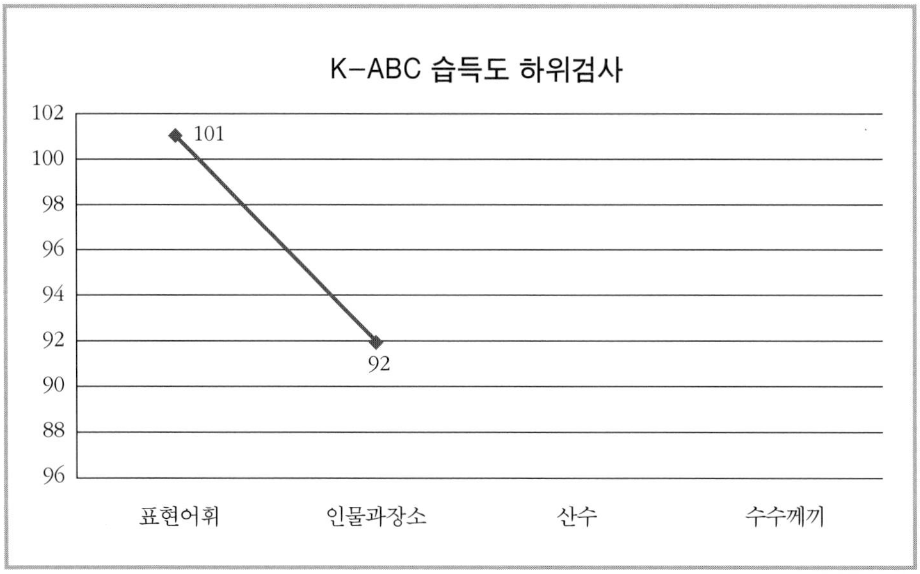

식 수준(인물과장소)이 평균 수준으로 나타나고 있어서 언어적 학습은 적절하게 이루어진 것으로 보인다. 그러나 산수와 수수께끼 하위검사는 검사 도중 검사실 밖으로 나가 버리거나 지시 내용을 듣지 않으려고 귀를 막는 등 거부적인 태도를 보이고 있어서 검사를 실시하지 못하였다.

K-ABC 검사 결과, 아동은 단순한 언어적 학습 수준과 익숙한 시각적 대상을 파악하는 능력이 적절한 수준을 유지하고 있었다. 그러나 그 외의 기능들이 대부분 매우 낮은 수준으로 나타나고 있어서 간단한 일상생활 기능을 수행할 때조차 주변 사람의 도움이 필요한 상태로 여겨진다. 게다가 주의력 수준이 매우 부족하고, 충동성도 시사되므로 학습의 어려움을 더욱 가중시키는 것 같다.

사회성숙도

사회성숙도 검사 (Social Maturity Scale)			
영 역	연령 수준	사회 연령(SA)	2.95
자기관리	3.14		
이동	2.69	사회 지수(SQ)	73.75
작업	2.96		
의사소통	1.75	분류	경계선
사회화	2.79		

사회성숙도 검사 결과, 아동의 사회 연령은 2.95세이며, 사회 지수는 73.75로 경계선 수준의 사회적 기능을 하고 있는 것으로 나타났다.

어머니의 보고에 따르면, 아동의 자기관리 능력은 3.14세 수준으로 혼자서 대소변을 볼 수 있으며, 이동능력은 2.69세 수준으로 혼자서 층계를 걸어 다닐 수 있다. 그리고 아동의 작업능력은 2.96세 수준으로 가위로 종이나 천을 자를 수 있다. 의사소통 능력은 1.75세 수준으로 짧은 문장으로 말을 할 수 있으며, 사회화 능력은 2.79세 수준으로 다른 사람들에게 칭찬을 받을 만한 재주를 피워 보인다고 한다.

이상의 결과를 종합해 볼 때, 아동은 비슷한 연령의 또래와 비교하여 경계선 수준의 매우 낮은 사회적 기능을 보이고 있으며, 특히 의사소통 능력이 더욱 저하되어 있었다.

성격과 정서

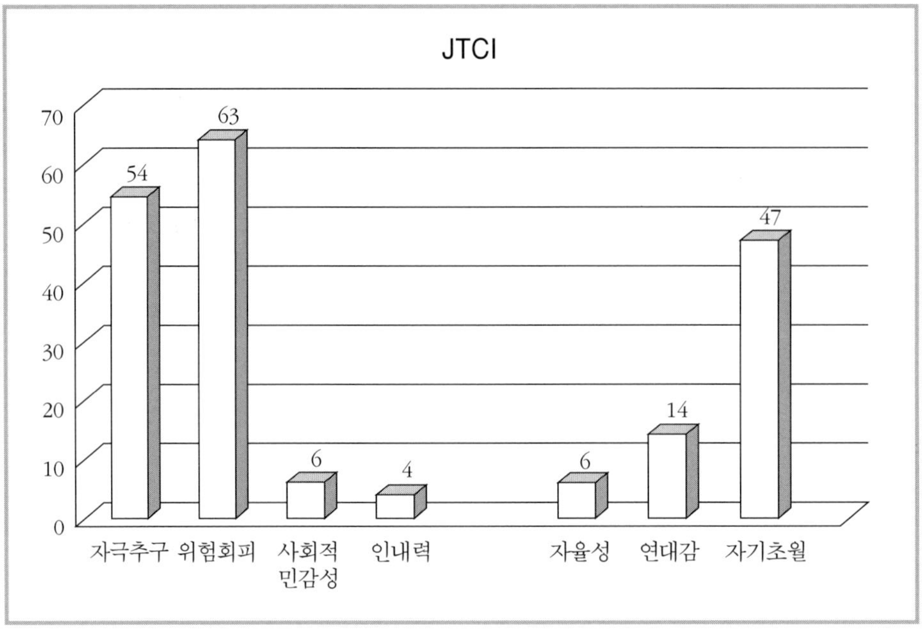

K-ABC에서 단편적인 지식 수준이 양호한 것에 비해 다른 인지 기능들이 매우 낮게 나타나고 있는 것을 볼 때, 아동은 암기능력 중심의 제한된 지적 능력만 발휘할 수 있을 것으로 여겨지며, 사회적 기능 수준 또한 경계선 수준으로 낮게 나타나고 있어서 또래관계의 어려움도 클 것으로 예상된다. 아동은 검사자의 질문에 반응하지 않고 자신이 하고 싶은 말을 하거나 다른 엉뚱한 대답을 하는 경우가 많았고, 검사자의 말을 그대로 따라 하는 행동을 반복하고 있어서 반향언어(echolalia)가 시사되며, Rorschach 검사에서 '집'이라며 한 가지 반응만 반복하듯이 의사소통 상황에서 부적절한 반응을 보였다. 이러한 아동은 또래 아이들에게서 부정적인 피드백을 받는 경우가 많았을 것으로 여겨지므로(SCT: '나는 친구가 다 뺏어 가려고 해요') 거부적인 태도를 보이면서(SCT: '대부분의 아이들은 싫어요') 특정 놀이 영역에만 몰입해 있는 것 같다(SCT: '내가 가장 좋았던 일은 나무 블록, 파워레인저할 때').

한편, SCT에서 '나는 커서 힘센 사람이 되고 싶다. 왜냐하면 악당을 물리치고 지구를 구하고 싶어서'라고 하듯이 '영웅'을 언급하는 것을 보면, 인정받고 싶은 욕구가 강한 것 같다. 그러나 HTP에서 그림의 형태를 갖추지 못한 채 낙서 수준의 그림을 그리고 있어서 사물에 대한 개념형성 능력이나 시지각적 조직화 능력이 저하되어 있고, 연령 수준에 적절한 자기관리를 하지 못하고 있는 것으로 보이므로(SCT: '내가 제일 걱정하는 것은 응가하기') 부적절감을 느끼기 쉬운 것 같다. 이러한 상황에서 JTCI에서 '위험회피 - 63%'로 상대적으로 높게 상승하고 있듯이 부정적인 평가에 민감해 보이는 아동은, 새로운 일을 하거나 판단이 불확실한 상황에서는 위축된 모습을 보이고, 고립되어 지낼 가능성이 높아 보인다. 이러한 아동은 부모에게 더욱 밀착되고(SCT: '내가 가장 행복한 때는 엄마 아빠와 놀이할 때'), 의존적인 모습을 보일 수도 있겠다(SCT: '내가 좀 더 어렸다면 도와줘').

요약과 제언

- 요 약

  인지처리과정척도: 49, 중등도 지적장애 / 순차처리척도: 41, 중등도 지적장애 / 동시처리척도: 45, 중등도 지적장애

  사회 연령 2.95세 / 사회 지수 73.75, 경계선

  아동의 인지처리과정척도는 중등도 지적장애 수준으로 나타나 지적 잠재력은 또래 수준에 비해 매우 낮은 수준임. 아동은 단순한 언어적 학습과 간단한 그림을 파악하는 능력이 적절해 보이지만, 이를 제외한 많은 영역에서는 보호자의 도움이 필요한 상태로 여겨짐. 인정받고 싶은 욕구를 가지고 있으나, 의사소통 상황에서 부적절한 반응을 보임으로써 부정적인 피드백을 받는 경우가 많았을 것으로 보임. 이러한 상황에서 피해의식을 느끼고, 거부적인 태도를 보이면서 고립되어 특정 놀이 영역에 몰입해 있는 것으로 보임. 또한 새로운 일을 하거나 판단이 불확실한 상황에서는 위축된 모습을 보이기 쉬우며, 부모에게 더욱 밀착되고 의존적인 모습을 보일 수도 있음.

- 심리평가 결과, 아동은 다음과 같은 진단이 시사됨.

  Axis I. Pervasive Developmental Disorder NOS

  (Autism Spectrum Disorder, Requiring Support, With accompanying intellectual impairment)

  Axis II. Mental Retardation, Moderate(Intellectual Disability, Moderate)

• 제 언

1. 의사소통 기술 훈련
2. 또래관계 기술 훈련
3. 자기관리 능력 향상
4. 시공간 협응능력 향상시키기
5. 충동성 조절하기
6. 지지적인 양육 환경 제공하기

2) 확진 이후 장애 판정 사례(남자 / 만 13세 / 초6)

■ 의뢰 사유

아동은 Autism 진단하에 내원 중이며, 장애 판정을 위해 아동종합심리평가를 실시하였다.

■ 행동 관찰과 면담

짧은 머리의 아동은 보통 키, 보통 체구로 어머니와 함께 내원하였다. 위생 상태는 양호한 편이었으나, 검사자와의 눈맞춤은 잘 되지 않았고, 단조로운 어투에 말이 어눌하였다. 착석 상태는 양호하였고, 검사자의 지시에 거부적인 태도를 보였으며, 질문에는 거의 관심이 없는 듯하였고, 검사자의 손을 들춰내며 억지로 검사 도구를 보려고 하는 등 일방향적인 행동이 자주 나타났으며, 코를 파서 입에 넣거나 인상을 심하게 찌푸리는 등 특이한 행동을 보이기도 했다. "선생님, 검사는 몇 시에 끝나지?"와 같이 존칭 표현이 애매했고, "선생님 어디 사세요?" 등 갑자기 상황에 맞지 않는 질문을 하였으며, "고도 비만입니다. 띠!" "중등도입니다."라고 하는 등 기계음을 따라 하고는 혼자 웃기도 하였다. 아동은 검사 도중 갑자기 화장실이 가고 싶다며 검사실을 나가서 화장실에 들른 다음 복도에서 서성이는 등 검사에 대한 몰입 수준이 매우 낮았다. 내원 사유에 대해서는 '검사하려고'라고만 짧게 대답하였다.

■ 지능과 인지 기능

아동의 전체 지능은 38로 중등도-고도 지적장애 수준을 나타냈다. 언어성 지능은 41로 중등도 지적장애 수준을, 동작성 지능은 44로 중등도 지적장애 수준을 나타냈

한국 웩슬러 아동용 지능검사 3판 (K-WISC-III)			
지 능	점 수	백분율(%)	수 준
언어성 지능	41	<1	중등도 지적장애
동작성 지능	44	<1	중등도 지적장애
전체 지능	38	<1	중등도-고도 지적장애

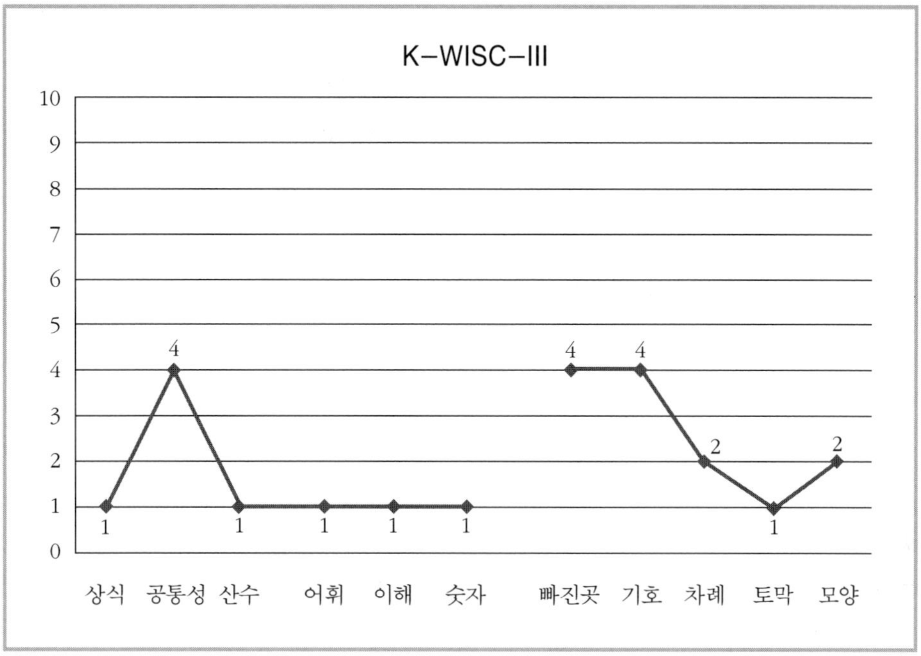

으며, 두 지능 간 유의미한 양적 차이는 나타나지 않았다.

언어성 소검사는 모두 지적장애 수준으로 나타났다. 아동은 기본적인 상식 수준, 사회적 상황에 대한 이해력, 어휘구사력, 수계산 능력, 단순한 자극에 대한 주의력, 추상적 사고능력 등 모든 측정치들이 심하게 지체되어 있었다. 검사자의 질문과 전혀 상관없는 대답을 하거나 건성으로 대답을 하는 등 불성실한 태도를 보이고 있어 실제 지적 능력은 현재 측정된 수준보다는 다소 높을 수도 있겠으나, 기본적인 언어적 대처능력은 매우 부족한 것 같다.

동작성 영역에서도 모든 소검사가 지적장애 수준이었다. 아동은 빠진곳찾기, 기호쓰기 등 비교적 간단한 소검사에서는 매우 기초적인 수준에서 어느 정도 반응을 보인 반면, 차례맞추기, 토막짜기, 모양맞추기 등 상황 파악 및 문제해결 능력을 필요로 하는 검사에서는 환산 점수 1~2점으로 극도로 제한된 수행을 보이고 있어 일상적인 상황에서조차 문제해결이 필요할 때는 상당한 어려움을 겪을 것으로 예상된다.

지능검사 결과, 아동은 모든 소검사가 지적장애 수준으로 나타나고 있어 언어적·행동적 대처능력이 매우 부족한 것으로 생각된다. 보호자의 보고에 따르면, 아동은 지필과제 시 세 자릿수 가감 계산이 가능하다고 하였으나, 검사 시에는 한 자릿수의 간단한 응용 문제만 해결 가능하였고, 전반적으로 연령에 비해 극도로 빈약한 지적 자원을 가지고 있는 것으로 보인다. 사회 연령은 9.75세로 경계선 수준으로 지능 수준보다는 높게 나타나고 있어서, 현재 측정된 지능 수준은 검사에 충분히 몰입하지 못한 아동의 수검 태도와도 관련이 있어 보인다. 따라서 정확한 지능을 측정하기 위해서는 추후 재평가가 요망된다.

Rorschach 검사 결과, 아동은 대부분 단순한 동물 반응만 보이고 있으며, 명확한 형태를 설명할 수 있는 반응이 하나도 없을 정도로 주변 자극을 조직화시키는 데 어려움을 보이고 있어서 문제해결 능력이 매우 빈약하고, 익숙하지 않을 때는 일상적인 문제들조차도 매우 무기력한 대응을 하기 쉬운 것 같다.

사회성숙도

사회성숙도 검사 (Social Maturity Scale)			
사회 연령(SA)	9.75	사회 지수(SQ)	72-경계선

사회성숙도 검사 결과, 아동의 사회 연령은 9.75세이며, 사회 지수는 72로 경계선 수준으로 매우 낮게 나타나고 있어서 일상생활에서도 보호자의 도움이 필요한 상태로 여겨진다.

성격과 정서

아동·청소년 행동평가척도 (K-CBCL)														
	사회성	학업 수행	총사회 능력	위축	신체 증상	우울·불안	사회적 미성숙	사고 문제	주의 집중	비행	공격성	내재화	외현화	총문제
T	36	31	28	51	40	38	63	64	58	55	45	42	48	50

한국아동인성평정척도 (KPR-C)													
	타인 의식	특이 반응	자아 탄력성	언어 발달	운동 발달	불안	우울	신체화	비행	과잉 행동	가족 관계	사회 관계	정신증
T	35	56	56	79	67	50	49	36	53	53	58	57	74

어머니는 아동의 더딘 언어 발달과 특이한 사고 양상에 대한 불편감을 보고하고 있었다. 아동은 '나를 가장 슬프게 하는 것은 욕하면 슬픈 것이다' '남자애들은 형을 잘 돌본다' 등 부적절한 언어 사용으로 인하여 또래뿐만 아니라 가족과의 의사소통에서도 어려움이 컸을 것으로 예상된다. 그리고 Rorschach 검사에서 거의 동물 반응만 보이고 있으며, 그 대상도 '개구리' '독수리' '두꺼비' '괴물' '박쥐' '게' '벌레' 등 대부분 불쾌감을 주는 것들이어서 현재 주변 환경과의 소통에 있어서도 상당한 고통감을 경험해 왔을 것으로 보인다. 아동은 HTP의 사람 그림에서 남녀 모두 '검사하고 있다'라고 하듯이 문제 상황에서 경직된(concrete) 대처 양상을 보이거나, '내가 가장 행복한 때는 지하철 탈 때 행복하다' '둘째 소원은 지하철을 마음대로 운전한다' 등 대인관계 소통과 관련이 없는 특정 주제에 몰입함으로써 대응하고 있는데, 이는 연령에 적절한 대인관계 형성을 방해하고 있는 것 같다.

■ 요약과 제언

- 요 약

전체 지능: 38, 중등도-고도 지적장애 / 언어성 지능: 41, 중등도 지적장애 / 동작성 지능: 44, 중등도 지적장애

아동의 지능 수준은 중등도-고도 지적장애 수준으로 나타남. 언어적 · 행동적 대처능력이 매우 빈약할 것으로 생각되며, 전반적으로 연령에 비해 극도로 빈약한 지적 자원을 가지고 있는 것으로 보임. 다만 현재 측정된 수준보다는 다소 높을 것으로 예상되므로, 추후 재평가가 요망됨. 아동은 부적절한 언어 사용으로 인하여 또래뿐만 아니라 가족과의 의사소통에서도 어려움이 컸을 것으로 예상되며, 현재 주변 환경과의 소통에 있어서도 상당한 고통감을 경험해 왔을 것으로 보임. 이러한 상황에서 문제 상황에서 경직된 대처 양상을 보이거나, 대인관계 소통과 관련이 없는 특정 주제에 몰입하는 등의 대응 방식을 하고 있고, 이는 연령에 적절한 또래관계 형성을 방해하고 있는 것으로 생각됨.

- 심리평가 결과, 아동은 다음과 같은 진단이 시사됨. 검사상 중등도 지적장애 수준의 지적 능력을 가진 것으로 나타났으나, 검사에 충분히 몰입하지 못했던 점을 고려할 때 정확한 수준을 측정하기 위해서는 추후 재평가가 요망됨.

  Axis I. Pervasive Developmental Disorder NOS
  (Autism Spectrum Disorder, Requiring Support, With accompanying intellectual impairment)

  Axis II. Mental Retardation, Moderate(Intellectual Disability, Moderate)

3) 전형적 자폐증(남자 / 만 6세 / 초1)

■ 의뢰 사유

아동은 '또래와 어울리지 않는다' '집중력이 부족하다' '언어 발달이 늦다' 등을 주 호소로 내원하였으며, Attention-Deficit/Hyperactivity Disorder, Global Developmental Delay 임상적 인상하에 아동종합심리평가를 실시하였다.

■ 행동 관찰과 면담

아동은 또래보다 키가 크고 다소 살찐 체격의 남아로, 검사자와의 눈맞춤이 거의 이루어지지 않았다. 검사 초반에 연필 잡기도 부적절하고 검사자의 지속적인 격려에도 과제 수행을 거부했으나, 아동의 어머니가 검사실에 들어와서 과제 수행을 지속적으로 권유하자 연필을 잡았고 협조적이진 않으나 과제 수행이 가능하게 되었다. 아동은 전반적으로 과제의 지시 사항을 정확히 이해하지 못하였고, 지속적으로 착석하지 못한 채 돌아다니기도 하였다. 원하는 물건을 주지 않자 바닥에 드러누워서 소리를 지르는 등 분노발작(temper tantrum)을 보이기도 했다. 검사자와 어머니의 말을 그대로 반복하여 말하고 간간이 별다른 자극 없이 웃거나 과제 수행 중 갑자기 박수를 치는 등 부적절한 정서표현과 상동증적인 행동이 나타났다. 환아는 자발적인 발화가 많았으나, 발음이 부정확하고 종종 알아들을 수 없는 말을 하기도 했다.

■ 지능과 인지 기능

아동의 전체 지능은 50으로 경도-중등도 지적장애 수준을 나타냈으며, 연령에 비해 상당히 지체된 수준이었다. 언어성 지능은 53으로 경도-중등도 지적장애 수준을,

한국 웩슬러 아동용 지능검사 3판 (K-WISC-III)			
지 능	점 수	백분율(%)	수 준
언어성 지능	53	< 0.1	경도-중등도 지적장애
동작성 지능	58	0.3	경도 지적장애
전체 지능	50	< 0.1	경도-중등도 지적장애

동작성 지능은 58로 경도 지적장애 수준을 나타냈으며, 두 지능 간의 유의미한 양적 차이는 나타나지 않았다.

언어성 능력 측면에서 볼 때, 학습을 통해 습득되는 지식, 수 계산력, 어휘력, 사회적 상황에 대한 판단력, 단순한 자극에 대한 주의력 등이 모두 지적장애 수준이어서, 언어적 능력은 전반적으로 연령에 비해 매우 지체되어 있다. 부가적으로 실시한 그림 어휘력 검사 결과, 아동의 수용성 언어능력은 4세~4세 5개월 수준(추정 IQ 58~64, < 0%)으로 단순한 어휘를 이해하는 데에도 연령에 비해 매우 지체된 수행 수준

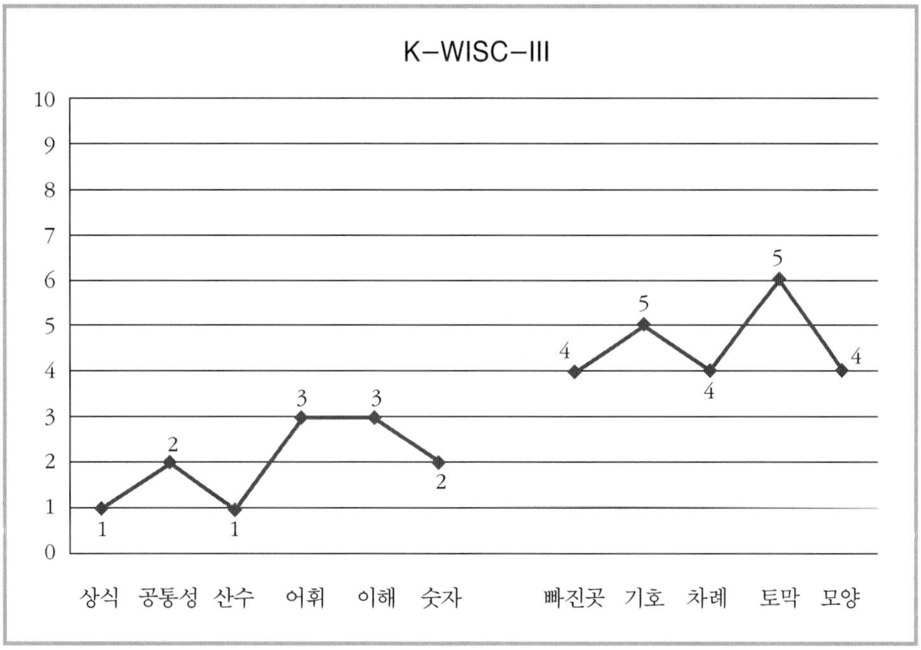

그림 어휘력	등가 연령	4세-4세 5개월(< 0%ile)	추정 IQ	58-64
VMI	등가 연령	5.0세	추정 IQ	72

을 보였다. 따라서 언어적 이해력과 표현력이 모두 매우 지체된 수준이어서, 일상적이고 기본적인 의사소통을 하는 데도 상당한 어려움이 있을 것으로 여겨진다.

동작성 지능 영역에서도 전반적으로 지체된 수준의 수행을 보이고 있고, 빠진곳찾기, 차례맞추기 등의 소검사가 지적장애 수준이어서 사회적 판단이 필요한 상황에서 매우 빈약한 대응행동을 보일 것으로 여겨진다. 그리고 부분을 통해 전체 상을 구성하는 능력도 지적장애 수준이어서 응용력도 상당히 부족해 보인다. 다만, 시공간적 구성능력과 시공간 운동속도는 대부분의 소검사보다 상대적으로 높은 경계선 수준이어서 간단한 도형 자극을 다룰 때에는 평소의 기대보다는 좀 더 나은 기능을 보일 수도 있겠다.

지능검사 결과, 아동의 전체 지능은 경도-중등도 지적장애 수준으로 나타났고, 대부분의 소검사들이 지적장애 수준이어서 거의 모든 상황에서 매우 제한된 기능 수준을 보일 것으로 예상된다. 언어적 이해력과 표현력이 모두 매우 지체된 수준이었고 사회적 판단력도 매우 빈약한 수준이어서 일상생활에서 기본적인 의사소통조차도 어려움이 클 것으로 보인다. 다만, 간단한 도형을 인식하고 다루는 능력이 상대적으로는 가장 높게 나타나 이를 아동의 교육에 활용할 필요가 있겠다.

■ 사회성숙도

사회성숙도 검사 (Social Maturity Scale)			
사회 연령(SA)	4.70	사회 지수(SQ)	68-교육가능 지적장애

사회성숙도 검사 결과, 아동의 사회 연령은 4.70세이며, 사회 지수는 68로 교육가능 지적장애 수준으로 매우 낮게 나타나고 있어서 일상생활에서도 보호자의 도움이 필요한 상태로 여겨진다.

■ 성격과 정서

아동은 지적 제한과 관련하여 전반적으로 미성숙하고 사회적 능력이 적절히 발달하지 못한 것으로 보인다. 이와 함께 주변에 대한 관심이 제한되어 있고 자폐적인 모습을 보여 사회적 관계에서 상호작용이 원활하지 않을 것으로 여겨진다.

아동 · 청소년 행동평가척도 (K-CBCL)														
	사회성	학업 수행	총사회 능력	위축	신체 증상	우울 · 불안	사회적 미성숙	사고 문제	주의 집중	비행	공격성	내재화	외현화	총문제
T	34			58	51	43	61	63	59	40	48	50	47	55

한국아동인성검사 (KPI-C)															
	신뢰도	타인 의식	특이 반응	자아 탄력성	언어 발달	운동 발달	불안	우울	신체화	비행	과잉 행동	가족 관계	사회 관계	정신증	자폐증
T	58	43	55	34	67	65	48	68	37	50	66	37	60	66	77

요약과 제언

- 요 약

전체 지능: 50, 경도-중등도 지적장애 / 언어성 지능: 53, 경도-중등도 지적장애 / 동작성 지능: 58, 경도 지적장애

아동의 지능은 경도-중등도 지적장애 수준으로 나타남. 언어적 이해력과 표현력이 모두 매우 지체된 수준이고, 사회적 판단력도 매우 빈약한 수준이어서 일상생활에서 기본적인 의사소통조차도 어려움이 클 것으로 보임. 다만 간단한 도형을 인식하고 다루는 능력이 상대적으로는 가장 높게 나타났으므로 이를 아동의 교육에 활용할 필요가 있음. 이러한 지적 제한과 관련하여 전반적으로 미성숙하고 사회적 능력이 적절히 발달하지 못한 것으로 보임

- 심리평가 결과, 아동은 다음과 같은 진단이 시사됨.

Axis I. Pervasive Developmental Disorder NOS

(Autism Spectrum Disorder, Requiring Substantial Support, With accompanying intellectual impairment)

Axis II. Mental Retardation, Moderate(Intellectual Disability, Moderate)

4) 평균 수준의 지능에 단편적 기억력이 높은 경우(남자 / 만 11세 / 초5)

■ 의뢰 사유

아동은 만 4세 때 유사 자폐 진단을 받았으며, 현재 '학교생활을 전혀 말하지 않는다' '사회성이 없어 친구를 잘 못 사귄다' '아동부에게 반항적이다' 등을 주 호소로 Autism, Mental Retardation 임상적 인상하에 아동종합심리평가를 실시하였다.

■ 행동 관찰과 면담

아동은 왜소한 체격에 까무잡잡한 피부였다. 검사자와의 눈맞춤이 적절하게 이루어지지 않았고, 과제 수행 시 고개를 숙이거나 창밖을 응시하는 경우가 많았다. 전반적으로 검사에 협조적인 태도였으나, 지시 사항을 잘 이해하지 못하여 과제에 부적절하게 반응하는 경우가 많았다. 또한 한숨을 자주 쉬고, 과제가 어려울 때에는 인상을 찌푸렸다. 그리고 지능검사의 이해 소검사나 투사 검사 등과 같이 말을 많이 해야 하는 과제에서는 반응을 보이기까지 시간이 오래 걸렸다. 아동은 다소 부자연스러운 말투였고, 자발적인 언어표현이 거의 없었으며, 내원 사유에 대해서도 별다른 대답을 하지 못하였다.

■ 지능과 인지 기능

한국 웩슬러 아동용 지능검사 3판 (K-WISC-III)			
지 능	점 수	백분율(%)	수 준
언어성 지능	78	3.6	경계선
동작성 지능	88	21.2	평균 하
전체 지능	83	12.9	평균 하

아동의 전체 지능은 83으로 평균 하 수준을 나타냈으며, 같은 연령대에서 하위 13% 정도의 수준이었다. 언어성 지능은 78로 경계선 수준을, 동작성 지능은 88로 평균 하 수준을 나타냈으며, 두 지능 간에 유의미한 양적 차이는 나타나지 않는다. 그러나 소검사 간 편차가 13점으로 지나치게 크게 나타나고 있어서 실제 적응 수준은 더 낮을 것이라고 여겨진다.

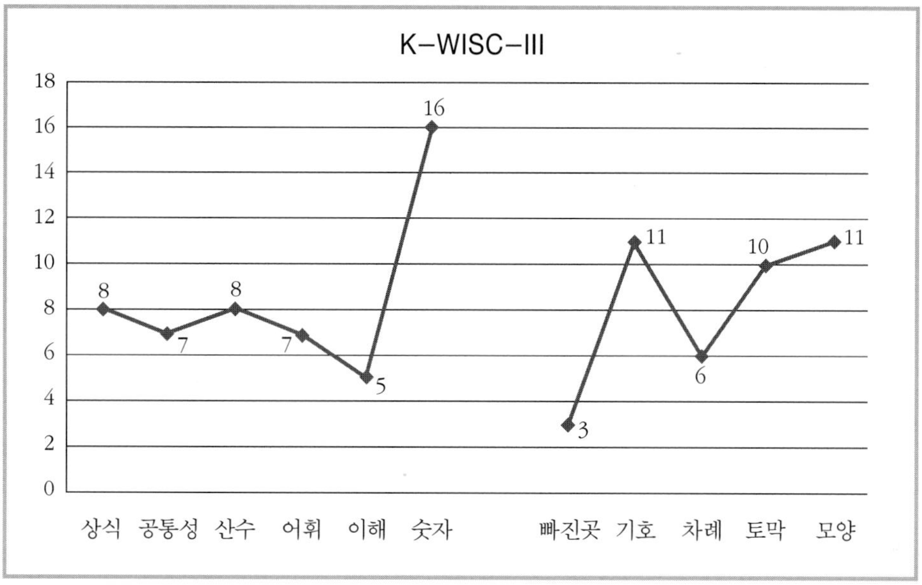

언어성 능력 측면을 살펴보면, 숫자 소검사가 최우수 수준으로 기계적 기억능력이 또래 수준에 비해서도 상당히 높은 수준인 것으로 보인다. 그러나 학습을 통해 습득되는 지식, 수계산 능력, 어휘력, 사물의 유사성을 파악하는 능력 등은 평균 하 수준으로 연령에 비해 다소 낮은 수행을 보였다. 특히, 사회적 상황에 대한 이해력은 경계선 수준으로 더욱 낮은 수행을 보이고 있어 사회적 상황에서 적응상의 어려움이 유난히 클 것 같다. 아동은 양적으로는 정상 범위 수행을 보였고, 상식 소검사에서 '만유인력' '해방'과 같은 객관적 사실에 대한 지식 습득은 양호하게 나타났다. 그러나 '얼음' '두부' 등과 같이 난이도가 낮지만 일상 경험을 통해 습득해야 하는 내용에 대해서는 학습이 제대로 이루어지지 않았다. 또한 '용기' '협력하다' 등과 같은 추상적 어휘 습득 수준도 부족한 수준이었다. 이로 볼 때, 아동은 추상적 사고능력과 일상생활에 대한 관심이 상대적으로 부족한 것으로 보인다.

동작성 능력 측면을 살펴보면, 아동은 익숙한 사물을 재인하여 시공간적으로 재구성하는 능력, 시공간 운동속도, 공간적 구성능력 등이 평균 수준으로 나타났다. 반면, 주어진 단서를 활용하여 사회적 맥락을 파악하는 능력은 경계선 수준이며, 사물의 핵심을 파악하는 능력은 지적장애 수준으로 낮은 수행을 보였다. 따라서 사회적 판단 및 문제해결 여부에 따라 기능 수준의 차이가 크게 나타날 것으로 예상된다.

지능검사 결과, 아동의 전체 지능은 평균 하 수준으로 나타났다. 아동의 단순 기억력은 매우 뛰어난 수준이며, 단순하고 기계적인 과정을 거치는 인지적 문제해결 능력도 양호한 것으로 보인다. 그러나 사회적 자극에 둔감하고 유연성이 부족하며 사고의 폭이 좁아서 사회적 판단을 해야 하거나 복잡한 문제해결 과정이 필요한 경우에는 대처능력이 급격히 저하될 것으로 생각된다.

사회성숙도

사회성숙도 검사 (Social Maturity Scale)			
사회 연령(SA)	9.75	사회 지수(SQ)	83-평균 하

사회성숙도 검사 결과, 아동의 사회 연령은 9.75세이며, 사회 지수는 83으로 평균하 수준을 나타냈으며, 일상생활에 필요한 행동들은 독립적으로 수행할 수 있을 것으로 생각된다.

성격과 정서

어머니의 보고에 따르면, 아동은 미숙하고 사회적 자극에 둔감하여 또래관계에서 적응상의 어려움이 많을 것으로 보인다. 검사를 살펴보면, Rorschach 검사에서 인간반응을 전혀 보이지 않아서 타인에 대한 관심이 부족한 것으로 보이며, SCT에서 '나를 가장 화나게 하는 것은 공부를 화내면서 가르치는 것이다'라고 하고, HTP와 KFD에서 사람의 귀를 크게 그리고 있어서 주변 사람의 반응을 공격적으로 인식하며 예

아동 · 청소년 행동평가척도 (K-CBCL)

	사회성	학업 수행	총사회 능력	위축	신체 증상	우울·불안	사회적 미성숙	사고 문제	주의 집중	비행	공격성	내재화	외현화	총문제
T	32	41	33	61	42	51	64	45	55	50	53	54	53	53

한국아동인성검사 (KPI-C)

	신뢰도	타인 의식	특이 반응	자아 탄력성	언어 발달	운동 발달	불안	우울	신체화	비행	과잉 행동	가족 관계	사회 관계	정신증	자폐증
T	65	53	60	28	67	67	54	66	33	35	56	62	67	54	76

민해져 있는 것으로 여겨진다. 그러나 SCT에서 '셋째 소원은 칭찬받게 해 달라' '나의 좋은 점은 상을 받았을 때다'라고 하고, HTP 집 그림에서 창문을 그리는 등 막연하고 피상적인 수준으로나마 인정 욕구를 표현하고 있어서 주변 상황에 대해 관심은 가지고 있는 것으로 보이므로 추후 노력 여하에 따라 상호작용의 개선 가능성도 있는 것 같다.

■ 요약과 제언

• 요 약

전체 지능: 83, 평균 하 / 언어성 지능: 78, 경계선 / 동작성 지능: 88, 평균 하

지능검사 결과, 아동의 전체 지능은 평균 하 수준으로 나타남. 단순 기억력은 매우 뛰어난 수준이며, 단순하고 기계적인 과정을 거치는 인지적 문제해결 능력은 양호한 것으로 보이지만, 사회적 자극에 둔감하고 유연성이 부족하며 사고의 폭이 좁아서 사회적 판단을 해야 하거나 복잡한 문제해결 과정이 필요한 경우에는 대처능력이 급격히 저하될 것으로 생각됨. 이러한 아동은 미숙하고 사회적 자극에 둔감하여 또래관계에서 적응상의 어려움이 많을 것으로 보임. 주변 사람의 평가에 예민해져 있기도 하지만, 한편으로는 인정 욕구도 표현하고 있어서 상호작용의 개선 가능성도 있음.

• 심리평가 결과, 아동은 다음과 같은 진단이 시사됨.

Axis I. Pervasive Developmental Disorder NOS(Autism Spectrum Disorder)

5) 지능검사 실시가 불가능한 경우(남자 / 만 12세 / 초6)

■ 의뢰 사유

아동은 2년 전 상담센터를 방문하여 Autism 진단을 받았으며, Seizure를 앓고 있다. 현재 지적장애 2등급이며, 장애 등급의 재판정을 위해 아동종합심리평가를 실시하였다.

■ 행동 관찰과 면담

아동은 작은 키, 다소 왜소한 체구로 어머니와 함께 방문하였다. 걸음걸이가 다소

부자연스러웠으며, 입을 반쯤 벌린 상태로 검사자가 인사해도 반응하지 않고 의자에 앉아 있었다. 검사자와의 눈맞춤은 이루어지지 않았으며, 질문을 하면 빤히 쳐다보기만 하였다. 마치 동물 소리 같은 '우웅~엉' 등의 무의미한 발성을 하였고, '기역 니은'을 상황에 맞지 않게 반복하였다. 갑자기 웃으며 의자에서 일어나 창문을 바라보거나 물건을 집으려고 하기도 하였다. 검사 중에 의미 있는 의사소통은 거의 이루어지지 않았고, 아주 간단한 단어 사용도 관찰되지 않았다. 또한 이해 수준 역시 매우 제한되어 있었으며, 손으로 연필을 잡는 것이 능숙하지 못할 뿐 아니라 연필을 부러뜨리고 입으로 가져가는 등의 행동을 하여 검사를 실시하는 것이 불가능하였다. 어머니와의 면담 중에는 검사실 밖에서 심하게 소리를 지르기도 했다.

■ 지능과 인지 기능

극히 제한된 언어능력으로 인해 표준화된 지능검사는 실시되지 못하였고, 연필을 사용하여 직선조차 그리지 못하여 그림 어휘력 및 VMI 검사 실시도 불가능하였다. 따라서 아동 어머니와의 면담을 기초로 아동의 기능을 평가하였다.

■ 사회적 기능 및 자폐 평정

사회성숙도 검사 결과, 아동의 사회 연령은 2.32세이며, 사회 지수는 18로 요보호 지적장애 수준의 사회적 기능을 하고 있는 것으로 나타났다. 2년 전에 이루어진 검사 결과(사회 연령 2.50세, 사회 지수 22.5)와 비교해 볼 때, 기능상의 발달이 거의 이루어지지 않은 것으로 보인다.

아동의 자기관리 기능 수준을 살펴보면 일반적 자기관리는 3.14세 수준으로 대소변을 볼 때 간단한 옷을 혼자서 벗고 입는다. 하지만 섭식 자기관리는 2.34세 수준으로 물이 먹고 싶을 때 혼자서 떠먹으며, 의복 자기관리는 2.23세 수준으로 외투를 혼자서 벗을 수 있다. 이동 기능은 2.69세 수준으로 혼자서 계단을 걸어 내려간다. 작업 기능은 3.55세 수준으로 세발자전거를 탈 수 있다. 하지만 젓가락질이나 가위 사용, 연필 잡기 등은 적절히 이루어지지 않고 있어 미세운동 능력을 사용하는 기능은 더욱 지체되어 있는 것으로 보인다. 의사소통 기능은 1.43세 수준으로 늘 보는 물건의 이름을 대면서 달라고 하거나 가리킨다. 사회화 기능은 1.34세 수준으로 또래와 같이 한자리에서 싸우지 않고 따로따로 논다. 하지만 0.63세 수준의 기능인 다른 사람의 주의를 끌기 위해 노력하기는 이루어지지 않고 있어 실제 아동의 사회적 기능은 훨

사회성숙도 검사 (Social Maturity Scale)			
영 역	연령 수준(12세)	사회 연령(SA)	2.32
자기관리	3.14		
이동	2.69	사회 지수(SQ)	18
직업	3.55		
의사소통	1.43	분류	요보호 지적장애
사회화	1.34		
CARS	총점(41)	분류	중증 자폐

씬 낮을 것으로 생각된다.

이러한 결과를 종합해 보면, 아동은 자신의 연령에 기대되는 수준에 비해 전반적으로 심하게 지체된 사회적 기능을 하고 있으며, 보호자의 전적인 도움이 필요한 상태로 여겨진다.

CARS 검사 결과, 아동은 총점 41점으로 '중증 자폐'로 분류되었다. 아동은 사람들을 피하지는 않으나, 주변 사람을 의식하지 않는 듯 무관심하며 사회적 상호작용이 극히 제한되어 있다. 또한 구두언어 발달상 현저한 지연을 보이고 의미 없는 소리를 반복적으로 발성하는 등 언어적 의사소통에 현저한 장해가 있으며, 비언어적 의사소통 역시 매우 제한적이었다. 아동은 손뼉 치기, 손톱을 탁탁 쳐서 소리 내기, 까치발 들기 등 이상행동을 보이며, 벽에 머리를 박는 등 자해도 나타나고 있었다. 물체를 곁눈질로 쳐다보고, 소리에 상당히 민감하며, 물체를 입에 넣거나 냄새를 맡는 등 감각 자극에 대한 이상 반응을 보이고 있다. 또한 상황과 관련 없이 웃거나 우는 등 부적절한 정서 반응도 두드러졌다.

요약과 제언

• 요 약

사회 연령: 2.32세 / 사회 지수: 18, 요보호 지적장애 수준

제한된 지적 능력으로 인하여 협조가 불가능하여 표준화된 지능검사를 실시하지 못하였음. 사회성숙도 검사 결과, 사회 연령 2.32세, 사회 지수 18의 '요보호 지적장애' 수준의 사회적 기능을 하고 있는 것으로 나타났으며, 2년 전에 비해 기능상의 발달이 거의 이루어지지 않았음. 자신의 연령에 기대되는 수준에 비해 전반

적으로 심하게 지체된 사회적 기능을 하고 있으며, 보호자의 전적인 도움이 필요한 상태로 여겨짐. CARS 검사 결과, 아동은 '중증 자폐'로 분류되었으며, 사회적 상호작용의 제한, 언어적·비언어적 의사소통 장해, 상동증적 행동, 감각 자극에 대한 이상 반응, 부적절한 정서 반응 등이 모두 두드러지게 나타나고 있음.

- 심리평가 결과, 아동은 다음과 같은 진단이 시사됨.

  Axis I. Autism(Autism Spectrum Disorder, Requiring Very Substantial Support, With accompanying intellectual impairment)

  Axis II. Mental Retardation, Profound(Intellectual Disability, Profound)

3. 자주 나타나는 반응

1) 주 호소

'자폐증을 진단받은 적이 있다' / '친구들과 어울리지 못한다' '말을 잘 하지 않는다' '혼자 있기를 좋아한다' / '또래들과 어울려 놀지 못한다' / '언어 발달이 느리고, 영어 이외의 다른 주제에 대해 흥미를 보이지 않는다' / '엄마가 불러도 오지 않고, 언어표현이 적다' / '일반 아이들과 다르다' / '말을 못하고 이해를 못한다' / '언어적 이해가 제한적이다' / '언어 발달이 느리다' / '장애등급 재판정' / '학습능력이 부족하고 또래관계가 적절히 이루어지지 않는다' / '자폐증이 의심된다' / '의사표현 능력이 부족하다' '사회성이 부족하다' '반복적인 행동을 한다'

2) 자폐적 행동

행동: 검사시간을 기다리는 동안 대기실을 중얼거리면서 돌아다니는 모습 / 손톱을 심하게 물어뜯은 흔적 / 어딘가를 멍하게 응시하며 자기가 가고 싶은 방향으로만 가려고 했고, 검사자와의 눈맞춤은 전혀 이루어지지 않았음 / VMI에서 자기가 먼저 연필을 뺏어서 그린다거나 검사자가 제지해도 다음 페이지를 스스로 넘겨 그림 / 검사자가 제지해도 전혀 반응을 보이지 않고 끝까지 자기가 하던 일만 함 / 검사실 안

에 들어와서 주변 사람을 전혀 의식하지 않은 채 이리저리 왔다 갔다 하고, 컴퓨터를 만진다거나 검사 도구를 만지는 등의 행동을 보였으며, 검사자가 제지해도 멈추지 못함 / 눈맞춤은 되지만 자연스럽지 못함 / 대답을 바로 못하면 "잠깐만요! 아직 답 아니에요."라고 외치며 진행을 제지함 / 이름을 부르면 가끔씩만 쳐다봄 / 검사 도구를 밀치거나 던지기만 하고 관심을 보이지 않음 / 검사와 당장 상관이 없는 검사 도구들을 만지고 흩어 놓았으며, 모든 사물은 일단 입으로 가져가는 등 정형화된 행동을 보임 / 검사실로 혼자 들어오도록 하자 어머니에게 붙어서 '소녀시대 4집, 소녀시대 4집, 소녀시대 4집, 소녀시대 4집'이라고 하듯이 반복해서 요구함 / 혀로 '딱딱' 소리를 내며 검사실에 들어옴 / 질문에 더듬더듬 대답함 /

지능: 관심 있는 제한된 검사만을 수행함 / 지능검사 실시 불가 / 차례맞추기 소검사에서 지시 사항을 이해하지 못한 채 "어디가 1번이에요?"라고 반복적으로 묻고 이해 소검사에서는 전반적으로 지시문을 반복하여 검사자에게 되묻는 모습을 보임

HTP: 지우고 다시 그리는 경우가 많고, 여러 번 덧칠을 하여 시간이 오래 걸림

3) 부적절한 언어표현(경직되고 구체적 사고, 비논리적 사고, 빈약한 언어표현, 반향언어)

행동: 매번 '그것은 말입니다'라는 문장으로 대답을 시작함 / 가끔씩 '아아~' '워오~' 등 알아들을 수 없는 말을 했고 때때로 만화에 나오는 대사나 로봇 이름 같은 것들을 말함 / '어~'처럼 의미 없는 소리만 냄 / 가끔 한 단어씩 말함 / 검사 내내 다소 불분명한 발음으로 '우-이-사-깍-코' 등 의미 없는 발언(utterances)을 독특한 억양으로 반복함 / 검사자의 말을 즉각적으로 똑같이 따라 함 / 발음이 다소 부정확하고 이해할 수 없는 말을 하고 자발적인 언어표현은 많으나 상황에 부적절함

지능: 언어성 지능 또는 언어이해 영역 저하 / 어휘 소검사에서 '끓이다 — 냄비, Q) 물 끓여야 돼요, Q) 보글보글, Q) DK'라고 반응하고, 이해 소검사에서는 '안전벨트 — 붙어 있어요, Q) 안전벨트 꼭 매야 해요, Q) 경찰에 잡힐려고요' / 어휘 소검사의 '태극기의 색깔(빨강, 파랑, 검정, 하양)', 산수 소검사의 '토막 개수 세기'만 성공하였고, 조금이라도 언어적인 개념 이해가 필요한 문항에서는 정답에 가까운 대답을 전혀 하지 못함

HTP: 질문에 대답하기 어렵고, 예를 들어 줘야 겨우 대답함

Rorschach: 적은 반응 수

SCT: '나는 친구가 21명 있어요'

4) 고집스러움(temper tantrum, 특정 영역에의 과도한 몰입)

행동: 하던 것을 멈추게 하면 '으~'라며 소리를 지르고 집착함 / 연필로 낙서를 하다가 멈추고 연필심 부분을 가만히 지켜보기도 하였으며, 어머니와 면담 중 혼자서 책상 위에 올라가서 있다가 소리를 크게 내며 웃는 모습 / 검사자가 연필을 빼앗자 바닥에 누워 울어 버림 / '이거 기억력 테스트하는 거죠?' '몇 개 맞았는지 테스트하는 거예요?' 등의 질문을 계속 반복함 / 가만히 앉아 있지 못하고, 책상에 올라가는 경우가 많으며, 주로 소리를 지르며 혼자 놀고 있음 / 종이와 연필에는 관심을 가져 계속 책상에 기어 올라와서 연필을 꺼내 가려고 함 / 공을 주자 입에 넣고 물어뜯음 / 검사실에 들어오면서부터 '물'을 외치면서 계속해서 달라고 요구함 / 종이와 연필이 있으면 마음대로 선을 그어 지저분하게 하였고, 토막 케이스에 관심을 가지고 계속 만지작거림 / 이상한 손동작을 반복함 / '지하철에 대해서라면 어떤 질문에도 자신 있다'라고 하면서 질문을 요구하고 자신있게 바로바로 대답함

지능: 토막짜기 단독 상승 / 토막 소검사가 끝난 후 모두 흰색 면이 위로 가게 토막을 정리함 / 지능검사의 토막짜기나 모양맞추기 같은 시지각 과제에만 지속적인 관심을 보임 / 토막짜기에서 아동이 한 과제를 실패하여 다음 과제로 넘어가려고 하자 신경질적인 반응을 보여서 실패한 과제를 다시 제시하고 적절하게 과제를 수행한 후에야 다음 과제를 실시할 수 있었음 / 빠진곳찾기 소검사에서 "꾸~욱 하고 누르면 넘겨야 해요."라고 검사자에게 말하고 손가락으로 맞다고 생각하는 그림을 '꾸~욱' 하면서 누르고 그냥 지나친 경우에는 다시 이전 반응으로 되돌아가서 소리를 내면서 누른 후에야 다음 문항으로 넘어갈 수 있었음

HTP: 검사 지시와는 상관없이 자기가 그리고 싶은 것만 계속 그림 / 집 그림에서 유치원 이름을 말함 / KFD에서 TV의 일부분을 매우 세밀하게 그림

Rorschach: Xu% 상승 / Dd 상승

5) 산만함

행동: 검사와 상관없는 말이 많고, 검사에 대한 질문이 많고, 자주 일어서고, 창밖을 내다보고, 탁자에 발을 올리고, 의자를 가지고 장난을 하는 산만하고 부산한 모습을 보임 / 지속적으로 의자에 앉아 있지 못하고 돌아다님

6) 거부증

행동: 검사를 하기 싫다고 하며 소리를 지르고 엎드리고, 검사자에게 문제를 풀라고 하고, 욕하고, 집에 가겠다고 자리에서 일어나서 밖으로 나가려 함 / 검사 초반 블록에 관심을 보이지 않고, 무조건 책상 밑으로 밀쳐 냈으며, 이후에도 관심이 가지 않는 도구는 바닥에 계속 떨어뜨림 / 검사실에 들어가자고 하면서 손을 잡으니까 "싫어요."라고 말하는 등 검사실 입실을 거부해서 어머니와 함께 들어옴

7) 단편적 인지 기능 유지(단순화된 반응, 교과서적인 반응)

행동: 두 단어로 대답할 수 있는 간단한 수준의 지시 이해는 가능함

지능: 숫자 소검사 단독 상승 / 상식, 공통성 소검사 상승 / 기호쓰기 소검사 상승

HTP: 집 그림에서 '화목한 우리집'

Rorschach: Lamda 상승 / W 저하, D 상승

SCT: '우리 아버지는 가장이다' '내가 바라는 남성상은 훌륭한 사람이다'

8) 사회적 판단력 저하(부적절한 감정표현)

지능: 차례맞추기 저하 / 차례맞추기에서 점수는 평균 하 수준이지만, 내용을 전혀 설명하지 못함 / 토막짜기 소검사를 보자 '우히히' 하며 신나 함

HTP: 사람 그림을 그리지 못하고 '돌고래' '소방차'를 그리는 등 사회적 상황에 대한 관심이 매우 제한적임

Rorschach: P 저하

SCT: '소원은 약속 안 지키고 다른 사람의 약속을 어겼으면 좋겠다'

9) 부자연스러운 운동능력

지능: 기호쓰기 저하

HTP: 손놀림이 매우 서툴러 연필잡기가 불안정하고, 쓰기나 그리기 과제에서는 시간이 다소 오래 걸림

10) 제한된 대인관계

SCT: '나에게 가장 좋았던 일은 엄마가 나를 좋아했을 때, 엄마가 사랑했을 때'

11) 정서적 자원 부족

Rorschach: WSumC 저하 / Afr 저하

12) 부족한 자기관리 능력

행동: 발음이 부정확하고, 말하다 보면 침을 흘려서 손으로 닦음 / 침을 물컵에 뱉는 행동을 자주 보이고, 검사자에게 자신의 침을 닦은 휴지를 주면서 버리라고 함 / 검사자가 말을 시켜도 멍하게 시선을 고정한 채 반응을 보이지 않다가도 어느 순간에는 찬송가를 부르고는 지시에 따라 열심히 과제를 수행함 / 손가락으로 책상을 두드려 소리를 내고, 손등이나 손가락끼리 부딪히는 등 비정상적인 손 움직임이 관찰됨

07 Chapter 주의력결핍 과잉행동장애

1. 심리과정상의 특징

주의력결핍 과잉행동장애(Attention-Deficit/Hyperactivity Disorder: ADHD)는 KEDI-WISC나 K-WISC-III를 실시했을 때, 숫자, 산수 2개 소검사가 다른 소검사들에 비해서 상대적으로 눈에 띄게 저하되는 경우가 많아서 진단적 판단에 도움을 많이 받았다. 그러나 K-WISC-IV에서는 숫자, 순차 소검사의 저하가 그렇게 두드러지지 않는다. 숫자 소검사도 좀 더 복잡해졌고, 순차 역시 주의력 과제를 복잡하게 만들어 놓은 것인데, 그것이 오히려 순수하게 주의력을 측정할 수 있는 능력을 빼어 버린 느낌이다. 그러나 주의 지속이 안 되거나, 충동적인 의사결정을 하거나, 과잉행동이 나타나는 것은 검사 결과로 확진하는 게 원래 아니었다. 검사 도구는 해당 증상이 있는지 확인하는 것을 도와주는 보조 수단일 뿐이다.

행동 관찰이 무엇보다도 중요하다. 심한 경우에는 초반부터 과잉행동이 두드러지기 때문에 판단에 어려움이 없다. 그러나 대부분은 초반에 다소 긴장된 상태에서 조용하게 시작했다가 검사가 진행되면서 점차 충동적이고 많은 활동량을 나타내는 경우가 많다. 나이가 많을수록(초등학교 고학년 이상) 충동성과 과잉행동에 다른 요인들이 작용하기 때문에 검사 장면에서는 복잡하게 나타날 수 있고, 보다 세밀한 관찰이 요구된다. 예를 들어, 부모가 우울증인 것 같다고 생각해서 초등학교 5학년 남자아이를 데리고 왔고, 검사 시 행동도 초반에는 상당히 위축되어 있었는데, 점차 충동적인 언행이 증가하고, 검사에서도 상당히 많은 양의 반응을 하는 경우가 있다. 이때는 반응성 우울을 시사하는 반응들도 같이 나타날 수 있다.

ADHD의 진행 과정을 살펴보면, 아이들은 타고난 증상(부주의, 충동성, 과잉행동)으로 인하여 초등학교 때 중요한 성장 과제인 학업성취와 사회성 발달에 방해를 받는다. 어른과 또래의 비난을 받게 되지만, 본인이 의도한 것이 아니기 때문에 억울함을 느낄 수밖에 없다. 초등학교 고학년 때까지는 대부분 주변의 비판에 압도되어 불안 수준이 상승하는데, 청소년기에 들어서면 반항심이 더 커지고, 이는 우울증이나 비행행동으로 이어질 수 있다. 평가자는 이 과정 중에 아이들이 어느 상황에 있든 간에 관련된 증상들을 놓치지 않고 찾아낼 수 있어야 한다.

2. 보고서 사례

1) 전형적인 ADHD, 높은 지능(남자 / 만 6세 / 초1)

■ 의뢰 사유

아동은 '쉽게 분노한다' '하던 일을 마무리 못했을 땐 시간이 초과해도 지속하려고 한다' 등을 주 호소로 상담센터를 방문하였으며, 전반적인 인지 기능 및 정서 파악을 위해 아동종합심리평가를 실시하였다.

■ 행동 관찰과 면담

아동은 보통 키에 통통한 체격이었다. 위생 상태는 양호하였으며, 눈맞춤도 적절하였다. 검사실에 들어와서는 "지난번에 했던 선생님이랑 계속하고 싶은데 선생님이 바뀐 거예요?"라고 초진했던 상담자에 대한 친밀감을 표현하였다. 또한 검사 지시에 잘 따르는 등 협조적인 태도를 보였으며, 검사 도구에 관심을 보이며 "이건 뭐예요?"

“이거는 엄청 재미있게 보이네요.”라고 하는 등 말이 많았다. 그러나 검사 도중에도 계속해서 혼자서 중얼거리고, 다음 검사 도구에 대해서 질문하였으며, 몸을 좌우로 흔들거나 검사실 주변의 시계나 달력을 만지작거리는 등 상당히 산만해 보였다. 또한 도구를 다루는 검사에서는 자신이 먼저 도구에 손을 댔고, 검사자의 질문에 갑작스럽게 일어나서 몸짓으로 설명하려고 하는 등 충동적인 행동도 나타났다. 한편, 쉬운 문항에서는 “이건 너무 쉬운데.”라며 자신감 있는 태도를 보이다가도, 문항이 어려워지면 “큰일 났다.” “제법 어려운데?” “아이고, 내가 못살아. 너무 어렵다.” 등으로 과장되게 불편감을 표현하였다. 내원 사유에 대해서는 ‘나는 잘해 주는데 동생이 자꾸 나에게 까분다’ ‘엄마가 동생한테 잘해 주고, 동생과 친하게 지내면서 나에게는 심부름만 시킨다’라며 동생과 어머니에 대한 불만을 강하게 호소하였다.

■ 지능과 인지 기능

한국 웩슬러 아동용 지능검사 4판 (K-WISC-IV)			
영 역	지 능	백분율(%)	수 준
언어이해	110	74.7	평균 상
지각추론	114	81.6	평균 상
작업기억	114	83.1	평균 상
처리속도	121	91.5	우수
전체 지능	120	91.0	우수

아동의 전체 지능은 120으로 우수 수준을 나타냈으며, 같은 연령대에서 상위 9%의 수준이었다. 언어이해는 110으로 평균 상 수준을, 지각추론은 114로 평균 상 수준을, 작업기억은 114로 평균 상 수준을, 처리속도는 121로 우수 수준을 나타냈다. 지능 영역 간의 차이는 유의미하지 않았으나, 소검사 간의 차이가 7점으로 크게 나타나고 있어서 상황에 따른 기능 상의 차이가 클 것으로 예상된다.

언어성 지능을 살펴보면, 어휘구사력이 최우수 수준이어서 단어의 개념에 대한 이해가 상당히 높아 보이므로 연령에 비해 풍부하고 성숙한 언어구사를 하고 있을 것으로 보인다(‘소 – 외양간에 있는 지푸라기를 먹고 사는 동물’). 사회적 상황에 대한 이해 능력이 평균 상 수준으로 나타나서, 관습과 규범에 대한 습득 수준도 다소 높아 보인다. 또한 사물의 유사성을 파악하는 능력은 평균 수준이어서 추상적인 개념에 대한

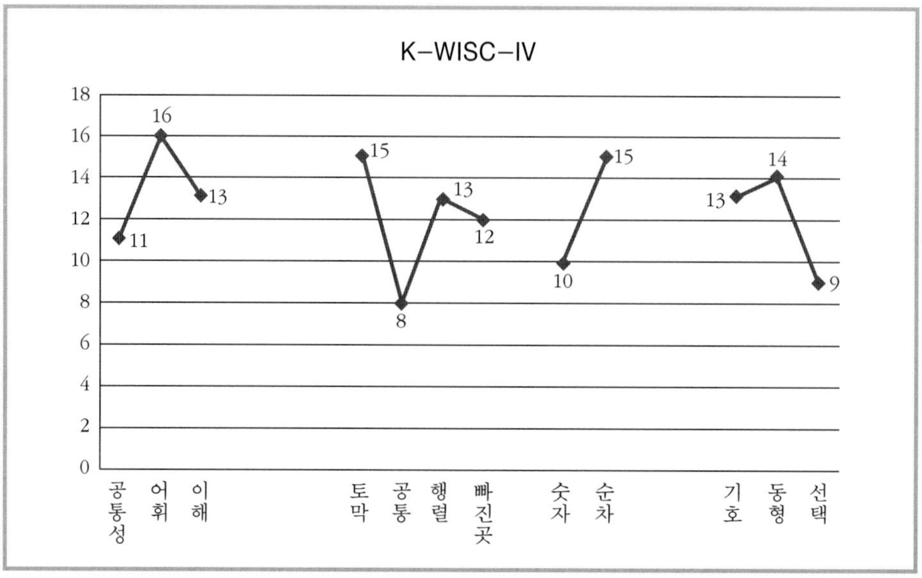

이해력도 적절한 것 같다. 다만, 어휘구사력에 비해서 사물의 유사성을 파악하는 능력이 상대적으로 낮게 나타나고 있어서, 고차원적인 언어 개념을 이해해야 하는 상황에서는 과제 수행의 어려움이 커질 수 있겠다.

지각추론 영역에서는 시공간 구성능력이 우수 수준을 보였고, 전체를 고려하여 핵심을 파악하는 능력은 평균 상 수준이어서 추상적인 시지각 자극을 처리하는 능력이 높아 보인다. 또한 시각적 예민성이 평균 상 수준을 보이고 있어서 주변 환경의 변화를 인식하는 능력도 높은 편이었다. 그러나 자극 간의 관련성을 찾아내는 능력은 평균 하 수준으로 다소 낮게 나타나서 자극이 복잡하거나 많아지면 대처에 어려움이 커질 수 있겠다.

작업기억 영역에서는 간단한 자극에 주의를 기울이는 능력이 평균 수준으로 나타나서 주의집중력은 적절해 보인다. 다만, 바로따라하기가 9점으로 양호하였으나, 거꾸로따라하기가 4점으로 낮게 나타나고 있어서 작업기억력은 다소 부족해 보인다. 그러나 보다 복잡한 자극을 통해서 작업기억력을 측정하는 소검사에서 오히려 우수 수준의 수행을 보이는 등 복잡한 기능 양상이 나타나고 있는데, 이는 어려운 과제에서는 의욕적인 모습을 보이면서도 오히려 쉽고 지루한 자극에 대해서는 주의를 기울이지 못하는 모습을 반영하는 것 같다.

처리속도 영역에서는 긴장감 속에서 빠른 논리적 판단력이 필요한 상황에서 우수 수준을 보이고 있어서 시간적 압력을 견디는 능력이 매우 뛰어나 보인다. 또한 시공간 운동속도가 평균 상 수준으로 나타나서 정교한 운동 기능도 양호해 보인다. 그러나 간단한 시각적 자극에 짧은 순간 동안 집중력을 발휘하는 능력은 평균 수준으로 다른 소검사에 비해 상대적으로 낮은 수행을 보이고 있어서, 과제가 단순할 때 오히려 자신의 기능 수준을 발휘하지 못하고 있는 것 같다.

지능검사 결과, 언어구사 능력, 기본적인 문제해결 능력, 작업기억력, 정신운동 속도가 높게 나타나고 있어서 상당히 높은 수준의 인지적 잠재력을 가지고 있는 것으로 보인다. 그럼에도 불구하고 공통그림찾기, 숫자, 선택 등의 소검사에서 상대적으로 낮은 수행을 보이는 것은 쉬운 과제에서 방심하여 오히려 집중력을 발휘하지 못하고 있는 것을 나타내며, 이로 인해 실제 높은 기능을 발휘하는 경우는 그다지 많지 않을 것으로 생각된다.

Rorschach 검사 결과, 아동은 16개의 적절한 반응 수를 보이고 있으나, 단순한 형태 반응을 많이 보이고 있어 사고가 단순해 보이며(L=1.29), 16개 중 15개나 전체 반응을 하고 있듯이 사고가 매우 피상적인 것 같다. 지적 잠재력이 높은 아동은 주변 환경을 통제하고자 많은 노력을 기울이고 있음에도 불구하고(ZD=4.0), 평범 반응을 단 2개만 하고, 왜곡된 형태 반응이 많아서(X-%=0.56), 실제로 주변 환경의 요구를 충분히 파악하지 못한 채 문제해결에 실패하는 경우가 많을 것으로 생각된다.

■ 성격과 정서

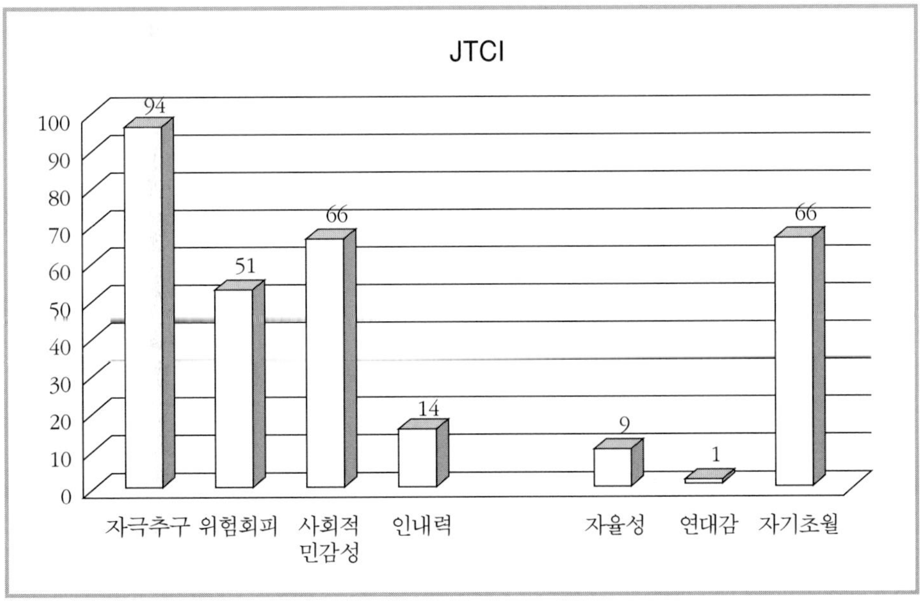

아동은 SCT에서 '내가 가장 좋아하는 사람은 우리 엄마, 아빠다' '내가 제일 걱정하는 것은 엄마가 오랫동안 살았으면 좋겠다' '내가 가지고 있는 것 중에서 제일 아끼는 것은 엄마, 아빠, 동생들 가족'이라고 하듯이 부모에 대해 긍정적인 태도를 보이고 있으나, 한편으로는 SCT에서 '내가 가장 무서워하는 것은 아빠가 때리는 것이다' '나를 가장 슬프게 하는 것은 엄마가 때리는 것이다' '내 소원이 마음대로 이루어진다면, 첫째 소원은 우리 엄마가 나를 때리지 않게 하는 것' 이라고 하는 등 위협적으로도 느끼고 있어서, 가정환경에 대해 양가감정을 경험하고 있는 것으로 보인다. 아동은 SCT에서 '내가 가장 좋았던 일은 동생과 잘 놀아 줬을 때다' '내가 좀 더 어렸다면 동생한테 잘해 줄 것이다', KFD에서 '동생이랑 잘 놀아 주면서 먹고 있다' 등의 반응을 보이면서도, SCT에서 '나를 가장 화나게 하는 것은 동생이 나한테 까부는 것' '내가 가장 싫어하는 사람은 동생이다…… 동생이 날 때리기 때문이다'라고 하듯이 동생에게도 양가적인 태도를 보이고 있었다. 아동은 가족과의 관계에서 일관된 태도를 정하지 못하고 혼란감을 느끼기 쉬우며, 이 과정에서 분노감도 점점 커지고 있는 것 같다(Rorschach: S=3).

한편, HTP 나무 그림에서 '나이-100억 살'이라고 하듯이 자신에 대한 기대가 상당히 높아 보이는 아동은, SCT에서 '나는 커서 위인이 되고 싶다. 왜냐하면 위인은 위대한 사람이기 때문이다' '다른 사람들은 나를 존중해 줬으면 좋겠다'라고 하듯이 주변 사람에게 인정받고자 하는 욕구도 높아 보인다. 그러나 기대만큼의 수행을 하지 못하고 있는 것으로 보이므로(SCT: '나의 나쁜 점은 나는 학교의 진도를 잘 못 나간다') 상당한 스트레스를 받을 수 있겠다. SCT에서 '나는 친구가 나를 좋아했으면 한다'라고 하듯이 주변 사람의 관심을 받고자 하는 욕구가 높아 보이며(JTCI: '사회적 민감성-66%'), 한편으로는 힘에 대한 욕구도 높아 보이므로(SCT: '나의 좋은 점은 내가 힘이 센 것이 좋다. 자랑스럽다' '내가 만약 동물로 변할 수 있다면 불새가 되고 싶다. 왜냐하면 불새는 전설의 동물이며 힘이 세기 때문이다'), 주변 환경을 자신의 의지대로 끌고 가려는 행동을 자주 나타낼 것으로 생각된다. 이러한 아동은 SCT에서 '여자애들은 나한테 진다' '남자애들은 나한테 바로 진다'라고 하듯이 또래관계를 경쟁적으로 인식하고 있으며, 충동성도 상당히 높아 보이므로(JTCI: '자극추구-94%' / Rorschach: FC:CF+C=1:3) 관계에서 갈등을 겪을 수 있어 이에 대한 개입이 필요해 보인다.

요약과 제언

• 요 약

전체 지능	120	우수			
언어이해	110	평균 상	지각추론	114	평균 상
작업기억	114	평균 상	처리속도	121	우수

아동의 지능 수준은 우수 수준으로 나타남. 언어구사 능력, 기본적인 문제해결 능력, 작업기억력, 정신운동 속도가 높게 나타나고 있어서 상당히 높은 수준의 인지적 잠재력을 가지고 있는 것으로 보임. 그러나 전반적인 시각이 단순하고 피상적인 아동은 쉬운 과제에서 방심하여 집중력을 발휘하지 못하게 되면서 오히려 좌절감을 겪기 쉬움. 아동은 부모와 동생에 대해서 양가적인 감정을 느끼고 있는 것으로 보이므로 가족과의 관계에서 일관된 태도를 정하지 못하고 혼란스러움을 경험하기 쉬우며, 분노감도 느끼고 있는 것으로 보임. 한편, 자신에 대한 기대가 높고, 인정에 대한 욕구가 높아 보이나, 기대만큼 충족하지 못하고 있는 것으로 보이므로 상당한 스트레스를 경험할 것으로 생각됨. 관심받고자 하는 욕구가 높고, 힘에 대한 욕구도 높아 보이므로 주변 사람을 자신의 의지대로 끌고 가려는 경향이 있음. 게다가 또래관계를 경쟁적으로 인식하고 있고, 충동성도 높아 보이므로 관계에서 갈등을 겪기 쉬우며 이에 대한 개입이 필요해 보임.

• 심리평가 결과, 아동은 다음과 같은 진단이 시사됨.

Axis I. Attention-Deficit/Hyperactivity Disorder, Combined Type
(Attention-Deficit/Hyperactivity Disorder, Combined presentation)

• 제 언

1. 충동성 조절하기
2. 쉽고 간단한 자극에 주의집중하는 능력 키우기
3. 추상적인 사고능력 키우기
4. 스트레스 조절하는 방법 배우기
5. 지지적인 양육 환경 제공하기

2) 높은 기능, 주변 사람들에 대한 공격성(남자 / 만 8세 / 초3)

의뢰 사유

아동은 '주의집중을 하려고 하면 자꾸 꼼지락거린다'를 주 호소로 내원하였으며, Attention-Deficit/Hyperactivity Disorder 임상적 인상하에 아동종합심리평가를 실시하였다.

행동 관찰과 면담

안경을 쓴 아동은 보통 키, 보통 체구의 초등학생으로 어머니와 함께 내원하였다. 위생 상태는 양호하였으며, 검사자와의 눈맞춤도 적절하였다. 의자에서 일어나지는 않았으나, 잔동작이 많고 자주 꼼지락거렸다. 문제를 불러 줄 때마다 큰 소리로 "네?"라고 반문하거나 문제를 말하는 중간에 대답을 하는 등 자신감이 넘치고 에너지 수준도 높아 보였다. 토막 소검사에서는 토막을 튕기면서 매우 시끄럽게 과제를 수행하였고, 결과물도 깔끔하게 정리하지 못하는 등 충동적인 모습도 자주 나타났다. 그리고 그림 과제에서도 대충 그리고 연필을 내려놓기에 바빴다. 내원 사유에 대해서는 별다른 언급을 하지 않았으며, '엄마가 ADHD 검사하라고 해서 안 한다고 했다. 그럴 리가 없기 때문에 그랬다'라고 하는 등 문제의식이 부족해 보였다.

지능과 인지 기능

한국 웩슬러 아동용 지능검사 3판 (K-WISC-III)

지 능	점 수	백분율(%)	수 준
언어성 지능	126	92.9	우수
동작성 지능	105	63.1	평균
전체 지능	119	89.7	평균 상

아동의 전체 지능은 119로 평균 상 수준을 나타냈으며, 연령 수준을 고려할 때 상위 10% 정도의 수준이었다. 그러나 언어성 지능은 126으로 우수 수준을, 동작성 지능은 105로 평균 수준을 나타냈으며, 두 지능 간의 차이가 유의미하게 나타났다. 이를 고려할 때, 언어구사 능력이나 지식 습득 수준은 높아 보이지만, 실제 상황에서의 대처능력은 평이한 수준에 머물러 있어 비학업적 상황에서는 불편감을 느낄 수도 있겠다.

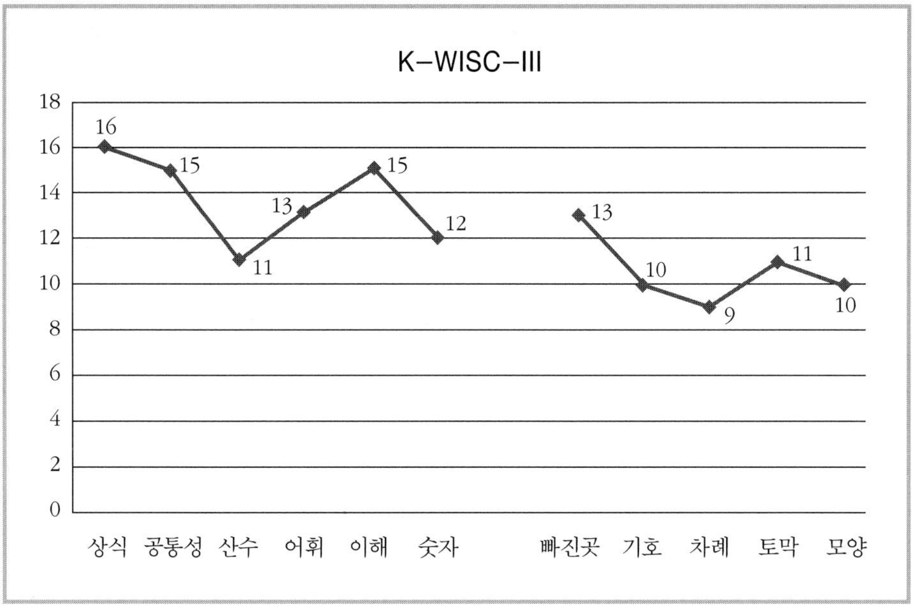

언어성 지능을 살펴보면, 학업적 지식과 관습적 지식 수준이 각각 최우수, 우수 수준을 보이고 있어 뛰어난 지식 습득 수준을 보였으며, 추상적 사고능력과 어휘구사력이 각각 우수, 평균 상 수준을 보이고 있어 언어 개념을 형성하는 능력도 높게 나타났다. 단순한 자극에 대한 주의력이 평균 상 수준으로 높았으며, 수계산 능력도 평균 수준이었으나, 다른 소검사들에 비해 상대적으로 낮았으며, 전반적으로 성급한 결정을 내리는 경향이 있음을 고려할 때, 주의지속 능력의 부족으로 인하여 자신의 능력을 온전히 발휘하지 못하는 경우가 많을 것으로 생각된다.

동작성 지능 영역에서는 시각적 예민성이 평균 상 수준으로 높게 나타나고 있어 주변 환경 변화의 작은 부분까지도 민감하게 잘 알아챌 수 있을 것으로 보인다. 그 외에 시공간 구성능력, 부분을 통해 전체 상을 추론하는 능력, 상황적 맥락을 파악하는 능력, 시공간 운동속도 등은 모두 평이한 수준이었다. 그리고 부주의하고 충동적인 행동 양상이 동작성 소검사 수행 시에도 지속되었음을 고려할 때, 집중력과 행동통제력이 향상된다면 이보다 나은 수준의 기능을 보일 수도 있을 것으로 생각된다.

지능검사 결과, 아동은 우수 수준의 언어적 능력을 보이고 있으나, 주의력과 시공간 구성능력, 상황 대처능력 등은 평이한 수준에 그치고 있으며, 이러한 불균형으로 인하여 비언어적 상황에서는 부적절감을 느끼기 쉬운 것 같다. 그리고 동작성 지능의 저하는 아동의 부주의하고 충동적인 과제 수행 양상과 관련이 있어 보이므로 주의력 및 행동통제력이 향상된다면 현재 수준보다 다소 나은 기능 수준을 보일 수 있을 것으로 기대된다.

Rorschach 검사 결과, 17개의 적절한 반응 수를 보이고 있다. 그리고 아동은 주변 환경을 스스로 통제하고자 하는 경향이 매우 강해 보이나(Zd=4.0), 신중하지 못하고 지나친 자신감에 충동성까지 더해져서 전반적인 반응의 질적 수준은 매우 낮게 나타났다. 평범 반응은 단 1개에 그치고 있고, 왜곡된 형태 반응을 많이 하는 등 관습적 지각과 객관적 지각 능력이 현저하게 부족한 것으로 나타나고 있어 Rorschach 검사와 같이 비구조화된 자극을 다루는 데 상당한 어려움을 겪을 것으로 예상된다.

■ 성격과 정서

※ 부모는 K-CBCL, KPR-C 등의 설문지를 작성하지 않았음

아동은 SCT에서 '혼자 살게 된다면 엄마와 제일 같이 살고 싶다'라고 하는 등 부모에 대한 긍정적인 태도를 보이고 있으나, KFD 가족 그림을 그리도록 하자 '못하겠어요' '그리기 싫어져요' '그림을 많이 그려서 뇌가 그리지 말라고 명령을 내리는 것 같아요' 등 온갖 핑계를 대면서 그리기를 거부하였고, 부모로부터 받았던 부정적 피드백에 대한 불편감 및 거부감을 반복해서 표현하였으며(SCT: '우리 엄마는 잔소리를 많이 한다' '내가 가장 무서워하는 것은 회초리' '나를 가장 슬프게 하는 것은 잔소리' '내가 제일 걱정하는 것은 엄마한테 혼날까 봐' '우리 아빠는 욱하는 성격이다' '나는 엄마 잔소리가 싫어서 공부를 싫어한다'), 친밀감에 대한 태도를 나타내는 Rorschach 카드에서 '피뢰침'이라는 반응을 보이듯 가정 내에서 만족감이나 안정감보다는 불편감이나 거부감이 더 커 보인다. 아동은 Rorschach 검사에서 '암살자가 사람을 죽이고 떠나는 모습'과 '사랑하는 코끼리', '사랑하는 부부'와 '변기통' 등 매우 상반된 반응들을 같이 보이고 있어 주변 사람과의 친밀한 관계를 형성하고 싶은 욕구와 함께 주변 환경을 위협적으로 인식하는 경향도 가지고 있는 것으로 보이며, 이로 인해 주변 사람들의 작은 행동 변화에도 매우 극단적인 반응을 보일 수 있을 것으로 생각된다.

Rorschach 마지막 카드에서 보인 '화려한 불꽃놀이' '왕의 행차' 등의 반응들이 아동이 자기 자신 및 주변 사람에게 기대하는 내용으로 여겨지므로 인정받고자 하는 욕구가 매우 강해 보인다. 그리고 SCT에서 '다른 사람들은 나를 좋아한다'라고 하는 등 어느 정도 만족감도 느끼고 있는 것 같다. 그러나 HTP 집 그림에서 '1년 후면 무너질 것 같다', 나무 그림에서 '5년이면 벼락 맞아서 죽을 것 같다' 등의 반응을 보이

듯 부정적인 미래상을 가지고 있으며, 대인관계에 대한 태도를 나타내는 Rorschach 카드에서는 '사마귀'라고 하였고, 권위적 대상에 대한 태도를 나타내는 카드와 뒤이어 나오는 카드에서 연속적으로 반응에 실패하고 있어 대인관계 전반에 걸쳐서 불편감을 경험하고 있으며, 특히 자신을 통제하려는 어른들에 대한 거부감은 매우 커 보인다(SCT: '내가 가장 싫어하는 사람은 이모'). 그리고 아동은 행동상의 부산함뿐만 아니라 정서적 충동성도 매우 높은 것으로 나타나 불편감이 느껴지는 상황에서 예상치 못하게 과격한 모습을 보이는 경우가 많을 것으로 예상된다.

◻ 요약과 제언

- 요 약

  전체 지능: 119, 평균 상 / 언어성 지능: 126, 우수 / 동작성 지능: 105, 평균

  아동은 우수한 지적 능력을 가지고 있는 것으로 보임. 언어적 능력이 뛰어나고 상황 대처 및 문제해결 능력도 다소 높을 것으로 기대되나, 부주의하고 충동적인 모습으로 인하여 자신의 잠재력을 충분히 발휘하지 못하고 있는 것으로 보임. 아동은 주변의 인정을 받고 주변 환경을 스스로 통제하고자 하는 욕구가 높아 보이나, 행동과 정서 모두 충동적인 모습이 두드러지게 나타나고 있어 학업 및 사회적 상황에서 원만한 기능 수준을 보이지 못하고 오히려 부정적 피드백을 더 많이 받고 있는 것으로 여겨지므로 주변 환경을 적대적으로 인식하며 내면의 불만족감이 많이 쌓여 있을 것으로 생각됨.

- 심리평가 결과, 아동은 다음과 같은 진단이 시사됨.

  Axis I. Attention-Deficit/Hyperactivity Disorder, Combined Type

  (Attention-Deficit/Hyperactivity Disorder, Combined presentation)

- 제 언

  높은 지능 수준을 바탕으로 자신감이 과도하여 충동성, 부주의함 등으로 나타나는 자신의 문제를 적절히 인식하지 못하고 있는 것으로 보임. 이에 대한 치료적 개입과 함께 정서 조절을 위한 프로그램에 참여하는 것이 도움이 될 수 있음.

3) 청소년 ADHD(남자 / 만 13세 / 중2)

■ 의뢰 사유

내담자는 '약속을 지키지 않고 기본적인 생활 태도에 어려움이 있다'를 주 호소로 상담센터를 방문하였으며, Attention-Deficit/Hyperactivity Disorder 임상적 인상 하에 청소년종합심리평가를 실시하였다.

■ 행동 관찰과 면담

안경을 쓰고 교복을 입은 내담자는 키가 작고 마른 체구의 중학생으로 어머니와 함께 내원하였다. 연령에 비해 조금 어려 보이는 외모였으며, 위생 상태는 양호하였고, 검사자와의 눈맞춤도 적절한 수준이었다. 발음은 약간 어눌한 편이었으나, 적극적인 태도로 검사에 임하였다. 동작성 과제들은 매우 빠른 동작으로 수행하려 하였으나, 다 끝내기도 전에 "다 했다."라고 하는 등 성급한 편이어서 정작 수행이 끝난 토막 과제는 엉성하게 진열되어 있는 경우가 많았다. 검사 도중 과제가 어려워지자 "아씨! 이거 어려워 안 할래!"라고 소리치는 등 불편감을 그대로 표현하였고, 언어성 과제에서는 말을 얼버무리다 끝내는 경우가 많았다. 내원 사유에 대해서는 '엄마가 참을성이 없다고 해서 왔다' '한 가지 일에 집중하지 못한다' 등을 언급하였고, 스스로도 '의자에 못 앉아 있는다'라고 하는 등 산만함을 보고하였다.

■ 지능과 인지 기능

한국 웩슬러 아동용 지능검사 3판 (K-WISC-III)			
지 능	점 수	백분율(%)	수 준
언어성 지능	99	36.9	평균
동작성 지능	91	27.4	평균
전체 지능	94	34.5	평균

아동의 전체 지능은 94로 평균 수준을 나타냈으며, 연령 수준을 고려할 때 하위 35% 정도의 수준이었다. 언어성 지능은 99로 평균 수준을, 동작성 지능은 91로 평균 수준을 나타냈으며, 두 지능 간의 유의미한 양적 차이는 나타나지 않았다. 그러나 소

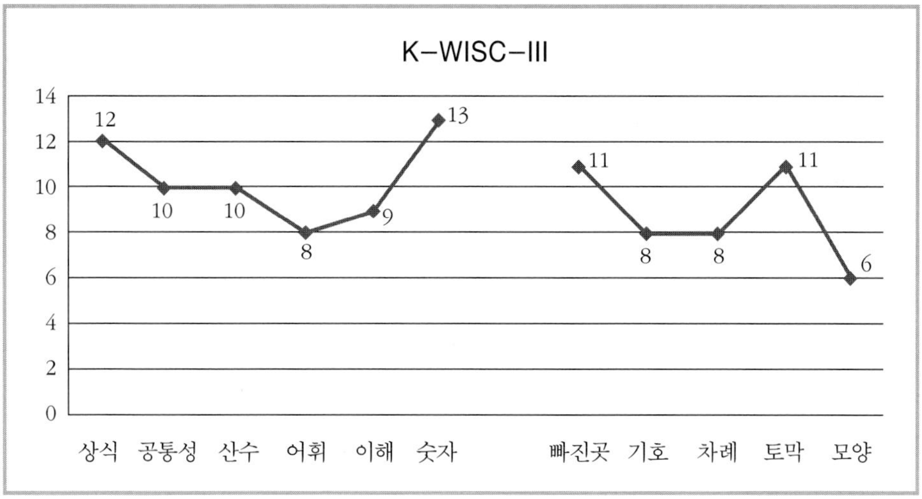

검사 간의 차이는 7점으로 크게 나타나고 있어서 상황에 따른 기능상의 차이가 클 것으로 생각된다.

언어성 지능을 살펴보면, 아동은 숫자 소검사가 평균 상 수준으로 높게 나타나 단기적인 집중력은 높은 편이었다. 그러나 산수 소검사에서는 평균 수준으로 상대적으로 낮게 나타났는데, 반응 양상을 고려할 때 아동의 성급한 수행으로 인해 오류가 늘었던 것으로 보인다. 기본적인 상식 수준은 평균 상 수준으로 나타나 지식 습득이나 학업적 성취에 대한 관심도 많아 보이며, 추상적인 사고능력과 사회적 상황에 대한 이해력도 평균 수준은 유지하고 있었다. 다만, 어휘구사력이 평균 하 수준으로 다소 낮게 나타나서, 언어적 표현력이 다소 부족하게 느껴질 수 있겠다.

동작성 지능 영역에서는 시공간 구성능력과 시각적 예민성이 평균 수준을 유지하고 있는 것으로 나타났다. 그러나 시공간 운동속도는 다소 느린 편이었으며, 상황에 따른 대처 및 계획 능력도 다소 부족해 보인다. 게다가 부분을 통해 전체 상을 구성하는 능력이 경계선 수준으로 매우 낮게 나타나고 있어서 시행착오를 통해 능력을 향상시키는 데 어려움이 있을 것으로 보인다. 그리고 이렇듯 낮은 수행은 아동의 성급한 문제해결 방식과도 관련이 있어 보인다.

지능검사 결과, 내담자는 평균 수준의 지적 능력을 가지고 있으며, 단기집중력은 가장 높게 나타나고 있음에도 불구하고 주의지속력을 조절하는 능력은 부족해 보이므로 과도하게 성급한 수행 태도를 보임으로써 자신의 능력을 충분히 발휘하지 못하는 경우가 잦을 것으로 생각된다. 시행착오 학습의 성과가 낮게 나타나고 있는 것 또한 과제 수행 시 충분히 집중력을 유지하지 못하는 것과 관련이 있는 것으로 생각된다.

Rorschach 검사 결과, 16개의 적절한 반응 수를 보이고 있으며, 주변 사람의 시선에 매우 민감해져 있음에도 불구하고(많은 D), 평범 반응은 2개에 불과하고 형태질도 그리 양호한 수준에 있지 못하는 등 관습적 지각과 객관적 지각의 어려움으로 인하여 막상 사회적 상황에서는 부적절한 행동을 보이기 쉽고, 이로 인해 갈등 상황을 경험할 수 있겠다. 게다가 다양한 주변 자극들을 통제하지 못한 채 매우 충동적이고 피상적인 대응을 함으로써 문제해결의 어려움이 지속되고 있는 것 같다.

■ 성격과 정서

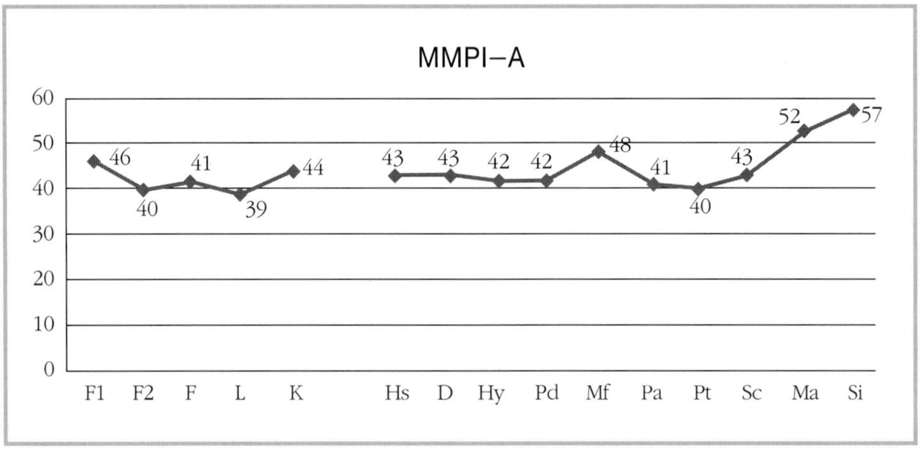

내담자는 MMPI에서 다소 내향적인 성향을 보일 뿐 심리적 불편감은 거의 드러나지 않았다. 그러나 HTP의 나무 그림에서 옹이를 2개나 크게 그리고 있듯이 내면적으로는 상처받은 경험을 간직하고 있을 가능성이 있겠다. 또한 Rorschach 검사에서도 스트레스가 될 수 있는 I번 카드에서 '뽀뽀하고 있는 거'와 같은 반응을 보이듯이 반동형성을 통해 불편감을 벗어나고자 노력했던 것으로 보이지만, 이어지는 II번 카드에서 '돌에 깔린 사람'이라는 반응을 보였고, III번 카드에서는 '태아' '외계인이 사랑에 빠진 거'라고 하면서 가장 싫어하는 카드로 선택하는 등 시간이 지나도 고통감에서 벗어나지 못한 채 부적절하거나 퇴행된 행동으로 대응할 가능성이 높아 보인다.

내담자는 HTP의 집 그림에서 '행복한 집'이라는 반응을 보였으나, 집 그림의 밑면을 그리지 않는 등 불안정한 모습을 보였고, HTP의 나무 그림에서 열매와 새를 그리는 등 애정 욕구가 높아 보이지만, '나무들이 필요하다. 외로워서'라고 하였으며, 친밀감에 대한 태도를 나타내는 Rorschach 카드에서 왜곡된 형태질과 음영 반응(V)을 보이는 등 주변의 가까운 사람들에게서조차 안정감을 느끼지 못하고 있는 것으로 보인다. 게다가 자신의 진로에 대한 기대가 번번이 좌절되면서(HTP: 남자 그림 '가장 불행할 때—자기 자신의 꿈(운동선수)을 이루지 못했을 때') 이를 자신에 대한 거부로 여기고 자신을 인정하지 않는 주변 사람들에게 강한 적대감을 느끼고 있는 것으로 생각된다.

■ 요약과 제언

• 요 약

전체 지능: 94, 평균 / 언어성 지능: 99, 평균 / 동작성 지능: 91, 평균

내담자는 평균 수준의 지적 능력을 보이고 있음. 단기적인 집중력은 비교적 높은 편이지만, 성급하고 충동적인 경향이 강해 자신의 능력을 충분히 발휘하지 못하는 경우가 많을 것으로 생각됨. 이러한 내담자는 대인관계 문제 상황에서도 진지하게 고민하기보다는 피상적이고 충동적인 대응을 함으로써 주변 사람과 갈등을 겪기 쉬움. 또한 자신의 가치를 높일 수 있다고 믿고 있는 영역에서 좌절감을 경험하고, 이러한 좌절감이 주변 환경에 대한 불만으로 발전하여 다소 공격적인 행동을 보일 수도 있을 것으로 여겨짐.

• 심리평가 결과, 내담자는 다음과 같은 진단이 시사됨.

Axis I. Attention-Deficit / Hyperactivity Disorder, Combined Type

(Attention-Deficit/Hyperactivity Disorder, Combined presentation, In partial remission)

• 제 언

충동성의 조질뿐만 아니라, 단기집중력이나 상식 과제를 동해 학업적인 변에서 자존감을 회복할 수 있도록 개입이 필요함.

4) 부주의 유형, 우울증 동반(남자 / 만 14세 / 중2)

■ 의뢰 사유

내담자는 '학교 심리검사에서 자신감이 낮게 나왔다' '친구가 없다' '사회성이 부족하다' 등을 주 호소로 상담센터에 방문하였으며, 전반적인 인지 기능 및 정서 파악을 위해 청소년종합심리평가를 실시하였다.

■ 행동 관찰과 면담

내담자는 다소 큰 키에 마른 체격으로 안경을 쓰고 있었고, 부모와 함께 센터에 방문하였다. 손톱이 길었으나, 위생 상태는 양호해 보였으며, 검사자와의 눈맞춤도 적절하게 이루어졌다. 다만, 검사자의 눈을 뚫어지게 바라보고 있어서 시선 처리가 부자연스러워 보였다. 검사에 협조적이었고, 문제를 반복해서 되뇌는 등 과제 해결을 위해 열심히 노력하였다. 그러나 말하려다가 머뭇거리는 경우가 많았고, 검사자가 추가적인 반응을 요구하면 오랜 시간 고민하면서도 대답을 잘 하지 못했다. 그리고 지시를 한 번에 알아듣지 못하고 이해하는 데 시간이 걸리는 편이었고, 과제의 양이 많아지면 당황스러워하기도 하였다. 한편, HTP 검사에서 "집 한 채요?" "나무 한 그루요?" "표정도 그려야 하나요?" 등 불필요하게 확인을 구하는 질문을 많이 하였다. 내원 사유에 대해서는 '부모님이 원해서'라고만 하였고, 주관적인 불편감은 언급하지 않았다.

■ 지능과 인지 기능

내담자의 전체 지능은 85로 평균 하 수준을 나타냈으며, 같은 연령대에서 하위

한국 웩슬러 아동용 지능검사 4판 (K-WISC-IV)

영 역	지 능	백분율(%)	수 준
언어이해	90	25.2	평균
지각추론	100	49.6	평균
작업기억	76	5.8	경계선
처리속도	88	22.0	평균 하
전체 지능	85	16.1	평균 하

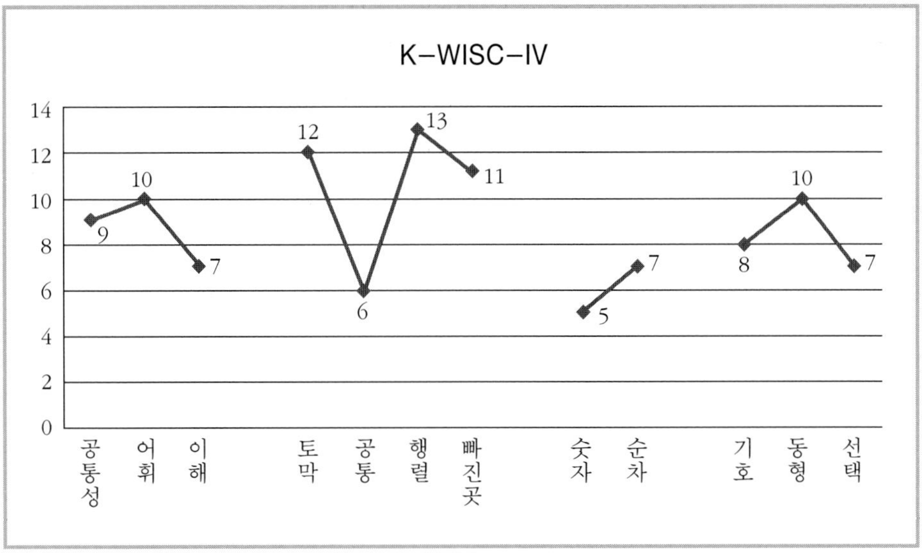

16% 정도의 수준이었다. 언어이해는 90으로 평균 수준을, 지각추론은 100으로 평균 수준을, 작업기억은 76으로 경계선 수준을, 처리속도는 88로 평균 하 수준을 나타냈으며, 지능 영역 간의 차이는 24점으로 크게 나타나고(기준은 20점 차이), 소검사 간의 차이도 8점으로 크게 나타나고 있어서(기준은 5점 차이) 상황에 따른 기능상의 차이가 클 것으로 생각된다.

언어이해 영역에서는 사물의 유사성을 파악하는 능력과 어휘구사력이 평균 수준으로 나타나서 언어적 개념에 대한 이해력은 양호해 보인다. 그러나 사회적 상황에 대한 이해력이 평균 하 수준을 보이고 있어서 관습과 규범에 대한 습득 수준은 다소 부족해 보인다.

지각추론 영역에서는 시공간 구성능력과 전체를 고려하여 핵심을 파악하는 능력이 평균 상 수준으로 나타나서 기하학적인 도형을 다룰 때에 다소 높은 기능 수준을 보일 수 있겠다. 그러나 자극 간의 관련성을 찾아내는 능력은 경계선 수준으로 낮게 나타나고 있어서 자연물을 다루는 능력은 매우 부족해 보이므로 사고의 유연성이 중요한 상황에서는 기능 수준이 급격히 저하될 수 있겠다. 한편, 시각적 예민성이 평균 수준을 보이고 있어서 주변 환경 변화를 인식하는 능력은 적절해 보인다.

작업기억 영역에서는 복잡한 자극에 주의를 기울이는 능력과 간단한 자극에 주의를 기울이는 능력이 각각 평균 하, 경계선 수준으로 나타나서 청각적 주의력은 상당히 부족해 보인다.

처리속도 영역에서는 긴장감 속에서 빠른 논리적 판단력을 발휘하는 능력이 평균 수준을 보이고 있어서 간단한 과제에서는 압력이 느껴지는 상황에서도 적절히 기능할 수 있겠다. 그러나 간단한 시각적 자극에 짧은 순간 동안 높은 집중력을 발휘하는 능력과 시공간 운동속도가 평균 하 수준을 보이고 있어서 한꺼번에 많은 자극을 처리해야 하거나 빠른 반응이 필요한 경우에는 낮은 기능 수준을 보일 수 있겠다.

지능검사 결과, 기하학적인 도형을 다루는 능력이 다소 높고, 언어적 개념에 대한 이해력도 양호해 보이므로 학업적인 장면에서는 양호한 기능 수준을 보일 수 있겠다. 그러나 사회적 상황에 대한 이해력이 부족하게 나타났고, 사고의 유연성도 매우 부족해서 대면 상황에서 매우 낮은 기능 수준을 보일 것으로 예상된다. 그리고 주의력, 민첩성 등이 부족해서 주변 환경 변화에 기민하게 대응하기도 힘들어 보인다.

Rorschach 검사 결과, 18개의 적절한 반응 수를 보이고 있으나, 사고 수준이 미숙하고(A = 6), 주변 자극을 효율적으로 다루지 못하고 있는 것으로 보이므로(ZD = -3.0) 문제해결에 어려움이 많아 보인다. 그리고 사고가 경직되어 있고(L = 2.00), 관습적 지각능력이 부족하며(P = 3), 특이한 형태 반응을 많이 보이고 있어서(Xu% = 0.33) 판단이 애매한 스트레스 상황에서 주변 환경을 고려하지 못하고 자신의 판단만을 고집할 가능성이 높아 보인다. 게다가 문제 상황에서 감정적으로 대처할 가능성도 높은 것 같다(EB = 0:3.0).

■ 성격과 정서

내담자는 SCT에서 '우리 엄마 아빠는 나를 아껴 주신다'라고 하듯이 부모에 대해서 호의적인 태도를 보이고 있었고, 가족애도 강해 보인다(SCT: '내가 만약 외딴곳에 혼자 살게 된다면, 우리 가족과 제일 같이 가고 싶다'). 그러나 한편으로는 SCT에서 '나를 가장 슬프게 하는 것은 통제'라고 하듯이 행동 제약으로 인한 스트레스를 언급하였고, 친밀감에 대한 태도를 나타내는 Rorschach 카드를 제일 싫어하는 카드로 선택하면서 반응에 실패할 정도로 주변 환경을 지지적으로 인식하지 못하고 있어서, 상기의 호의적인 태도는 불만을 부인하고 반동형성을 하는 과정에서 나타난 과장된 모습일 가능성이 높아 보인다. 이러한 내담자는 Rorschach에서 '가면' '삐에로' 등의 반응을 보이듯 내면의 불편감을 감추면서 회피하는 데 익숙한 것 같다.

내담자는 사회적 자극에 둔감하고(JTCI: '사회적 민감성 – 3%'), 공감능력이 부족해 보이므로(JTCI: '연대감 – 16%'), 또래관계에서 원만한 관계를 맺지 못하고 있는 것

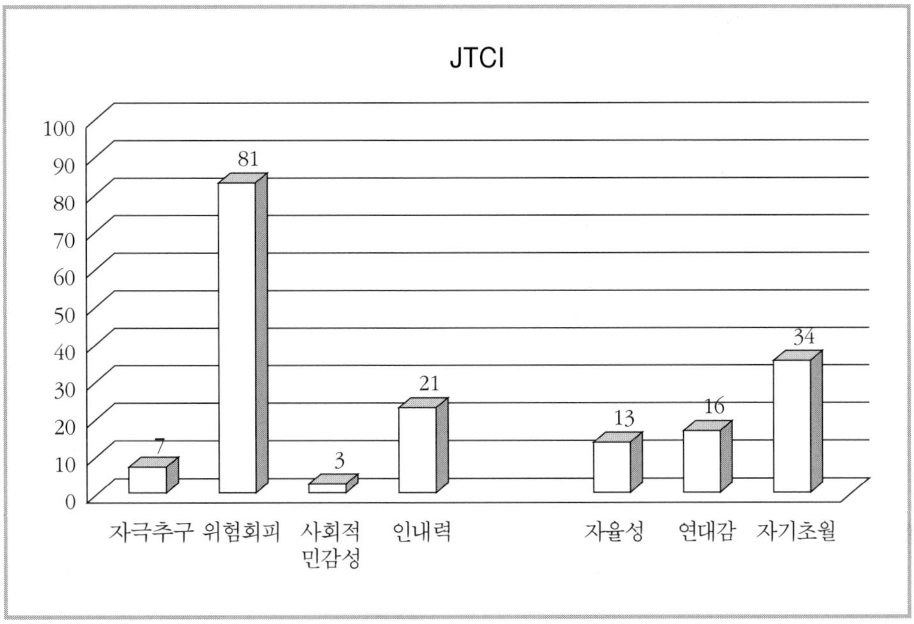

같다(SCT: '나는 친구가 없다'). 그리고 사고가 매우 경직되어 있어서(SCT: '여자애들은 여자다' '남자애들은 남자다') 다른 사람들과 소통하는 데 있어서도 어려움이 클 것으로 생각된다. 이러한 내담자는 SCT에서 '나는 커서 평범한 직장인이 되고 싶다. 왜냐하면 주목받는 건 싫어하기 때문이다'라고 하듯이 주변 사람의 관심을 부담스러워하면서 사회적 상황을 회피하는 것 같다. 그리고 JTCI에서 '자극추구－7%'로 나타났듯이 새로운 자극에 대한 호기심이 매우 부족해 보이므로 익숙한 상황에만 머물러서 고립되어 지내고 있는 것 같다.

내담자는 자신에 대한 기대 수준이 높아 보이나(HTP: 나무 그림 '더욱더 오래 클 거 같다'), 지능검사에서 나타나듯이 주의력이 부족하고, 구체적이고 경직된 사고 경향으로 인해 학년이 올라갈수록 학업에 어려움이 컸을 것으로 생각된다. 이러한 내담자는 기대만큼 성취를 이루지 못하면서 자존감이 저하된 것으로 보이고(HTP: '그림들을 작게 그림'), 미래에 대한 불안감도 크게 느끼고 있는 것 같다(SCT: '내가 제일 걱정하는 것은 나의 미래'). 이렇듯 학업, 대인관계, 부모와의 관계에서 느끼는 스트레스가 큰(SCT: '나의 나쁜 점은 자신감이 없고 친구가 없다') 내담자는 우울감도 느끼고 있는 것 같다(TAT: '슬퍼하는 거 같다' / Rorschach: C′=3). 게다가 부정적 평가에도 민감해져 있어서(JTCI: '위험회피－81%'), 내면의 불편감을 직접적으로 표현하지 못하고, 수동적이고 위축된 모습을 보일 가능성이 높아 보인다(TAT: 공백 카드 반응 실패).

요약과 제언

• 요 약

전체 지능	85	평균 하			
언어이해	90	평균	지각추론	100	평균
작업기억	76	경계선	처리속도	88	평균 하

내담자의 지능 수준은 평균 하 수준으로 나타남. 학업 장면에서는 양호한 기능 수준을 보일 수 있겠으나, 대면 상황에서는 매우 낮은 기능을 보일 것으로 예상됨. 그리고 환경 변화에 기민하게 대응하기 힘들어 보임. 부모에 대해서 호의적인 태도를 보이고 있으나, 한편으로는 행동 제약에 대한 불만이 크고, 사실상 주변 사람을 지지적으로 느끼지 못하고 있는 것으로 보이며, 내면의 불편감을 감추면서 지내는 데 익숙해 보임. 원만한 관계를 형성하지 못하고 있는 상황에서 주변 사람의 관심을 부담스러워하면서 사회적 상황을 회피하고 있으며, 익숙한 상황에만 머물러서 고립되어 지낼 가능성이 높아 보임. 자신에 대한 기대 수준이 높지만, 주의력이 부족하고, 구체적이고 경직된 사고 경향으로 인해 학년이 올라갈수록 학업에 어려움이 컸을 것으로 생각됨. 이렇듯 학업, 대인관계, 부모와의 관계에서 느끼는 스트레스가 큰 내담자는 우울감도 경험하고 있는 것으로 보이나, 내면의 불편감을 직접적으로 해소하지 못하고, 수동적이고 위축된 대응을 하고 있어서 주변의 도움이 필요해 보임.

• 심리평가 결과, 내담자는 다음과 같은 진단이 시사됨.

Axis I. Depressive Disorder NOS(Unspecified Depressive Disorder)
Attention-Deficit/Hyperactivity Disorder, Predominantly Inattentive Type(Attention-Deficit/Hyperactivity Disorder, Predominantly inattentive presentation)

• 제 언

1. 우울감 해소하기

2. 사고의 유연성 키우기
3. 주의력 향상시키기
4. 이성적이고 논리적인 사고력 키우기
5. 또래관계에서 공감능력 키우기
6. 지지적인 가정환경 제공하기

3. 자주 나타나는 반응

1) 주 호소

'학습 발달이 늦다' '너무 산만하고 가만히 있지 못한다' / '게임중독' '기본적인 생활지도가 안 된다' / '수업 시간에 주의 산만함' '친구를 괴롭힘' / '수업 시간에 집중하지 못함' '의욕 없음' '대인관계 부족' / '학교 부적응' '산만함' / '격한 모습' '무기력한 모습' / '행동이 느림' '학습부진' / '친구와 못 어울림' '자신감 부족' / '주의집중의 어려움' '한글 해독의 어려움' / '매우 산만하고 충동적이다' '주의력이 짧다' '약물치료의 필요 여부 확인' / '주의 산만' '집중력 부족' '과한 행동' / '폭력적인 언행' '또래관계의 어려움' / '물건을 훔쳐 왔다' '어머니가 아동을 싫어한다고 여긴다' / '집중 못하고 산만하다' '폭력적인 발언을 한다' / '동생과의 갈등' '짜증스러운 감정표현' / '수행 결과의 불만족감' / '짜증스러운 언행' '분노 조절의 어려움' / '덤벙거린다' '다혈질적이다'

2) 과잉행동

행동: 과제와 상관없는 질문을 많이 함 / "아오씨~ 뭐지? 몰라. 어떻게 만들어?" "내가 이런 걸 어떻게 만들어?"라며 혼잣말을 많이 함 / "대박 쉽다." "좀 너무하다는…… 꽥, 나 죽겠다. 이거 어떻게 만들라는 거야."라고 혼잣말을 계속하였고, "어려워 죽겠어~."라고 노래를 만들어 부르기도 함 / 숫자외우기 검사 시에는 대답 한 번 하고 일어났다 앉는 행동을 여러 번 보였고, 발을 동동 구르거나 자신의 목걸이를 만지작거리고, 주변을 두리번거림 / 온몸을 비틀거나 책상에 기대어 눕듯이 기울이는

등 쉴 새 없이 움직임 / 센터에 들어서자마자 이곳저곳을 뛰어다니며 둘러보는 등 과도한 움직임을 보임 / 그림을 그릴 때 여러 개의 펜을 한꺼번에 들고서는 세고 강하게 불규칙하게 돌림 / 검사가 진행되는 동안에도 자리에 앉지 못하고 책상에 올라앉거나 서 있고, 책상에 발을 올림 / 센터 내 물건들에 대한 질문이나 행동을 느닷없이 하는 경우가 많고, 검사 시 다음 검사 도구를 자기 멋대로 꺼내려 하거나, 지시와 다른 행동을 보이는 경우가 많음 / 자신의 신체를 만지거나 소리를 내고, 의자에서 몸을 비트는 경우가 많음 / 목소리가 들떠 있었으며, 몸동작이 크고 끊임없이 잔동작이 있음 / 대기실에서 검사자를 보고 "안녕하세요."라며 큰 소리로 허리 굽혀서 인사함 / "가운데 이걸 놔야 하나?" "이 도형이 있나?"라고 과정을 혼잣말로 하면서 수행 / 검사가 10분 정도 지나자 앉은 자리에서 몸을 좌우로 계속 흔들거렸고, 책상에 엎드리는 등 움직임이 많음 / "아…… 이건 뭐야 좀 어렵네." "만들 수 있는 건가?"라며 혼잣말을 중얼거리는 경우가 많았고, 검사 내내 손과 몸을 움직이며 스트레칭을 하거나 발을 동동 구름 / 과제를 수행하면서도 손톱을 물어뜯거나 검사실 주변을 살펴보는 등 딴청을 피우고, "와! 초시계로 시간 측정하시네요." "이건 연필이 가벼워요." 라며 문항과는 상관없는 말을 함

HTP: 사람 그림을 움직이는 동작으로 그림 / 빠르게 그림 / 지면을 꽉 채울 정도로 크게 그림 / 나무 그림에서 '나이 — 100세'

Rorschach: 많은 이야기를 하려고 애씀 / 많은 반응 수

3) 충동성(정서적 충동성)

행동: 어려운 과제는 아예 도구를 뒤집어 버리거나, "몇 시에 끝나요?"라고 하듯이 엉뚱한 질문을 함 / "이제 감이 온다."라고 하면서 자신감 넘치는 모습을 보였다가 "이건 좀 어렵네."라고 하면서 금방 포기함 / 검사가 중반에 이르자 아무 말 없이 검사실을 나감 / 과제를 수행하다가 다른 소검사 도구에 호기심을 보이거나 검사 도중 주변을 둘러보고, 숫자 검사에서는 과제 수행 중에도 몸을 움직임 / 갑자기 "머리 아파." "선생님은 그림 못 봐요?" "아, 죽겠네 정말!" 등의 신경질적인 반응을 보임

지능: 기호쓰기 저하 / 동형찾기 저하 / 질문이 끝나기 전에 대답하고 다시 문제를 물어보는 경우가 많음 / 문제를 제대로 확인하지 않고 대답함 / 어려운 과제에서는 지시가 떨어지자마자 "모르겠다."라고 반응함 / 지시와 달리 도구를 갑작스럽게 움직임

MMPI: 4, 9번 척도 상승

HTP: 필압이 강하고 힘 조절이 안 됨 / 그림 그리다가 지우고 다시 그리기를 반복함 / 지면 가득히 그림을 그리지만 정교함은 매우 부족함 / 매우 빠르게 수행함 / 사람 그림에서 목을 그리지 않고 얼굴과 몸을 바로 이어서 그림

Rorschach: WSumC 상승 / 카드를 무작위로 돌림 / 색채카드에서 '불꽃'

TAT: '폭발물이 폭발했다'

SCT: '나는 때때로 다혈질이 된다' / 띄어쓰기나 글자 크기 조절 등이 되지 않음

4) 부주의

행동: 검사 시 "~하지 않아요?" "~라고요?"라며 지시를 반문하는 경우가 많음

지능: 숫자, 순차, 산수 소검사 저하 / 동작성 지능 영역에서 쉬운 문항에서 오답을 함 / 산수 소검사에서 쉬운 문항에서 오답을 함 / 빠진곳찾기 저하 / 숫자 소검사의 저하 / 바로따라하기보다 거꾸로따라하기의 급격한 저하 / 지시문을 다시 읽어 줘야 하는 경우가 많음

5) 주관적 대답(성의 없는 대답)

행동: 면담 시 간단하게 대답함 / 시간이 갈수록 수행속도가 느려지고 있었고, 도구를 다루는 과제에서는 과제가 어려워지자 쉽게 "못하겠어요."라고 하며 귀찮다는 듯이 말함 / 검사 중반쯤부터는 "그만하면 안 돼요?"라며 몹시 힘겨워함 / 검사 사이사이 의자에서 일어나거나, "빨리해요."라고 재촉하는 등 검사 상황을 견디기 힘들어함 / 30분이 지나자 "이렇게 많은 걸 다 해야 해요?" "언제까지 해요?"라고 하는 등 매우 힘들어함

지능: 어려운 과제는 쉽게 포기함 / 어휘 소검사 '용감하다 — 적과 싸운 때…… 막……' '방해하다 — 뭘 갖고 있는데 방해하는 거' '심 — 돈 많은 사람들이 살고 있는 데' / '위의 기능 — 똥 싸는 거'

HTP: 전반적으로 빠르게 대충 그림

Rorschach: 성의 없이 보면서 무작위로 카드를 돌림

6) 지식의 부족(학업적 노력 부족)

지능: 상식, 이해 소검사의 저하

HTP: 여자 그림에서 '생각 – 공부는 없으면 좋겠다' '불행 – 공부할 때'

KFD: '빠졌으면 하는 부분 – 나, 공부해야 해'

SCT: '나는 공부를 못한다' / '내가 제일 걱정하는 것은 공부' / '나는 공부를 지루하다고 생각한다'

7) 단순한 사고

지능: 과제가 어려워지면 쉽게 "몰라요."라고 함 / 이해 소검사에서 "그냥 냅 둬." 라는 답변을 반복함 / 기호쓰기는 높지만, 토막짜기는 낮음

HTP: '모르겠다'로 일관함

Rorschach: 높은 Lamda / 많은 F / 낮은 Zd / 많은 W / 적은 M / 적은 반응 수

8) 자존감 저하

지능: 흥미 있어 하는 과제를 수행할 경우에는 바른 자세로 집중하다가도 과제가 어려워지면 급격하게 표정이 굳어짐 / 쉬운 문항에서는 "와!"라며 흥미로워하였으나, 과제가 어려워지면 "못하겠어요."라며 쉽게 포기함 / 큰 소리로 대답하다가 문항이 어려워지면 목소리가 작아지고, "어떻게 하는지 모르겠어."라고 함 / 쉬운 과제의 경우에는 "너무 쉽다."라고 하며 휘파람을 불고, 과제가 어려워지자 "진짜 어렵다. 이거 대체 뭐야."라고 하며 머리를 감싸 쥠

HTP: 남자 그림에서 '생각 – 어른들은 공부를 못하는 사람도 있지만 나는 왜 공부를 못할까', 여자 그림에서 '생각 – 꽃은 왜 나보다 더 아름다울까' / 사람 그림을 유독 작게 그림

TAT: '어느 애가 문 앞에서 무슨 걱정을 하고 있어요' '어느 한 사람이 누구를 살려달라고 비는 거 같아요' / '사람이 문틈에 앉아서 넘어져서 울고 있다'

SCT: '나는 바보 같다는 공상을 잘한다' / '내가 제일 걱정하는 것은 내신, 대학교 등이다' '내가 가장 무서워하는 것은 시험 성적이다'

9) 부정적 평가 인식(주변의 평가에 민감)

행동: 검사지를 눈여겨봄

HTP: 사람 그림에서 얼굴을 크게 그림

Rorschach: D 비율이 높음

SCT: '내가 꾼 꿈 중에서 가장 무서운 꿈은 엄마가 화내는 꿈' '우리 엄마는 화를 많이 낸다' '내가 가장 무서워하는 것은 엄마' / '내가 좀 더 어렸다면 공부를 더 잘할 거다' '나의 좋은 점은 없다' / '나는 친구가 놀린다' '대부분의 아이들은 싫다'

10) 불만(분노, 화)

지능: 이해 소검사에서 '안전벨트 — 죽어야 하니까' '연기 — 유리창을 깨뜨려야' '손가락을 베면 — 손가락을 잘라야 해'

HTP: 사람 그림에서 이빨을 강조해서 그림 / 나무 그림에서 나뭇가지를 날카롭게 묘사함 / 사람 그림에서 콧구멍이 강조되어 있음 / '사람 못 그린다 그랬잖아요'라고 하며 그리기를 거부함

Rorschach: 많은 S / '톱 상어' / '괴물이 똥을 싸고 있어요' / '똥침' / '곰이 서로 싸우고 있어요'

TAT: '어느 한 학생이 자기네 엄마를 죽이는 거 같고, 아저씨들은 모르겠어요' '어느 한 사자가 사냥하고 있는 거 같아요' / '산속에서 자신을 버린 사람을 발견해서 찾아가 없애려고 하는 그림' / '어떤 사람이 어떤 사람에게 칼을 댔다' / '의사 선생님이 아픈 사람을 치료하려고 하거나 장기밀매 같은 거 하려고 배를 가르고 있다'

SCT: '나는 때때로 화를 낸다' '나의 나쁜 점은 화내는 것' '호랑이가 되고 싶다. 사람들을 놀래키려고' / '내가 만약 동물로 변할 수 있다면 호랑이가 되고 싶다. 왜냐하면 동물에서 세니까' '내가 꾼 꿈 중에서 제일 좋은 꿈은 전투기를 운전하는 것' / '나는 때때로 화를 잘 낸다'

11) 막연한 과대사고(막연한 기대감)

지능: 동작성 지능 영역에서 신나게 웃으며 수행함 / 도구를 다루는 과제에서는 오

답을 수정해 주자 “그럴 수도 있네!” 라며 여유를 보임

HTP: 집 그림에서 ‘돈 많은 사람들이 산다. 멋져 보인다’, 나무 그림에서 ‘소원—사과가 열리는 거…… 사람들에게 줄 수 있어서’ / 집 그림에서 ‘소원—사람이 더 많았으면 좋겠다’, 사람 그림에서 활짝 웃는 표정을 그림 / 남자 그림에서 ‘100세보다 적다’ / 여자 그림에서 ‘나중에—간호사 될 거 같다’, 남자 그림에서 ‘소방관 된다’ / 나무 그림에서 ‘숲 속에서 제일 큰 나무’, 남자 그림에서 ‘소원—우리나라에 있는 장난감 다 있는 거’, 여자 그림에서 ‘소원—부자가 됐으면 좋겠다는 거’ / 나무 그림에서 열매를 많이 그리고 있고, ‘소원—열매야, 나와라 뚝딱’ / 나무 그림에서 열매를 많이 그리고 ‘생각—열매를 더 맺었으면 하는 생각’

Rorschach: M에 비해 월등히 많은 W

TAT: ‘이 사람은 사장님에게 칭찬받는 거 같아요. 좋은 사람 될 거 같아요. 대통령’ / ‘이 사람이 되게 높은 사람. 사람들이 와서 어깨 주물러 주고 있다’ ‘군대에서 지금 적들이 오나 감시해야 되는데 자기보다 낮은 사람 시키고 고참은 낮잠 자고 있다’

SCT: ‘나는 공부를 잘할 거다’ / ‘내가 가장 행복한 때는 컴퓨터랑 엄마, 아빠가 칭찬해 주는 것’ ‘내가 가장 좋았던 일은 엄마, 아빠한테 칭찬을 받는다’ / ‘나의 좋은 점은 애들이랑 잘 지낸다’ / ‘나는 공부를 잘한다’ / ‘제가 만약 동물로 변할 수 있다면 사자가 되고 싶다. 왜냐하면 숲 속의 왕이니까’ / ‘나는 공부를 잘해요’ / ‘나는 공부가 재미있고 즐기는 편이다’ / ‘나의 좋은 점은 공부하는 속도가 빠르다’ / ‘나의 좋은 점은 착하다’ ‘나는 친구가 나와 친하게 지낸다’ / ‘내 소원이 마음대로 이루어진다면, 첫째 소원은 원하는 대학 가기, 둘째 소원은 전교 10등 안 유지하기’

12) 피해의식

지능: 언어적 답변을 할 경우 자신이 설명한 말끝에 “눈 쌓인 것 같아요, 네?” 라며 검사자의 반응을 확인하거나, “~하죠, 뭐.” 라며 책임을 회피함

HTP: 나무 그림 ‘죽은 나무, 사람들이 막 발로 차서’ / 나무 그림 ‘미래—잘릴 거 같아요. 사람들이 나무 잘라서 딴 거 만든다’ ‘싫어하는 거—원숭이가 나무 찢으면서 나무 할퀴면서 바나나 가져가고’ / 사람 그림에서 귀를 크게 강조 / 사람 그림에서 눈과 입을 강조함 / 나무 그림에서 ‘생각—자꾸 나 안 베었으면 좋겠다’

Rorschach: ‘어떤 사람이 부메랑 던져서 막으려고 입 벌리고 있다. 부메랑 오다가

맞아서 상처 난 거' '너구리가 잘못해서 귀신이 너구리를 불에 확 던지려고 하는 거예요' '병아리 같은 게 떨어지면서 죽는 거요. 어떤 사람이 꺾었어요' / '악당 같은데, 불같이 공격하는 거 같아요'

TAT: '학교 시간에 성적이 떨어져서 부모님한테 혼날까 봐 걱정하고 있어요' / '회사에서 잘렸다' '강아지가 사람에게 맞아서' / '바이올린을 못 쳐서 선생님에게 혼났어요' / '마녀가 뒤에서 여자를 괴롭히고 있어요' '여자가 다른 여자가 가는 것을 나무 뒤에서 숨어서 보고 있어요'

SCT: '나를 가장 슬프게 하는 것은 아빠가 때리는 거' / '대부분의 아이들은 나빠, 자꾸 때려요' / '내가 제일 걱정하는 것은 엄마랑 사이가 안 좋아지는 것' / '나의 나쁜 점은 수업 시간에 떠드는 것' / '내가 가장 무서워하는 것은 엄마와 아빠한테 혼나는 것' / '우리 엄마는 친절하고 무섭다' '우리 아빠는 무섭고 재미있다' / '여자가 남자에게 삐친 것 같다(안 보고 있으니까)' / '우리 엄마 아빠는 꽤 무섭다' / '우리 엄마는 좋으신 분이나 성격이 급하다' '우리 아빠는 무서우시나 자상하신 분이시다'

13) 인내력 부족

행동: '얼마 남았어요?'라고 반복해서 남은 검사 시간을 확인함

HTP: 나무 그림에서 가지를 그리지 않음

14) 부적절한 사고

Rorschach: 높은 Xu% / 적은 P / 많은 혼합 반응

15) 또래관계의 어려움

HTP: 사람 그림에서 얼굴에 눈, 코, 입 등을 그리지 않음

Rorschach: 대인관계에 대한 태도를 나타내는 카드에서 '귀신 같아요' / III번 카드에서 반응 실패 / 적은 H

SCT: '나를 가장 슬프게 하는 것은 친구' '나를 가장 화나게 하는 것은 친구' / '다른 사람들은 나를 왕따시켜서 싫다' / '나를 가장 화나게 하는 것은 애들이 놀리면

화가 난다' / '다른 사람들은 나를 싫어한다' / '나를 가장 화나게 하는 것은 친구가 내 얘기를 잘 안 들어 주고 자기 생각만 하는 것이다'

16) 반추 사고

HTP: 사람 그림에서 머리를 검게 칠함, 집 그림에서 지붕에 사선을 많이 넣음 / 사람 그림에서 '단점 — 복잡해 보인다(생각이 많아 보인다)' '기분 — 걱정을 많이 해서 조금 슬퍼 보인다'

Rorschach: 많은 FM

SCT: '내가 제일 걱정하는 것은 엄마, 아빠'

08 Chapter 특정학습장애

1. 심리과정상의 특징

특정학습장애(Specific Learning Disorder)의 가장 많은 부분을 차지하는 것은 읽기장애이고, 읽기장애의 가장 주요한 원인은 음소(phoneme)를 다루는 데 실패하는 것이다. 따라서 음소의 역할을 이해하는 것이 학습장애를 이해하는 데 있어서 출발점이라 할 수 있다. 음소는 문자로서의 글자와 그에 따른 음성적인 소리의 연결고리다. 음소를 자유자재로 다룰 수 있어야 글을 편하게 소리 내어 읽을 수 있고, 상대방과 명확한 의사소통을 할 수 있으며, 한창 언어를 배우는 아동기 초기에 어른의 비난으로부터 자신을 보호할 수 있다. 대표적으로 음소를 처리하는 데 문제가 되는 아동은 연음이나 이중모음을 처리하는 데 어려움이 있어서 아동의 연령에 비해 수준이 낮은 그림 동화책을 읽도록 해 봐도 쉽게 문제점들이 나타난다.

더 이상 '읽기장애'라고 하지 않고, '학습장애인데 읽기 문제가 있는 것'이라고 기술하는 이유는 읽기장애라고 불러 왔던 현상의 원인이 매우 다양하기 때문이다. 읽기에 있어서는 음소처리 능력이 가장 중요하긴 하지만, 그 외에도 여러 가지 원인과 현상이 있을 수 있다. 대표적으로 언어적 이해 수준이 부족해서 쓰기가 안 될 수도 있지만, 시공간적인 처리능력이 부족해서 쓰기가 안 될 수도 있다. 산수에서의 문제도 언어적 이해력, 수 개념에 대한 이해력과 시공간적인 처리능력이 모두 영향을 준다. 읽기, 쓰기, 산수 등은 단순히 문제가 나타나는 현상일 뿐이지, 그 원인은 인지적이고 지각적인 기본적인 뇌 기능과 관련이 있다. 따라서 신경심리학, 인지심리학, 지각심리학 등에 대한 지식이 많으면 더 정밀한 해석을 할 수 있다.

2. 보고서 사례

1) 쓰기장애, 부모 평가(여자 / 만 9세 / 초3)

■ 의뢰 사유

아동은 '학습부진'을 주 호소 문제로 상담센터를 방문하였으며, 인지 기능 및 정서 파악을 위해 아동종합심리평가를 실시하였다.

■ 행동 관찰과 면담

예쁘장한 외모의 아동은 보통 키, 마른 체형의 초등학생 여아로, 위생 상태는 양호하였으며, 검사자와의 눈맞춤도 잘하였다. 안경을 쓰고 있었고, 주황색 후드 티셔츠를 입고 있었으며, 수줍은 듯 작은 목소리로 말하는 경우가 많았다. 검사에 협조적이었으며, 침착하게 문제해결을 위해 노력하였다. 전반적으로 꼼꼼하게 문제를 살피면서 조용히 과제에 몰입하였으나, 표정의 진지함이나 높은 몰입도에 비해 과제 수행 수준은 변동이 심하였다. 면담 시 생활상의 불편감을 전혀 호소하지 않았으며, 학습에 대해서는 '공부를 못하는데 사회는 어렵고 수학은 쉽다'라고 하였다.

■ 지능과 인지 기능

아동의 전체 지능은 68로 경도 지적장애 수준을 나타냈으며, 같은 연령대에서 하위 2% 정도 수준이었다. 언어성 지능은 59로 경도 지적장애 수준을, 동작성 지능은 82로 평균 하 수준을 나타냈다. 두 지능 간 차이가 크게 나타났고, 소검사 간의 차이

한국 웩슬러 아동용 지능검사 3판 (K-WISC-III)			
지 능	점 수	백분율(%)	수 준
언어성 지능	59	0.3	경도 지적장애
동작성 지능	82	11.5	평균 하
전체 지능	68	1.6	경도 지적장애

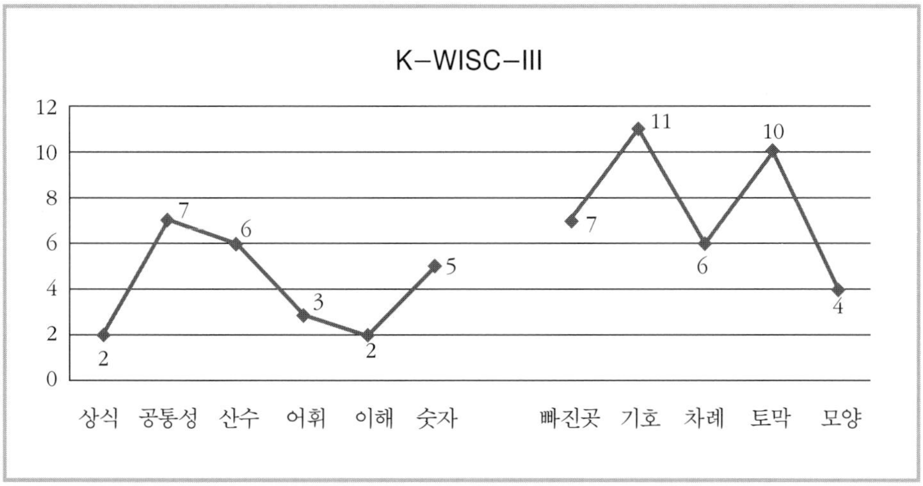

도 9점으로 크게 나타나 상황에 따른 기능상의 차이가 클 것으로 예상된다.

언어성 지능을 살펴보면, 사물의 유사성을 파악하는 능력이 평균 하 수준으로 나타나 기본적인 단어 개념에 대한 이해 수준은 다소 부족한 정도였다. 그러나 어휘구사력은 지적장애 수준으로 나타나 자신의 능력에 비해 단어 습득 수준이 매우 부족해 보이며('도둑—경찰이 도둑에게 잡힌다' '용감하다—용감하게 살 거다' '섬—떠다닌다' '발굴—굴리다'), 단어의 핵심 개념을 설명하지 못하고 단편적인 인상에 근거하여 대답하는 경우가 많았다. 또한 수계산 능력과 단순한 자극에 대한 주의력이 모두 경계선 수준으로 나타나고 있어, 주의력 수준과 수 개념을 다루는 능력이 모두 연령 수준에 비해 매우 부족한 것으로 나타났다. 아동은 간단한 두 자릿수 뺄셈(25−14=11)은 가능하였지만, 한 자릿수 곱셈(3×8=24)은 하지 못하였다. 기본적인 상식 수준과 사회적 상황에 대한 이해력은 모두 지적장애 수준을 보이고 있어 전반적인 지식 수준이 현저하게 부족한 것으로 나타났으며('하루 —1시간' '연필 1다스—1자루' '해 지는 방향—동' '친구 공을 가지고 놀다가 잃어버리면—대답 못함'), 빈약한 단어 수준을 고려할 때 학습을 위한 환경이 조성되지 않은 상태에서 단어 습득의 어려움까지 더하여 전반적인 학습의 어려움이 컸을 것으로 추정된다. 한편, SCT에서는 문맥에 맞지 않는 문장을 쓰거나('나의 좋은 점은 공부를 내주시면 좋겠다' '남자애들은 공부를 늘 하지만 놀기만 한다' '나를 가장 화나게 하는 것은 친구들과 싸우다'), 철자를 틀리게 쓰는['우리 엄마아빠는 참 착한 부(분)이시다' '제가 토끼를 달만쓰니까요(닮았으니까요)' '우리아빠는 일음(일을) 맨날 하신다'] 등의 쓰기 오류가 나타나고 있어 이와 관련하여 학습장애도 고려해야 할 것으로 생각된다.

동작성 지능 영역에서는 시공간 구성능력과 시공간 운동속도가 모두 평균 수준으로 나타나 기본적인 문제해결 능력과 정신운동 속도는 또래와 비슷한 수준을 유지하고 있는 것 같다. 그리고 이를 고려할 때 지적 잠재력도 현재 측정된 지능 수준보다는 높을 것으로 추정된다. 그러나 부분을 통해 전체 상을 구성하는 능력은 지적장애 수준으로 나타나 응용 및 추론 능력이 매우 부족해 보이며, 구체적인 안내가 주어지지 않으면 문제해결 능력이 현저하게 떨어질 수 있겠다. 한편, 시각적 예민성은 평균 하 수준, 상황적 맥락을 파악하는 능력은 경계선 수준이어서 사회적 상황에서의 판단 및 대처 능력도 또래에 비해서 매우 부족해 보이므로 연령 수준에 적절한 판단을 내리지 못한 채 수동적인 모습을 보일 가능성이 높아 보인다.

지능검사 결과, 시공간 구성능력이 또래와 비슷한 수준을 유지하고 있어 구체적인 지시 사항이 주어지는 상황에서는 비교적 양호한 기능을 보이겠으나, 응용력과 상황 판단능력은 매우 부족해 보이므로 낯설고 익숙하지 못한 상황이거나 복잡한 사회적 판단이 필요한 경우에는 현저하게 부족한 기능 수준을 보일 것으로 예상된다. 또한 기본적인 단어 개념에 대해서는 이해하고 있으나, 단어를 실상황에서 구사하거나, 과제에 주의집중하는 능력이 매우 부족해 보이며, 학습을 위한 환경도 부족했을 것으로 추정되므로 기능 수준에도 미치지 못하는 학습 수준을 보여 온 것으로 여겨진다. 그리고 쓰기 오류가 나타나고 있어 학습장애의 가능성도 있어 보인다.

Rorschach 검사 결과, 12개의 적은 반응 수를 보였으며, 단순한 형태 반응이 많아 스트레스 상황에 대처할 수 있는 심리적 자원이 매우 부족해 보이며, 문제 상황에서 매우 단순한 수준의 대응만 할 수 있을 것으로 보인다. 주변 환경을 스스로 통제하고자 하는 욕구는 매우 높아 보이지만(ZD=9.5), 평범 반응은 단 1개에 불과하고 왜곡된 형태질이 많으며, 부적절한 형태 조합을 하는 경우도 많아('얼굴이 생쥐인 여왕' '불이 사람이 된 거') 주변 환경을 적절히 고려하거나 객관적인 판단을 내리는 데 어려움이 있어 보이며, 오히려 부적절한 사고 내용을 보이는 경우가 있을 것으로 보인다.

성격과 정서

아동 · 청소년 행동평가척도 (K-CBCL)														
	사회성	학업 수행	총사회 능력	위축	신체 증상	우울 · 불안	사회적 미성숙	사고 문제	주의 집중	비행	공격성	내재화	외현화	총문제
T	36	32	29	98	51	56	69	46	68	59	55	60	56	60

어머니는 아동이 연령 수준에 비해 발달이 느리고, 주의가 산만하며, 심하게 위축되어 있다고 보고하였다. HTP 나무 그림에서 기둥은 굵지만 수관과 뿌리는 빈약한 나무를 그리고 있듯이 자신에 대한 기대감은 높아 보이지만, 실제 외부 환경에 대한 반응은 적절히 하지 못한 채 무기력하게 있는 것 같다. 이러한 아동은 HTP 나무 그림에서 '소원－키 크게 해 달라고'라고 하면서도 '앞으로－작아질 것 같다'라는 반응을 보였다. 또한 SCT에서는 '여자애들은 공부를 잘한다' '나는 때때로 공부를 할 때도 있다' '내가 가장 좋았던 일은 공부다' '나는 공부를 열심히 한다' '선생님들은 공부를 가르쳐 주신다'라고 하듯이 '공부'에 상당한 관심과 호감을 나타내고 있으면서도 '내가 제일 걱정하는 것은 시험을 잘 볼 수가 없다'라고 하는 등 기대와는 달리 좌절감도 느끼고 있는 것으로 보이며, 좌절의 원인은 파악하지 못한 채 부적절감만 느끼고 있는 것 같다.

한편, SCT에서 '나의 나쁜 점은 밤에 꿈은 꾸지 않았으면 좋겠다' '내가 꾼 꿈 중에서 가장 무서운 꿈은 유령이다'라고 하듯이 불안 수준이 높은 아동은 HTP 집 그림에서 문보다 창문을 크게 그리고 있어 외부와의 상호작용을 하기보다는 수동적으로 외부 환경을 경계하는 데 더 많은 노력을 기울이고 있는 것 같다. 이러한 아동은 어머니에 대한 호감을 표현하면서도(SCT: '우리 엄마는 나를 사랑해 주시고 뽀뽀도 해 주신다'), Rorschach 검사에서는 '얼굴이 생쥐인 여왕' '호랑이 여왕', KFD에서는 '엄마가 화를 안 냈으면 좋겠다' 등의 반응을 보이듯 어머니에 대한 불편감도 가지고 있는 것 같다. 게다가 Rorschach 검사에서 '잔치 밖에는 여왕이 초대하지 않은 사람들이 있는데 들어가면 여왕에게 혼날까 봐 그냥 간다'라는 반응은 어머니의 거부에 대한 걱정을 나타내는 것으로 생각되므로 어머니의 체벌이나 훈계를 더욱 민감하게 받아들이고 있는 것 같다.

또한 아동은 HTP 여자 그림에서 '예쁜 사람' '소원－남자친구 많이 있는 거' '나는 친구가 많이 있다'라고 하듯이 또래를 비롯하여 이성 친구에게도 적절한 관심을 가지고 있으며, 가족에 대한 애정도 잘 표현하고 있었다(KFD: '아빠가 빨리 한국에 왔으면 좋겠다' '여동생에게—빨리 자라서 의사가 되렴' '남동생에게—빨리 자라서 과학자가 되렴'). 그러나 HTP 남자 그림에서 '화내면서 웃고 있다', Rorschach에서 '화산' '불이 사람이 된 거' 등의 반응을 보이듯 내면에 화가 많이 쌓여 있는 아동은 대인관계에 대한 태도를 나타내는 Rorschach 카드에서는 '벌레'라고 하고, HTP의 사람 그림에서는 남녀 모두 혓바닥을 내밀고 있는 모습으로 그렸으며, SCT에서는 '다른 사람들은 나를 싫어한다' '내가 만약 외딴곳에 혼자 살게 된다면, 인형과 제일 같이 가고 싶다' 등의 반응을 보이듯 주변 사람에 대한 불만도 상당한 것으로 여겨진다. 따라서 상기의 위축된 태도는, 자신의 기대를 충족시키지 못하고 있는 자신의 기능 수준에 대한 부적절감과 함께, 주변 사람에 대한 호감과 불만 사이에서의 혼란감을 해소하지 못하고 있는 상태를 반영하고 있는 것 같다.

부모 MMPI-II / SCT

- 아버지

※ 업무상 출장으로 작성하지 못함

- 어머니

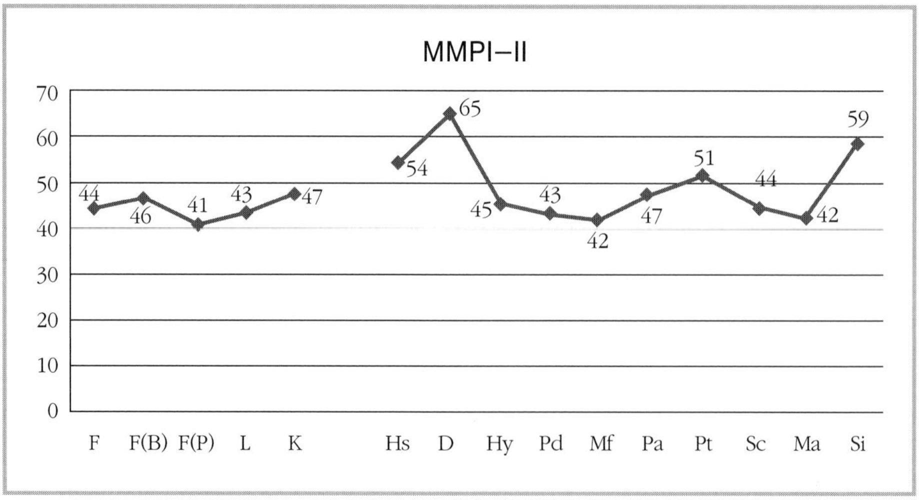

※ 상승한 소척도: 내향성, 중독가능성, 주관적 우울감, 특정공포, 수줍음

어머니는 MMPI에서 2번 척도가 65T로 가장 높게 나타나고 있어 사고가 부정적이고 정서적 불편감도 높아 보인다. 자존감이 낮고('내가 믿고 있는 내 능력은 없다'), 자신과 주변 환경을 매우 열악하게 인식하고 있으며('내 생각에 가끔 아버지는 불쌍하다' '내가 어렸을 때는 너무 불우하다' '나의 어머니는 생각만 해도 눈물이 난다'), 문제 상황에서는 회피적이고 의존적인 태도를 보일 수 있겠다('다른 친구들이 모르는 나만의 두려움은 혼자 있는 거' '나에게 이상한 일이 생겼을 때 도망가고 싶다'). 어머니는 자식들에 대한 걱정을 하면서도 현재의 가정생활에서 만족감을 느끼지 못한 채 고통스러워하고 있고('어리석게도 내가 두려워하는 것은 아이들이 잘못될까 봐' '내가 다시 젊어진다면 결혼 안 하고 내가 하고 싶은 일 하기'), 자존감은 낮으면서도 미래에 대해서는 막연한 기대를 가지는('내가 저지른 가장 큰 잘못은 계획성 없이 산 거' '언젠가 나는 내가 원하는 바라는 꿈이 이루어졌겠지') 등 좌절감을 느끼기 쉬워 보이며, 이로 인해 신경질적인 반응을 보이는 등 다소 불안정한 정서 상태를 보일 수 있겠다.

■ 요약과 제언

• 요 약

전체 지능: 68, 경도 지적장애 / 언어성 지능: 59, 경도 지적장애 / 동작성 지능: 82, 평균 하

아동의 지적 능력은 경도 지적장애 수준으로 나타났으나, 익숙한 환경에서 도구를 사용하는 능력은 또래와 비슷한 기능 수준을 보일 것으로 예상됨. 그리고 언어 및 이해 능력, 응용력, 상황 판단능력 등은 매우 부족해 보이므로 낯설거나 언어구사력과 이해력이 필요한 상황에서는 대처에 어려움이 클 것으로 여겨짐. 특히 자신의 능력보다도 학습 수준은 더 부족해 보이며, 쓰기상의 오류가 나타나고 있어 쓰기장애의 가능성도 높아 보임. 자신에 대한 기대 수준에 비해 실제 기능 수준이 부족해 부적절감을 느끼면서도 자신의 기능 수준에 대한 객관적인 통찰은 부족한 것으로 생각됨. 또한 초외적이고 이타적인 태도를 가지고 있으면서도 한편으로는 주변 사람에 대한 불만도 많이 쌓여 있음. 아동은 이러한 상반된 자신의 모습을 인식하지 못하고 있는 것으로 보이며, 특히 어머니에 대한 불만과 어머니가 자신을 거부할 것이라는 걱정이 커 보이지만, 문제해결 능력이 부족해 위축된 모습을 보이고 있는 것으로 생각됨.

• 심리평가 결과, 아동은 다음과 같은 진단이 시사됨.

Axis I. Disorder of Written Expression

(Specific Learning Disorder With impairment in written expression)

Axis II. Mental Retardation, Mild(Intellectual Disability, Mild)

• 제 언

1. 수준에 맞는 학습 자극 제공
2. 사회기술 훈련(사회적 상황에서의 판단 및 대처능력 향상)
3. 쓰기능력 개선

2) 대표적인 학습장애평가 보고서(남자 / 만 8세 / 초2)

■ 의뢰 사유

아동은 '화를 폭발한다' '학교를 안 가려고 한다' 등을 주 호소로 내원하였으며, R/O Attention-Deficit/Hyperactivity Disorder 임상적 인상하에 아동학습종합심리평가를 실시하였다.

■ 행동 관찰과 면담

아동은 보통 키, 보통 체구의 초등학생으로 부모와 함께 내원하였다. 위생 상태는 양호하였으며, 검사자와의 눈맞춤도 잘하는 편이었다. 반응이 다소 느린 편이었으나, 착석 상태는 양호하였고, 전반적으로 협조적인 모습을 보였다. 검사 초반에는 어려운 과제에서도 침착함을 유지하였으나, 1시간 정도 지나면서 하기 힘든 과제를 밀쳐 버리는 등 다소 짜증스러운 모습도 나타났다. 내원 사유에 대해서는 '신경질을 많이 내서'라고 하였으며, 그 이유에 대해서는 '엄마가 안 놀아 줄 때'라고 하는 등 다소 미숙한 모습을 보였다.

■ 지능과 인지 기능

아동의 전체 지능은 92로 평균 수준을 나타냈으며, 같은 연령대에서 하위 30% 정도의 수준이었다. 언어성 지능은 93으로 평균 수준을, 동작성 지능은 94로 평균 수준을 나타냈으며, 두 지능 간의 차이도 크게 나타나지 않았다. 그러나 소검사 간의 차이

한국 웩슬러 아동용 지능검사 3판 (K-WISC-III)			
지 능	점 수	백분율(%)	수 준
언어성 지능	93	23.2	평균
동작성 지능	94	34.5	평균
전체 지능	92	29.7	평균

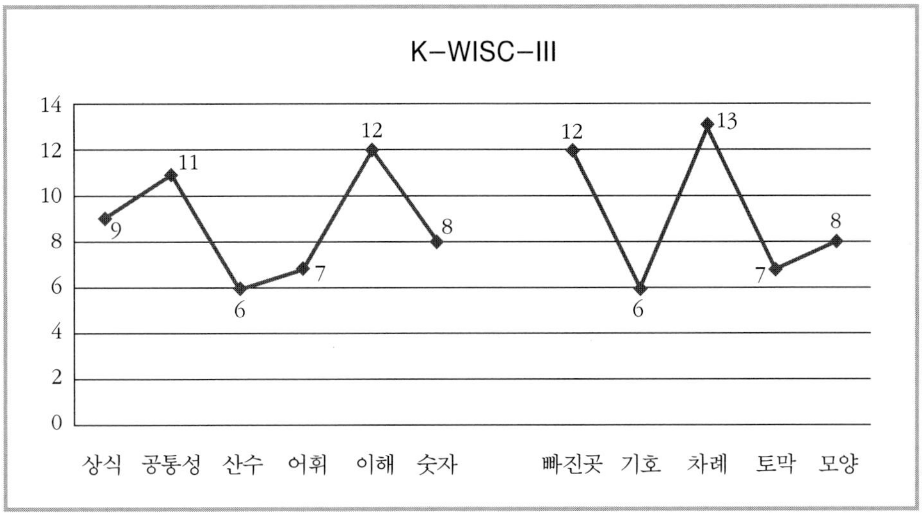

가 7점으로 크게 나타나고 있어서, 상황에 따른 기능상의 차이가 클 것으로 생각된다.

언어성 지능을 살펴보면, 사회적 상황에 대한 이해력이 평균 상 수준으로 높게 나타났으며, 추상적 사고능력도 평균 수준으로 나타나는 등 이해력 수준은 높은 편이었다. 그리고 기본지식이 평균 수준이었으나, 어휘구사력은 평균 하 수준으로 낮게 나타나는 등 이해력 수준에 비해 언어구사 능력은 다소 부족해 보였다. 한편, 단순한 자극에 대한 주의력이 평균 하 수준이었으며, 이보다 복잡한 자극에 대한 주의력을 요하는 산수 소검사에서는 경계선 수준의 수행을 보이고 있어 주의력상의 문제에도 관심을 기울여야 할 것으로 생각된다.

동작성 지능 영역에서도 상황적 맥락을 파악하는 능력이 평균 상 수준, 시각적 예민성이 평균 수준을 보이고 있어 사회적 상황에서의 판단 및 대처 수준은 적절할 것으로 생각된다. 그러나 토막, 모양 등 시공간 구성능력을 측정하는 소검사에서 평균 하의 낮은 수준을 보이고 있으며, 시공간 운동속도는 경계선 수준으로 나타나는 등 시공간 자극을 분석 및 통합하거나 시지각 협응력이 필요한 경우에는 대처하는 데 어려움이 있을 것으로 예상된다.

지능검사 결과, 아동은 사회적 상황에서의 이해력 및 대처 수준은 양호한 정도일 것으로 예상되나, 이에 비해 언어구사 능력과 시지각 자극을 처리하는 능력은 상대적으로 부족한 것으로 나타나고 있어 학년이 올라갈수록 학업 성취의 어려움이 더욱 커질 것으로 생각된다.

Rorschach 검사 결과, 아동은 총 반응 수가 12개로 적은 편이어서 다양한 환경 자극에 대하여 유연하게 대처하지 못하고 있는 것 같다. 그리고 동물운동 반응이 7개나 되고, 조직화 점수가 높게 나타난 점을 고려할 때 주변 환경을 스스로 통제하고자 하는 욕구가 높아 강박적인 행동 특성을 보일 수도 있을 것으로 생각된다. 또한 평범 반응은 단 2개에 그치면서 왜곡된 형태질 반응을 많이 보이는 등 관습적 지각 수준이 낮으면서 문제해결 능력도 그다지 높지 않아 부적절한 행동 양상을 보이는 경우가 종종 있을 것으로 생각된다.

학습 기능

기초학습기능검사 (지능대비 기대환산점수 95)				
	셈하기	읽기I(문자와 낱말의 재인)	읽기II(독해)	쓰기
학년 규준점수	2.4	2.8	1.2	1.1
동일 학년 내 비율(%)	37	52	9	8
환산 점수	95	101	80	79

아동의 학업 성취도를 평가하기 위해 기초학습기능검사를 실시한 결과, 현재 2학년인 아동은 셈하기에서 2.4학년, 동일 학년 내에서 37% 수준, 95점을 보이고 있다. 그리고 읽기 I(문자와 낱말의 재인)에서는 2.8학년, 동일 학년 내 52% 수준, 101점의 수행을 보였으나, 읽기 II(독해)에서는 1.2학년, 동일 학년 내 9%, 80점의 수행에 그치고 있으며, 쓰기(철자의 재인)에서는 1.1학년, 동일 학년 내 8% 수준, 79점의 수준이었다.

아동은 셈하기와 개별 단어를 재인하는 능력은 평균 수준을 보이고 있으며, 지능수준과 비교해도 양호한 것으로 여겨지나, 장문의 글을 읽는 독해능력과 언어표현을 위한 쓰기 과제에서는 유의미한 저하를 보이고 있어 읽기, 쓰기 등 언어능력 전반에 걸쳐 현격한 기능 저하가 있는 것으로 여겨진다. 아동은 문장을 읽을 때 받침이 2개 있는 글자를 읽기 어려워하였고('옮기는 → 올기는'), 조사나 어미를 빼먹는 경우가 많았으며, 모양이 비슷한 자음이나 모음을 명확하게 구분하지 못했다('자리 → 자라' '뜯어서 → 들어서' '밭에서 → 발에서').

■ 주의력 검사 결과

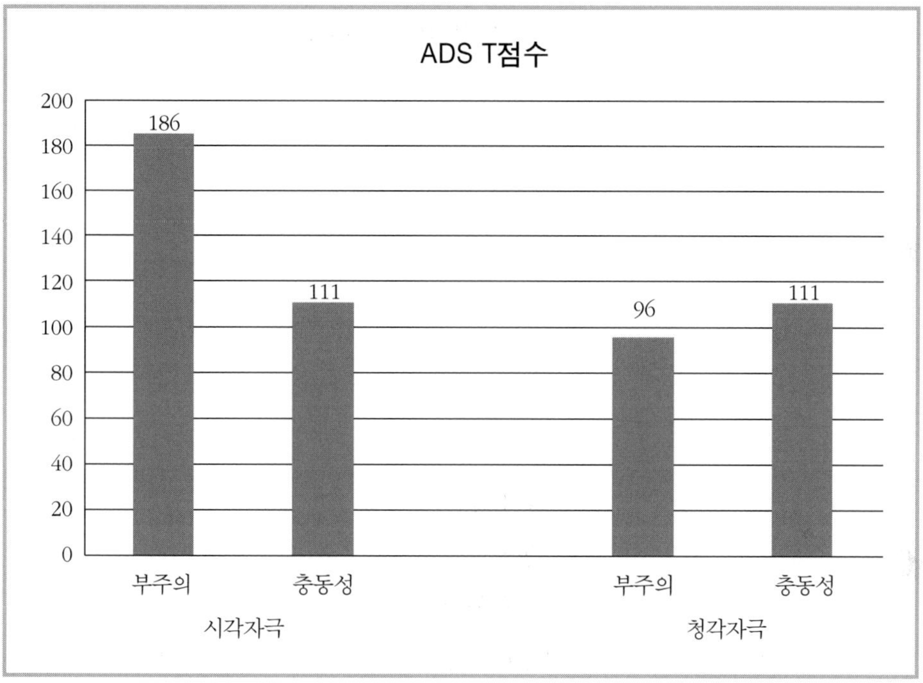

ADS 검사 결과, 시각 및 청각 자극에서 모두 부주의와 충동성이 높게 나타나고 있어 주의력상의 문제가 시사된다.

■ 성격과 정서

아동은 HTP의 집 그림에서 창문을 많이 그리고 있어 주변 사람들로부터 애정과 관심을 받고 싶은 욕구가 많아 보인다. 그러나 Rorschach 검사에서 친밀감에 대한 태도를 나타내는 카드들에서 '곤충이 비키라고 하는 거' '악어가 이빨로 잡아먹는다는 거' 등의 반응을 보이듯 가까운 관계에 있는 사람들조차 지지적인 대상으로 인식하지 못하고 오히려 적대적으로 느끼고 있는 것 같다. 이러한 아동은 Rorschach에서 '나비에게 불이 타오르는 거' '괴물이 똥 싸는 거' '나비가 사람에게 쫓기는 거' '나비가 도망치는 모습' '악어가 칼 먹은 걸 뱉는 거' '가재들이 나비를 먹는 거' 등의 반응을 보이듯 주변 환경을 매우 위협적이고 불안정한 것으로 인식하고 있으며, HTP의 나무 그림에서 '나이 – 1세'라는 반응을 보이듯 퇴행된 모습으로 자신을 보호하려는 경향까지 보이고 있었다. 아동은 스스로 통제할 여력이 더 많은 또래관계에 집착하고 있는 것으로 보이지만(HTP: 남자 그림 '소원 – 빨리 친구랑 놀고 싶다', 여자 그림 '소원 – 친구랑 슈퍼마켓 같이 가고 싶다'), 또래관계에서도 그다지 만족감을 느끼지 못한 채 경쟁적인 관계를 유지하고 있는 것 같다(Rorschach: III번 카드 '사마귀가 빨간 나비 잡아먹는 거').

요약과 제언

- 요 약

전체 지능: 92, 평균 / 언어성 지능: 93, 평균 / 동작성 지능: 94, 평균

학습 기능: 셈하기 95 / 읽기I 101 / 읽기II 80 / 쓰기 79

아동의 지능은 평균 수준이었으나, 학업 성취에 필요한 언어구사 능력과 시지각 처리능력은 상대적으로 부족해 보이므로 학년이 올라갈수록 학업 성취에 어려움이 더욱 커질 수 있음. 또한 읽기 및 쓰기상의 어려움도 크게 나타나 개선을 위한 개입이 필요해 보임. 한편, 통제 욕구가 높고 불안 수준도 다소 높아 보이지만 이와 함께 충동성도 높고 주변 환경에 굴하지 않고 자의적으로 행동하려는 경향이 강해 보이므로 주변 사람과 갈등을 겪을 가능성이 높아 보임. 그리고 주변 환경을 매우 적대적이고 위협적으로 인식하고 있으며, 이러한 환경에 대한 불만족감이 높아 아동 자신도 공격적인 모습을 보일 수 있어 주의가 요망됨.

- 심리평가 결과, 아동은 다음과 같은 진단이 시사됨.

Axis I. Reading Disorder, Disorder of Written Expression

(Specific Learning Disorder With impairment in reading, With impairment in written expression)

Attention-Deficit/Hyperactivity Disorder, Combined Type

(Attention-Deficit/Hyperactivity Disorder, Combined presentation)

• 제 언

또한 학습장애 치료와 함께 정서적 안정을 위한 치료적 개입도 필요할 것으로 생각됨.

3) 높은 지능, 높은 공격성, ADHD, 부모의 무관심(남자 / 만 10세 / 초4)

▣ 의뢰 사유

아동은 '친구들과의 다툼' '누가 건드리면 못 참고 화가 나면 멈추지 못함' 등을 주 호소로 내원하였으며, Attention-Deficit/Hyperactivity Disorder 임상적 인상하에 아동종합심리평가를 실시하였다.

▣ 행동 관찰과 면담

안경을 쓴 아동은 보통 키, 보통 체구의 초등학생으로 어머니와 함께 내원하였다. 감지 않아 머리가 엉겨 붙은 채로 있는 등 외모에 신경을 많이 쓰지 않는 듯 보였다. 검사자와의 눈맞춤을 잘하였으나, 시선 처리가 다소 특이하였고, 무표정하게 있는 경우가 많았다. 검사에 협조적이었고, 매우 우수한 수행 수준을 보였으나, 산수 소검사에서 문제를 소리 내어 읽도록 시키자 목소리가 지나치게 크고 경직된 말투로 읽는 등 부자연스러운 모습이었다. 몸동작이 다소 충동적이었고, 혼자 중얼거리는 경우가 많았으며, 한 문항이 끝날 때마다 "다 했다!"라고 크게 외치는 등 평가 상황에 민감한 모습도 나타났다. 또한 착석 상태는 양호하였으나, 상체를 앞뒤로 계속 움직이는 등 산만한 모습도 나타났다. 내원 사유에 대해서는 '모른다'라고 하였으나, 구체적인 질문이 주어지자 '친구들하고 잘 어울리지 못한다' '애들이 괴롭힌다' 등 불편감을 언급하였다.

▣ 지능과 인지 기능

한국 웩슬러 아동용 지능검사 3판 (K-WISC-III)

지 능	점 수	백분율(%)	수 준
언어성 지능	135	98.4	최우수
동작성 지능	114	82.5	평균 상
전체 지능	129	97.3	우수

아동의 전체 지능은 129로 우수 수준을 나타냈으며, 같은 연령대에서 상위 3% 정도의 매우 높은 수준이었다. 언어성 지능은 135로 최우수 수준을, 동작성 지능은 114로 평균 상 수준을 나타내고 있어서 모두 높은 수준이었다. 그러나 두 지능 간 그리고 소검사 간의 차이가 매우 크게 나타나고 있어 인지적 불균형으로 인한 부적절감이 클 것으로 생각된다.

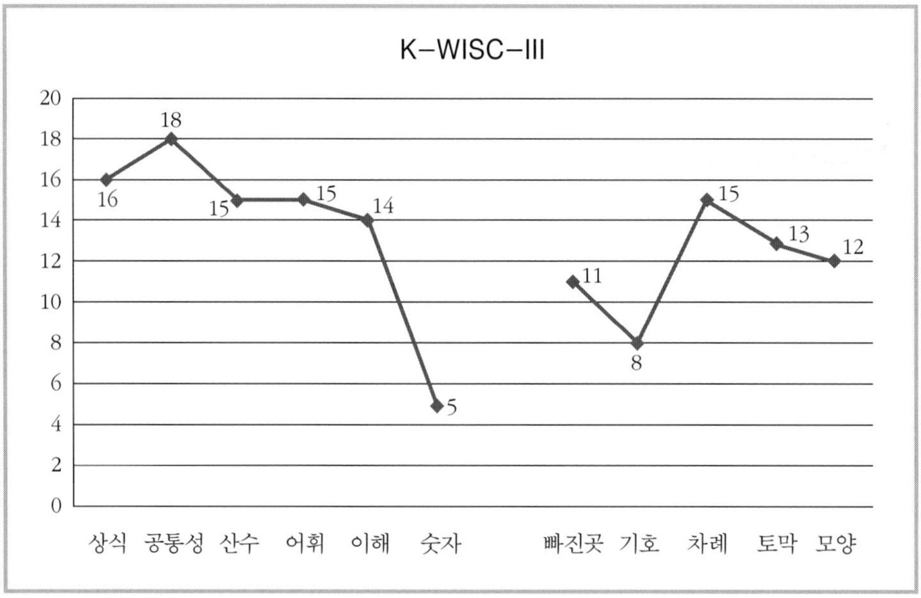

언어성 지능을 살펴보면, 사물의 유사성을 파악하는 능력이 최우수 수준이고, 어휘구사력도 우수 수준으로 나타나 언어 개념에 대한 이해능력이 매우 뛰어난 것으로 보인다. 그리고 기본적인 상식 수준이 최우수 수준이었으며, 사회적 상황에 대한 이해력은 우수 수준으로 나타나는 등 전반적인 지식 습득 수준도 매우 높았다. 아동은 수계산 능력도 우수 수준을 보이고 있어, 언어구사력과 이해능력뿐 아니라 학업적 과제를 수행하는 데 있어서도 또래에 비해 매우 월등한 기능 수준을 발휘하고 있을 것으로 기대된다. 그러나 단순한 자극에 대한 주의력은 경계선 수준으로 나타나 또래와 비슷한 수준조차 유지하지 못하고 있어 단기집중력이 매우 부족해 보이며, 특히 자신이 관심을 갖지 않는 단순하고 지루한 과제에 대해서는 심한 기능 저하가 나타날 정도로 주의집중을 하지 못하고 있는 것 같다. 한편, 지능 수준에 비해 띄어쓰기 및 철자 오류가 많이 나타나고 있어('가족가 행복하게 되는 거' '콘테이너를 가고 싶다는 거' '엄마아빠가 않싸우게 하는 거' '날 괴로피는 친구' '남자애들보다 무섭다') 학습장애의 가능성을 고려해야 할 것으로 생각된다.

동작성 지능 영역에서는 언어적 이해력과 관련성이 높은 상황적 맥락을 파악하는 능력이 언어성 지능과 비슷한 우수 수준으로 나타난 반면, 다른 소검사들은 평균 상부터 평균 하 수준에 분포하는 등 전반적인 문제해결 능력 및 상황 대처능력이 언어적 대처능력에 비해서는 다소 부족해 보인다. 시공간 구성능력과 부분을 통해 전체상을 구성하는 능력은 평균 상 수준을 유지하고 있어 여전히 또래 수준에 비해 높은 편이었다. 다만 시각적 예민성은 평균 수준에 머물러 있으며, 시공간 운동속도가 평균 하 수준으로 나타나는 등 주변 환경 변화를 파악하거나 기민하게 대응하는 능력은 상대적으로 부족한 것으로 나타나, 새로운 환경이나 민감한 분위기에 적응하거나 단순하지만 빠른 대응이 필요한 상황에서는 기대 수준에 이르지 못하는 기능을 보일 것으로 예상된다.

지능검사 결과, 아동의 언어구사력과 학습능력은 매우 뛰어나 보이며, 문제해결 능력도 높은 편이어서 학업적·사회적 상황에서 대처능력도 전반적으로 우수할 것으로 여겨진다. 그러나 관심 및 호감 정도에 따라 주의력 수준의 차이가 지나치게 크게 나타나고 있으며, 주변 자극에 둔감하고 환경 변화에 기민하게 대응하지 못할 것으로 예상되므로 호불호가 확연하게 갈리고, 스스로 관심을 가지지 못하는 분야나 예민하고 빠른 반응이 필요한 환경에서는 오히려 평균 이하의 기능을 보일 수도 있겠다. 또한 띄어쓰기 및 철자 오류가 많이 나타나고 있어 학습장애의 가능성도 있어 보인다. 그리고 지능이 높은 아동은 이로 인해 상당한 부적절감과 불만을 느낄 수 있어 정서적 불편감 또한 클 것으로 예상된다.

Rorschach 검사 결과, 지능 수준이 높은 아동은 33개의 많은 반응 수를 보이고 있고, 그림 자극의 다양한 특성을 고려하여 반응하는 등 풍부하고 유연한 사고능력을 가지고 있는 듯 보인다. 그러나 33개 중 25개를 전체 반응(W)으로 하면서도 조직화 점수는 낮게 나타나고 있어(ZD＝-2.5) 다양한 주변 자극들을 효율적으로 관리하지 못하고 있으며, 평범 반응은 2개에 불과하고 왜곡된 형태질을 많이 보이고 있어(X-%＝0.70) 매우 왜곡되고 기이하며 고립적인 지각 및 사고 경향을 가지고 있는 것으로 생각된다. 게다가 아동은 매우 정서적인 반응 경향을 보이고 있어(EB＝1:8.0) 문제 상황에서 감정적이고 충동적인 대응을 할 가능성이 높아 보이므로 상기의 부적절하고 부적응적인 사고 내용을 겉으로 드러내어 주변 사람과 잦은 갈등을 경험할 수 있겠다.

성격과 정서

아동 · 청소년 행동평가척도 (K-CBCL)														
	사회성	학업 수행	총사회 능력	위축	신체 증상	우울 · 불안	사회적 미성숙	사고 문제	주의 집중	비행	공격성	내재화	외현화	총문제
T	37	64	45	55	56	62	61	5	57	40	58	59	55	56

한국아동인성평정척도 (KPR-C)														
	신뢰도	타인 의식	특이 반응	자아 탄력성	언어 발달	운동 발달	불안	우울	신체화	비행	과잉 행동	가족 관계	사회 관계	정신증
T	73	39	57	45	53	55	55	52	56	55	59	53	51	34

어머니는 설문지상에서 전혀 척도의 상승을 보이지 않아 아동의 불편감이나 문제 행동에 대한 심각성이 부족해 보인다. 그러나 아동은 Rorschach에서 MOR＝4('담배를 많이 피운 폐' '뚫린 벽'), C′＝3, m＝9 등 극심한 고통감과 무기력감을 반영하는 반응들을 다수 보이고 있으며, 공백 반응은 6개로 내면의 불만도 상당히 많이 쌓여 있는 것으로 보이므로 주변에서 인식하고 있는 것과는 달리 상당한 고통감을 경험하고 있는 것으로 생각된다. 아동은 Rorschach에서 '괴물' '폭탄' '비행기가 폭탄 쏜 거' '꽃을 자른 거' '괴물이 보호막을 찢고 비행기를 잡는 거' 등 매우 공격적인 반응을 다수 보이고 있으며, 대인관계에 대한 태도를 나타내는 카드를 가장 싫어하는 카드로 선택하고 있어 실제 또래관계에서 과격한 행동을 보이는 경우가 자주 있을 것으로 예상된다.

한편, Rorschach에서 4개의 많은 재질 반응, SCT에서 '내가 가장 무서워하는 것은 애벌레다. 밟으면 안 좋다' '선생님들은 냉정한 변호사와 닮았다',HTP 집 그림에서 '컨테이너 집. 차가워 보인다' 등의 반응들은 아동이 강한 애정 욕구를 가지고 있으면서도 한편으로는 유기에 대한 불안감을 가지고 있는 모습을 시사하는 것 같다. 그러나 친밀감에 대한 태도를 나타내는 Rorschach 카드에서 '엄청 큰 혹이 있는 나비' '심해의 물고기'와 같이 기형적이고 현실에서 동떨어진 반응을 보이듯 가족을 비롯한 가까운 주변 사람과의 관계에서도 상기의 욕구를 충족하지 못한 채 지내 왔던 것으로 여겨지므로(SCT: '나를 가장 화나게 하는 것은 집단따돌림을 당하는 것같이 하는 거다' '다른 사람들은 나를 아무것도 아닌 거로 생각하는 것 같다' '대부분의 아이들은 날 왕따시키는 것 같다') 스스로 애정이나 친밀감 등과 관련이 없는 특이한 주제에 몰입하는 한편(HTP: 집과 나무 그림 '특이하고 기이한 형태로 그림' / SCT: '내가 가장 가지고 싶은 것은 컨테이너다' '내가 가장 행복한 때는 책을 읽을 때'), 내면의 불만은 더욱 커졌을 것으로 생각된다.

아동은 HTP의 나무 그림에서 지면에 꽉 찰 정도로 크게 그리고 있고, Rorschach 검사에서는 '불사조의 왕관', SCT에서는 '호랑이가 되고 싶다' 등과 같은 반응을 보이듯 자신에 대한 기대가 높고 주변 환경을 스스로 통제하고자 하는 욕구도 높아 보인다. 그러나 인지적 불균형과 특이한 사고 경향, 그리고 불안정한 정서(Rorschach: '용암이 흘러나와 굳은 거', WSumC = 8.0 / SCT: '나의 나쁜 점은 욱하는 성격을 가지고 있다는 거다') 등으로 인해 상기의 욕구를 충족시키기에도 어려움이 커 보이므로 좌절 및 부적절감을 느끼며 지내고 있을 가능성이 더 높아 보인다.

어머니의 MMPI / SCT

아동의 어머니는 SCT에서 반 이상의 항목에 대답을 하지 않았고, 대답한 문항들도 짧고 피상적인 대답에 그치고 있으며, 아동에 대한 설문지에서도 실제 아동의 고통감과 불편감 수준에 훨씬 미치지 못할 정도로 그 수준을 보고하였다. 이는 어머니가 자신의 불편감뿐 아니라 아동의 불편감에도 직면하기 어려워하고 문제 상황을 부인하거나 회피하는 데 익숙해져 있음을 시사하는 것으로 보인다. MMPI에서도 1번 척

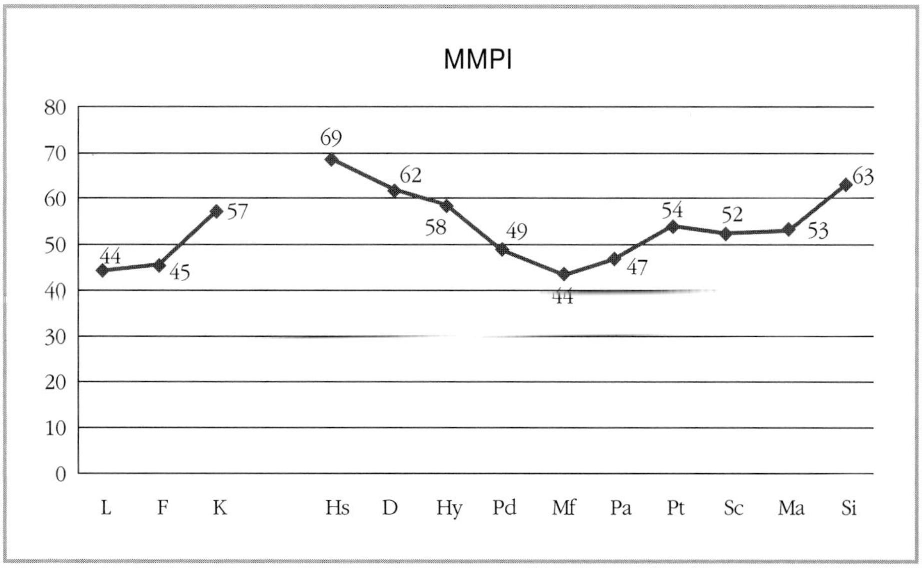

도가 상승하고 있어 스트레스 상황을 주도적으로 파악하기보다는 신체 증상을 나타내는 등 수동적이고 회피적인 해결을 시도하는 경우가 많을 것으로 생각된다('나에게 이상한 일이 생겼을 때 무섭다' '윗사람들이 오는 것을 보면 나는 도망가고 싶다').

요약과 제언

• 요 약

전체 지능: 129, 우수 / 언어성 지능: 135, 최우수 / 동작성 지능: 114, 평균 상

아동의 지능은 우수 수준이었으며, 학업적 · 사회적 상황에서 대처능력도 전반적으로 우수할 것으로 여겨짐. 자신의 호감도와 기분 상태에 따른 기능 수준의 차이가 클 것으로 보이며, 반면 주변 자극에 대해서는 둔감하고 변화에 대한 대응 속도도 느려서 상황에 따른 기능 수준의 차이가 크게 나타날 수 있음. 또한 띄어쓰기 및 철자 오류가 많이 나타나고 있어 학습장애의 가능성도 있음. 매우 왜곡되고 기이하며 고립적인 지각 및 사고 경향을 가지고 있고, 감정적이고 충동적인 문제해결을 시도하고 있어 주변 사람과 잦은 갈등을 경험할 수 있음. 게다가 아동은 자신에 대한 기대가 높고 애정 욕구도 높지만, 상기의 인지적 문제들로 인해 관심을 받기보다는 점점 더 스스로 고립되어 혼자만의 상상에 빠져서 지내는 시간이 길어졌을 것으로 생각됨. 그러나 부모를 비롯한 주변 사람은 아동의 이러한 고통감을 충분히 인식하지 못하고 있는 상황에서 내면의 불만은 공격성으로 확대되고 또래관계에서도 잦은 갈등을 경험해 온 것으로 여겨지므로 이에 대한 개입이 필요할 것으로 보임.

• 심리평가 결과, 아동은 다음과 같은 진단이 시사됨.

Axis I. Attention-Deficit/Hyperactivity Disorder, Combined Type

(Attention-Deficit/Hyperactivity Disorder, Combined presentation)

Depressive Disorder NOS(Unspecified Depressive Disorder)

Disorder of Written Expression

(Specific Learning Disorder With impairment in written expression)

4) 비언어성 학습장애, 부모 이혼(남자 / 만 11세 / 초5)

■ 의뢰 사유

아동은 보건소에서 실시한 설문지에서 집중력이 낮게 나와서 치료를 권유받았고, '집중력이 부족하고 뭐든지 늦게 한다' '폭식을 한다' 등을 주 호소로 방문하였다. 이에 인지 기능 및 정서, 성격 등을 파악하여 현재 상태에 대한 평가 및 향후 치료 계획을 세우기 위해 아동종합심리평가를 실시하였다.

■ 행동 관찰 및 면담

준수한 외모의 아동은 보통 키에 체격이 좋은 편이며, 아버지와 고모와 함께 내원하였다. 머리는 젤을 발라 반듯하게 넘겼으며, 전반적인 위생 상태는 양호하였고, 검사자와의 눈맞춤도 잘 이루어졌다. 검사실에 들어와 의자를 빼내서 앉는 데 주저함이 많았고, 검사 시 도구를 다루는 데에도 조심스러워하고 손동작이 또래 수준에 비해 다소 미숙한 편이었다. 그리고 HTP, KFD 등의 그림 검사를 수행하면서 손에 힘을 너무 많이 줘서 '손이 아프다'라고 통증을 호소하기도 하였다. 토막 소검사에서는 다소 특이하게 도형을 배열하는 경향이 있었으며, 착석 상태는 양호하였으나, 금방 불러 준 문제를 다시 물어보는 등 주의력 수준은 부족하였다. 아동은 수행이 끝난 도구는 방향을 바꿔 검사자 쪽으로 돌려놓는 등 매우 협조적이고 예의 바른 태도를 보였다. 내원 사유에 대해서는 '학교보건소'를 언급하였으며, 별다른 불편감은 호소하지 않았다. 주의력 부족에 대해서는, '하면 되는데 공부하기 전에 밥 먹고, 화장실 가고 다른 행동을 좀 한다'라고 하였고, '(상담센터에 온 것이) 창피하다'라고 하는 등 평가 장면에 민감한 모습이었다.

■ 지능 및 인지 기능

한국 웩슬러 아동용 지능검사 3판 (K-WISC-III)

지 능	점 수	백분율(%)	수 준
언어성 지능	89	15.9	평균 하
동작성 지능	75	4.8	경계선
전체 지능	80	9.1	평균 하

아동의 전체 지능은 80으로 평균 하 수준을 나타냈으며, 같은 연령대에서 하위 9% 정도의 수준이었다. 언어성 지능이 89로 평균 하 수준을, 동작성 지능이 75로 경계선 수준을 나타냈다. 두 지능 간에 유의미하진 않지만 큰 차이가 나타나고 있으며, 소검사 간의 차이도 8점으로 크게 나타나고 있어서 인지 기능의 불균형이 심하고 상황에 따른 기능 차이가 크게 나타날 것으로 생각된다.

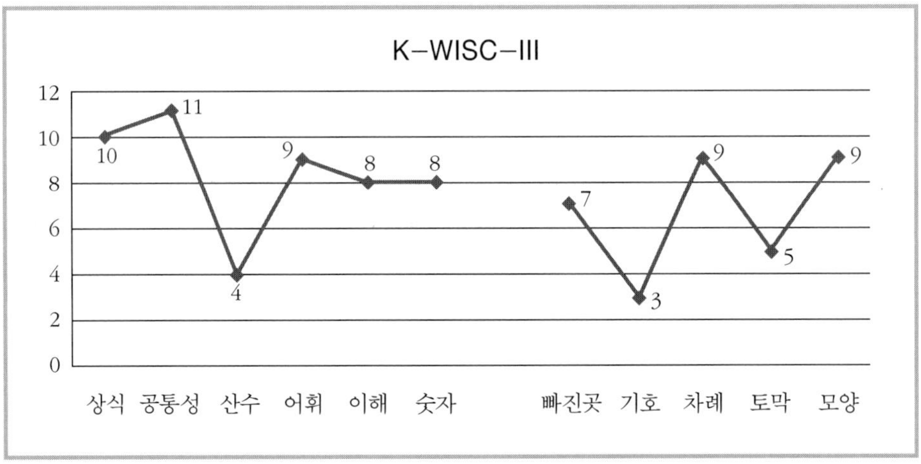

언어성 지능을 살펴보면 기본지식, 사물의 유사성을 찾아내는 능력, 어휘구사력 등이 모두 평균 수준으로 나타나고 있어 학업 성취를 위한 언어적 자원은 적절히 가지고 있는 것으로 보인다. 그러나 대개 일상생활을 통해 습득하는 관습적 행동양식의 습득 수준이 평균 하 수준으로 다소 낮았으며, 단순한 자극에 대한 주의력도 다소 낮게 나타났다. 한편, 산수 소검사에서는 한 자릿수 가감 계산 문제에서도 문항을 다시 물어보는 등 주의집중의 어려움이 큰 것으로 나타났으며, 문제를 보고 푸는 응용문항에서도 두 자릿수 곱셈 계산을 하지 못하는 등 지적장애 수준의 수행을 보이고 있어 주의력뿐만 아니라 계산능력도 학년 수준에 맞게 발달하지 못한 것으로 생각된다. SCT에서 띄어쓰기를 거의 하지 않았고, 글씨가 제대로 조화를 이루지 못하며, 철자가 틀리는 등 쓰기능력도 학년에 비해 상당히 뒤처진 것 같다.

동작성 지능 영역에서는 상황적 맥락을 파악하는 능력과 익숙한 자극이 주어지는 상황에서의 문제해결 능력이 평균 수준을 유지하고 있어 익숙한 사회적 상황에서는 적절히 기능할 수 있을 것으로 예상된다. 그러나 시각적 예민성은 다소 부족해 환경의 변화를 민감하게 인식하지는 못할 것으로 생각되며, 시공간 구성능력과 시공간 운동속도가 각각 경계선, 지적장애 수준으로 나타나는 등 도구를 다루는 능력이 현저하게 부족한 수준이었다. 아동은 추상적 개념을 파악하여 문제를 해결하는 능력이 부족해 보이며, 검사 시 매우 긴장되어 있었던 행동 양상을 고려하면 압력이 있을 때 과도하게 경직되면서 작업수행 능력이 현격히 떨어지는 것 같다. 아동은 BGT, HTP, KFD 등 지필 과제에서도 높은 스트레스를 받으며 상당히 긴장한 모습으로 수행을 하고 있어 손과 손가락을 사용해야 하는 미세운동 근육이 충분히 발달되지 못한 것으로 생각된다.

지능검사 결과, 아동은 경계선 수준에 가까운 평균 하 수준의 지적 능력을 보이고 있다. 그러나 산수와 시공간 능력 등 특정 영역의 심한 저하는 해당 기능에 필요한 기능상의 문제로 여겨지므로 전반적인 지능 수준은 현재 측정된 수준보다 다소 높을 것으로 생각된다. 아동은 언어적 이해력이나 지식의 습득, 익숙한 상황에서의 문제해결 능력, 사회적 관계에 대한 이해 수준 등은 양호한 것으로 보이지만, 시공간 통합능력과 미세운동 능력이 연령과 학년 수준에 비해 현저히 부족한 것으로 나타나고 있으며, 상상 속에서 공간적 배열을 통해 답을 구해야 하는 수계산 능력의 저하도 이와 관련되어 있을 가능성이 있겠다.

Rorschach 검사 결과, 아동은 25개의 많은 반응 수를 보이고 있으나, 문제해결에 필요한 인지적 · 정서적 자원은 부족한 상태로(EB = 1:1.0, X-% = 0.48), 단순한 형태 반응만 다수 보이고 있었다. 평범 반응은 4개로 관습적 지각능력은 그나마 적정 수준을 유지하고 있으나, 주변의 다양한 자극들을 적절히 조직화시키지 못한 채(ZD = -5.0), 눈에 들어오는 대로 처리하기에 바빠 정작 중요한 문제들을 잘 해결하지 못하면서도 자신은 힘들고 지치는 비효율적인 상황이 자주 발생할 수 있을 것 같다.

■ 성격 및 정서

아동은 HTP의 집 그림에서 '우리 집은 화목하거든요'라고 하였고, KFD에서 3명의 가족 옷에 장식을 그려 넣는 등 현재 가족 구성원에 대한 만족도가 높고 관심도 많은 것으로 생각된다. 그러나 다른 한편으로는 이미니에 대한 그리움이 아주 많이 남아 있는 것으로 생각된다(HTP: 집 그림 '필요—엄마가 필요하다'). 이러한 아동은 SCT에서 많은 문항을 어머니에 대한 주제에 할애하고 있으며('제일 무서운 꿈은 엄마가 떠나는 거' '제일 좋은 꿈은 엄마랑 만나서 놀이공원 간 거' '첫째 소원은 엄마랑 같이 사는 거' '내가 만일 먼 외딴곳에 혼자 살게 된다면 엄마와 제일 같이 살고 싶다'), '나를 가장 슬프게 하는 것은 옛 생각. 엄마한테 아이스크림 먹지 말라고 때린 거(그래서 엄마가 안 오는 것 같다)'와 같이 '부모의 이혼'과 '엄마의 부재'를 자신의 탓으로 돌리고 있는 것으로 여겨지므로 어린 나이에 감당하기 힘든 고통감을 경험하고 있는 것 같다.

아동은 HTP의 나무 그림에서 열매를 많이 그렸고, 대인관계에 대한 태도를 나타내는 Rorschach 카드를 가장 좋아하는 카드로 선택하였으며, SCT에서는 '나는 친구가 많아서 축구를 잘한다' '다른 사람들은 나를 착하다고 한다' '요리사가 되고 싶다. 왜냐하면 사람들이 내 음식을 먹고 흐뭇해할 테니까'라고 하듯이 또래관계를 비롯한 대인관계에 관심이 많고 관계 형성에 대한 욕구도 높아 보인다. 그러나 Rorschach에서 색채 반응을 거의 하지 못하였고, 색채카드들(VIII, IX, X)에서도 '드래곤' '캠프파이어' '화산폭발' '사람 심장' 등 충동적이고 왜곡된 형태 반응을 주로 보이고 있어서 정서적 자극을 처리하는 데 매우 미숙해 보이며, 감정적 반응을 충동적으로 나타내기 쉬워 보인다. 이러한 아동은 수동적으로 자신을 희생하는 방식으로 대처하는 데 익숙해지면서(HTP: 남자 그림 '나다. 음식을 주는 사람들이 상처받을까 봐 주는 대로 먹다 보니 나중에 토하게 된다') 오히려 자신이 원하는 수준의 관계를 형성하는 데 실패할 가능성이 높아 보인다. 그리고 이런 부적절한 양상이 지속될 경우 추후 불만족감이 분노(Rorschach: S = 4)로 이어져 충동적인 행동을 보일 수 있어 주의가 요망된다.

아버지 MMPI / SCT

아버지는 MMPI에서 두드러진 심리적 불편감은 시사되지 않았다. 경미하게 상승

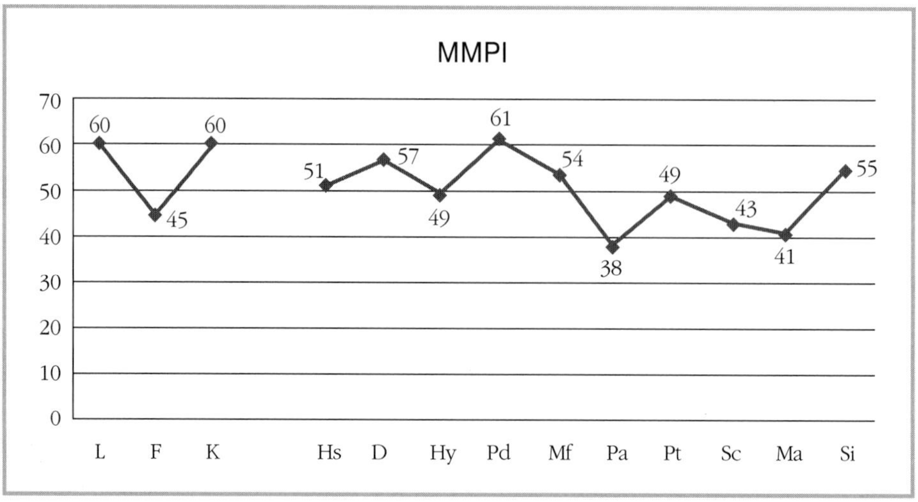

한 4번 척도는 주변 환경에 대한 불만족감을 나타내며, L척도의 상승을 고려할 때 아동을 비롯한 주변 사람이 관습이나 규칙에 따르지 않는 모습을 볼 때 화를 내는 경우가 있을 수 있겠다. 한편, 다소 낮게 나타난 9번 척도는 현재 상황적 무기력감을 나타내는 것으로 보이므로 약간의 우울감을 경험하고 있을 수 있겠다('나를 괴롭히는 것은 내가 내 자신을 원망하는 것').

■ 요약과 제언

- 요 약

전체 지능: 80, 평균 하 / 언어성 지능: 89, 평균 하 / 동작성 지능: 75, 경계선

아동은 평균 하 수준의 지적 능력을 보이고 있으나, 잠재적인 지능 수준은 현재 측정된 수준보다 다소 높을 것으로 생각됨. 검사 전반에 걸쳐 시공간 협응능력의 어려움이 두드러지게 나타나고 있어 상대적으로 비언어적 학습(특히 산수 영역)에 상당한 어려움을 겪어 온 것으로 여겨짐(학교 성적: 수학 32점, 국어 90점). 아동은 성취에 대한 욕구를 가지고 있으나, 위와 같은 이유로 만족스러운 성취를 하지 못하고 있으며, 관계 형성 및 인정받고 싶은 욕구도 높아 보이지만 정서적 자원이 부족하고 자존감도 낮으며, 자신을 탓하는 경향이 있어 점점 무기력해지고 자신을 희생하는(심해지면 자해 혹은 자학하는) 양상을 보이고 있음.

- 심리평가 결과, 아동은 다음과 같은 진단이 시사됨.

Axis I. Mathematics Disorder

(Specific Learning Disorder With impairment in mathematics)

Nonverbal Learning Disorder

Axis IV. Phase of Life Problem

(Disruption of Family by Separation or Divorce)

- 제 언

적극적 조치를 통해 자존감을 향상시킬 필요가 있으며, 어머니에 대해 가지고 있는 죄책감을 줄이고 적절한 수준에서 타인과 정서적 교류를 할 수 있도록 도움이 필요할 것으로 생각됨.

09 Chapter 발달성 협응장애

1. 심리과정상의 특징

발달성 협응장애(Developmental Coordination Disorder)에서 보이는 운동 협응의 어려움은 연령 수준에 비해 운동의 정교함과 속도가 떨어지는 것을 보면 확인할 수 있다. 기본적으로 연필을 잡고 글씨를 쓰는 데 또래보다 힘들어하기 때문에 학습이 더딜 수밖에 없고, 이동을 하거나 간단하게 몸으로 하는 게임을 할 때도 움직임이 둔하므로 또래관계를 즐기기 힘들다. 매사에 행동이 느리고 센스가 없으니 어른들은 답답해하고, 또래 아이들은 안 어울리면 그만이다. 화가 날 법도 하지만, 자신의 행동 자체가 느리니 수동적이고 무기력한 대응 방법에 익숙해지기 쉽다.

그렇지 않은 경우도 있긴 하지만 초등학교 시기에 싸움을 잘하는 아이가 공부도 잘하는 경우를 종종 보게 된다. 이는 운동 발달이 인지적 수준과 연결되어 있음을 잘 나타내 준다. 따라서 운동 협응의 어려움이 크면 지능 수준도 낮을 가능성이 크다.

2. 보고서 사례

1) 전형적인 사례(여자 / 만 12세 / 중1)

■ 의뢰 사유

내담자는 '친구들과 잘 어울리지 못한다' '두려움을 많이 느낀다' '말이 너무 없다' 등을 주 호소로 상담센터를 방문하였으며, 전반적인 인지 기능 및 정서 파악을 위해 청소년종합심리평가를 실시하였다.

■ 행동 관찰과 면담

내담자는 큰 키에 보통 체격이었고, 치아교정 중이었으며, 손등에 손톱으로 누른 자국들이 많이 보였다. 검사실에 들어올 때는 느린 걸음으로 들어왔고, 손으로 입을 가리거나 팔을 구부리고 느리게 움직이고 있어서 동작이 다소 어색해 보였으며, 구부정한 자세로 의자에 앉아 있었다. 고개를 숙이고 있어서 눈맞춤은 적절하지 않았으며, 대부분 입을 살짝 벌리고 있었고 검사 중간에 침과 콧물을 흘리는 등의 모습을 보였으나, 그 외의 전반적인 위생 상태는 양호하였다. 검사 지시에 잘 따르며 협조적인 태도를 보였으나, 검사 후반에는 계속 시계를 쳐다보거나 '힘들다'라며 중얼거리는 등 검사에 집중하지 못하였다. 또한 언어성 검사에서 작은 목소리와 어눌한 말투로 말하고 있어서 내담자의 대답이 잘 들리지 않는 경우가 많았으며, 검사자의 지시를 잘 이해하지 못해서 엉뚱한 대답을 하는 경우도 종종 있었다. 게다가 모르는 문항에서는 말끝을 흐렸고, 발음이 정확하지 않아서 다시 질문하면 머뭇거리면서 검사자의 눈치를 보는 경우가 많아서 자신감이 부족해 보였다. 또한 코를 훌쩍거리면서도 휴지가 필요하다는 말을 못하고 가만히 있어서 기본적인 위생 관리도 잘하지 못하는 듯 보였다. 내원 사유에 대해서는 '수업 시간에 집중력이 떨어진다'라며 심각성 없이 말하였다.

■ 지능과 인지 기능

내담자의 전체 지능은 64로 경도 지적장애 수준을 나타냈으며, 같은 연령대에서 하위 1% 이하의 수준이었다. 언어이해는 74로 경계선 수준을, 지각추론은 74로 경계선 수준을, 작업기억은 68로 경도 지적장애 수준을, 처리속도는 62로 경도 지적장애 수준을 나타냈다. 하위 영역 간에는 유의미한 차이가 나타나지 않았으나, 소검사 간의 차이가 7점으로 크게 나타나고 있어서 상황에 따른 기능상의 차이가 클 것으로 예상된다.

한국 웩슬러 아동용 지능검사 4판 (K-WISC-IV)			
영 역	지 능	백분율(%)	수 준
언어이해	74	4.3	경계선
지각추론	74	4.1	경계선
작업기억	68	1.6	경도 지적장애
처리속도	62	<1	경도 지적장애
전체 지능	64	<1	경도 지적장애

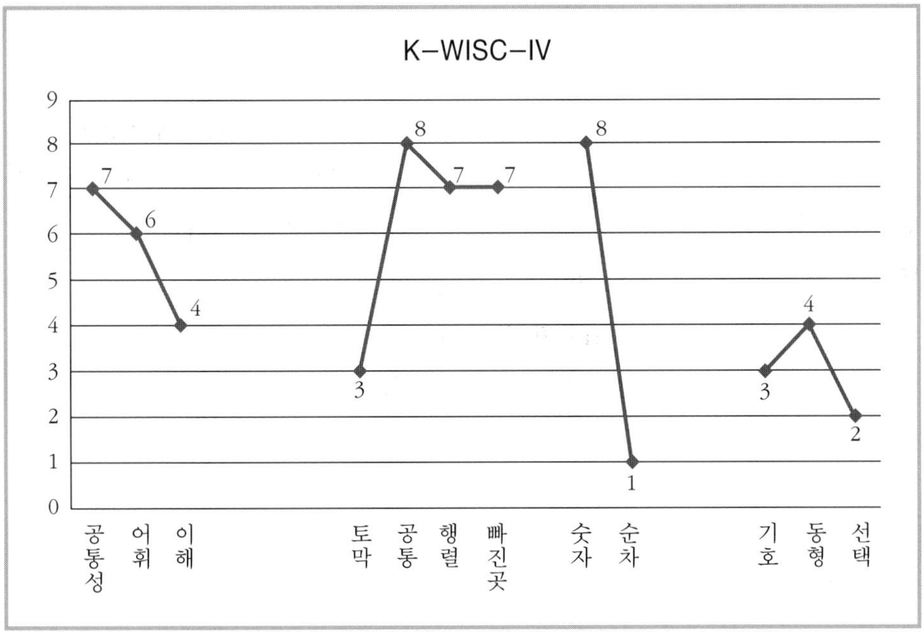

언어성 지능을 살펴보면, 사물의 유사성을 파악하는 능력이 평균 하 수준이었고, 어휘구사력이 경계선 수준을 보이고 있어서 단편적인 언어적 반응이 필요한 경우에는 기본적인 수준의 대응이 가능한 것으로 보인다('쥐와 고양이－동물' '공손하다－예의'). 그러나 사회적 상황에 대한 이해능력이 지적장애 수준으로 나타나고 있어서, 긴 언어적 반응이 필요한 경우에는 기초적인 대응조차 하기 어려울 수 있겠다('운동－

몸을 이용할 수 있어서' '사과—위로하기 위해서').

지각추론 영역에서는 자극 간의 관련성을 찾아내는 능력과 전체를 고려하여 핵심을 파악하는 능력이 평균 하 수준으로 자극을 통해서 추론하는 능력이 비교적 양호해 보인다. 또한 시각적 예민성이 평균 하 수준을 보이고 있어서 시각적 정보처리 능력도 부족하지는 않은 것 같다. 그러나 시공간 구성능력이 지적장애 수준이어서 운동 기능이 추가로 요구되는 상황에서는 기능 수준이 급격히 저하될 수 있겠다.

작업기억 영역에서는 순간적인 자극에 주의를 기울이는 능력이 평균 하 수준으로 나타나고 있어서 주의집중력이 비교적 양호해 보인다. 그러나 보다 복잡한 자극에 주의를 기울이는 능력이 지적장애 수준으로 낮게 나타나서 작업기억력은 상당히 부족해 보이므로 과제의 복잡성이 조금만 증가해도 급격한 기능 저하를 보일 수 있겠다.

처리속도 영역에서는 긴장감 속에서 빠른 논리적 판단력을 발휘하는 능력, 간단한 시각적 자극에 짧은 순간 동안 집중력을 발휘하는 능력, 시공간 운동속도 등이 지적장애 수준으로 나타나고 있어서 시공간 협응능력이 매우 부족해 보이므로 간단하지만 빠른 반응이 요구되는 상황에서는 기능이 매우 저하될 수 있을 것으로 보인다.

지능검사 결과, 주어진 자극을 통해서 추론하는 능력, 단순한 자극에 집중하는 능력, 단편적인 언어적 대처능력 등이 다른 기능들에 비해서 비교적 양호해 보이므로 간단한 언어적 과제가 주어지는 상황에서는 연령 수준에 맞는 무난한 모습을 보일 수도 있겠다. 그러나 이해능력이 매우 부족하고, 작업기억력이 매우 저하되어 있어서 자극이 조금만 복잡해져도 급격한 기능 저하를 보일 것으로 예상된다. 또한 시공간 협응능력이 매우 부족해 보이므로 더딘 반응으로 인하여 환경 변화에 상당히 취약한 모습을 보일 수 있겠다.

Rorschach 검사 결과, 총 29개의 많은 반응 수를 보이고 있어서 문제 상황에 대처하기 위해서 상당히 노력하고 있는 것으로 보이나, 그 방법은 상당히 단순해서 (L=2.63) 효과를 발휘하기는 어려웠을 것으로 생각된다. 평범 반응을 4개 보이고 있어서 관습적 판단력이 비교적 양호해 보이고, 주변 사람의 평가에 민감해져 있는 것으로 보이나(W:D:Dd=4:14:11), 특이한 반응 영역을 많이 보이고 있어서(Dd=11), 실제 행동은 부적절한 경우가 많을 것으로 보인다. 게다가 왜곡된 형태 반응을 많이 하고 있어서(X-%=0.48) 문제 상황에서 적절하게 대처하기도 힘들어 보인다.

성격과 정서

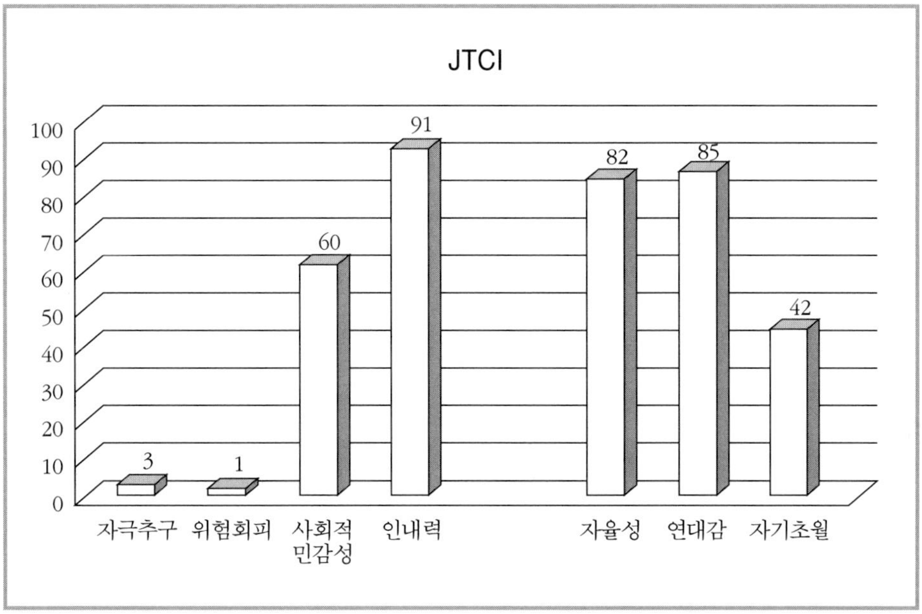

내담자는 JTCI 점수가 대부분 극단적인 수치로 나타나고 있는데, 현재 내담자의 지능 수준을 고려하면 문항에 대한 세밀한 이해가 부족한 상황에서 일방적인 선택을 했을 가능성이 높아 보이므로 내담자의 실제적인 상태를 나타낸다고 보기는 어려운 것 같다. 다만, 일관되게 단일한 방향으로 표현하는 것을 보면, 극단적인 점수들은 내담자의 과도한 욕구나 기대 수준을 반영하는 면도 있는 것 같다.

한편, HTP 집 그림에서 창문에 커튼을 그리고 있듯이 애정 욕구가 높아 보이고, SCT에서 '우리 엄마는 항상 인자하시다' '내가 가지고 있는 것 중에서 제일 아끼는 것은 부모님이시다'라고 하고, HTP 집 그림에서 '좋은 집' '행복해 보이는 사람들'이라고 하듯이 부모에 대해서 호의적인 태도를 나타내고 있었다. 또한 SCT에서 '우리 엄마 아빠는 세상에서 가장 위대한 사람들이다'라고 하듯이 부모에 대해서 이상화시키는 반응까지 하고 있으나, 정작 KFD에서는 가족이 각자 자기 할 일을 하고 있는 그림을 그리고 있듯이, 사실상은 가족 내에서 만족할 만큼의 정서적 지지를 받지 못해 왔던 것으로 보이며, SCT에서 '우리 아빠는 자상하시지만 삐치거나 울 때면 무서운 분노로 변하신다'라고 하듯이 오히려 위협적으로 느끼는 면도 있는 것 같다. 한편, 이와 같이 부모에 대해 긍정적인 태도를 보이고 있는 내담자는 상당히 도덕적이고(SCT: '내가 좀 더 어렸다면 부모님을 더 많이 도와드렸을 것이다' '내가 제일 좋아하는 사람은 역사와 예의를 바르게 하는 사람' '내가 제일 싫어하는 사람은 예절을 지키지 않고 국법을 어기는 사람'), 이타적인 사고까지 강해 보인다(HTP: 나무 그림 '생각—사람들에게 아낌없이 주는 생각' '소원—앞으로도 사람들을 위해서 아낌없이 주는 나무'). 게다가 관계 형성에 대한 욕구가 높은 내담자는(SCT: '나는 친구가 많다' / HTP: 사람 그림 '웃고 있는 사람을 그림') 모범적인 행동을 통해서 관계를 형성하고자 노력해 왔던 것으로 보인다(SCT: '내가 만약 동물로 변할 수 있다면 남을 도와주는 동물이 되고 싶다. 왜냐하면 남에게 피해를 주면 나도 마음의 상처를 받게 되기 때문이다').

그러나 SCT에서 '선생님은 나를 잘 챙겨 주시고 수업도 잘 가르쳐 주시기 때문이다'라고 하듯이 초등학교 저학년 수준의 내용을 구사하고 있는 것을 보면 사고가 미숙해 보이며, 주변 사람에게 실제로는 정서적인 거리감을 느껴 왔던 것으로 보이므로(Rorschach: '섬' '나무' '돌' 등의 자연물 반응을 보임), 원만한 관계 형성을 하지 못하고 있는 것 같다(HTP: 사람 그림 '단점—어울리지 못하고 자기 혼자만 놀고 있다' / Rorschach: H:(H)Hd(Hd) = 1:14). 게다가 Rorschach 검사에서 '악마'라는 반응을 3번이나 보이고, SCT에서 '내가 꾼 꿈 중에서 가장 무서운 꿈은 누군가가 죽거나 살해되는 꿈' '내가 가장 무서워하는 것은 누군가가 죽거나 살해하는 사진이다'라고 언급하고 있는데, 이는 상당한 분노감을 시사하는 반응으로 여겨지므로 관계로 인한 스트레스가 겉에서 보기보다는 상당히 컸을 것으로 예상된다.

한편, Rorschach 검사에서 '머리에 쓰는 관이 보여요. 웅장하고 멋있다'라고 하듯이 과대한 자아상을 가지고 있는 것으로 보이며, HTP 나무 그림에서 '나이—200세'라고 하듯이 자신에 대한 기대감도 높아 보인다. 기능 수준이 낮은 내담자는 SCT에서 '나는 공부를 조금 못하지만 역사만큼은 잘한다'라고 하듯이 자신이 잘할 수 있는 특정 영역에만 몰입하여 자존감을 유지해 왔던 것으로 보이나, 지능검사에서 나타나듯이 환경 변화에 취약해 보이므로 학년이 올라갈수록 적응에 어려움이 커질 수 있겠다.

요약과 제언

• 요 약

내담자의 지능 수준은 경도 지적장애 수준으로 나타남. 간단한 언어적 과제가 주어지는 상황에서는 연령 수준에 맞는 무난한 모습을 보일 수도 있겠으나, 이

전체 지능	64	경도 지적장애			
언어이해	74	경계선	지각추론	74	경계선
작업기억	68	경도 지적장애	처리속도	62	경도 지적장애

해능력과 작업기억력이 매우 저하되어 있어서 자극이 조금만 복잡해져도 급격한 기능 저하를 보일 수 있음. 또한 시공간 협응능력이 매우 부족해 보이므로 더딘 반응으로 인해 환경 변화에 상당히 취약한 모습을 보일 수 있겠음. 애정 욕구가 높고 부모에 대해서 호의적인 태도를 나타내고 있으나, 사실상 가족 내에서 만족할 만큼의 정서적 지지를 받지 못해 왔던 것으로 보이며, 오히려 위협적으로 느끼는 면도 있음. 한편, 관계 형성에 대한 욕구가 높아 보이는 내담자는 모범적인 행동을 통해서 관계를 형성하고자 노력해 왔던 것으로 보이나, 기대만큼 원만한 관계를 형성하지 못하고 있는 것으로 보임. 그리고 과대한 자아상을 형성하고 있고 기대감도 높아 보이나 기능 수준이 낮은 내담자는 자신이 잘할 수 있는 특정 영역에만 몰입하여 자존감을 유지했던 것으로 보이며, 환경 변화에 취약해 보이므로 학년이 올라갈수록 적응에 어려움이 커질 수 있음.

• 심리평가 결과, 내담자는 다음과 같은 진단이 시사됨.

Axis I. Developmental Coordination Disorder
(Developmental Coordination Disorder)
Axis II. Mental Retardation, Mild(Intellectual Disability, Mild)

• 제 언

1. 시공간 운동 협응능력 키우기
2. 성숙한 사고능력 키우기
3. 이해력 향상시키기
4. 사회기술 훈련 향상
5. 작업기억력 키우기

3. 자주 나타나는 반응

1) 주 호소

'새로운 환경에 대한 두려움' '실패에 대한 두려움' '또래관계의 어려움' / '상황에 맞지 않게 잘 웃는다' '행동 실수가 많다'

2) 어설프게 특이한 행동

행동: 어리숙한 머리 모양 / 부정확한 발음 / '받아쓰기' 과제에서 철자 오류('몇게' '등데지기' '등덧불' '발혔습니다' '것장' '소녀에 얼굴을')가 나타남 / 연령에 비해 글자 크기가 매우 크고 불규칙함

3) 미숙한 자기중심성(자기과대성, 자기정당성)

행동: "제가요, 등산 칼을 잘 다뤄요."라며 자기 이야기를 시작하였으며, 혀 짧은 소리를 함

지능: 답을 몰라도 말이나 행동으로 전혀 표현하지 않음

HTP: 나무 그림 '나이－2,000세' / 나무 그림 '생각－열매를 맺을 수 있는 계절이 언제일까?' '소원－모든 열매를 맺는 것' / 사람 그림 '우주선을 타고 가다가 폭발해서 우주에 고립된 사람'

4) 미숙한 산만함

행동: 검사 내내 다리를 흔들거리고, 대화를 나누면서도 실내화를 벗었다 신었다를 반복하고, 한 자세를 유지하지 못하고 계속해서 바꿈 / 과제 수행 동안에 자세를 지속적으로 바꾸고, 등이나 다리를 긁적거림

5) 지능에 비해 수준 높은 언행(높은 기대감)

행동: "신경이 날카로워진다."라는 말을 함

지능: '그리스 신전' '심상치 않은 것' '유관순 열사가 좋다' 등 수준 높은 어휘 사용

6) 어려운 문제에 대한 불안감

행동: 난이도가 조금만 높아지면 "아~ 이상하다." "이걸 내가 할 수 있을까?" "미치겠네."라며 안절부절못함

지능: 성급한 과제 해결

Rorschach: 높은 Lambda

7) 주변 평가에 민감(검사자의 확인을 구함)

지능: 답을 말한 후에 검사자를 쳐다보며 정답 여부를 확인함

Rorschach: W, Dd에 비해서 D가 많음

TAT: '망신당하는 거'

8) 경직된 사고(단순한 사고, 순진한 사고)

행동: '철수 때문에 자꾸만 싸우게 된다' '수학이 어려워서 힘들다'

지능: 숫자 소검사에 비해 산수 소검사의 낮은 점수

SCT: '내가 가장 좋아하는 것은 가족' '내가 가지고 있는 것 중에서 제일 아끼는 것은 가족'

9) 운동 협응의 어려움

행동: 전반적으로 행동이 느림

지능: 처리속도 영역의 점수 저하 / 기호쓰기 단독 저하 / 기호쓰기, 동형찾기, 선택 소검사의 극심한 저하 / 기호쓰기에서 도형의 형태를 허술하게 그림

10) 주변 자극에 대한 둔감성

지능: 빠진곳찾기 저하

10 Chapter 투렛장애

1. 심리과정상의 특징

진단적으로 투렛장애(Tourette's Disorder)가 되려면 음성 틱과 운동 틱이 모두 나타나면서 기간이 1년 이상 오래 지속되어야 하는데, 이를 확인하는 것은 어렵지 않다. '지속성 운동 또는 음성 틱장애'에 포함시켜도 될 법한데 따로 구분하는 것은 틱이 한 종류만 나타날 때와는 원인이 다르기 때문이다. 투렛장애도 심리적 스트레스와 연관성을 가지지만, 신체적 소인을 가지고 있는 경우가 많고(그만큼 취약성이 높다는 말이다.), 그 이외의 틱장애들은 심리적 원인이 선행하며 임시적으로 생기는 경우가 많다.

틱이라는 현상은 신체 근육을 통제하는 데 실패하는 것이고, 이는 극단적인 신체 증상이다. 그런데 내성적이고 도덕성이 높은 아이가 욕하는 음성 틱 증상을 보이는 것에서 알 수 있듯이, 틱 증상을 보이는 아이들의 대부분은 관습과 규칙에 잘 따르는 억압적인 성향을 가지거나, 부모가 강제적으로 생활규칙을 지키도록 강요하는 환경에 놓여 있는 경우가 많다. 순한 기질에 내향적인 성격을 타고났지만, 강압적인 부모의 양육에 노출되면 내면에 분노감이 생기게 된다. 순한 아이는 초등학교 저학년 당시에는 화를 인식하거나 표현하는 데 익숙하지 못하고 이를 억누르게 된다. 틱의 강도가 세다는 것은 그만큼 참아야 하는 감정, 즉 화의 정도가 크다는 것을 나타내며 투렛장애의 기준에 해당할 정도라면 상당한 분노감을 가지고 있을 수 있다.

아동은 억압적인 성향이 강해서 감정표현에 익숙하지 못하고, SCT와 같이 직접적으로 자신의 생각을 표현할 수 있는 곳에서 부모에 대해 일방적으로 긍정적 태도를 보이거나 혼란된 모습을 보일 수 있다. 그리고 전적으로 부정적인 태도를 드러내는 경우는 많지 않다. 그러나 Rorschach, TAT 등 투사 검사에서는 평소 모습에서는 상상하기 힘들 정도의 공격적인 내용이 흔하게 나타난다. 강한 감정을 장기간 억누르기 위해서는 에너지가 많이 소모되기 때문에 상대적으로 학습에 소홀해져서 기대 수준에 미치지 못하는 성적으로 부모에게 다시 한 번 스트레스를 주고, 부모는 이에 대해 더 강압적인 양육을 하는 악순환도 발견할 수 있다. 또한 틱 증상을 보이면 부모는 더 화를 내거나 아이에게 쩔쩔매는 모습을 보일 수 있는데, 어느 경우든 부모를 괴롭게 하기 때문에 충분히 수동공격적인 대응이 된다는 것도 알아 두면 좋다.

2. 보고서 사례

1) 전형적인 사례(남자 / 만 10세 / 초4)

■ 의뢰 사유

아동은 '고개 끄덕이기' '눈찡그림' '푸푸 소리 내기' 등의 틱 증상을 주 호소로 방문하였으며, Tic Disorder, Attention-Deficit/Hyperactivity Disorder 임상적 인상 하에 아동종합심리평가를 실시하였다.

■ 행동 관찰과 면담

준수한 외모의 아동은 큰 키, 균형 잡힌 몸매의 초등학생으로 어머니와 함께 방문하였다. 민소매 티셔츠에 반바지를 입고 있었고, 건강해 보이는 모습이었으나, 다리에는 상처가 많았다. 축구선수들이 뒷머리를 기른 것처럼 뒷머리를 길러 유행을 따랐으며, 눈매가 날카로운 편이었다. 위생 상태는 양호하였으며, 검사자와의 눈맞춤도 잘하는 편이었다. 검사실에 들어오자마자 책상에 엎드리는 등 다소 불성실한 모습을 보였으나, 이후로는 검사 내내 바른 자세와 웃는 표정으로 성실하게 검사에 임하였다. 검사 중 운동 및 음성 틱 증상이 계속 나타났으며, BGT 수행 시 연필심을 부러뜨릴 정도로 힘 조절이 되지 않는 경우도 있었다. 내원 사유에 대해서는 '얼굴 표정이 변하고 끄덕이는 틱이 있다'라고 하였으며, 이어지는 검사자의 질문에도 잘 대답하였다.

▣ 지능과 인지 기능

한국 웩슬러 아동용 지능검사 3판 (K-WISC-III)			
지 능	점 수	백분율(%)	수 준
언어성 지능	103	47.3	평균
동작성 지능	108	70.3	평균
전체 지능	106	65.5	평균

아동의 전체 지능은 106으로 평균 수준을 나타냈으며, 같은 연령대에서 상위 35% 정도의 수준이었다. 언어성 지능은 103으로 평균 수준을, 동작성 지능은 108로 평균 수준을 나타냈으며, 두 지능 간의 차이는 유의미하지 않았다. 다만, 소검사 간의 차이가 7점으로 크게 나타나고 있어서 상황에 따라 기능 수준의 차이가 크게 나타날 수 있겠다.

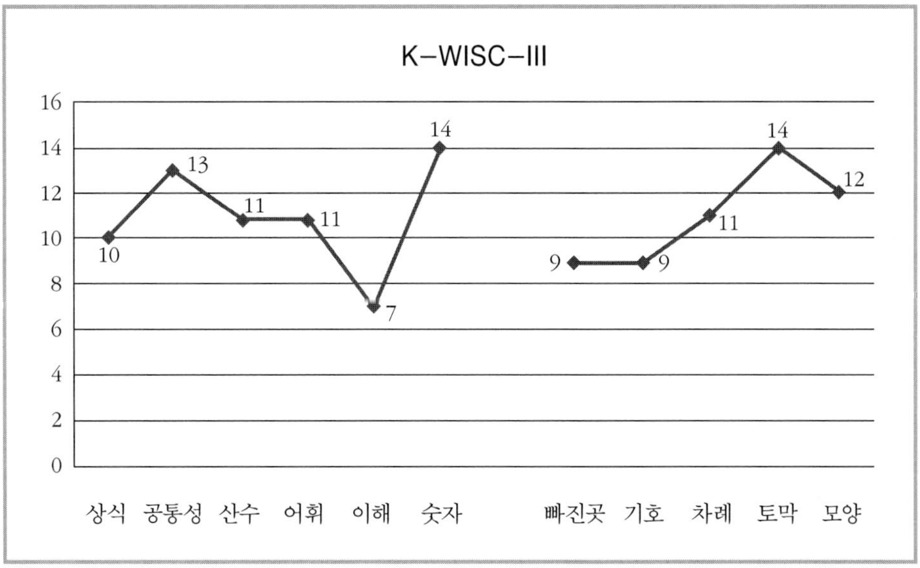

언어성 지능을 살펴보면, 단순한 자극에 대한 주의력은 우수 수준으로 높게 나타났으나, 수계산 능력은 평균 수준에 그치고 있어 자극이 복잡해지면 주의집중에 어려움이 커지는 것 같다. 사물의 유사성을 찾아내는 능력은 평균 상 수준, 어휘구사력은 평균 수준으로 나타나 언어 개념을 형성하는 능력도 적절히 유지되고 있는 것 같다. 기본지식이 평균 수준이어서 학업적 노력도 충분히 기울이고 있는 것으로 보인다. 그러나 사회적 상황에 대한 이해력은 평균 하 수준으로 낮게 나타나고 있어 관습적 행동 양식은 충분히 습득하지 못한 것 같다('자동차에 번호판이 있는 이유' '약속을 지켜야 하는 이유' 등을 설명하지 못함 / '편지에 우표를 붙이는 이유—그 사람에게 똑바로 보내기 위해서').

동작성 지능 영역에서는 시공간 구성능력이 우수 수준으로 나타나고 있어 지적 잠재력은 높은 수준인 것 같다. 그리고 부분을 통해 전체 상을 구성하는 능력도 평균 상 수준이어서 추론능력도 양호해 보인다. 그러나 시공간 운동속도는 평균 수준에 그치고 있어 정교한 움직임이 필요한 과제에서는 반응 속도가 상대적으로 느릴 수 있겠다. 그리고 시각적 예민성과 상황적 맥락을 파악하는 능력이 평균 수준을 보이고 있어서 사회적 상황에서의 대처능력도 또래와 비슷한 정도를 유지하고 있는 것 같다.

지능검사 결과, 지적 잠재력이 높고 단기집중력도 높은 수준으로 나타났으며, 전반적인 언어적 대처능력과 상황에 따른 즉각적인 문제해결 능력은 평이한 수준인 것으로 생각된다. 다만, 이렇듯 양호한 인지 기능에도 불구하고 관습적 행동양식을 충분히 습득하지 못한 것으로 여겨지므로 사회적 상황에서 다소 미숙한 대응행동을 보일 수도 있겠다.

Rorschach 검사 결과, 26개의 많은 반응 수를 보이고 있어 스트레스 상황에서 문제해결을 위한 활발한 사고 활동을 벌이고 있는 것 같다. 그리고 일반적인 부분 반응(D)을 16개나 보이듯이 주변 사람의 시선과 평가에 매우 민감해져 있는 것 같다. 그러나 평범 반응은 단 1개에 불과하고, 전반적인 형태질은 왜곡된 경우가 많았으며, 특이한 부분 반응을 5개나 보이는 등 실제로는 주변 환경을 고려하거나 사람들의 공감을 얻어 행동하기보다는 자기 자신만의 자의적인 사고 내용에 따라 고집스럽게 행동할 가능성이 높아 보인다.

성격과 정서

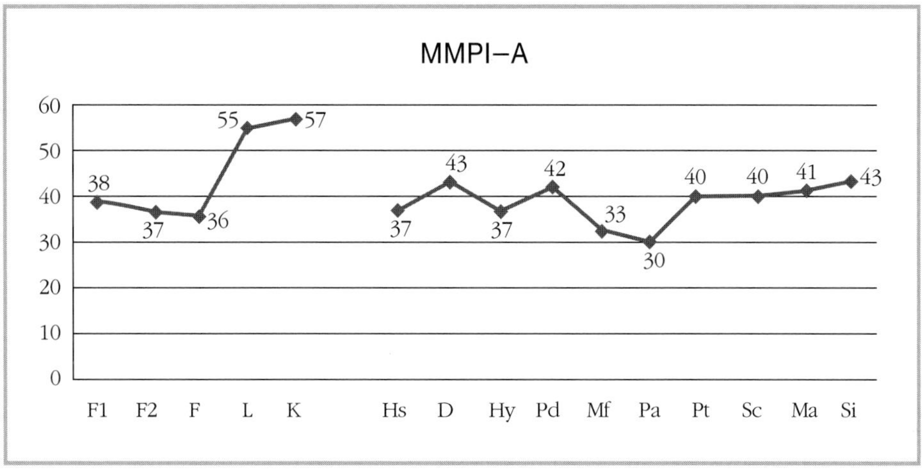

※ 상승한 소척도: 없음

아동은 MMPI에서 별다른 심리적 불편감을 드러내지 않았다. HTP의 집 그림에서 창문을 많이 그리고 있고, 남자 그림에서 '어릿광대', 여자 그림에서 '연예인'이라고 하는 등 주변 사람으로부터 관심과 애정을 받고 싶은 욕구가 높아 보이며, SCT에서 '내가 가장 행복한 때는 가족과 여행 갔을 때다' '우리 엄마, 아빠는 나를 사랑하신다'라고 하듯이 가정 내 환경을 지지적이고 안정적으로 인식하고 있는 것 같다. 이러한 아동은 전반적인 대인관계에서도 상당한 만족감을 표현하고 있었다(SCT: '나는 친구가 좋다' '다른 사람들은 나를 좋아한다'). 아동은 HTP의 나무 그림을 지면에 꽉 차게 매우 크게 그리고 있듯이 자신감이 넘치고 자기 자신에 대한 기대감도 높아 보인다. 그러나 뿌리 부분에 비해 수관이 지나치게 큰 가분수형의 나무를 그리는 등 높은 기대감을 감당하지 못한 채 막연한 불안감을 느끼고 있는 것 같다. 그리고 SCT에서 '내가 가장 무서워하는 것은 무서운 이야기다'라고 하듯이 불안 수준이 높은 아동은 사람 그림에서 머리를 진하게 칠하는 등 부정적 사고를 반추함으로써 스트레스를 필요 이상으로 가중시키는 경향이 있는 것 같다(SCT: '나를 가장 슬프게 하는 것은 엄마, 아빠가 아픈 것이다').

한편, 행동 통제의 어려움과 함께(SCT: '나의 가장 나쁜 점은 조심성이 없는 것이다') 정서적 충동성(Rorschach: FC:CF+C=0:2)을 보이고 있는 아동은 앞에서 긍정적인 표현을 했던 것과는 달리 검사상 대인관계 불편감을 시사하는 반응이 나타나고 있으며

(Rorschach: III번 카드 '사마귀 얼굴'), 친밀감 형성에도 어려움이 예상된다(Rorschach: VI번 카드에서 왜곡된 형태 반응만 2개를 보임). 또한 Rorschach에서 공간 반응을 3개나 보이고, '피'라는 반응을 보이듯 내면의 불만족감도 상당한 것으로 여겨지나, MMPI에서 모든 척도가 낮은 점수를 보이듯 스트레스를 부인하는 경향이 강해 내면의 불편감을 겉으로 드러내지 않은 채 혼자서만 감내하고 있을 가능성이 높아 보인다.

■ 요약과 제언

- 요 약

  전체 지능: 106, 평균 / 언어성 지능: 103, 평균 / 동작성 지능: 108, 평균

  아동의 지능은 평균 수준으로 나타남. 지적 잠재력이 높아 보이나, 관습적 행동양식을 충분히 습득하지 못한 채 미숙한 사회적 대응능력을 보이고 있는 것으로 여겨짐. 이러한 아동은 주변 사람의 시선과 평가에 민감해져 있으면서도, 관습적 규범이나 규칙을 충분히 고려하지 못한 채 자의적인 행동을 하는 경우가 잦을 것으로 생각됨. 겉으로는 별다른 문제를 드러내지 않은 채 만족스러운 모습을 보이고 있는 것으로 여겨지나, 자신에 대한 높은 기대감에 비해 자아상은 불안정해 보이며, 불안 수준이 높아 필요 이상의 걱정을 하거나 비효율적인 사고경향을 보일 것으로 예상됨. 또한 행동 통제의 어려움, 정서적 충동성, 주변 환경에 대한 불만족감 등이 시사되나, 전반적으로 문제를 부인하고 억제하는 경향이 강해 혼자서만 스트레스를 감내하고 있는 것으로 보임.

- 심리평가 결과, 아동은 다음과 같은 진단이 시사됨.

  Axis I. Tourette's Disorder

- 제 언

  불안 수준이 높고 스트레스를 부인하거나 억압함으로써 불편감이 가중되는 경향이 있어 이에 대한 개입이 필요할 것으로 생각되며, 사회적 성숙도를 높이는 것도 중요해 보임.

2) 지능이 높지만 인지적 불균형이 심한 경우(남자 / 만 9세 / 초5)

■ 의뢰 사유

아동은 '산만하다' '틱이 있다' 등을 주 호소로 방문하였으며, Attention-Deficit/Hyperactivity Disorder, Tourette's Disorder 임상적 인상하에 아동종합심리평가를 실시하였다.

■ 행동 관찰과 면담

아동은 보통 키, 보통 체구의 초등학생으로 어머니와 함께 방문하였다. 점퍼에 모자를 쓴 채로 검사실에 들어와서 모자를 벗지 않은 채로 검사에 임하였다. 약간 창백한 얼굴이었으나, 위생 상태는 양호하였고, 검사자와의 눈맞춤도 잘하는 편이었다. 검사에 협조적이었으며, 차분하고 착석 상태도 양호하였다. 그러나 갑작스럽게 고개를 젖히거나 '킁킁' 소리를 내는 등 운동 틱과 음성 틱이 간헐적으로 나타났다. 전반적으로 과제 수행을 잘 하는 편이었으나, 손의 움직임은 매우 느린 편이었고, 특히 지필 과제를 실시할 때 운동 틱이 심하게 나타나 과제의 정확성도 매우 부족한 편이었다. 아동은 매우 열심히 그림을 그렸는데, 그림을 그리는 중에는 다른 지시 사항을 전혀 듣지 못할 정도로 주변 환경에 대한 관심을 유지하지 못하였다. 내원 사유에 대해서는 '엄마가 산만하다고 해서' '(자신도 모르게) 수업 시간에 책 안 피고 장난하고 다른 책 본다'라고 하였다.

■ 지능과 인지 기능

한국 웩슬러 아동용 지능검사 3판 (K-WISC-III)			
지 능	점 수	백분율(%)	수 준
언어성 지능	107	57.9	평균
동작성 지능	111	76.8	평균 상
전체 지능	110	74.8	평균 상

아동의 전체 지능은 110으로 평균 상 수준을 나타냈으며, 같은 연령대에서 상위 25% 정도의 수준이었다. 언어성 지능은 107로 평균 수준, 동작성 지능은 111로 평균 상 수

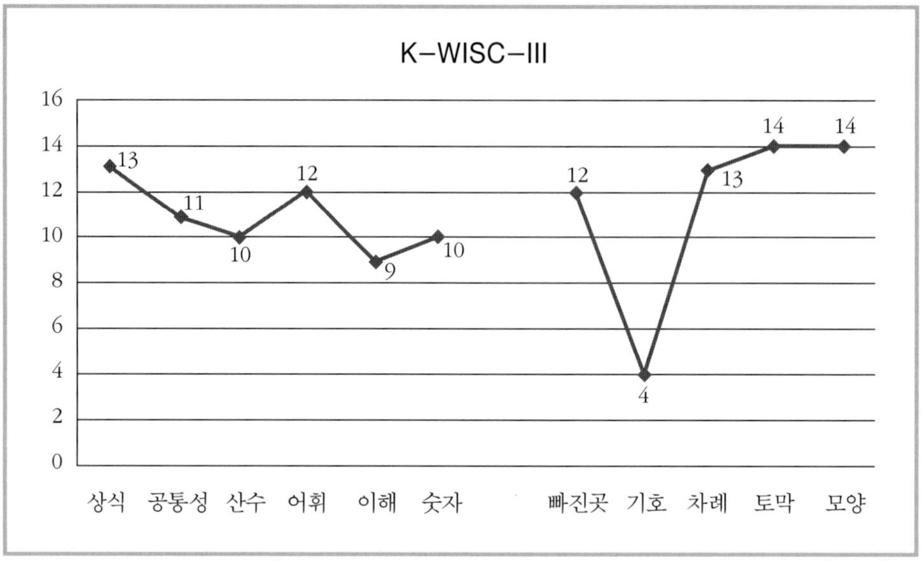

준으로 두 지능 간의 차이는 크게 나타나지 않았다. 그러나 소검사 간의 차이가 10점으로 매우 크게 나타나고 있어서 상황에 따른 기능상의 차이가 클 것으로 예상된다.

언어성 지능을 살펴보면, 기본적인 상식이 평균 상 수준으로 나타나 학업적 노력을 많이 기울인 것으로 보이나, 사회적 상황에 대한 이해력은 이보다 4점이나 낮게 나타나고 있어 관습적 행동양식의 습득 수준은 상대적으로 부족해 보인다. 어휘구사력은 평균 상 수준이며, 사물의 유사성을 찾아내는 능력은 평균 수준으로 언어적 개념을 형성하는 능력도 충분히 가지고 있었다. 그리고 산수와 숫자 등 주의력과 관련된 소검사에서도 모두 평균 수준의 수행을 보였다.

동작성 지능 영역에서는 시공간 구성능력과 부분을 통해 전체 상을 구성하는 능력이 우수 수준으로 높게 나타나 기본적인 문제해결 능력과 응용능력 모두 뛰어난 수준이었다. 시각적 예민성과 상황적 맥락을 파악하는 능력도 평균 상 수준으로 높게 나타나 사회적 상황에서의 판단 및 대처 능력도 양호해 보인다. 그러나 가장 간단한 과제인 기호쓰기에서는 지적장애 수준의 수행을 보였으며, 이는 아동의 서툴고 미숙한 소근육 운동능력을 반영하고 있는 것 같다.

지능검사 결과, 아동은 전반적으로 매우 높은 문제해결 능력과 지적 잠재력을 가지고 있으며, 각 영역이 고르게 발달되어 뛰어난 인지적 대처능력을 가지고 있는 것으로 보인다. 그러나 시공간 협응속도가 지나치게 느리게 나타나고 있어서 빠르고 정확한 대응이 필요한 경우에는 대처의 어려움이 커지면서 주관적 스트레스 또한 급격히 상승할 수 있겠다.

Rorschach 검사 결과, 총 반응 수는 12개로 적게 나타나 문제 상황에서 해결을 위한 인지적 노력을 많이 기울이지 못하고 있는 것 같다. 환자는 조직화 점수가 높게 나타나고 있어(ZD = 3.5) 주변 환경을 스스로 통제하고자 하는 욕구가 높아 보인다. 그러나 문제해결 능력이 매우 부족해 보이며(X-% = 0.58), 평범 반응은 단 2개인 반면, 특이한 부분 반응(Dd)은 8개를 보이고 있어 지나치게 사소하거나 특이한 부분까지 확인하느라 정작 중요한 일상적인 일들에 대응할 여력은 상당히 부족해 보인다.

■ 성격과 정서

아동은 SCT에서 '내가 가장 좋아하는 사람은 가족들이다'라고 하였으나, Rorschach의 친밀감에 대한 태도를 나타내는 카드들에서 '십자가' '이상한 괴물' 등의 반응을 보이듯 주변 환경으로부터 만족스러운 지지를 받지 못하고 있으며, 오히려 위협을 느끼고 있는 것 같다. 이러한 아동은 HTP의 집 그림에서 창문에 격자틀을 그렸고, 사람 그림에서는 귀를 강조해서 그리는 등 주변 환경을 경계하며 민감해져 있는 것 같다. 또래관계에 대해서도 SCT에서 '나는 친구가 많다'라고 하였으나, Rorschach에서는 순수 인간 반응을 전혀 하지 못했으며, HTP의 나무 그림에서는 '외롭다', 남자 그림에서 '생각 – 다른 사람들하고 친하게 지내고 싶다는 생각' 등의 반응을 보이듯 실제로는 또래 아이들과 원만한 관계를 유지하지 못하고 있는 것으로 보인다. HTP의 나무 그림에서 옹이 2개를 크게 그리고, SCT에서는 '나를 가장 슬프게 하는 것은 많다'라고 하는 등 과거 마음의 상처를 입은 경험이 많았던 것으로 여겨지며, 이러한 고통감은 또래 아이들과는 약간 다른 독특한 사고 경향과도 관련이 있어 보인다(HTP: 여자 그림 '소원 – 정상인처럼 멋있게 살아가는 거' / Rorschach: Dd = 8).

이러한 아동은 자신을 충분히 수용하고 이해해 주지 못하는 선생님과 아이들에게 상당한 불만을 가지고 있는 것으로 여겨지며(SCT: '선생님들은 나쁘다' '내가 가장 싫어하는 사람은 민수다' '첫째 소원은 민수 괴롭히는 것' / Rorschach: S = 5), 동생에 대한 불만도 커 보인다(KFD: 동생을 빼고 그림). 그리고 Rorschach의 색채카드들에서 색채 반응은 거의 하지 못한 채로 '해골' '괴물 얼굴' 등의 반응만 보이고, 무채색 반응을 2개나 하고 있어서 긍정적인 감정 경험을 하지 못한 채 고통감만 느끼고 있을 가능성이 높아 보이므로, 스트레스 상황에서 상기의 불만을 참지 못하고 충동적으로 표현하는 경우가 있을 수 있겠다[SCT: '나는 때때로 이상한 힘을 발휘한다(게임기를 부순다)'].

요약과 제언

• 요 약

전체 지능: 110, 평균 상 / 언어성 지능: 107, 평균 / 동작성 지능: 111, 평균 상

아동의 지능은 평균 상 수준으로 높게 나타남. 아동은 전반적으로 뛰어난 인지적 대처능력을 가지고 있는 것으로 보이나, 시공간 협응속도가 지나치게 느려 빠르고 정확하고 정교한 대응이 필요한 경우에는 대처에 어려움이 클 것으로 생각됨. 아동은 주변 환경을 스스로 통제하고자 하는 욕구가 강하지만 특이한 사고 경향으로 인하여 주변 사람과 조화를 이루지 못하고 오히려 갈등을 겪게 되는 경우가 많을 것으로 생각됨. 아동은 상당한 부적절감을 인식하고 있으나, 이를 해소하기 위해 노력하기보다는 주변 환경을 탓하며 불만만 쌓여 가고 있는 것으로 보임. 그리고 긍정적인 정서 경험이 적어 보이는 아동은 스트레스 상황에서 감정을 조절하지 못한 채 충동적으로 화를 내는 경우가 자주 있을 수 있음.

• 심리평가 결과, 아동은 다음과 같은 진단이 시사됨.

Axis I. Tourette's Disorder

• 제 언

아동의 특이하고 예민한 사고 경향과 소근육 운동 기능의 저조한 발달 수준은 학업 및 사회적 영역에선 상당한 방해 요인으로 작용하고 있는 것으로 여겨지므로 해당 기능을 향상시키기 위한 노력이 필요할 것으로 생각되며, 불만을 해소하는 방식이 충동적이고 부적절한 경우가 많아 분노 조절을 위한 프로그램도 필요해 보임.

3. 자주 나타나는 반응

1) 주 호소

'혼자 소리를 내거나 손이나 고개를 까딱거린다' '주의가 산만하다' / '눈과 코를 찡그리고, 킁킁거리는 소리를 자주 낸다' / '틱이 있다' / '눈을 옆으로 돌린다' '손목

을 돌려서 소리를 낸다' / '눈을 깜빡거린다' '킁킁거린다' '음음거린다' / " '아' 하는 소리 내고, 손을 까딱거린다" / '눈 깜빡임, 어깨 움직임, 혀를 핥는 모양 등의 틱행동들이 나타난다'

2) 틱 증상

행동: 헛기침을 하거나 "음." 소리를 냈는데 소리가 크고 억양이 특이한 편이었고, 문항이 어려운 경우에 더 많이 소리를 내고 몸을 흔듦 / 고개를 좌우로 재빨리 흔들거나 눈깜박임이 계속됨. 코를 찡그리거나 뭔가 뱉어내는 것 같은 신음소리를 냄 / 큰 목소리로 대답하였으며 숨을 들이마시는 듯한 소리를 자주 내었고, 어깨를 들썩이거나 입을 씰룩거리는 경우가 많음 / 킁킁거리기, 음음거리기, 눈깜빡임 등이 나타남 / "어~어." 하는 소리를 반복해서 내고 손을 까닥거리거나 몸을 움찔움찔하는 모습을 반복함 / 검사가 진행될수록 "어~어." 하는 소리의 빈도와 강도가 점점 더 증가함 / 기침하듯이 "케케." "킁!" 하는 소리를 반복적으로 냈고, 작은 소리로 "음…… 웅웅." 하기도 함. 또한 목과 고개를 한쪽으로 갑자기 움직이고, 어깨를 들썩이는 모습을 보였으며 눈을 깜빡이고 코를 찡긋거렸으며, 이따금씩 혀를 핥는 모습을 보임

3) 높은 불안 수준(강박)

행동: 눈맞춤은 가능했지만 지속 시간이 짧았고 곧바로 시선을 다른 곳으로 옮김 / 책상에 몸을 붙이고 턱을 책상에 댄 채로 다소 위축된 자세 / 검사자를 자주 쳐다보며 눈치를 살피는 모습 / 검사 내내 손에 땀이 남

지능: 지나치게 꼼꼼한 수행으로 인하여 동작성 지능의 전반적 저하

HTP: 지면의 상단에 그림을 그림

Rorschach: '악마' '괴물' '공룡' / 해부 반응을 많이 보임

SCT: '제일 무서운 꿈은 유령이 날 잡아가는 꿈'

4) 산만함

행동: 발이나 손을 꼼지락거리고 몸을 앞뒤로 흔듦 / 문항이 어렵다고 느끼면 얼굴을 긁적이거나 웃는 등 잔동작이 많아짐 / 다소 긴장되고 손을 옴지락거리거나 지우개 가루를 만지작거리면서 반응함

5) 지연된 행동(느린 행동)

행동: 목소리는 작고 말끝을 흐렸으며 응답하기까지 시간이 많이 걸리고 말도 느린 편 / 지시를 이해했는지에 대한 반응이 없거나 수행이 끝난 후에도 가만히 앉아 있어서 검사자가 재차 확인하는 경우가 많음

지능: 토막짜기 소검사에서 주어진 시간을 초과해서 정답을 맞히는 경우가 많음 / 기호쓰기 저하

6) 언어적 자원 부족(낮은 학습 수준)

지능: 어휘, 이해 소검사 저하('겨울과 여름의 공통점—온도, 아, 같은 거 말하랬죠, 날씨, 여름은 여름이고 겨울은 겨울이고' '도둑—나쁜 사람') / 상식, 산수 소검사의 낮은 점수 / 산수, 이해, 상식의 저하

7) 전반적으로 양호한 기능 수준(익숙한 상황에서 양호한 기능)

행동: 틱 증상을 보이면서도 적극적으로 과제를 수행함 / 깔끔한 복장 / 과제에 협조적인 편이었고 지시 사항은 비교적 잘 이해함

지능: 자극 간의 관련성을 찾아내는 능력과 시각적 예민성이 평균 수준으로 나타나서 익숙한 상황에서는 양호한 기능 수준 / 공통그림, 빠진곳찾기에서 양호한 수준 / 높은 토막짜기 소검사 / 양호한 동작성 지능

8) 스트레스에 취약함(시간적 압박에 취약)

지능: 숫자보다 낮은 순차 소검사 / 처리속도 지표의 상대적 하락 / 동형찾기 소검사 저하

Rorschach: IX번 카드에서 반응 실패 / I번 카드에서 '사람에게 불 붙은 거'

TAT: 가장 애매모호한 카드에서 '악마가 배를 타고 가는 거'

9) 경직된 사고

Rorschach: 높은 Lambda

10) 관습적 판단의 어려움

지능: 이해 소검사의 저하

Rorschach: P 저하, Xu% 상승

11) 높은 인정 욕구(높은 통제 욕구)

HTP: 나무 그림에서 '사과나무' '필요한 것－사과'라고 말하고 가지를 많이 그림 / 그리기 과제에서는 똑같게 그리기 위해 그리고 지우기를 반복함 / 기호쓰기의 느리지만 꼼꼼한 수행

Rorschach: 높은 Zd

SCT: '내가 동물로 변할 수 있다면 사자. 동물의 왕이라서' / '소원은 모두 내 말을 잘 들으라 할 것이다' '독수리가 되고 싶다'

12) 학습에 대한 부담

SCT: '세 번째 소원은 공부를 잘했으면' '내가 좀 더 어렸다면 공부를 열심히 했을 것이다' '내가 좀 더 나이가 많다면 더욱더 열심히 공부해야 한다'

13) 부정적인 자아상(낮은 자존감)

행동: 수행하기 어려운 과제에서는 목소리가 작아지며 자신 없어 함

HTP: 남자에 대해서는 '성격이 나쁘다', 여자에 대해서는 '자기 혼자 논다, 친구가 없다' / 사람 그림을 작게 그림 / 여자 그림에서 '가만히 있는 게 아니라 부러운 것, 다른 애들 노는데 못 놀아서, 장애인이어서' / 남자와 여자의 그림을 제대로 그리지 못함

Rorschach: '뼈'와 같은 해부 반응을 많이 보임 / MOR 상승

SCT: '대부분의 아이들은 공부를 잘하는데 나는 왜 못하는 건가' '나는 공부를 못한다' / '다른 사람들은 나를 이상하게 보는 것 같다'

14) 가족 및 친구에 대한 호의적 태도

SCT: '내가 가장 좋아하는 사람은 가족' '첫 번째 소원은 가족들이랑 행복하고 오래 살았으면' / '우리 엄마는 예쁘다' '나에게 가장 좋았던 일은 어머니가 뽀뽀해 줄 때' '외딴섬에 살게 된다면, 어머니와 살고 싶다' / '나는 친구가 많다' / '내가 꾼 꿈 중에서 제일 좋은 꿈은 친구랑 노는 꿈이다'

15) 가족 및 친구에 대한 불편감(외부 환경에 대한 위협적 지각)

HTP: 집 그림 '분위기가 찜찜하다' / 집 그림 '분위기—썰렁' '장난감이 필요하다. 어머니가 다 버리셨다' / 사람 그림 '애들이 때린다' / 집 그림 "엄마가 '뭐뭐 했니'라며 짜증 낸다"

Rorschach: 친밀감에 대한 태도를 느낄 수 있는 카드에서 '악어' / '사자가 개구리를 물어뜯고 있다' '사자가 거미를 좋아해서 물어뜯고 있다'

TAT: '아저씨들이 총으로 여자를 쏘고 배를 가른다' '장례식'

SCT: '내가 싫어하는 사람은 가족' '우리 아빠는 주장이 강하다' '나를 가장 화나게 하는 것은 엄마의 잔소리' '우리 엄마 아빠는 잔소리를 잘하신다' / '내가 가장 싫어하는 사람은 동생' / '여자애들은 싸가지가 없다' '나의 나쁜 점은 욕을 자주 한다' '나를 가장 화나게 하는 것은 시비 걸 때' / "다른 사람들은 나를 쳐다보고 '아' 하는

소리를 놀린다" "남자애들은 날 보고 '아~' 한다고 놀린다"

16) 정서적 자원 부족

Rorschach: 낮은 WSumC / 색채카드들에서 '다리 없는 곰' '해골이 피리 부는 거' '개 얼굴' / 색채카드들에서 형태질의 저하

17) 불편감 부인

Rorschach: IV, IX번 카드에서 반응 실패

18) 분노감

Rorschach: 공백 반응을 다수 보이며, '돌리는 팽이에서 나오는 피' '불사조' '손이 터져 나오는 피'

11 Chapter 지속성 운동 또는 음성 틱장애

1. 심리과정상의 특징

지속성 운동 또는 음성 틱장애(Persistent Motor or Vocal Tic Disorder)는 투렛장애보다 증상이 약화된 경우이고, 이에 따라 심리적 스트레스도 상대적으로 약화된 형태로 나타난다. 억압적인 성향이어서 조용하게 참고 지내지만 내면에는 분노감이 쌓여 있고, 이러한 감정을 인식하거나 표현하지 못하지만 검사에는 나타난다. 불안 수준이 약간 높고, 강박적인 행동 경향을 보이기도 한다. 대부분은 틱 증상이 있는 것을 제외하면 양호한 인지 기능과 생활 기능을 보인다.

2. 보고서 사례

1) 모에 대한 양가감정, ADHD(남자 / 만 12세 / 중1)

■ 의뢰 사유

내담자는 '진로 걱정' '또래관계의 어려움' '자신감 부족' 등을 주 호소로 상담센터를 방문하였으며, 전반적인 인지 기능 및 정서 파악을 위해 청소년종합심리평가를 실시하였다.

■ 행동 관찰과 면담

내담자는 작은 키에 보통 체격으로 귀염성 있는 외모였고, 어머니와 함께 센터에 방문하였다. 위생 상태는 양호하였고, 검사자와의 눈맞춤도 적절하였다. 검사 내내 '킁킁'거리는 소리를 내는 음성 틱 증상을 보였으며, 시간이 지날수록 증상이 더욱 심해졌다. 검사 초반에는 검사자와 거리를 두고 앉고, 간단하게만 대답하는 등 비협조적인 태도를 보였으나, 시간이 지나면서 점점 의욕적인 모습을 보였다. 그러나 지능검사에서는 반응이 나오기까지 시간이 오래 걸렸으며, 정답에 실패한 후에는 크게 한숨을 쉬며 당황스러워하면서 안절부절못하였다. 내원 사유에 대해서는 '시험을 잘 못 볼까 봐 걱정된다' '시험을 준비하면서도 할 수 있을까 생각이 들고, 친구들보다 못 볼까 봐 걱정된다'라며 시험에 대한 불안감을 언급하였다.

■ 지능과 인지 기능

한국 웩슬러 아동용 지능검사 4판 (K-WISC-IV)			
영 역	지 능	백분율(%)	수 준
언어이해	82	12	평균 하
지각추론	107	67	평균
작업기억	92	29	평균
처리속도	88	22	평균 하
전체 지능	89	22	평균 하

내담자의 전체 지능은 89로 평균 하 수준을 나타냈으며, 같은 연령대에서 하위 22%의 수준이었다. 언어이해는 82로 평균 하 수준을, 지각추론은 107로 평균 수준을, 작업기억은 92로 평균 수준을, 처리속도는 88로 평균 하 수준을 나타냈으며, 지능 영역 간의 차이가 25점으로 유의미하게 나타났다(기준은 20점). 그리고 소검사 간의 차이도 7점으로 크게 나타나고 있어서 상황에 따른 기능상의 차이가 클 것으로 예상된다.

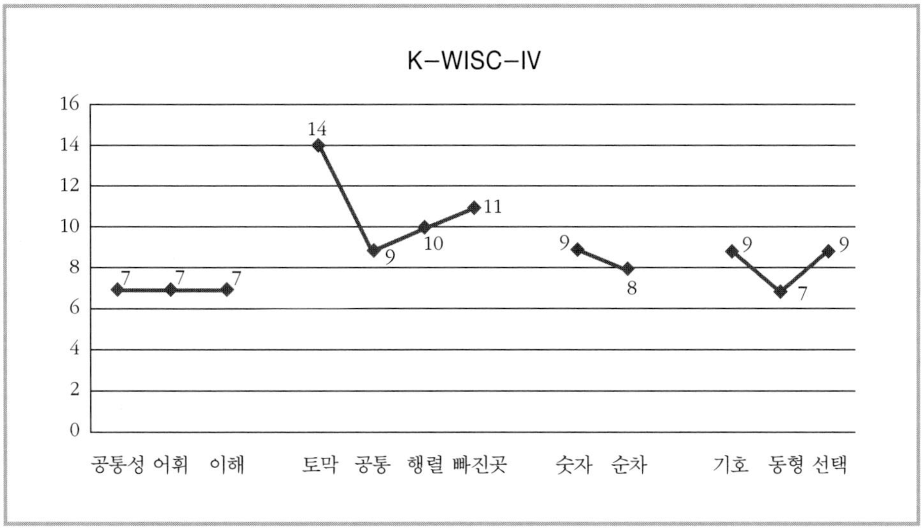

언어이해 영역에서는 사물의 유사성을 파악하는 능력과 어휘구사력이 평균 하 수준으로 나타나고 있어서 언어적 개념을 이해하는 능력이 다소 부족할 수 있겠다('복종하다—로봇' '그림과 조각품—모르겠다'). 또한 사회적 상황에 대한 이해력도 평균 하 수준에 그치고 있어서 관습 및 규범을 습득하는 능력도 다소 부족해 보인다('신문—전자파가 나와서').

지각추론 영역에서는 시공간 구성능력이 우수 수준이어서 구조화된 상황에서는 자신의 기능 수준을 잘 발휘할 것으로 생각된다. 그러나 공통그림찾기와 행렬추리 소검사가 토막짜기 소검사에 비해 4점이나 낮은 평균 수준에 그치고 있어서 자극을 통해서 추론하는 능력은 주관적으로 부족하게 느낄 것으로 보이며, 과제의 구조화 여부가 내담자의 기능 수준에 상당히 영향을 미치는 것 같다. 한편, 시각적 예민성이 평균 수준을 보이고 있어서 주변 환경 변화에는 적당히 민감해져 있는 것 같다.

작업기억 영역에서는 순간적인 자극에 주의를 기울이는 능력이 평균 수준이었고,

보다 복잡한 자극에 주의를 기울이는 능력이 평균 하 수준을 보이고 있어서 주의집중력은 비교적 양호한 것 같다.

처리속도 영역에서는 간단한 시각적 자극에 짧은 순간 동안 집중력을 발휘하는 능력이 평균 수준으로 양호해 보인다. 또한 시공간 운동속도도 평균 수준이어서 정교하거나 미세한 손동작이 필요한 상황에서도 적절하게 반응할 것으로 생각된다. 그러나 긴장감 속에서 빠른 논리적 판단력을 발휘하는 능력이 평균 하 수준에 그치고 있어서 시간의 압력이 느껴지는 상황에서 수행 수준이 저하될 수 있겠다. 그리고 기호쓰기 소검사에서 자극이 제시된 순서대로 그림 자극을 잘 모사하다가 과제 수행 후반에 순서를 건너뛰었고, 동형찾기 소검사에서도 문항을 빠뜨리거나 오류를 많이 보였는데, 이는 충동 조절의 어려움과도 관련이 있는 것으로 여겨진다.

지능검사 결과, 구조화된 상황에서는 높은 기능 수준을 보일 것으로 생각된다. 그러나 추상적인 자극을 통해서 추론하는 능력이 평균 수준에 그치고 있어서 틀이 정해져 있지 않고 스스로 해결 방안을 찾아야 하는 상황에서는 기능 수준의 저하를 보일 수 있겠다. 또한 시간의 압력이 느껴지는 상황에서 수행 수준이 저하되고 있어서 불안 수준이 높아 보이며, 문항을 빠뜨리거나 오류를 많이 보인 점을 고려하면 충동 조절의 어려움도 있어 보인다. 그리고 언어적 개념을 이해하거나 표현하는 능력이 부족하여 대면 상황에서 의사소통 시 자신의 생각을 전달하는 데 어려움을 느낄 수도 있겠다.

Rorschach 검사 결과, 인간운동 반응을 5개나 보이듯이 심사숙고하는 모습을 보이고 있으나, 2회 시행을 했음에도 불구하고 12개의 적은 반응 수를 보이고, 왜곡된 형태 반응이 많아서(X-%=0.42) 문제 상황에서 부적절하고 특이한 행동으로 대처하는 경우가 많을 수 있겠다(Dd=4). 또한 평범 반응을 3개밖에 못하고 있듯이 관습적인 지각능력이 부족해 보이므로 주변 자극을 부적절하게 임의적으로 연관시키면서(WSum6=8) 주변 사람과 공감적인 관계를 맺기도 어려울 것으로 여겨진다(M-=4).

■ 성격과 정서

내담자는 HTP의 모든 그림을 지면에 가득 차도록 크게 그리고, SCT에서 '나는 공부를 잘할 자신이 있다'라고 하듯이 자신에 대한 기대 수준이 높아 보인다. 또한 SCT에서 '나는 때때로 선생님께 칭찬을 받아서 기분이 좋다'라고 하고, HTP 나무 그림

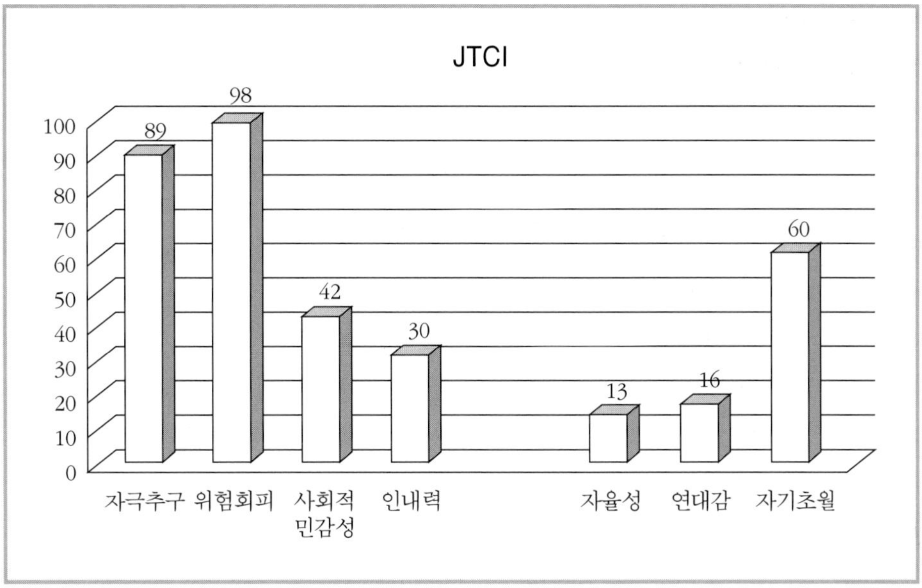

에서 나뭇가지를 크고 많이 그리고 있듯이 인정받고 싶은 욕구도 높은 것 같다. 그러나 기능 수준이 낮은 내담자는 SCT에서 '내가 제일 걱정하는 것은 성적이다'라고 하듯이 성적에 민감해 보이므로 자신의 부족한 능력에 직면했을 때 상당한 스트레스를 받을 것으로 생각된다. 게다가 또래와 자신의 수행 수준을 비교하면서 좌절감이 더 커졌던 것 같다(SCT: '대부분의 아이들은 나보다 공부를 잘한다'). 그리고 SCT에서 '선생님들은 잔소리 대마왕이다'라고 하듯이 부정적인 평가를 많이 받았던 것으로 여겨지며, 욕구가 좌절되는 상황에서 무기력한 태도를 보일 수 있겠다(SCT: '다른 사람들이 나를 무시해도 상관없다').

한편, SCT에서 '내가 가장 좋아하는 사람은 엄마다'라고 하듯이 어머니에 대한 애정을 표현하면서도, '우리 엄마는 힘이 세다'라고 하듯이 위압적으로 느끼는 면도 있는 것으로 여겨지므로 양가감정을 경험할 수 있겠다. 이러한 내담자는 SCT에서 '내가 가장 좋았던 일은 엄마와의 시간 약속을 어겼지만 친구들과 신나게 논 것이다'라고 하듯이 어머니의 통제를 벗어나는 상황에서 쾌감을 느끼면서도, TAT에서 '청년이 엄마에게 잘못한 일을 말했는데 엄마가 뒤돌아 있다. 둘 사이가 멀어질 거 같다'라고 하듯이 한편으로는 어머니와의 관계 단절에 대한 불안감을 느끼는 것으로 여겨지므로 어머니와의 관계에서 일관된 태도를 정하지 못하고 혼란감을 경험하면서 분노감을 느낄 수 있겠다(Rorschach: '피가 난다'). 한편, JTCI에서 '자극추구－89%'로 나타나듯이 쉽게 흥분하고 충동적인 경향까지 가지고 있는 것으로 보이므로 분노 조절을 하지 못하고 내면의 불편감이 겉으로 표현될 수 있겠다(Rorschach: '두 사람이 손을 맞대고 있는데 피가 난다').

내담자는 TAT에서 '반성하고 나쁜 짓을 하지 않는다. 아니면 감옥에 간다'라고 하듯이 자신의 문제행동에 대해 반성하는 모습과 반항적인 태도를 동시에 가지고 있어서 내면의 갈등을 경험하고 있는 것 같다. 그리고 Rorschach 검사에서 '악마' '입 벌리고 있는 괴물'이라고 하듯이 주변 환경을 적대적으로 느끼면서도, TAT에서 '어떤 꼬마가 바닥에 앉아서 심각한 고민을 하고 있는 거 같다'라고 하고, Rorschach 검사에서 '거꾸로 매달린 사람'이라고 하듯이 내면적으로는 고통감이 커 보인다. 그러나 HTP 집 그림에서 '집 주변—없다', 대인관계에 대한 태도를 나타내는 Rorschach 카드에서 '날개 달린 사람의 뒤통수'라고 하는 것을 보면, 관계를 지지적으로 느끼지 못하고 스스로 방어적인 태도를 취하고 있는 것 같다(SCT: '내가 만약 동물로 변할 수 있다면 고슴도치가 되고 싶다. 왜냐하면 아무도 공격하지 못하기 때문'). 이러한 내담자는 내면의 고통감을 부인하고 있어서(HTP: 사람 그림 '행복한 사람' '장점—행복하게 웃는 거'), 스트레스가 가중되는 상황에서는 틱과 같은 신체 증상을 보여 왔던 것으로 생각된다.

요약과 제언

• 요 약

전체 지능	89	평균 하			
언어이해	82	평균 하	지각추론	107	평균
작업기억	92	평균	처리속도	88	평균 하

내담자의 지능 수준은 평균 하 수준으로 나타남. 구조화된 상황에서는 높은 기능 수준을 보일 것으로 생각되나, 불안 수준이 높고, 충동 조절의 어려움도 나타나고 있어서 틀이 정해져 있지 않고 스스로 해결 방안을 찾아야 하는 상황에서는 기능 수준의 저하를 보일 수 있음. 그리고 의사소통 시 자신의 생각을 전달하는 데 어려움을 느낄 수도 있음. 내담자는 자신에 대한 기대 수준이 높지만 기능 수준이 낮아 자신의 수행 수준을 비교하면서 좌절감이 더 커졌을 것으로 여겨

짐. 이러한 내담자는 좌절 상황에서 무기력해질 수 있음. 한편, 어머니에 대해 양가감정을 경험하면서 일관된 태도를 정하지 못하고 혼란감과 분노감을 느낄 수 있음. 내면의 고통감이 커 보이나, 관계를 지지적으로 느끼지 못하고 스스로 방어적인 태도를 취하고 있으며, 고통감을 부인하고 있어서 스트레스가 가중되는 상황에서는 틱과 같은 신체 증상을 보여 왔던 것으로 생각됨.

• 심리평가 결과, 내담자는 다음과 같은 진단이 시사됨.

Axis I. Chronic Motor or Vocal Tic Disorder
(Persistent Motor or Vocal Tic Disorder, With vocal tics only)
R/O Attention-Deficit/Hyperactivity Disorder, Predominantly Inattentive Type(Attention-Deficit/Hyperactivity Disorder, Predominantly inattentive presentation)
Axis IV. Parent-Child Relational Problem(Parent-Child Relational Problem)

• 제 언

1. 지지적 환경에서 불편감 표현하기
2. 충동성 조절하기
3. 언어표현 능력 키우기
4. 문제 상황에서 비공격적인 해결 방법 훈련시키기

2) 긍정적 관계에의 몰입(남자 / 만 10세 / 초4)

■ 의뢰 사유

아동은 '눈깜빡임' '머리 흔들기' 등의 틱 증상을 주 호소로 상담센터를 방문하였으며, Tic Disorder 임상적 인상하에 아동종합심리평가를 실시하였다.

■ 행동 관찰과 면담

안경을 쓰고 파마 머리를 한 아동은 보통 키, 보통 체구의 초등학생으로 부모와 함께 방문하였다. 다소 까만 피부에 이국적인 외모의 아동은 위생 상태가 양호하였으며, 검사자와의 눈맞춤도 잘하는 편이었다. 검사를 시작한 지 20여 분이 지나자 고개를 흔드는 틱 증상이 나타났으며, 이는 검사 종료 시까지 지속되었다. 검사에 협조적이었으며, 비교적 편안한 모습으로 검사에 임하였다. 내원 사유에 대해서는 '틱을 하게 돼서'라고 하였으나, 다른 불편감은 언급하지 않았으며, 학업이나 또래관계 전반에 대해서는 만족감을 표현하였다.

■ 지능과 인지 기능

한국 웩슬러 아동용 지능검사 3판 (K-WISC-III)			
지 능	점 수	백분율(%)	수 준
언어성 지능	104	50.0	평균
동작성 지능	92	29.7	평균
전체 지능	98	44.7	평균

아동의 전체 지능은 98로 평균 수준으로 나타냈으며, 같은 연령대에서 하위 45% 정도의 수준이었다. 언어성 지능은 104로 평균 수준을, 동작성 지능은 92로 평균 수준을 나타냈다. 두 지능 간의 차이가 유의미하지는 않았으나 다소 크게 나타나고 있어, 언어구사력과 학습능력에 비해 즉각적인 상황 대처능력이 다소 부족할 수 있겠다.

언어성 지능을 살펴보면, 단순한 자극에 대한 주의력이 평균 상 수준으로 높게 나타났으며, 바로따라외우기는 여덟 자릿수까지 성공하는 등 단기집중력이 뛰어났다.

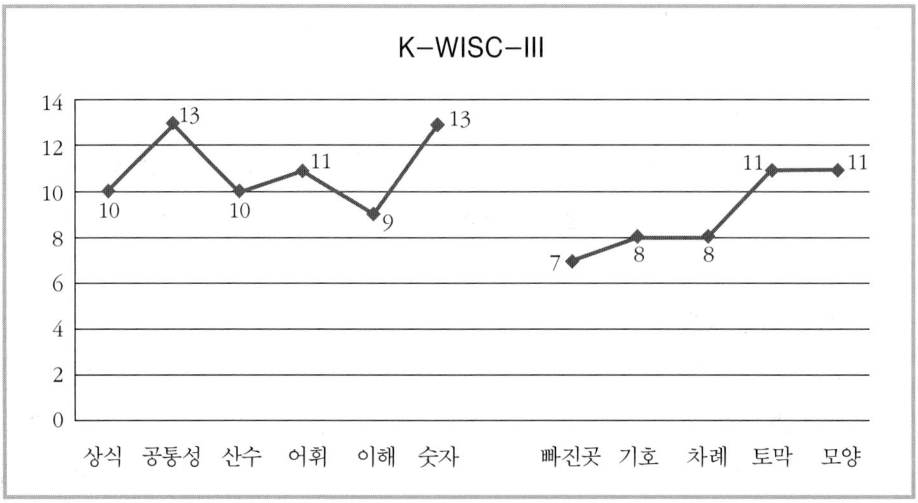

그러나 거꾸로따라외우기는 여섯 자릿수까지 성공했으며, 세 자릿수부터 자릿수가 증가할 때마다 1개 문항씩 계속해서 틀리는 등 일관되게 집중력을 발휘하지 못하였다. 추상적 사고능력이 평균 상 수준이었으며, 어휘구사력이 평균 수준을 유지하고 있어 언어 개념을 이해하거나 언어를 활용하는 능력은 적절한 수준을 보이고 있었다. 그리고 기본지식과 수계산 능력이 평균 수준으로 나타나 학업 성취 수준도 양호할 것으로 여겨진다. 사회적 상황에 대한 이해력이 평균 수준이어서 관습적 행동양식도 충분히 습득하고 있는 것으로 보인다.

동작성 지능 영역에서는 토막과 모양 소검사에서 평균 수준을 보이고 있어 시공간 구성능력과 기본적인 문제해결 능력이 모두 양호한 것으로 생각된다. 그러나 시공간 운동속도는 평균 하 수준으로 낮게 나타나고 있어 그다지 민첩하지 못했으며, 시각적 예민성과 상황적 맥락을 파악하는 능력도 평균 하 수준으로 나타나 주변 환경 변화를 민감하게 인식하고 추후 대응행동을 계획하는 능력은 다소 부족해 보인다.

지능검사 결과, 아동은 단기집중력이 뛰어나고, 언어 개념을 이해하고, 도구를 활용하며, 구조화된 상황에서 문제를 해결하는 등 학업 성취를 위한 기본적인 능력은 충분히 가지고 있는 것으로 여겨진다. 그러나 추론 및 예측 등 고차원적인 인지 기능이 필요한 상황에서는 대응하기 어려워하는 것 같다. 게다가 주변 환경 변화에 둔감하고 신체 반응속도도 그다지 민첩하지 못해 변화하는 상황에 빠르게 적응하기도 힘들어 보인다.

Rorschach 검사 결과, 15개의 적은 반응 수를 보이고 있으며, 단순한 형태 반응을 많이 보이고 왜곡된 형태 반응의 비율이 높게 나타나는 등 스트레스 상황에서 높은 긴장 상태를 유지하면서 사고가 경직되고 부적절한 대응을 하기 쉬워 보인다. 게다가 평범 반응은 단 2개에 불과한 반면, 특이한 부분 반응은 9개에 이르고 있어(Dd=9) 스트레스가 쌓일수록 보편적이고 공통적인 사고를 유지하지 못하고 필요 이상으로 세세한 자극에 강박적으로 몰입함으로써 매우 비효율적인 행동을 하게 될 가능성이 높아 보인다

■ 성격과 정서

아동은 SCT에서 '내가 좀 더 어렸다면 유치원 때 재롱잔치를 하고 싶다' '강아지가 되고 싶다. 사람들이 예뻐하니까' 등의 반응을 보이듯 애정 욕구가 높아 보인다. 그리고 HTP와 KFD에서 사람들을 모두 웃는 얼굴로 그리고, HTP의 집 그림에서

'우리 가족이 산다' '오래 살 것 같다', SCT에서 '우리 엄마 아빠는 되게 예쁘고 멋있고 두 분 다 착하시다' '나는 친구가 많다'라고 하듯이 부모, 친구 등 주변 사람과의 관계를 매우 긍정적으로 기술하고 있었다. 그러나 HTP의 나무 그림에서 '친구들이 필요하다' '심심해서 죽을 것 같다'라고 하였고, 대인관계에 대한 태도를 나타내는 Rorschach 카드에서 공간 반응과 왜곡된 형태 반응을 보이듯이 또래관계에서 한편으로는 불편감과 외로움도 느끼고 있는 것 같다. 게다가 Rorschach 검사에서 친밀감에 대한 태도를 나타내는 카드에서 음영 반응을 보이거나, 왜곡된 형태 반응을 보이고 있어 주변 환경을 그다지 안정적이고 지지적으로 인식하지 못하고 있는 것 같다(SCT: '내가 가장 무서워하는 것은 엄마').

Rorschach의 색채카드들에서 색채 반응은 1개도 하지 못한 채 왜곡되고 특이한 형태 반응만 보이고 있으며, 색채와 모양이 가장 다양한 X번 카드에서는 아예 반응에 실패하는 등 정서적 자원이 빈약하고 감정적 상황에서 불편감을 느끼기 쉬운 아동은 Rorschach 검사에서 전체적으로 공간 반응을 4개나 보였고, 특히 불편감이나 거부감을 일으키기 쉬운 IV번 카드에서 '괴물' '마녀' 등의 반응을 보이고 있어 정서적 자극을 다루어야 하거나 스스로 감당하기 어려운 문제가 주어지는 상황(SCT: '내가 제일 걱정하는 것은 시험 보는 것')에서는 불만족감, 거부감, 적대감 등 부정적이고 공격적인 감정이 상승할 수 있겠다. 그러나 앞에 나타나듯이 주변 사람에 대한 긍정적 반응만 보이고 있는 아동은 내면의 불편감을 표현하지 못한 채 억누르는 과정에서 틱과 같은 신체 증상이 나타나고 있는 것 같다.

■ 요약과 제언

• 요 약

전체 지능: 98, 평균 / 언어성 지능: 104, 평균 / 동작성 지능: 92, 평균

아동의 지능은 평균 수준으로 나타남. 단기집중력이 뛰어나고, 학업 성취를 위한 기본적인 잠재력은 충분히 가지고 있으나, 추론 및 예측 등 고차원적인 인지기능이 필요할 때는 문제해결의 어려움이 클 수 있음. 게다가 시각적인 자극에 다소 둔감하고 운동속도도 그다지 민첩하지 못해 빠르게 변화하는 상황에서도 불편감이 상승할 수 있음. 아동은 스트레스 상황에서 사고가 경직되어 지나치게 지엽적인 자극에 몰입하는 등 비효율적인 행동을 하게 될 가능성도 높아 보임. 한편, 애정 욕구가 높고 주변 사람과의 관계에 대한 만족감도 높게 보고하고 있

으나, 실제로는 정서적 지지나 안정감을 충분히 느끼지 못하고 있으며, 또래관계에서도 다소간의 거리감을 느끼고 있는 것으로 보임. 그러나 정서적 자원이 빈약한 아동은 내면의 불만을 충분히 표현하지 못하고 있는 것으로 생각됨.

• 심리평가 결과, 아동은 다음과 같은 진단이 시사됨.
Axis I. Chronic Motor or Vocal Tic Disorder
(Persistent Motor or Vocal Tic Disorder, With motor tics only)

• 제 언
정서적 자원이 빈약하고 가정환경 및 또래관계 속에서 느끼고 있는 불편감이 있으나, 이를 적절히 표현하지 못한 채 겉으로 원만하고 무난한 관계를 형성하는데 몰입하고 있는 것으로 여겨지므로 내면의 불편감이 신체 증상을 통해 표현될 수 있을 것으로 생각됨.

3) 쉽게 힘들어하고 쉽게 회복됨(여자 / 만 9세 / 초3)

■ 의뢰 사유

아동은 '몸을 움찔거린다' '코를 흠흠거린다' 등을 주 호소로 방문하였으며, Tic Disorder, Anxiety Disorder NOS 임상적 인상하에 아동종합심리평가를 실시하였다.

■ 행동 관찰과 면담

아동은 보통 키, 마른 체형의 초등학생 여아로 아버지와 함께 내원하였다. 긴 생머리에 노란색 반코트에 깔끔한 옷차림을 하고 있었으나, 검사자와의 눈맞춤은 잘하지 못했다. 쉰 목소리로 말투가 자연스럽지 못했고, 말을 하다가 말고 멍하니 있는 경우가 가끔 있었다. 검사지를 뚫어지게 쳐다보며 과제에 집중하였으나, 기호쓰기에서는 중간에 수행을 임의로 중단한 채 멍한 표정으로 앉아 있는 모습도 나타났다. 그리고 검사 내내 흐느끼는 듯한 소리를 반복하는 등 음성 틱 증상이 심하게 나타났다. 또한 과제가 어려워지면 한숨을 크게 쉬며 상당한 부담감을 표현하기도 했다. 내원 사유에 대해서는 '심장 때문에 왔다. 바늘로 찌르는 것 같다'라며 다소 엉뚱한 이유를 말하였으며, 다른 심리적인 불편감에 대해서는 부인하였다.

지능과 인지 기능

한국 웩슬러 아동용 지능검사 3판 (K-WISC-III)			
지 능	점 수	백분율(%)	수 준
언어성 지능	101	42.1	평균
동작성 지능	100	50.0	평균
전체 지능	101	52.7	평균

아동의 전체 지능은 101로 평균 수준을 나타냈으며, 같은 연령대에서 상위 47% 정도의 수준이었다. 언어성 지능은 101로 평균 수준을, 동작성 지능은 100으로 평균 수준을 나타냈으며, 두 지능 간의 차이는 거의 나타나지 않았다.

언어성 지능을 살펴보면, 기본적인 상식과 추상적 사고능력이 평균 상 수준으로 나타나 학업 수행 수준과 고차원적인 개념에 대한 이해 수준이 높아 보인다. 그리고 수계산 능력은 평균 수준으로 적절한 수준을 유지하고 있었으며, 단순한 자극에 대한 주의력도 평균 수준으로 전반적인 주의력 수준도 양호해 보였다. 그러나 숫자 소검사에서 바로따라외우기(10점)와 거꾸로따라외우기(5점) 간의 점수 차이가 크게 나

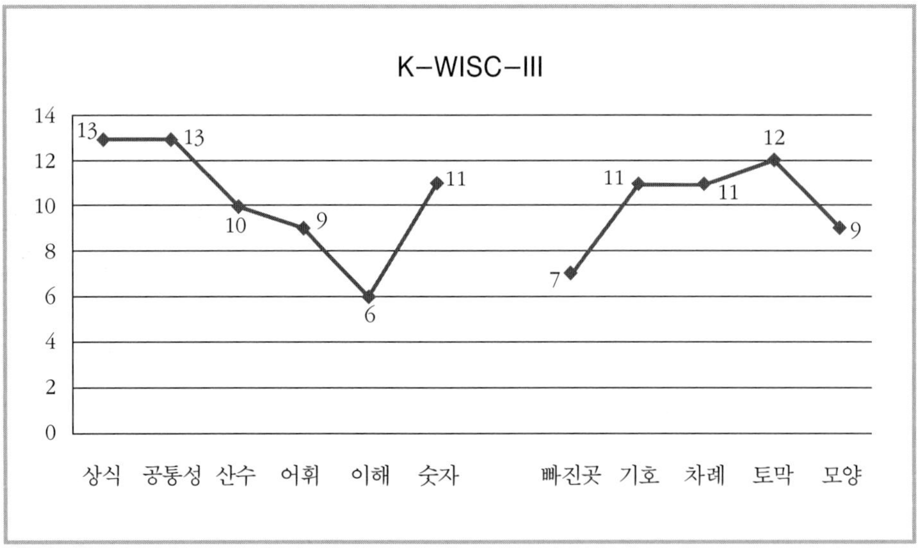

타나고 있어 작업기억력의 저하가 시사되므로 학년이 올라갈수록 학업 수행의 어려움이 커질 수 있겠다. 어휘구사력은 평균 수준이었으나, 추상적 사고능력에 비해 상당히 낮게 나타나고 있어 잠재력에 비해 어휘 습득 수준은 다소 부족해 보인다. 한편, 전반적으로 평균 수준 이상의 지적 능력을 보이고 있음에도 불구하고 사회적 상황에 대한 이해력은 경계선 수준으로 매우 낮게 나타났으며, 대답의 수준이 단편적이고 문제가 어려워지면 전혀 대답을 하지 못하고 있어서 다른 기능 수준에 비해 생활 속에 필요한 관습이나 규칙의 습득은 매우 부족해 보인다.

동작성 지능 영역에서는 시공간 구성능력이 평균 상 수준을 보이고 있어 지적 잠재력도 평균 상 수준 정도로 예상되나, 부분을 통해 전체 상을 구성하는 능력은 이보다 3점이 낮은 평균 수준에 그치고 있어 응용력은 상대적으로 부족해 보인다. 시공간 운동속도도 평균 수준이었으며, 상황적 맥락을 파악하는 능력도 평균 수준으로 나타나 사회적 상황에서의 판단력도 적절해 보이나, 시각적 예민성은 평균 하 수준으로 낮게 나타났고, 쉬운 문항에서 엉뚱한 대답을 하는 등 둔감한 모습을 보이고 있어 또래와의 관계에서 미묘한 감정이나 상황 변화를 파악하지 못하는 경우가 종종 있을 것으로 생각된다.

지능검사 결과, 지적 잠재력이 평균 상 수준 정도로 예상되므로 구조화된 환경 내에서는 학습 수준이 높을 것으로 여겨지나, 작업기억력이 부족하고 응용력도 저하되어 있어 학년이 올라갈수록 학업 수행의 어려움이 커질 것으로 보인다. 또한 주변 자극들에 둔감하고, 사회적 규범이나 규칙을 충분히 습득하지 못하고 있어 또래관계에서도 주변 분위기나 관습적인 절차에 따르기보다는 자기만의 방식을 고집함으로써 갈등을 겪을 가능성이 있겠다.

Rorschach 검사 결과, 평범 반응은 단 2개를 보이고 있어 사회적 규범이나 주변 사람들의 평가에 대해서 고려하지 않은 채 행동하는 경우가 많을 것으로 보이며, 전반적으로 왜곡된 형태질이 많고, 외향적인 대처 경향을 보이고 있어(EB = 1:3.5) 아동의 행동 방식이 상황에 맞지 않게 부적절하거나 감정 변화에 따라 충동적으로 나타날 가능성이 높아 보인다.

■ 성격과 정서

아동은 SCT에서 '강아지가 되고 싶다. 사람들에게 사랑을 많이 받을 거라고 생각하기 때문이다' '내가 꾼 꿈 중에서 제일 좋은 꿈은 내가 유명인사가 되는 꿈이다'라고 하듯이 애정과 인정에 대한 욕구가 높아 보인다. 이러한 아동은 SCT에서 '내가 가장 행복한 때는 가족이랑 같이 있을 때다' '우리 엄마는 예쁘시다. 우리 아빠는 멋지다'라고 하는 등 가정환경과 부모에 대해 매우 긍정적인 반응을 보이고 있으나, HTP의 집 그림에서는 '앞으로—다른 사람이 부숴 버릴 것 같다'라고 하고 있어 한편으로는 가정환경에 대한 불만이 많아 보인다. 게다가 Rorschach에서 친밀감에 대한 태도를 나타내는 카드에서 '부서진 나무조각'과 같은 반응을 보이고 있어 친밀감과 지지를 얻어야 할 가정 내에서 오히려 상당한 위협이나 좌절감을 느끼고 있을 가능성도 있겠다. 또래관계에 대해서도 긍정적인 표현을 하고 있으나(SCT: '나는 친구가 좋다고 생각한다' '대부분의 아이들은 나와 친구가 된다'), 대인관계에 대한 태도를 나타내는 Rorschach 카드에서는 '피'라는 반응을 보였고, HTP의 나무 그림에서는 '외롭다는 생각을 한다'라고 하듯이 실제 또래관계에서는 상당한 갈등을 경험하며 고립되어 있는 것 같다(SCT: '나의 가장 나쁜 점은 자기주장이 강하다' '나를 가장 슬프게 하는 것은 싸움이다').

이러한 아동은 HTP 집 그림에서 창문에 커튼을 그리고 있듯이 자신은 잘 드러내지 않은 채 주변 환경을 살피며 경계하고 있는 것으로 보이며, 사람 그림에서 얼굴과 의복 표현을 매우 구체적으로 하고 있듯이 필요 이상으로 주변 사람의 세세한 특성까지 신경을 쓰고 있는 것으로 보이나, 지능검사에서 나타나듯이 필요한 만큼의 효율성과 민감성을 가지고 있지는 못한 것으로 보이므로 문제해결에 도움을 주지 못하고 있는 것 같다. 또한 지적 잠재력이 높고 성취에 대한 기대가 높은 반면, 작업기억력과 비구조화된 상황에서의 대처능력이 부족한 아동은 애매하고 복잡한 자극이 주어지는 Rorschach에서 '괴물, 원숭이, 독수리, 악어가 합쳐진 거' '닭하고 개하고 합쳐진 거' '게, 장미, 나무가 합쳐진 거' 등 부적절한 혼합 반응(INCOM)을 많이 보이고 있어 자신이 감당하기 어려운 자극이 주어지면 심한 혼란감과 고통감을 경험하며 상당히 부적절한 행동을 보일 수 있겠다. 특히 강한 정서적 반응이 요구되는 경우 이러한 부적응적인 행동이 심해질 수 있겠다. 다만, VIII번, IX번의 2개 카드에서 앞과 같이 부적응적인 반응을 보였음에도 불구하고 X번 카드는 가장 좋아하는 카드로 선택하며 '용이 승천하는 거'라는 반응을 보이고 있어, 외부 스트레스가 줄어들면 문제해결 능력이 회복되고, 위축된 상태에서도 벗어날 수 있을 것으로 기대된다.

요약과 제언

• 요 약

전체 지능: 101, 평균 / 언어성 지능: 101, 평균 / 동작성 지능: 100, 평균

아동의 지능은 평균 수준으로 나타났으나, 지적 잠재력은 평균 상 수준 정도로 추정됨. 구조화된 환경 내에서의 학습 수준이 높을 것으로 여겨지나, 작업기억력이 부족하고 응용력도 저하되어 있어서 낯선 상황에서의 대처는 어려울 것으로 보이며, 주변 자극에 둔감하고, 사회적 규범이나 규칙을 충분히 습득하지 못하고 있어 또래관계에서도 자기만의 방식을 고집함으로써 갈등을 겪을 가능성이 있음. 겉으로는 주변 사람에 대해 긍정적인 태도를 가진 듯 표현하고 있으나, 실제로는 그다지 친밀한 관계를 형성하지 못한 채 고통감을 느끼고 있는 것으로 보임. 관계 형성에 대한 의지는 높지만, 스트레스 상황에서 지나치게 사소한 것들에 집착함으로써 공감적인 관계를 맺지 못한 채 부적절한 행동을 하기 쉬움. 다만, 스트레스가 줄어들면 대처 수준이 개선될 수 있어 환경적 스트레스를 줄일 필요가 있음.

• 심리평가 결과, 아동은 다음과 같은 진단이 시사됨.

Axis I. Chronic Motor or Vocal Tic Disorder

(Persistent Motor or Vocal Tic Disorder, With vocal tics only)

• 제 언

작업기억력과 사고의 유연성을 강화시키고, 사회규범을 습득하고 정서적으로도 민감해질 수 있도록 관련된 프로그램에 참여시킬 필요가 있음.

12 Chapter 잠정적 틱장애

1. 심리과정상의 특징

틱 증상을 가진 대상군 중에서 가장 많이 해당되는 진단이다. 틱은 신체 증상인데 하나의 신체 증상을 1년 내내 지속하는 게 어찌 보면 더 어려운 일이다. 근육의 불수의적인 움직임을 통제하는 데 있어서 신체적 취약성을 가지고 있으면서 이러한 취약성을 자극하는 스트레스가 계속 있어야 투렛장애나 지속성 운동 또는 음성 틱장애에 해당될 수 있는데, 그렇게까지 심각한 경우는 많지 않다. 신체적 취약성도 약하게 있는 경우가 더 많고, 스트레스도 약하게 그리고 간헐적으로 있는 경우가 훨씬 더 많다. 게다가 취약성이나 스트레스가 강하더라도 이를 견딜 수 있는 회복탄력성이 높다면 그다지 심각한 수준의 틱을 경험하지 않을 수 있다.

증상의 심각성이 다소 낮고 증상의 기간도 짧은 잠정적 틱장애(Provisional Tic Disorder)에 해당되는 경우는 일상적으로 크게 문제는 없지만, 보통의 다른 아동에 비하면 다소 '강압적인 가정환경' '그에 대한 내면의 분노' '분노를 누르는 억압 방어기제의 사용'이 경한 수준에서 나타나는 경우가 많다. 대부분은 착하고 바르고 무난하다는 인상을 준다. 단순히 불안 수준이 높은 아이가 전학과 같은 환경 변화의 초기 단계에서 높은 긴장 상태를 유지하다가 틱 증상을 보일 수도 있다. 이런 경우는 친한 친구가 생기면 바로 증상이 없어지기도 한다. 또는 예민하고 자존심은 세지만 지능이 경계선 수준 정도로 애매하게 낮은 아동이 학업적 · 사회적 상황에서의 좌절 상황을 수용하지 못하거나 주변 사람과 이 고통감을 나누지도 못하고 혼자서 걱정만 반복하다가 틱 증상이 나타날 수도 있다.

2. 보고서 사례

1) 부모평가를 고려한 진단(남자 / 만 9세 / 초3)

■ 의뢰 사유

아동은 '틱 증상' '감정 조절의 어려움' 등을 주 호소로 상담센터를 방문하였으며, 전반적인 인지 기능 및 정서 파악을 위해 아동종합심리평가를 실시하였다.

■ 행동 관찰과 면담

아동은 큰 키에 보통 체격으로 파마를 하였고, 눈에는 다크서클이 진하게 있었으며, 부모와 함께 센터에 방문하였다. 위생 상태는 양호하였고, 검사자와의 눈맞춤도 잘 이루어졌다. 아동은 몸까지 흔들릴 정도로 머리를 세게 흔드는 운동 틱이 나타났으며, 검사가 진행되면서 틱이 나타나는 빈도가 많아지고 강도가 더욱 심해졌다. 그리고 지필 과제에서 의자를 앞으로 잡아당기고 자세를 바로잡는 등 의욕적인 모습을 보였으나, 정답을 번복하거나 문항을 빠뜨리고 수행하는 등 충동적인 모습도 나타났다. 또한 주먹을 꽉 쥐고 수행을 하고, 손톱을 뜯는 등 긴장 수준이 높아 보였으며, 과제의 난이도가 조금만 높아지면 빠르게 포기하고, 목소리가 작아졌다. 내원 사유에 대해서는 '선생님한테 장난쳐서 자꾸 혼난다' '공부를 하려고 하면 너무 졸리다'라며 학교생활에 대한 불편감을 말하였다.

지능과 인지 기능

한국 웩슬러 아동용 지능검사 4판 (K-WISC-IV)			
영 역	지 능	백분율(%)	수 준
언어이해	92	30	평균
지각추론	80	10	평균 하
작업기억	95	36	평균
처리속도	111	78	평균 상
전체 지능	90	26	평균

아동의 전체 지능은 90으로 평균 수준을 나타냈으며, 같은 연령대에서 하위 26%의 수준이었다. 언어이해는 92로 평균 수준을, 지각추론은 80으로 평균 하 수준을, 작업기억은 95로 평균 수준을, 처리속도는 111로 평균 상 수준을 나타냈으며, 지능 영역 간의 차이가 31점으로 크게 나타나고 있었다. 이러한 아동은 처리속도가 가장 높게 나타나고 있듯이 간단한 운동 기능이 필요한 상황에서는 매우 높은 기능을 발휘할 것으로 보이나, 지각추론이 저하되어 있어서 시지각적 자극을 통합하거나 추론이 필요할 때는 기능 수준이 급격히 저하될 수 있겠다.

언어이해 영역에서는 어휘구사력과 사물의 유사성을 파악하는 능력이 평균 수준

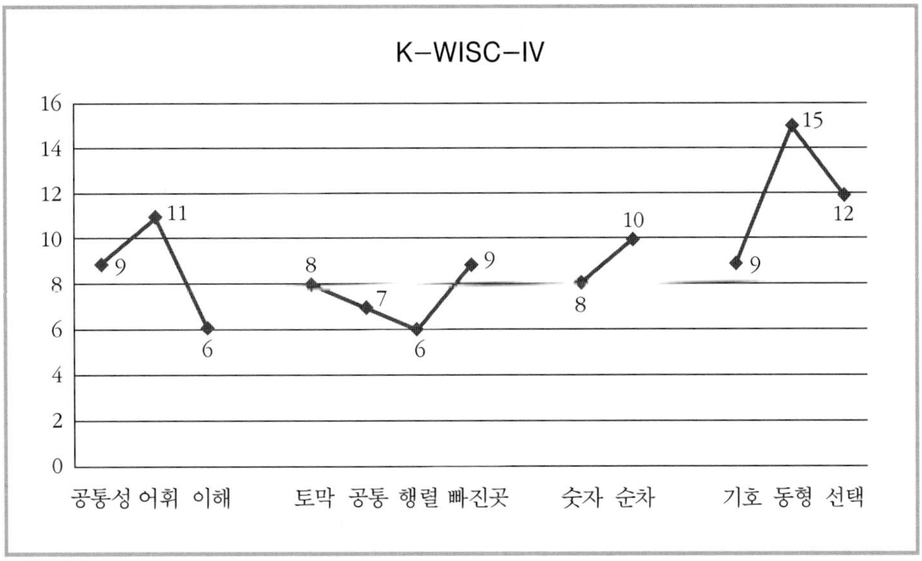

으로 나타나고 있어서 언어적 개념에 대한 이해력이 적절해 보인다. 그러나 사회적 상황에 대한 이해력이 경계선 수준을 보이고 있어서 관습 및 규범에 대한 습득 수준이 매우 부족해 보인다('싸움—싸워야 한다'). 그리고 이해 소검사에서 유난히 빨리 반응하고 피상적인 대답이 많았던 점을 고려하면, 문제해결이 어려운 상황에서 충동성이 더 커질 수 있겠다.

지각추론 영역에서는 시각적 예민성이 평균 수준으로 나타나고 있어서 주변 환경 자극에 적당히 민감해져 있는 것 같다. 그러나 시공간 구성능력이 평균 하 수준에 그치고 있어서 도구를 다루는 능력은 다소 부족해 보인다. 또한 자극 간의 관련성을 찾아내는 능력이 평균 하 수준이고, 전체를 고려하여 핵심을 파악하는 능력이 경계선 수준으로 나타나고 있어서 주어진 자극을 통해서 추론하는 능력도 부족한 것으로 여겨진다. 이러한 아동은 과제의 난이도가 어려워지거나 자극의 양이 많아지면 오래 고민하지 않고 빠르게 포기하는 모습을 보였다.

작업기억 영역에서는 보다 복잡한 자극에 주의를 기울이는 능력이 평균 수준으로 나타나고 있고, 숫자 소검사에서 바로따라하기가 10점으로 나타나고 있어서 단기집중력은 양호해 보인다. 그러나 거꾸로따라하기(5점)가 바로따라외우기에 비해 5점이나 낮게 나타나고 있어서 작업기억력이 매우 부족해 보이므로 과제의 난이도가 복잡해지면 기능 수준이 급격하게 저하될 수 있겠다.

처리속도 영역에서는 긴장감 속에서 빠른 논리적 판단력을 발휘하는 능력이 우수 수준으로 나타나고 있어서 간단한 과제에서는 압력이 느껴지는 상황에서도 자신의 기능을 잘 발휘할 수 있겠다. 또한 간단한 시각적 자극에 짧은 순간 동안 집중력을 발휘하는 능력도 평균 상 수준으로 다소 높게 나타났다. 그러나 시공간 운동속도가 평균 수준으로 다른 소검사에 비해서 낮게 나타나고 있는데, 과제 수행 시 그림 자극을 모사하다가 틀려서 번복했던 점을 고려하면, 기대 수준이 높은 아동이 완벽하게 수행하려다 오히려 효율성이 저하되는 것과 관련이 있는 것 같다.

지능검사 결과, 간단한 자극을 다루는 상황에서 다소 높은 기능을 발휘하고 있는 것을 보면 평가 상황에서의 동기 수준이 높아 보인다. 그러나 이에 비해 기능 수준이 비교적 평이하게 나타나고 있어서 기대만큼의 성취를 이루지 못하는 상황이 많을 것으로 여겨진다. 아동은 과제의 난이도가 높아지거나 자극의 양이 많아지면 인지적 노력을 기울이지 못하고 빠른 포기를 하고 있는데, 이는 낮은 성취가 예상되는 상황에서 급격하게 무기력해지는 모습을 반영하는 것 같다. 게다가 지나치게 완벽하게 수행하려는 아동의 노력이 오히려 수행을 방해할 수도 있겠다.

Rorschach 검사 결과, 총 14개의 적은 반응 수를 보이고 있으나, 인간운동 반응을 6개나 보이듯이 지나치게 이성적으로 대처하고 있는 아동은 욕구의 즉각적인 해소가 어려워 보인다(FM＝3). 그리고 대부분 5초 이내에 빠르게 반응하고 있는데, 이는 스트레스 상황에서 충동성이 증가하는 모습을 시사하는 것 같다. 그리고 관습적 판단력이 부족하고(P＝3), 자의적으로 해석하는 경향이 높아 보이므로(Xu%＝0.43) 주변 사람의 행동을 고려하지 못하고 행동함으로써 또래관계의 어려움이 커질 수 있겠다.

성격과 정서

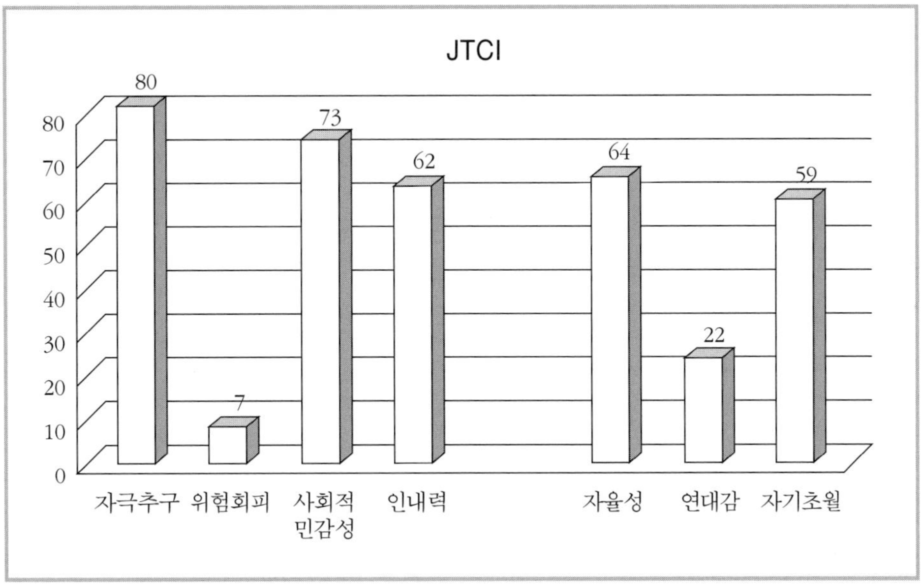

아동은 SCT에서 '내가 만약 동물로 변할 수 있다면 양이 되고 싶다. 왜냐하면 성격이 온순하고 귀엽기 때문이다'라고 하듯이 애정 욕구가 높아 보이고, 부모에 대한 표현도 상당히 이상적이었다(SCT: '우리 엄마 아빠는 포근하고 내 인생에서 최고다'). 그러나 SCT에서 '나를 가장 화나게 하는 것은 엄마나 아빠가 쌀쌀맞게 하는 것'이라고 하듯이 한편으로는 부모를 공격적으로 느끼는 면도 있는 것 같다. 이러한 아동은 부모에 대한 양가적 태도를 가지고 있어서(SCT: '우리 엄마는 착하고 어떨 때는 쌀쌀맞지만 포근하다' '우리 아빠는 겉으로는 무섭고 차가워 보여도 마음은 따뜻하다') 가정 내에서 안정감을 느끼기 힘들었을 것으로 여겨진다. 또한 TAT에서 '농사를 지어야 하는데 놀고 있어서 잔소리를 듣는 거 같아요' SCT에서 '내가 제일 걱정하는 것은 엄마 아빠가 나를 혼낼까 봐'라며 '처벌'에 대한 내용을 반복적으로 언급하듯이 억압적인 환경에서 자라 왔던 것으로 보이므로 불만감을 직접적으로 표현하기 힘들었을 것으로 보이며, 이 과정에서 쌓인 불만을 또래관계에서 부적절하게 표현해 왔던 것으로 보인다(TAT: '남자가 회사에서 잘리고, 여자가 종인데 화를 내는 거 같아요' / Rorschach: AG=3).

한편, 아동의 어머니는 아동이 처벌에 둔감한 것으로 표현하고 있으나(JTCI: '위험회피-7%'), 충동성이 높아 보이므로(TCI: '자극추구-80%') 주변 상황을 고려하지 못한 채 문제행동을 보임으로써(SCT: '나의 나쁜 점은 장난이 심하다는 것') 부정적인 평가를 받는 경우가 많았을 것으로 여겨진다(SCT: '나를 가장 슬프게 하는 것은 장난하고 혼날 때'). 아동은 학교에서 지속적으로 지적을 받으면서 상당한 스트레스를 받아 온 것으로 보이므로(SCT: '내가 좀 더 어렸다면 학교에도 이상한 전화 안 받았을 것이다') 실제로는 부정적인 평가로 인한 고통감이 커 보인다.

아동은 관계를 형성하고자 하는 욕구가 높아 보인다(SCT: '나는 친구가 더 많았으면 좋겠다'). 그러나 Rorschach 검사에서 '피 튀기면서 싸우는 거 같아요'라고 반응한 직후에 '둘이 사귀는 거 같아요'라고 하듯이 공격적인 모습과 친밀한 모습 사이에서 갑작스럽게 행동 변화가 나타날 수 있어서 또래관계에서도 원만한 관계를 유지하지 못하고 고통감이 가중되고 있는 것 같다(TAT: '한 아이가 왕따를 당해서 울고 있는 거 같아요' / HTP: 사람 그림 '이목구비를 그리지 않음'). 이렇듯 주변 사람과의 관계를 양가적으로 인식하고 있어서 혼란감이 커 보이므로 자신의 대응행동을 명확하게 결정하지 못한 채 무기력해져서(Rorschach: m=3) 틱과 같은 신체 증상을 보이고 있는 것 같다.

부모의 MMPI / SCT

• 아버지

아버지는 MMPI에서 척도들이 평이한 수준으로 나타나고 있듯이 별다른 스트레스를 호소하지 않았다. 오히려 자존감이 높아 보이며('내가 믿고 있는 내 능력은 자신감'), 인정받고 싶은 욕구도 강한 것 같다('내가 제일 좋아하는 사람은 나를 인정하고 따라 주

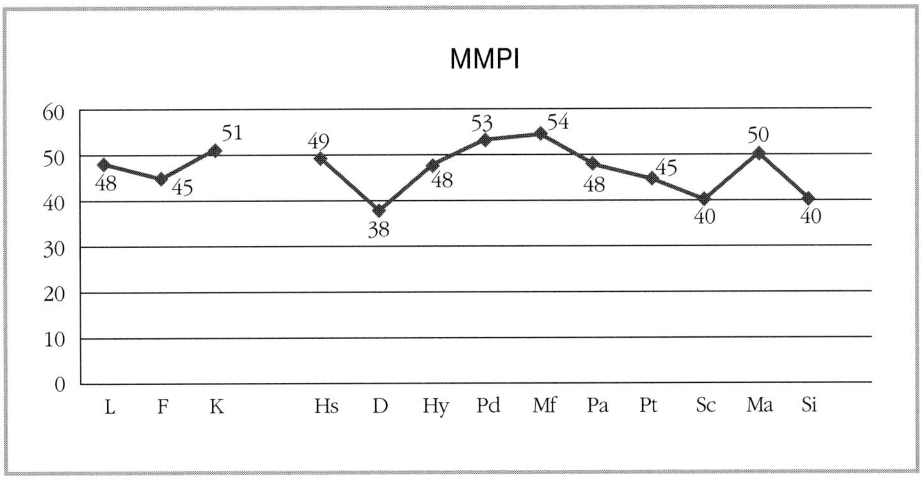

는 사람'). 이러한 아버지는 맡은 책임을 다하기 위해 성실히 노력해 왔을 것으로 보인다('내가 보는 나의 앞날은 희망적이지는 않지만 노력한다'). 다만, '다른 친구들이 모르는 나만의 두려움은 사업의 실패'라고 하듯이 한편으로는 좌절에 대한 두려움을 느끼고 있고, '여유' '자유'를 반복적으로 언급하고 있는 것을 보면 역설적으로 현재 생활에 대한 스트레스가 많은 것으로 보이며, '어리석게도 내가 두려워하는 것은 잃을까 봐 두렵다'라고 하듯이 불안감까지 느끼는 것으로 여겨지므로 스트레스 상황에서는 다소 의존적인 모습을 보일 수도 있겠다('내가 바라는 여인상은 편안한 느낌을 가질 수 있는 것'). 그러면서도 '무슨 일을 해서라도 잊고 싶은 것은 생각해 보지 않았음'이라고 하듯이 내면의 불편감을 부인하고 있어서 스트레스가 가중되면 갑작스럽게 신경질적인 반응을 보일 수도 있겠다('나의 가장 큰 결점은 화를 잘 낸다').

• 어머니

어머니는 '내가 다시 젊어진다면 유학을 가고 싶다'라고 하듯이 성취 지향적인 태도를 가지고 있고, 인정받고 싶은 욕구도 강한 것 같다('나의 야망은 존경받는 엄마, 직장 상사가 되고 싶은 것'). 그러나 '다른 친구들이 모르는 나만의 두려움은 엄마로서, 직장인으로서, 아내로서 실패한 것'이라고 하듯이 오히려 좌절로 인한 고통감이 커 보이고, 가정 내에서도 스트레스를 받아 왔던 것으로 생각된다('결혼생활에 대한 나의 생각은 어렵고, 성숙하게 만든다'). 그리고 '내가 잊고 싶은 두려움은 사랑받지 못하는 것'이라고 하듯이 관계 단절에 대한 불안감을 느끼며, MMPI에서 5번 척도가 18T로

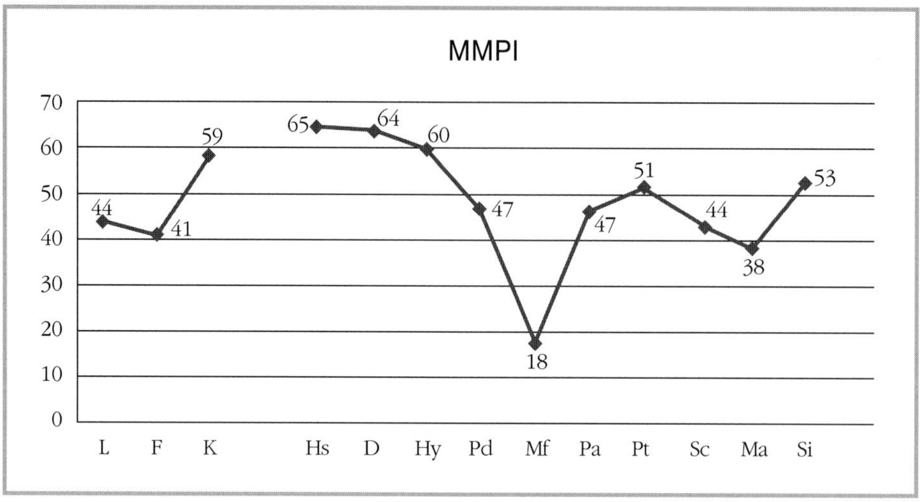

상당히 저하되어 있듯이 지나치게 의존적인 성향도 강해 보이므로 직접적으로 자신의 감정을 드러내지 못하고 억압하며 지내 왔을 것으로 여겨진다('나의 가장 큰 결점은 내 마음과 감정을 솔직히 주장 못하고 참는 것'). 어머니는 MMPI에서 1번, 3번 척도가 각각 65T, 60T로 상승하고 있어 신체 증상을 통해서 내면의 불편감을 간접적으로 드러내고 있을 수도 있겠다.

요약과 제언

• 요 약

전체 지능	90	평균			
언어이해	92	평균	지각추론	80	평균 하
작업기억	95	평균	처리속도	111	평균 상

아동의 지능은 평균 수준으로 나타남. 평가 상황에서의 동기 수준이 높아 보이나, 기대만큼의 성취를 이루지 못하는 상황에서 부적절감을 느낄 수 있음. 게다가 성취하려는 강한 욕구로 인해 완벽하게 수행하려는 아동의 노력이 오히려 수행을 방해할 수 있겠음. 이러한 아동은 낮은 성취가 예상되는 상황에서 무기력한 모습을 보일 것으로 여겨짐. 아동은 애정 욕구가 높아 보이나, 주변 상황을 고려하지 못한 채 문제행동을 보임으로써 부정적인 평가를 받게 되고, 이로 인

해 상당한 스트레스를 받았을 것으로 보임. 부모를 양가적인 존재로 인식하고 있고, 또래관계에서도 갑작스러운 문제행동을 보임으로써 욕구에 반해 원만한 관계를 형성하기 어려워 보이므로 대인관계에서도 자신의 대응행동을 결정하지 못하고 무기력감을 느끼며, 틱과 같은 증상을 보일 수 있음.

• 심리평가 결과, 아동은 다음과 같은 진단이 시사됨.

Axis I. Transient Tic Disorder(Provisional Tic Disorder)

Attention-Deficit/Hyperactivity Disorder, Predominantly Hyperactive/ Impulsive Type(Attention-Deficit/Hyperactivity Disorder, Predominantly hyperactive/impulsive presentation)

2) 높은 정서적 불안정성(남자 / 만 6세 / 미취학)

■ 의뢰 사유

아동은 '눈깜빡임과 같은 틱 증상' '신경질' '집중력 약화' 등을 주 호소로 상담센터를 방문하였으며, 전반적인 인지 기능 및 정서 파악을 위해 아동종합심리평가를 실시하였다.

■ 행동 관찰과 면담

아동은 보통 키와 체격으로 작고 앙증맞은 얼굴에 머리를 귀밑까지 길렀으며, 손톱에 매니큐어를 하고 있는 등 여성스러운 외모였다. 위생 상태는 양호하였으며, 검사자와의 눈맞춤도 충분한 수준이었다. 센터에 들어오면서부터 많은 이야기를 하였으며, "제가 한글을 세 살에 다 읽었어요. 저 잘하죠."라고 하며 자기 자랑을 하고는 검사자의 반응을 기다렸다. 검사 내내 많은 질문을 하고, 수시로 몸을 비트는 등 산만한 모습을 보였으며, 검사 카드를 먼저 넘기려 하는 등 충동적인 모습도 나타났다. 또한 과제가 어려워지면 엎드리거나 '그만하고 싶다'라고 하는 등 급격하게 좌절하는 모습도 관찰되었으며, 검사 후반에는 주기적으로 "언제 끝나요?"라고 물으면서 평가 상황을 몹시 힘들어하였다. 면담 시 별다른 불편감은 호소하지 않았다.

지능과 인지 기능

한국 웩슬러 아동용 지능검사 3판 (K-WISC-III)			
지 능	점 수	백분율(%)	수 준
언어성 지능	125	95	우수 수준
동작성 지능	92	30	평균 수준
전체 지능	112	79	평균 상 수준

아동의 전체 지능은 112로 평균 상 수준을 나타냈으며, 같은 연령대에서 상위 21% 수준이었다. 언어성 지능은 125로 우수 수준을, 동작성 지능은 92로 평균 수준을 나타냈다. 두 지능 간의 차이가 33점으로 큰 격차를 보이고 있어서 언어적 대처능력은 우수한 반면, 상대적으로 상황적 대처능력은 부족하게 느낄 수 있겠다.

언어성 지능을 살펴보면, 어휘구사력과 기본적인 지식은 각각 최우수, 우수 수준으로 학업을 통해 습득된 지식 수준은 탁월하게 높은 수준이어서 지식 습득을 위한 노력을 부단히 기울여 왔던 것으로 보인다. 또한 산술능력도 우수 수준으로 연산능력이 매우 뛰어나며, 순간적인 자극에 주의를 기울이는 능력도 평균 상 수준으로 단기기억력도 양호한 것 같다. 사회적 상황에 대한 이해능력과 사물의 유사성을 파악

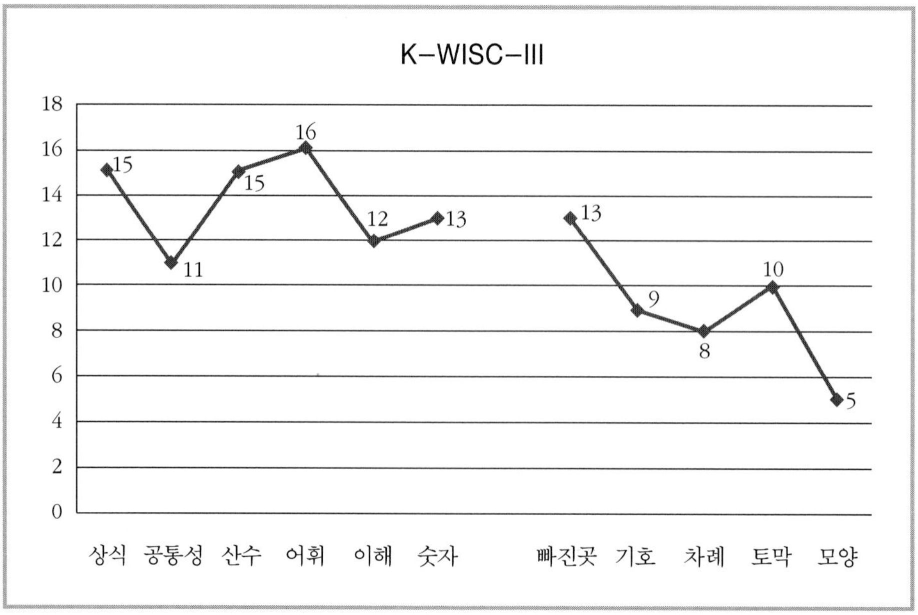

하는 능력은 각각 평균 상, 평균 수준으로 연령 수준에서는 적절한 수준이지만, 다른 언어적 기능에 비해 낮게 나타나고 있어서 일상적인 경험을 통해 습득된 지식은 상대적으로 다소 부족한 것 같다.

동작성 지능 영역에서는 시각적 예민성이 평균 상 수준으로 주변 환경 변화에는 민감한 편이지만, 상황적 맥락을 파악하는 능력은 평균 하 수준으로 다소 부족한 수준이어서 대면 상황에서 적절한 대처 방법을 찾지 못하고 예민해져 있을 수 있겠다. 시공간 구성능력은 평균 수준으로 기본적인 문제해결 능력은 또래와 비슷한 수준이지만, 부분을 통해 전체 상을 구성하는 능력이 경계선 수준이어서 응용력은 매우 부족해서 낯선 상황에서는 대처에 어려움이 있을 수 있겠다. 또한 시공간 운동속도는 평균 수준이지만 자신의 기능 수준에 비해서 상대적으로 낮아서 손동작과 같은 미세운동 기능이 필요한 경우에는 반응속도가 느릴 수 있겠다.

지능검사 결과, 아동은 학업을 통해 습득된 지식이 매우 탁월한 수준이며 언어표현능력도 매우 뛰어나서 또래에 비해 의사소통 시 상당히 성숙된 모습을 보일 수 있겠다. 또한 연산능력이 뛰어나고, 전반적인 언어 기능과 문제해결 능력 등도 양호해서 답안이 명확한 과제를 해결하는 데에는 높은 능력을 발휘할 수 있겠다. 다만, 응용력이 상대적으로 부족해서 새로운 과제가 주어지거나 낯선 상황에서는 상당한 부적절감을 느낄 수 있으며, 주변 환경에 대한 민감성에 비해 사회적 판단력이 부족해서 대면 상황에서 적절한 대처를 하지 못하고 주변 자극에만 예민해져 있을 수 있겠다.

Rorschach 검사 결과, 아동은 인간운동 반응을 많이 보이고 있듯이(M=5) 문제 상황에서 이성적인 대처를 하고 있는 것 같다. 그러나 주변 자극에 지나치게 많은 의미를 부여하고 있으며(L=0.27), 사물을 피상적으로 지각하고 있고(W:D:Dd=9:4:1), 관습적 판단력은 떨어져서(P=2) 정작 주변 사람이 공감할 수 있는 방법으로 문제를 해결하지는 못하고 있는 것 같다(M-=3, X-%=0.57).

■ 성격과 정서

HTP 나무 그림에서 '나중에—저는요, 이렇게만 봐도 계속 계속 필 거 같아요. 오래오래 건강하게 잘 살고요'라고 하듯이 기대감을 가지고 있으며, JTCI에서 '위험회피—78%'로 나타나듯이 주변의 평가에도 매우 예민해져 있어서 학업적인 노력을 상당히 기울여 왔던 것으로 보이며, 언어능력에서는 성과를 보이고 있는 것 같다. 그러나 인지적 불균형이 심하고, JTCI에서 '자율성—19%'로 나타나고 있듯이 자신감이

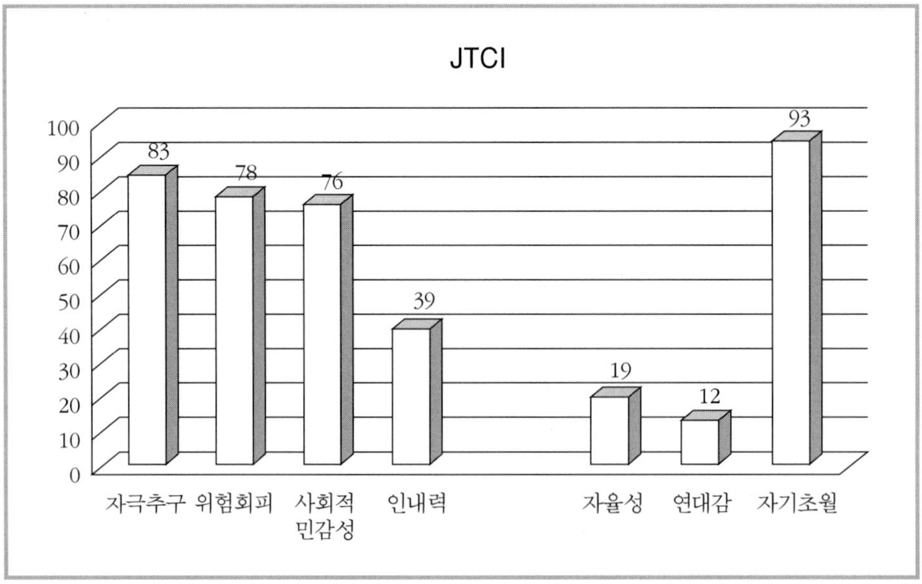

부족하고, '자극추구－83%'로 다소 충동적인 모습도 보이고 있어서 높은 기능 수준을 지속하지는 못했던 것 같다. 또한 사회적 관계에 민감해져 있는(JTCI: '사회적 민감성－76%') 아동은 Rorschach에서 '엄마다람쥐가 아기다람쥐를 품고 있어요' '두더지가 사람을 이렇게 품고 있어요', SCT에서 '우리 엄마 아빠는 잘 돌봐 준다' '둘째 소원은 엄마 아빠가 나를 잘 돌봐 줬음 좋겠다'라고 하듯이 보살핌을 받고자 하는 욕구가 매우 강해 보인다. 그러나 정작 JTCI에서 '연대감－12%'로 나타나고 있듯이 가까운 사람들과도 충분한 만족감을 느끼지는 못하고 있으며(SCT: '외딴곳에 혼자 살게 된다면 친구와 제일 같이 가고 싶다'), 오히려 Rorschach의 3개 카드에서 '당기고 있다'는 내용을 반복적으로 언급하고 있듯이(Rorschach: '토끼 두 마리가 잠바를 끄잡아 당기고 있는 거' '딱따구리가 뭘 당기고 있는 것') 주변 사람과의 관계를 경쟁적이고 위협적으로 느끼고 있는 것 같다(SCT: '다른 사람들은 나를 싫어한다' / Rorschach: '아저씨들이 여자아이 머리를 끄잡아 당기고 있어요. 못생기게 하려고').

또한 아동은 동일시할 대상을 찾지 못하고 정서적으로 매우 불안정감을 느끼고 있으며(HTP: 그림이 모두 아래로 치우쳐 있음), Rorschach에서 '머리 찍은 자국' '벽에 쾅 박아서 핏자국', TAT에서 '아이가 시끄럽다고' '아저씨가 칼로 할아버지 배를 찔러서 죽였어요' '사람들이 모두 죽은 거' '커튼에 걸려서 머리가 찔려서 죽은 거'라고 하듯이 내면에 상당한 분노감도 가지고 있는 것 같다. 이러한 아동은 Rorschach 색채카드에서 '달팽이가 똥을 누었는데' '장수풍뎅이가 방귀를 뀌었어요' '얘네들이 색깔 똥을 쌌어요'라고 하듯이 불편감이 가중되는 상황에서 충동적으로 퇴행된 행동을 보이며 불편감을 표현할 가능성이 높아 보인다.

한편, HTP 남자 그림에서 '모르는 사람'이라고 한 후 '아빠예요'라고 하면서 급하게 그림을 넘기듯이 남성에 대한 불편감을 보이면서, 여성적인 특성에는 호의적인 태도를 보였고(HTP: 여자 그림 '먼저 그림' / Rorschach: '여자아이'를 언급), HTP 나무 그림에서 '소원—열매를 많이 피워서 사람들 열매 따서 먹게 해 주는 거'라고 하듯이 이타적인 반응을 보이면서 한편으로는 앞에서와 같이 퇴행된 반응도 보이는 등 불일치한 면이 나타나고 있는데, 이렇듯 자신에 대한 불일치가 심하게 느껴지는 상황에서 상당한 부적절감을 느끼며, '틱'과 같은 신체적인 증상을 보일 수도 있겠다.

▣ 요약과 제언

• 요 약

전체 지능: 112, 평균 상 / 언어성 지능: 125, 우수 / 동작성 지능: 92, 평균

아동의 지능 수준은 평균 상 수준으로 나타남. 또래에 비해 의사소통 시 상당히 성숙된 모습을 보일 수 있으며, 정확한 답안이 있는 과제를 해결하는 데에는 높은 능력을 발휘할 수 있음. 다만, 응용력이 매우 부족해서 새로운 과제가 주어지거나 낯선 상황에서는 상당한 부적절감을 느낄 수 있겠음. 기대감을 가지고 있으며, 주변의 평가에도 매우 예민해져 있는 아동은 상당한 노력을 기울여 오면서 언어적 영역에서 성과를 보이고 있지만, 다른 영역에서는 만족스러운 성과를 얻지 못한 것으로 보임. 또한 보살핌을 받고자 하는 욕구가 매우 강해 보이나 만족감을 느끼지는 못하고 주변 사람과의 관계를 경쟁적이고 위협적으로 느끼고 있는 것으로 보임. 정서적으로 매우 불안정감을 느끼고 있으며, 상당한 분노감을 가지고 있는 아동은 불편감이 가중되는 상황에서 충동적으로 퇴행된 행동을 보이며 불편감을 표현할 가능성이 높아 보임. 그리고 자신에 대한 불일치로 인해 부적절감이 심해지면 '틱'과 같은 신체적인 증상을 보일 수 있음.

• 심리평가 결과, 아동은 다음과 같은 진단이 시사됨.

Axis I. Transient Tic Disorder(Provisional Tic Disorder)

• 제 언

1. 응용력 기르기
2. 아버지와 보내는 시간 늘리기
3. 일상적인 경험 확대하기
4. 정서표현 능력 키우기
5. 일관된 양육 환경 제공하기

3) 낮은 지능(남자 / 만 13세 / 중1)

■ 의뢰 사유

내담자는 '틱 증상' '학교폭력 이후 학교생활의 어려움' '게임 중독' 등을 주 호소로 상담센터를 방문하였으며, 전반적인 인지 기능 및 정서 파악을 위해 청소년종합심리평가를 실시하였다.

■ 행동 관찰과 면담

내담자는 어머니와 함께 센터를 방문하였고, 보통 키에 통통한 체격으로 손톱에 때가 끼어 있어서 위생 상태는 다소 불량해 보였다. 검사 초반에는 '음음' 등 음성 틱 증상을 자주 보였으나, 시간이 지날수록 점차 줄어들었다. 책상에서 멀찍이 떨어져 앉았으며, 작은 목소리로 대답하고 있어서 검사자가 여러 번 대답을 요청해야 하는 경우가 많았다. 토막짜기 소검사에서는 번번이 '다 했다'는 표시를 하지 않은 채 애매한 자세를 취하고, 모르는 문항에서는 빠르게 포기하는 등 검사에 수동적인 태도를 보였다. 그리고 수행 도중에 "어떻게 하는지 잘 모르겠어요."라고 문제를 다시 묻는 경우가 많았다. 내원 사유에 대해서는 '틱하고 엄마와 관계, 가족과의 관계 때문에 오게 되었다'라고 하면서 틱과 가족 문제를 모두 언급하였다.

■ 지능과 인지 기능

내담자의 전체 지능은 65로 경도 지적장애 수준을 나타냈으며, 같은 연령대에서 하위 1% 정도의 수준이었다. 언어이해는 71로 경계선 수준을, 지각추론은 72로 경계선 수준을, 작업기억은 83으로 평균 하 수준을, 처리속도는 62로 경도 지적장애 수준을 나타냈으며, 지능 영역 간의 차이가 21점으로 크게 나타나고 있었다(기준은 20점 차

한국 웩슬러 아동용 지능검사 4판 (K-WISC-IV)			
영 역	지 능	백분율(%)	수 준
언어이해	71	2.8	경계선
지각추론	72	2.9	경계선
작업기억	83	12.2	평균 하
처리속도	62	<1	경도 지적장애
전체 지능	65	1	경도 지적장애
일반능력	69	2	경도 지적장애

이). 이러한 내담자는 간단한 청각 정보를 기억할 때에는 비교적 적절한 기능 수준을 보일 수 있겠으나, 그 외의 다른 영역들은 매우 낮은 기능을 보일 것으로 생각된다.

언어이해 영역에서는 모든 소검사들이 경계선에서 지적장애 수준을 보이고 있어서 전반적인 언어적 자원이 매우 제한적인 것으로 나타났다. 사회적 상황에 대한 이해력이 경계선 수준을 보이고 있어서 관습과 규범에 대한 습득 수준이 매우 부족해 보인다('사과－모르겠다'). 그리고 어휘구사력과 사물의 유사성을 파악하는 능력이 지적장애 수준을 보이고 있어서 언어적 자원도 매우 부족해 보이므로('틀림없는－틀리지 않는 거' '시인과 화가－그림') 의사소통 시 상당히 미숙한 모습을 보일 것으로 생각된다.

지각추론 영역에서는 자극 간의 관련성을 찾아내는 능력이 평균 하 수준으로 나타나서 익숙한 그림 자극이 주어지는 상황에서의 추론능력이 다소 부족한 것 같다. 그리고 시공간 구성능력과 전체를 고려하여 핵심을 파악하는 능력이 각각 경계선, 지적장애 수준으로 나타나고 있어서 낯설고 추상적인 자극이 주어지는 상황에서 기능 수준이 상당히 저하될 것으로 보인다. 게다가 시각적 예민성이 지적장애 수준으로 나타나서 주변 환경 변화에도 둔감해 보이므로 대면 상황에서 부적절감을 느끼기 쉬운 것 같다.

작업기억 영역에서는 간단한 자극에 주의를 기울이는 능력이 평균 하 수준으로 나타나고 있는데, 바로따라하기가 11점이어서 단순주의력은 적절해 보인다. 그러나 거꾸로따라하기는 7점으로 나타나서 작업기억력이 다소 부족해 보이므로 과제가 복잡해지면 상대적으로 기능이 저하될 것으로 생각된다. 그리고 복잡한 자극에 주의를 기울이는 능력이 경계선 수준으로 나타나서 다양한 자극이 주어지는 상황에서는 주

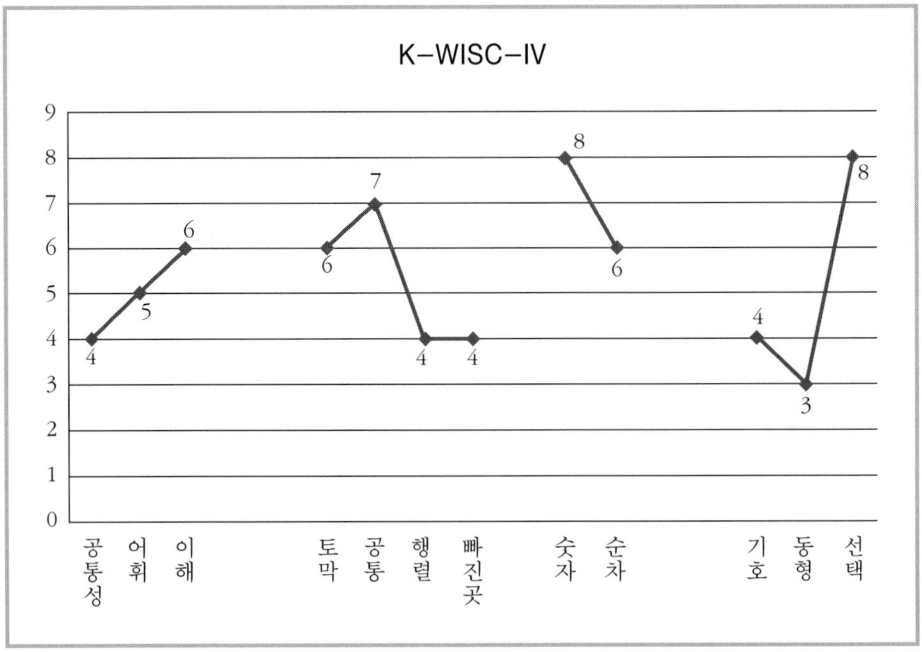

의집중력이 더욱 낮아질 것으로 보인다.

처리속도 영역에서는 간단한 시각적 자극에 짧은 순간 동안 높은 집중력을 발휘하는 능력이 평균 하 수준을 보이고 있어서 익숙한 시각적 변별이 필요한 상황에서는 비교적 적절한 기능을 나타낼 수 있겠다. 그러나 시공간 운동속도와 긴장감 속에서 빠른 논리적 판단력을 발휘하는 능력이 지적장애 수준으로 낮게 나타나서 반응속도가 매우 저하되고 있는데, 추상적인 시각 자극을 변별할 때는 기능 수준이 매우 저하될 것으로 보인다. 게다가 동형찾기 소검사에서는 수행 도중 문제를 되묻고 있어서 이해력도 부족해 보였다.

지능검사 결과, 간단한 과제가 주어지거나 익숙한 시각적 자극을 다룰 때 비교적 적절한 기능 수준을 보일 수 있겠다. 그러나 대부분의 기능이 경계선에서 지적장애 수준으로 나타나고 있어서 일상생활에서 연령에 비해 미숙한 언행을 보일 것으로 예상된다. 그리고 작업기억력이 부족해서 자극의 복잡성이 높아지면 기능이 더욱 저하될 것으로 생각된다. 게다가 언어적 자원이 매우 부족하고, 주변 자극에 매우 둔감해져 있어서 주변 사람과 소통할 때에도 어려움이 많아 보인다.

Rorschach 검사 결과, 2회 시행에도 불구하고 총 12개의 적은 반응 수를 보이고 있어서 애매모호한 자극이 주어지는 스트레스 상황에 대처할 수 있는 심리적 자원이 매우 부족해 보인다. 그리고 관습적인 판단을 하기 어렵고(P=1), 특이한 영역 반응을 많이 보이고 있어서(Dd=5) 문제해결이 어려운 상황에서 주변 사람이 공감하기 어려운 모습을 보일 수 있겠다.

▣ 성격과 정서

내담자는 SCT에서 '우리 엄마 아빠는 착하다'라고 하듯이 부모에 대해 긍정적인 표현을 하고 있었다. 그러나 한편으로는 HTP 집 그림에서 '분위기-무서운 집' '필요-다른 집'이라고 하듯이 가정환경에 대한 불편감을 시사하는 반응을 보였고, SCT에서 '우리 아빠는 착하지만 엄격하다'라고 하듯이 아버지에 대해서도 불만을 느끼고 있는 것으로 여겨지므로 가족 내에서 정서적 만족감을 느끼기 어려웠던 것으로 보인다. 그러나 HTP 사람 그림에서 '나쁜 사람' '좋은 사람'이라고 하듯이 도덕적 판단에 따른 반응을 나타내는 것을 보면 도덕적 통제감이 높아 보이므로 자기 내면의 불편감을 억압해 왔을 가능성이 높은 것 같다.

주변 사람에게 관심을 받으려는 욕구가 높은(HTP: 사람 그림 '미래-유명해진다') 내담자는 HTP 사람 그림에서 '착한 사람' '돈을 기부한다'라고 하듯이 이타적인 모습을 통해 또래관계를 맺어 온 것으로 보인다(SCT: '나의 좋은 점은 착하다'). 그러나 지능 수준이 낮아서 상기의 노력이 부적절하게 나타날 가능성이 높아 보이므로 오히

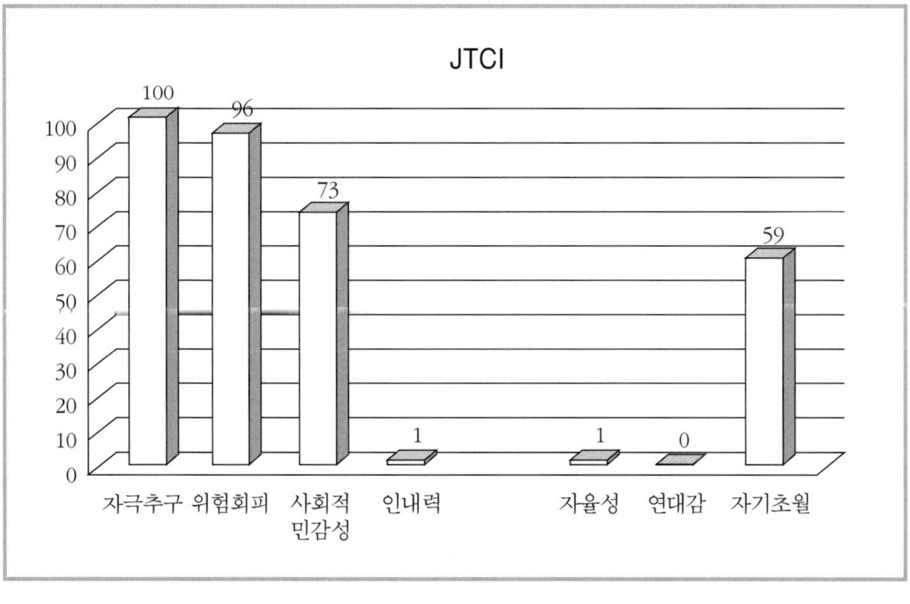

려 주위 또래로부터 비난을 받기 쉬운 것 같다. 게다가 수동적인 성향이 강해서(JTCI: '자율성－1%') 의존적인 모습을 보일 수 있고, 공감능력이 매우 부족하고(JTCI: '연대감－0%'), 주변 환경 변화에도 둔감해 보이므로 두루 원만한 관계를 맺기는 어려웠을 것 같다. 이러한 내담자는 또래관계에서 외상적 경험까지 더해지면서(TAT: '얕보는 친구') 고통감이 컸을 것으로 보이나, 이를 적절하게 표현하지 못하고 게임에 몰입하며 스트레스를 해소하고 있는 것으로 여겨진다(SCT: '내가 가장 행복한 때는 게임할 때' / '게임'을 8회 언급함).

내담자는 자살사고(SCT: '내가 좀 더 나이가 많다면 빨리 죽을 거 같다' / TAT: '자살, 떨어져 죽는다'), 낮은 자존감(SCT: '나는 공부를 못한다'), 울적함(Rorschach: C′＝1) 등이 시사되는 반응들을 보이고 있어서 우울감을 경험하고 있는 것 같다. 이러한 내담자는 앞에서 나타나듯이 도덕적 통제감이 높아서 불편감을 적절하게 표현하지 못하고 신체 증상을 통해 고통감을 표현하고 있는 것 같다(SCT: '둘째 소원은 건강'). 그러나 한편으로는 충동성이 높고(JTCI: '자극추구－100%') 분노감도 매우 강해 보이므로(TAT: '살인' '때림' '사망') 스트레스가 가중되면 공격적인 행동을 보일 수 있겠다(SCT: '나는 때때로 욕을 한다').

요약과 제언

• 요 약

전체 지능	65	경도 지적장애	일반능력	69	경도 지적장애
언어이해	71	경계선	지각추론	72	경계선
작업기억	83	평균 하	처리속도	62	경도 지적장애

내담자의 지능 수준은 경도 지적장애 수준으로 나타남. 간단한 과제가 주어지거나 익숙한 시각적 자극을 다룰 때 비교적 적절한 기능 수준을 보일 수 있으나, 일상생활에서는 연령에 비해 미숙한 언행을 보일 것으로 예상됨. 가족 내에서 정서적 만족감을 느끼기 어려웠던 것으로 보이나, 도덕적 통제감이 높아 보이므로 이러한 불편감을 억압해 왔을 것으로 여겨짐. 그리고 이타적인 모습을 통해 또래관계에서 인정받으려고 할 가능성이 높아 보임. 그러나 지능 수준이 낮아서 이러한 노력이 부적절하게 나타날 가능성이 높아 보이므로 오히려 주위

또래로부터 비난을 받기 쉬우며, 게임에 몰입하며 스트레스를 해소하고 있는 것으로 보임. 내담자는 우울감을 경험하고 있는 것으로 보이나, 불편감을 적절하게 표현하지 못하고 신체 증상을 통해 고통감을 표현하고 있는 것으로 여겨짐. 그러나 한편으로는 충동성이 높고 분노감도 매우 강해 보이므로 스트레스가 가중되면 갑작스럽게 공격적인 행동을 보일 수 있음.

• 심리평가 결과, 내담자는 다음과 같은 진단이 시사됨

Axis I. Tic Disorder NOS(Provisional Tic Disorder)

Axis II. Mental Retardation, Mild(Intellectual Disability, Mild)

• 제 언

1. 감정표현 능력 키우기
2. 분노감 건전하게 해소하기
3. 공감능력 키우기
4. 지지적인 환경 제공하기
5. 사고력 향상시키기
6. 가족 간 의사소통 능력 키우기

4) ADHD와 어머니의 우울증(남자 / 만 7세 / 초2)

■ 의뢰 사유

아동은 '수업 시간에 돌아다닌다' '집중력이 떨어진다' 등을 주 호소로 상담센터를 방문하였으며, 전반적인 인지 기능 및 정서 파악을 위해 아동종합심리평가를 실시하였다.

■ 행동 관찰과 면담

아동은 보통 키에 보통 체격이었고 부모와 함께 센터를 방문하였다. 앞니가 벌어져 있었으며, 검사자와의 눈맞춤과 위생 상태는 양호하였다. 검사실에 들어오자마자 "뭐 가지고 놀 거예요?"라며 장난감에서 눈을 떼지 못했다. 검사 내내 헛기침과 '음' 소리를 많이 내는 편이었고 말투는 어눌하였다. 주변을 두리번거리면서 지시를 잘

듣지 않아서 모든 과제에서 재지시를 해야 했으며 지시가 끝나기도 전에 과제를 시작하는 등 성급하였다. 검사 초반부터 "얼마나 남았어요?" "이거 다할 거예요?"라며 지루함을 표현하였고, 의자에 누워서 발을 책상에 올리거나 책상 밑에 기어 들어가거나 일어나고 앉기를 반복하는 등 행동이 매우 산만하였다. 또한 검사자의 제지에도 불구하고 검사 책자를 넘기거나 초시계를 가져가는 일이 잦았다. 검사 중에는 쉬운 문항에서도 '못하겠다'고 하다가도 문제를 푼 뒤에는 "너무 쉽네. 더 어려운 거 해요."라고 하는 등 금세 태도 변화가 나타났다. 어려운 문항에서는 답을 모른다고 하면서도 "틀리기 싫어요."라면서 포기하지 않았는데, 쉬운 문항을 다시 하려고 검사 책자를 앞으로 넘기려고 하거나 "답 없는데……." "이거(토막) 잘라야 하는데……."와 같이 검사 도구를 탓하기도 하였다. 검사자가 제지하면 하품을 하거나 기지개를 켜면서 불편감을 나타냈고, "선생님이 맞혀 봐요."라며 짜증을 내기도 하였다. 검사 내내 기록지를 계속 쳐다보았고 과제 수행 후에 "맞았어요?" 라고 묻는 경우가 많아서 수행에 예민해 보였다. 내원 사유에 대해서는 '모르는데'라며 별다른 불편감을 말하지 않았다.

지능과 인지 기능

한국 웩슬러 아동용 지능검사 4판 (K-WISC-IV)			
영 역	지 능	백분율(%)	수 준
언어이해	74	4.3	경계선
지각추론	94	33.3	평균
작업기억	95	36.2	평균
처리속도	59	0.3	경도 지적장애
전체 지능	74	4.3	경계선
일반능력	84	14	평균 하

아동의 전체 지능은 74로 경계선 수준을 나타냈으며, 같은 연령대에서 하위 4.3% 정도의 수준이었다. 언어이해는 74로 경계선 수준을, 지각추론은 94로 평균 수준을, 작업기억은 95로 평균 수준을, 처리속도는 59로 경도 지적장애 수준을 나타냈다. 지능 영역 간의 차이가 36점으로 크게 나고 있어서(기준은 20점 차이) 전체 지능의 대표

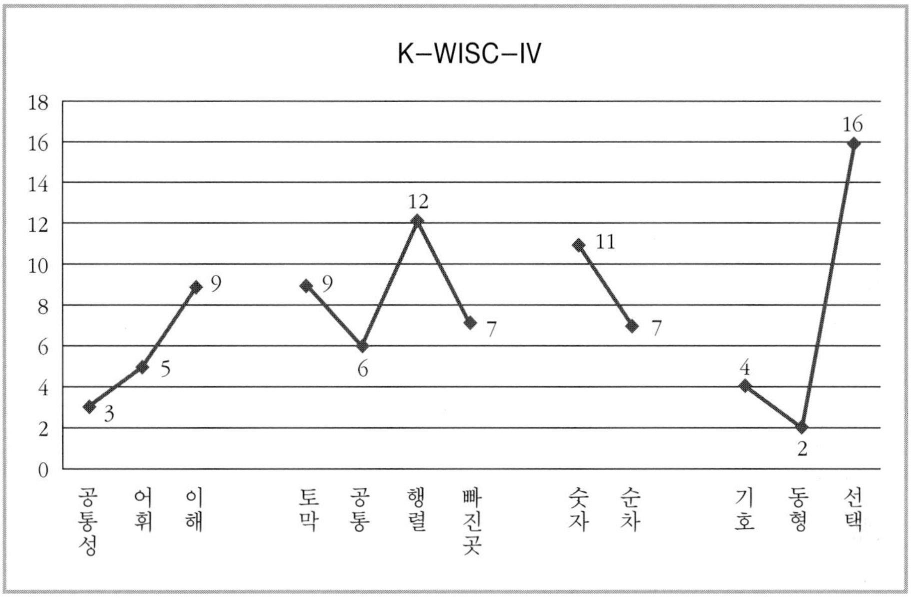

성이 부족하고, 언어이해 영역에서 소검사 간 차이도 6점으로 크게 나타나서(기준은 5점 차이) 일반능력(84, 평균 하 수준) 또한 아동의 기능을 온전히 대표한다고 보기 어려울 것으로 생각된다. 그러므로 각 지표가 나타내는 기능 수준을 파악하는 것이 더 중요해 보인다.

언어이해 영역에서는 사회적 상황에 대한 이해력이 평균 수준으로 나타나서 일상생활 경험을 통한 자연스러운 지식 습득은 적절한 것으로 보인다. 그러나 어휘구사력과 사물의 유사성을 파악하는 능력이 각각 경계선, 지적장애 수준으로 나타나서 언어적 개념에 대한 이해는 매우 부족해 보이는데('우유와 물－쏟아지는 거' '수리하다－시원하다'), 이는 잠재력에 비해 학습이 상당히 비효율적으로 이루어졌음을 시사하는 것 같다.

지각추론 영역에서는 전체를 고려해서 핵심을 파악하는 능력이 평균 상 수준으로 나타나서 비언어적 문제해결 능력이 또래에 비해 높고, 시공간 구성능력도 평균 수준이어서 추상적인 자극을 다루는 능력도 양호해 보인다. 그러나 시각적 예민성과 자극 간의 관련성을 찾아내는 능력이 각각 평균 하, 경계선 수준으로 나타나서 오히려 자극의 복잡성이 증가하는 일상적인 자극들을 다루는 능력은 매우 부족한 것으로 생각된다.

작업기억 영역에서는, 단순한 자극에 주의를 기울이는 능력은 평균 수준으로 나타나서 주의력은 적절한 것으로 보인다. 그러나 고차적인 자극에 주의를 기울이는 능력이 평균 하 수준이어서 자극이 복잡해지면 기능 수준이 저하될 것으로 여겨진다.

처리속도 영역에서는 간단한 시각적 자극에 짧은 순간 동안 높은 집중력을 발휘하는 능력이 최우수 수준으로 나타나서 간단한 시각적 변별이 필요할 때에는 매우 높은 기능 수준을 보일 것으로 생각된다. 그러나 시공간 운동속도와 긴장감 속에서 빠른 논리적 판단력을 발휘하는 능력은 지적장애 수준으로 나타나서 운동의 정교함이 필요하거나 판단에 대한 압력이 증가하는 경우에는 기능이 급격하게 저하될 수 있겠다.

지능검사 결과, 아동은 간단한 시각적 변별능력이 상당히 뛰어나며 비언어적 판단력도 높은 편이었다. 이를 바탕으로 일부 제한된 상황에서는 매우 높은 기능을 보일 것으로 예상된다. 그러나 언어적 학습이 상당히 비효율적이었던 것으로 보이고, 처리해야 할 정보의 양이 증가하거나 정교한 운동능력이 필요해지는 등 자극이 복잡해지면 기능 수준이 급격히 저하될 것으로 생각되며, 이는 아동의 부주의하고 충동적인 성향과 관련이 있는 것 같다.

Rorschach 검사 결과, 총 반응 수가 12개로 적고 대부분 단순한 형태 반응을 하고 있어서(L=11.00) 스트레스에 대처할 수 있는 자원이 상당히 제한되어 있는 것으로 생각된다. 또한 온전한 형태를 지각하는 경우가 드물고(X-%=0.50, Xu%=0.33) 관습적인 지각력도 부족해서(P=1) 상황에 맞지 않는 언행을 보일 가능성이 높겠다.

■ 성격과 정서

아동은 SCT에서 '엄마한테 칭찬받은 일'을 반복해서 기술하면서 '첫째 소원은 엄마 말 매일매일 잘 듣기, 둘째 소원은 선생님 말 잘 듣기, 셋째 소원은 친구들과 안 싸우고 친하게 지내기'라고 하는 등 인정받는 것에 지나치게 몰입되어 있는 것으로 보인다. 이런 아동은 검사 내내 검사기록지를 주시하면서 "맞았어요?"라고 반복적으로 확인하는 등 평가에 매우 예민한 모습이었다. 그러나 쉬운 과제에서는 자신감을 과장해서 표현하면서도('너무 쉽네. 더 어려운 거 해요') 꾸준한 노력을 하지는 못하고 있어서(JTCI: '인내력-13%') 수행의 편차가 클 것 같다. 또한 HTP에서 필압이 강하고 매우 빠르게 그리고 있어서 에너지 수준이 높아 보이지만 정교함이 부족한 것을 볼 때 행동을 통제하는 데 어려움이 큰 것으로 생각된다. 게다가 외부 자극에 대해서 즉각적이고 충동적으로 반응하고(JTCI: '자극추구-92%' '위험회피-6%' / HTP: 집 그

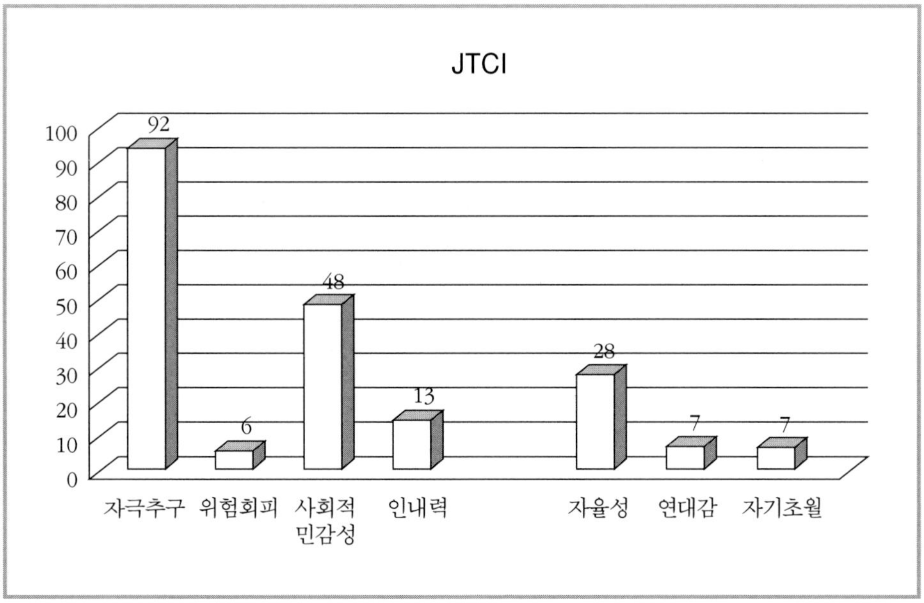

림 '필요—공책, 가방, 냉장고, 안방, 음식, 집, 화분') 성급해서(지시를 끝까지 듣지 않고 행동함), 오히려 부정적인 평가를 받는 일이 많았을 것으로 생각된다(SCT: '선생님들은 너무 많이 화를 내요'). 아동은 TAT에서 '사망할 거 같아요' '죽을 거 같아요' 등 죽음에 대한 언급이 많고 '없어질 거 같아요' '무섭다고 덜덜 떨 거 같아요' 등 미래에 대해서도 부정적이어서 내면에는 우울감이 있을 것으로 예상된다.

아동은 부모에 대해서는 상당히 긍정적으로 기술하고 있으나(SCT: '우리 엄마는 예쁘다' '우리 아빠는 우리를 놀아 주어요'), 친밀감에 대한 태도를 나타내는 Rorschach 카드에서 '악마뿔'이라고 하고, KPRC에서도 FAM 척도가 66T로 상승하고 있어서 가정 내에서 정서적인 안정감을 느끼지 못하고 있는 것으로 생각된다. 그리고 HTP의 사람 그림에서 '엄마'를 그리면서 '기분—이상해요, 아니 좋을 거 같은데. 봐 봐요, 웃고 있잖아요'와 같이 부정적인 반응을 취소(undoing)하고 긍정적인 면을 필요 이상으로 강조하고 있어서 가정 내에서의 스트레스를 억압하고 있을 가능성이 높아 보인다. 이런 아동은 SCT에서 '내가 만약 동물로 변할 수 있다면 사자가 되고 싶다. 왜냐하면 동물들을 잡아먹기 때문에'라고 하듯이 분노감을 시사하는 반응을 보이고 있어서 주변 사람을 위협적으로 지각하고 있는 것 같다.

아동은 다른 사람과 협력적인 관계를 맺는 능력이 부족해서 원활한 또래관계를 맺기 어려울 것으로 보이며(SCT: '나를 가장 슬프게 하는 것은 친구들'), 대인관계에서 고

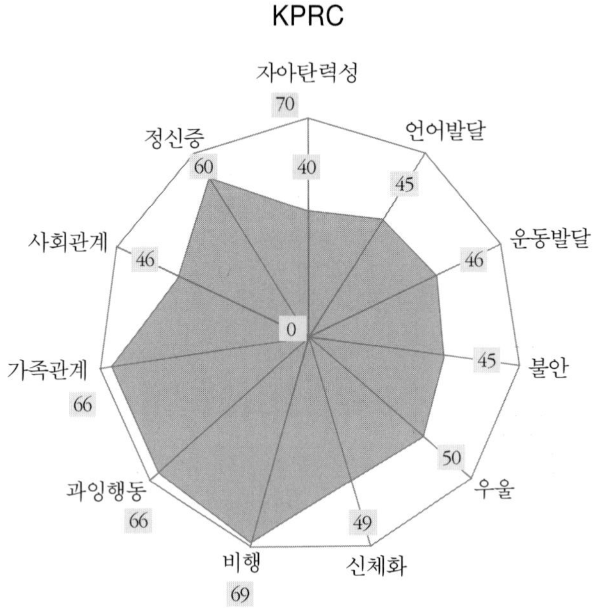

립되어 있는 것 같다(SCT: '나는 친구가 있으면 좋겠다'). 이러한 아동은 주변 환경을 위협적으로 지각하면서(Rorschach: '악마' '귀신') 내면에는 분노감도 쌓여 있는 것 같다. 그러나 자신감과 스트레스 대처능력이 부족한(JTCI: '자율성－28%' '자기초월－7%') 아동은 스트레스 상황에서 극도로 퇴행된 행동을 보이거나(Rorschach: '꼬추' '찌찌') 틱 증상을 보여 온 것으로 여겨진다.

▣ 아버지의 MMPI-II / SCT

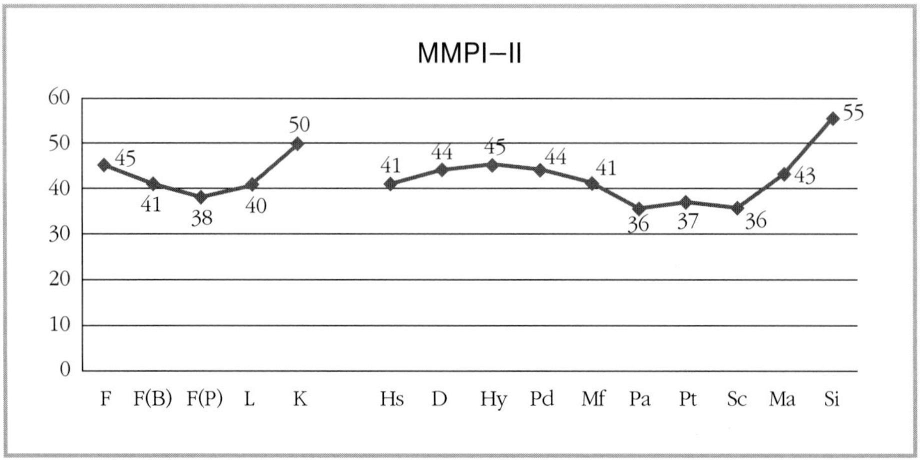

아버지는 MMPI에서 임상척도 대부분이 평이한 수준을 보이고 있어서 별다른 스트레스를 나타내고 있지 않는 것으로 보이며, 자신에 대해서 기대감이 큰 것으로 생각된다(SCT: '나의 야망은 지금 하는 일에 대해서 전문가가 되어 성장을 빨리 하고 싶다'). 그러나 SCT에서 '내가 늘 원하기는 빨리 인정받아 급여 많이 받는 것' '내가 정말 행복할 수 있으려면 돈을 많이 벌어야 한다' 등과 같이 금전적인 부분에서 스트레스가 있을 것으로 생각되며, 한편으로는 미래에 대해서 불안감도 가지고 있는 것 같다(SCT: '나의 장래는 걱정된다' '어리석게도 내가 두려워하는 것은 미래에 무엇을 하고 있을지'). 또한 소척도에서는 '반사회적 특성'과 '반사회적 태도'가 각각 64T, 63T로 높게 나타나서 내면에는 불만이 상당한 것으로 보이는데, 이는 대부분 냉소적인 모습으로 표현되고 있는 것으로 생각된다('염세적 신념'=65T).

어머니의 MMPI-II / SCT

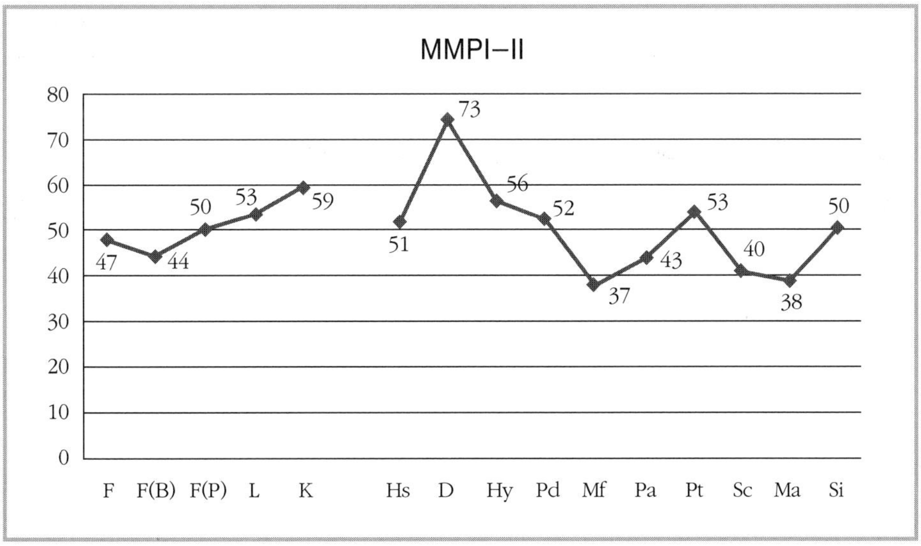

어머니는 MMPI에서 D척도가 73T로 높게 상승되어 있어서 현재 상황에 대한 불만족감이 매우 큰 것으로 보이며 우울감, 흥미 상실 등을 경험하고 있을 가능성이 높아 보인다. 또한 Ma척도가 38T로 매우 낮아서 에너지 수준이 저하되어 있으며 SCT에서 '결혼생활에 대한 나의 생각은 답답하고 힘들다(아이들 때문)' '우리 가족이 나에 대해서는 소중하고 사랑하는데…… 힘들 때도 많다'라고 하듯이 가족에 대한 스트레스

도 상당한 것으로 여겨진다. 그러면서도 F척도가 47T로 낮아서 심리적인 고통감을 크게 호소하지 않는 것으로 보아 스트레스 상황이 상당히 오랜 기간 지속되어 온 것으로 보인다. 전형적인 여성적인 역할이 익숙해 보이므로(Mf=37T), 분노감을 적절하게 처리하기 힘들 수 있고('공격성 억제=70T' '적대감 과잉통제=62T'), SCT의 50문항 중에서 11개만 작성하고 있는 등 자기개방이 어려운 것으로 생각되므로 주변의 도움을 받지 못한 채로 우울감이 가중될 가능성이 높아 보여서 전문적인 개입이 필요할 것으로 여겨진다.

▣ 요약과 제언

• 요 약

전체 지능	74	경계선	일반능력	84	평균 하
언어이해	74	경계선	지각추론	94	평균
작업기억	95	평균	처리속도	59	경도 지적장애

아동의 지능은 경계선 수준으로 나타남. 아동은 간단한 시각적 변별능력이 매우 뛰어나며 비언어적인 판단력도 높아 보임. 그러나 언어학습이 비효율적이었던 것으로 생각되며, 자극이 복잡해지거나 운동의 정교함이 필요한 경우에는 기능 수준이 급격하게 저하될 수 있음. 또한 스트레스에 대처할 수 있는 자원이 부족하고 상황에 맞지 않는 언행을 하는 일이 잦을 것으로 보임. 인정받고 싶은 욕구가 높지만, 충동적이고 산만하여 오히려 부정적인 평가를 받기 쉬우며, 내면에는 우울감이 있는 것으로 보임. 가정 내에서 정서적인 안정감을 느끼지 못하고 있는 것으로 보이며, 부적절감을 경험하고 있음. 성격적으로 미숙한 아동은 스트레스에 대처하지 못한 채로 주변을 위협적으로 지각하면서 분노감이 쌓이고 있는 것으로 생각됨. 그러나 분노를 적절하게 표현하지 못한 채로 퇴행된 행동을 보이거나, 음성 틱을 나타내고 있는 것으로 여겨짐.

• 심리평가 결과, 아동은 다음과 같은 진단이 시사됨.

Axis I. Transient Tic Disorder(Provisional Tic Disorder)

Attention-Deficit/Hyperactivity Disorder, Combined type

(Attention-Deficit/Hyperactivity Disorder, Combined presentation)

Axis IV. Parent-Child Relational Problem(Parent-Child Relational Problem)

• 제 언

1. 충동성 조절하기
2. 어머니의 우울감 개선하기
3. 소근육 운동기술 훈련하기
4. 성공 경험 만들기
5. 능동적 태도 기르기
6. 또래관계 개선하기
7. 가족 전체의 경계심 낮추기

3. 자주 나타나는 반응

1) 주 호소

'눈썹을 찌푸리며 심하게 눈알을 돌린다' / "초등학교 입학 후 1주일 정도 '양손을 벌리거나 양팔을 벌리면서 부르르 떨리는 행동'을 보였다"

2) 틱 증상

행동: 눈동자를 돌리고 입과 코 주변을 돌리며 입과 코를 씰룩거리는 틱이 반복적으로 관찰됨 / 시간이 경과하면서 갑자기 손을 부르르 떠는 운동 틱이 나타났으며 5~10초 간격으로 2~3회 연속적으로 나타나다가 멈추면 계속 잠잠해짐 / 눈깜빡임, 눈알 굴림, 머리 흔들기 등의 틱 증상이 나타남

지능: 틱 증상으로 인한 기호쓰기 저하

3) 무난한 기능과 태도

행동: 전반적인 위생 상태는 양호하며, 검사 중 검사자와의 눈맞춤도 적절하고, 특별히 불안하거나 우울해 보이는 표정은 아니었음 / 예의 바르고 협조적인 태도 / 얼굴 표정이 밝고 명랑해 보였으며, 이것저것 물어보는 등 말도 많고, 검사 중 웃기도 잘함 / 과제에 협조적인 편이었고 지시 사항도 잘 이해함

지능: 평균-평균 상 수준의 언어성 소검사 분포 / 빠진곳찾기를 제외하고 동작성 지능의 유지 / 상식과 산수 소검사가 우수 수준

4) 주변 환경에 대한 민감성 부족

지능: 빠진곳찾기 저하

5) 높은 애정 욕구

HTP: '따뜻한 곳에 가서 꽃을 많이 피우고 싶어 하는 나무' / '내가 가장 행복한 때는 엄마 웃었을 때'

SCT: '나는 친구가 20명쯤 있다' '내가 만일 먼 외딴곳에서 혼자 살게 된다면 영희(친구)와 제일 같이 살고 싶다'

6) 부모에 대한 경계심

SCT: '나를 가장 슬프게 하는 것은 엄마가 때릴 때' '내 첫째 소원은 엄마가 안 때리는 것'

7) 사회적 판단력 부족

지능: 차례맞추기 저하

Rorschach: 적은 H

8) 자신에 대한 높은 기대

SCT: '다른 사람들은 나를 존경했으면' / '나에게 가장 좋았던 일은 시험 다 맞았을 때'

9) 스트레스 취약성(부적절감)

행동: 카드를 만지작거리고 손을 계속 움직임

Rorschach: 대부분의 카드에 대해 "야~ 이게 뭐가 보여요? 생각나는 게 전혀 없어요."라고 말함 / '상어. 여기 뼈 같아, 죽었어' '오징어. 죽은 오징어예요. 다리를 누가 잘랐나 봐'

SCT: '나는 공부를 반반이다(잘하지도 않고 못하지도 않는다)'

10) 높은 불안 수준

Rorschach: '병균' 반응

TAT: '죽음' / '수술'과 관련된 주제를 자주 보임 / 성취와 관련된 카드에서 '줄 끊어져서 걱정'

SCT: '내가 가장 무서워하는 것은 귀신' '내가 꾼 꿈 중에서 가장 무서운 꿈은 사람들이 다 좀비가 된 것'

13 Chapter

파괴적 기분조절부전장애

1. 심리과정상의 특징

프로이트(Freud)는 분노감이 우울감의 가장 큰 이유라고 하였다. 파괴적 기분조절부전장애(Disruptive Mood Dysregulation Disorder)를 아주 간단하게 말하면 부모에 대한 불만이 해소되지 않고 쌓이기만 하면 분노가 되는데, 도덕성이라는 것이 막고 있기 때문에 부모에게 분노감을 표현하긴 쉽지 않고, 밖에서 친구들과 싸움이라도 하면서 풀면 좋겠지만 그마저도 하지 못하는 아이들이 결국 자신을 공격함으로써 분노감을 해소하려 하는 것이다. 우울감은 생리적으로 설명할 수도 있고, 인지적으로 설명할 수도 있다. 그러나 이렇듯 분노감이 두드러지는 우울증은 프로이트식으로, 즉 심리적인 역동을 중심으로 이해할 필요가 있다.

현상을 봐도 아동·청소년기의 심리적인 역동은 대부분 부모와 밀접한 관련이 있으며, 아이들이 가지는 분노감의 대부분은 부모에 대한 것들이다. 그러나 도덕적·인지적·사회적으로 힘을 가지지 못한 아이들은 자신이 화가 나 있다는 것을 인식하기도 힘들고, 화를 내면서도 내는지도 모른다. 쉽게 말해서, 분노감으로 우울감을 표현하는 아이들은 '화를 내면 안 된다고 생각하지만, 화가 너무 많이 나 있기 때문에 화를 감출 수 없는 상황'에 있는데, '화를 내기엔 힘이 너무 약한' 것이다. 세월을 외면한 올곧은 선비처럼 차라리 우울감에 빠져 마음에 안 드는 주변 환경으로부터 멀어지려 하지만, 불쑥불쑥 튀어나오는 화는 어쩔 수 없다.

대부분은 '짜증이 많은 아이'로 보인다. 우울하다는 것은 문제를 해결하는 데 필요한 에너지가 부족한 상태를 뜻한다. 간단하게 해결할 수 있는 일들을 놓치면 짜증이 난다. 크게 화를 낼 일이 아니라는 것을 알고 있다는 말이다. 짜증을 계속 낸다는 것은 간단한 일들을 해결하지 못한 지가 오래되었다는 것이고, 대부분 어른들이 아이들에게 무관심한 정도가 심할 때 이런 일이 생긴다. 아이가 무얼 하는지 모르는 부모도 무관심한 부모이지만, 아이의 상태에 상관없이 자신의 감정 상태에 따라 아이를 대하는 부모도 무관심한 부모다.

2. 보고서 사례

1) 부모에 대한 불신(남자 / 만 16세 / 고1)

■ 의뢰 사유

내담자는 '화가 나면 조절이 안 되고 폭력적으로 변한다'를 주 호소로 상담센터를 방문하였으며, 전반적인 인지 기능 및 정서 파악을 위해 청소년종합심리평가를 실시하였다.

■ 행동 관찰과 면담

내담자는 큰 키에 건장한 체격으로 얼굴에 여드름이 나 있고, 부모와 함께 센터에 방문하였다. 검사자와의 눈맞춤은 적절하게 이루어졌고, 전반적인 위생 상태도 양호해 보였으나, 수염은 깎지 않았다. 검사에 협조적이었고, 검사 도중에 "지능검사예요?"라고 확인하는 등 평가에 민감해 보였고, 숫자 소검사에서 숫자를 소리 내어 되뇌는 등 비교적 문제해결을 위해 노력하는 편이었다. 한편, 토막짜기 소검사에서 과제를 제시하자마자 "할 수 있으려나?"라고 하고, 산수 소검사에서도 문제가 주어지기 전에 "몇 개 못 맞힐 거 같은데……."라며 너스레를 떨었고, 과제를 수행하지 못하면 "4개 가지고 모자라지 않아요? 모자랄 거 같은데……."라며 검사 도구를 탓하기도 하였다. 내원 사유에 대해서는 '엄마가 오자고 해서' '성격 때문에' 등 간단하게만 말하였고, 구체적으로 질문하자 '다혈질적이고 이기적이고 뭐든지 내 뜻대로 돼야 한다는 생각'이라고 하는 등 심각성 없이 문제행동을 말하였다.

◻ 지능과 인지 기능

한국 웩슬러 성인 지능검사 4판 (K-WAIS-IV)			
영 역	지 능	백분율(%)	수 준
언어이해	90	24	평균
지각추론	74	4	경계선
작업기억	84	14	평균 하
처리속도	84	14	평균 하
전체 지능	76	5	경계선

내담자의 전체 지능은 76으로 경계선 수준을 나타냈으며, 같은 연령대에서 하위 5%의 수준이었다. 언어이해는 90으로 평균 수준을, 지각추론은 74로 경계선 수준을, 작업기억은 84로 평균 하 수준을, 처리속도는 84로 평균 하 수준을 나타냈으며, 지능 영역 간의 차이는 16점으로 유의미하게 나타나지 않았다(기준은 23점 차이). 다만, 소검사 간의 차이가 8점으로 크게 나타나서(기준은 5점 차이) 상황에 따른 기능상의 차이가 클 것으로 생각된다.

언어이해 영역에서는 사회적 상황에 대한 이해력과 사물의 유사성을 파악하는 능력이 평균 수준으로 나타나서 일상생활 경험을 통해 자연스럽게 획득할 수 있는 언어적 지식 수준은 양호해 보인다. 그러나 기본적인 상식 수준과 어휘구사력이 평균 하 수준을 보이고 있어서 학업적 노력은 다소 부족한 것 같다.

지각추론 영역에서는 전체를 고려하여 핵심을 파악하는 능력이 평균 하 수준으로 나타나서 기본적인 시지각 추론능력은 비교적 양호한 것 같다. 그러나 부분들 간의 관계를 파악할 수 있는 능력과 시공간 구성능력이 각각 경계선, 지적장애 수준을 보이고 있어서 사고의 유연성이 필요하거나 시공간적인 운동 개입이 요구되는 상황에

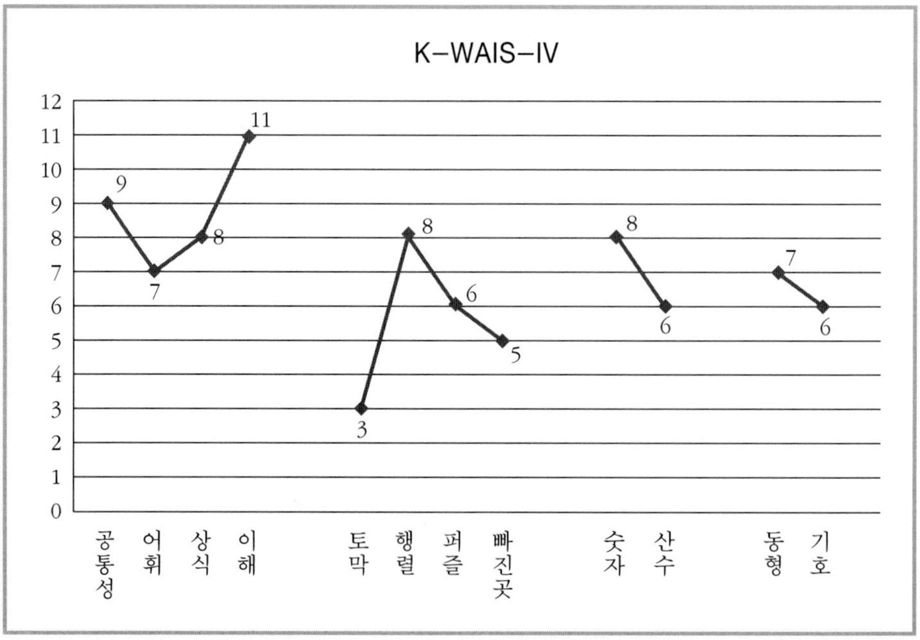

서는 기능 수준이 매우 낮아질 수 있겠다. 그리고 시각적 예민성이 경계선 수준으로 나타나서 주변 환경 자극에 매우 둔감해져 있는 것 같다.

작업기억 영역에서는 숫자 소검사에서 바로따라하기와 거꾸로따라하기가 10점으로 나타나서 단순주의력은 양호해 보인다. 그러나 순서대로따라하기가 7점으로 낮게 나타났고, 산술능력이 경계선 수준이어서 다양한 정보들을 체계적으로 분류하는 능력은 부족한 것 같다.

처리속도 영역에서는 긴장감 속에서 빠른 논리적 판단력을 발휘하는 능력과 시공간 운동속도가 각각 평균 하, 경계선 수준을 보이고 있어서 시각-운동 협응능력은 부족해 보인다.

지능검사 결과, 익숙한 언어적 환경에서는 나이에 맞게 기능 수준이 유지되고 있는 것으로 보이나, 그 외의 소검사들이 평균 하 수준 이하로 나타나고 있어서 대부분의 상황에서 낮은 기능 수준을 보이기 쉬운 것 같다. 그리고 언어적 학습과 더불어 체계적으로 정보를 분류하는 능력도 낮게 나타나고 있어서 학년 상승에 따라 학습에 어려움이 점점 커졌을 것으로 생각되고, 사고의 유연성과 민첩성이 매우 부족해서 환경 변화에 대응하기도 힘들 것 같다.

Rorschach 검사 결과, 내담자는 총 29개의 많은 반응 수를 보이고 있듯이 스트레스 상황에서 문제를 해결하기 위해 나름대로 많은 노력을 기울이고 있는 것으로 보인다. 그러나 사고가 경직되어 있고(L = 3.14), 관습적 지각능력이 부족하며(P = 2), 특이한 부분 반응을 7개나 보이고 있어서 다른 사람의 의견을 수용하지 않고 자신의 의견만 고집함으로써 갈등이 생길 가능성이 높아 보인다. 게다가 문제해결 능력이 부족하고(X-% = 0.59), 정서적 충동성이 높아 보이므로(C = 2) 스트레스가 가중되면 충동적으로 반응을 보일 수도 있겠다.

성격과 정서

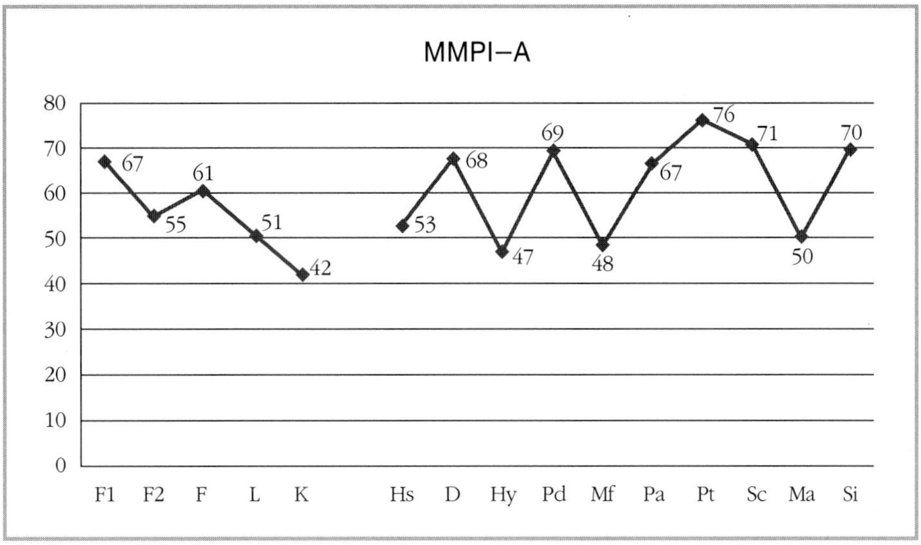

아버지의 폭행으로 인한 고통스러운 외상을 경험했고(SCT: '생생한 어린 시절의 기억은 맞은 것'), 어머니에 대한 불신이 높은(SCT: '나는 어머니를 좋아했지만 나는 배신감을 느낀다') 내담자는 불만과 분노감이 많이 쌓여 온 것으로 보이며(SCT: '나의 어머니는 지랄맞고 성격에 대충이란 단어와 어울리지 않는다' / Rorschach: S = 9), 가정환경에 대한 거부감이 매우 커 보인다(SCT: '다른 가정과 비교해서 우리 집안은 너무 엄하고 꼼통들이 많다' / HTP: 집 그림 '모르는 사람이 산다'). 이러한 내담자는 SCT에서 '내가 어렸을 때는 엄하게 자랐다'라고 하듯이 강압적인 가정환경으로 인하여 자신의 감정을 억압하며 지내 왔을 것으로 예상된다. 그러나 가정 내에서 지속적으로 소외감을 느끼면서(SCT: '우리 가족이 나에 대해서는 왕따시킨다') 분노감이 점점 더 강해진 것으로 보인다. 이러한 내담자는 정서적 불안정성이 높아서(Rorschach: C = 2), 사소한 자극에도 쉽게 공격적인 행동을 보일 수 있겠다. 또한 권력과 지배 욕구가 높고(SCT: '나의 야망은 군인이 되어 최고 지위까지 올라가 보는 것' '내가 정말 행복할 수 있으려면 남을 밟고 올라서야 한다' '언젠가 나는 남을 밟고 일어서서 웃을 것이다'), 미숙한 수준의 자기중심적 사고를 가지고 있어서(SCT: '내가 늘 원하기는 내가 생각한 대로 돼야 한다') 자신이 통제감을 발휘할 수 있는 대상에게는 더욱 공격적인 모습을 보일 가능성이 높아 보이므로 원만한 대인관계를 유지하기 힘들어 보인다(MMPI: Si=70T / HTP: '사람의 이목구비를 그리지 않음').

내담자는 관심받고 싶은 욕구가 높고(HTP: 집 그림 '창문을 많이 그림'), 자신에 대한 기대감도 높아 보이는 바(HTP: 나무 그림 '나이—몇 백 년 된 것 같다'), 한편으로는 주변 사람의 인정을 받기 위해 열심히 노력했을 것으로 생각된다. 그러나 지능검사에서 나타나듯이 사고의 유연성이 부족하고, 처리해야 할 정보가 많아지면 기능 수준이 떨어지고 있어서 상기의 노력이 성과를 이루지 못한 채 좌절감을 겪기 쉬운 것 같다. 통제 욕구가 높은 내담자는 좌절스러운 상황들을 더욱 수용하기 어려웠을 것으로 생각되므로 주변 환경을 위협적으로 지각하고 경계하고 있는 것 같다(MMPI: Pa=67T, Sc=71T / Rorschach: HVI=YES). 이러한 내담자는 MMPI에서 4번 척도가 높이 상승하고 있듯이 주변 환경에 대한 불만이 많고 정서적 충동성이 높아 보이므로(Rorschach: C=2) 자신의 의지에 반하는 상황에서 매우 공격적인 모습을 보일 수 있겠다(TAT: '어떤 사람을 죽이는 거 같아요' '어떤 사람이 뒤에서 잡고 무슨 짓 하려는 거 같다').

내담자는 MMPI에서 2번, 7번 척도가 높이 상승해 있고, 자존감 저하(SCT: '내가 믿고 있는 내 능력은 없다'), 미래에 대한 부정적 사고(SCT: '내가 보는 나의 앞날은 예상 못함' / HTP: 나무 그림 '앞으로—죽을 거 같아요'), 울적함(Rorschach: C′=3), 절망감(TAT: '어떤 사람이 앉아서 절망하는 거 같아요'), 고통감(SCT: '무슨 일을 해서라도 잊고 싶은 것은 슬픈 기억과 화나는 기억' '내가 잊고 싶은 두려움은 모든 슬픈 기억, 무서운 기억') 등을 시사하는 반응을 보이고 있으며, Rorschach 검사에서 색채-음영 혼합 반응을 보일 정도로(Col-Shd Blends=1) 상당한 우울감을 경험하고 있는 것 같다(TAT: '슬프게 울고 있어요' / Rorschach: DEPI=5). 그러나 자아상이 불안정한(HTP: 나무 그림 '뿌리를 그리지 않음') 내담자는 스트레스 상황에 직면하기 어려워 보이므로(SCT: '나에게 이상한 일이 생겼을 때 그냥 넘긴다' '때때로 두려운 생각이 나를 휩싸일 때 그냥 넘긴다') 고통감이 더욱 가중될 수 있겠다(HTP: 사람 그림 '불행—지금').

요약과 제언

• 요 약

전체 지능	76	경계선			
언어이해	90	평균	지각추론	74	경계선
작업기억	84	평균 하	처리속도	84	평균 하

내담자의 지능 수준은 경계선 수준으로 나타남. 익숙한 언어적 환경에서는 나이에 맞게 기능 수준이 유지되고 있는 것으로 보이나, 대부분의 상황에서 낮은 기능 수준을 보이기 쉬움. 아버지의 폭행으로 인한 부정적 외상 경험이 많고, 어머니에 대한 불신감도 있어서 분노감이 높아진 것으로 보임. 이러한 내담자는 자신의 감정을 억압하며 지내 왔을 것으로 예상되나, 가정 내에서 소외감을 느끼며, 분노감이 점점 강해진 것으로 보임. 자신이 통제감을 발휘할 수 있는 대상에게는 더욱 공격적인 모습을 보일 수 있고, 대인관계에서도 이러한 공격성을 보일 가능성이 높아 보임. 한편, 주변 사람의 인정을 받기 위해 열심히 노력했을 것으로 생각되나, 상기의 노력이 성과를 이루지 못한 채 좌절감을 느끼기 쉬우며, 주변 환경을 위협적으로 지각하고 경계하고 있는 것으로 여겨짐. 따라서 자신의 의지에 반하는 상황에서 매우 공격적인 모습을 보일 수 있음. 내담자는 상당한 우울감을 경험하고 있는 것으로 보이나 스트레스 상황에 직면하기 어려워 보이므로 고통감이 더욱 가중될 수 있겠음.

• 심리평가 결과, 내담자는 다음과 같은 진단이 시사됨.

Axis I. Depressive Disorder NOS(Disruptive Mood Dysregulation Disorder)

Axis II. Borderline Intellectual Functioning(Borderline Intellectual Functioning)

• 제 언

1. 공격성 및 충동성 조절하기
2. 공감적이고 지지적인 가정환경 조성하기
3. 내담자 수준에 맞는 쉬운 과제 제시하여 성취 경험 늘리기
4. 사고의 유연성 및 성실성 향상시키기

2) 외부 귀인(여자 / 만 10세 / 초5)

■ 의뢰 사유

아동은 '살이 많이 쪘다' '말을 잘 안 한다' '과격하다' 등을 주 호소로 상담센터를 방문하였으며, 전반적인 인지 기능 및 정서 파악을 위해 아동종합심리평가를 실시하였다.

■ 행동 관찰과 면담

아동은 큰 키에 체격이 컸고 얼굴이 통통했으며, 부모 및 조모와 함께 방문하였다. 검사자와의 눈맞춤은 적절했고, 위생 상태도 양호하였으나 머리는 덥수룩했다. 검사에 협조적이었고, 검사 도구를 흩어 주며 검사자를 도와주기도 하였다. 그러나 초반에는 자신의 출생년도를 지우고 다시 쓰는 등 기초적인 내용조차 제대로 수행하지 못하였다. 그리고 모르는 과제에서는 "안 배웠는데……." "빠진 게 없는 거 같은데……." 라며 핑계를 댔고, 검사 도중에 엎드려서 대답하거나 수행하는 등 미숙한 행동도 나타났다. 내원 사유에 대해서는 '모른다'라며 별다른 불편감은 얘기하지 않았으나, 구체적인 질문에는 동생에 대한 불만을 표현하였다('동생 때문에 스트레스 받는다').

■ 지능과 인지 기능

한국 웩슬러 아동용 지능검사 4판 (K-WISC-IV)

영 역	지 능	백분율(%)	수 준
언어이해	80	9.2	평균 하
지각추론	82	12.0	평균 하
작업기억	68	1.6	경도 지적장애
처리속도	74	4.0	경계선
전체 지능	70	2.4	경계선

아동의 전체 지능은 70으로 경계선 수준을 나타냈으며, 같은 연령대에서 하위 2% 정도의 수준이었다. 언어이해는 80으로 평균 하 수준을, 지각추론은 82로 평균 하 수준을, 작업기억은 68로 경도 지적장애 수준을, 처리속도는 74로 경계선 수준을 나타

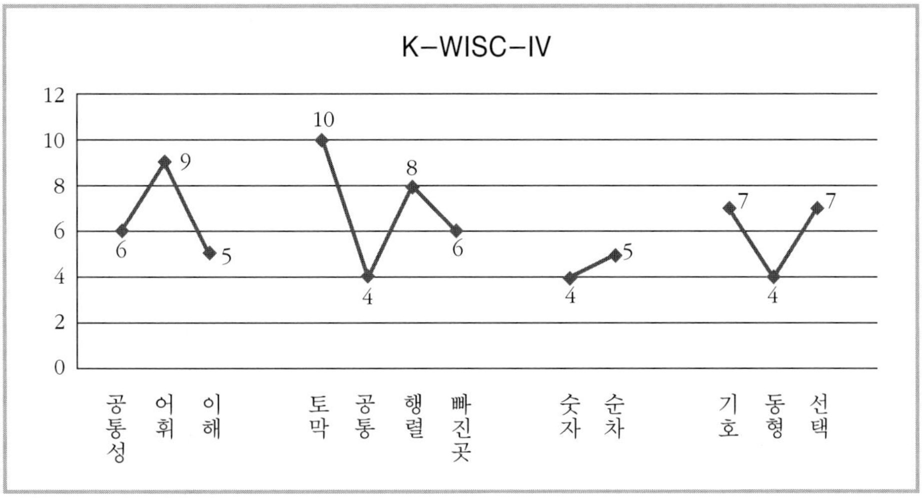

냈으며, 지능 영역 간의 차이는 크게 나타나지 않았다.

언어이해 영역에서는 어휘구사력이 평균 수준으로 나타나서 간단한 단어 습득 수준은 양호해 보인다. 그러나 사물의 유사성을 파악하는 능력과 사회적 상황에 대한 이해력이 경계선 수준으로 낮게 나타나고 있어서('우유와 물—같은 물' '경찰—모른다') 개념에 대한 이해가 필요한 상황에서는 기능 수준이 떨어질 것으로 생각된다.

지각추론 영역에서는 시공간 구성능력과 전체를 고려하여 핵심을 파악하는 능력이 각각 평균, 평균 하 수준으로 나타나서 기하학적인 도형을 다루는 능력은 양호해 보인다. 그러나 자극 간의 관련성을 찾아내는 능력이 지적장애 수준으로 낮게 나타나서 자연물을 다루는 능력은 상당히 부족해 보이므로 사고의 유연성이 필요할 때는 기능 수준이 급격히 떨어질 수 있겠다. 그리고 시각적 예민성이 경계선 수준으로 나타나서 주변 환경에 대한 민감성도 매우 부족한 것 같다.

작업기억 영역에서는 숫자와 순차 소검사가 각각 경계선, 지적장애 수준을 보이고 있어서 주의집중력은 매우 부족해 보인다. 아동은 숫자 소검사의 바로따라하기에서 네 자릿수까지만 가능하였다

처리속도 영역에서는 시공간 운동속도와 간단한 시각적 자극에 짧은 순간 동안 높은 집중력을 발휘하는 능력은 평균 하 수준으로 나타나서 익숙하거나 간단한 자극을 다룰 때에는 비교적 양호한 기능 수준을 보일 수 있겠다. 그러나 긴장감 속에서 빠른 논리적 판단력을 발휘하는 능력은 지적장애 수준으로 나타나서 조금이라도 독립적 판단에 대한 부담이 증가하면 기능 수준이 급격히 떨어지는 것 같다.

지능검사 결과, 기하학적인 도형을 다루는 능력은 양호해 보이나, 자연물을 다루는 능력은 매우 부족해 보이므로 사고의 유연성이 필요할수록 기능 수준이 급격히 떨어지는 것 같다. 이러한 아동은 간단한 단어 습득은 양호하였으나, 추상적 개념과 같이 이해력이 필요한 상황에서는 기능 수준이 떨어질 것으로 생각된다. 그리고 주변 환경 변화를 인식하는 능력과 주의력이 매우 부족해 보이므로 환경 변화에도 취약한 것 같다.

Rorschach 검사 결과, 아동은 총 6개의 매우 적은 반응 수를 보이면서 6개를 모두 운동 반응으로 하고 있는데, 이는 스트레스 상황에서 행동 범위를 통제 가능한 수준으로 매우 좁게 제한하는 것을 시사한다. 이러한 아동은 전적으로 자의적인 해석에 근거해서 사고하고 행동할 가능성이 높아 보이므로 주변 사람과의 의사소통에 어려움이 많을 것 같다.

▫ 성격과 정서

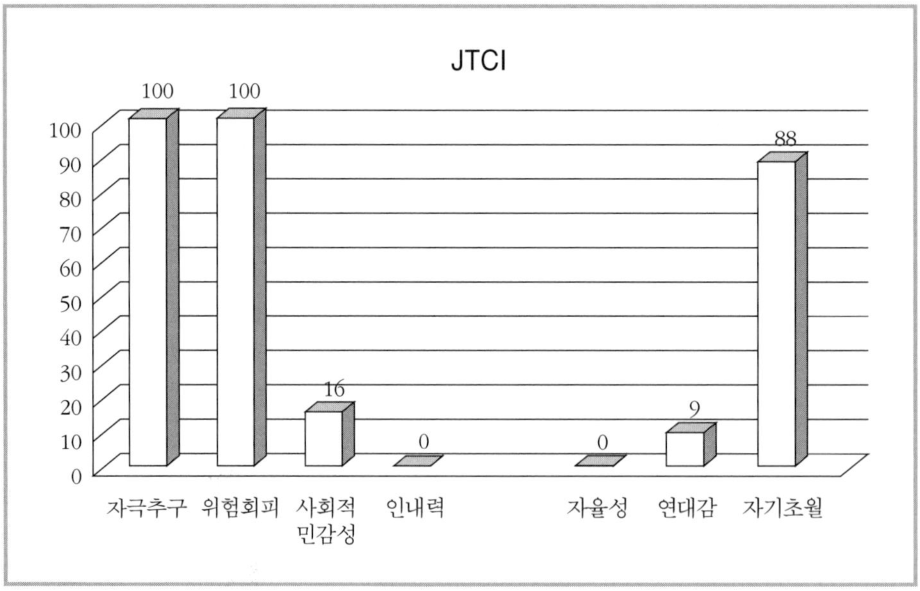

가정 내에서 지지적인 관계를 맺지 못한 것으로 보이는(TAT: '장난감 갖고 싶다고 말하는데도 말을 듣지를 않는 거 같아요' / KFD: 부모를 그리지 않음) 아동은 부모에게 두려움과 불만감을 느끼고 있고(SCT: '우리 엄마 아빠는 무섭다' '우리 아빠는 무섭다' '우

리 엄마는 날 짜증 나게 만든다'), 동생에 대한 불만도 매우 많이 쌓여 있는 것 같다(SCT: '내가 가장 싫어하는 사람은 내 동생' / HTP: 여자 그림 '불행—동생들이 계속 괴롭히는'). 아동은 Rorschach 검사에서 '두 부모가 한 아이를 두고 맨날 괴롭히는 거 같다' '동생이 날 괴롭힐 음모를 짜는 거 같다' '부모님한테 혼나는 모습' 등의 반응을 보이듯 가정환경을 위협적이고 적대적으로만 인식하고 있으며, 충동성이 높고(JTCI: '자극추구—100%') 공격성도 높아 보이므로(Rorschach: AG=4) 가정 내에서 공격적인 모습을 보이기 쉬운 것 같다(SCT: '나는 때때로 화를 낸다' '나의 나쁜 점은 화내기' / HTP: 여자 그림 '자주 화내는 성격').

한편, 아동은 사회적 자극에 둔감하고(JTCI: '사회적 민감성—16%'), 공감능력도 부족하며(JTCI: '연대감—9%'), 성별에 상관없이 또래 아이들을 비난하고 있어서(SCT: '여자애들은 재수없다' '남자애들은 짜증 난다') 원만한 또래관계를 형성하기도 힘들었을 것으로 보인다(SCT: '나는 친구가 없다' / HTP: 사람 그림 '눈, 코, 입을 그리지 않음'). 그러면서도 부정적 평가에 매우 민감해져 있는(JTCI: '위험회피—100%') 아동은 고통감의 원인을 외부 귀인시키고 있는 것으로 보이므로(TAT: '동생 때문에 스트레스받고 울고 우울증 걸릴 것만 같은 소녀' / SCT: '다른 사람들은 나를 싫어한다') 문제 상황에서 주변 사람들을 탓하며 분노감을 드러낼 수 있겠다[SCT: '나를 가장 화나게 하는 것은 내 뒷담아(뒷담화), 내 얘기'].

한편, 자신에 대한 기대감이 높아 보이나(HTP: 나무 그림 '기둥을 굵고 크게 그림'), 지능검사에서 나타나듯이 실제 기능 수준이 낮고 주의력도 매우 부족해서 기대만큼 성취를 이루기 힘들어 보이므로 좌절감을 겪고 있는 것 같다(SCT: '나는 실패자다'). 아동은 이렇듯 학업, 또래관계 전반에 걸쳐 좌절감을 느끼고 있는 것으로 보이지만, 정서적 자원이 매우 제한적이고(WSumC=0), 스트레스에 매우 취약해 보이므로(Rorschach: R=6), 문제 상황에서 음식에 몰입하거나 우울감만 느끼고 있는 것 같다(SCT: '나의 좋은 점은 없다' / TAT: '스트레스 너무 받아서 우는 모습' '소녀가 묘지에 가서 슬프게 우는 거 같아요' / HTP: 여자 그림 '불행한 사람' '울고 있는 거 같다').

요약과 제언

• 요 약

아동의 지능 수준은 경계선 수준으로 나타남. 기하학적인 도형을 다루는 능력은 양호해 보이나, 사고의 유연성이 필요할수록 기능 수준이 급격히 떨어질 수 있

전체 지능	70	경계선			
언어이해	80	평균 하	지각추론	82	평균 하
작업기억	68	경도 지적장애	처리속도	74	경계선

고, 간단한 단어 습득은 양호해 보이나, 이해력이 필요한 상황에서는 기능 수준이 떨어질 것으로 생각됨. 아동은 부모에게 두려움과 불만감을 느끼고 있고, 동생에 대한 불만도 매우 많이 쌓여 있는 것으로 보임. 이러한 아동은 가정환경을 위협적이고 적대적으로만 인식하고 있어서 가정 내에서 공격적인 모습을 보이기 쉬움. 또한 아동은 공감능력이 부족해서 원만한 또래관계를 형성하지 못하고 있고, 고통감의 원인을 외부 귀인시키고 있어서 문제 상황에서 주변 사람을 탓하며 분노감을 드러낼 수 있겠음. 한편, 아동은 자신에 대한 기대감이 높아 보이나, 실제 기능 수준이 낮아서 기대만큼 성취를 이루기 힘들어 보이므로 좌절감을 겪고 있는 것으로 보임. 이러한 아동은 스트레스에 매우 취약해 보이므로 문제 상황에서 음식으로 해소하거나 우울감만 느끼고 있는 것으로 생각됨.

• 심리평가 결과, 아동은 다음과 같은 진단이 시사됨.

Axis I. Depressive Disorder NOS(Disruptive Mood Dysregulation Disorder)

Axis II. Borderline Intellectual Functioning

(Borderline Intellectual Functioning)

Axis IV. Parent-Child Relational Problem(Parent-Child Relational Problem)

• 제 언

1. 즐거운 경험 늘리기
2. 부모와의 긍정적인 상호작용 늘리기
3. 분노감 건전하게 해소하기
4. 수준에 맞는 과제 제시하여 성취 경험 늘리기
5. 주의력 향상시키기
6. 사회기술 훈련

3) 편모 가정, 형제간의 공격성(남자 / 만 9세 / 초3)

◻ 의뢰 사유

아동은 '정서 검사에서 ADHD, 우울증 점수가 높게 나타났다' '과격하다' 등을 주 호소로 상담센터를 방문하였으며, 전반적인 인지 기능 및 정서 파악을 위해 아동종합심리평가를 실시하였다.

◻ 행동 관찰과 면담

아동은 보통 키와 체격으로 눈 밑에 흉터가 있었고, 들어오면서부터 웃는 표정으로 인사를 깍듯하게 하였다. 검사자와의 눈맞춤은 적절하게 이루어졌고, 위생 상태도 양호해 보였으나, 옷이 약간 커 보였다. 검사에 협조적이었고, 자신이 아는 지식을 모두 말하였으며, 자세를 바로잡고 수행하는 등 검사에 적극적인 모습이었다. 그러나 과제가 어려워지자 "이런 건 자세히 안 봤어요."라며 핑계를 대기도 했다. 한편, 중간중간 뒤를 돌아보거나 장난감에 시선을 고정하는 경우가 많았으나, 지속 시간은 길지 않았다. 내원 사유에 대해서는 "선생님이 아세요……. 저도 방금 알아서 그냥 온 거예요."라며 별다른 불편감은 얘기하지 않았으나, 구체적인 질문에는 '형들이 때린다' '친구랑 싸운다' 등 관계에서의 문제에 대해서 말하기도 했다.

◻ 지능과 인지 기능

한국 웩슬러 아동용 지능검사 4판 (K-WISC-IV)			
영 역	지 능	백분율(%)	수 준
언어이해	92	29.6	평균
지각추론	102	55.6	평균
작업기억	76	5.8	경계선
처리속도	92	28.9	평균
전체 지능	88	20.2	평균 하

아동의 전체 지능은 88로 평균 하 수준을 나타냈으며, 같은 연령대에서 하위 20% 정도의 수준이었다. 언어이해는 92로 평균 수준을, 지각추론은 102로 평균 수준을,

작업기억은 76으로 경계선 수준을, 처리속도는 92로 평균 수준을 나타냈다. 지능 영역 간의 차이가 26점으로 크게 나타나고 있었고(기준은 20점 차이), 소검사 간의 차이도 7점으로 크게 나타나고 있어서(기준은 5점 차이), 상황에 따른 기능상의 차이가 클 것으로 생각된다.

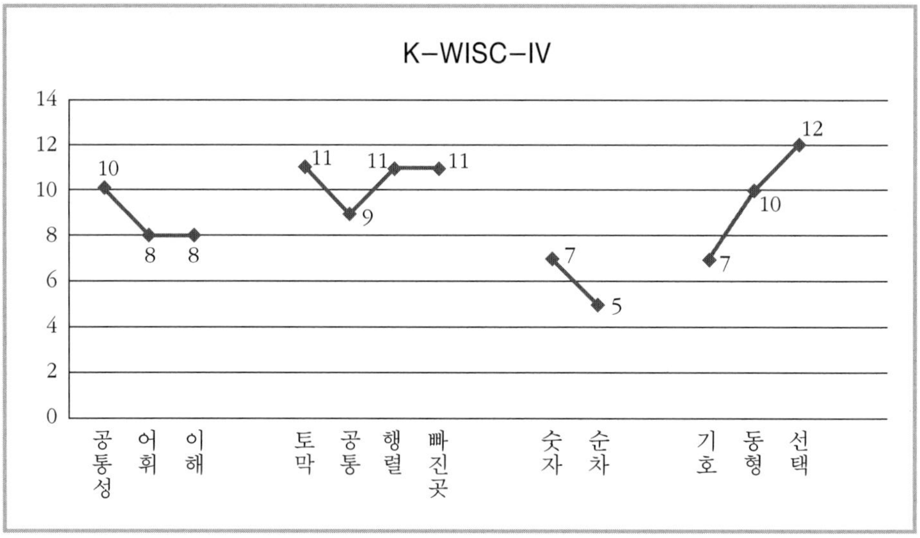

언어이해 영역에서는 사물의 유사성을 파악하는 능력이 평균 수준으로 나타나서 언어적 잠재력은 양호해 보이나, 어휘구사력이 평균 하 수준을 보이고 있어서 언어적 학습 수준은 다소 부족한 것 같다. 그리고 사회적 상황에 대한 이해력이 평균 하 수준으로 나타나서 관습과 규범에 대한 습득 수준도 다소 부족해 보인다.

지각추론 영역에서는 시공간 구성능력이 평균 수준으로 나타나서 지적 잠재력이 양호해 보이고, 자극 간의 관련성을 찾아내는 능력과 전체를 고려하여 핵심을 파악하는 능력이 평균 수준을 보이고 있어서 주어진 자극을 가지고 새로운 결론을 찾아내는 추론능력도 적절한 것 같다. 그리고 시각적 예민성이 평균 수준으로 나타나서 주변 환경 변화에도 적당히 민감해져 있는 것으로 보인다.

작업기억 영역에서는 숫자 소검사에서 바로따라하기가 11점으로 간단한 자극에 대한 단순주의력은 양호해 보인다. 그러나 거꾸로따라하기는 2점으로 매우 낮게 나타났고, 고차적인 자극에 주의를 기울이는 능력은 경계선 수준을 보이고 있어서 과제가 복잡해지면 기능 수준이 급격히 저하될 수 있겠다.

처리속도 영역에서는 간단한 시각적 자극에 짧은 순간 동안 높은 집중력을 발휘하는 능력은 평균 상 수준으로 나타나서 단순하고 익숙한 자극을 다루는 상황에서는 다소 높은 기능을 보일 수도 있겠다. 그리고 긴장감 속에서 빠른 논리적 판단력을 발휘하는 능력은 평균 수준으로 나타나서 간단한 시각적 과제에서는 시간적 압력이 느껴져도 자신의 기능 수준을 잘 발휘하는 것으로 보인다. 그러나 시공간 운동속도는 평균 하 수준으로 나타나고 있어서 운동의 정교함이 필요해질수록 기능 수준이 낮아질 수 있겠다.

지능검사 결과, 단순하고 익숙한 시각 자극을 다룰 때에는 높은 기능을 보일 것으로 생각되고, 언어적 잠재력, 추론능력 등이 평균 수준으로 나타나서 지적 잠재력도 양호해 보인다. 그러나 청각적으로 주어지는 자극이 복잡해지거나 정교한 운동 기능이 필요할수록 기능이 낮아지고 있어서 앞으로 기민하고 민첩한 대응이 필요할 때에는 적응이 어려울 수 있겠다.

Rorschach 검사 결과, 아동은 스트레스 상황에서 문제를 해결하기 위해 나름대로 많은 노력을 기울이고 있는 것 같다(R = 22). 그러나 사고의 유연성이 매우 부족하고(L = 4.50), 조직화 능력이 저하되어 있어서(ZD = -4.0) 주변의 많은 자극을 효율적으로 다루지 못하고 있는 것 같다. 그리고 주변 사람들의 평가에 매우 민감한(W:D:Dd = 5:14:3) 아동은 관습적 및 객관적 지각능력이 부족해서(P = 2, X-% = 0.27), 자의적인 해석에 근거해서 판단하고 행동할 가능성이 높아 보이는바(Xu% = 0.27), 주변 사람들과 갈등이 생기기 쉬운 것 같다.

◻ 성격과 정서

※ 보호자의 미방문으로 설문지 미실시(JTCI)

아동은 SCT에서 '우리 엄마는 착하고 곱다'라고 하듯이 어머니에게 긍정적인 태도를 보이고 있었으나, KFD에서 어머니만 그리지 않는 등 실제로는 모와 지지적인 관계를 맺지 못하고 있는 것 같다. 그리고 형들에 대한 두려움을 많이 느끼고 있는 것으로 보여서(SCT: '내가 꾼 꿈 중에서 가장 무서운 꿈은 형이 때리는 것' '내가 가장 무서워하는 것은 형') 가정환경으로 인한 스트레스가 클 것으로 생각된다. 이러한 아동은 자신에게 지지적이었던 아버지에게 더욱 몰입하고 있는 것으로 보이므로(HTP: 집 그림 '필요—아빠' / SCT: '내가 만약 외딴곳에 혼자 살게 된다면, 아빠와 제일 같이 가고 싶다' '내가 꾼 꿈 중에서 제일 좋은 꿈은 아빠 꿈') 아버지의 사망으로 인한 고통감이 더욱 가중되고 있는 것 같다(SCT: '내가 제일 걱정하는 것은 아빠' '나를 가장 슬프게 하는 것은 아빠').

앞서 기술하였듯이, 어머니에게는 거리감을 느끼고 있고, 형들과는 상당히 억압적인 관계를 맺고 있는 아동이 또래관계에서는 공격적인 모습을 보임으로써 억눌렀던 감정을 해소하고 있는 것으로 보이므로 또래관계에서도 부정적인 피드백을 받기 쉬운 것 같다(SCT: '다른 사람들은 나를 싫어한다' '나를 친구가 놀린다'). 이러한 아동은 주변 환경을 위협적으로 인식하며 경계하고 있어서(Rorschach: '악마', HVI=YES), 내면에 높은 수준의 불만이 계속 유지되고 있는 것으로 보이므로(Rorschach: S=3), 이를 해소하기 위한 치료적 개입이 필요해 보인다. 또한 관계에서 만족감을 느끼기 어려워 보이므로 내면적으로는 우울감도 경험하고 있는 것 같다(TAT: '울고 있는 거').

아동은 자신의 심리적 불편감을 억압하는 데 익숙하고(Rorschach: Cg=4), 문제 상황에서 회피적인 방식으로 대응하고 있는 것 같다(HTP: 사람 그림 '옆모습으로 그림'). 그러나 자아상이 불안정하고(HTP: 나무 그림 '뿌리를 그리지 않음') 정서적 대처능력이 매우 부족하며(Rorschach: 색채카드들에서 형태질이 저하되어 있음), 앞에서 기술하였듯이 분노감도 강하게 지속되고 있는 것으로 보이므로 스트레스가 가중되면 공격적으로 행동할 가능성이 높아 보인다. 한편, 아동은 자신감이 높고('나는 공부를 잘한다'), 지능검사에서 나타나듯이 적절한 수준의 인지 기능도 가지고 있으나, 온전하게 인지 기능을 발휘하기 위한 환경적인 자원은 다소 부족해 보이므로 학습 환경 개선을 위한 노력도 필요해 보인다.

■ 요약과 제언

• 요 약

전체 지능	88	평균 하			
언어이해	92	평균	지각추론	102	평균
작업기억	76	경계선	처리속도	92	평균

아동의 지능 수준은 평균 하 수준으로 나타남. 지적 잠재력이 양호해 보이나, 청각적으로 주어지는 자극이 복잡해지거나 정교한 운동 기능이 필요할수록 기능이 낮아지고 있어서 기민하고 민첩한 대응이 필요할 때 적응의 어려움이 커질 수 있음. 가정환경으로 인한 스트레스가 큰 아동은 자신에게 지지적이었지만,

같이 있을 수 없는 아버지에게 더욱 몰입하고 있는 것으로 보임. 그리고 어머니에게는 거리감을 느끼고 있고, 형들과는 상당히 억압적인 관계를 맺고 있는 아동이 또래관계에서는 공격적인 모습을 보임으로써 억눌렀던 감정을 해소하고 있는 것으로 보이므로 또래관계에서도 부정적인 피드백을 받기 쉬워 보임. 이러한 아동은 내면에 높은 불만이 계속 유지되고 있는 것으로 보이므로 이를 해소하기 위한 치료적 개입이 필요해 보임. 이렇듯 관계에서 만족감을 느끼기 어려운 아동은 우울감도 느끼고 있는 것으로 생각됨. 아동은 문제 상황을 회피하거나 스트레스가 가중되면 공격적으로 행동할 가능성이 높아 보임. 한편, 자신감이 높고, 적절한 수준의 인지 기능도 가지고 있으나, 온전하게 인지 기능을 발휘하기 위한 환경적인 자원은 다소 부족해 보이므로 학습 환경 개선을 위한 노력이 필요해 보임.

- 심리평가 결과, 아동은 다음과 같은 진단이 시사됨.

  Axis I. Depressive Disorder NOS(Disruptive Mood Dysregulation Disorder)

  Axis IV. Sibling Relational Problem(Sibling Relational Problem)

- 제 언

  1. 분노감 건전하게 해소하기
  2. 즐거운 경험 늘리기
  3. 성취를 위한 실제적인 노력하기
  4. 사회기술 훈련
  5. 지지적인 가정환경 조성하기

4) 남성성이 강한 여중생(여자 / 만 14세 / 중3)

■ 의뢰 사유

내담자는 '남성성이 강하다' '학교 선생님들과 관계가 원만하지 못하다' 등을 주호소로 상담센터를 방문하였으며, 전반적인 인지 기능 및 정서 파악을 위해 청소년 종합심리평가를 실시하였다.

행동 관찰과 면담

내담자는 보통 키와 체격으로 짧은 커트머리를 하고 있었고, 큰 검은색 뿔테 안경을 쓰고 있었으며, 보이시한 스타일의 옷차림이었다. 위생 상태는 양호했고, 검사자와의 눈맞춤도 적절하게 이루어졌으나 지속 시간이 길지는 않았다. 검사에 협조적이었으나, 추가적인 반응을 요구하면 '모른다'고만 하였고, 빠르게 포기하는 등 사고의 적극성이 부족해 보였다. 그리고 목소리가 작았고, 단답형으로 말하는 경우가 많았으며, 모르는 과제에서는 고개를 저으며 자신의 의사를 표현하는 등 수동적인 모습도 보였다. 그러나 과제가 어려워지자 머리를 쓸어 올리며 인상을 쓰기도 하였다. 내원 사유에 대해서는 고개를 저으며 '모른다'고 하였고, 스트레스에 대해서는 '없다'라며 별다른 불편감을 호소하지 않았다.

지능과 인지 기능

한국 웩슬러 아동용 지능검사 4판 (K-WISC-IV)			
영 역	지 능	백분율(%)	수 준
언어이해	57	＜1	경도 지적장애
지각추론	80	9.5	평균 하
작업기억	76	5.8	경계선
처리속도	106	65.8	평균
전체 지능	71	2.6	경계선

내담자의 전체 지능은 71로 경계선 수준을 나타냈으며, 같은 연령대에서 하위 3% 정도의 수준이었다. 언어이해는 57로 경도 지적장애 수준을, 지각추론은 80으로 평균 하 수준을, 작업기억은 76으로 경계선 수준을, 처리속도는 106으로 평균 수준을 나타냈으며, 지능 영역 간의 차이는 49점으로 매우 크게 나타나고 있었다(기준은 20점 차이). 이러한 내담자는 익숙한 자극을 다루거나 민첩성이 요구되는 상황에서는 양호한 기능 수준을 보일 수 있겠으나, 그 외의 대부분의 영역에서는 매우 낮은 기능 수준을 보이겠다.

언어이해 영역에서는 모든 소검사들이 지적장애 수준을 보이고 있어서 전반적인 언어적 자원이 매우 제한적인 것으로 나타났다. 어휘구사력과 사물의 유사성을 파악

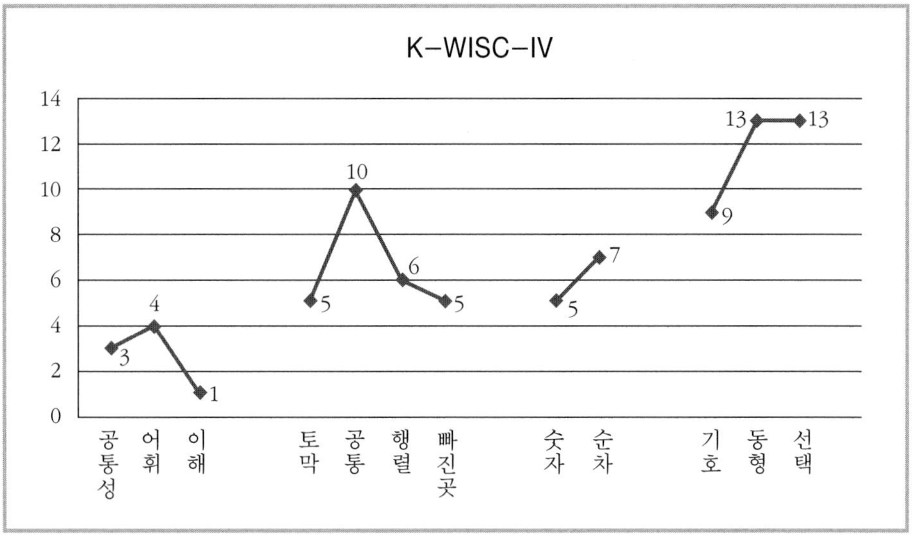

하는 능력이 지적장애 수준을 보이고 있어서 의사소통에 필요한 언어적 자원이 매우 부족해 보인다('자전거—모른다' '셔츠와 신발—모른다'). 그리고 사회적 상황에 대한 이해력이 지적장애 수준으로 나타나서 관습과 규범에 대한 습득 수준도 상당히 저조해 보이므로('연기—밑에 내려가서 뭐하냐고 물어본다'), 대면 상황에서 미숙하고 수동적인 모습을 보이기 쉬운 것 같다.

지각추론 영역에서는 자극 간의 관련성을 찾아내는 능력이 평균 수준으로 나타나서 익숙한 그림 자극이 주어지는 상황에서는 양호한 기능 수준을 보일 수 있겠다. 그러나 전체를 고려하여 핵심을 파악하는 능력과 시공간 구성능력이 경계선 수준으로 매우 낮게 나타나서 낯설고 추상적인 자극이 주어지는 상황에서는 기능 수준이 급격히 저하될 수 있겠다. 그리고 시각적 예민성이 경계선 수준을 보이고 있어서 주변 환경의 변화에도 매우 둔감해져 있는 것으로 보이므로 대면 상황에서 불편감을 느끼기 쉬운 것 같다.

작업기억 영역에서는 고차적인 자극에 주의를 기울이는 능력과 간단한 자극에 주의를 기울이는 능력이 각각 평균 하, 경계선 수준으로 나타나서 청각적 주의력은 부족한 것 같다.

처리속도 영역에서는 긴장감 속에서 빠른 논리적 판단력을 발휘하는 능력이 평균상 수준을 보이고 있어서 간단한 과제에서는 압력이 느껴지는 상황에서도 비교적 높은 기능을 보일 수 있겠다. 그리고 간단한 시각적 자극에 짧은 순간 동안 높은 집중력을 발휘하는 능력이 평균 상 수준으로 나타나서 단순하고 익숙한 자극을 다루는 상황에서도 높은 기능 수준을 보일 수 있겠다. 그러나 시공간 운동속도는 이보다 4점이나 낮은 평균 수준에 그치고 있어서, 운동의 정교함이 필요한 상황에서는 상대적으로 기능 수준이 떨어질 수 있겠다.

지능검사 결과, 간단하고 단순한 시지각적 도구를 다루는 경우에 높은 기능 수준을 보일 수 있겠고, 반복적으로 접한 낯익은 상황에서도 양호한 기능을 보일 것으로 생각된다. 그러나 추상적인 자극을 다루는 능력과 주의력이 매우 낮게 나타나고 있어서 상황이 낯설고 복잡해지면 대처능력이 상당히 떨어질 수 있겠다. 그리고 언어적 능력이 매우 부족하고, 주변 환경 변화에도 둔감해서 대면 상황에서 적절하게 대처하지 못하고 부적절감을 느끼기 쉬워 보인다.

Rorschach 검사 결과, 12개의 적은 반응 수에도 불구하고 평범 반응을 5개나 보이고 있어서 관습적 상황 판단에 상당히 민감해져 있는 것 같다. 그러나 모두 단순한 형태 반응이어서 사고의 유연성이 상당히 부족하고, 문제해결 능력도 부족해 보이므로 (X-%=0.25) 판단이 애매한 스트레스 상황에서는 수동적이고 위축된 모습을 보일 수 있겠다.

■ 성격과 정서

내담자는 HTP 나무 그림에서 '예쁘게 되고 싶다' '소원—예뻐지는 것', TAT에서

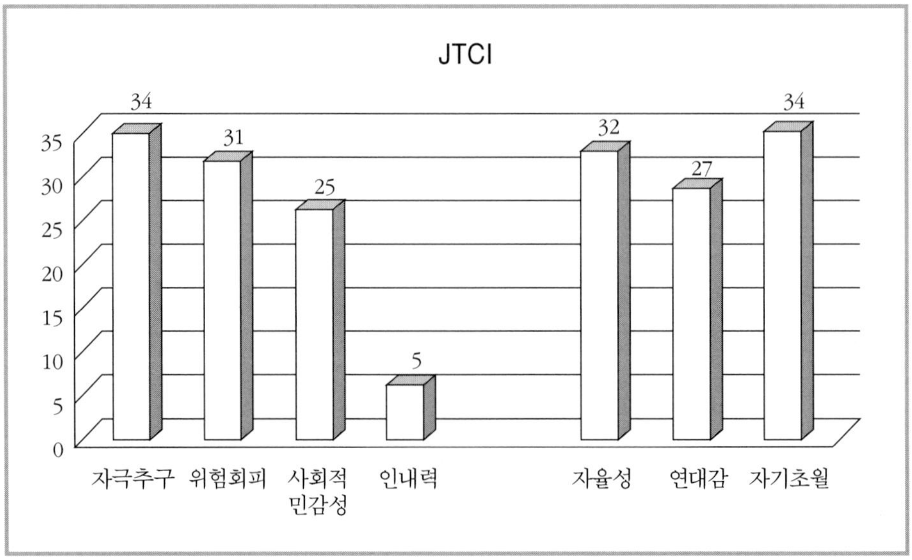

'앞에 예쁜 여자가 있는데 옆에서 못생긴 할머니가 자기도 예뻐지고 싶다고 말하고 있어요'라고 하듯이 외모에 대한 관심이 많아 보인다. 그리고 TAT에서 '남자' '여자' 등의 표현을 자주 사용하고, 관계 지향적인 내용을 많이 언급하고 있어서(TAT: '남자가 가려는데 여자도 같이 따라가요') 여성으로서 이성 관계를 맺고 싶은 욕구가 높아 보인다. 다만, HTP 나무 그림에서 기둥을 굵고 크게 그리면서도 '못생긴 나무'라고 표현하고 있는 것을 볼 때, 스스로에 대한 기대감은 높지만 자존감은 상당히 낮아 보인다. 그리고 실제로도 기능 수준이 낮고, 한번 시작한 일을 지속할 수 있는 일관성과 끈기가 매우 부족해 보이므로(JTCI: '인내력-5%'), 기대만큼 성취를 이루지 못할 가능성이 높아 보인다. 이렇듯 자존감이 저하되어 있는 내담자는 자신의 여성성을 감추고 남성적인 모습을 두드러지게 강조하고 있는 것 같다.

내담자는 TAT에서 '어떤 부부랑 아이랑 강아지가 사이좋게 노는 모습'이라고 하듯이 이상적인 가족의 모습을 기대하고 있고, SCT에서 '내가 꾼 꿈 중에서 제일 좋은 꿈은 엄마랑 같이 사는 거'라고 하듯이 어머니와 같이 살고 싶은 소망을 표현하고 있었다. 그러나 현재 이러한 기대감을 충족하지 못하고 있는 상황에서 스트레스가 커 보이고, 분노감까지 느끼고 있는 것 같다(Rorschach: S=3). 그러나 어머니와의 관계 단절에 대한 두려움이 높아서(SCT: '내가 제일 걱정하는 것은 엄마와 연락 안 되는 것' '내가 꾼 꿈 중에서 가장 무서운 꿈은 엄마가 죽는 꿈'), 내면의 감정을 억압하고 있으며(SCT: '나를 가장 슬프게 하는 것은 없다' '나를 가장 화나게 하는 것은 없다'), 친구관계에만 몰입하고 있는 것 같다(SCT: '내가 가장 행복한 때는 친구랑 놀 때' '나는 친구가 좋다' '내가 만약 외딴곳에 혼자 살게 된다면, 친구와 제일 같이 가고 싶다'). 그러나 사회적 자극에 둔감하고(JTCI: '사회적 민감성-25%'), 주변 사람에 대한 배려가 부족하며(JTCI: '연대감-27%'), 사고가 피상적이고 미숙해서(HTP: 그림들을 세부적인 묘사 없이 일차원적으로만 그림) 깊이 있는 관계를 맺기는 힘들어 보인다.

앞서 기술하였듯이, 자존감이 상당히 저하되어 있고, 가족 및 대인 관계에서도 만족감을 얻기 힘든 내담자는 우울감을 경험하고 있는 것 같다(SCT: '나는 때때로 우울하다'). 그리고 주변 환경을 통제하려는 욕구가 높으나(Rorschach: '예수님'), 지능검사에서 나타나듯이 언어적 능력이 매우 부족해서 자신의 생각이나 입장을 언어적으로 조리 있게 표현하는 데 어려움이 많을 것으로 생각되므로 자신의 의지대로 되지 않는 상황에서 신경질적인 모습을 보이기 쉬운 것 같다(SCT: '나의 나쁜 점은 화를 잘 내는 것이다').

요약과 제언

• 요 약

전체 지능	71	경계선			
언어이해	57	경도 지적장애	지각추론	80	평균 하
작업기억	76	경계선	처리속도	106	평균

내담자의 지능 수준은 경계선 수준으로 나타남. 간단하고 단순한 시지각적 도구를 다루거나 반복적으로 접한 낯익은 상황에서 양호한 기능을 보일 것으로 생각되나, 상황이 낯설고 복잡해지면 대처능력이 상당히 떨어질 수 있음. 여성으로서 이성 관계를 맺고 싶은 욕구가 높지만, 자존감이 낮아서 자신의 여성성을 감추고 남성적인 모습을 두드러지게 강조하고 있는 것으로 보임. 한편, 어머니와 같이 살고 싶은 기대가 충족되지 못한 상황에서 스트레스가 크고 분노감까지 느끼고 있는 것으로 보이나, 관계 단절에 대한 두려움이 높아서 내면의 감정을 억압하고 있는 것으로 생각됨. 이러한 상황에서 친구관계에만 몰입하고 있으나, 사고가 피상적이고 미숙해서 깊이 있는 관계를 맺기는 힘들어 보임. 이렇듯 자존감이 저하되어 있고 가족 및 대인 관계에서도 만족감을 얻기 힘든 내담자는 우울감을 경험하고 있고, 자신의 의지대로 되지 않는 상황에서 신경질적인 모습을 보일 수 있음.

• 심리평가 결과, 내담자는 다음과 같은 진단이 시사됨.

Axis I. Depressive Disorder NOS(Disruptive Mood Dysregulation Disorder)

Axis II. Borderline Intellectual Functioning

(Borderline Intellectual Functioning)

• 제 언

1. 지지적이고 안정적인 환경 조성하기
2. 감정표현 능력 향상시키기
3. 언어적 능력 향상시키기
4. 사고의 유연성 및 성실성 향상시키기

3. 자주 나타나는 반응

1) 주 호소

'폭력적이다' / '성격이 거칠고 통제가 안 되고 반항한다' / '공격적이다' '소리를 지른다' / '공부에 의욕이 없다' '불평, 불만이 많다' / '손톱을 물어뜯음' '활동량이 많고 놀기 좋아하여 학원 시간을 놓침' '거짓말 증가' / '잠투정이 심하고 짜증을 낸다' '공부할 때 집중력이 떨어진다' / '집에서 말을 잘 듣지 않고, 담배를 피운다' / '학습에 대해 흥미를 느끼지 못한다' '할머니에게 막말을 한다' / '높은 불안 수준' '우울감' '예민한 성격' / '고집이 세다' '감정 기복이 심하다' '의사소통이 잘 안 된다' '원하는 대로 안 되면 화낸다' '컴퓨터 게임에 중독되어 있다' / '아버지와의 갈등' '선생님의 지시에 불이행함' / '어머니와 갈등이 심하다' '우울증 검사에서 점수가 높게 나왔다' / '속상한 일이 있으면 말도 안 하고 울어 버린다' '화가 나면 발로 차거나 밀어 버린다' / '불안정하다' '욕설과 짜증을 많이 낸다' '의욕이 없다' / '심리적으로 위축되어 있고 고립감을 느낀다' '화가 나면 집에서 물건을 집어 던진다' / '친구에게 협박 편지를 보냈다' '자해' / '게임 중독' '신경질적인 반응' '소극적인 사회 활동' / '짜증스러운 감정 표현' '언어적 표현력 부족' '산만함' / '동성 또래와의 관계 형성에 어려움이 많다' '규칙을 지키기 어려워한다' '말투가 공격적이다' / '폭력적 성향' '주의 산만함'

2) 분노감(불만)

행동: 문제가 잘 풀리지 않으면 인상을 씀 / "친구들이랑 싸우면서 제가 점점 나빠진 거 같아요. 애들이 저한테 양보 안 하고, 안 놀아 주고……."라고 말함 / "이게 뭔데요? 뭔지 알아야 하지."라며 혼잣말로 투정 부리듯 말함 / "컴퓨터로 하고 싶은데." 라고 작은 목소리로 말하면서 불쾌한 표정을 지음 / "센터에 와서 너무 말을 했더니 목이 쉴 것 같다." "이거 양이 너무 많은데……." "근데 이 검사는 왜 해야 하는 거예요?"라며 검사에 대한 불평을 함 / "아, 또 물어볼 줄 알았아요."라며 귀찮아하는 모습 / 과제 수행이 어려워지자 쉽게 포기하거나 "4개로 되는 거 맞아요?"라며 검사 도

구를 탓함 / 검사 도중에 휴대폰을 꺼내서 만지거나 어깨를 기울인 채 다소 불량한 자세로 임하고, 연필을 제대로 잡지 않고 선을 긋는 등 무성의한 태도를 보임 / 과제를 제시하자마자 "이걸 어떻게 해." "어렵다."라며 과제 수행에 대해 거부적인 태도를 보임 / 전반적으로 눈을 게슴츠레하게 뜨고 있었고, 기분이 좋지 않을 경우에는 눈을 크게 뜨며 쏘아보듯이 봄

지능: 공통성 소검사에서 '팔꿈치와 무릎—거기로 사람을 치면 아파요' '시인과 화가—딴 사람에게 인정을 받으면 엄청 잘 받고 받지 못하면 아예 잊히는 사람'

MMPI: 4번 상승 / '공격성의 억제' 상승

HTP: 나무 그림에서 가지를 뾰족하게 그림 / 남자 그림 '생각—만화책 몰래 읽는 애들 죽여 버린다. 단단히 혼을 내야지' / 여자 그림 '행복—애들 괴롭힐 때' / 여자 그림 '기분—애기가 너무 미워서 나빠요' '동생을 괴롭히면서 놀아요'

Rorschach: '너무 화가 나서 머리에 불 난 거, 엄마 화난 표정' '가시에 찔려서 피가 엄청 많이 나서 너무 속상해하고 있는 거, 아프고, 괴롭고, 힘들고' / '사람이 손을 마주대고 발을 차고 피가 흐르면서 계속 싸우는 거' / S 상승 / '피' 반응 / '저승사자 2명이 죽은 사람 1명을 끌고 가고 있다'

TAT: '부모님한테 혼나서 섭섭해서 우는 거' / '아이가 엄마에게 부탁했는데 안 되서 화내고 있는 거 같아요' / '어떤 여성이 딸에게 악기 인형을 사 줘서 엄마에게 고마워하는데, 그 엄마가 말을 무시해서 화가 나는 표정' / '둘이 싸웠는데 남자가 생각할수록 화가 나서 여자에게 따지러 왔다' / '둘이 싸운 거 같아요' / '화를 참는 사람' / '싸우는 것 같아요' / '뒷담화 까는 아이들' / '가족이 죽었어요. 그래서 너무 아파하고 있어요. 제대로 걷지도 먹지도 못하고 쓰러지기 일보직전이에요' '지금 자기가 죽인 사람을 봤는데 자기가 죽이려는 사람이 아니다. 그 사람이 자기에게 가장 소중한 사람이 죽어서 슬퍼하고 있다' / '남자가 여자를 죽인 것 같아요' '무덤에 있는 사람을 죽인 것 같아요' / '애를 죽이는 거 같은데'

SCT: '내가 좀 더 나이가 많다면 친구들을 혼내 주고 싶다' / '나는 때때로 화가 날 때도 있다' / '나의 나쁜 점은 화를 참지 못하는 것' / '내가 꾼 꿈 중에서 가장 무서운 꿈은 가족이 죽는 꿈' / '나의 나쁜 점은 친구랑 많이 싸운다' / '대부분의 아이들은 나쁘다' / '나를 가장 화나게 하는 것은 철수(친구)가 나대는 것' / '내가 만약 동물로 변할 수 있다면 호랑이가 되고 싶다. 왜냐하면 제일 센 동물이라서' / '나는 때때로 욱한다' / '나를 가장 화나게 하는 것은 싸가지 없는 것'

3) 무기력(의욕 없음)

행동: 대답할 때 손으로 입을 가리는 모습이었고, 주로 고개를 숙이고, 문제를 풀 때만 고개를 들었다가 다시 숙임 / 검사자와의 눈맞춤은 잘하지 않으며, 주로 시무룩함 / 칭찬을 해도 무표정함 / 고개를 숙이고 말끝을 흐림 / 언어성 과제에서는 대답을 주저하는 경우가 많고, 말을 하지 않고 바닥만 쳐다봄 / 도구를 다루는 과제에서 둔하고 느리게 움직임 / 어깨를 축 늘어뜨리고, 약간 어눌한 말투로 말하고, 작은 목소리로 대답하며, 행동 반응이 다소 느림

지능: 상식, 산수 소검사의 상대적 저하, 기호 소검사의 저하

HTP: 대부분의 질문에 '모르겠다'고 반응함 / 사람 그림에서 큰 얼굴과 몸에 비해 팔과 다리를 얇게 그리면서, '늙어서 아이고~ 하면서 걸어가는 것 같아요'

Rorschach: '지쳐서 앉아 있는 사람' / m 증가

TAT: '사람들이 모험 떠나다 다 같이 지쳐서 잠들었다' / '바이올린 연주를 실패했던 거 같아요' / 20개의 카드 중에서 9개의 짧은 반응만 함

SCT: '내가 가장 행복한 때는 잘 때' / '내가 가장 좋아하는 놀이는 없다' '내가 가장 좋았던 일은 없다' / '내가 가장 좋아하는 놀이는 모르겠다' '내가 가장 행복한 때는 모르겠다'

4) 위 축

행동: 센터에 들어올 때는 말이 없이 조용하고 눈치를 보는 듯 안부를 묻는 질문에도 거의 대답을 하지 못함 / 검사 시 손을 만지작거리며 고개를 푹 숙이고 있음 / 자신의 답에 확신이 없는 듯이 말끝을 흐림 / 정답을 맞혔음에도 불구하고 다음 문제로 넘어가지 못하고 다시 확인하고 있어서 자신의 답에 대한 확신이 부족함

MMPI: '낮은 지존감' 상승

HTP: 나무 그림에서는 가지 없이 간단한 외형의 작은 나무를 그림 / 그림을 매우 작게 그림

Rorschach: I번에서 IV번 카드까지 전혀 반응을 하지 못하다가 가장 형태가 단순한 V번 카드부터는 반응을 보임

5) 학업 스트레스(부담감)

HTP: 나무 그림에서 '소원—빨리 크는 거…… 키가 컸다고 부모님에게 자랑할 수 있다'

KFD: '자신에게 하고 싶은 말—공부 잘하라고'

TAT: '딸이 애기를 보고 있는데 어머니가 딸에게 계속 시켜요. 애기가 클 때까지 도와줘야 할 거 같아요'

SCT: '나를 엘리트 기준으로만 생각해서 자꾸 나를 힘들게 한다' '나는 공부를 참 못한다' '다른 사람들은 나를 무시한다' / '내가 좀 더 나이가 많다면 공부를 엄청 많이 했을 것이다' '내가 제일 걱정하는 것은 공부를 못하는 것' '나는 공부를 어렵게 생각한다' / '나의 나쁜 점은 공부하는 것' '나는 공부를 싫어한다' / '내가 제일 걱정하는 것은 영어' '나는 공부를 못한다' / '다른 사람들은 나를 더 똑똑한 아이라고 하면 좋겠다' '내가 좀 더 나이가 많다면 후배들이 존경할 것이다' / '내가 제일 걱정하는 것은 공부 문제다' / '내가 좀 더 어렸다면 공부를 더 했을 것이다' / '내가 만약 동물로 변할 수 있다면 개미가 되고 싶다. 왜냐하면 부지런해서' / '나는 공부를 싫어하고 못한다' / '내가 좀 더 어렸다면 공부를 제대로 했을 것이다' '내가 제일 걱정하는 것은 공부' / '나를 가장 슬프게 하는 것은 공부' '나를 가장 화나게 하는 것은 공부'

6) 주변 환경을 위협적으로 지각

지능: 빠진곳찾기의 상대적 상승

MMPI: K척도 상승 / '부정적 치료지표' 상승

HTP: 나무 그림 '앞으로—사람들이 나무를 베어 갈 것 같다' / 사람 그림에서 눈을 진하게 그림

Rorschach: 가장 애매모호한 IX번 카드에서 '악마. 무섭게 보여서 가장 싫다' / 첫 반응으로 '괴물' / '몸이 큰 사람에게 몸이 작은 사람이 잡혀 있어요' / '눈 째려보고 있어서' VII번 카드가 가장 싫다고 함 / HVI = YES / '괴물' '악마' '불' '마왕' '귀신' 등의 반응을 연속적으로 보임

TAT: '총에 맞아서 쓰러지려는 걸 누가 잡아 줌' '귀신들이 이곳저곳 떠돌아다님' / '유령의 세계. 나빠 보여요. 다른 애들을 잡아가자고 하는 거' / '한 아이가 엄마한테

혼나고 있는 거 같아요' '엄마나 아빠한테 혼났다'

SCT: '나는 때때로 친구들에게 놀림을 당한다' '나를 가장 슬프게 하는 것은 친구들이 놀리는 거' '나를 가장 화나게 하는 것은 친구들이 놀리는 거' / '우리 엄마는 나를 잘 혼낸다' '우리 엄마 아빠는 나를 바보라 생각한다' / '내가 가장 무서워하는 것은 귀신' / '내가 가장 싫어하는 사람은 어떤 형' '내가 가장 무서워하는 것은 어떤 형' / '내 소원이 마음대로 이루어진다면, 첫째 소원은 공부를 잘하게 해 주세요. 둘째 소원은 가족이 안전하게 해 주세요. 셋째 소원은 형들한테서 보호해 주세요' / '나를 가장 화나게 하는 것은 남자친구들' '나를 가장 슬프게 하는 것은 친구들' / '내가 가장 무서워하는 것은 귀신' / '내가 가장 무서워하는 것은 가위(꿈)' '내가 꾼 꿈 중에서 가장 무서운 꿈은 좀비 꿈' / '나를 가장 슬프게 하는 것은 놀리는 것' / '내가 잊고 싶은 두려움은 사람들이 나를 어떻게 생각하나다'

7) 우울감(부정적 사고, 자살 사고)

HTP: 집 그림 '앞으로—부서질 것 같다' / 나무 그림 '미래—점점 늙어 가며 겨울 되면 잎도 없고, 복숭아도 더러워져서 못 먹어요', 여자 그림 '미래—실명을 해서 앞이 아예 안 보여요. 고칠 수 없는 병' / 집 그림 '앞으로—망해야 해요' / 집 그림 '앞으로—폐가가 될 거 같아요', 나무 그림 '앞으로—죽어요'

Rorschach: C′ 상승 / MOR 상승 / Y 상승

TAT: '바이올린 망가진 거' '남편이 떠나서 슬픈 거' '꽃이 떨어진 거' '집에 불이 난 거' / '아내가 죽어서 남편이 운다' / '누굴 기다리는데 아무도 안 와서 우울해요' '기분이 쓸쓸하다' '혼자서 길을 걷고 있다. 외롭다. 나중에 길을 못 찾아요' / '어떤 사람이 우는 거 같기도 하고 자살하는 거 같기도 하고' '남자가 우는 거 같기도 해요' / '힘든 일들이 많아서 울어요' / '장례식장 온 거 같아요' '자살하려는 거 같아요' / '우울해 보여요' '절망에 빠진 사람 같아요' '죽은 사람' / '일자리를 잃고 하다가 자살하고 있어요' / '이 사람이 뭔가 큰 충격을 먹고 자살하려고 위로 올라가고 있다' / '말을 타고 가다 넘어져서 무릎에서 피가 줄줄 났다' '사려는 옷이 찢어져서 속상했다' '부자였는데 갑자기 가난해졌다' / '죽어서 슬피 우는 거 같은데'

SCT: '내가 가장 싫어하는 사람은 모든 사람 다' '나를 가장 슬프게 하는 것은 모든 게 다' / '나는 때때로 왜 태어났는지 모르겠다' / '나를 가장 슬프게 하는 것은 나

자신이다' / '다른 친구들이 모르는 나만의 두려움은 내 미래다' '어리석게도 내가 두려워하는 것은 미래다' / '언젠가 나는 죽을 것이다' / '나의 좋은 점은 없다' '나의 나쁜 점은 많다'

8) 과도한 노력(긴장감)

행동: 지필 과제에서 필압이 높음 / HTP 종이에 땀이 많이 배어 있음 / 간혹 의자를 손톱으로 긁어 큰 소리가 나게 함 / 오랜 시간 검사를 진행하여 힘들어하면서도 쉬지 않고 검사에 임함 / 차례맞추기 과제를 수행하며 "이거 무슨 그림이에요?" "근데 6개짜리도 있어요?" "똑같은 그림이 왜 2개예요?"라고 여러 차례 질문하였고, 토막짜기 과제 수행 시 "토막짜기 어렵죠?" "점점 어려워져요?"라며 동작성 과제에서 과도하게 많은 질문을 함 / 숫자외우기 과제 시에는 검사자의 입 모양을 주시하려 하고, 기호쓰기 과제가 끝나고 "이 정도면 못한 거예요?" "하필이면 왜 아침이냐, 아침에는 못하는데…….", 토막짜기 과제 시에는 "유치원 때 이후로는 이런 거 하도 안 해서……."라고 함 / 지나간 문제를 포기하지 않고 대답함 / 필기구를 사용하는 과제에서는 손으로 연필을 꽉 쥐고 수행함 / 검사 중간중간 계속해서 손톱을 물어뜯음 / 성실한 태도로 검사에 협조적으로 임하였고, 검사 도구의 정리를 도와주기도 하였으며, 오랜 시간 고민하며 대답함 / 토막을 흩어 주며 검사자를 도와주었고, 초반에는 검사자의 지시 사항을 다시 확인하며 수행하는 등 열심히 검사에 임함

지능: 숫자 소검사에서 숫자를 되뇌는 등 적극적으로 수행함

HTP: 모든 그림들을 꼼꼼하게 정성 들여 매우 진하게 그림 / 그림들을 매우 정교하고 세세하게 그림 / 나무 그림 '소원—열매를 맺고 싶다' / 용지를 거의 다 차지할 정도로 그림을 크게 그림

Rorschach: M 반응의 증가 / WSum6의 과도한 상승

9) 부주의

지능: 어려운 문항은 맞히면서 쉬운 문항에서 오답을 많이 함

10) 부정적 사고의 반추

HTP: 집 그림에서 창문에는 모두 격자를 그리고, 지붕에는 세로선을 3개 긋고 있음 / 사람 그림에서만 덧칠을 많이 함

Rorschach: FM, m 상승

SCT: '나의 나쁜 점은 공부를 못하고 뚱뚱한 것'

11) 정서적 대처능력 부족(정서적 자원 부족, 불안정성, 거리감)

Rorschach: 색채 반응을 전혀 하지 못함 / 색채카드들에서 단순한 형태 반응만 보임 / 순수 색채 반응의 증가 / 색채카드에서 '불꽃놀이' / '성' '비행기' '부채' '계곡' / AB, Art, Ay 상승 / 색채—음영 혼합 반응 / 색채카드들에서 형태질 저하 / '운석' '조각상'

12) 긍정적 사고와 정서

행동: 잘 웃으면서 시종 밝은 표정을 유지함 / 빠른 시간 내에 과제를 완성하자 웃음을 보이기도 함

HTP: 나무 그림 '소원—더 많이 큰다', 여자 그림 '소원—훌륭한 사람 되는 거' / 남자 그림 '미래—멋진 사람' / 사람 그림 '푸른 하늘 보며 더 푸르게 되었으면 좋겠다는 생각을 한다' / 나무 그림에서 기둥을 크게 그림 / 나무 그림 '더 커질 것 같아요' / 사람 그림 '수억 살. 대통령 같아요' / 남자 그림 '소원—저랑 결혼하는 거' / 나무 그림 '소원—이대로 계속 크는 거'

Rorschach: '오리들이 키스하려고 둘이 다가오는 거' '사랑을 너무 많이 해서 가슴이 두근거려서 가슴 안에서 하트가 나오는 거' / '왕관'

TAT: SCT에서는 우울감을 호소하면서도 TAT에서 '남자, 여자 파티 옴' '둘이 좋은 일이 있어서 껴안고 있다' '남자가 여자한테 프러포즈한다' 등의 반응을 함

SCT: '나의 좋은 점은 인정이 많다' '다른 사람들은 나를 착한 사람으로 본다' / '내가 좀 더 나이가 많다면 멋진 경찰이 돼서 파워팰리스에 살고 있을 것이다' '나는 커서 경찰이 되고 싶다. 왜냐하면 도둑을 잡는 게 멋있고, 또한 옷도 멋있기 때문이

다' '내가 만약 동물로 변할 수 있다면 멋진 사자가 되고 싶다' / '소원은 내가 날씬해지는 것' '나는 공부를 잘하고 예쁘고 날씬했으면 좋겠다' / '우리 엄마는 좋다' '우리 아빠는 좋다' '내가 꾼 꿈 중에서 제일 좋은 꿈은 우리 가족이 기분 좋게 있는 것' / '우리 엄마 아빠는 공부를 잘한다' '우리 아빠는 착하다' / '내가 가장 행복한 때는 친구랑 놀 때' '나는 친구가 많다' / '나의 좋은 점은 친구들이랑 잘 논다' / '나는 공부를 잘한다' / '나는 커서 회장이 되고 싶다. 왜냐하면 회장이 되면 좋으니까' / '나의 좋은 점은 승부욕이 많고, 활발하다'

14 Chapter 우울장애

1. 심리과정상의 특징

주요우울장애에만 한정시키지 않는다면, 우울장애(Depressive Disorders)는 DSM에 있는 장애들 중에서 전 인류가 인생을 살아가면서 적어도 한 번씩은 꼭 경험할 수밖에 없는 장애다. 그만큼 너무나 평범한 정서이기 때문인지 우울증을 설명하는 이론과 이를 치료한다고 만들어진 치료 방법의 수도 가장 많은 것 같다. 실제로도 매우 다양한 원인들이 작용하기 때문에 우울증 보고서를 쓴다는 것은 결코 만만치 않은 작업이다.

먼저, 주요 이론에 따른 우울증을 구분할 수 있어야 한다. 겉으로 나타나는 현상은 같아도 자기 자신에게 향하는 무의식적인 분노감(정신역동), 자동적 · 부정적 · 왜곡된 사고(인지행동), 학습된 무기력(행동주의) 중에서 어떤 것이 더 크게 작용했는지 파악해야 한다. 다음으로, 내담자의 스트레스를 가중시키는 성격적 특성을 파악해야 한다. 자기애성 성격장애는 좌절 경험이 주된 원인인 반면, 연극성 성격장애는 관심

받지 못할 때 우울해진다. 마지막으로, 환경적인 원인을 찾아야 한다. 시골에서 전교 1등을 했는데 큰 도시로 전학을 와서 아무리 공부를 해도 성적이 오르지 않을 때 상황적으로 우울감이 커질 수 있다.

아동 · 청소년의 우울증 보고서에서 특징적으로 나타나는 것은 '막연한 긍정적 기대'가 표현되는 경우가 많다는 것이다. 이 시기는 인생에 있어서 한창 발달이 진행 중인 시기다. 몸도 그렇고 마음도 그렇다. 청소년기가 되면 몸은 거의 다 성장을 하지만, 머릿속은 그렇지 않다. 정신건강상으로도 그렇다. 우울하기도 하지만 여전히 아동기부터 이어져 온 기대를 버리지 못한다. 미숙해서 그렇기도 하고 아직은 인생의 좌절이 그만큼 크지 않기 때문이기도 한 것 같다. 굳이 해석을 해 보면, '막연한 긍정적 기대'는 아직 일말의 희망을 가지고 있지만 우울해서 실현하기는 어려운 상태로 볼 수 있겠다. 그래도 희망을 가지고 있다는 것은 치료적으로 유용한 정보다.

2. 보고서 사례

1) 심한 우울증, 과도한 긍정적 표현(여자 / 만 15세 / 중3)

■ 의뢰 사유

내담자는 '학교생활을 힘들어함' '가족과의 외출을 반갑게 받아들이지 않음' '혼자 있기를 좋아함' '게을러짐' 등을 주 호소로 상담센터를 방문하였고, 전반적인 인지 기능 및 정서 파악을 위해 청소년종합심리평가를 실시하였다.

■ 행동 관찰과 면담

내담자는 어머니와 센터를 방문하였고, 보통 키에 보통 체격으로 교복 차림에 뿔테 안경을 끼고 있었으며, 피부가 매우 하얀 편이었다. 손톱이 다소 길었으나 다듬어져 있어서 위생 상태가 양호하였고, 검사자와의 눈맞춤도 비교적 적절하게 이루어졌다. 검사에 협조적인 태도로 임하였으나, 전반적으로 기운 없어 보이는 모습이었고 별다른 표정 변화를 보이지 않았으며, 수행 이후에도 완료했다는 언어적 반응을 하지 않는 경우가 많았다. 검사에서의 반응 속도는 적절한 편이었고, 모르는 문항은 빠르게 '모르겠다'고 포기하는 편이었다. 내원 사유에 대해서는 '자꾸 어둡고 이런

게 부모님께 걱정을 끼치고, 이것을 고치고 싶어서'라면서 죄책감을 언급하였다.

지능과 인지 기능

한국 웩슬러 아동용 지능검사 4판 (K-WISC-IV)			
영 역	지 능	백분율(%)	수 준
언어이해	96	40	평균
지각추론	91	28	평균
작업기억	97	43	평균
처리속도	92	29	평균
전체 지능	91	28	평균
일반능력	94	34	평균

내담자의 전체 지능은 91로 평균 수준을 나타냈고, 같은 연령대에서 하위 28%의 수준이었다. 언어이해는 96으로 평균 수준을, 지각추론은 91로 평균 수준을, 작업기억은 97로 평균 수준을, 처리속도는 92로 평균 수준을 나타냈다. 지능 영역 간의 차이가 6점으로 유의미하게 나타나지 않았다(기준은 20점 차이).

언어이해 영역에서는 사물의 유사성을 파악하는 능력이 평균 수준으로 나타나서 언어적 잠재력이 양호해 보이나, 어휘구사력은 평균 하 수준이어서 언어적 학습은

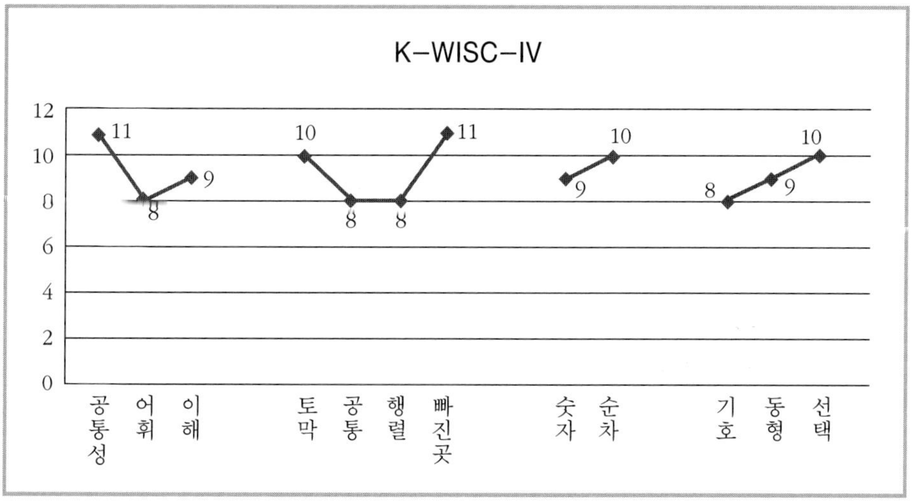

다소 부족했던 것 같다. 그리고 사회적 상황에 대한 이해력이 평균 수준을 보이고 있어서 관습과 규범에 대한 지식 습득은 적절하게 이루어진 것 같다.

지각추론 영역에서는 시각적 예민성이 평균 수준으로 나타나서 주변 환경 자극을 적절하게 인식할 수 있는 것 같다. 시공간 구성능력이 평균 수준을 보이고 있어서 구조화된 상황에서 도구를 다루는 능력이 양호해 보인다. 그러나 자극 간의 관련성을 찾아내는 능력과 전체를 고려하여 핵심을 파악하는 능력이 평균 하 수준으로 나타나서 추론 및 응용 능력은 다소 부족한 것 같다. 한편, 공통그림 소검사에서 후반부의 문항은 맞히면서도 전반부 문항은 틀리기를 반복하는 등 비일관적인 수행 양상을 보이고 있는데, 이는 성급한 태도와 관련이 있는 것 같다.

작업기억 영역에서는 고차적인 자극에 주의를 기울이는 능력과 단순한 자극에 주의를 기울이는 능력이 모두 평균 수준이어서 주의력이 양호해 보인다.

처리속도 영역에서는 간단한 시각적 자극에 짧은 순간 동안 높은 집중력을 발휘하는 능력과 긴장감 속에서 빠른 논리적 판단력을 발휘하는 능력이 평균 수준으로 나타나서 시각적 자극에 대한 변별력이 양호해 보인다. 다만, 동형찾기 소검사에서 9개의 많은 오류를 보이고 있는데, 이 역시 성급한 태도와 관련이 있는 것 같다. 그러나 시공간 운동속도가 평균 하 수준을 보이고 있어서 운동 반응속도는 다소 느린 편이었다.

지능검사 결과, 내담자는 대부분의 검사가 평균에서 평균 하 수준에 분포하고 있어서 일상생활에서는 양호한 기능을 발휘할 것으로 여겨진다. 다만, 어려운 문항은 맞히면서도 쉬운 문항은 틀리는 등 성급한 태도로 인해 수행의 질이 저하되는 경우가 많아서 잠재력에 비해 기능 발휘를 충분히 하지 못하는 경우가 자주 있을 수 있겠다.

Rorschach 검사 결과, 총 17개로 비교적 적절한 반응 수를 보이고 있으나, 단순한 형태 반응을 많이 보이고 있어서(L=7.50) 스트레스 상황에서 사고가 매우 협소해지는 것 같다. 그리고 문제해결 능력도 부족해 보이므로(X-%=0.29) 판단이 애매한 스트레스 상황에서는 단순하고 경직된 대응을 할 가능성이 높아 보인다. 관습적인 판단을 하기 어렵고(P=2), 주변 상황을 충분히 고려하지 못한 채 자의적인 생각에 몰입해 있을 것으로 보이므로(Xu%=0.24) 공감적인 관계를 맺지 못하고(M-=1) 주변 사람들과 갈등을 겪을 수 있겠다.

성격과 정서

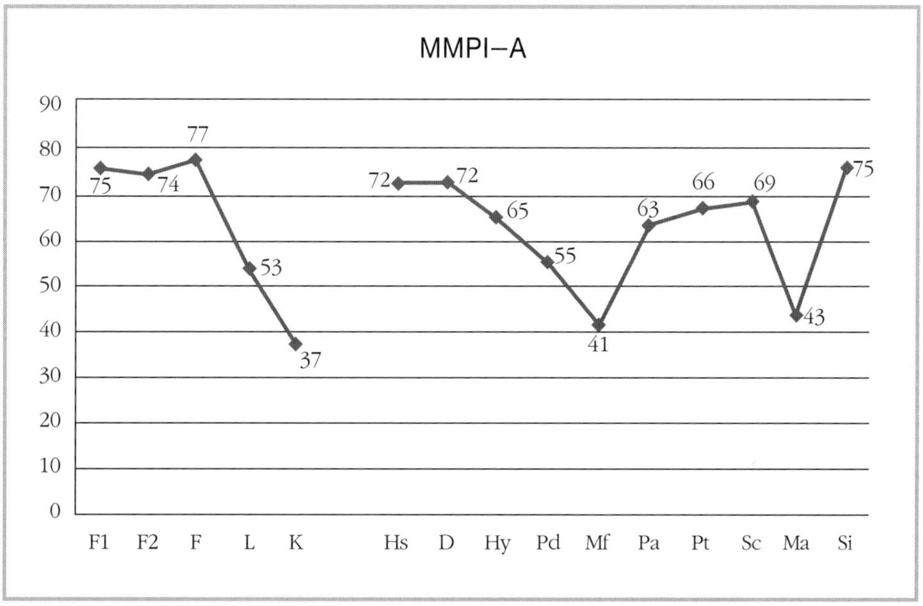

내담자는 HTP 여자 그림에서 '활기찬 사람'이라고 하고, Rorschach의 첫 번째 카드에서도 '천사'라고 하듯이 긍정적인 표현들을 하고 있었다. 그러나 공허감을 느끼고 있는 것으로 보이고(HTP: 사람 그림 '윤곽만 그림'), MMPI에서 F척도를 비롯하여 2번, 7번, 0번 척도가 65T 이상으로 높게 상승하고, 미래에 대한 부정적 사고(SCT: '내가 보는 나의 앞날은 보이지 않는다'), 자살사고(SCT: '나의 평생 가장 하고 싶은 일은 아프지 않은 자살이다'), 자존감 저하(SCT: '내가 믿고 있는 내 능력은 없다') 등을 시사하는 반응을 보이고 있어서 심한 우울감을 경험하고 있는 것으로 여겨진다. 또한 TAT에서 '한 소녀가 웃고 있어요'라고 한 뒤에 바로 '갑갑한 일상 속에서 벗어나고 싶어 하는 것 같다'라고 하듯이 상반된 반응을 보이고 있어서 상기의 긍정적 표현들은 우울감의 역설적 표현일 가능성이 높아 보인다(TAT: '뛰어내린 것 같다' '극단적인 선택을 한 것 같다').

애정 욕구가 높은(HTP: 사람 그림 '필요－정' / MMPI: Hy＝65T) 내담자는 가정환경에 대한 만족감을 표현하면서도(SCT: '다른 가정과 비교해서 우리 집안은 화목하다') 한편으로는 부모에 대한 불만이 시사되는 반응을 보이고 있어서(SCT: '내 생각에 가끔 아버지는 이중적인 면도 있으신 것 같다' '대개 어머니들이란 공부만을 생각한다') 가정 내에서 스트레스를 겪고 있는 것 같다(SCT: '내가 제일 좋아하는 사람은 기대하지 않는 사람이다'). 그러나 SCT에서 '우리 가족이 나에 대해서는 걱정 끼치는 아이 같다'라고 하듯이 지나친 죄책감을 표현하였고, 억압적인 성향을 시사하는 반응을 보이고 있어서(MMPI: '억압 소척도=65T'), 불편감을 적절하게 해소하지 못하고 쌓아 왔던 것으로 여겨진다. 내담자는 판단이 가장 애매한 Rorschach 카드에서조차 '사람 여섯 명'이라고 하듯이 관계 형성에 대한 욕구를 높게 드러내고 있었으나, 안정적인 정체감을 형성하지 못한 것으로 보이며(HTP: 나무 그림 '뿌리를 그리지 않음'), 대인관계에 대한 거부적 태도를 보이는(SCT: '내가 싫어하는 사람은 대부분의 사람들이다') 등 또래관계에서도 혼란감이 심한 것 같다.

내담자는 SCT에서 '내가 정말 행복할 수 있으려면 내가 하고 싶은 대로만 세상이 움직여야 한다'라고 하듯이 통제 욕구가 매우 높아 보이나, 기대감이 비현실적인 면이 있고, 문제 상황에서의 진지한 고민을 하기 힘들어 보이므로(HTP: '모르겠다'는 반응을 다수 보임) 주도적으로 대처하는 경우는 많지 않았을 것으로 생각된다. 게다가 정서적 자원이 부족하고(Rorschach: 색채카드에서 형태질 저하됨), 미성숙함도 시사되고 있어서(MMPI: '미성숙' 소척도=74T) 문제 상황에 대한 자신의 책임은 인식하지 못하고, 냉소적 태도가 매우 강해져 있는 것 같다(SCT: '무엇보다도 좋지 않게 여기는 것은 이 세상이다'). 이러한 내담자는 스트레스가 가중되면, 애매하게 고통감을 호소하면서(SCT: '나의 가장 큰 결점은 모든 것이다'), 회피적인 모습을 보이거나(SCT: '어리석게도 내가 두려워하는 것은 밖으로 나가는 것이다') 신체 증상을 통해 불편감을 나타낼 수 있겠다(MMPI: Hs=72T).

요약과 제언

• 요 약

전체 지능	91	평균	일반능력	94	평균
언어이해	96	평균	지각추론	91	평균
작업기억	97	평균	처리속도	92	평균

내담자의 지능 수준은 평균 수준으로 나타남. 일상생활에서 양호한 기능을 발휘할 것으로 여겨지지만, 성급한 태도로 수행의 질이 저하되고 있어서, 잠재력에

비해 기능 발휘를 충분히 하지 못할 수 있음. 그리고 심한 우울감을 경험하고 있는 것으로 보이며, 사소한 자극에 따라 감정이 급변할 가능성이 높아 보임. 이러한 상황에서 내담자는 지나친 죄책감을 표현하고 있고, 억압적인 성향도 나타나고 있어서 불편감을 적절하게 해소하지 못하고 쌓아 왔던 것으로 여겨짐. 그리고 또래관계에서도 친밀감과 거부감 사이에서 혼란감이 커 보임. 내담자는 통제 욕구가 매우 높지만 기대감이 비현실적인 면이 있고, 진지한 고민은 부족해 보이므로 주도적으로 주변 환경에 대처하기 힘들 것으로 생각됨. 한편, 냉소적 태도와 수동성이 강한 내담자는 스트레스가 가중되면 애매하게 고통감을 호소하면서 회피적인 모습을 보이거나 신체 증상을 통해 불편감을 나타낼 수 있음.

• 심리평가 결과, 내담자는 다음과 같은 진단이 시사됨.
  Axis I. Major Depressive Disorder, Mild(Major Depressive Disorder, Mild)

• 제 언
  1. 우울감 감소시키기
  2. 감정표현 원활하게 하기
  3. 가정 내에서 내담자에 대한 공감적 태도 가지기
  4. 사고의 유연성 향상시키기
  5. 냉소적 태도 개선하기

2) 애정 욕구의 좌절(여자 / 만 12세 / 중1)

■ 의뢰 사유

내담자는 '우울증' '자살사고' 등을 주 호소로 상담센터를 방문하였으며, 전반적인 인지 기능 및 정서 파악을 위해 청소년종합심리평가를 실시하였다.

■ 행동 관찰과 면담

내담자는 작은 키에 마른 체격으로 무표정한 얼굴이었으며, 아버지와 함께 센터에 방문하였다. 위생 상태는 양호하였고, 대부분 고개를 숙이고 있어서 눈맞춤은 간헐적으로만 이루어졌다. 작은 목소리로 말하였고, 검사자의 질문에 인상을 쓰고 눈과 입 주변을 일그러뜨린 채 울먹거리는 듯한 말투로 말하면서도 자신의 생각을 또박또박 말하였다. 내담자는 검사 내내 한 자세를 오랫동안 유지하고 있어서 자세가 경직되어 보였고, 손톱을 물어뜯거나 입술을 꽉 깨물고 과제를 수행하고 있어서 긴장 수준이 높아 보였다. 모르는 문항에서는 한참 동안 대답을 하지 않다가 입을 삐죽거리는 경우가 많았다. 내원 사유에 대해서는 '어른들이 하기 싫은 일을 억지로 하라고 시키는 것이 짜증 난다' '엄마랑 닮았다고 얘기하면서 엄마에 대해서 욕하는 소리를 들으니까 나를 미워하는 것 같다'라며 가정 내에서의 스트레스에 대해서 말하였다.

◻ 지능과 인지 기능

한국 웩슬러 아동용 지능검사 4판 (K-WISC-IV)			
영 역	지 능	백분율(%)	수 준
언어이해	96	40	평균
지각추론	109	72	평균
작업기억	95	36	평균
처리속도	88	22	평균 하
전체 지능	96	39	평균

내담자의 전체 지능은 96으로 평균 수준을 나타냈으며, 같은 연령대에서 하위 39%의 수준이었다. 언어이해는 96으로 평균 수준을, 지각추론은 109로 평균 수준을, 작업기억은 95로 평균 수준을, 처리속도는 88로 평균 하 수준을 나타냈다. 지능 영역 간의 차이가 21점으로 크게 나타나고 있고, 소검사 간의 차이도 7점으로 크게 나타나고 있어서 상황에 따른 기능상의 차이가 클 것으로 예상된다.

언어이해 영역에서는 사회적 상황에 대한 이해력이 평균 수준을 보이고 있어서 관습 및 규범에 대한 습득 수준이 적절해 보인다. 그리고 사물의 유사성을 파악하는 능력과 어휘구사력이 평균 수준으로 나타나고 있어서 언어적 개념에 대한 이해력도 양호한 것 같다.

지각추론 영역에서는 시공간 구성능력과 전체를 고려하여 핵심을 파악하는 능력이 평균 상 수준으로 나타나고 있어서 추상적인 시각 자극을 다루는 상황에서는 다소 높은 기능을 발휘할 것으로 생각된다. 그러나 자극 간의 관련성을 찾아내는 능력

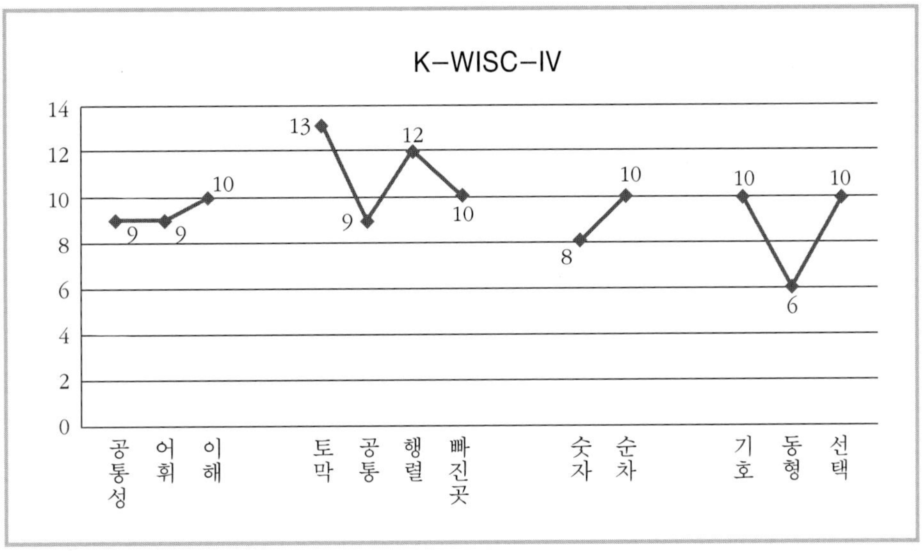

과 시각적 예민성이 평균 수준으로 실물 자극을 다룰 때는 기능이 상대적으로 저하되고 있어서 인지적 유연성이 필요한 상황에서 대처의 어려움이 커질 수 있겠다.

작업기억 영역에서는 복잡한 자극에 주의를 기울이는 능력이 평균 수준이어서 작업기억력이 양호해 보인다. 그러나 간단한 자극에 주의를 기울이는 능력이 평균 하 수준으로 낮게 나타나고 있어서 오히려 쉽고 간단한 자극에 대해서는 주의를 더 기울이지 못할 수 있겠다.

처리속도 영역에서는 시공간 운동속도와 간단한 시각적 자극에 짧은 순간 동안 집중력을 발휘하는 능력이 평균 수준을 보이고 있어서 간단한 운동 과제에 단기간 집중할 때는 연령 수준에 맞는 기능을 발휘할 것으로 생각된다. 그러나 긴장감 속에서 빠른 논리적 판단력이 필요한 상황에서는 경계선 수준의 기능을 보이고 있어서 간단하지만 판단에 대한 압력이 커지는 상황에서는 급격하게 기능 저하를 보일 수 있겠다.

지능검사 결과, 추상적인 자극을 다루는 능력이 다소 높게 나타나고 있어서 인지적 잠재력이 높아 보이며, 대부분의 기능들이 평균 수준으로 나타나고 있어서 일상생활에서 무난한 기능을 발휘해 왔을 것으로 여겨진다. 그러나 처리해야 하는 자극의 양이 많아지는 상황에서는 기능 수준이 저하되면서 스트레스를 받을 수 있겠다. 그리고 긴장 수준이 매우 높아서 판단에 대한 압력이 커지면 자신의 제반 능력을 충분히 발휘하기 힘들 것으로 여겨진다. 또한 사고의 유연성이 부족해서 환경 변화에도 취약할 것으로 예상된다.

Rorschach 검사 결과, 총 19개의 적절한 반응 수를 보이고 있으나, 1차 시행에서의 반응 수는 10개에 그치고 있어서 사실상 스트레스 대처능력은 부족해 보인다. 내담자는 나름대로 이성적인 판단을 하기 위해서 노력하고 있으나(M=3), 사고의 유연성이 부족해서(L=1.71) 자신의 욕구를 충분히 해소하지 못하고 답답함을 느낄 수 있겠다(FM=2). 그리고 관습적 판단력이 상당히 부족하고(P=1), 자의적으로 해석하고 판단하는 경향이 상당히 강해 보이므로(Xu%=0.32) 판단이 애매한 상황에서 자기 고집대로 행동함으로써 주변 사람과 갈등을 겪을 수 있겠다.

성격과 정서

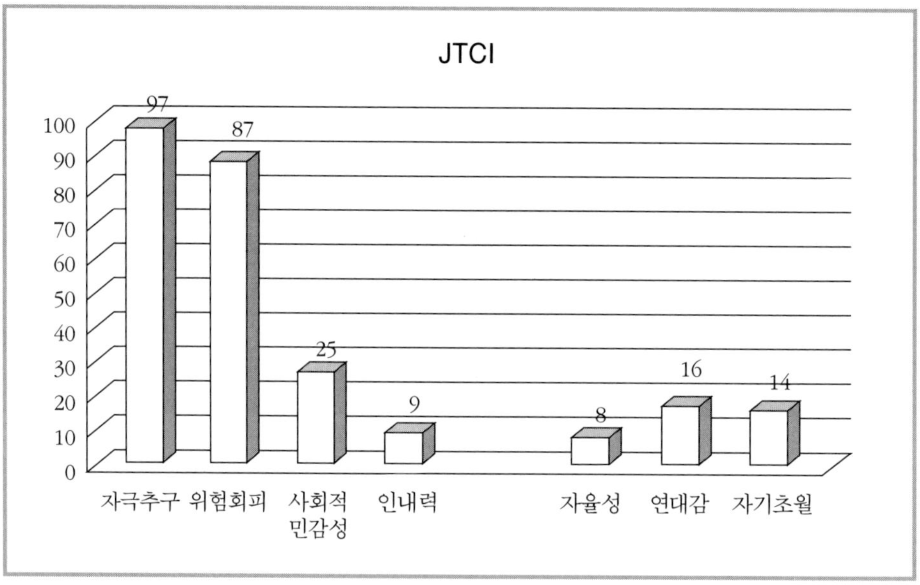

내담자는 SCT에서 '내가 만약 동물로 변할 수 있다면 고양이가 되고 싶다. 왜냐하면 자유롭고 사랑받아서'라고 하듯이 애정 욕구가 높아 보인다. 그러나 HTP 집 그림에서 '굉장히 안 좋은 집' '미래—없어질 것 같아요'라고 하듯이 가정환경을 부정적이고 위태롭게 인식하는 것 같다. 그리고 SCT에서 '우리 아빠는 중립적인 분이시다'라고 하듯이 아버지에 대해 객관적으로 표현하고 있는데, 이는 오히려 아버지와의 관계에서 느끼는 정서적인 거리감이 반영된 것으로 보인다. 또한 SCT에서 '우리 엄마는 조금은 원망스럽지만 좋은 분이다'라며 어머니에 대해서도 양가감정을 표현하고 있었다. 이러한 내담자는 정서적 결핍으로 인해 좌절감을 느끼는 상황에서(HTP: 사람 그림 '많은 것을 잃은 사람' '더 많은 것이 없어질까 봐 불안해한다') 불안정성이 커졌을 것으로 여겨진다. 그러면서도 애정 욕구가 높고 부정적인 평가에 민감해서(JTCI: '위험회피-87%') 주지화 방어기제를 통해 부정적인 감정을 억압하며(친밀감에 대한 태도를 나타내는 Rorschach 카드에서 '퍼즐') 겉으로는 호의적인 태도를 보여 왔을 것으로 생각된다(SCT: '우리 엄마 아빠는 좋은 분이시다').

앞서 기술하였듯이, 애정 욕구가 좌절되어 온 내담자는 밀착된 또래관계를 형성함으로써 좌절된 욕구를 보상하고자 해 왔던 것으로 보이며(SCT: '나를 가장 슬프게 하는 것은 친구의 슬픔' '나는 친구가 제일 좋다고 생각한다'), 이타적인 행동을 통해서 주변 사람들과 관계를 맺어 온 것으로 여겨진다(SCT: '내가 가장 좋았던 일은 도움이 된다고 느꼈을 때'). 그러나 자기중심적이고(Rorschach: Fr=1), 사회적 자극에 둔감하며(JTCI: '사회적 민감성-25%' '연대감-16%'), 정서적 자원이 매우 빈약해 보이므로(Rorschach: 색채카드에서 색채 반응을 전혀 보이지 못하였음) 공감적인 관계를 맺지 못하고 오히려 비난을 받는 경우도 있었을 것으로 생각된다. 그리고 TAT에서 '둘이 얘기를 나누다 싸운 거 같아요'라고 한 후에 '행복해 보이는 부부'라며 상반된 반응을 연속해서 보이듯이 대인관계가 매우 불안정했을 가능성이 높아 보이며, 이러한 과정에서 불신감이 커지면서 피해의식이 강해졌을 것으로 생각된다(SCT: '다른 사람들은 나를 좋은 눈으로만 바라보지 않는다' / HTP: 나무 그림 '생각-나무를 캐는 사람에게 걸리지 않았으면 좋겠다'). 이러한 내담자는 TAT에서 '살인 계획을 세운 사람이 살해당한 사람에게 힘든 일을 겪었던 것 같아요'라고 하듯이 정당성이 확보되는 상황에서는 공격적인 행동을 보일 수 있겠다.

외부 환경을 매우 위협적으로 인식하는 것을 보면(TAT: '공포에 떨고 있는 사람, 자신이 가장 공포스럽다고 생각한 것을 만난 것 같아요' / HTP: 사람 그림 '생각-더 이상 두려움에 떨지 않았으면 좋겠다' '공포에 떠는 사람' / Rorschach: '흉측한 사람'), 관계의 어려움으로 인한 분노감을 외부로 투사하고 있는 것 같다. 게다가 자기 자신에 대한 부적절감이 큰 내담자는(SCT: '나의 좋은 점은 없다') SCT에서 '앞으로 일을 걱정하는 여자. 절망에 빠질 것 같아요'라고 하듯이 능력에 대한 불확실감도 커서 학업에서 느끼는 좌절감도 큰 것 같다(SCT: '나는 공부를 못하고 싫어한다'). 이러한 내담자는 HTP 사람 그림에서 '기분-슬퍼요, 우울하다'라고 하듯이 고통감이 커 보이는데, Rorschach

색채카드에서 '바위'라고만 할 뿐 색채 반응을 전혀 하지 못하는 것을 보면, 내면의 부정적인 감정들을 억압하며 지내고 있는 것 같다. 그러나 충동성이 높고(JTCI: '자극추구-97%'), 통제력 상실의 어려움도 보이고 있어서(SCT: '나는 때때로 미친다') 스트레스가 가중되는 상황에서는 자살 시도와 같은 극단적인 문제행동을 보일 가능성이 높아 보이므로(TAT: '무언가 힘들어서 자살 시도를 하는 것 같아요'), 이에 대한 치료적인 개입이 필요해 보인다.

요약과 제언

• 요 약

전체 지능	96	평균			
언어이해	96	평균	지각추론	109	평균
작업기억	95	평균	처리속도	88	평균 하

내담자의 지능 수준은 평균 수준으로 나타남. 인지적 잠재력이 높아 보이며, 일상생활에서 무난한 기능을 발휘해 왔을 것으로 여겨짐. 그러나 처리해야 하는 자극의 양이 많아지는 상황에서는 기능 수준이 저하되면서 스트레스를 받을 수 있음. 애정 욕구가 높아 보이나, 정서적 결핍으로 인해 좌절감을 느끼는 상황에서 가정 내에서 불안정감을 느껴 왔을 것으로 생각됨. 그러면서도 주지화 방어기제를 통해 부정적인 감정을 억압하며 겉으로는 호의적인 태도를 보여 왔을 것으로 여겨짐. 이러한 내담자는 밀착된 또래관계 형성을 통해 좌절된 욕구를 보상하고자 했을 것으로 보이나, 불안정한 대인관계로 인해 피해의식이 강해진 것으로 생각됨. 이러한 내담자는 공격적인 태도를 보임으로써 주변 사람에게 불쾌감을 유발하면서 원만한 관계를 유지하기는 어려웠을 것으로 여겨짐. 내담자는 고통감이 커 보이는데, 충동성이 높고 스트레스가 가중되는 상황에서는 자살 시도와 같은 극단적인 문제행동을 보일 수 있어서 이에 대한 치료적인 개입이 필요해 보임.

• 심리평가 결과, 내담자는 다음과 같은 진단이 시사됨.

Axis I. Depressive Disorder NOS(Unspecified Depressive Disorder)

Axis IV. Relational Problem NOS

(Unspecified Problem Related to Unspecified Psychosocial Circumstances)

• 제 언

1. 우울 수준 낮추기
2. 문제 상황에서 건전한 해결 방법 훈련시키기
3. 신뢰적이고 안정적인 대인관계 형성능력 키우기
4. 또래관계에서의 공감능력 키우기
5. 긴장 수준 낮추기

3) 수동공격성(여자 / 만 11세 / 초5)

■ 의뢰 사유

아동은 '애정 결핍 증상이 많은 것 같다' '집에서 존재감이 없다고 말한다' '집중을 못하고 산만하다' 등을 주 호소로 상담센터를 방문하였으며, 전반적인 인지 기능 및 정서 파악을 위해 아동종합심리평가를 실시하였다.

■ 행동 관찰과 면담

아동은 큰 키에 마른 체격의 초등학생으로 어머니와 함께 내원하였다. 머리를 귀 뒤로 넘긴 모습으로 후드점퍼를 입고 있었고, 위생 상태는 양호해 보였다. 그리고 검사실에 들어오면서 검사자와 눈을 맞추며 밝게 인사하였다. 게다가 검사 도구를 흩어 주며 도와주는 등 협조적인 모습을 보였다. 한편, 검사자의 질문을 반복해서 말하는 경우가 많았고, 검사 도중에 "엄마도 이거 해요?" "시간 재는 거예요?" "정답이 있는 거예요?" "이거 스탬프예요?" "어떻게 얘기해야 해요?" "앞에 거 봐도 돼요?" "집만 그리면 돼요?" "어사나 남지 이무니요?" "뭔가 하고 있는 거여야 해요?" "그냥 서 있는 거 그려도 돼요?" 등 지나치게 확인하는 질문을 많이 하였다. 내원 사유에 대해서는 '모른다' '엄마가 오자고 했다'라며 별다른 불편감은 나타내지 않았다.

■ 지능과 인지 기능

아동의 전체 지능은 77로 경계선 수준을 나타냈으며, 같은 연령대에서 하위 7% 정

한국 웩슬러 아동용 지능검사 4판 (K-WISC-IV)			
영 역	지 능	백분율(%)	수 준
언어이해	88	20.9	평균 하
지각추론	72	2.9	경계선
작업기억	89	22.7	평균 하
처리속도	88	22.0	평균 하
전체 지능	77	6.5	경계선

도의 수준이었다. 언어이해는 88로 평균 하 수준을, 지각추론은 72로 경계선 수준을, 작업기억은 89로 평균 하 수준을, 처리속도는 88로 평균 하 수준을 나타냈다. 지능 영역 간의 차이가 17점으로 유의미하지는 않았으나(기준은 20점 차이), 소검사 간의 차이가 7점으로 크게 나타나(기준은 7점 차이), 상황에 따른 기능상의 차이가 클 것으로 예상된다.

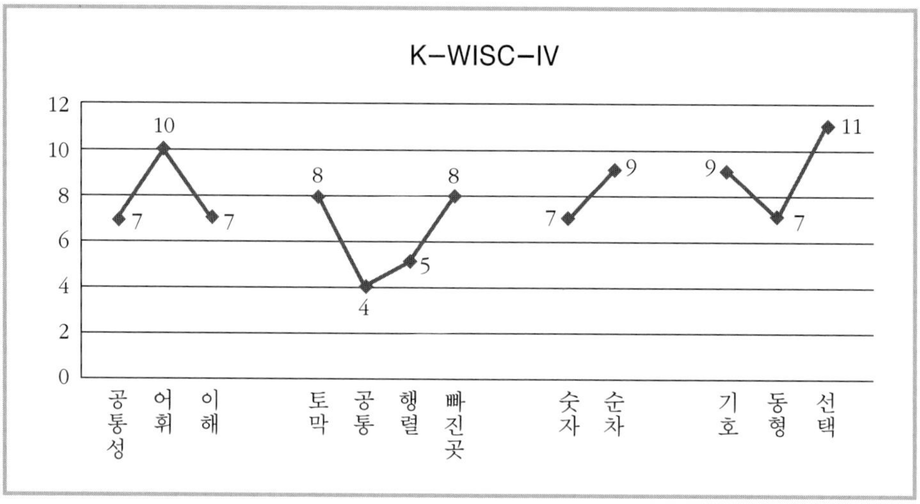

언어이해 영역에서는 어휘구사력이 평균 수준으로 나타나서 단편적인 단어 습득 수준은 양호해 보인다. 그러나 사물의 유사성을 파악하는 능력과 사회적 상황에 대한 이해력이 평균 하 수준을 보이고 있어서('시인과 화가 – 모른다' '신문 – 모른다') 깊이 있는 이해력이 필요한 상황에서는 기능 수준이 떨어질 것으로 생각된다.

지각추론 영역에서는 시공간 구성능력이 평균 하 수준으로 나타나서 구조화된 상황에서의 문제해결 능력은 비교적 양호해 보인다. 그리고 시각적 예민성이 평균 하 수준을 보이고 있어서 주변 환경 변화를 인식하는 능력도 상대적으로 적절한 것 같다. 그러나 전체를 고려하여 핵심을 파악하는 능력과 자극 간의 관련성을 찾아내는 능력이 각각 경계선, 지적장애 수준으로 나타나서 주어진 자극을 가지고 새로운 결론을 찾아내는 추론능력은 매우 부족해 보인다.

작업기억 영역에서는 순차 소검사가 평균 수준이어서 주의분할 능력은 양호해 보인다. 그리고 숫자 소검사에서 바로따라하기가 10점으로 단순주의력은 양호해 보이나, 거꾸로따라하기가 6점으로 작업기억력은 부족해 보이므로 자극이 복잡해지면 기능 수준이 떨어질 것으로 생각된다.

처리속도 영역에서는 시공간 운동속도와 간단한 시각적 자극에 짧은 순간 동안 높은 집중력을 발휘하는 능력이 평균 수준으로 나타나서 익숙하고 기계적인 자극을 다룰 때에는 양호한 기능 수준을 보일 수 있겠다. 그러나 긴장감 속에서 빠른 논리적 판단력을 발휘하는 능력이 평균 하 수준을 보이고 있어서 시간적 압력이 느껴질 때에는 조금이라도 논리적 판단이 필요해지면 기능 수준이 낮아질 수 있겠다.

지능검사 결과, 단편적인 학습능력은 양호해 보이나, 추상적 개념과 같이 고차원적인 이해가 필요한 상황에서는 기능 수준이 떨어질 것으로 생각된다. 그리고 간단하고 익숙한 자극을 다룰 때에는 양호한 기능 수준을 보이겠으나, 다루어야 할 자극이 많거나 복잡해지는 등 조금이라도 판단에 대한 부담이 증가하면 기능 수준이 현저하게 떨어질 것으로 생각된다.

Rorschach 검사 결과, 총 20개의 적절한 반응 수를 보였고, 평범 반응을 5개 보이고 있듯이 관습적 판단력도 양호한 것 같다. 그러나 감정적인 반응이 많아서('무섭다' '그림이 되게 좋은 거 같다' '슬픈 나비' '도움받는 그림') 스트레스 상황에서 문제해결을 위한 실제적 노력을 하기보다는 자기 내면의 상태에만 과도하게 몰입해 있는 경우가 많을 것으로 생각된다. 또한 대인관계 지각을 부정확하게 함으로써(M-=6) 주변 사람의 반응을 오해해서 갈등을 겪을 수도 있겠다.

■ 성격과 정서

아동은 Rorschach에서 '하트' '사랑' 등의 반응을 보이듯 애정 욕구가 매우 높아 보인다. 그러나 친밀감에 대한 태도를 나타내는 Rorschach 카드에서 '서로 붙어 있는데 등은 돌리고 얼굴만 보는 거 같아요'라며 친밀감과 거부감을 동시에 보이고 있

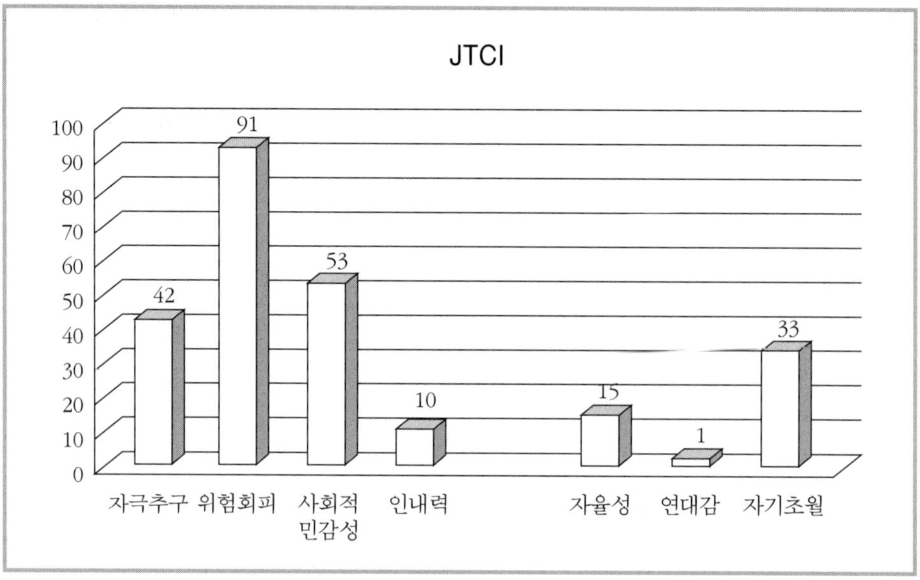

듯이 주변의 가까운 사람들과의 관계를 양가적으로 인식하고 있는 것으로 보인다. 이러한 아동은 TAT에서 '여자가 나갔다가 왔는데 아무도 없는 거 같다' '나중에 이 여자가 없고 가족들이 있을 거 같아요'라고 하듯이 공허감과 소외감을 느끼고 있고, 더불어 상당한 거부감도 느끼고 있는 것 같다(Rorschach: '누굴 밀쳐 내고 있다' / TAT: '이 여자한테 남자가 나쁜 짓 할 거 같다'). 그러면서도 SCT에서 '내 소원이 마음대로 이루어진다면 첫째 소원은 가족이 행복하게 사는 것이다' '내가 가장 좋아하는 사람은 엄마, 아빠, 언니, 동생, 나다' '우리 엄마는 착하고 좋고 요리도 잘하신다' 등 가족에 대해서 긍정적인 언급만 하고 있는데, 이렇듯 과도한 긍정적 표현은 오히려 가족과의 관계에서 느끼는 고통감이 크면서도 이를 전혀 다루지 못하고 있는 모습이 반영된 것 같다. 또한 SCT에서 '내가 꾼 꿈 중에서 가장 무서운 꿈은 엄마 아빠가 이혼하는 꿈이다'라고 하였고, TAT에서 '부모님이 돌아간 거 같다'라고 하듯이 관계 단절에 대한 두려움이 큰 아동은 어머니와 과도하게 밀착된 관계를 요구하고 있는데(SCT: '내가 만약 외딴곳에 혼자 살게 된다면, 엄마와 제일 같이 가고 싶다'), 이는 아동 스스로가 안정감을 찾으려는 시도로 보인다.

겉으로 밝고 외향적인 모습을 보이고 있는(SCT: '다른 사람들은 나를 재밌다고 생각한다' '나의 좋은 점은 잘 웃는다' / HTP: 여자 그림 '성격 — 되게 활발할 거 같다') 아동은 활발한 또래관계를 맺고 있다고 표현하고 있었다(SCT: '나는 친구가 많다'). 그러나 JTCI에서 '연대감 — 1%'로 낮게 나타나고 있듯이 공감능력이 부족하면서도

(Rorschach: M-=6) 통제 욕구가 높아서(HTP: 사람 그림 '손가락을 강조해서 그림') 때때로 자기중심적인 모습을 보일 가능성이 높아 보인다. 그리고 Rorschach 검사에서 '그림이 무섭다'라고 한 뒤 바로 다음 카드에서 '그림이 되게 좋은 거 같아요'라며 상반되는 반응을 보였고, HTP 여자 그림에서는 두 팔을 벌려서 높이 들고 있으나 남자 그림에서는 팔을 몸에 붙여서 경직되게 그리는 등 사소한 자극에 의해서 감정과 태도가 급변할 가능성이 높아 보이므로 또래관계에서 친밀한 관계를 유지하기 힘들 수 있겠다.

한편, 아동은 HTP 나무 그림에서 기둥을 크게 그리고 있듯이 자기 자신에 대한 기대 수준이 높아 보인다. 그러나 지능검사에서 나타나듯이 고차원적인 자극을 다루는 능력이 떨어지고, 작업기억력도 매우 부족해 보이므로 실제적인 노력을 하지 못한 채(JTCI: '인내력-10%'), 좌절감을 겪어 왔을 것으로 보이며(TAT: '사람이 좌절하고 있는 거 같아요'), 이러한 상황에서 자존감이 낮아지면서(JTCI: '자율성-15%' / SCT: '나는 공부를 못한다') 상당한 스트레스를 받아 왔던 것 같다(SCT: '내가 제일 걱정하는 것은 공부다' '나를 가장 화나게 하는 것은 공부다'). 이렇듯 가족관계, 또래관계, 학업 등에서 안정감과 만족감을 느끼지 못하고 있는 아동은 자살사고(TAT: '남자가 자살하려고 하는 거 같아요'), 미래에 대한 부정적 사고(HTP: 집 그림 '앞으로-없어질 거 같아요') 등을 시사하는 반응을 보이고 있듯이 우울감을 경험하고 있는 것 같다(TAT: '남자가 쓰러져서 여자가 우는 거 같아요' / Rorschach: '슬픈 나비'). 이러한 아동은 JTCI에서 위험회피가 91%로 높게 상승하고 있으며, SCT에서 '나를 가장 슬프게 하는 것은 혼나는 것이다'라고 하듯이 부정적인 평가에 민감하면서도, 앞서 기술하였듯이 분노감이 높아서 스트레스 상황에서 자신의 불편감을 수동공격적으로 표출할 가능성이 높아 보인다(TAT: '꼬마애가요. 화나 가지고요. 엄마가 얘기하는데 안 듣고 있어요').

■ 요약과 제언

• 요 약

전체 지능	77	경계선			
언어이해	88	평균 하	지각추론	72	경계선
작업기억	89	평균 하	처리속도	88	평균 하

아동의 지능 수준은 경계선 수준으로 나타남. 단편적인 학습능력은 양호해 보이나, 추상적 개념과 같이 이해가 필요한 상황에서는 기능 수준이 떨어질 것으로 생각됨. 그리고 간단하고 익숙한 자극을 다룰 때에는 양호한 기능 수준을 보이겠으나, 다루어야 할 자극이 많거나 복잡해지면 기능 수준이 급격히 떨어질 것으로 생각됨. 주변의 가까운 사람들과의 관계를 양가적으로 인식하고 있는 아동은 공허감과 소외감을 느끼고 있고, 더불어 거부감도 느끼고 있는 것으로 보임. 그리고 가족과의 관계에서 느끼는 고통감이 크면서도, 이를 전혀 다루지 못하고 있는 것으로 생각됨. 또한 관계 단절에 대한 두려움이 큰 상황에서 어머니와 과도하게 밀착된 관계를 요구함으로써 스스로가 안정감을 찾으려 노력하고 있음. 때때로 자기중심적인 모습을 보일 수 있고, 사소한 자극에 의해서 감정과 그에 따른 태도가 급변할 가능성이 높아 보이므로 또래관계에서 친밀한 관계를 유지하기 힘들 수 있음. 한편, 아동은 자기 자신에 대한 기대 수준이 높지만, 좌절감을 겪으면서 상당한 스트레스를 받아 왔던 것으로 보임. 이렇듯 가족관계, 또래관계, 학업 등에서 안정감과 만족감을 느끼지 못하고 있는 아동은 우울감을 경험하고 있는 것으로 보이며, 스트레스 상황에서 자신의 불편감을 수동공격적으로 표출할 가능성이 높아 보임.

• 심리평가 결과, 아동은 다음과 같은 진단이 시사됨.

Axis I. Depressive Disorder NOS(Unspecified Depressive Disorder)

Axis II. Borderline Intellectual Functioning

(Borderline Intellectual Functioning)

• 제 언

1. 일관되고 안정적인 양육 환경 제공하기
2. 우울감 해소하기
3. 또래관계에서 공감능력 향상시키기
4. 작업기억력 향상시키기
5. 수준에 맞는 과제 제시하여 성취감 높이기
6. 주변 환경에 대한 민감성 줄이기

4) 또래 이성에 의지하기, 부주의(여자 / 만 11세 / 초5)

■ 의뢰 사유

아동은 '학교에서 검사받아 보라고 했다' '혼자 있는 시간이 많다' '우울증 척도가 높게 나왔다' '학교생활에 흥미가 없다' '자살 충동' 등을 주 호소로 상담센터를 방문하였으며, 전반적인 인지 기능 및 정서 파악을 위해 아동종합심리평가를 실시하였다.

■ 행동 관찰과 면담

아동의 개인적 사정으로 인해 1주 간격으로 2회에 걸쳐 검사를 실시하였다. 아동은 큰 키에 보통 체격으로 큰 뿔테 안경을 쓰고 있었고, 노란색으로 염색한 머리였다. 위생 상태는 양호하였고, 검사자와의 눈맞춤도 적절하게 이루어졌다. 검사에도 협조적으로 임하였고, 비교적 과제해결을 위해 노력하였으며, 전반적으로 성실한 태도로 무난하게 검사를 마쳤다. 다만, 행렬추리 소검사에서 빠르게 대답하고 난 뒤에 다시 수정하는 등 다소 성급한 모습이 나타났고, 빠른 시간 내에 수행해야 하는 동형찾기 소검사에서 "고쳐도 돼요?"라고 하며 검사자의 확인을 구하는 등 다소 수동적인 모습도 나타났다. 내원 사유에 대해서는 '학교에서 상담하다가 우울증 증상이 나와서'라고 하였다.

■ 지능과 인지 기능

한국 웩슬러 아동용 지능검사 4판 (K-WISC-IV)			
영 역	지 능	백분율(%)	수 준
언어이해	78	7.3	경계선
지각추론	87	18.8	평균 하
작업기억	92	29.1	평균
처리속도	103	57.9	평균
전체 지능	84	13.9	평균 하

아동의 전체 지능은 84로 평균 하 수준을 나타냈으며, 같은 연령대에서 하위 14% 정도의 수준이었다. 언어이해는 78로 경계선 수준을, 지각추론은 87로 평균 하 수준을, 작업기억은 92로 평균 수준을, 처리속도는 103으로 평균 수준을 나타냈다. 지능

영역 간의 차이가 25점으로 크게 나타나고(기준은 20점 차이), 소검사 간의 차이도 8점으로 크게 나타나(기준은 7점 차이) 상황에 따른 기능상의 차이가 클 것으로 예상된다.

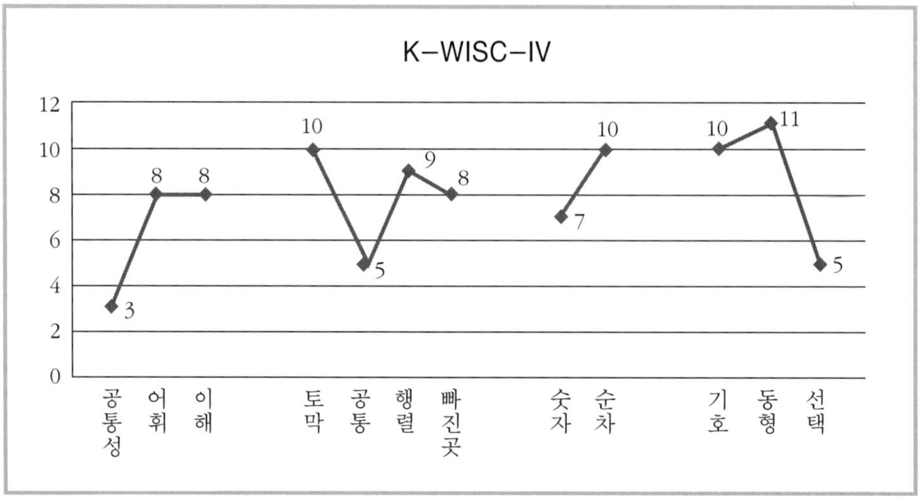

언어이해 영역에서는 사회적 상황에 대한 이해력과 어휘구사력이 평균 하 수준으로 나타나서 일상생활 경험을 통해 습득되는 언어능력은 다소 부족한 정도였다. 그리고 사물의 유사성을 파악하는 능력은 지적장애 수준으로 나타나서 고차원적인 언어 개념을 형성하는 능력은 매우 부족해 보이므로('겨울과 여름 – 비가 내린다' '셔츠와 신발 – 끝이 삐죽하다') 깊이 있는 생각이 필요한 경우에는 기능 수준이 떨어질 것으로 생각된다.

지각추론 영역에서는 시공간 구성능력과 전체를 고려하여 핵심을 파악하는 능력이 평균 수준으로 나타나서 기하학적인 도형을 다루는 능력은 적절해 보이므로 직관적 판단이 필요할 때에는 양호한 기능을 보일 것으로 예상된다. 그러나 자극 간의 관련성을 찾아내는 능력은 경계선 수준을 보이고 있어서 실물을 다루는 능력은 매우 부족해 보이므로 사고의 유연성이 필요해질수록 기능 수준이 급격히 저하될 수 있겠다. 그리고 시각적 예민성은 평균 하 수준을 보이고 있어서 주변 환경의 변화에도 다소 둔감한 것 같다.

작업기억 영역에서는 순차 소검사가 평균 수준으로 나타나서 주의분할 능력은 양호해 보인다. 그러나 순차 소검사보다 더 쉽고 단순한 자극이 주어지는 숫자 소검사에서 평균 하 수준으로 낮은 수행을 보이고 있는데, 이는 자극이 단순하고 지루할수록 집중력이 떨어지는 것을 반영하고 있는 것 같다.

처리속도 영역에서는 긴장감 속에서 빠른 논리적 판단력을 발휘하는 능력과 시공간 운동속도가 평균 수준이어서 시각-운동 협응능력은 양호해 보인다. 그러나 간단한 시각적 자극에 짧은 순간 동안 높은 집중력을 발휘하는 능력은 경계선 수준으로 낮게 나타나고 있어서 단순하지만 많은 자극이 주어지는 상황에서는 집중력이 확연히 떨어지는 것 같다.

지능검사 결과, 기본적인 시지각, 청각 및 언어 자극을 다루는 능력은 양호하게 나타나서 지적 잠재력이 양호해 보이고, 특히 직관적 해결이 필요한 경우에는 무난한 대처능력을 보일 것으로 예상된다. 그러나 실물을 다루거나 한꺼번에 많은 자극이 주어질 때 기능 수준이 떨어지고 있어서 사고의 유연성이 중요한 상황에서는 낮은 기능을 보일 것으로 생각된다.

Rorschach 검사 결과, 아동은 22개의 적절한 반응 수를 보였고, 평범 반응은 5개로 관습적 지각도 적절히 유지되고 있는 것 같다. 그러나 문제해결에 필요한 인지적 및 정서적 자원은 매우 부족해 보인다(EB = 1:2.0). 또한 대부분 단순한 형태 반응을 보이고 있듯이 주변 사물을 너무 단순하게 지각하고 있으며(L = 3.40), 특이한 부분 반응을 4개나 보이고 있어서 자의적인 판단을 고집함으로써 갈등을 겪을 가능성이 높아 보인다.

■ 성격과 정서

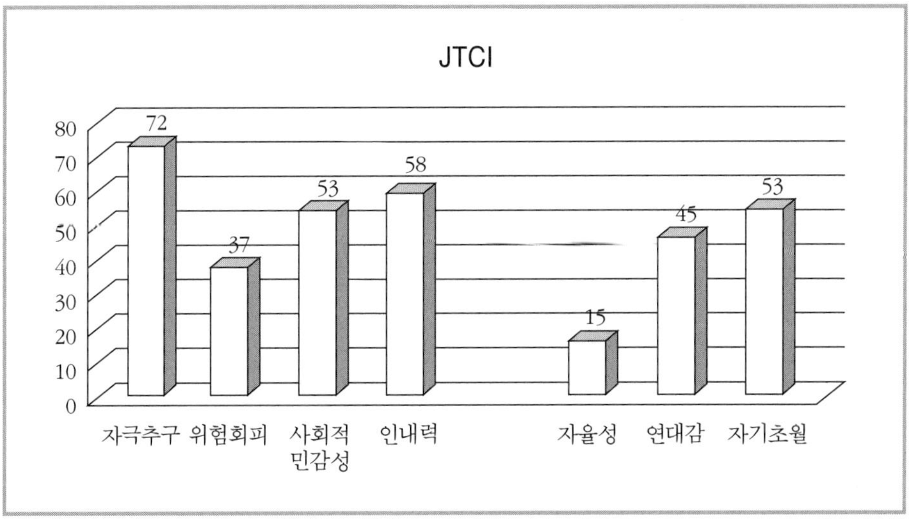

아동은 HTP 집 그림에서 굴뚝을 그리고 있듯이 애정 욕구가 높아 보이고, SCT에서 '내 소원이 마음대로 이루어진다면, 첫째 소원은 화목한 가족이 되는 것'이라고 하듯이 안정적인 가족 환경에 대한 기대감을 가지고 있는 것으로 보인다. 그러나 불안정한 가정환경에서 자라 온(SCT: '우리 엄마 아빠는 사이가 안 좋으시다') 아동은 아버지에게 부정적인 감정을 표현하였고[SCT: '내가 가장 싫어하는 사람은 친구를 차별하는 사람(아빠)이다' '우리 아빠는 자기 멋대로다'], 가족과 같은 가까운 대상을 위협적으로 인식하고 있는 것으로 보이므로(친밀감에 대한 태도를 나타내는 Rorschach 카드에서 '몽둥이') 성장 과정에서 스트레스가 컸던 것으로 생각된다.

또한 아동은 관계 욕구가 매우 높아 보이나(HTP: 나무 그림 '소원－친구들이 있길 바라요' '필요－꽃과 나무들', 여자 그림 '소원－친구들과 잘 어울려 지냈으면 좋겠다' '행복－친구들이 자신에게 관심 써 줄 때' / SCT: '내가 만약 외딴곳에 혼자 살게 된다면, 친구와 제일 같이 가고 싶다' '내가 가장 좋았던 일은 친구들과 놀러 갔을 때다'), 자존심이 강하고(HTP: 기둥을 크게 그림), 정서적 자원도 부족해 보이므로(Rorschach: 색채카드에서 반응 실패) 또래관계에서 원만한 관계를 형성하기 힘들었을 것으로 보인다. 그리고 외모에 관심이 많고(HTP: 사람 그림 '외모를 꾸며서 그림'), 이성에 대한 관심도 높아서(TAT: '커피숍에서 여자가 조용히 있는데 남자가 여자한테 말을 거는 것 같아요' '남자가 여자한테 귓속말하는 거 같아요' '여자가 남자를 찾고 있는 거 같아요') 이성 또래의 관심을 끌 것으로 생각되나, 이로 인해 동성 또래에게는 질투를 유발할 수 있겠다.

이렇듯 부적응적인 대인관계를 보이고 있는 아동은 분노감이 커 보이나(Rorschach: S＝4), 정서표현 능력이 부족해서(HTP: 사람 그림 '옷깃을 단정하게 그리면서 단추를 일렬로 그림') 주로 극적이고 유약한 모습을 보이면서 대처하고 있는 것 같다(HTP: 나무 그림 '앞으로－나뭇잎이 시들어져 있고 이제 죽을 운명이 다 되어 있을 거 같아요', 여자 그림 '사람들한테 당하고 사는 사람'). 그러나 이러한 대처가 문제해결에 전혀 도움이 되지 않는 것으로 보이며, 자존감 저하(SCT: '나의 좋은 점은 없는 거 같다' '나의 나쁜 점은 많다'), 우울감(TAT: '여자가 울고 남자도 울겠죠' '이 사람이 우울증에 걸렸을 거 같아요'), 자살사고(TAT: '죽을 거 같아요' '이 여자는 차에 깔려 죽을 거 같아요' '창문 위에 올라가서 자살할 거 같아요' '이 할아버지가 어떤 사람을 죽이고 자신도 그 죄책감에 죽었어요' '할머니 딸 손녀가 죽어 가고 있어요' / HTP: 나무 그림 '앞으로－나뭇잎이 시들어져 있고 죽을 운명이 다 되어 있을 거 같아요') 등을 호소하고 있는데, 이는 유약한 모습의 연장선으로 보인다. 게다가 Rorschach 검사에서 1차 시행 때는 무난한 반응을 보였으나 2차 시행 시 내면의 심리적 역동이 드러난 반응을 보이고 있어서 처음 스트레스 상황에서는 피상적으로나마 대응을 하지만, 스트레스가 가중되면 이러한 대응 체계를 유지하지 못할 것으로 예상되므로 치료적 개입이 필요해 보인다.

■ 요약과 제언

• 요 약

전체 지능	84	평균 하			
언어이해	78	경계선	지각추론	87	평균 하
작업기억	92	평균	처리속도	103	평균

아동의 지능은 평균 하 수준으로 나타남. 지적 잠재력이 양호해 보이고, 특히 직관적 해결이 필요한 경우에는 무난한 대처능력을 보일 것으로 예상됨. 그러나 깊이 있는 사고가 필요하거나 유연성이 필요한 일에서는 기능 수준이 떨어질 수 있음. 아동은 안정적인 가족 환경에 대한 기대감을 가지고 있으나, 아버지에게 부정적인 감정을 표현하고 있고, 가정환경을 위협적으로 인식하고 있는 것으로 보임. 자존심이 강하고 정서적 자원도 매우 부족해서 또래관계에서 원만한 관계를 형성하기 힘들 것으로 여겨짐. 그리고 외모와 이성에 대한 관심도 높아서 이성의 관심을 끌 것으로 생각되나, 이것이 동성 또래에게는 질투를 유발할 수 있음. 부적응적인 대인관계를 보이고 있는 아동은 분노감이 커 보이나, 주로 유약한 모습을 보이면서 대처하고 있는 것으로 보임. 그러나 이러한 대처가 문제해결에 전혀 도움이 되지 않는 상황에서 자존감 저하, 우울감, 자살사고 등을 호소하고 있음. 게다가 스트레스가 가중되면 기존의 대응 체계를 유지하지 못할 것으로 보이므로 치료적 개입이 필요해 보임.

• 심리평가 결과, 아동은 다음과 같은 진단이 시사됨.

Axis I. Depressive Disorder NOS(Unspecified Depressive Disorder)

R/O Attention-Deficit/Hyperactivity Disorder, Predominantly Inattentive Type(Attention-Deficit/Hyperactivity Disorder, Predominantly inattentive presentation)

• 제 언

1. 우울감 해소하기
2. 자신의 감정을 적절히 표현할 수 있도록 능력 키우기
3. 또래관계에서 공감능력 키우기
4. 이성에 대한 관심을 긍정적으로 해소하기
5. 쉽고 간단한 자극에 주의집중하는 능력 키우기
6. 지지적인 가정환경 조성하기

5) 초등학생, 높은 지능, 주지화(남자 / 만 10세 / 초5)

■ 의뢰 사유

아동은 '지능, 사고력, 성격 등에 관한 객관적 정보를 알고 싶다'를 주 호소로 상담센터를 방문하였으며, 인지 기능 및 정서 파악을 위해 아동종합심리평가를 실시하였다.

■ 행동 관찰과 면담

보통 키, 통통한 체격의 10세 남아로 위생 상태는 양호하였고, 검사자와의 눈맞춤은 적절하였지만, 손톱이 물어뜯은 듯 매우 짧았다. 전반적으로 검사자의 지시를 잘 따랐고, 수행속도는 상당히 빠른 편이었다. 그리고 어휘 소검사에서 "네?" "돌아가다요?"라고 되물었고, HTP 수행 시 "네?" "집이요?" "그냥요?" "여자요?"라며 짜증스러운 말투로 간단한 것조차 재차 확인하는 모습을 자주 보였다. 지능검사에서는 답변을 장황하게 설명하는 모습을 보였지만, 내원 사유에 대해서는 'IQ 시험 본다고'라며 자신의 불편감에 대해서는 따로 언급하지 않았다.

■ 지능과 인지 기능

한국 웩슬러 아동용 지능검사 3판 (K-WISC-III)			
영 역	지 능	백분율(%)	수 준
언어성 지능	136	99.2	최우수
동작성 지능	116	85.7	평균 상
전체 지능	131	98.1	최우수

아동의 전체 지능은 131로 최우수 수준을 나타냈으며, 같은 연령대에서 상위 2% 정도의 수준이었다. 언어성 지능은 136으로 최우수 수준을, 동작성 지능은 116으로 평균 상 수준을 나타냈다. 두 지능 간 차이가 크게 나타나고 있어 언어적 자원과 지식 습득은 현저하게 높지만 그에 비해 즉각적인 문제해결 능력이 상대적으로 부족하게 느껴질 수 있겠다.

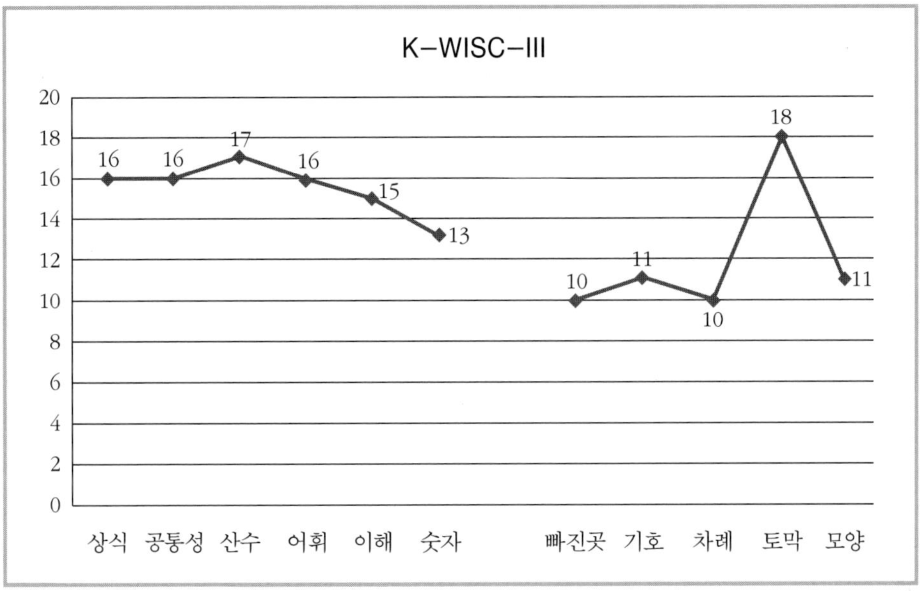

언어성 지능을 살펴보면, 수계산 능력이 최우수 수준으로 연산능력이 월등히 높아서 수를 다루는 과제에서 높은 능력을 발휘할 수 있겠다. 단순한 자극에 대한 주의력은 평균 상 수준으로 단기집중력은 높은 편이지만 수계산 능력에 비하면 상대적으로 부족한데, 이는 단순한 자극보다 어렵고 복잡한 자극에 더욱 흥미를 갖는 아동의 특성과 관련이 있는 것 같다. 사물의 유사성을 파악하는 능력과 어휘구사력은 최우수 수준으로 단어의 개념에 대한 이해 수준이 상당히 높고, 연령에 비해 상당히 수준 높은 언어적 능력을 가지고 있는 것 같다('섬—전체 대륙으로 이루어져 있지 않고, 사방이 다 바다로 되어 있는 곳' '이주하다—거처를 옮기는 것'). 그리고 기본지식 수준은 최우수 수준이며('물—Hydrogen, Oxygen' '상형문자—옛날 고대인이 사용한 문자'), 사회적 상황에 대한 이해력은 우수 수준으로 전반적인 지식 습득은 매우 높아 보이므로('우표—안 붙이면 우체국에 소득이 없잖아요' '비밀투표—누가 투표할지 다 알려지면 투표 받는 사람은 좋아할 테고, 투표를 못 받는 사람은 화를 내거나 왜 자기를 안 뽑아 주냐고 미워해요') 학습 수준은 상당히 높은 것으로 여겨진다.

동작성 지능 영역에서는 시공간 구성능력이 최우수 수준으로 가장 높게 나타나 구조화된 상황에서는 뛰어난 문제해결 능력을 발휘할 수 있을 것 같다. 그러나 다른 4개의 소검사는 평균 수준이어서 상기의 높은 능력이 다양한 영역에 반영되지 못하고 제한적으로 발휘될 것으로 여겨지므로 오히려 이로 인한 부적절감을 느낄 수 있겠다. 한편, 부분을 통해 전체 상을 구성하는 능력은 평균 수준으로 상대적으로 낮아서 응용능력은 평이한 수준에 그치고 있고, 시공간 운동속도가 평균 수준으로 민첩성도 연령 수준에 그치고 있어서 익숙하지 않은 상황에서는 자신의 높은 잠재력을 발휘하기 어려워 보인다. 또한 상황적 맥락을 파악하는 능력과 시각적 예민성도 평균 수준으로 사회적인 대처능력도 평이한 수준이었다.

지능검사 결과, 언어표현력, 수를 다루는 능력, 지식 수준이 매우 높아 보이고, 구조화된 상황에서 문제를 해결하는 능력도 상당히 높은 것으로 여겨지므로 학업적 상황에서는 뛰어난 능력을 보일 수 있겠다. 그러나 필요하지만 간단하고 지루한 일에 집중하지 못하고, 응용력, 사회적 대처능력 등은 평이한 수준에 그치고 있어 해당 기능이 필요한 상황에서는 부적절감이 커질 수 있겠다.

Rorschach 검사 결과, 22개의 비교적 많은 반응 수를 보이듯 주변의 다양한 자극에 적절한 관심을 보이고 있고, 스트레스에 대한 대처 자원도 충분한 것 같다(EA = 9.0). 그러나 과도하게 통합하려는 완벽주의적인 성향이 나타나고 있어서(ZD = 6.0) 예상치 못한 상황에서는 불안 수준이 커질 수 있겠다. 그러면서도 스트레스 상황에서는 다소 특이하게 지각하는 경향이 있는 것으로 여겨지므로(Xu% = 0.45, X-% = 0.27), 주변 사람들과 공감적인 관계를 맺기 어려울 수 있겠다.

■ 성격과 정서

어머니는 K-CBCL에서 아동의 내현적인 고통감에 대해서는 별다른 보고를 하지 않

아동 · 청소년 행동평가척도 (K-CBCL)

	사회성	학업수행	총사회능력	위축	신체증상	우울·불안	사회적미성숙	사고문제	주의집중	비행	공격성	내재화	외현화	총문제
T	47	64	53	55	62	56	45	45	35	40	41	59	40	48

았고, 다른 행동상의 문제도 그다지 심각하게 여기지는 않고 있었다. 그러나 아동은 MMPI에서 2번 척도가 73T로 높게 상승해 있고, 검사상에서 무력감(Rorschach: Y = 1), 고통감(Rorschach: MOR = 4, '싸우다가 구멍이 났고, 옆에 살이 찢겨져 나간 거 같아요' / HTP: 나무 그림 '옹이를 그림'), 외로움(HTP: 여자 그림 '생각 – 혼자 있는 게 쓸쓸하다는 생각' '미래 – 계속 쓸쓸하게 일한다') 등을 나타내고, Rorschach 검사에서 무채색 반응을 2개나 보이고 있어서 우울감과 같은 내면적 문제를 경험하고 있는 것으로 여겨진다.

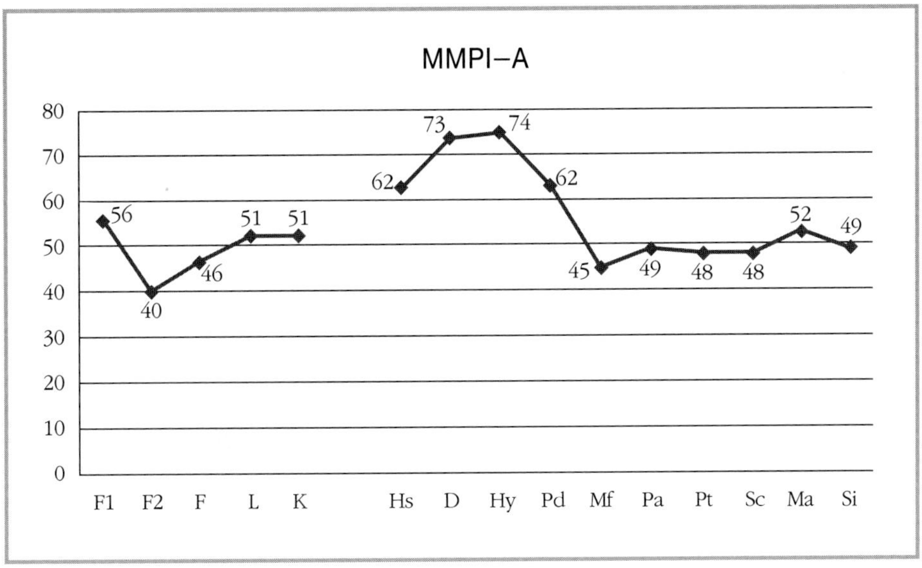

※ 상승한 소척도: 억압, 주관적 우울감, 권태-무기력, 신체 증상 호소, 공격성의 억제, 부정적 태도

한편, HTP의 집 그림에서 '소원 – 세상에서 제일 멋졌으면 좋겠어요', 나무 그림에서 '소원 – 자기가 숲의 중심이 되고' '미래 – 이 나무가 중심이 되고 큰 나무가 돼요'라고 하듯이 스스로에 대한 기대감이 높고, 주변으로부터의 인정에 대한 욕구가 높아서 주변의 평가에 예민해져 있는 것으로 보인다. 이러한 아동은 TAT에서 '시험을 보는 거 같은데 너무 긴장되니까 열심히 하자고 생각하는 거 같아요' '축구를 못해서 축구를 잘할 수 있게 해 달라고 기도하면서 구경해요'라고 하듯이 높은 기대감을 충족시키고자 상당히 노력하고 있는 것으로 보이는데, '어떤 사람이 시험을 보는데 떨어졌어요. 그래서 좌절하는 것 같아요'라고 하듯이 기대만큼의 결과를 이루지 못하면 고통감이 커질 수 있겠다(SCT: '나의 나쁜 점은 기대하는 만큼 실망을 크게 한

다'). 따라서 아동에게는 지나치게 높지 않은 적절한 목표를 설정하여 불안과 스트레스를 감소시켜 주고(SCT: '내가 가장 좋았던 일은 쉬는 것이다' '내가 제일 걱정하는 것은 학원 숙제' '나를 가장 슬프게 하는 것은 학원 숙제가 많을 때'), 결과에 집착하기보다는 성취하려는 과정에 대해서 인정해 주는 노력도 필요해 보인다.

한편, 아동은 HTP의 남자 그림에서 '좋아하는 것－친구들' '소원－친구들이 있으면 좋겠다', 여자 그림에서 '필요한 것－자기와 같이 노는 친구들, 아이들이 놀이터에 많았으면'이라고 하듯이 친밀감에 대한 욕구가 높은 것 같다(HTP: 집 그림 '창문을 11개 그림' / MMPI: 3번 척도 74T). 그러나 Rorschach 검사의 친밀감에 대한 태도를 나타내는 카드에서 '전투기'라는 공격적인 반응과 '혼합 생명체'라는 왜곡된 형태 반응을 보이고 있어 상기의 욕구는 충족되지 못한 것으로 보인다. 이러한 아동은 HTP의 나무 그림에서 '싫어하는 것－해충들, 자기 몸을 파먹으면 건강 안 좋아지니까', TAT에서 '스파이들이 몰래 정보를 주고 있는 것 같다'라고 하듯이 주변을 다소 위협적으로 보고 있는 것 같다. 또한 아동은 Rorschach 검사에서 '어떤 가죽이 피가 묻은 거 같아요' '멧돼지가 밧줄로 꽁꽁 묶이고 머리가 잘려 나가서 피가 멈추지 않고 계속 나요'라고 하듯이 내면에 분노감도 높은 것 같다(Rorschach: S＝2 / SCT: '나는 때때로 화가 난다'). 그러나 Rorschach 전반에 걸쳐 '꽃잎' '낙엽' 등의 식물 반응을 많이 보이듯이 부정적인 감정을 해소하지 못한 채 거리감을 두고(MMPI: '억압＝66T'), '혼합 생명체' '온갖 생물체' '생태계' 등의 반응을 보이듯 주지화 방어기제를 사용하고 있는 것 같다. 다만, 이러한 아동의 대처 방식은 생활 속에서 당면하는 스트레스를 감소시키기에는 부족할 것으로 보이므로 환경적인 개입이 필요해 보인다.

■ 요약과 제언

• 요 약

전체 지능: 131, 최우수 / 언어성 지능: 136, 최우수 / 동작성 지능: 116, 평균 상

아동의 지적 능력은 최우수 수준이지만, 언어적 자원과 지식 습득에 비해 즉각적인 문제해결 능력이 상대적으로 부족하게 느껴질 수 있음. 언어표현력, 수를 다루는 능력, 지식 수준이 매우 높고, 구조화된 상황에서 문제를 해결하는 능력도 높아서 학업적 상황에서는 뛰어난 능력을 보일 것으로 여겨짐. 그러나 필요하지만 간단하고 지루한 일에 집중하지 못하고, 응용력, 사회적 대처능력은 평이한 수준에 그치고 있어 해당 기능이 필요한 상황에서는 부적절감이 커질 수

있음. 아동은 검사상 무력감, 고통감, 외로움 등을 나타내고 있어 우울함과 같은 내면적 문제를 경험하고 있는 것으로 여겨짐. 인정에 대한 욕구가 많아서 주변의 평가에 예민해져 있는 것으로 보이며, 높은 기대감을 충족시키고자 상당히 노력하고 있는 것으로 예상됨. 그러나 기대만큼의 결과를 이루지 못하면서 좌절감을 경험하고 있는 것으로 여겨짐. 애정 욕구가 높지만 욕구만큼 충족되지 못하고 있는 상황에서 내면의 분노가 높아 보이지만, 이러한 감정을 적절히 표현하지 못한 채 거리감을 두고, 주지화 방어기제를 사용하고 있는 것으로 여겨지므로 환경적인 개입이 필요함.

• 심리평가 결과, 아동은 다음과 같은 진단이 시사됨.
Axis I. Depressive Disorder NOS(Unspecified Depressive Disorder)

• 제 언
1. 우울감 개선
2. 과도한 학습량과 높은 목표 설정으로 인한 부담감 줄여 주기
3. 부정적 감정을 표현할 수 있는 허용적인 분위기 조성해 주기
4. 정서적 안정감을 위한 노력 필요

6) 부의 우울감(남자 / 만 10세 / 초5)

■ 의뢰 사유

아동은 '정리정돈을 못한다' '행동이 느리다' '교우관계에서 뒤처질 것이 걱정된다' 등을 주 호소로 상담센터를 방문하였으며, 인지 기능 및 정서 파악을 위해 아동종합심리평가를 실시하였다.

■ 행동 관찰과 면담

보통 키, 보통 체격의 초등학생 남아로, 안경을 착용하였고, 위생 상태는 양호하였으며, 시종일관 무표정한 모습이었다. 검사자와의 눈맞춤은 가능하였으나 길게 유지하지 않고, 아래쪽으로 시선을 돌리는 경우가 많았다. 전반적으로 검사자의 지시를 잘 따랐는데, 과제의 난이도가 높아지면 어이없다는 듯한 표정으로 '하~'라며 웃

기도 했다. 그리고 상식 소검사에서 "만유인력이요?" "물이요?" "다윈이요?"라고 계속 되묻는 경우가 많아서 검사 시간이 길어졌다. 내원 사유에 대해서는 '잘 모르고 왔다. 그냥 가정 상담한다고'라고 관심 없는 말투로 말하였다.

지능과 인지 기능

한국 웩슬러 아동용 지능검사 3판 (K-WISC-III)			
영 역	지 능	백분율(%)	수 준
언어성 지능	117	87.2	평균 상
동작성 지능	94	34.5	평균
전체 지능	108	70.3	평균

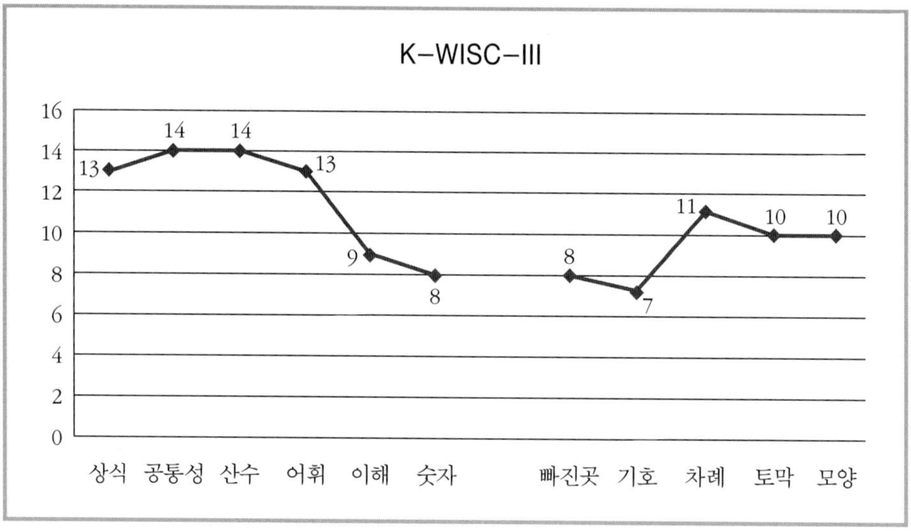

아동의 전체 지능은 108로 평균 수준을 나타냈으며, 같은 연령대에서 상위 30% 정도의 수준이었다. 언어성 지능은 117로 평균 상 수준을, 동작성 지능은 94로 평균 수준을 나타냈다. 두 지능 간 차이가 23점으로 크게 나타나고 있어 언어적 자원과 지식 수준은 높지만 그에 비해 즉각적인 문제해결 능력은 상대적으로 부족한 것 같다.

언어성 지능을 살펴보면, 사물의 유사성을 파악하는 능력은 우수 수준으로 단어의 개념에 대한 이해 수준이 상당히 높고, 어휘구사력도 평균 상 수준을 보이고 있어 연령에 비해 세련된 의사소통 능력을 보일 것으로 생각된다. 그리고 상식 소검사가 평균 상으로 전반적인 지식 습득 수준은 높아 보이고, 수계산 능력이 우수 수준으로 나타나 연산능력도 연령에 비해 월등히 높아 보인다. 그러나 사회적 상황에 대한 이해력이 평균 수준으로 다른 능력에 비해 상대적으로 낮아서 관습 및 규범에 대한 습득 수준이 부족해 보이는데, 이를 고려할 때 학습보다는 일상적인 경험을 통해서 학습하는 능력이 더 부족한 것 같다. 또한 단순한 자극에 대한 주의력은 평균 하 수준이었고, 보다 복잡한 연산능력은 우수 수준으로 더 높게 나타났는데, 이는 어렵고 복잡한 문제에 더 흥미를 느끼고 단순한 자극에 대한 관심은 낮기 때문인 것으로 여겨진다.

동작성 지능 영역에서는 사회적 맥락을 파악하는 능력이 평균 수준으로 양호해 보이지만, 시각적 예민성은 평균 하 수준으로 주변 환경 변화에 둔감해서 대인관계 상황에서 미묘한 감정을 파악하는 능력은 부족해 보인다. 한편, 시공간 구성능력은 평균 수준으로 기본적인 문제해결 능력은 적절해 보이고, 부분을 통해 전체 상을 구성하는 능력도 평균 수준으로 응용력이 양호한 것으로 보인다. 그러나 시공간 운동속도가 평균 하 수준으로 민첩성이 부족해 보이므로 문제 상황에서 그다지 기민하게 대처하지는 못할 것으로 여겨진다.

지능검사 결과, 언어적 자원과 연산능력은 상당히 높아 보이는데, 단순한 자극보다는 어렵고 복잡한 문제에 더 흥미를 느끼고 있는 것으로 보이고, 경험을 통해서 자연스럽게 습득하는 것보다는 학습을 통한 지식의 습득이 더 익숙해 보인다. 상대적으로 문제 상황에서 즉각적인 해결능력은 다소 부족하고, 특히 민첩성이 부족하여 즉각적으로 대처하는 것이 더욱 어려울 것 같다. 게다가 환경 변화에 둔감한 면이 있어서 상황에 맞지 않는 엉뚱한 모습을 보일 수 있겠다.

Rorschach 검사 결과, 총 20개의 반응 수를 보여 주변의 다양한 자극에 적절한 관심을 보이고 있지만, 조직화 능력이 부족하여 실제 대처에 있어서 효율성은 부족해 보인다(ZD = -4.0). 또한 주변 사람의 평가에는 민감해져 있지만(W:D:Dd = 3:13:4), 이성적이고 논리적인 사고력은 부족하고(M = 1), 관습적인 지각이 어려우며(Xu% = 0.35), 왜곡된 형태 반응을 많이 보이고 있어(X-% = 0.30) 정작 실제 행동은 상황에 맞지 않는 자기중심적인 모습을 보이기 쉬운 것 같다.

■ 성격과 정서

어머니는 K-CBCL에서 '위축' '신체 증상' '우울 · 불안' '사회적 미성숙' '사고문제' '주의집중' 등 내면적인 정서적 불편감에 대해 상당히 높게 보고하였다. 어머니

아동 · 청소년 행동평가척도 (K-CBCL)														
	사회성	학업 수행	총사회 능력	위축	신체 증상	우울 · 불안	사회적 미성숙	사고 문제	주의 집중	비행	공격성	내재화	외현화	총문제
T	40	64	48	80	69	71	72	73	78	50	50	75	50	69

가 우려하고 있는 것처럼 아동은 검사상에서도 자기비하(SCT: '나의 좋은 점은 없다' '나의 나쁜 점은 성격도 안 좋고 정리도 안 하고 공부도 잘하지 못한다. 또 운동도 못한다' '나를 가장 슬프게 하는 것은 내가 느린 것'), 존재감의 부재(SCT: '나는 때때로 내가 태어나지 않았으면 좋겠다') 등을 나타내고, Rorschach 검사에서도 우울지표를 보이고 있었다(C′=2, DEPI=5).

아동은 SCT에서 '내가 가장 행복한 때는 학교에서 상을 받았을 때'라고 하듯이 관심과 인정에 대한 욕구가 높아서 주변의 평가에 예민해져 있는 것으로 보인다(SCT: '다른 사람들은 나를 좋게 생각하면 좋겠다'). 그러나 실제로는 이와 같은 욕구가 충족되지 않고 있는 것으로 보이고(SCT: '나를 가장 화나게 하는 것은 선생님과 부모님의 짜증이다'), 오히려 체벌과 부정적 피드백으로 고통을 받고 있는 것 같다(SCT: '선생님들은 아이가 상처받는 말을 하지 않았으면 좋겠다' '내가 가장 무서워하는 것은 엄마 아빠의 체벌이다'). 이로 인해 TAT에서 '어떤 남자가 어딘가로 끌려가는 거'라고 하듯이 외부 환경에 대한 두려움이 커 보이고, 주변을 위협적으로 느끼고 있는 것으로 생각된다(HTP: 나무 그림 '싫어하는 것—불. 자기가 타 버리니까', 여자 그림 '싫어하는 것—나쁜 사람. 나쁜 사람 만나면 자기가 안 좋아질 수 있으니까' / SCT: '내가 만약 동물로 변할 수 있다면 사자가 되고 싶다. 왜냐하면 천적이 없기 때문이다'). 이러한 아동은 적대감과 분노감도 높은 것 같다(TAT: '전쟁하고 있는 거' / HTP: 나무 그림 '뾰족한 나뭇가지를 그림' / Rorschach: S=2 / SCT: '나를 가장 화나게 하는 것은 선생님과 부모님의 짜증이다').

한편, 아동은 Rorschach에서 색채 반응이 많이 나타나듯이 감정을 강렬하게 경험하고 표현하는 경향이 높아서 충동적으로 외부로 표출하기 쉬운 것 같다. 그러나 SCT에서 '우리 아빠는 생활예절에 관심이 많으시다'라고 하듯이 도덕적 원칙이 중요시되는 가정환경에서 성장한 것으로 보이므로 앞서 기술한 적대감이나 분노감 같은 강한 부적 감정으로부터 심리적 거리를 유지하는 데 익숙해져 있는 것 같다(Rorschach: 분노에 대한 태도를 나타내는 카드에서 '꽃다발', Bt=5). 따라서 아동에게는 지나치게 통제받는 것으로 인한 스트레스를 감소시켜 주고, 일상생활에서 다소 허용적인 분위기가 필요한 것으로 보인다.

부모 MMPI-II / SCT

• 어머니

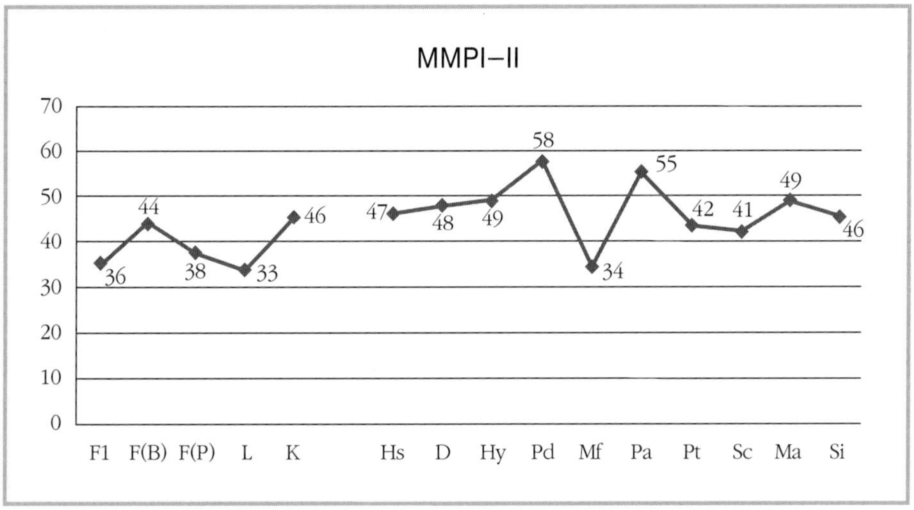

※ 상승한 소척도: 사회적 불안의 부인, 사회적 침착성, 사회적 소외, 성마름

어머니는 자신에 대해서 긍정적인 미래상을 가지고 있고('나의 장래는 지금보다 더 밝을 것이다'), 자신감이 높으며('언젠가 나는 편안하고 지적인 사람이 될 것이다' '내가 보는 나의 앞날은 지금보다는 더 나아져 있을 것이다'), 적극적인 것으로 보인다('내가 바라는 여인상은 힘차고 자신감 있는 여성' '다른 가정과 비교해서 우리 집안은 평등하다'). 게다가 아동에 대한 기대감도 높아 보이는데('나의 야망은 아들을 크고 아름답게 키우고 싶다'), MMPI의 '성마름' 소척도가 상승하고 있어서 자신의 기대만큼 아이가 따라 주지 못하면 신경질적인 모습을 보일 수 있겠다('내가 저지른 가장 큰 잘못은 쉽게 화를 내버리는 일' '나의 가장 큰 결점은 쉽게 감정 표현하는 일'). 또한 MMPI의 K척도 점수가 상대적으로 낮아서 스트레스 상황에서는 예민해질 수 있겠고, MMPI의 4번과 6번 척도가 상대적으로 높게 나타난 것을 고려할 때, 문제 상황에서 타인을 비난하기 쉬운 것 같다.

• 아버지

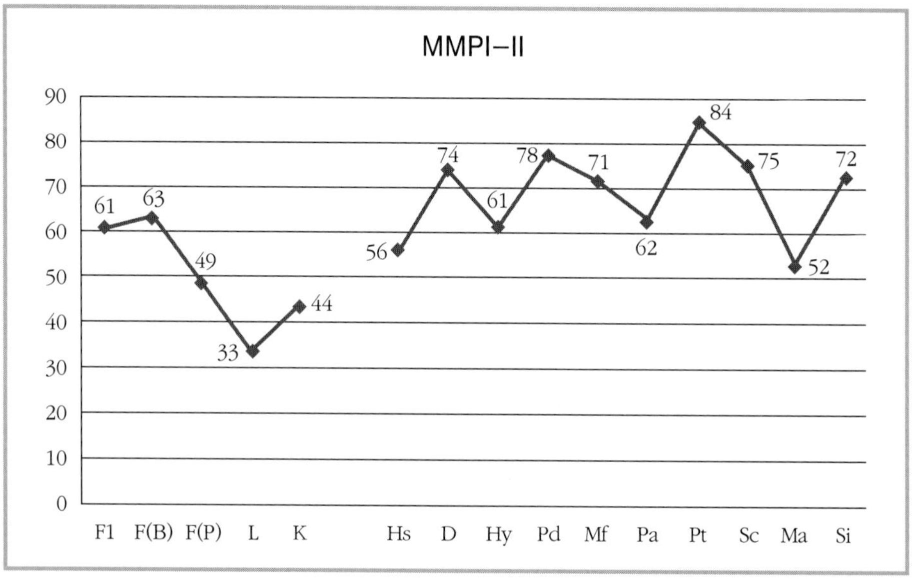

※ 상승한 소척도: 의기소침, 낮은 긍정 정서, 반사회적 행동, 역기능적 부정 정서, 부정적 정서성, 내향성, 불안, 공포, 우울, 분노, 낮은 자존감, 사회적 불편감, 가정문제, 직업적 곤란, 부정적 치료 지표, 불안, 대학생활 부적응, 외상후 스트레스 장애, 결혼생활 부적응, 주관적 우울감, 둔감성, 깊은 근심, 권태-무기력, 신체 증상 호소, 가정 불화, 내적 소외, 예민성, 사회적 소외, 자아통합 결여-인지적, 자아통합 결여-동기적, 자아통합 결여-억제부전, 심신운동 항진, 수줍음/자의식, 내적/외적 소외, 특정 공포, 동기의 결여, 기분 부전, 자살사고, 분열형 성격특성, 폭발적 행동, 조급함, 자기회의, 순종성, 수줍음, 가족 내 소외, 낮은 동기

아버지는 MMPI 임상 척도에서 2~7번 척도의 상승을 보이고, SCT에서 낮은 자존감('내가 믿고 있는 내 능력은 특별한 것 없음'), 미래에 대한 부정적 사고('내가 보는 나의 앞날은 피곤한 직장 생활을 하며 피곤한 집안 생활을 하겠지만 참아야 할 것이다'), 환경에 대한 부정적 사고('다른 가정과 비교해서 우리 집안은 불행하다' '결혼생활에 대한 나의 생각은 부정적이다'), 우유부단('나의 가장 큰 결점은 우유부단함'), 무기력("행운이 나를 외면했을 때 '그렇지 뭐' 한다"), 죄책감('나는 어머니를 좋아했지만 항상 죄송하다') 등을 보고하듯이 우울감을 경험하고 있는 것으로 보인다. 또한 SCT에서 '내가 다시 젊어진다면 다른 선택을 하고 싶다(직장 등)' '다른 친구들이 모르는 나만의 두려움은 배우자와의 다툼'이라고 하듯이 직장과 가정에서의 스트레스가 큰 것으로 예상된다. 한편, MMPI의 4번 척도가 상승을 보이고 있어 불만감이 상당히 높아 보이는데, MMPI의 K척도 점수가 상대적으로 낮아서 스트레스 상황에서 불만감을 여실히 드러낼 수 있을 것으로 보이므로 주변 사람과의 관계를 원만하게 유지하지 못하고 소외감을 많

이 느낄 수 있겠다(MMPI: '내적 소외'=71T, Si=72T).

요약과 제언

• 요 약

전체 지능: 108, 평균 / 언어성 지능: 117, 평균 상 / 동작성 지능: 94, 평균

아동의 지적 능력은 평균 수준임. 언어적 자원과 수를 다루는 능력은 높아 보이지만, 즉각적인 문제해결 능력은 부족함. 게다가 환경 변화에 둔감한 면이 있어서 상황에 맞지 않는 엉뚱한 모습을 보일 수 있음. 또한 복잡한 문제에 더 흥미를 느끼고 있는 것으로 보이고, 자연스러운 생활 경험보다는 학습을 통한 지식 습득에 익숙해져 있음. 한편, 아동은 검사상에서 외로움, 미래에 대한 부정적 사고 등을 나타내는 것으로 보아 우울감을 경험하고 있는 것으로 보임. 자신에 대한 기대 수준이 높고 애정 욕구도 높지만, 이러한 욕구들이 충족되지 않으면서 아동의 고통감은 매우 커진 것으로 여겨짐. 또한 적대감과 분노감이 높은데, 도덕적 원칙을 중요시하는 가정 분위기로 인해 감정을 표현하지 못한 것으로 생각됨. 따라서 아동에게는 지나치게 통제받는 것으로 인한 스트레스를 감소시켜 주고, 허용적인 분위기를 조성하는 것이 필요한 것으로 보임.

• 심리평가 결과, 아동은 다음과 같은 진단이 시사됨.

Axis I. Depressive Disorder NOS(Unspecified Depressive Disorder)

아동의 아버지 또한 R/O Depressive Disorder NOS(Unspecified Depressive Disorder)가 시사되므로 이에 대한 개입이 필요해 보임.

• 제 언

1. 우울감 개선
2. 학습과 관련된 부담감 줄여 주기
3. 허용적인 분위기 조성해 주기
4. 자존감 향상
5. 정서적 안정감을 위한 노력 필요
6. 아버지의 우울감 개선

3. 자주 나타나는 반응

1) 주 호소

'뭘 해야 할지 모르겠다' / '공부를 잘하지 않는다' '의욕이 없다' / '친구들과 관계가 원만하지 못하다' '폭행을 당했다' / '말을 안 듣는다' '수업 시간에 혼자 웃는다' '산만하다' / '저조한 학습능력' '원만하지 못한 또래관계' '낮은 자존감' / '학교생활 부적응' '또래관계 문제' / '격한 모습' '무기력한 모습' / '소극적인 성격' '학업 성적의 저하' / '자신감이 없다' / '불안' '자해' '늦은 귀가' / '성적부진' '주의산만' / '대인관계 어려움' / '피해의식' / '아직 아이 같다' '자기만 억울하다고 생각한다' '게임이 공부를 방해한다' / '진로 걱정' '자신감 부족' / '우울하다' '밤마다 지속적인 자살 충동을 느낀다' / '감정 조절의 어려움' '또래관계 어려움' '자살과 관련된 언어 사용' / '우울하다' / '학교에서 실시한 검사에서 우울과 자살 점수가 높게 나왔다' / '감정 기복이 심하다' '피해의식이 강하다' '우울 증상을 보인다'

2) 우울감(고통감)

행동: 면담 도중 눈물을 흘림 / 가족에 대한 얘기를 하며 눈물을 보임

MMPI: 2번 상승 / 2, 7, 0번 상승 / 2, 7번 상승 / F 상승

Rorschach: C′ 상승

TAT: '여자가 죽어서 남자가 슬퍼하고 있다' / '어떤 여자가 괴로움을 못 이기고 힘들어한다' / '고통스러운 거' '너무 힘들어서 울고 있는 거' '죽으려고 하는 거'/ '아이가 울고 있는 거' '사람이 죽은 무덤' '예수님이 죽은 무덤' / '슬픈 분위기' '부부가 슬프다. 울고 있는 것 같아서' '죽은 사람한테 잘 가라고 기도하는 거' / '남자는 말 타고 여자는 책 두 권. 이 여자는 나쁜 마음을 가진 거 같기도' '할아버지와 손자 같은데 옛날 이야기 들려주시는 거. 근데 표정이 좋지 않다. 나쁜 애들 말하는 건가' / '울고 있어요' / '쓸쓸하게 아내를 기다리는 모습' / '불쌍하다' '초라해 보여요' '평생 우울하게 지내는 거 같다'

SCT: '내가 좀 더 어렸다면 슬플 것이다' / '나는 때때로 슬프고 착잡하며 우울하다'

3) 흥미 저하

SCT: 내가 가장 행복한 때는 없는 것 같다 / '내가 늘 원하기는 – 무응답'

4) 무기력(스트레스 내성 약화)

행동: 시무룩하게 고개를 숙인 채 질문에 대답을 하지 않거나 "모른다."라고만 함 / 명백한 오답을 다시 확인하도록 요구해도 전혀 수정을 하려 하지 않음 / 위생 상태가 불량함 / 머리가 헝클어져 있음 / 눈빛은 초점이 없고, 어깨가 처지고, 천천히 걸음 / 목에 때가 끼어 있음 / 과제가 어려워지자 쉽게 "못하겠어요."라고 하면서 포기함 / 남학생이 수염을 깎지 않음 / 과제가 어려워지자 고개만 가로젓거나, 답변을 하려 하다가도 쉽게 포기함 / 전기 난로 소리에 목소리가 묻힐 정도로 느리고 힘없이 말함 / 정답을 틀리고 난 후에는 급격히 당황하는 모습을 보였으나 힘없이 도구만 만지작거림 / 어려운 문항에서는 답을 말하지 못하고 검사자를 쳐다보며 힘없이 웃기만 함

지능: 기호쓰기 저하 / 기호쓰기에서 처음에 열심히 했지만 시간이 갈수록 수행속도가 느려짐 / 토막짜기에서 정교함이 부족함 / 질문 이후에 대답이 나오기까지 머뭇거림 / 기호쓰기에서 중간중간에 한숨을 쉬며 쉬었다가 함 / 어휘 소검사에서 '도둑이 도둑인데' '자전거가 자전거지'라고 말을 하는 등 질문 내용만 반복함

MMPI: 9번 저하 / K 척도 저하

HTP: 나무 그림에서 풍성한 전체 외관에 비해 짧은 가지를 그림 / 남자 그림에서 손을 그리지 않음 / 한참을 생각한 다음에 그리기 시작함 / 나무 그림에서 가지가 없고, 사람 그림에서 손발을 매우 미미하게 표시함 / 집 그림에서 지붕의 기와 여러 개를 하나씩 그리다가 그만둠

Rorschach: m, Y 상승

SCT: '나에게 이상한 일이 생겼을 때 어떻게 해야 할지 모르겠다' / '내가 가장 싫어하는 사람은 모른다. 없다' / '나는 때때로 너무 피곤하다' '내가 가장 좋았던 일은 낮잠을 잤을 때다' / '내가 가장 가지고 싶은 것은 운수' '나의 가장 나쁜 점은 운' '내가 제일 걱정하는 것은 나의 운이다' / '나의 나쁜 점은 없음' '나를 가장 슬프게 하는 것은 없음'

5) 주의력 저하(피상적 사고, 판단력 저하)

행동: "~하지 않아요?" "~라고요?"라며 지시를 반문하는 경우가 많음 / 과제 수행 중에 하품을 하거나 시간을 물어봄

지능: 산수에 비해 숫자의 상대적 저하 / 핵심에서 벗어나 애매하게 비슷한 말을 하는 경우가 많음('용감하다—자신감 있다' '돌아가다—새로운 길을 찾아가다' '만장일치—모두가 맞다' '과시하다—모르겠다') / 언어 영역 소검사에서 1점이 많음 / 산수, 숫자 소검사 저하 / 어려운 문항을 맞히면서 쉬운 문항에서 틀림 / 숫자 소검사에서 바로따라하기에 비해 거꾸로따라하기의 상대적 저하

HTP: 사람 그림 '기분—아무 생각 없어 보여요' '생각—아무 생각도 안 하는 거 같아요'

Rorschach: W 상승, Zd 저하 / X-% 상승

SCT: 문항이 어렵다며 작성해 오지 않음

6) 주변 환경에 대한 불만(학업에 대한 부담)

MMPI: '권위불화' 상승

HTP: 집 그림 '할머니가 산다. 그냥 얼굴이 무섭게 생긴' '우리 아빠는 싫다' / 남자 그림 '소원—공부 잘했으면' / 여자 그림 '소원—부자가 되거나, 스타가 되고 싶어요'라고 하면서 '미래—부모님의 반대로 변호사가 돼요'

TAT: '바이올린 줄이 끊어졌는데 엄마한테 혼날 것 같다' / '집이 너무 싫어서 탈출한다'

SCT: '내 생각에 가끔 아버지는 이상한 일로 화를 내신다' '내가 바라기에 아버지는 급한 성격을 고치면 좋겠다' '남자에 대해서 무엇보다도 좋지 않게 생각하는 것은 언성 높이는 것' / '우리 아빠는 짜증 난다' / '내가 가장 싫어하는 사람은 아빠' '내가 제일 걱정하는 것은 엄마한테 혼날 때' '내가 가장 무서워하는 것은 아빠' / '엄마가 잔소리하는 게 듣기 싫어서 귀를 막고 악기를 본다. 기분은 안 좋다. 잔소리해서' / '우리 아빠는 종종 나를 이해해 주지 못한다' / '여자애들은 비겁하다' '남자애들은 변태 같다' '선생님들은 가르칠 자격이 없다' / '내가 좀 더 어렸다면 공부를 안 해도 된다' / '나를 가장 슬프게 하는 것은 성적이다. 등수' / '우리 아빠는 무조건 공부를

잘하길 원한다' / '선생님들은 학생들을 진심으로 생각하는 것 같지가 않다' / '내가 어렸을 때 우리 가족은 불행했다' '내가 어렸을 때는 기억 삭제' '내가 잊고 싶은 두려움은 어릴 적 기억' '다른 가정과 비교해서 우리 집안은 별로 좋지 않다' / '우리 아빠는 내 알 바 아니다' / '여자애들은 싸가지가 없다' '나를 가장 화나게 하는 것은 여자' / '내가 제일 걱정하는 것은 시험 공부' / '나를 가장 화나게 하는 것은 공부하는 것입니다' / '우리 엄마는 좀 많이 싫다' '우리 아빠는 좀 많이 성질난다' '우리 엄마 아빠는 많이 짜증 난다' / '내가 가장 싫어하는 사람은 우리반 전체' '선생님들은 짜증 난다'

7) 막연한 긍정적 기대(과도한 긍정적 표현)

행동: 과도하게 웃음 / 쉬운 문항에서 매우 빠른 반응을 보임

HTP: 나무 그림 '소원—부자가 되는 거', 남자 그림 '나중에—선생님' / 나무 그림에서 기둥이 굵고 수관도 풍성하게 그리면서 '엄청 큰 나무'라고 함 / 집 그림 '미래—더 멋지게 되겠죠', 남자 그림 '미래—어른이 돼요. 멋진 어른' / 나무 그림 '소원—좀 더 커지는 거' / 나무 그림 '생각—더 크게 그려 달라' '소원—빨리 크게 해 달라' / 나무 그림 '나이—120세'

Rorschach: '어떤 사람들이 절벽에서 손을 잡고 있다' '어떤 사람은 만세를 부르고 있다'

TAT: '어떤 사람이 밝은 곳으로 간다' / '농사를 짓는다. 비도 많이 오고 농사가 잘 된다' '전쟁이 일어나서 사람들이 죽었다. 전쟁에 이겨서 나라가 발전했다'

SCT: '내가 어렸을 때는 맘 편하게 놀았다' '내가 늘 원하기는 맘 편하게 쉬었으면 좋겠다' '결혼생활에 대한 나의 생각은 다툼 없이 잘 지내면 좋겠다' '나의 야망은 잘 사는 것이다' '내가 늙으면 편하게 쉬고 싶다' '언젠가 나는 남부럽지 않게 살 것이다' / '나의 좋은 점은 얼굴이 봐 줄 만하다' '내가 만약 동물로 변할 수 있다면 백조가 되고 싶다. 왜냐하면 우아하고 날 수 있기 때문이다' / '내가 좀 더 어렸다면 여러 가지를 더 해 보고 싶다' '내가 좀 더 나이가 많다면 다양한 일을 해 볼 것이다' '나는 커서 경찰이 되고 싶다' / '내가 좀 더 어렸다면 공부를 열심히 했다' '셋째 소원은 공부를 잘하고 싶다' / '나는 친구가 많다' '나의 좋은 점은 다른 사람을 즐겁게 한다' / '대부분의 아이들은 친절하다' / '셋째 소원은 모든 사람이 행복해지는 것' / '나는

공부를 잘한다' '나는 커서 선생님이 되고 싶다' / '나는 공부를 잘하고 싶다' / '내가 보는 나의 앞날은 어둡지만 밝아질 것이다' '나의 장래는 불확실하지만 창창하다' / '내가 믿고 있는 내 능력은 엄청나다' '언젠가 나는 훌륭한 사람이 되어 있을 것이다' / '결혼생활에 대한 나의 생각은 행복할 것이다' / '내가 믿고 있는 내 능력은 머리' '나의 장래는 과학자다' '언젠가 나는 과학자가 될 것이다' '나의 야망은 과학자가 되는 것이다' / '내가 가장 행복한 때는 내가 능력 있다고 느낄 때다' '나는 공부를 지금보다 더 잘했으면 좋겠다' '내가 좀 더 어렸다면 공부를 더 열심히 했을 것이다' '내가 가장 좋았던 일은 중학교에 수석 입학한 것이다' '나는 내가 지금보다 능력 있는 사람이 되는 공상을 잘한다' / '내 소원이 마음대로 이루어진다면, 첫째 소원은 매 시험마다 1등 하게 해 주세요. 둘째 소원은 친구들에게 인기 많아지게 해 주세요. 셋째 소원은 모두에게 신임을 얻게 해 주세요'

8) 외로움(고립감)

MMPI: 8번 상승 / 8, 0번 상승

HTP: 나무 그림 '새가 필요하다. 나무 혼자 있으면 쓸쓸하다' / 집 그림 '아무도 못 들어오는 집. 혼자 산다' / 나무 그림 '필요한 것—친구. 옆에 아무도 없어서 쓸쓸할 거 같아요' / 남자 그림 '혼자 걷고 있어요' / 집 그림 '주로 다 정년 은퇴해서 전원생활 해 보고 싶은 사람들이 산다' '집 주변—자연, 인공적인 것은 거의 없다' '고요하면서도 조용하다' / 집 그림 '혼자 사는 집' / 집 그림 '집 주변—아무도 없다' '여자 혼자 있다'

TAT: 공백 카드에서 '그냥 검은색이 있었으면 좋겠다. 혼자 있는 느낌이 들어서 편안할 듯' / '외롭다'

SCT: '어리석게도 내가 두려워하는 것은 혼자가 되는 것이다' / '생생한 어린 시절의 기억은 혼자 뭔가를 만들어 놀았던 것이 대다수다' / '다른 친구들이 모르는 나만의 두려움은 내가 혼자가 될지도 모른다는 것이다' / '나를 가장 슬프게 하는 것은 외로운 것이다' / '어리석게도 내가 두려워하는 것은 무관심과 혼자다'

9) 미래에 대한 부정적 사고

HTP: 나무 그림 '앞으로 – 죽을 것 같다' / 집 그림 '앞으로 – 무너질 것 같다' / 나무 그림 '미래 – 죽겠죠' / 집 그림 '그냥 뭐 엄청나게 낡으면 무너지겠죠' '낡아서 썩지요' / 사람 그림 '단점 – 미래에 대한 확신이 없다' / 나무 그림 '앞으로 – 사람이 베어 간다'

TAT: '남자가 여자를 안고 있는데 곧 이별할 것 같다' / '동굴에서 바깥 상황을 지켜보고 있다. 날씨가 안 좋아서 며칠 더 있는다' / '절망해서 주저앉을 것 같다' '집이 다 무너진다'

SCT: '나의 장래는 불확실하다' '내가 보는 나의 앞날은 벽이 조금 허물어진 미로에 있는 느낌을 준다' / '내가 보는 나의 앞날은 밝지만 두렵다' '내가 잊고 싶은 두려움은 미래에 대한 불확신'

10) 대인관계 불편감

MMPI: 4번 상승 / 0번 상승

HTP: 사람 그림에서 눈동자를 그리지 않고, 여자 그림에서 코와 입을 그리지 않음 / 여자 그림 '단점 – 친구가 없다' / 사람 그림을 매우 작게 그림 / 여자 그림 '생각 – 친구들이 따돌림해서 세상 살기 싫어하는'

Rorschach: III번 카드 '구름' '해골' '악마의 성' / III번 카드 '지옥을 지키는 괴물, 지옥을 나가려다 죽은 사람의 피' '다 끊겨져서 뼈다귀 느낌'

SCT: '내 생각에 남자들이란 바보다' '내 생각에 여자들이란 시끄러운 바보다' '무슨 일을 해서라도 잊고 싶은 것은 나를 짜증나게 하는 사람이다' / '여자애들은 까다롭다' / '다른 사람들은 나를 모르겠다' / '나는 친구가 싫다' '대부분의 아이들은 싫다' '남자애들은 싫다' '선생님들은 싫다' / '다른 사람들은 나를 싫어한다' / '내가 가장 무서워하는 것은 사람들이랑 어울리는 거다' / '내가 가장 무서워하는 것은 어둠, 외톨이가 되는 것' / '다른 사람들은 나를 별로 안 좋아한다' '내가 제일 걱정하는 것은 다른 사람들이 나를 깔보는 것이다' / '대부분의 아이들은 나를 놀린다' / '나를 가장 슬프게 하는 것은 삼촌들, 친구'

11) 자살사고

HTP: 남자 그림 '소원—빨리 죽는 거' / 여자 그림 '지금—죽으러 가는 것 같다'

Rorschach: '박쥐가 죽은 거' '박쥐의 시체' '폐 사진' '사람이 피 흘리는 거' / '죽고 싶다는 마음' '죽고 싶은 생각'

TAT: '창밖을 보고 있다. 다음 장면에서는 자살한다' / '자살하려고 하고 있어요' '여자가 자살하려고 해요' '사형수' / '자살하려는 사람의 모습' / '죽고 싶은 마음' '세상을 끝내고 싶은 마음' '지금이라도 죽고 싶은 심정' '자살'

SCT: '나는 죽는 공상을 잘한다' '내가 좀 더 나이가 많다면 죽었다' '내가 꾼 꿈 중에서 제일 좋은 꿈은 죽는 꿈' '내가 만약 동물로 변할 수 있다면 고양이 시체가 되고 싶다. 왜냐하면 살기 싫으니까' / '나는 때때로 ㅈㅅ(자살) 충동이 느껴지고 ㄱㅊ(가출)도 하고 싶다' / '나는 때때로 잘살(자살)하려는 생각이 든다'

12) 분노감(짜증)

행동: 난이도가 높아지자 "아~ 언제까지 해야 하는 거야!"라며 짜증을 내고, 제시된 그림 자극에 이상이 있다는 듯 말하였으며, 책상을 주먹으로 내리치며 "그만 만들고 싶다!"라고 함 / 정답을 말하면서도 무시하는 말투로 말함 / 화난 듯한 인상이었으며, 무표정함

MMPI: 4번 상승 / 4, 6번 상승 / '공격성의 억제' 상승

HTP: 나무 그림에서 가지를 뾰족하게 그림 / 사람 그림에서 손가락을 뾰족하게 그림

Rorschach: S 상승 / '호랑이' '톱상어'와 같은 공격성이 높은 동물 반응을 보임 / '둘이서 싸우는 거 같다' / '싸우고 있는 사람들' / II번 카드에서 반응 실패 / II번 카드를 가장 좋아하는 카드로 선택 / '싸우는 모습' '칼을 차지하기 위해 서로 죽고 죽이는' / '도끼' '권총' / '살인마' '연쇄살인범'

TAT: '딸이 문을 안 열어 줘서 엄마가 우는 거' '누군가를 죽여서 사과하러 온 사람' '쓰러진 엄마를 보는 여자' / '엄마가 아픈데 아들이 안 슬퍼한다' / '남자가 무덤에 있는 사람을 죽인 거 같아요' / '정말 죽이고 싶은 사람 죽일 것' / '여자가 바람 피는 도중에 남편에게 걸렸고, 그 여자는 이혼하고 바람 폈던 남자를 때렸겠죠'

SCT: '나의 가장 큰 결점은 분노를 쌓아 두고 한번에 터뜨리는 것이다' '행운이 나를 외면했을 때 행운의 여신의 집을 부수고 싶다' / '남자애들은 짜증 나고 죽여 패고 싶다' / '내 소원이 마음대로 이루어진다면 김철수, 박영희(반 친구들) 청부살인' / '나의 나쁜 점은 화를 잘 낸다. 짜증도 잘 낸다'

13) 신체화

행동: 검사 시 배가 아프다거나, 팔이 아프다고 호소함
TAT: '머리가 아파서 쓰러질 것 같다'

14) 좌절감(절망감)

HTP: 남자 그림 '장애인' / '부서질 거 같다' '잘려요' '슬퍼요'
TAT: '수학문제 풀고 있는데, 잘 안 풀리는' / '한 남자가 벼랑 끝에서 절망하는 느낌' / '방 안이에요. 출구가 없고 창문도 없고 방만 있어요. 근데 거기에 사람이 있어요. 나가지도 못하고 그냥 있어요' / '절망하는 모습' / '예선 탈락' / '잡을 수가 없어서 지켜만 보는 거'
SCT: '내가 제일 걱정하는 것은 학교적응문제, 지구온난화다' '내가 가장 무서워하는 것은 학교에서 있는 시간' '첫째 소원은 학교 그만두기' / '언젠가 나는 성공도 못하고 꿈을 모른 채 살다가 죽을 것 같다'

15) 정서적 자원 부족(감정조절 능력 부족, 정서적 불안정성, 정서적 거리 두기)

HTP: 나무 그림에서 '소원—사랑을 이루어 달라고' '나중에—짤려요', 남자 그림에서 '기분—좋아 보인다' '성격—바보 같아요', 여자 그림에서 '기분—좋아요' '성격—나빠요. 남자 등골 빼먹는' 등 극단을 오가는 표현을 함
Rorschach: 색채 반응 부족 / 색채카드들에서 '성으로 들어가는 악마들' '나뭇잎 찍어 놓은 거' / 색채카드에서 '도마뱀 색이 변하고 있는 거처럼' / '꽃' '꽃의 수술' '씨' '나뭇잎' 등 식물 반응을 다수 보임 / '투구'

16) 자존감 저하(자신감 부족, 편집적 사고, 부정적 자아상)

행동: 눈맞춤은 잘 이루어지지 않고, 대부분 고개를 숙이고 있는 편이었으나, 가끔은 눈치 보듯이 안경 위로 힐끔 검사자를 바라봄 / 목소리가 매우 작고 어려 보였으며, 말끝을 흐리거나 되묻는 경우에는 "모르겠어요."라고 대답하는 경우가 많음 / 검사실에 들어올 때, 소리가 겨우 들릴 정도로 문을 매우 조심스럽게 두드림 / "하기 싫어요." "재미없을 거 같아요." "이런 거 못하는데……."라고 하며 거부함 / 모르는 과제의 경우에는 한숨을 쉬면서 점점 더 목소리가 작아짐 / 문제를 맞혔음에도 불구하고 "이거 맞아요?"라고 확인함

MMPI: 6번 상승

HTP: 사람 그림에서 눈을 강조함 / 나무 그림 '싫어하는 것—자기를 아프게 하는 거. 나무는 다른 사람들한테 잘해 주는데 그 사람들이 계속 괴롭히니까', 여자 그림 '싫어하는 것—친구들이 배신하면' / 집 그림에서 울타리를 그림

Rorschach: '째려보는 눈' '괴물' / W:D:Dd에서 D의 상승 / '식인꽃' '벌레 잡아먹는 꽃' / '악마' '사신' '칼' / '저승사자'

SCT: '다른 사람들은 나를 어떻게 생각할지 모른다' / '내가 꾼 꿈 중에서 가장 무서운 꿈은 죽는 꿈. 납치당하는 꿈' '내가 가장 무서워하는 것은 귀신' / '내가 가장 싫어하는 사람은 선생님' '선생님들은 만날 때리기만 한다' / '나의 좋은 점은 잘 모르겠다' / '나의 좋은 점은 없다' / '어리석게도 내가 두려워하는 것은 나다' / '다른 사람들은 나를 싫어한다' / '나는 때때로 지금 내가 잘하고 있는 것인지 의심스럽다' / '다른 사람들은 나를 걸레라고 생각한다' / '다른 친구들이 모르는 나만의 두려움은 비밀로 간직할 거다' '내가 저지른 가장 큰 잘못은 비밀이다' / '내가 믿고 있는 내 능력은 아직은 없다' / '어리석게도 내가 두려워하는 것은 나를 욕하는 사람들' / '다른 사람들은 나를 안 좋게 본다'

17) 주지화

행동: '번뇌'

HTP: '은퇴' '인공적인 것'

Rorschach: '분쟁' / '유럽' '이탈리아' '아메리카'

SCT: '사회가 몰지각한 방향으로 흘러가고 있다'

18) 부정적 사고의 반추

HTP: 집 그림에서 창문에 격자무늬를 많이 그림 / 나무 그림에서 수관을 진하게 칠함 / 사람 그림에서 머리를 진하게 칠함 / 집 그림에서 지붕을 강조해서 그림 / 집 그림에서 격자무늬로 된 기와지붕을 그림

15 Chapter 불안장애

1. 심리과정상의 특징

불안장애(Anxiety Disorders)는 어떻게 대처해야 할지 알 수 없을 때 생기는 것이다. 자신의 성향과 달라도 신입사원은 첫 회식 때 노래방에서 탁자 위에 올라가서 노래를 부를 수 있다. 올라가기 싫어서 회식을 피하고 싶긴 하지만 불안하진 않다. 이미 그 정도 난리를 치면서 놀아야 한다는 것을 들어서 알기 때문이다. 그러나 여고생이 어두운 골목을 걷고 있는데 뒤에서 발소리가 들리면 불안하다. 나쁜 놈인지 그냥 지나가는 행인인지 알 수가 없기 때문에 도망가야 할지 여유 있게 걸어야 할지 결정할 수가 없기 때문이다.

불안은 미결정성에서 온다. 따라서 미결정 상태를 견디지 못하는 아동 · 청소년은 불안 수준이 높다. '결정된 상태'가 주는 이익은 무엇인가? 고3 중반에 이미 대학이 결정된 청소년은 남은 고등학교 생활이 여유롭다. 점심시간에 옆에서 같이 밥 먹을 친구가 정해져 있으면 식사시간이 편안해진다. 무언가가 결정되었다는 것은 안정감을 준다. 결정된 대상이 큰 것일수록 안정감은 더해진다. 그러나 문제는 안정감을 얻기 위해서 사전에 많은 노력을 해야 한다는 것이다. 역시 결정하려는 대상이 클수록 그렇다. 고3 중반에 수시전형으로 좋은 대학을 확정 지으려면 그 학생이 그동안 또래의 다른 학생들에 비해서 훨씬 더 많은 노력이 필요한 것은 너무도 당연하다. 여고생이 밤길에 발소리를 듣고도 마음이 편한 것은 웬만한 남자들은 언제든 제압할 수 있는 육체적 상태가 되어 있어야 가능한 일이다.

불안 수준이 높은 아이들은 미리미리 준비하는 습관이 들어 있는 경우가 많다. 그래서 해결해야 할 문제가 익숙한 일이거나 심각하지 않을 때는 평균 이상의 기능을 보일 수 있다. 그러나 시간이 촉박하거나 해야 할 일이 너무 많아지거나 다른 변수가 생기면 미리 준비할 수가 없기 때문에 불안에 빠지게 된다. 그리고 이때 많이 나타나는 것이 강박행동이다. 강박행동은 통제감을 느끼게 해서 불안을 경감시켜 준다.

아동기는 우울보다 불안이 더 우세하다. 아직은 인생의 전체 과정 중 초반부에 있어서 삶을 살아갈 기술이 충분하지 않기 때문이다. 게다가 아동기는 전적으로 돌봄을 받아야 하는 시기는 아니면서 성인, 특히 부모와의 능력 차이는 가장 많이 나는 시기다. 전적으로 생존을 의지해야 하는 부모의 비난은 아이들을 불안하게 하기 충분하다. 8세짜리 아이한테 받아쓰기를 좀 못했다고 "이럴 거면 집을 나가!"라고 소리치는 어머니를 생각해 보자. 매슬로우(Maslow)의 욕구 위계에서 두 번째 단계인 '안전 욕구'를 뒤흔드는 말이다. 이런 말을 자꾸 들으면 불안해질 수밖에 없다. 잦은 부모의 부부 싸움 또한 자녀를 불안하게 만드는 주요한 원인이다. 부모의 불화 또한 아이들에게 쓰나미와 같은 공포감과 불안정성을 느끼게 한다.

2. 보고서 사례

1) 등교 거부(남자 / 만 6세 / 초1)

■ 의뢰 사유

아동은 '학교 가는 것을 무서워함' '자신감 없는 태도' 등을 주 호소 문제로 상담센터에 방문하였으며, 인지 기능 및 정서 파악을 위해 아동종합심리평가를 실시하였다.

행동 관찰과 면담

아동은 다소 작은 키, 왜소한 체격의 남아였으며, 남방과 카디건을 입은 준수한 외모였다. 면담 시 눈을 잘 맞추지 않았고, 몸을 좌우로 움직이며 말하였다. 검사지에 이름을 기록하도록 하자 "난 칸이 작으면 못 쓰는데."라고 말하였고, 기호쓰기 과제 시 '아우, 못할 거 같다'라고 하는 등 자신감이 부족해 보였다. 차례맞추기 과제 수행 시 매 문항을 마칠 때마다 "시간 초 다 됐나?"라고 확인하였고, 갑자기 검사자의 초시계를 가져다가 시간을 보기도 했으며, 검사자의 기록 내용을 유심히 바라보는 등 평가에 예민해 보였다. 그리고 모양맞추기 수행에서 난이도가 높아지자 문제해결을 거의 시도하지 못한 채 "이거 뭐냐. 이거" "내가 왜 해야 되냐."라고 혼잣말로 불평만 늘어놓았다. 지능검사 중반에는 '엄마 보고 싶다'라고 하면서 갑자기 일어서서 문 쪽으로 이동하였으나 검사자가 착석을 지시하자 바로 의자에 앉았다. "아~ 엄마 보고 싶다." "아~ 못하겠다." "한 번만 엄마 보고 싶다."라고 노래를 부르듯이 말하며 어리광을 부렸기도 했지만, 과제는 완수하였다. 내원 사유에 대해서는 "몰라요. 아빠가 그냥 가자고."라고 말하였다.

지능과 인지 기능

한국 웩슬러 아동용 지능검사 3판 (K-WISC-III)			
영 역	지 능	백분율(%)	수 준
언어성 지능	91	27.4	평균
동작성 지능	92	29.7	평균
전체 지능	90	25.3	평균

아동의 전체 지능은 90으로 평균 수준을 나타냈으며, 언어성 지능은 91로 평균 수준을, 동작성 지능은 92로 평균 수준을 나타냈다. 두 지능 간의 차이는 크게 나타나지 않았지만, 소검사 간의 차이가 8점으로 큰 차이를 보여 상황에 따른 기능상의 차이가 클 것으로 예상된다.

언어성 지능을 살펴보면, 사물의 유사성을 파악하는 능력은 평균 상 수준으로 단어의 개념에 대한 이해 수준이 높아 보이지만, 어휘구사력은 평균 하 수준을 보이고 있어 잠재력에 비해 언어적 표현력은 부족한 것 같다('여우—아우~이래요' '방해하다

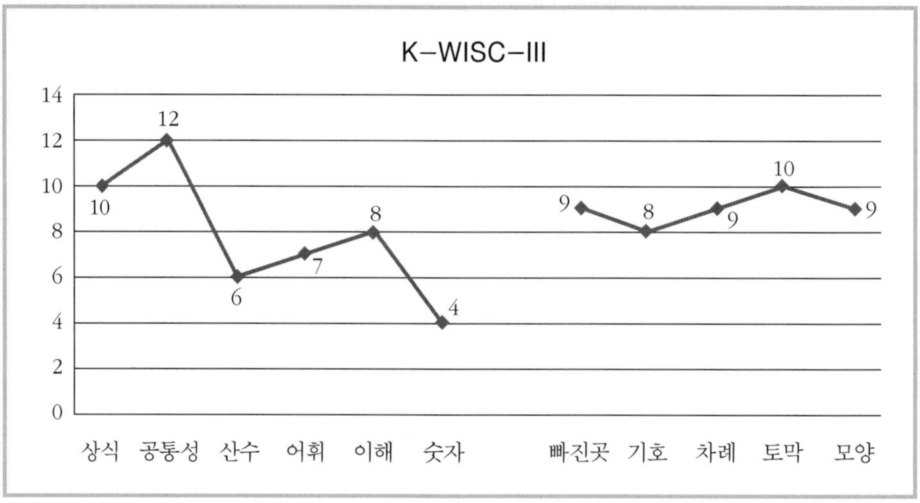

—한 명인데 여러 명이 때리는 거'). 그리고 기본지식 수준은 평균 수준으로 전반적인 지식 습득은 양호해 보이지만, 사회적 상황에 대한 이해력은 평균 하 수준으로 관습 및 규범에 대한 습득은 다소 부족해 보이는데('연기—혼나야 돼요. 연기 오면 안 되니까' '전등—그래야지 불이 잘 나와요'), 이를 고려해 보면 아동은 학습보다는 경험을 통해서 알게 되는 지식이 연령 수준에 미치지 못하는 것으로 보인다. 한편, 수계산 능력은 경계선 수준, 단순한 자극에 대한 주의력은 지적장애 수준으로 주의집중력이 매우 부족한 것으로 나타났다.

동작성 지능 영역에서는 상황적 맥락을 파악하는 능력과 시각적 예민성은 평균 수준으로 사회적 대처능력은 양호해 보인다. 또한 시공간 구성능력은 평균 수준으로 기본적인 문제해결 능력이 적절해 보이고, 부분을 통해 전체 상을 구성하는 능력도 평균 수준이어서 응용력도 양호한 것 같다. 다만, 시공간 운동속도가 평균 하 수준으로 나타나 민첩성은 다소 부족해 보인다.

지능검사 결과, 언어적 잠재력이 가장 높은 것으로 나타났지만, 겉으로 드러나는 언어적 표현력은 상대적으로 매우 낮아서 언어학습이 부족한 것으로 보인다. 또한 일상적인 경험을 통한 학습 수준이 부족하고, 주의력도 매우 낮아서 학습능력을 향상시키기 위해서는 환경적인 개입이 필요해 보인다. 다만, 기본적인 문제해결 능력과 응용력, 사회적 상황에서의 대처능력 등은 적절한 수준이어서 실제 문제 상황에서 즉각적인 대처가 필요할 때는 비교적 양호한 기능을 보일 수 있겠다.

Rorschach 검사 결과, 20개의 반응 수를 보이고 있어 주변의 다양한 자극에 적절한 관심을 보이고 있지만, 형태 반응을 많이 보이고 있어서 실제 행동은 단순한 경우가 많을 것으로 여겨진다(L = 2.33). 또한 이성적이고 논리적인 사고가 부족하고(M = 0), 관습적인 지각이 어려우며(Xu% = 0.30, P = 3), 왜곡된 형태 반응을 많이 보이고 있어서(X-% = 0.30) 자의적으로 해석하고 엉뚱한 행동을 보일 수 있겠다.

성격과 정서

아동 · 청소년 행동평가척도 (K-CBCL)														
	사회성	학업 수행	총사회 능력	위축	신체 증상	우울 · 불안	사회적 미성숙	사고 문제	주의 집중	비행	공격성	내재화	외현화	총문제
T	40	47	42	41	56	56	45	57	35	50	46	54	47	48

어머니는 K-CBCL에서 아동의 내현적인 고통감에 대해서는 별다른 보고를 하지 않았고, 다른 행동상의 문제도 그다지 심각하게 여기지는 않고 있었다. 그러나 아동은 HTP의 집 그림에서 지면선을 이용해서 그렸고, TAT에서 '자동차가 모래에 빠져서 모래 속으로 들어가고 있는데 간신히 살았어요'라고 하듯이 안정감을 느끼지 못하고 있는 것으로 여겨진다. 그리고 HTP 집 그림에서 지붕에 빗금을 칠하여 강조하고 있듯이 몇몇 걱정거리들을 반추하고 있을 가능성이 높아 보인다. 또한 HTP 남자 그림에서 '싫어하는 것—돈, 만지고 안 씻으면 병균 들어서 죽잖아요', 나무 그림에서 '싫어하는 것—커피, 커피 먹으면 죽잖아요. 그 소문이 돌아서 싫어해요'라고 하는 등 아동의 걱정은 위험에 대한 인지적인 왜곡과 관련이 있는 것으로 여겨지며, 이러한 왜곡으로 인해 중립적인 자극들조차 위협적으로 받아들여 불안이 가중되는 것 같다(Rorschach: '귀신' '괴물'). 이러한 불안은 SCT에서 '내가 제일 걱정하는 것은 엘리베이터에서 떨어지는 거'라는 반응을 3번이나 하고 있듯이 특정 자극에 집중되어 나타날 가능성이 있겠다. 한편, 아동은 HTP 나무 그림에서 '미래—무한 살이 되도록 살아요', 남자 그림에서 '미래—훌륭한 사람'이라고 하듯이 기대감도 커 보이는데(Rorschach: W:M = 11:0), 인지적 불균형이 심해서 꾸준히 능력을 유지하지 못함으로써 스스로에 대한 부적절감도 높을 것으로 보이므로 불안감이 더욱 증폭되는 것 같다. 이로 볼 때, 아동의 등교 거부는 처음 접하는 학교생활에 대한 두려움 및 평가 상황에 대한 걱정과 관련이 높아 보인다.

아동은 SCT에서 '우리 엄마는 착해. 그런데 때려' '우리 아빠는 착해요. 그런데 때려요'라고 하듯이 부모로부터 부정적인 피드백을 많이 받은 것으로 보인다. 또한 HTP 남자 그림에서 '기분—무서워요. 사자한테 물릴까 봐' '생각—난 어차피 물려서 죽을 거야. 그러니까 뒤로 물러서서 빨리 뛰어가자', SCT에서 '나를 가장 슬프게 하는 것은 때리는 것' '나를 가장 화나게 하는 것은 매채로 때리는 거' 등의 반응을 보이듯 자신에 대한 부정적 평가를 상당히 공격적으로 받아들이고 있는 것 같다. 따라서 외부 환경에 대해 방어적이고(SCT: '내가 만약 동물로 변할 수 있다면 새가 되고 싶다. 왜냐하면 안 잡혀 먹을 수 있으니까'), 주변 환경에 대한 적대감이 높으며(Rorschach: S=4), 상당한 공격성을 갖고 있는 것 같다(SCT: '내가 가장 가지고 싶은 것은 총' / HTP: 나무 그림 '필요한 것—가지. 어떤 사람이 오면 가지로 집게 해서 공격하는 거', 남자 그림 '필요한 것—무기. 사자를 때리려고' '소원—무술 잘하는 거. 그래야지 나쁜 놈들 죽일 수 있잖아'). 이러한 아동은 Rorschach 검사에서 색채 반응이 많이 나타나듯이 감정을 강렬하게 경험하고 있는 것으로 보이므로 스트레스 상황에서 충동적으로 공격적인 모습을 보일 수 있겠다. 그리고 이러한 공격적 대처가 불가할 때는 신체 증상으로 불편감을 표현할 수도 있겠다(Rorschach: '사람 뼈' '심장' '뇌' 등의 해부 반응을 보임).

■ 요약과 제언

• 요 약

전체 지능: 90, 평균 / 언어성 지능: 91, 평균 / 동작성 지능: 92, 평균

아동의 지적 능력은 평균 수준임. 언어적 잠재력이 가장 높지만, 겉으로 드러나는 언어적 표현력은 상대적으로 매우 낮아서 언어학습이 부족한 것으로 보임. 또한 일상생활 경험을 통한 학습 수준이 부족하고, 주의력도 매우 낮아서 학습 능력을 향상시키기 위해서는 환경적인 개입이 필요할 것으로 여겨짐. 다만, 기본적인 문제해결 능력과 응용력, 사회적 상황에서의 대처능력 등은 적절함. 아동은 불안감과 걱정이 많고, 위험에 대한 인지적인 왜곡으로 인해 중립적인 자극들조차 위협적으로 받아들여 불안이 가중되는 것으로 보임. 그리고 자신에 대한 기대감은 높지만 인지적 불균형이 심하여 스스로에 대한 부적절감도 높을 것으로 시사되므로 처음 접하는 학교생활에 대한 두려움과 평가 상황에 대한 걱정과 관련되어 등교 거부를 보인 것으로 여겨짐. 이러한 아동은 자신에 대한 부정적 평가를 공격적으로 받아들이는 경향이 있어서 주변 환경에 대한 적대감이 높고, 상당

한 공격성을 갖고 있는 것으로 보임. 따라서 스트레스가 가중되면 충동적으로 공격적인 모습을 보일 수 있을 것으로 여겨지며, 신체 증상이 나타날 수도 있음

- 심리평가 결과, 아동은 다음과 같은 진단이 시사됨.
  Axis I. Anxiety Disorder NOS(Unspecified Anxiety Disorder)
  R/O Attention-Deficit/Hyperactivity Disorder
  (Attention-Deficit/Hyperactivity Disorder)

- 제 언
  1. 주의력 향상
  2. 주변의 위험 요소에 대한 현실적인 지각을 갖기
  3. 일상생활 경험에 집중하기
  4. 언어적인 자극을 늘리기
  5. 허용적인 분위기 조성하기
  6. 정서적 안정감을 위한 노력 필요

2) 감정의 억압, 의존(여자 / 만 6세 / 미취학)

▣ 의뢰 사유

아동은 '유치원 등교 거부'를 주 호소로 상담센터를 방문하였으며, 인지 기능 및 정서 파악을 위해 유아종합심리평가를 실시하였다.

▣ 행동 관찰과 면담

아동은 보통 키에 마른 체형이었고, 노란색 티셔츠에 분홍색 바지를 입고 있었으며, 부모와 함께 센터에 방문하였다. 위생 상태는 양호하였고, 검사자와의 눈맞춤도 잘 이루어졌다. 작은 목소리로 말하였으나, 자신이 원하는 바를 또박또박 말하였다. 아동은 대부분 무표정한 얼굴이었고, 검사자가 칭찬을 하면 살며시 미소만 보였다. 과제의 난이도가 조금만 높아지면 검사자 눈치를 보면서 '어려워요'라며 바로 포기하였다. 또한 각 검사에서 어려운 문제는 맞히면서도 쉬운 문제에서는 틀리는 경우가 많았는데, 이는 높은 불안 수준과 관련이 있는 것 같다. 한편, 검사 중반에는 '힘

들어요'라며 의자에 기대 누운 채 일어나지 않아서 5분간 휴식 시간을 주었다. 검사를 다시 시작하려 하자 검사실에 들어가지 않겠다며 거부적인 태도를 보이다가 아버지가 검사실까지 손잡고 안내를 해서 검사실 안으로 들어왔다. 그러나 여전히 의자에 기대서 침울한 표정을 짓고 있어서 장난감을 가지고 놀이를 하고 난 후에야 다시 검사를 시작할 수 있었다. 내원 사유에 대해서는 "유치원에 가기 싫어요."라고 말하였고, 면담이 종료된 후에 검사실 내에 배치되어 있는 도구에 호기심을 보이며 사용 용도에 대해 물어본 후에 나갔다.

지능과 인지 기능

한국 카우프만 아동 지능검사 (K-ABC)			
영 역	지 능	백분율(%)	수 준
순차처리척도	101	50	평균
동시처리척도	118	84	평균 상
인지처리과정척도	113	78	평균 상
습득도척도	107	65	평균

아동의 전반적인 인지처리과정척도는 113으로 평균 상 수준을, 순차처리척도는 101로 평균 수준을, 동시처리척도는 118로 평균 상 수준을 나타냈다. 아동은 동시처

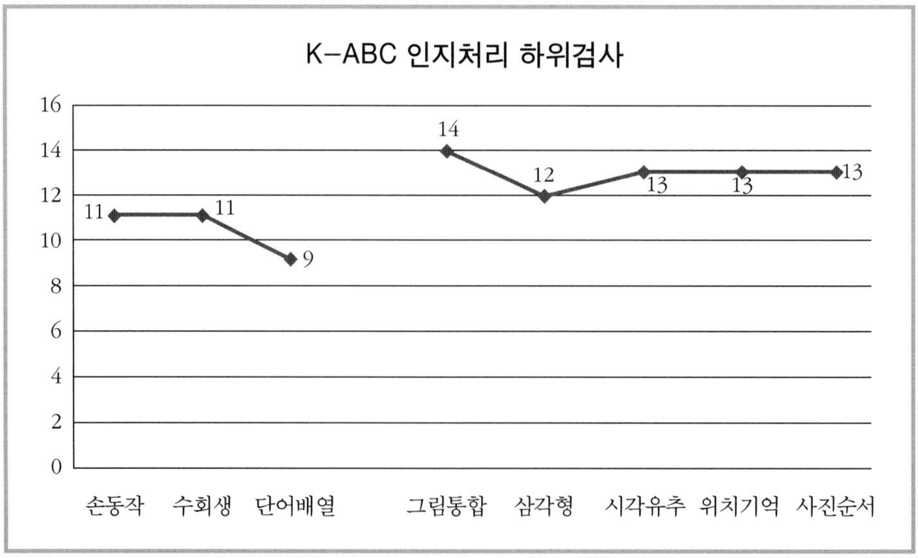

리속도가 순차처리척도에 비해 17점이나 높게 나타나고 있어서 자극을 전체적으로 통합하여 처리하는 능력은 매우 뛰어난 반면, 시간적 순서에 따라 연속적인 정보를 처리하는 능력은 상대적으로 매우 부족해 보인다.

아동은 부분을 통해 전체 상을 구성하는 능력이 우수 수준을 보이고, 시공간 구성 능력이 평균 상 수준으로 나타나고 있어서 추상적인 자극을 통합하거나 다루는 능력이 높아 보이므로 지적 잠재력이 높은 것 같다. 그리고 자극 간의 관계성을 찾아내는 능력, 공간기억력, 연속적인 운동 자극의 운동적 재생능력 등이 평균 상에서 평균 수준으로 나타나고 있어서 도구를 기억하고 활용하는 능력도 높은 편이었다. 또한 상황적 맥락을 파악하는 능력이 평균 상 수준을 보이고 있어서 시간에 따른 인과관계를 추론하는 능력도 다소 높게 나타났다. 한편, 단순한 숫자에 대한 주의력과 청각-시각의 통합능력이 평균 수준이었지만 상대적으로는 낮은 수준이어서 청각적 기억력이 주관적으로는 부족하게 느껴질 수 있겠다.

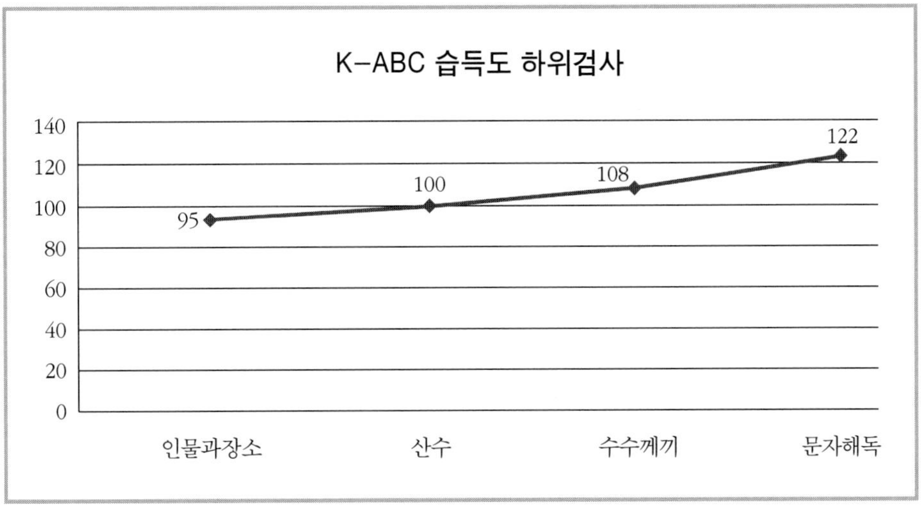

아동의 습득도척도 역시 107로 평균 수준을 나타냈으며, 획득된 사실이나 기능의 활용능력이 양호해 보인다.

아동은 글자를 정확하게 읽을 수 있는 단어재인 및 읽기 능력이 매우 높은 편이었다. 그리고 언어적 자극을 통해 의미를 추론하는 능력도 평균 수준으로 나타나서 언어적 개념에 대한 이해력이 적절해 보인다. 또한 수계산 능력과 상식 수준은 각각 평균 수준을 보이고 있어서 기본적인 학습 수준도 양호해 보인다.

K-ABC 검사 결과, 아동은 지적 잠재력이 연령 수준에 비해 다소 높아 보이며, 전반적인 기능 수준도 양호하게 나타났다. 그러나 기본적인 상식과 주의력이 다른 기능에 비해 상대적으로 낮게 나타나고 있어서 해당 기능이 필요한 상황에서는 주관적으로 부족하게 느껴질 수 있겠다.

성격과 정서

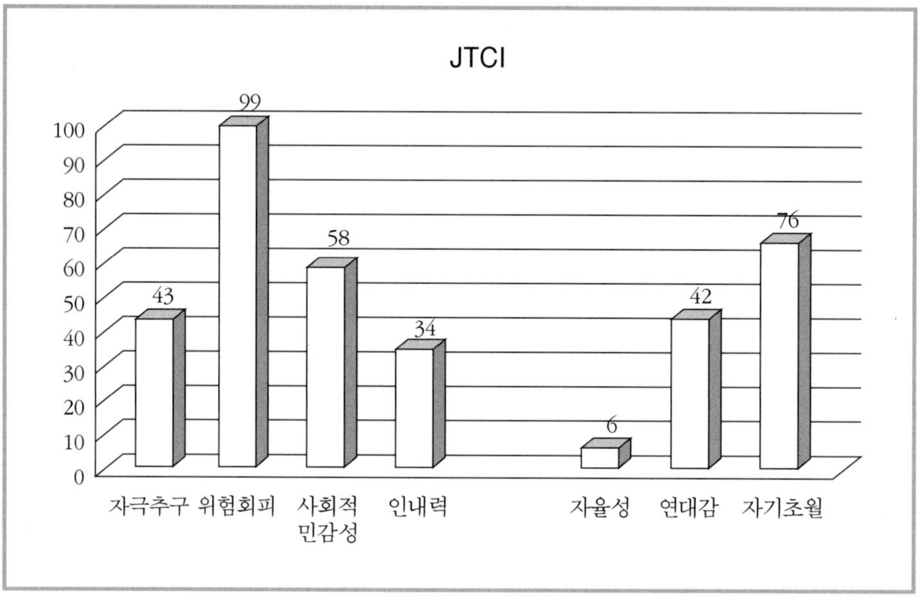

애정 욕구가 높은 아동은(HTP: 집 그림 '창문을 많이 그림'), 부모와의 밀착된 관계를 언급하고(SCT: '내 소원이 마음대로 이루어진다면, 첫째 소원은 엄마 아빠랑 토요일, 일요일만 되면 여행을 가는 거예요'), 부모를 긍정적으로 표현하였다(SCT: '우리 엄마는 너무 예뻐' '내가 가장 좋아하는 사람은 엄마, 아빠, 이모' '우리 아빠는 멋져요'). 그러나 친밀감에 대한 태도를 나타내는 Rorschach 카드에서 '나무'라며 거리감 있는 반응을 하고 있어서 오히려 가족과 같은 가까운 대상을 지지적으로 인식하지 못하고 있고, 외부 환경도 위협적으로 인식하는 것 같다(HTP: 사람 그림 '아이들을 잡아가요' / Rorschach: '괴물'). 이러한 상황에서 전적으로 수용되어 보호받고 싶은 마음을 표현하고 있는 것은(HTP: 나무 그림 '생각 — 다시 아기나무로 돌아가고 싶다') 의지할 곳이 없는 상황에서 느끼는 고통감이 매우 크다는 것을 시사하는 것 같다.

또래관계를 호의적으로 표현하고 있는 아동은(SCT: '나는 친구가 좋아' '다른 사람들은 나를 좋아해') 주변 사람의 요구에도 적절히 민감한 것 같다(JTCI: '사회적 민감성-58%'). 그러나 Rorschach VIII번, IX번 색채카드에서 반응을 하지 못하다가 X번 카드에서 '불꽃'이라는 반응을 하고 있어서 정서적 자극을 억압하며 지내다가 간혹 갑작스럽게 신경질적인 반응을 보일 수 있겠다. 그리고 JTCI에서 '자기초월'이 76%로 높게 상승하고 있듯이 욕구가 만족스럽게 충족되지 못하는 상황에서는 자기만의 생각에 빠져 지낼 수 있겠다. 한편, 불안 수준이 높고(HTP: 지면 하단에 기반을 그린 후에 그림을 그림), 부정적인 평가에 민감해 보이므로(JTCI: '위험회피-99%') 새로운 일을 하거나 판단이 불확실한 상황에서 극심한 스트레스를 받을 것으로 여겨진다(SCT: '내가 꾼 꿈 중에서 가장 무서운 꿈은 어린이집 화장실에서 외눈박이 괴물이 나타난 것'). 이러한 상황에서 JTCI에서 '자율성'이 6%로 매우 낮게 나타나고 있는데, 아동의 지적 잠재력을 고려하면 상기의 점수 저하는 스스로 계획하고 문제를 해결해 본 경험이 부족한 것과 관련이 있어 보이며, 이로 인해 낯선 환경에서는 주변 사람에게 의존적인 모습을 보일 수 있겠다.

▣ 요약과 제언

• 요 약

인지처리과정척도: 113, 평균 상 / 순차처리척도: 101, 평균 / 동시처리척도: 118, 평균 상

아동의 인지처리과정척도는 평균 상 수준으로 나타나 지적 잠재력은 또래 수준보다 더 높은 편이었으며, 전반적인 기능 수준도 양호해 보임. 그러나 기본적인 상식과 주의력이 필요한 상황에서는 주관적으로는 부족하게 느껴질 수 있음. 애정 욕구가 높아 보이나 가족과 같은 가까운 대상을 지지적으로 인식하지 못하고, 외부 환경을 위협적으로 인식하는 상황에서 고통감이 커 보임. 또래관계를 호의적으로 표현하고 있는 아동은 주변 사람의 요구에도 적절히 민감해 보이나 정서적 자극을 억압하며 지내다가 간혹 신경질적인 반응을 보일 수 있음. 한편, 불안 수준이 높고 부정적인 평가에 민감해서 새로운 일을 하거나 판단이 불확실한 상황에서 극심한 스트레스를 받을 것으로 여겨짐. 그리고 스스로 계획하고 문제를 해결해 본 경험이 부족해 보이므로 낯선 환경에서는 주변 사람들에게 의존적인 모습을 보일 수 있겠음.

• 심리평가 결과, 아동은 다음과 같은 진단이 시사됨.
Axis I. Anxiety Disorder NOS(Unspecified Anxiety Disorder)

• 제 언
1. 불안 수준 낮추기
2. 사회적 자극에 대한 민감성 향상시키기
3. 아동의 수준에 맞는 사회적 자극 제공해 주기
4. 자율적으로 문제를 해결할 수 있는 환경 제공해 주기
5. 지지적인 양육 환경 제공하기

3) 충동적 감정표현, 강압적 부모 인식(남자 / 만 7세 / 초1)

■ 의뢰 사유

아동은 '새로운 환경에 대한 두려움' '실패에 대한 두려움' '또래관계의 어려움' 등을 주 호소로 상담센터를 방문하였으며, 전반적인 인지 기능 및 정서 파악을 위해 아동종합심리평가를 실시하였다.

■ 행동 관찰과 면담

아동은 큰 키에 마른 체격으로 바가지 머리를 하고 있었으며, 부모와 함께 센터를 방문하였다. 위생 상태는 양호하였고, 검사자와의 눈맞춤도 잘 이루어졌으며, 검사실에 들어오자마자 "제가요, 등산 칼을 잘 다뤄요."라며 자기 얘기를 시작하였으며, 혀 짧은 소리로 말하고, 간혹 깊은 한숨을 내쉬기도 하였다. 아동은 검사 내내 다리를 흔들거리고, 대화를 나누면서도 실내화를 벗었다 신었다를 반복하고, 한 자세를 유지하지 못하고 계속해서 바꾸는 등 상당히 산만한 모습을 보였다. 한편, '유관순 열사를 좋아한다.' '신경이 날카로워진다'라며 또래에 비해 수준 높은 어휘를 구사하면서도, 과제의 난이도가 조금만 높아지면 "아~이상하다." "이걸 내가 할 수 있을까?" "미치겠네."라며 안절부절못하고 있어서 불안 수준이 높아 보였다. 그리고 어려운 문항에서 오래 고민하지 않은 채 포기하려고 하였으나, 검사자가 격려하면 다시 수행을 지속하였다. 또한 답을 말한 후에 검사자를 쳐다보며 정답 여부를 확인하는 행동을 자주 보였다. 내원 사유에 대해서는 '박민수라는 친구 때문에 자꾸만 싸우

게 된다' '수학이 어려워서 힘들다'라며 힘든 부분을 구체적으로 언급하였다.

■ 지능과 인지 기능

한국 웩슬러 아동용 지능검사 4판 (K-WISC-IV)			
영 역	지 능	백분율(%)	수 준
언어이해	100	51	평균
지각추론	100	50	평균
작업기억	92	29	평균
처리속도	65	1	경도 지적장애
전체 지능	87	19	평균 하

아동의 전체 지능은 87로 평균 하 수준을 나타냈으며 같은 연령대에서 하위 19%의 수준이었다. 언어이해는 100으로 평균 수준을, 지각추론은 100으로 평균 수준을, 작업기억은 92로 평균 수준을, 처리속도는 65로 경도 지적장애 수준을 보이고 있고, 지능 영역 간의 차이가 35점으로 크게 나타나고 있었다. 아동은 처리속도 영역에서 극심한 점수 저하를 보이고 있는데, 이는 시공간 협응속도의 부족 및 높은 불안 수준과 관련이 있어 보인다.

언어이해 영역에서는 어휘구사력이 평균 상 수준으로 나타나고, 사물의 유사성을

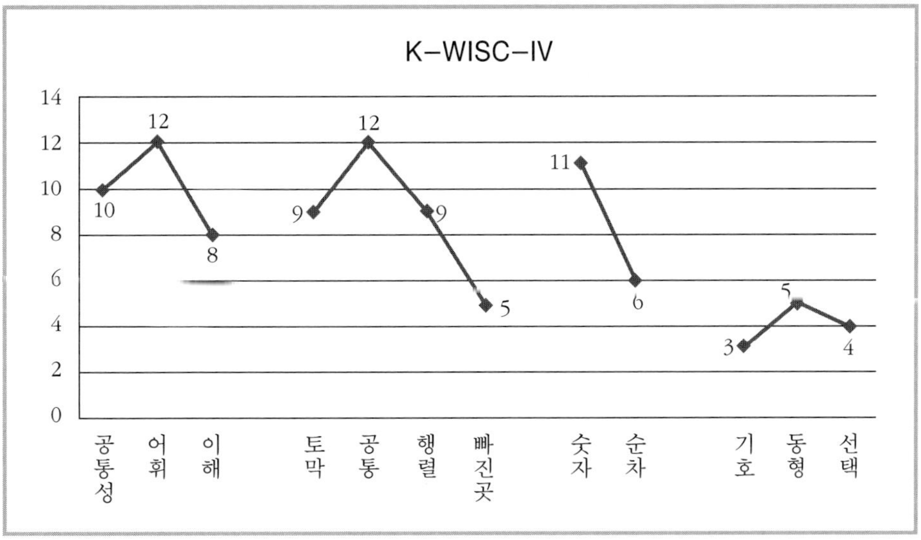

파악하는 능력이 평균 수준을 보이고 있어서 언어적 개념에 대한 이해력이 적절해 보인다. 그러나 사회적 상황에 대한 이해력이 평균 하 수준으로 관습 및 규범에 대한 습득 수준은 다소 부족한 것 같다('사과 – 모르겠어요').

지각추론 영역에서는 자극 간의 관련성을 찾아내는 능력이 평균 상 수준을 보이고, 전체를 고려하여 핵심을 파악하는 능력이 평균 수준으로 나타나고 있어서 주어진 자극을 통해 추론하는 능력이 양호해 보인다. 그리고 시공간 구성능력이 평균 수준을 보이고 있어서 도구를 다루는 능력도 적절한 것 같다. 그러나 시각적 예민성이 경계선 수준이어서 주변 환경 변화에는 매우 둔감해 보이므로 판단이 애매한 상황에서 상당한 스트레스를 받을 것으로 여겨진다.

작업기억 영역에서는 간단한 자극에 주의를 기울이는 능력이 평균 수준을 보이고 있어서 단기집중력은 양호해 보이나, 복잡한 자극에 주의를 기울이는 능력이 경계선 수준으로 나타나고 있어서 자극이 복잡해지면 주의력을 유지하는 데 어려움이 클 것으로 생각된다.

처리속도 영역에서는 기호쓰기, 동형찾기, 선택 등의 소검사에서 극심한 점수 저하를 보이고 있어서 시공간 협응속도가 매우 부족해 보인다. 그리고 과제 수행 동안에 자세를 지속적으로 바꾸고 등이나 다리를 긁적거리는 등 매우 산만한 모습을 보였는데, 이는 아동의 높은 불안 수준을 반영하는 것으로 보이며, 이러한 정서 상태도 점수 저하에 영향을 미쳤을 것으로 여겨진다.

지능검사 결과, 아동은 '그리스 신전' '심상치 않은 것' '유관순 열사' 등 연령 수준에 비해 수준 높은 언어구사 능력을 보이고 있으나, 실제 언어적 능력은 평이한 수준에 그치고 있어서 기대에 비해 낮은 기능 수준으로 인해 좌절감을 느끼는 경우가 많을 것으로 여겨진다. 한편, 시지각적 판단력은 양호해 보이나 불안 수준이 높아서 결과적으로 반응속도가 극심하게 느려지는 것 같다. 그리고 환경 변화에도 매우 둔감해 보이므로 판단이 애매한 상황에서는 상당한 스트레스를 받을 것으로 여겨진다.

Rorschach 검사 결과, 주변 사람의 평가에 민감해 보이나(W:D:Dd = 2:9:3) 관습적 판단력이 부족하고(P = 1) 대부분 5초 이내에 빠르게 반응하는 것을 보면, 자극을 충분히 탐색하지 못하고 성급하게 과제를 처리하는 경향이 강해 보이므로 주변 사람의 요구를 고려하지 못한 채 행동함으로써 적절한 대처를 하는 데 어려움을 겪을 수 있겠다. 그리고 단순한 형태 반응을 많이 보이고 있어서(L = 1.33) 사고가 경직되어 있는 것으로 보이므로 스트레스 상황에서 유연하게 대처하기도 힘들 것으로 생각된다.

성격과 정서

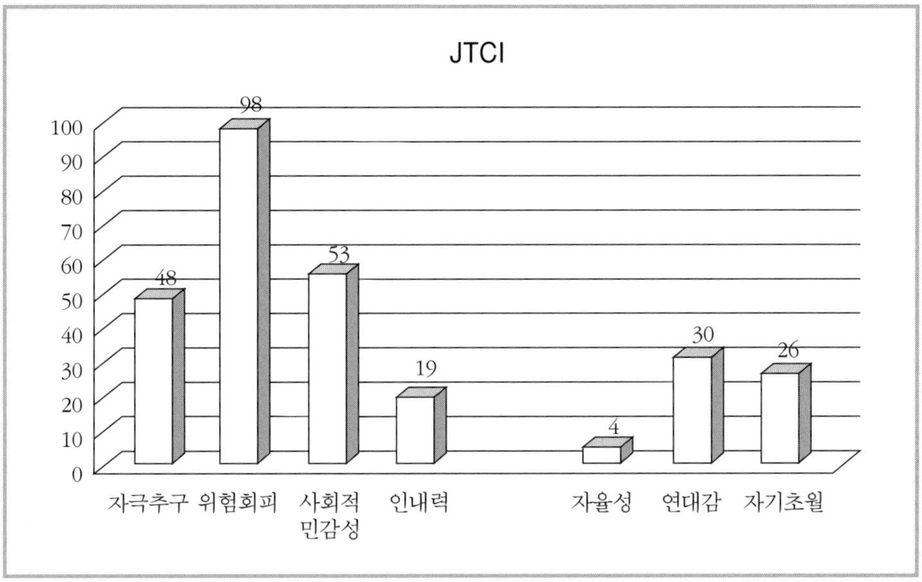

아동은 기대 수준이 높고(HTP: 나무 그림 '나이—2,000세'), 성취 욕구도 높아 보이므로(HTP: 나무 그림 '생각—열매를 맺을 수 있는 계절이 언제일까?' '소원—모든 열매를 맺는 것') 주변 사람에게 인정받고 싶은 욕구도 강할 것으로 보인다. 그러나 스스로 목표를 계획하고 해결하는 능력이 부족해 보이고(JTCI: '자율성—4%'), 자신이 가지고 있는 자원도 부족하다고 인식하고 있어서(HTP: 사람 그림 '다리와 발을 그리지 않고 있음') 무기력감을 느끼기 쉬운 것 같다(Rorschach: m=2). 게다가 부정적인 평가에 민감해 보이는데(JTCI: '위험회피—98%'), 부모를 강압적으로 인식하고 있어서(SCT: '우리 아빠는 하지 말라는 것이 많다' '우리 엄마는 나를 사랑한다. 군인이다') 기대만큼의 성과가 이루어지지 못하는 상황에서 불안 수준이 높아지는 것 같다(HTP: 그림을 그린 후에 자신의 결과물을 확인받으려고 함 / 지능검사에서 과제의 난이도가 높아지면 안절부절못하는 모습을 보임).

한편, 또래에 비해 빠른 성장을 함에 따라 신체적 특정과 관련하여 우월감을 느끼고 있는 것 같다(SCT: '다른 사람들은 나를 2학년으로 생각한다'). 그러나 타인을 수용하는 능력이 부족해 보이므로(JTCI: '연대감—30%') 자신의 의지대로만 행동하려는 경향이 강한 것 같다. 이러한 아동은 또래관계에서 소통의 어려움을 느끼며 불편감이 컸을 것으로 보이는데(HTP: 집 그림 '큰 집에 비해 창문을 작게 그리고, 사람 그림에서 이목구비를 그리지 않음' / Rorschach: H＝0), 이러한 상황에서 인위적으로 상황을 만들어서 자기 정당성을 확보하거나(HTP: 사람 그림 '우주선을 타고 가다가 폭발해서 우주에 고립된 사람') 목가적인 활동에 몰두함으로써(TAT: '방랑자가 길을 가다가 졸려서 잔다' / SCT: '내가 가장 행복한 때는 산에 갔을 때') 스트레스 상황에서 회피하고자 하는 것 같다. 그리고 TAT에서 대부분의 반응에 실패하고 있는데, 이는 아동의 억제적인 의사 표현 방식을 반영하는 것으로 보인다. 그러나 문제 상황에서는 감정적이고 충동적인 결정을 할 가능성이 높아 보이므로(Rorschach: FC:CF+C＝0:3) 판단이 애매한 스트레스 상황에서는 내면의 부정적인 감정들을 갑작스럽게 표출할 수 있겠다(가장 형태가 애매하고 모호한 Rorschach 카드에서 '마그마, 화산이 터진 것 같다').

■ 요약과 제언

• 요 약

전체 지능	87	평균 하			
언어이해	100	평균	지각추론	100	평균
작업기억	92	평균	처리속도	65	경도 지적장애

아동의 지능 수준은 평균 하 수준으로 나타남. 수준 높은 단어구사 능력에 비해 실제 언어적 능력은 평이한 수준에 그치고 있어서 좌절감을 느끼는 경우가 많을 것으로 보임. 한편, 시지각적 판단력은 양호해 보이나, 불안 수준이 높아 보이므로 시공간 협응속도가 매우 느린 상태임. 게다가 판단이 애매한 상황에서는 스트레스가 더욱 커질 수 있음. 아동은 기대가 높고, 성취 욕구도 높아 보이므로 주변 사람에게 인정받고 싶은 욕구가 강해 보임. 그러나 목표를 계획하고 해결하는 능력이 부족하고, 스스로도 자신의 능력이 부족하다고 인식하고 있어서 무기력감을 느끼기 쉬워 보임. 게다가 부정적인 평가에 민감해 보이는데, 부모를 강압적으로 인식하고 있어서 좌절 상황에서 불안 수준이 상승할 것으로 여겨짐. 한편, 자신의 의지대로 행동하려는 경향이 강한 아동은 또래관계에서 소통의 어려움이 크고, 스트레스 상황에서 회피하려는 경향이 강해 보임. 그리고 문제 상황에서는 감정적이고 충동적인 결정을 할 가능성이 높아 보이므로 내면의 부정적인 감정들을 갑작스럽게 표출할 수 있음.

- 심리평가 결과, 아동은 다음과 같은 진단이 시사됨.

  Axis I. Anxiety Disorder NOS(Unspecified Anxiety Disorder)

  R/O Developmental Coordination Disorder

  (Developmental Coordination Disorder)

- 제 언

  1. 불안 수준 낮추기
  2. 사고의 유연성 향상시키기
  3. 시공간 운동 협응능력 키우기
  4. 또래관계에서의 공감능력 키우기
  5. 스트레스 조절하는 방법 배우기
  6. 지지적인 양육 환경 제공하기

4) 단순한 사고, 행동화, 반사회적 행동(여자 / 만 16세 / 고1)

■ 의뢰 사유

내담자는 '분노감' '학교를 잘 가지 않는다' 등을 주 호소로 상담센터를 방문하였으며, 전반적인 인지 기능 및 정서 파악을 위해 청소년종합심리평가를 실시하였다.

■ 행동 관찰과 면담

내담자는 어머니와 함께 센터에 방문하였고, 큰 키에 보통 체격으로 염색을 한 긴 머리에 분홍색 매니큐어를 칠한 상태였고, 연령에 비해 성숙해 보이는 외모였다. 위생 상태는 양호하였고, 눈의 초점이 다소 흐릿해 보였으나 검사자와의 눈맞춤도 비교적 적절하게 이루어졌다. 검사자의 지시에 고개를 끄덕이며 반응하거나, 꼬박꼬박 '네'라고 대답하는 등 협조적이었고, TAT 카드를 본 후 깔끔하게 정리하기도 하였다. 전반적으로 반응속도가 빠른 편이었고, 제한 시간 내에 수행 완료를 보고하면서도 문제를 틀리는 경우가 있어서 성급해 보였고, 문제가 어려워지자 중간에 포기하려고 하거나, "닻이 뭐예요?" "사공이 배예요?" "그 산에 길이 있는 거예요?" 등 힌트를 요구하기도 하였다. 내원 사유에 대해서는 '처음에 선생님과 마찰이 있다가 화를 못 참는 일이 있었다'라고 하였다.

지능과 인지 기능

한국 웩슬러 성인용 지능검사 4판 (K-WAIS-IV)			
영 역	지 능	백분율(%)	수 준
언어이해	92	29	평균
지각추론	76	26	경계선
작업기억	93	31	평균
처리속도	104	60	평균
전체 지능	86	17	평균 하
일반능력	81	10	평균 하

내담자의 전체 지능은 86으로 평균 하 수준을 나타냈으며, 같은 연령대에서 하위 17% 수준이었다. 언어이해는 92로 평균 수준을, 지각추론은 76으로 경계선 수준을, 작업기억은 93으로 평균 수준을, 처리속도는 104로 평균 수준을 나타냈다. 지능 영역 간의 차이가 28점으로 크게 나타나고 있어서(기준은 23점 차이) 상황에 따라 기능 수준의 차이가 클 것으로 예상된다.

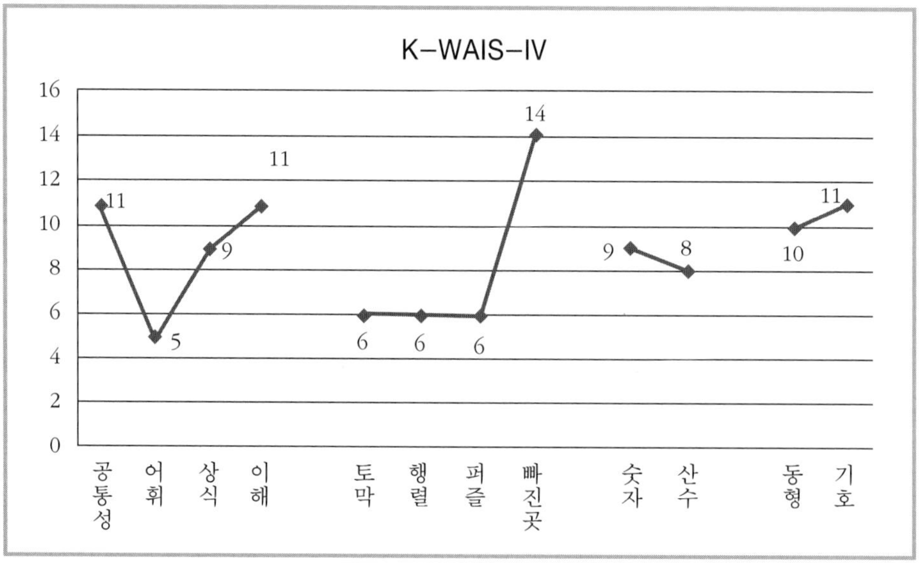

언어이해 영역에서는 사물의 유사성을 파악하는 능력과 사회적 상황에 대한 이해력이 평균 수준으로 나타나서 언어적 이해력이 적절해 보인다. 그리고 상식이 평균

수준으로 나타나서 단편적인 지식 습득 수준도 양호해 보이나, 어휘구사력이 경계선 수준을 나타내고 있어서('후회－후회하다') 언어적 학습이 매우 부족했던 것으로 생각된다. 게다가 대부분 1점짜리 답을 하는 경우가 많아서('법－그래야 마찰이 생기지 않아서') 사고 수준이 피상적인 것으로 여겨지므로 깊이 있는 대화가 필요한 상황에서 매우 낮은 기능을 보일 수 있겠다.

지각추론 영역에서는 시각적 예민성이 우수 수준으로 매우 높게 나타났으나, 다른 소검사들은 이보다 현저하게 낮은 수준임을 고려할 때 오히려 주변 환경에 과도하게 예민해져 있음을 나타내는 것 같다. 시공간 구성능력과 주어진 자극을 통해 추론하는 능력이 모두 경계선 수준으로 낮게 나타나고 있어서 문제해결 능력이 매우 부족해 보이는데, 수행 양상을 보면 충분히 고민하지 않고 빠른 속도로 반응하고 있어서 성급한 태도 또한 낮은 수행에 영향을 미치고 있는 것 같다.

작업기억 영역에서는 순간적인 자극에 주의를 기울이는 능력이 평균 수준이었고, 바로따라하기가 12점으로 나타나서 단순주의력은 다소 높아 보인다. 그러나 거꾸로따라하기는 8점으로 나타나서 작업기억력이 상대적으로 부족해 보이므로 과제가 복잡해지면 기능이 저하될 것으로 여겨진다. 그리고 순서대로따라하기가 9점으로 나타나서 주의분할 능력은 양호해 보인다. 한편, 산술능력이 평균 하 수준이어서 수계산 능력은 다소 부족한 정도였다.

처리속도 영역에서는 긴장감 속에서 빠른 논리적 판단력을 발휘하는 능력과 시공간 운동속도가 평균 수준을 보이고 있어서 기계적이고 단순한 자극을 다룰 때에는 양호한 기능 수준을 보일 수 있겠다.

지능검사 결과, 주변 환경 자극에 매우 민감해져 있는 것으로 보이지만, 상황 대처 능력은 매우 부족해 보이므로 불안 수준이 높아질 수 있겠다. 언어 영역에서도 전반적인 이해력은 양호해 보이나 사고 수준이 지나치게 피상적이어서 단기적인 문제해결이 필요할 때에는 양호한 기능을 보일 수 있겠으며, 복잡하고 장기적인 문제해결 상황에서는 대처에 어려움이 있을 것으로 예상된다.

Rorschach 검사 결과, 2회 시행 후에도 총 13개의 적은 반응 수를 보이고 있어서 스트레스 상황에서 대처할 수 있는 심리적 자원이 매우 부족해 보인다. 그리고 관습적인 판단을 하기 어렵고(P＝3), 자의적인 판단에 의해 행동할 가능성이 높아 보이므로(Xu%＝0.38) 주변 사람과 갈등을 겪을 수 있겠다. 게다가 사고의 유연성이 부족해서(L＝3.33), 판단이 애매한 스트레스 상황에서는 단순하고 경직된 대응을 할 가능성이 높아 보인다(가장 복잡한 카드에서 반응에 실패함).

성격과 정서

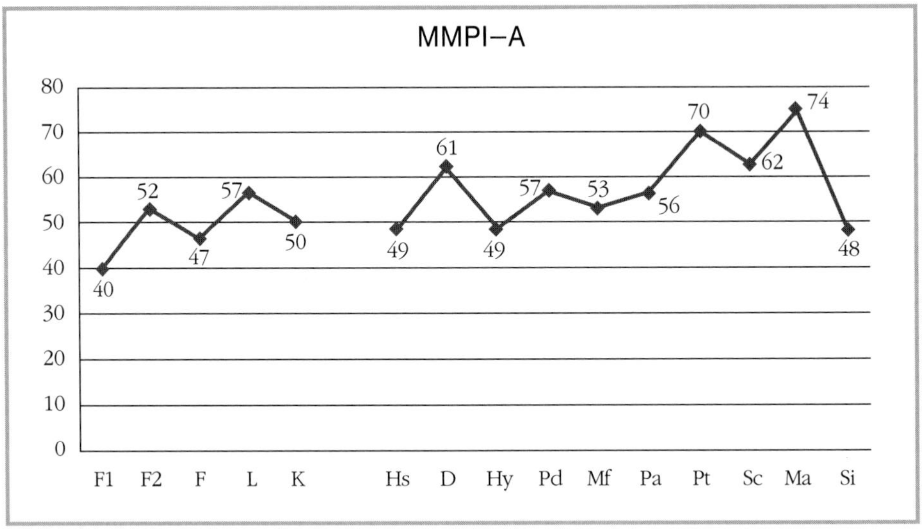

내담자는 TAT에서 '아빠랑 딸이랑 안고 있다' '딸이 엄마를 안고 있다'라고 하듯이 애정 욕구가 높아 보이고, 어머니에 대한 친밀감도 표현하고 있었다(SCT: '어머니와 나는 친하다'). 그러나 어린 시절 부모의 이혼으로 불안정한 가정환경에서 성장해 온 내담자는 HTP 집 그림에서 '오랜 뒤에 무너질 것 같다' '노부부' 등 거리감을 시사하는 반응을 보이고 있어서 실제로는 가족에게서 기대만큼 친밀함을 느끼기 어려웠던 것 같다. 이러한 내담자는 또래 친구와 원만한 관계를 맺고 있는 듯 여겨지나(HTP: 사람 그림 '필요-친구'), 정서적 자원이 부족하고(Rorschach: 색채카드에서 색채 반응을 전혀 하지 못함) 사고 수준이 피상적이어서 실제 대인관계에서는 깊이 있는 관계를 맺지 못한 채(SCT: '내 생각에 참다운 친구는 없다') 걱정만 하고 있는 것 같다(HTP: '소원-친구가 빨리 왔으면').

내담자는 SCT에서 '내가 보는 나의 앞날은 밝을 것이다' '나의 장래는 간호사'라고 하듯이 미래에 대한 긍정적인 기대감을 나타내고 있었다. 그러나 지능검사에서 나타나듯이 학업적 노력이 부족했던 것으로 보이므로 부적절감을 느끼는 경우가 많았을 것 같다. 그리고 자존감이 낮은(SCT: '내가 믿고 있는 내 능력은 없다') 내담자는 교사로부터의 부정적 피드백이 주어지는 상황에서 불안 수준이 상승했던 것으로 생각된다(MMPI: Pt=70T). 이러한 내담자는 MMPI에서 9번 척도가 74T로 높게 상승하듯이 에너지 수준도 높아 보이므로 행동화(acting out)를 통해 불안감을 해소해 온 것으로 생각된다(TAT: '화나는 일이나 답답한 일이 있었다').

사고가 피상적이고 경직되어 있는(Rorschach: L=3.33) 내담자는 문제 상황을 순진하게(naive) 부인한 채로(SCT: '내가 잊고 싶은 두려움은 두려운 게 없다') 신체 증상을 통해 불편감을 나타낼 가능성이 높아 보인다(Rorschach: An=3). 이러한 내담자는 등교를 거부하는 등 극단적인 회피행동을 해 왔던 것 같다. 게다가 분노감이 높고(MMPI: '분노'=74T), 통제력도 부족해 보이므로(MMPI: '통제결여'=71T) 스트레스가 가중되면 주먹으로 벽을 치는 등의 자해행동을 보일 수 있어서 이에 대한 주의가 요망된다.

■ 요약과 제언

• 요 약

전체 지능	86	평균 하	일반능력	81	평균 하
언어이해	92	평균	지각추론	76	경계선
작업기억	93	평균	처리속도	104	평균

내담자의 지능 수준은 평균 하 수준으로 나타남. 주변 환경에 대한 시각적 판단력은 높아 보이나, 깊이 있는 사고가 필요한 추론 과제에서는 기능이 매우 낮아질 수 있겠음. 언어 영역에서도 사고 수준이 지나치게 피상적이어서 복잡하고 장기적인 문제해결 상황에서는 대처에 어려움이 있을 것으로 예상됨. 내담자는 애정 욕구가 높고, 또래와 소통하고자 하는 욕구가 높아 보이나, 정서적 자원이 부족하고 사고 수준이 피상적이어서 깊이 있는 관계를 맺지 못했던 것으로 생각됨. 미래에 대한 긍정적인 기대감을 나타내고 있으나, 학업적 노력이 부족했던 것으로 여겨지므로 부적절감을 느끼는 경우가 많았을 것으로 생각됨. 자존감이 낮은 내담자는 교사로부터의 부정적 피드백이 주어지는 상황에서 불안 수준이 상승했던 것으로 생각됨. 이러한 내담자는 에너지 수준도 높아 보이므로 행동화를 통해 높은 불안감을 해소해 온 것으로 보임. 사고가 피상적이고 경직되어 있

어서 문제 상황을 순진하게 부인한 채 신체 증상을 통해 불편감을 나타낼 가능성이 높아 보임. 이러한 내담자는 등교를 거부하는 등 극단적인 회피행동을 해왔던 것으로 여겨짐. 게다가 분노감이 높고, 통제력도 부족해 보이므로 스트레스가 가중되면 주먹으로 벽을 치는 등의 자해행동을 보일 수 있어서 이에 대한 주의가 요망됨.

• 심리평가 결과, 내담자는 다음과 같은 진단이 시사됨.
Axis I. Anxiety Disorder NOS(Unspecified Anxiety Disorder)
Axis IV. Adolescent Antisocial Behavior(Child or Adolescent Antisocial Behavior)

• 제 언
1. 지지적인 환경 제공하기
2. 감정표현 능력 키우기
3. 분노감 적절하게 해소하기
4. 깊이 있는 사고력 향상시키기
5. 자아존중감 회복하기
6. 능력을 인정받을 수 있는 영역 찾기

3. 자주 나타나는 반응

1) 주 호소

'원형탈모증' / '손톱을 뜯는다' '정서불안' / '학교 부적응' '산만함' / '학교에서 말을 하지 않는다' / '혼자 잠을 못 잔다' '친구들과 어울리지 못한다' '스스로가 계획을 세워 놓고 못하면 다그치고 불안해한다' / '변을 지린다' '성기에 관심이 많다' / '게임을 많이 한다' '공부를 열심히 하지 않는다' / '주의산만' '틱' / '낮은 학업 성취도' '늦은 언어 발달' '원만하지 못한 또래관계' '자신감 부족' / '깊게 수면을 취하지 못하고 잘 놀라며, 학업 수행에 대해 걱정이 많고 자신감이 없다' / '높은 불안 수준' '말더듬' '집중력 저하' / '동생과의 갈등' '짜증스러운 감정표현' / '계모에 대한 거부적인 태도' '주의집중력 저하' '자신감 부족' / '이해력 부족' '또래관계의 어려움' / '친구 사귀기 어려워한다' '발표를 거부한다' '자신의 생각이나 편지쓰기를 어려워한다' / '주의집중의 부족' / '어린이집 등원 거부' / '낮은 자존감' '진로에 대한 걱정' / '말을 못한다' / '화장실 가는 것을 무서워한다' '학교에서는 말을 거의 안 한다'

2) 불안과 관련된 행동(불안정성)

행동: 손톱이 매우 짧음 / 목소리가 작고 중얼거리며 말함 / 입을 가리고 대답함 / 공손하고 예의 바른 모습 / "아~ 잘못했다."라고 하는 등 자신의 수행을 관찰하여 말함 / 어머니와 떨어지기 힘들어함 / 검사 초반에는 거의 말을 하지 않고 눈치만 보고 있음 / 언어성 과제에서는 대부분 답변을 거의 하지 않았고 "모르겠다."라는 말조차 하지 않은 채 가만히 있는 등 반응을 거의 하지 못함 / 검사 도중에 "화장실 가고 싶다."라고 하여 검사가 여러 번 중단되었고, 이때마다 "엄마 거기 있어야 해."라며 어머니의 위치를 확인함 / "이젠 엄마랑 말 안 하고 나랑만 말할 거죠?" "저는 이런 검사 너무너무 좋아요." "저는 좋은 사람한테는 말을 많이 하는 편인데, 선생님은 참 친절해 보여요." 등 검사실에 들어오자마자 쉴 새 없이 말을 함 / "선생님 지금 내가 어떻게 하나 하나하나 다 보고 있죠?" "선생님 표정 너무 예리해졌어요. 제가 또 눈치 봐야 할 것 같아요."라고 말하는 등 검사자의 표정과 행동 변화에 상당히 예민하게 반응하는 모습 / 손톱을 물어뜯거나 손으로 머리를 긁적거림 / 과제를 받자마자 "어. 이건 어떻게 하는 거지?"라며 당황스러워하고 안절부절못하는 모습 / 눈에 보일 정도로 손을 떨고 있음 / 검사 내내 팔이 붉어질 정도로 긁거나 팔을 손으로 비트는 행동을 자주 보임 / 문장의 끝맺음을 하지 않고 말끝을 흐리는 경우가 많음 / 아무런 말을 하지 않은 채 고개만 숙이고 있다가 들릴 듯 말 듯한 목소리로 대답함 / 쉬운 과제에서는 노래를 흥얼거리고, '아~이거 별거 없네'라며 자신감 있는 모습을 보이다가 과제가 조금만 복잡해지면 입을 삐죽거리며 '이거는 뭐가 이렇게 어려운 거야'라며 투덜거림 / 검사자를 쳐다보지 않고 다른 곳을 응시하는 경우가 많음 / 검사를 시작하자 숨소리가 거칠어지고, 입술을 깨물고, 침을 삼키는 소리가 들림 / 어머니와 떨어져 잠시 집중하는 모습을 보이다가도 어머니의 부재를 확인한 후에는 밖으로 나가서 어머니를 검사실 안으로 데려오는 과정을 검사 내내 몇 번씩 반복함 / 검사 중반이

지난 후에야 언어적 반응을 시작함

지능: "이렇게 하라는 거죠?"라며 지시를 반복해서 확인함 / 각 문항에 대한 대답을 여러 개 함 / 문항이 어려워지면 "계속 어려워지는 것 같다." "아, 어떻게 해야 하지?"라며 손가락으로 책상을 두드리고 입술을 깨무는 등 안절부절못하는 모습 / 어려워지면 한숨을 쉬면서 "아휴~ 되게 어렵다."라며 힘들어하다가도 정답을 맞힌 후에는 금세 "아~ 다 했다."라며 즐거워함 / 어려운 문항에서는 수행하고 난 후에 확신이 없는 말투로 "이거 맞아요?" "틀렸나?" "아, 아닌 거 같다."라고 하듯이 지속적으로 정답을 확인함 / 과제를 수행한 후에 정답 여부를 반복적으로 확인함 / 난이도가 낮은 문항에서는 집중을 하다가 난이도가 높아지면 의자에 기대 눕거나 눈물을 글썽거리며 "힘들어서 안 할래요."라며 거부하여 수행을 포기함 / 토막짜기 소검사에서는 완료를 보고한 뒤에도 토막에서 손을 떼지 않음

HTP: 집 그림과 나무 그림을 좌측 하단에 지면선을 이용해서 그림 / 집 그림 밑선이 없음 / 연필을 상당히 힘주어 잡고, 자극을 덧칠함 / 모든 그림을 지면 하단에 붙여서 그림 / 사람의 다리를 길게 그리면서도 발은 그리지 않음 / 그림을 지면 하단에 치우쳐서 그림

TAT: '깜짝 놀란 표정'

3) 사고의 비효율성(수행불안)

지능: 산수에 비해 숫자의 상대적 저하 / 기호쓰기, 선택 등 시간을 측정하는 소검사에서 유난히 점수가 저하됨 / 동작성 지능의 상대적 저하 / 숫자 소검사에서 바로 따라하기 수행 이후 거꾸로따라하기는 전혀 하려고 하지 않음 / '약속—그 사람이 기분 나빠하지 않기 위해 그리고 또 지켜야 하는 거니까' '찡그리는 것과 미소 짓는 것—얼굴 표현으로 나타나는 것. 그리고 그 사람이 어떤 상태에 있는지 알 수 있다'라며 불필요하게 두 개씩 대답함 / 언어성 소검사에서 필요 이상으로 길게 대답함 / 선택 소검사에서 검사지 위아래를 번갈아 가면서 체크함 / 가장 간단한 소검사에서 가장 낮은 수행을 보임 / 선택 소검사에서 일렬배열에 비해 무선배열의 점수 저하가 크게 나타남 / 동형찾기의 상대적 저하 / 기호쓰기의 상대적 저하 / 기호쓰기에서 성급한 과제 수행으로 오류가 많음

HTP: 사람 그림에서 '손'을 그리지 않음 / 지우개를 많이 사용하여 시간이 오래 걸림

4) 학습에 대한 부담감(인정 욕구, 높은 기대)

HTP: 나무 그림에서 기둥을 크게 그리면서 '수령—100세' / 나무 그림 '소원—가장 큰 나무가 되고 싶다' / 나무 그림에서 나무를 지면에 다 그리지 못할 정도로 크게 그리고, '나이—200세'

TAT: '부모님은 만날 공부 못한다고 굴욕을 주는데, 원숭이가 커서 무엇이 될 줄 생각하지 않고 지금만 생각하는 것이다' '원숭이 학교에서 어느 원숭이가 다른 아이들보다 집중력이 좋고 공부도 잘했는데 국어 시간에 문장이 틀려서 친구들이 굴욕을 줬다' / '책 읽고, 똑똑해진다' / '바이올린을 배우고 있는데, 원래 하기 싫은데, 부모가 억지로 시켜서 내가 계속해야 하나 말아야 하나 고민하고 있다' / '레슨 받다가 하기 싫어서 선생님한테 소리 지르다 엄마에게 혼났다'

SCT: '내가 가장 가지고 싶은 것은 똑똑한 머리' / '내가 가장 행복한 때는 부모님한테 인정받을 때다' / '내가 가지고 있는 것 중에서 제일 아끼는 것은 상장이다' '내가 가장 좋았던 일은 시험을 잘 봤을 때' / '내가 제일 걱정하는 것은 시험을 못 보는 것' / '나를 가장 화나게 하는 것은 성적표' / '나는 커서 훌륭한 사람이 되고 싶다. 왜냐하면 일을 더 잘하기 때문이다' / '내가 제일 걱정하는 것은 성적이다' / '대부분의 아이들은 공부를 잘한다' / '나는 커서 문학가가 되고 싶다' '나의 좋은 점은 시를 잘 짓는 것이다' / '나는 시험 점수가 아~주 높아지는 공상을 잘한다' / '내가 제일 걱정하는 것은 시험성적 떨어지는 것이다' / '우리 엄마는 공부를 좀 많이 시키는 것 같다' / '나의 나쁜 점은 공부를 못하는 것' / '내 소원이 마음대로 이루어진다면, 커서 성공했으면 좋겠다. 뭐든지 다 잘했으면 좋겠다' / '나를 가장 슬프게 하는 것은 학원 보충' '나를 가장 화나게 하는 것은 학원 보충이 있을 때' / '내가 꾼 꿈 중에서 가장 무서운 꿈은 누군가 막 좇아오는 꿈' / '나는 공부를 조금 싫어한다' '나를 가장 화나게 하는 것은 아빠가 수학 공부하자는 것' / '나는 공부를 하고 싶지는 않다만 해야 한다고 생각한다 하지만 이 생각이 가끔 거의 나를 압박한다'

5) 스트레스에 취약함

Rorschach: 가장 쉽게 자극의 형태를 변별할 수 있는 카드들에서만 '나비' '박쥐' '사람'이라고 반응을 보일 뿐 이외에는 전혀 반응하지 못함

6) 두려움(공포, 걱정)

HTP: 사람 그림 '너무 시끄러우면 사람들이 싫어할 것 같아요'

TAT: '방 안이 깨끗한 거 보고 깜짝 놀란다' '어떤 사람이 담배 피는 거 보고 깜짝 놀란다' / '바이올린 시험을 봤는데 탈락한 거 같아요'

SCT: '선생님들은 무섭다' / '내가 꾼 꿈 중에서 제일 무서운 꿈은 악몽이다' '내가 가장 무서워하는 것은 전쟁이다' / '내가 꾼 꿈 중에서 가장 무서운 꿈은 자전거 타고 내리막길에서 추락하는 꿈' / '나의 나쁜 점은 눈치를 많이 본다, 사람 얼굴을 잘 못 쳐다본다, 자신감이 없다, 용기가 없다' / '내가 가장 무서워하는 것은 처녀 귀신' '내가 제일 걱정하는 것은 자연재해' '내가 꾼 꿈 중에서 가장 무서운 꿈은 주변이 어두워지는 꿈' / '나는 커서 되고 싶고 하고 싶은 꿈이 있으나 힘들고 자신이 없다'

7) 분리불안

SCT: '나를 가장 슬프게 하는 것은 엄마가 어디 가는 것' '내가 제일 걱정하는 것은 엄마 핸드폰 켜졌나 안 켜졌나'

8) 위협적 지각

행동: 검사 도중 발생하는 작은 소리에도 '깜짝이야'라고 놀람

Rorschach: '어떤 나쁜 사람이 이상한 미소를 짓고 있어요' / '괴물' / '무기 같다, 칼처럼 보인다'

TAT: '사람이 죽었는데 나쁜 사람이 나타나서 사람을 물속에 빠트리고 돌멩이랑 굴러갔다' '불을 키려 했는데, 안 보여서 문을 열고 키려고 했는데 괴물이 있어서 무서워서 막 도망갔다' '이 아이는 등산 가려고 했는데 불이 나서 도망쳐서 사람에게 알렸다' / '전쟁' / '누구를 죽이는 거 같아요. 살인범이 된다' / '나쁜 사람들이 들어와서 우리에게 먼저 총을 쏜 거 같아요. 군함을 타고 싸우는 거 같아요' '누가 자주 괴롭혀서 창문 밖으로 뛰어나갈 거 같아요'

SCT: '대부분의 아이들은 나를 우습게 본다' / '대부분의 아이들은 나쁘다' '나를 가장 화나게 하는 것은 친구가 괴롭히는 것' / '선생님들은 무섭다' '나를 가장 화나

게 하는 것은 철수랑 민호가 날 골탕 먹이는 것이다' / '나를 가장 화나게 하는 것은 친구가 욕하는 것' / '내가 꾼 꿈 중에서 가장 무서운 꿈은 귀신이 나오는 것' / '대부분의 아이들은 나빠. 나를 때리고 그래'

9) 제한된 대응행동(정서적 자원 부족, 문제의 심각성 부인)

행동: 검사 전반에 걸쳐 대부분의 질문에 '모르겠다'라고 말하거나 침묵으로 일관함

MMPI: L, K 척도의 상승

HTP: '없다' '모르겠다' 등의 대답이 많음

Rorschach: 적은 색채 반응 / 반응을 실패한 후에 '사람 두 명이 개그를 펼치고 있어요' / 무반응으로 일관함 / VIII번 카드 '헉. 이건 도대체 뭐야' / 카드를 받자마자 검사실 밖으로 나가서 검사를 실시하지 못함

TAT: 무반응으로 일관함

SCT: '없다' '모르겠다' 등의 대답이 많음

10) 성실성(성숙함, 높은 도덕성)

행동: 단정한 외모 / 수수하게 웃는 인상 / 지시에 순응적임 / 검사자의 설명에 대답을 꼬박꼬박 하는 등 협조적인 태도로 검사에 임하였고, 차분한 말투로 말함

지능: 공통성, 어휘 소검사의 높은 수행 수준 / 이해 소검사의 높은 수준

MMPI: L척도 상승 / 남성의 5번 척도 상승

HTP: 사람 그림에서 웃는 사람을 그리면서 '성격—착하다' '기분—좋다'라고 함

Rorschach: D 반응의 높은 비율 / 높은 P

SCT: '나의 좋은 점은 착하다' / '내가 좋아하는 사람은 신뢰가 있는 사람이다' '내가 꾼 꿈 중에서 가장 무서운 꿈은 신뢰가 없는 것' '내가 가장 싫어하는 사람은 신뢰가 없는 사람이다' '내가 가장 가지고 싶은 것은 신뢰다' / '내가 가장 좋아하는 사람은 착한 사람' '내 생각에 참다운 친구는 착하고 잘 이해해 주는 사람' / '내가 가장 싫어하는 사람은 싸가지 없는 사람' / '내가 가장 좋아하는 사람은 가족들' '내 소원이 마음대로 이루어진다면, 가족과 행복하게 살고 싶다'

11) 과도한 긴장(경직된 사고, 사고 유연성 부족)

행동: 급작스럽게 화장실에 가야 한다고 하며 두 번이나 말함

지능: 빠진곳찾기의 저하 / 성급하게 대답해서 틀리는 경우가 많음 / 공통그림찾기 저하 / '사과—잘못을 하면 용서를 구해야 한다. 그리고 용서를 구하려면 사과를 해야 한다'

Rorschach: 높은 Lambda / 많은 Dd / 적은 P / '백발백중 이건 상어다. 정말 정말 총을 맞으면 몸이 갈라지는 상어다'라며 자신의 반응에 대한 명확성을 상당히 강조함 / 모든 카드에서 5초 이내에 빠르게 간단한 대답만 함 / 각 카드마다 체계적으로 회전함으로써 면밀하게 카드를 살펴봄

TAT: '일본인' '프랑스인' 등 외국인 명칭을 일일이 부여함

12) 통제 욕구(이성적 대처, 주지화)

HTP: 나무 그림에서 가지가 많음 / 나무 그림 '나이—1,699,000세'

Rorschach: 많은 M / 높은 Zd

SCT: '우리 엄마 아빠는 약속을 꼭 지키신다'

13) 지나친 반추 사고

HTP: 집 그림에서 지붕을 진하게 칠하거나 선을 많이 긋고 있음 / 나무 그림에서 수관에 선을 많이 긋고 있음 / 사람 그림에서 머리를 지저분하게 칠함 / 집과 사람 그림에서 겹선을 그림

Rorschach: 높은 FM+m / 많은 쌍반응

14) 문제의 부인(불편감 억압)

행동: 내원 사유에 대해서 '힘든 거 없다'라고 함 / '저는 스트레스 받는 거 없어요'라고 함

HTP: 모든 사람을 웃는 인상으로 그림 / 사람 그림 '성격—좋다' '웃고 있어요'

Rorschach: 많은 의복 반응

16 Chapter 분리불안장애

1. 심리과정상의 특징

초등학교 1학년 전후에 생기는 많은 아동기 장애가 그렇지만, 분리불안장애(Separation Anxiety Disorder)는 특히나 아동의 양가적 마음 상태가 잘 반영된 장애다. 아동은 부모, 특히 어머니의 분노(체벌, 무관심 등으로 전해짐)에 대해서 화가 나면서도 부모의 따뜻하고 애정 어린 모습에 대한 기대를 버리지 못하는데, 이때 아동의 분리불안은 부모로 하여금 따뜻한 모습만 나타나도록 만든다. 즉, 분리불안은 아동이 어머니에 대한 분노감과 친밀감의 경계에 있을 때 나타나는 현상이다. 부모가 싫지만 그 고통에서 벗어나는 방법으로 부모와 같이 있는 것을 선택하는 것이다.

대개 부모(특히 어머니)는 따뜻하고 인간적인 모습을 가지고 있으나, 스트레스 상황에서는 분노 조절에 어려움이 있는 경우가 많다. 아이에게 잘할 때는 친절하게 챙겨 주지만, 화가 날 때는 심하게 아이를 질책하면서(죄책감을 유발하면서) 혼낸다. 부모는 이러한 자기 행동의 차이를 잘 인식하지 못하는데, 극단적인 부모의 행동은 아이로 하여금 양극단의 감정을 모두 가지게 한다. 부모의 말이 원칙적으로 틀린 것은 없기 때문에 아이가 불만을 토로하기 쉽지 않고, 초등학교 1학년 전후의 아이들에게 부모는 너무 큰 존재이기 때문에 화를 내기도 쉽지 않다.

상대보다 힘이 없을 때 상대를 공격하는 좋은 방법은 심하게 약한 척을 하는 것이다. 유치원 버스가 막 도착했는데 다른 학부모들이 쳐다보고 있는 상황에서 아이가 애처로운 눈빛으로 유치원에 가지 못하겠다고 하면, 피해를 입는 것은 부모다. 직장이 있다면 출근이 어려워지고, 주부여도 그날 일정에 차질이 생길 수밖에 없다. 무엇보다도 아이로부터 해방된 시간을 기대하다가 방해를 받으면 부모의 짜증도 커진다. 그러나 불안을 호소하는 약자에게 짜증을 내는 건 도덕적으로 용납할 수 없기 때문에 이때부터는 부모가 화를 참아야 하는 상황이 되고, 아이로서는 통쾌한 복수가 된다. 그리고 이러한 '복수 아닌 복수'가 애매한 상태로 아동과 부모를 계속해서 괴롭히게 된다.

2. 보고서 사례

1) 부모의 역동이 병리에 주는 영향(여자 / 만 8세 / 초2)

■ 의뢰 사유

아동은 '엄마와 떨어져 있는 것을 불안해한다'를 주 호소로 상담센터를 방문하였으며, 전반적인 인지 기능 및 정서 파악을 위해 아동종합심리평가를 실시하였다.

■ 행동 관찰과 면담

긴 머리를 뒤로 묶은 아동은 큰 키에 보통 체격으로 어머니와 함께 센터에 방문하였다. 분홍색 시계를 차고 주황색 줄무늬 반팔 티셔츠를 입고 있어서 상당히 눈에 띄는 옷차림이었고, 위생 상태는 양호해 보였으며, 검사자와의 눈맞춤도 적절하게 이루어졌다. 검사에 협조적이었고, 단어를 반복적으로 되뇌며 문제를 푸는 등 문제해결을 위해 열심히 노력하였다. 그러나 검사 도구를 스스로 넘기려 하거나 검사자가 지시를 하기 전에 먼저 시작하려 하는 등 다소 성급해 보였으며, 의자를 떠나지는 않았으나 자세를 계속 바꾸는 등 움직임도 많았다. 그리고 검사가 시작되고 40분이 지나자 "언제까지 해요?"라며 시간을 반복해서 확인하는 등 힘들어하였다. 내원 사유에 대해서는 '엄마랑 떨어져 있으면 불안해서' '학교 안 데리러 올까 봐' 등을 말하였다.

■ 지능과 인지 기능

한국 웩슬러 아동용 지능검사 4판 (K-WISC-IV)			
영 역	지 능	백분율(%)	수 준
언어이해	90	25.2	평균
지각추론	89	23.2	평균 하
작업기억	83	12.2	평균 하
처리속도	106	65.8	평균
전체 지능	88	20.2	평균 하

아동의 전체 지능은 88로 평균 하 수준을 나타냈으며, 같은 연령대에서 하위 20% 정도의 수준이었다. 언어이해는 90으로 평균 수준을, 지각추론은 89로 평균 하 수준을, 작업기억은 83으로 평균 하 수준을, 처리속도는 106으로 평균 수준으로 나타냈다. 지능 영역 간의 차이가 23점으로 크게 나타나고 있고(기준은 20점 차이), 소검사 간의 차이도 8점으로 크게 나타나고 있어서(기준은 5점 차이) 상황에 따른 기능상의 차이가 클 것으로 생각된다.

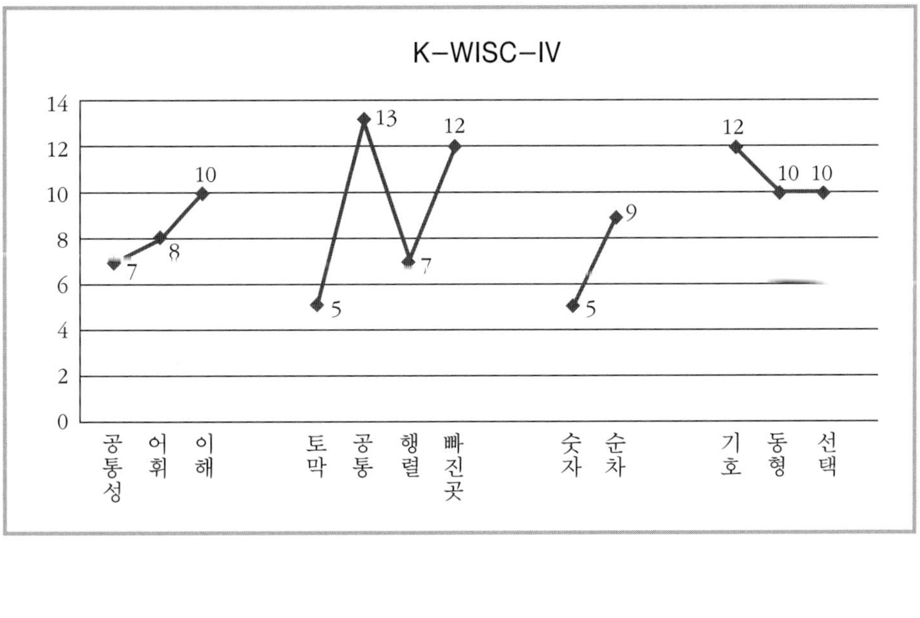

언어이해 영역에서는 사회적 상황에 대한 이해력이 평균 수준으로 나타나서 관습과 규범에 대한 습득 수준은 양호해 보인다. 그러나 어휘구사력과 사물의 유사성을 파악하는 능력이 평균 하 수준을 보이고 있어서 언어적 개념에 대한 이해 수준은 부족해 보이므로 적극적인 사고력이 필요한 상황에서는 기능 수준이 떨어질 수 있겠다.

지각추론 영역에서는 공통그림찾기와 빠진곳찾기 소검사가 평균 상 수준으로 나타나서 익숙한 그림 자극이 주어지는 상황에서는 비교적 높은 추론능력을 발휘할 수 있겠고, 주변 환경 변화에도 적당한 민감성을 유지할 수 있을 것으로 생각된다. 그러나 행렬추리와 토막짜기 소검사는 각각 평균 하, 경계선 수준으로 나타나고 있어서 낯설고 추상적인 자극이 주어지는 상황에서는 기능 수준이 매우 저하되고 있는 것으로 보이므로 자극의 익숙함 정도에 따라서 기능 수준의 차이가 크게 나타날 수 있겠다. 한편, 토막짜기 소검사에서 지시와는 다르게 도구를 배열하고 있는데, 이는 아동의 부주의한 모습과 관련이 있는 것 같다.

작업기억 영역에서는 순차 소검사가 평균 수준으로 주의분할 능력은 양호해 보인다. 그러나 간단한 자극에 주의를 기울이는 능력은 경계선 수준이어서 청각적 주의력은 매우 부족한 것 같다.

처리속도 영역에서는 시공간 운동속도가 평균 상 수준으로 나타나서 민첩성은 다소 높아 보인다. 그리고 긴장감 속에서 빠른 논리적 판단력을 발휘하는 능력이 평균 수준을 보이고 있어서 간단한 과제에서는 압력이 느껴지는 상황에서도 무난하게 기능할 것으로 생각된다. 게다가 간단한 시각적 자극에 짧은 순간 동안 높은 집중력을 발휘하는 능력은 평균 수준으로 나타나서 시각적 주의력도 적절한 것 같다.

지능검사 결과, 익숙한 자극을 다루는 상황에서는 비교적 높은 기능 수준을 보일 수 있겠고, 민첩성도 양호해 보인다. 그러나 추상적인 개념을 다루는 능력은 상대적으로 매우 부족하고, 주의력도 저하되어 있어서 자극이 낯설거나 복잡해지면 기능 수준이 떨어질 것으로 생각된다. 게다가 언어적으로도 추상적 개념에 대한 이해력이 부족해 보이므로 고차원적이고 상징적인 의사소통이 필요할 때도 어려움이 예상된다.

Rorschach 검사 결과, 총 18개의 적절한 반응 수를 보이고 있으나, 관습적 판단과 객관적 판단에 어려움을 보이고 있는(P = 1, X-% = 0.33) 아동은 운동 반응을 8개나 보이고 특이한 부분 반응도 많이 보이고 있어서(Dd = 4) 지나치게 자기 생각에만 몰입해서 자의적으로 판단할 가능성이 높아 보인다. 또한 대인관계 시 부정확한 판단을 함으로써(M- = 3) 주변 사람의 반응을 오해하기도 쉬운 것 같다.

성격과 정서

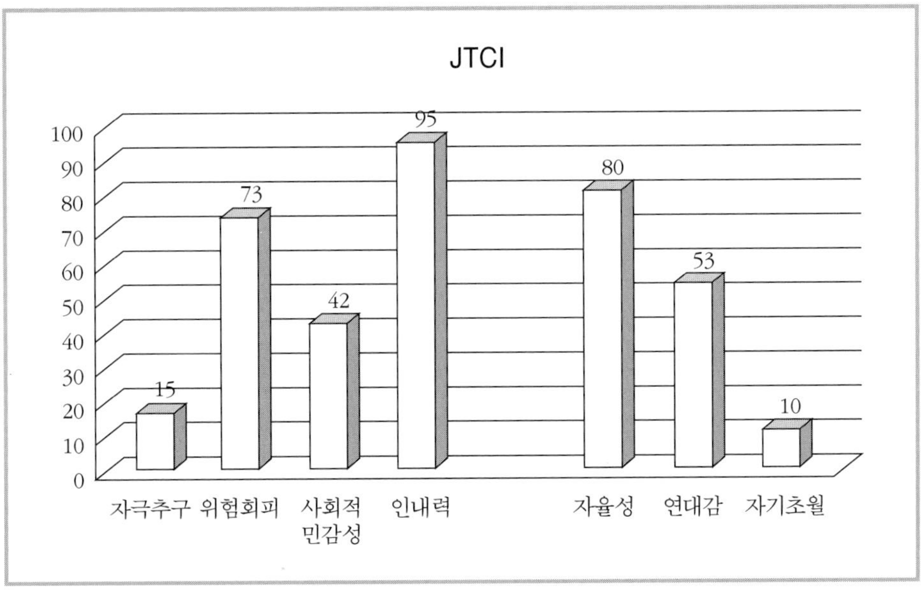

아동은 SCT에서 '내가 가장 좋아하는 사람은 우리 가족'이라고 하듯이 가족에 대해 긍정적인 태도를 보이고 있다. 그러나 SCT에서 '나를 가장 슬프게 하는 것은 동생'이라고 하듯이 동생과의 관계에서 스트레스가 크고, KFD에서 가족 구성원이 서로 상호작용 없이 각자 따로 활동을 하고 있고 자신과 오빠를 그리지 않는 것을 볼 때, 오히려 가까운 주변 사람들과 원활한 정서적 소통을 이루지 못한 채 단절감을 느끼고 있을 가능성이 높아 보인다. 불안 수준이 높은(SCT: '내가 가장 무서워하는 것은 귀신' '내가 꾼 꿈 중에서 가장 무서운 꿈은 귀신이 나왔었어') 아동은 주변 환경을 위협적으로 인식하고 있어서(Rorschach: '악마') 어머니와의 분리가 예상되는 상황을 과도하게 걱정하고 있는 것 같다(SCT: '내가 제일 걱정하는 것은 엄마가 학교 데리러 안 올까 봐'). 이러한 상황에서 아동은 자신에게 정서적 안정을 제공해 주는 어머니에게 더욱 몰입해 있는 것 같다(SCT: '우리 엄마 아빠는 나에 대해 잘 알고 내가 슬픈 일 있으면 위로해 줘' '내가 가장 행복한 때는 엄마랑 있을 때' '내가 만약 외딴곳에 혼자 살게 된다면, 엄마와 제일 같이 가고 싶다').

아동은 HTP 나무 그림에서 '필요—친구들', 여자 그림에서 '행복—친구들이랑 놀 때'라고 하듯이 관계에 대한 욕구가 높아 보인다. 그러나 앞서 기술하였듯이 어머니와의 분리에 대한 불안감이 높아서 또래 아이들과 관계를 형성할 기회를 갖기 힘들어 보인다. 그리고 부정적 평가에 민감한(JTCI: '위험회피—73%' / HTP. 여자 그림 '불행—친구들이 놀릴 때') 아동은 대인관계에 대한 태도를 나타내는 Rorschach 카드를 가장 싫어하는 카드로 선택하고 있듯이 사회적 상황에서 스스로 느끼는 불편감도 커 보이므로 위축된 모습을 보이기 쉬운 것 같다.

아동은 자신감이 높아 보이나(JTCI: '자율성—80%' / SCT: '나는 공부를 잘해'), 추상적인 개념을 다루는 능력이 부족하고 주의력이 저하되어 있어서 익숙하지 않거나 변화가 많은 상황에서는 기능 수준이 떨어지면서 성취감을 느끼기 힘들어 보인다. 그리고 시작한 일에 지나치게 몰입하는 경향을 보이는(JTCI: '인내력—95%') 아동은 이러한 성향을 통해 자신의 능력을 발휘할 수 있을 것으로 생각되나, 한편으로는 부정적 생각에도 일방적으로 몰입할 가능성 역시 높아 보인다. 아동은 TAT에서 '너무 슬퍼하는 모습'이라고 하듯이 정서적 고통감이 커 보이지만, 주로 이성적으로 대처하면서(Rorschach: M=8), 자신의 불편감을 억압하는 데 익숙해져 있는 것 같다. 이러한 아동은 JTCI에서 자기초월이 10%로 낮게 나타나고 있듯이 스스로 스트레스를 해소할 수 있는 자원은 부족하면서도 분노감이 높아서(Rorschach: S=4) 문제 상황에서 신경질적인 모습을 보이기 쉬운 것 같다(SCT: '나의 나쁜 점은 짜증 부리는 것').

◻ 부모의 MMPI / SCT

• 아버지

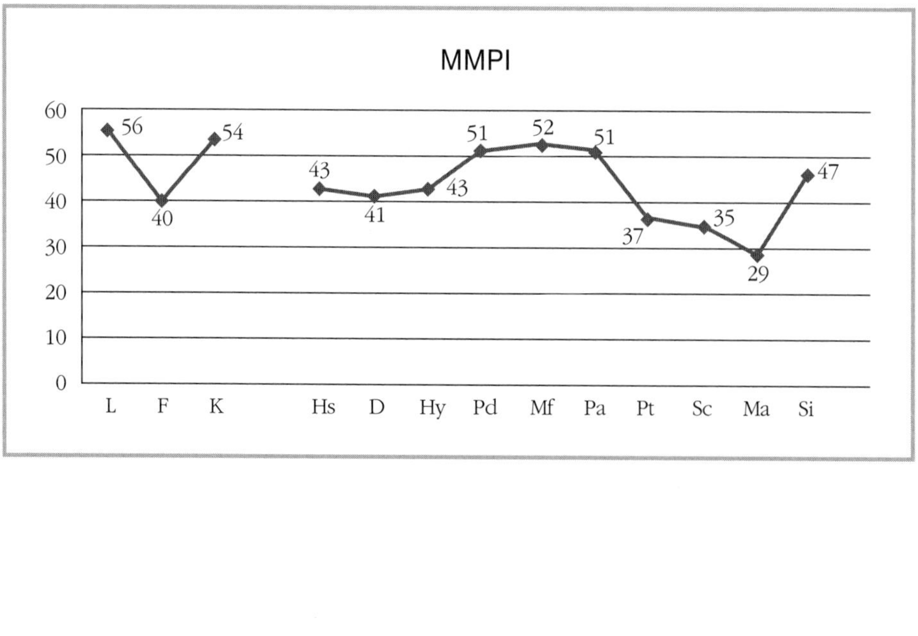

아버지는 '내가 믿고 있는 내 능력은 무한하다' '내가 보는 나의 앞날은 승승장구할 것이다'라고 하듯이 자신에 대한 기대감이 높아 보인다. 그러나 MMPI에서 9번 척도가 가장 낮게 나타나고 있듯이 기대 수준에 도달하지 못하고 있는 현재 상황에서 상당히 무기력해져 있는 것으로 생각된다. 한편, '내가 늘 원하기는 가족의 건강과 사랑이다' '내가 정말 행복할 수 있으려면 가족이 건강하고 웃음이 넘치는 것이다'라고 하듯이 가족애를 상당히 강조하고 있었다. 그러나 '우리 가족이 나에 대해서는 무섭고 엄격하다는 생각이 든다'라고 하듯이 가정 내에서 일방적인 대응을 할 가능성이 높아 보이므로 자녀와의 친밀한 관계 형성에 다소 어려움을 겪을 수 있겠다. 게다가 아버지는 '다른 친구들이 모르는 나만의 두려움은 없다' '내가 잊고 싶은 두려움은 없다' '때때로 두려운 생각이 나를 휩싸일 때―무응답' '남자에 대해 무엇보다도 좋지 않게 생각하는 것은―무응답'이라고 하듯이 심리적 불편감을 부인하고 있어서 스트레스가 가중되면 크게 불만을 느끼며, 주변 환경을 탓할 가능성이 높아 보인다(MMPI 4번, 6번 상승).

• 어머니

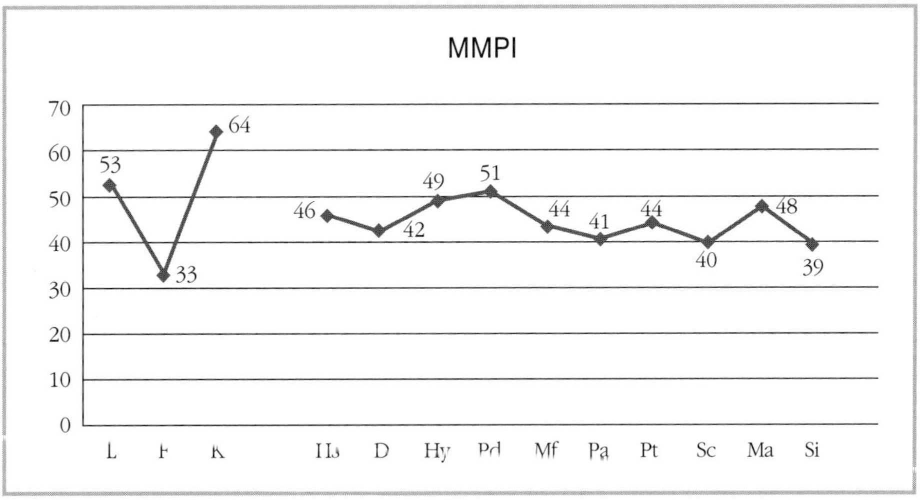

어머니는 MMPI에서 3번 척도가 상대적으로 상승하고 있듯이 애정 욕구가 높아 보인다. 그러나 '나는 어머니를 좋아했지만 그렇게 엄마랑 친했던 것 같지는 않다' '아버지와 나는 성격이 같아서 많이 부딪쳤다'라고 하듯이 원가족과의 관계에서 정서적

만족감을 느끼지 못했던 것으로 보인다. 그리고 '언젠가 나는 내가 좋아하는 일을 하고 싶다' '나의 야망은 내가 좋아하는 외국어로 성공하고 싶다'라고 하듯이 성취 지향적인 성향을 가지고 있으나, 현재 이러한 성향을 발휘하지 못하고 있어서 내면의 부적절감도 커 보인다. 그러나 자신의 심리적 불편감을 부인하는 경향이 강하게 나타나고 있어서(MMPI: K=64T / '무슨 일을 해서라도 잊고 싶은 것은 없다' '다른 친구들이 모르는 나만의 두려움은 없다' '내가 저지른 가장 큰 잘못은 딱히 생각나는 게 없다' '내가 잊고 싶은 두려움은 딱히 없다') 문제 상황에서 피상적으로 대응할 가능성이 매우 높아 보이며, 미해결된 문제들이 쌓이면 신경질적인 반응을 보이기 쉬운 것 같다.

□ 요약과 제언

• 요 약

전체 지능	88	평균 하			
언어이해	90	평균	지각추론	89	평균 하
작업기억	83	평균 하	처리속도	106	평균

아동의 지능 수준은 평균 하 수준으로 나타남. 익숙한 자극을 다루는 상황에서는 비교적 높은 기능 수준을 보일 수 있겠으나, 자극이 낯설거나 복잡해지면 기능 수준이 떨어질 수 있음. 게다가 고차원적이고 상징적인 의사소통을 하기에도 어려움이 있을 수 있음. 아동은 가까운 주변 사람과 원활한 정서적 소통을 이루지 못한 채 단절감을 느끼고 있을 가능성이 높아 보임. 불안 수준이 높은 아동은 주변 환경을 위협적으로 인식하고 있어서 어머니와의 분리가 예상되는 상황에서 과도한 걱정을 하고 있는 것으로 보이며, 자신에게 정서적 안정을 제공해 주는 어머니에게 더욱 몰입하고 있는 것으로 여겨짐. 다만, 어머니에 대한 몰입이 또래 아이와의 관계 형성을 방해할 수 있음. 아동은 정서적 고통감이 커 보이지만, 주로 이성적으로 대처하며 불편감을 억압하는 데 익숙해져 있는 것으로 여겨짐. 그러나 분노감이 높아서 스트레스가 가중되면 신경질적인 모습을 보일 수 있음.

• 심리평가 결과, 아동은 다음과 같은 진단이 시사됨.

Axis I. Separation Anxiety Disorder(Separation Anxiety Disorder)

• 제 언

1. 불안 수준 낮추기
2. 부모와의 긍정적인 상호작용 늘리기
3. 낯선 환경에 익숙해지기
4. 감정표현 능력 키우기
5. 주의력 향상시키기

2) 아동 어머니의 특성을 고려한 해석(여자 / 만 7세 / 초1)

◻ 의뢰 사유

아동은 '학교에서 자기 반에 들어가려고 하지 않는다' '엄마와 떨어지는 게 무섭다고 크게 울고 불안해한다' 등을 주 호소로 상담센터를 방문하였으며, Separation Anxiety Disorder 임상적 인상하에 아동종합심리평가를 실시하였다.

◻ 행동 관찰과 면담

분홍색 원피스에 단발머리를 한 아동은 보통 키, 보통 체구의 초등학생으로 어머니와 함께 내원하였다. 위생 상태는 양호하였으며, 사탕을 입에 넣은 채로 검사실에 들어왔으며, 검사자와의 눈맞춤은 잘 되는 편이었으나, 다소 경계하는 듯한 눈빛이었다. 어머니와 함께 있기를 강하게 요구하여 어머니 동석하에 검사를 진행하였다. 목소리는 약간 쉰 듯하였으며, 작은 목소리로 말하여 검사자가 재차 질문을 해야 하는 경우가 많았고, 발음도 불분명하게 웅얼거리는 경우가 잦았다. 검사 수행에 대한 의지가 그리 강해 보이지 않았으며, 성의 없이 임하는 모습으로 행동이 느린 편이었다. 과제가 어려워지자 기운 없는 표정으로 검사자를 바라보았으며, 검사자가 그만하라고 할 때까지 과제를 바라보고 있긴 하였으나, 해결 의지는 거의 없어 보였다. 무표정하고 다소 우울해 보이기까지 하였으며, 종종 손가락을 입에 넣고 빠는 등 퇴행된 행동도 나타났다. 어머니가 면담을 할 때는 검사실을 돌아다니는 등 다소 부산한 모습이었고, 검사자와 어머니 사이에 끼어들어서 대화를 방해하기도 했다. 내원 사유에 대해서 '아파서' '울어서'라고 간단하게 말했으며, 울게 된 이유에 대해서는 '엄마가 없어서 무서워서'라고 하였다. 그러나 '친구들과 잘 놀고 공부도 잘한다'라고 하는 등 다른 불편감에 대해서는 언급하지 않았다. 한편, 어머니는 검사실에 들어와 있으면서도 아동의 검사가 시작되자마자 고개를 숙인 채 잠을 자고 자신의 휴대폰이 울리는 것에 대해서 혼잣말로 짜증을 내는 등 다소 부적절한 행동을 보이기도 했다.

지능과 인지 기능

한국 웩슬러 아동용 지능검사 3판 (K-WISC-III)			
영 역	지 능	백분율(%)	수 준
언어성 지능	82	7.1	평균 하
동작성 지능	77	6.3	경계선
전체 지능	76	5.5	경계선

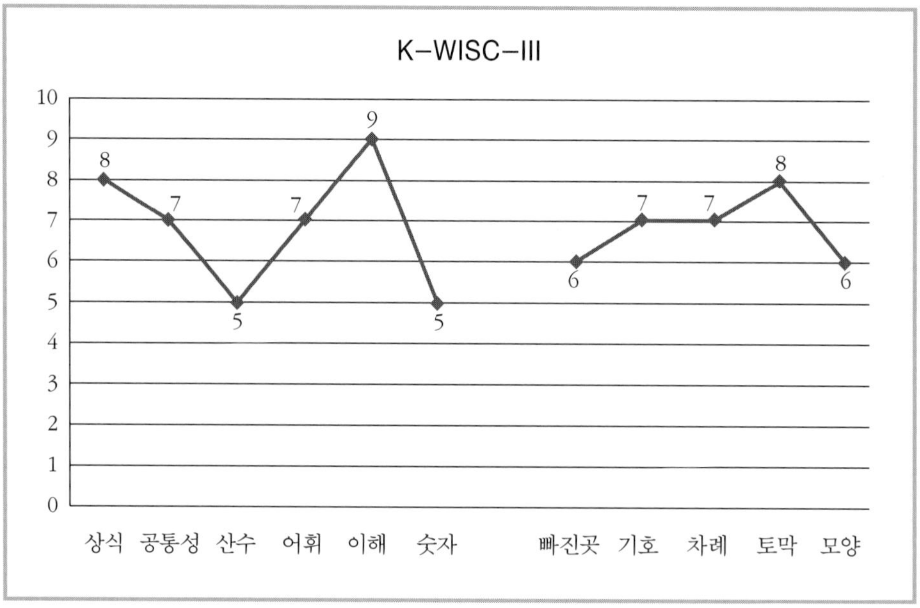

아동의 전체 지능은 76으로 경계선 수준을 나타냈으며, 같은 연령대에서 하위 6% 정도의 수준이었다. 언어성 지능은 82로 평균 하 수준을, 동작성 지능은 77로 경계선 수준을 나타냈으며, 두 지능 간의 유의미한 양적 차이는 나타나지 않았다. 어머니의 보고('받아쓰기가 100점이다')나 검사가 끝난 후 표정이 밝고 언어적 표현이 늘었던 점을 고려할 때, 현재 측정된 아동의 지능 수준은 낯선 상황에서의 긴장감으로 다소 과소 추정되었을 가능성도 있어 보인다.

언어성 지능을 살펴보면, 아동은 사회적 상황에서의 관습적 행동양식은 적절하게 습득하고 있는 것으로 보인다. 그러나 기본적인 상식 수준과 추상적 사고력, 언어적 표현력 등은 평균 하 수준에 그치고 있어 또래 수준에 비해 전반적인 언어적 대처능력이 다소 부족해 보인다. 게다가 산수, 숫자 등 주의력과 관련된 소검사에서는 경계선 수준의 수행을 보이는 등 주의지속 능력과 숫자 개념을 다루는 능력은 또래에 비해 현저하게 부족한 것으로 생각된다.

동작성 지능 영역에서는 시공간 구성 및 협응 능력이 평균 하 수준이었으며, 시공간 운동속도도 평균 하 수준을 보이고 있었다. 상황적 맥락을 파악하는 능력도 평균 하 수준에 그치고 있어 전반적인 문제해결 능력이 평균 이하의 수준인 것으로 나타났다. 게다가 모양맞추기에서는 경계선 수준을 보이는 등 답이 명확하게 주어지지 않는 애매한 상황에서의 대처능력은 현저하게 떨어질 것으로 예상되며, 빠진곳찾기의 낮은 수행 수준(경계선)을 고려할 때 주변의 환경 변화에도 민감하게 대처하지 못해 자기중심적인 판단을 하게 될 가능성이 커 보인다.

지능검사 결과, 아동은 관습적 사고를 평균 수준으로 습득하고 있긴 하지만, 언어적 대처능력이 부족하고 사회적 상황을 비롯한 실제 상황에서의 문제해결 능력도 다소 부족한 것으로 나타나고 있으며, 특히 환경이 변화하거나 단서를 통해 추론해야 하는 상황에서는 적응에 더욱 심한 어려움을 겪을 것으로 예상되므로 익숙하고 예상 가능한 상황을 벗어나지 않기 위해 노력할 수 있겠다.

Rorschach 검사 결과, 아동은 12개의 적은 반응 수, 형태 위주의 단순한 반응 양상 등 매우 방어적이고 피상적인 대처를 하고 있는 것으로 나타났다. 그리고 평범 반응은 단 1개에 불과하고, 왜곡된 형태질의 비율이 매우 높게 나타나는 등 관습적 지각을 하기보다는 자의적인 판단과 행동을 하게 될 가능성이 높아 보이며, 이러한 자의적인 행동이 매우 부적절하기 쉬울 것으로 예상되므로 주변 사람과 갈등을 경험할 가능성이 높아 보인다. 그리고 대부분의 반응이 '뼈' '핏줄' '가슴' 등 사람의 인체나 해부 반응인 점을 고려할 때, Rorschach 검사에서 아동의 부적절한 반응 패턴은 강도 높은 주관적 고통감과 관련이 있는 것 같다.

■ 성격과 정서

아동은 학교를 거부하는 등 매우 심각한 증상을 보이고 있으나, 어머니는 설문지상에서 아동에 대해 별다른 문제점을 호소하지 않고 있어, 아동의 문제에 대한 통찰력이

아동 · 청소년 행동평가척도 (K-CBCL)														
	사회성	학업 수행	총사회 능력	위축	신체 증상	우울 · 불안	사회적 미성숙	사고 문제	주의 집중	비행	공격성	내재화	외현화	총문제
T	43	47	44	18	42	58	50	46	52	59	50	52	52	51

한국아동인성평정척도 (KPR-C)														
	신뢰도	타인 의식	특이 반응	자아 탄력성	언어 발달	운동 발달	불안	우울	신체화	비행	과잉 행동	가족 관계	사회 관계	정신증
T	51	44	49	53	56	42	46	49	41	56	37	53	40	21

부족하거나 문제를 부인하고 있는 것으로 보인다. 그러나 아동은 Rorschach 검사에서 '뼈' 반응을 4개나 보이고, '핏줄' '팔' '다리' '가슴' '몸' 등 신체 및 해부 반응이 많아서 상당한 심리적 고통감을 느끼고 있으며, 신체 증상이 나타날 가능성도 높아 보인다. 지능 평가에서 나타나듯이 인지적 자원이 풍부하지 않은 아동은 SCT에서 자신의 슬픔에 대한 호소만을 반복하고 있으며[SCT: '내가 좀 더 어렸다면 울 것 같아요' '내가 제일 걱정하는 것은 민수(동생)가 울 것 같아서' '대부분의 아이들은 안 울어요' '내가 좀 더 나이가 많다면 안 울 것 같아요' '나는 때때로 그냥 울고 싶다' '셋째 소원은 안 울면 좋겠다'], 모든 관심의 초점은 어머니에게 쏠려 있는 것 같다(SCT: '내가 가장 행복할 때 엄마와 같이 있을 때' '동물로 변할 수 있다면 캥거루가 되고 싶다. 왜냐하면 엄마랑 같이 있어서' / HTP: 여자 그림 '소원—엄마가 빨리 되고 싶다' '가장 불행할 때는—학교 갈 때. 엄마를 안 보니까').

아동은 HTP의 집 그림에서 창문을 많이 그렸고, 나무 그림에서는 동물의 집을 그리고 있으며, HTP와 KFD의 사람 그림에서는 옷에 치장을 많이 하는 등 관심과 애정을 받고 싶은 욕구가 강해 보이며, 주변의 평가에 매우 민감해져 있는 것 같다(HTP, KFD: 사람의 '눈'을 자세히 묘사함). 그러나 KFD에서 부모를 그리지 않았으며, HTP의 집 그림에서는 '앞으로—사라진다'라고 하고, Rorschach 검사에서 대인관계에 대한 태도를 나타내는 카드와 친밀감에 대한 태도를 나타내는 카드에서 '뼈' 반응을 보이듯이 안정적이고 애정 어린 관계를 형성하지 못한 채 주변 환경을 불안정한 대상으로 인식하고 있으며, 자신도 부정적 반응을 많이 접하고 있는 것으로 생각된다(SCT: '내가 가장 싫어하는 사람은 오빠, 내가 가장 무서워하는 사람은 오빠' '나를 가장 화나게 하는 것은 친구들이 괴롭힐 때'). 이러한 아동은 Rorschach 검사에서 통경(vista) 반응을 보일 정도로 자기 자신에 대해서 비판적인 태도를 가지고 있으나, 이러한 불편감을 극도로 의존적인 모습을 통해 해결하려고 하는 것 같다.

요약과 제언

• 요 약

전체 지능: 76, 경계선 / 언어성 지능: 82, 평균 하 / 동작성 지능: 77, 경계선

아동은 관습적 행동양식을 인지적으로는 충분히 습득하고 있으나, 실제 상황에서는 통상적인 행동양식을 따르기보다 자기중심적인 사고를 바탕으로 자의적인 판단과 행동을 하게 될 가능성이 높아 보임. 애정 욕구가 높고 주변의 평가에는 민감해져 있지만, 주변 환경의 변화를 잘 인식하지 못하고 문제해결 능력이 부족해 보이며, 주변 사람과의 관계에서 안정적이고 친밀한 느낌을 갖지 못한 채 매우 불안정하고 고통스러운 정서 경험을 하고 있는 것으로 보임. 그리고 이러한 상황에서 신체적인 증상을 보이거나 극도로 의존적인 모습을 보임으로써 대처하고 있는 것으로 생각됨.

• 심리평가 결과, 아동은 다음과 같은 진단이 시사됨.

Axis I. Separation Anxiety Disorder(Separation Anxiety Disorder)

• 제 언

아동은 내면적으로 심한 고통감을 경험하고 있는 데 비해, 어머니는 이에 대한 심각성이 부족한 것으로 여겨지므로 아동은 필요한 만큼의 관심과 관리를 받지 못하고 있는 것으로 보임. 지속적인 등교 거부나 어머니와의 동반 등교는 아동의 회피 반응을 더욱 강화시킬 가능성이 높아 보이므로 조속한 치료적 개입이 필요할 것으로 생각됨.

17 Chapter 선택적 무언증

1. 심리과정상의 특징

무언증이라는 것은 말을 하지 않는다는 뜻이지만, 선택적이라는 단어가 있음으로 해서 '선택적 무언증(Selective Mutism)'은 역설적으로 아동이 발성을 해서 의사소통을 할 수 있는 능력이 있다는 것을 뜻하며, 이 현상이 기능적인 문제는 아닌 것이다. 말할 것이 없으면 그냥 '없다'라고 말하면 되기 때문에, 대개 선택적 무언증에 해당되는 상황은 '말하고자 하는 바는 있으나, 말하지 않는 상태'라고 볼 수 있다.

그렇다면 과연 마음속에 생각은 있지만 말을 하지 않는 때는 언제인가? 선물을 주기 전에 어떤 선물을 줄 것인지 말하지 않을 수 있다. 이는 긍정적인 긴장감을 불러일으키고 반전의 효과가 있어서 긍정적 감정을 더 크게 만들어 준다. 그러나 아무리 좋은 내용이라도 일부러 말을 하지 않는 상황이 지속되면 지겨워지고 답답해진다. 무엇보다도 일부러 말을 하지 않는 상황은 우선 상대에 대한 반감이 있을 때다. 청소년기를 지났다면 누구나 경험해 본 적이 있을 것이다. 부모 앞에서 말 한 마디 안 하고 앉아 있는 것이 부모 속을 얼마나 애태우는지 말이다.

무언증도 분리불안과 비슷하게 부모에 대한 분노감이 밑바탕에 깔려 있으면서도 그 표현은 부모가 아닌 다른 어른들에게 나타난다. 엉뚱하게 유치원이나 학교와 같이 외부에서 말을 하지 않고 버티는 경우가 더 많다. 아이들이 화가 난 이유가 부모라면 왜 아이들은 부모가 아닌 다른 어른들에게 무언증 증상을 보일까? 무언증이 있는 아이들은 평가에 민감하고 불안 수준이 높다. 집에서 반복해서 비난을 듣게 되면, 자신을 보호하기 위해서 자기표현을 극도로 자제하는 방법을 습득하게 되고, 자기편이라고 확신할 수 없는 사람들 앞에서는 철저하게 반응을 제한하는 것이다. 그리고 관리 스트레스를 증가시켜서 부모의 고통감을 가중시키는 것은 부모의 강압적 양육에 대한 복수가 되기도 한다. 집에서 부모에게는 말을 많이 하는데, 이러한 행동 역시 아이가 밖에서는 제대로 행동하지 못하면서 부모와 있는 시간은 과도하게 늘리기 때문에 부모의 스트레스를 증가시킨다.

2. 보고서 사례

1) 낮은 능력과 높은 부담에 대한 표현(여자 / 만 8세/ 초2)

■ 의뢰 사유

아동은 '글자 해독 및 이해를 잘 하지 못한다' '말을 하지 않는다' 등의 주 호소로 상담센터를 방문하였으며, 인지 기능 및 정서 파악을 위해 아동종합심리평가를 실시하였다.

■ 행동 관찰과 면담

아동은 또래 수준에 비해 다소 작은 키에 마른 체격으로 어머니와 함께 방문하였으며, 작고 동그란 얼굴에 눈만 크게 뜨고 말 없이 고갯짓으로만 의사를 표현하는 경우가 많았다. 위생 상태는 양호하였으며, 눈맞춤도 충분한 수준이었다. 아동은 검사 초반에는 거의 의미 있는 소리를 내지 않았으나, 자신이 확실하게 알고 있거나 짧게 대답할 수 있는 경우에는 빠르게 소리 내어 반응했으며, 지능검사의 비언어적 과제와 HTP, KFD 등과 같은 그림 검사에서도 적극적인 태도를 보였다. 그리고 검사 후반에는 발화량이 조금 증가하여 간단한 단어로 의사를 표현하기도 하였다('그건 하기 싫다' '저거 한번 보고 싶다'). 그러나 내원 사유에 대해서는 답변하지 못했고, 개인사에 대해서는 간단한 면담도 이루어지지 못했다.

◻ 지능과 인지 기능

한국 웩슬러 성인용 지능검사 3판 (K-WISC-III)			
지 능	점 수	백분율(%)	수 준
언어성 지능	41	＜1	중등도 지적장애
동작성 지능	43	＜1	중등도 지적장애
전체 지능	37	＜1	중등도 지적장애

아동의 전체 지능은 37로 중등도 지적장애 수준을 나타냈으며, 언어성 지능은 41로 중등도 지적장애 수준을, 동작성 지능은 43으로 중등도 지적장애 수준을 나타냈으며, 두 지능 간의 차이는 유의미하지 않았다.

언어성 지능을 살펴보면, 상식, 공통성, 어휘, 이해 등이 모두 지적장애 수준으로 나타났다. 그리고 일부 간단한 과제에서는 반응을 보이면서도 대부분의 검사에서 반응을 보이지 못하고 있는 것을 볼 때, 아동의 언어적 대처능력과 지식 수준이 극심하게 부족해 보이며, 주의력이나 단기기억력 등도 상당히 낮은 수준일 것으로 예상된

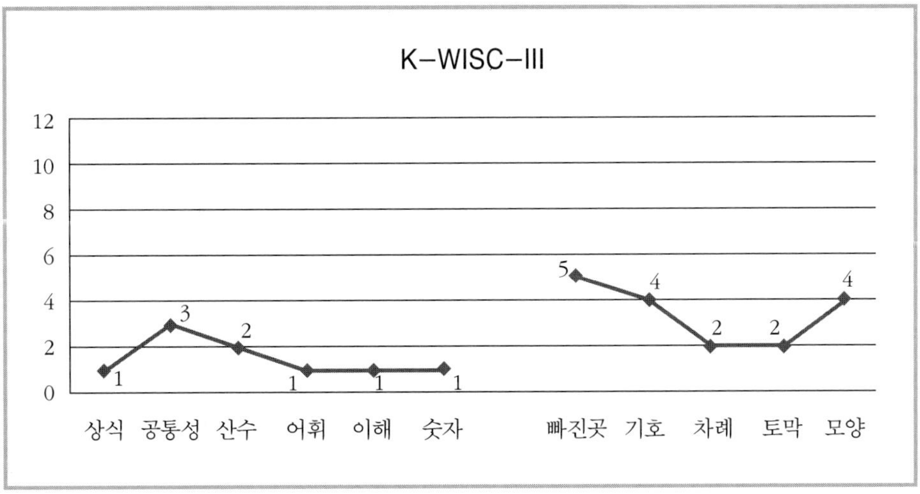

다. 그러나 대면 검사 이후에 실시한 SCT의 모든 문항을 의미에 맞게 작성하고 있어서 현재 측정된 지능 수준보다는 실제 기능 수준이 다소 높을 수 있겠다. 따라서 아동의 제한된 언어표현 수준은 동기 수준과 더 관련이 있어 보이며, 더 나아가 이렇듯 제한된 언어표현이 지속된다면 성장과 발달에 필요한 추가적인 언어학습을 방해할 수 있겠다.

동작성 지능 영역에서는 토막짜기와 모양맞추기, 기호쓰기 소검사에서 제한 시간까지 포기하지 않고 열심히 수행하고 있어서 과제를 해결하려는 의지는 높아 보이지만, 수행 수준이 매우 낮게 나타나고 있어서 오히려 좌절감을 느끼기가 쉬운 것 같다. 한편, 시각적 예민성은 경계선 수준으로 주변 환경에 대한 민감성은 매우 부족해 보이지만, '여자 얼굴' 그림에서 유독 빠르게 반응하고 있어서 주변 사람의 시선에 상당히 민감해져 있는 것 같다. 다만, 상황적 맥락을 파악하는 능력도 극심하게 부족해서 대면 상황에서 적절한 대응을 하기는 어려울 것 같다.

지능검사 결과, 아동의 지능 수준이 하위 1%에도 미치지 못할 정도로 매우 낮게 나타나고 있었다. 그러나 SCT에서 비교적 적절한 의사표현을 하고 있는 것을 고려할 때, 아동의 전반적인 기능 수준이 현재 측정된 수준보다는 다소 높을 가능성도 있겠다. 다만, 언어성 소검사에서 몇몇 쉬운 문항에서만 의미 있는 대답을 한 것을 볼 때, 오히려 다른 대부분의 문항에서 답하지 못한 이유에 실제 기능 수준의 부족도 영향을 미쳤을 것으로 생각된다. 또한 비언어적 과제를 수행할 때 상당히 적극적인 모습을 보였음에도 불구하고 수행 수준이 매우 낮았다는 것을 고려하면, 아동의 기능 수준이 현재 측정된 수준과 별다른 차이를 보이지 않을 가능성이 높아 보인다.

Rorschach 검사 결과, 아동은 총 6개의 매우 적은 반응 수를 보였고, 모든 반응을 동물로만 하고 있듯이 사고 수준이 미숙하고 심리적 자원도 매우 부족한 것 같다. 게다가 형태질 수준이 낮고(X-%=0.83), 특이 영역 반응을 많이 하고 있어서(Dd=3) 스트레스 상황을 회피하기 위해서 주변 사람이 수용하기 어려운 특이한 행동을 하기도 쉬운 것 같다.

▣ 성격과 정서

아동은 HTP와 KFD 등 그림 검사에서 필압이 강하게 나타났고, SCT에서 '나는 공부 잘하는 공상을 잘 한다'라고 하듯이 자신에 대한 기대감을 유지하고 있는 것 같다. 그러나 지능검사에서 나타나고 있듯이 인지능력이 매우 부족한 상태여서, HTP 사람

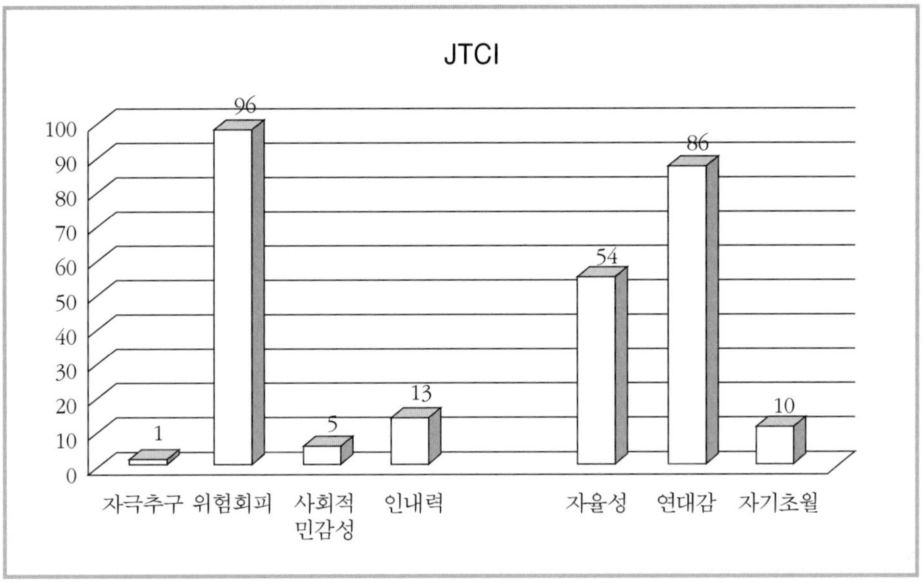

그림에서 손발을 동그랗게 그리고 있듯이 자신의 수준에 맞는 노력도 기울이지 못하고 있는 것으로 보이므로(JTCI: '인내력—13%') 만족할 만한 성과를 얻기는 힘들었던 것 같다. 아동은 주변의 부정적인 평가에 매우 민감해져 있어서(JTCI: '위험회피—96%') 자신에 대한 평가가 예상되는 상황을 극도로 회피해 온 것으로 보이며, JTCI에서 '자극추구—1%'로 나타나고 있듯이 자신의 욕구를 숨긴 채 매우 위축되어 지내 온 것 같다.

또한 아동은 SCT에서 '나는 친구가 있으면 좋겠다' '내가 가장 좋았던 일은 친구와 함께 놀은 것'이라고 하듯이 또래관계에 대한 욕구를 보이고 있으나(HTP: 집 그림 '창문 많음'), JTCI에서 '사회적 민감성—5%'로 나타나고 있듯이 주변 사람과 친밀감을 형성할 수 있는 자원이 부족하고, 검사 전반에 걸쳐 나타나고 있듯이 의사소통 능력도 매우 부족해서 가족과 같은 일부 제한적인 사람들과만 관계를 맺어 왔던 것 같다. 게다가 주변 자극에 대한 지각이 협소하고(Rorschach: Dd=3), 사고 수준이 미숙한 아동은 SCT에서 '내가 제일 걱정하는 것은 아빠가 술 먹은 것' '내가 가장 무서워하는 것은 싸운 것'이라고 하듯이 상황을 전반적으로 이해하지 못하고 단편적인 근거만으로 판단하는 경향이 강해서 사소한 자극에 대해서도 민감하게 반응하며 불안해하는 경우가 많았던 것 같다. 이러한 아동은 Rorschach 검사에서 친밀감에 대한 태도가 나타나는 카드를 제일 싫어하는 카드로 선택하고 있듯이 그나마 관계를 맺고 있는 가까운 주변 사람에게서도 안정감을 느끼지는 못하고 있어서, 정서적으로 불안정한 상태가 지속되고 있는 것으로 보인다.

부모의 MMPI / SCT

• 아버지

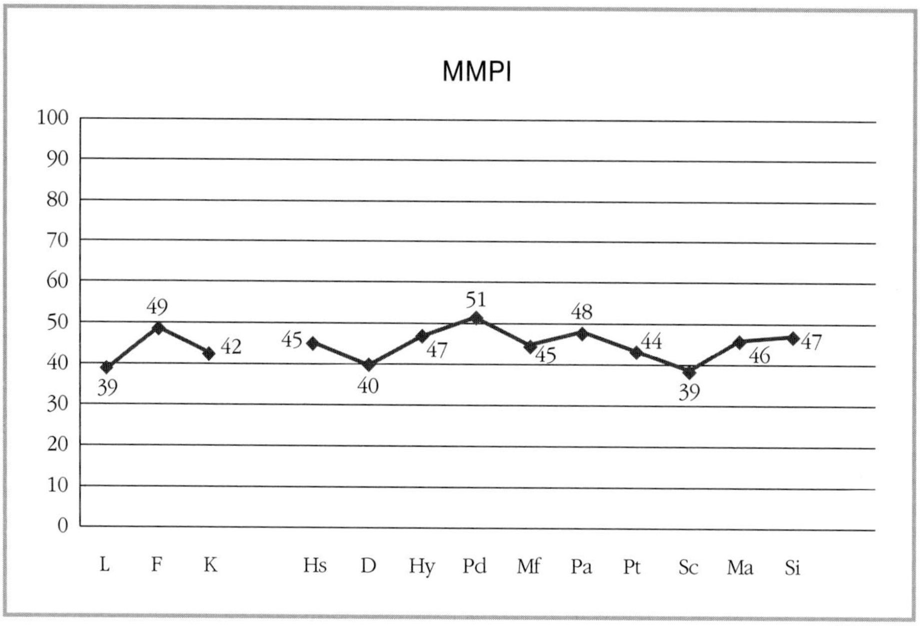

아버지는 MMPI의 모든 척도에서 평이한 점수를 보이고 있으며, '다른 친구들이 모르는 나만의 두려움은 없음'이라고 하듯이 심리적 불편감을 부인하고 있었다. 게다가 '나의 장래는 행복한 삶' '언젠가 나는 부러움 없는 삶'이라고 하듯이 기대감을 보이고 있으며, 자신에 대해서 긍정적인 태도를 보이고 있어서('내가 믿고 있는 내 능력은 손재주') 평상시에는 무난한 모습을 보일 수 있겠다. 그러나 '내가 저지른 가장 큰 잘못은 부모님께 효도' '무엇보다도 좋지 않게 여기는 것은 거짓'이라고 하듯이 관습과 규범을 중요히 여기는 것으로 보이므로 사고가 다소 경직되어 있고 문제 상황에서 융통성 있게 대처하기 어려울 수 있겠다. 또한 SCT에서 문장 작성 시 '내 생각에 참다운 친구는 서로를 이해하는' '결혼생활에 대한 나의 생각은 할까 말까'라고 하는 등 간단한 단어로 작성하면서 끝맺음을 하지 못하는 경우가 많아 피상적인 사고 경향이 나타나고 있으며, '어리석게도 내가 두려워하는 것은 고소공포' '내가 잊고 싶은 두려움은 높은 곳' 등의 반응은 불안에 취약함을 시사하고 있어서 스트레스에 직면하기보다는 부인하고 회피하는 등의 수동적인 대응을 할 가능성이 높아 보인다.

• 어머니

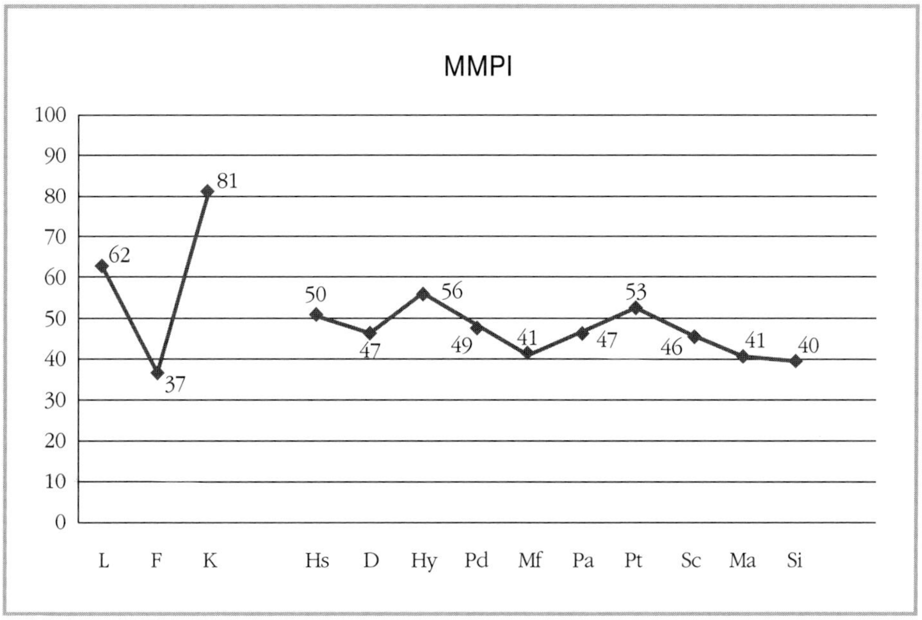

어머니는 '나의 장래는 희망적이다' '내가 믿고 있는 내 능력은 지금 하는 일을 끝까지 자신감을 가지고 열심히 하는 것'이라고 하듯이 긍정적인 태도를 보였고, '우리 윗사람들은 좋은 사람들이다' '내가 제일 좋아하는 사람은 우리 가족, 내 주변에 있는 친구, 가까이 있는 사람'이라고 하듯이 주변 사람과도 폭넓은 관계를 맺고 있는 것 같다. 그러나 MMPI K척도가 극단적으로 상승되어 있고, '내가 저지른 가장 큰 잘못은 없다' '어리석게도 내가 두려워하는 것은 없다'라고 하듯이 심리적인 불편감을 강하게 부인하는 것을 고려할 때, 오히려 내면에 표현하지 못한 고통감이나 스트레스가 있을 가능성이 높아 보인다. MMPI 0번 척도가 낮게 나타나고 있듯이 외향적인 성향이 강해서 자칫 피상적으로만 관계를 맺을 수 있고, 그러면서도 높은 도덕적 가치기준을 바탕으로 주변 사람들에게 무리한 요구를 함으로써 소소한 갈등을 겪을 수도 있겠다(MMPI: L척도－62T).

요약과 제언

• 요 약

전체 지능: 37, 중등도 지적장애 / 언어성 지능: 41, 중등도 지적장애 / 동작성 지능: 43, 중등도 지적장애

아동의 지능 수준은 중등도 지적장애 수준으로 매우 낮게 나타남. 아동의 전반적인 기능 수준이 현재 측정된 수준보다는 다소 높을 가능성도 있으나, 제한된 반응은 무언증 증상보다 실제 기능 수준과 관련이 있을 가능성이 높아 보임. 아동은 성취에 대한 기대감을 유지하고 있으나 인지능력이 매우 부족하고, 충분한 노력을 기울이지 못하고 있어서 기대하는 성과를 얻기는 힘들었던 것으로 보이며, 주변의 부정적인 평가에 민감해져서 자신에 대한 평가가 있을 수 있는 상황에서 말을 하지 않는 방식으로 회피해 온 것으로 생각됨. 관계에 대한 욕구를 보이고 있으나 정서적으로 교류할 수 있는 자원이 부족하고, 의사소통 능력도 부족해서 가족과만 관계를 유지해 온 것으로 보이며, 사고 수준이 미숙해서 주변 환경을 충분히 파악하지 못한 채 필요 이상으로 불안을 크게 느껴 온 것으로 여겨짐. 이러한 아동은 의지할 곳을 찾지 못하고 정서적으로 불안정한 상태가 지속되고 있는 것으로 보임.

• 심리평가 결과, 아동은 다음과 같은 진단이 시사됨.

Axis I. Selective Mutism(Selective Mutism)

Axis II. Mental Retardation, Severity Unspecified

(Unspecified Intellectual Disability)

• 제 언

현재 측정된 지능 수준은 중등도 지적장애 수준으로 나타나고 있지만, SCT 문장 작성과 HTP 그림 수준을 고려하면, 아동의 실제 지적 능력은 다소 높을 수 있어 정확한 지능 평가를 위해서는 무언증 양상이 개선된 이후 재평가가 필요해 보임.

1. 언어표현 능력 기르기
2. 안정적이고 지지적인 가정환경 형성하기
3. 아동이 자존심 상하지 않도록 교육하기

4. 부모의 언어표현 늘리기
5. 수준에 맞는 학업적 노력 기울이기

2) 환경적 결핍, 부모의 특성(여자 / 만 11세 / 초6)

■ 의뢰 사유

아동은 '분리불안' '퇴행' '두통' '학습장애' '분노발작' 등을 주 호소로 상담센터를 방문하였으며, 인지 기능 및 정서 파악을 위해 아동종합심리평가를 실시하였다.

■ 행동 관찰과 면담

예쁘장한 얼굴의 아동은 훤칠하게 큰 키, 마른 체형의 성숙한 외모의 초등학생으로 어머니와 함께 내원하였다. 머리핀으로 고정한 단정한 머리에 옷차림도 깔끔하였으나, 눈썹은 약간 처져 있었고 매우 우울한 표정이었으며, 검사자와의 눈맞춤은 거의 되지 않은 채로 앉아 있었다. 검사실에 들어오면서도 엉거주춤하여 어찌할 바를 몰라 당황하였고, 아예 검사자를 앞에 두고 상체를 90도 각도로 틀어서 앉는 등 시종일관 회피적인 태도를 보였다. 목소리를 내는 것조차 힘들어 보일 정도로 말을 하지 않으려고 하였으며, 말을 하더라도 소리가 작아 재차 물어봐야 하는 경우가 많았다. 전반적으로 언행이 느렸고 억지로 하는 듯한 모습이었다. 다만, HTP에서는 약간의 관심을 보이며 적절하게 수행하고 있어 앞서 나타난 수동적 태도는 주어진 상황에 따라 달리 나타날 가능성이 높아 보인다. 내원 사유에 대해서는 '엄마가 오자고 했다'고 하는 등 문제의식이 전혀 없어 보였으나, 추가적인 질문에 대해서는 '친구들과는 잘 못 지낸다' '아예 놀지 않는다'라고 하듯이 또래관계의 문제는 스스로 인정하였다.

■ 지능과 인지 기능

아동의 전체 지능은 90으로 평균 수준을 나타냈다. 언어성 지능은 85로 평균 하 수준을, 동작성 지능은 98로 평균 수준을 나타냈으며, 두 지능 간 유의미한 차이는 나타나지 않았으나, 소검사 간의 차이가 7점으로 크게 나타나고 있어서 상황에 따른 기능 수준의 차이가 클 것으로 예상된다.

언어성 지능을 살펴보면, 수계산 능력이 평균 상 수준으로 나타나 수 개념을 다루

한국 웩슬러 아동용 지능검사 3판 (K-WISC-III)			
영 역	지 능	백분율(%)	수 준
언어성 지능	85	11.5	평균 하
동작성 지능	98	44.7	평균
전체 지능	90	25.3	평균

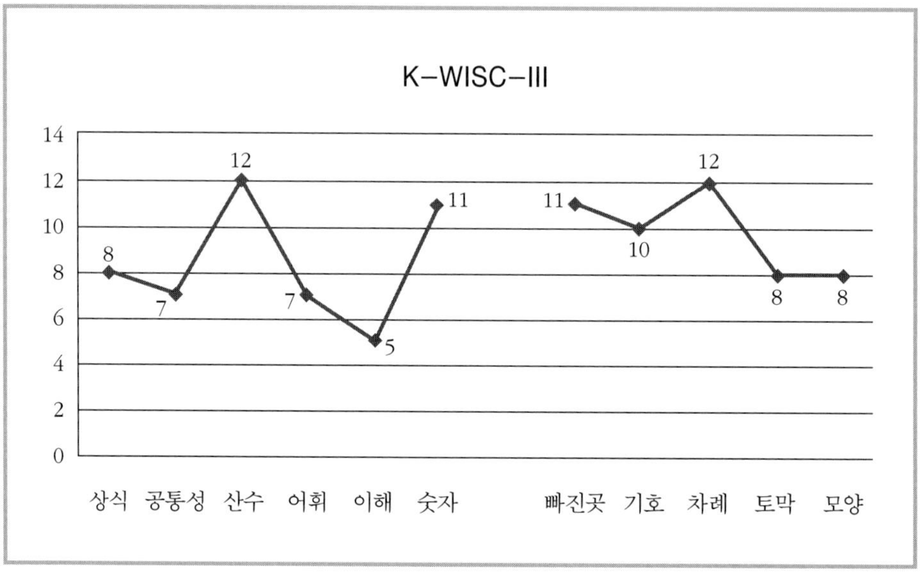

는 능력이 높은 편이었다. 그리고 단순한 자극에 대한 주의력도 평균 수준을 유지하고 있었다. 이에 비해 기본적인 상식과 사회적 상황에 대한 이해력은 평균 하, 경계선 수준으로 나타나 지식 습득을 위한 노력을 충분히 하지 못한 것으로 보이며, 특히 기본적인 관습적 행동을 습득하지 못할 정도로 일상생활 경험이 부족했을 가능성이 높아 보인다. 또한 사물의 유사성을 파악하는 능력과 어휘구사력도 평균 하 수준을 보이고 있어 언어적 개념을 다루는 능력이 또래 수준에 비해 부족해 보이므로 또래 아이들이 공유하는 수준의 성숙한 의사 전달을 하지 못할 수 있겠다.

동작성 지능 영역에서는 상황적 맥락을 파악하는 능력이 평균 상 수준으로 높게 나타나고 있어 사회적 상황에서 전후 맥락을 파악하는 능력은 높은 것으로 나타났다. 그러나 이는 현재 아동의 고립된 사회적 기능과는 상반되는 검사 결과로, 아동의 부족한 사회성은 사회적 판단력의 문제라기보다는 관계 형성을 위한 동기의 문제가 더 클 것으로 생각된다. 시각적 예민성은 평균 수준으로 주변 환경의 사소한 변화를 알아채는 능력도 양호해 보인다. 그리고 시공간 운동속도가 평균 수준을 유지하고 있어 민첩성도 적절히 유지되고 있었다. 그러나 시공간 구성능력과 부분을 통해 전체 상을 구성하는 능력은 평균 하 수준으로 다소 낮게 나타나 문제해결 능력과 응용 능력이 모두 부족해 보이는데, 두 소검사 모두 마지막 과제에서 실패한 점을 고려할 때 낮은 수행은 스트레스에 대한 내성이 부족한 것과도 관련이 있어 보인다.

지능검사 결과, 아동의 지적 잠재력은 평균 상 수준까지도 가능할 것으로 여겨지나, 이에 비해 학업적 노력을 충분히 기울이지 못한 것으로 보이며, 일상생활에서 경험할 수 있는 기본적인 지식들도 매우 부족한 것으로 나타나 어린 시절 주변 환경이 매우 불안정했을 가능성이 높아 보인다. 또한 전반적인 지식 수준과 문제해결 능력이 또래 수준에 미치지 못하는 가운데 사회적 판단력은 적절히 유지되고 있는 것으로 보아 아동의 부족한 사회성은 사회적 판단력의 저하라기보다는 관계 형성을 위한 동기가 부족한 것과 관련이 있는 것 같다.

Rorschach 검사 결과, 단 8개의 단순한 반응만 보이고 있어 스트레스 상황에서 매우 소극적인 대응을 하고 있는 것 같다. 게다가 평범 반응은 2개에 불과하고 형태질의 수준도 낮아(X-%=0.40) 주변 상황을 충분히 고려하지 못하고 문제해결의 질적 수준도 낮을 것으로 여겨진다. 그러면서도 쌍반응은 5개나 보이고 있어 매우 자기중심적인 판단을 내릴 가능성이 높아 보이므로 주변 사람과의 관계에서 갈등을 경험하기 쉬운 것 같다.

■ 성격과 정서

어머니는 설문지상에서 아동의 정서 및 행동에 대해서 총체적인 문제를 호소하고 있으며, 특히 위축된 모습을 강조해서 표현하였다(K-CBCL: '위축'-100T). 아동은 MMPI에서 주관적 불편감을 시사하는 F척도가 모두 50T 이하를 보이면서도, 2번 척도가 70T로 높고 9번 척도는 32T로 낮게 나타나는 등 전형적인 우울증 양상을 보이고 있었다. 게다가 0번 척도가 상대적으로 상승해 있고, '내향성' 소척도가 유의미한 상승을 보이고 있어 주변 사람과 관계를 맺지 못한 채 스스로 고립되어 지내고 있는 것 같다. 아동은 현재 학업에 대한 스트레스를 많이 받고 있는 것으로 보이며(SCT: '내가 좀 더 어렸다면 공부를 시작했을 거다' '내가 좀 더 나이가 많다면 공부 때문에 너무 힘들 것이다' '나는 때때로 어릴 때 공부를 했으면 하는 생각이 든다' '나를 가장 화나게 하는 것은 공부' '나는 공부를 못한다고 생각한다' '나를 가장 슬프게 하는 것은 공부와 아빠의 성

한국아동인성평정척도 (KPR-C)														
	신뢰도	타인 의식	특이 반응	자아 탄력성	언어 발달	운동 발달	불안	우울	신체화	비행	과잉 행동	가족 관계	사회 관계	정신증
T	51	25	70	13	77	65	84	87	55	67	70	82	94	85

아동 · 청소년 행동평가척도 (K-CBCL)														
	사회성	학업 수행	총사회 능력	위축	신체 증상	우울 · 불안	사회적 미성숙	사고 문제	주의 집중	비행	공격성	내재화	외현화	총문제
T	19	39	21	100	64	77	86	75	75	64	74	79	72	80

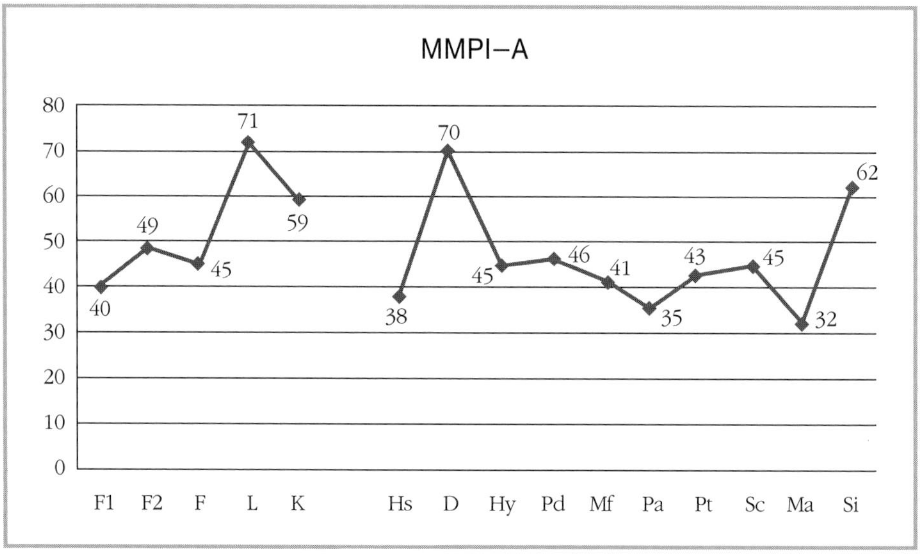

※ 상승한 소척도: 내향성

격'), 이 또한 아동의 우울감 및 학교에 대한 거부감을 가중시키고 있는 것으로 여겨지므로 학업 향상을 위해서는 환경적인 변화가 필요해 보인다.

아동은 HTP의 모든 그림을 크게 그리고 사람 그림에서는 손가락, 발가락을 구체적으로 묘사하는 등 자신에 대한 기대가 나름대로 높고 주변 환경을 스스로 통제하고자 하는 욕구도 강해 보인다. 그러나 나무 그림에서는 외형만 간단하게 그렸고, HTP의 그림들에 대한 질문에 대답하기 힘들어하는 등 주변 사람과 소통할 수 있는 내적 자원이 부족하고, Rorschach 검사에서 '토끼' '돼지' '나비' '늑대' '개구리'

등 대부분 동물 반응만 보이고 있듯이 연령에 비해 사고 수준이 미숙한 아동은 짜증을 부리거나 무조건 고집을 피우는 억지스러운 방식으로 대응할 가능성이 높아 보인다.

아동은 SCT에서 '외딴곳에 혼자 살게 된다면 가족과 제일 같이 살고 싶다'라고 하였으나, KFD에서는 가족 구성원 중 본인만 뒷모습으로 그렸고, HTP의 집 그림에서는 '분위기－어둡다'라고 하는 등 한편으로는 가족과의 관계에서 상당한 불편감을 느끼고 있는 것으로 보이며, 이렇듯 양가적인 태도로 인한 불안감은 가족과의 단절에 대한 가상의 공포로 이어져 분리불안까지 느끼고 있는 것 같다(SCT: '내가 제일 걱정하는 것은 가족이 다치는 것' '내가 꾼 꿈 중에서 가장 무서운 꿈은 동생과 괴상한 데로 가서 가족과 떨어지고 동생이 다치는 꿈' '내가 가장 무서워하는 것은 큰 집에 혼자 있는 것' / TAT: '가족과 싸워서 슬퍼하는 모습').

부모의 MMPI-II / SCT

• 아버지

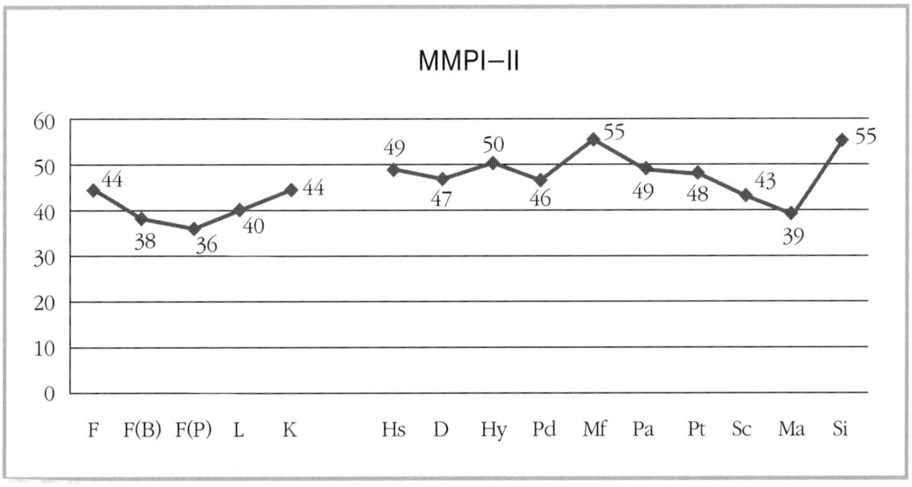

※ 상승한 소척도: 분노, A유형 행동, 사회적 불편감, 수줍음/자의식, 조급함

아버지는 MMPI에서 두드러진 임상 척도의 상승이 나타나진 않았으나, '분노' 'A유형 행동' '조급함' 등의 소척도가 상승하고 있어 성취 지향적이고 경쟁적이며 공격적인 생활 태도를 가지고 있을 것으로 보인다('나의 평생 가장 하고 싶은 일은 영화 주인공처

럼 멋지게 살고 싶다' '언젠가 나는 성공할 것이다'). 그러나 MMPI 9번 척도가 39T로 낮게 나타나 다소 무기력한 상태로 여겨지므로 자신의 현재 모습에 대해 만족하지 못하고 있을 수 있으며, SCT에서 반복되는 자신에 대한 긍정적인 표현들('나의 장래는 밝다' '내가 믿고 있는 내 능력은 꾸준함이다' '우리 가족이 나에 대해서는 제일 소중하다')은 외부적인 스트레스를 부인한 채 자신에게만 몰입하는 모습을 나타낼 수도 있어 주변에서 일어나는 생활 사건들에 대해서는 무심하거나 적대적인 태도를 보일 수 있겠다.

• 어머니

어머니는 MMPI에서 많은 척도가 70T 이상 상승하는 등 매우 고통스럽고 혼란된 모습을 보이고 있었다. 그러면서도 5번 척도의 저하는 극심한 수동성을 시사하므로 스트레스 상황에 직면하기보다는 의존적인 모습을 취함으로써 고통감을 지속시키고 있을 가능성이 높아 보인다. 어머니는 자존감 저하('내가 믿고 있는 내 능력은 없다' '다른 친구들이 모르는 나만의 두려움은 내가 다른 사람에게 실망스러운 존재가 될까 봐 두렵다' '나의 가장 큰 결점은 우유부단, 자기비하, 자신감 저하, 자존감 상실, 의지박약'), 무망감('나의 장래는 없다' '내가 보는 나의 앞날은 골방에서 죽음만을 고통스럽게 기다리는 할머

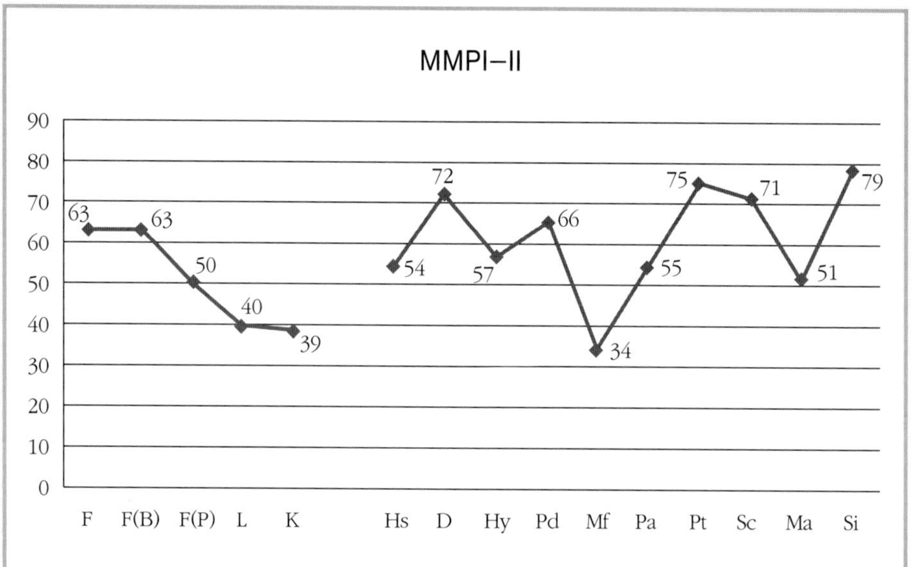

※ 상승한 소척도: 의기소침, 낮은 긍정정서, 역기능적 부정정서, 부정적 정서성, 내향성, 불안, 강박성, 우울, 분노, 낮은 자존감, 사회적 불편감, 가정문제, 직업적 곤란, 부정적 치료지표, 외상후 스트레스 장애, 결혼생활 부적응, 주관적 우울감, 둔감성, 깊은 근심, 권태-무기력, 내적 소외, 사회적 소외, 자아통합 결여-동기적, 동기의 결여, 기분부전, 자기비하, 자살사고, 폭발적 행동, 자기회의, 가족 내 소외, 낮은 동기

니' '내가 정말 행복할 수 있으려면 나는 행복할 수 없는 게 맞다'), 주변 환경에 대한 불만('우리 집 안은 둘러보기 싫은 곳이고 썰렁하다. 어색하다') 등을 호소하고 있어 심한 우울감을 경험하고 있는 것으로 보이며, 이러한 정서적 불편감은 성인임에도 지속되고 있는 유기에 대한 불안('내가 잊고 싶은 두려움은 버림받는 것' '어리석게도 내가 두려워하는 것은 버림받는 것'), 주변 사람과의 관계에 대한 불만('내가 늘 원하기는 배려와 다정한 사랑받아 봤으면 한다') 등과 관련이 있어 보이므로 주변 사람의 반응에 따라 매우 불안정한 정서 변화 및 극단적인 행동을 보일 수 있어 주의가 요망된다.

■ 요약과 제언

• 요 약

전체 지능: 90, 평균 / 언어성 지능: 85, 평균 하 / 동작성 지능: 98, 평균

지능검사 결과, 아동의 지능은 평균 수준으로 나타났으나, 지적 잠재력은 이보다 높을 것으로 추정됨. 다만 오랜 기간 학업적 노력을 기울이지 않은 것으로 보이며, 불안정한 환경으로 인해 학습에 필요한 일상적인 경험들도 매우 부족했던 것으로 여겨지므로 연령 수준에 적절한 행동양식과 지식을 습득하지 못한 것으로 생각됨. 자신에 대한 기대감과 통제 욕구가 높지만 학업적 · 사회적 기능 수준이 부족해 무기력하고 우울감을 느끼고 있는 것으로 보이며, 미숙하고 의존적인 성향으로 인해 문제 상황에서 억지스러운 방식으로 대응하고 있는 것으로 여겨짐. 가족에 대한 양가적인 태도는 통합되지 못한 채 아동에게 불안감을 심어 주고 이러한 정서적 불편감은 아동의 학업적 · 사회적 기능을 제한하고 있는 것으로 생각됨.

• 심리평가 결과, 아동은 다음과 같은 진단이 시사됨.

Axis I. Selective Mutism(Selective Mutism)

Depressive Disorder NOS(Unspecified Depressive Disorder)

한편, 어머니는 Major Depressive Disorder, Borderline Personality Trait가 시사되므로 치료적 개입이 필요해 보임.

• 제 언

수학이나 미술 등 상대적으로 강점을 가지고 있는 영역에 집중하여 학업에 대한 자신감을 키워 주고, 미술치료를 통해 내면의 불편감을 해소하고 치료자와의 지

속적이고 안정적인 관계를 경험할 수 있도록 하는 것이 도움이 될 수 있음.

3) 극단적인 수동성(여자 / 만 11세 / 초6)

■ 의뢰 사유

아동은 '무기력' '말을 하지 않는다' 등을 주 호소로 상담센터를 방문하였으며, 전반적인 인지 기능 및 정서 파악을 위해 아동종합심리평가를 실시하였다.

■ 행동 관찰과 면담

아동은 또래 수준의 키에 왜소한 체격으로 눈이 크고 안경을 쓰고 있었으며 귀염성 있는 얼굴이었다. 뒷머리는 뻗쳐 있었으며 옷에 얼룩이 묻어 있고 냄새도 나는 등 위생 상태는 불량해 보였고, 검사 초반에 책상 아래만 보고 있는 경우가 많아서 눈맞춤은 간헐적으로 이루어졌으나, 검사 후반부에서는 적절한 수준을 유지하였다. 아동은 쉬운 문항에서는 적극적으로 수행하였고, 검사 도구를 앞으로 내밀어 주며 검사자를 도와주기도 하였다. 그러나 어휘, 이해 등 긴 설명이 필요한 과제에서는 전혀 말을 하지 않았고, HTP, KFD 등의 검사에서는 전혀 그림을 그리지 않으면서 갑자기 반응을 거부하는 경우가 반복적으로 나타났다. Rorschach 검사에서도 반응을 거부한 채 40분 동안 침묵하고 있다가 검사자와 장난을 친 뒤에야 정상적인 반응 양상을 보였다. 이후에 SCT를 작성할 때에도 검사자에게 문항을 읽어 주면서 "이렇게 적으면 돼요?"라고 말하였다. 내원 사유에 대해서는 아무런 말도 하지 않고 고개만 좌우로 돌리고 있었다.

■ 지능과 인지 기능

아동의 전체 지능은 57로 경도 지적장애 수준을 나타냈으며, 언어성 지능은 53으

한국 웩슬러 아동용 지능검사 3판 (K-WISC-III)

지 능	점 수	백분율	수 준
언어성 지능	53	< 0.1	경도-중등도 지적장애
동작성 지능	69	2	경도 지적장애
전체 지능	57	0.2	경도 지적장애

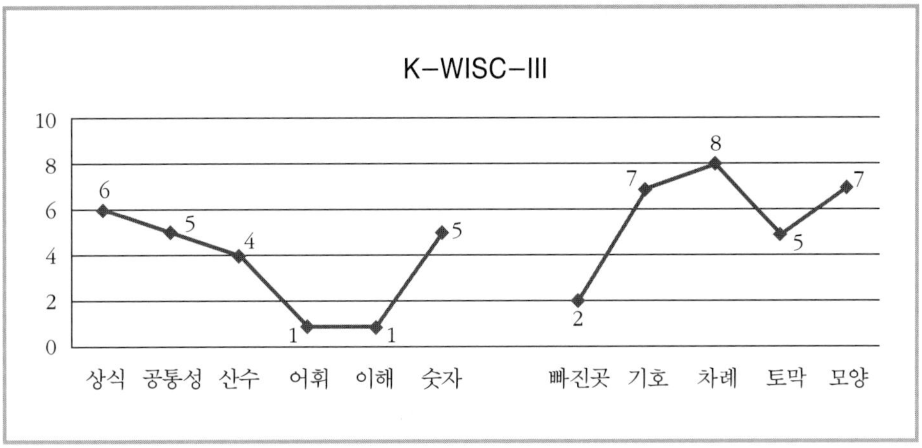

로 경도-중등도 지적장애 수준을, 동작성 지능은 69로 경도 지적장애 수준을 나타냈고, 두 지능 간의 차이는 유의미하지 않았다.

언어성 지능을 살펴보면, 모든 소검사들이 경계선-지적장애 수준에 분포하는 등 전반적인 언어적 자원이 매우 제한적인 것으로 나타났다. 기본적인 상식과 사회적 상황에 대한 이해능력은 각각 경계선, 지적장애 수준으로 나타나서 학업적 · 사회적으로 습득된 지식은 매우 부족해 보인다('다스—연필 1자루' '안전벨트—모른다'). 사물의 유사성을 파악하는 능력과 어휘구사력은 각각 경계선, 지적장애 수준으로 의사소통에 필요한 언어적 자원도 매우 부족해 보인다('티셔츠와 신발—모른다' '모자—모른다'). 다만, 상식, 공통성 등 간단한 답변이 필요한 소검사에서는 기초적인 수준에서 간단한 대답을 하였으나, 어휘, 이해 등 긴 설명이 필요할 때에는 대답을 하지 못하고 있는 것으로 보이므로 언어표현에 대한 부담감이 상당히 큰 것으로 보인다. 한편, 숫자 소검사에서는 바로따라외우기를 다섯 자릿수까지 성공하였고, 산술능력은 지적장애 수준으로 가감 계산은 가능하였으나, 곱셈 문제는 성공하지 못하였다('3×8=11').

동작성 지능 영역에서는 상황적 맥락을 파악하는 능력이 평균 하 수준으로 나타나서 사회적 판단력은 양호해 보이나, 시각적 예민성은 지적장애 수준으로 나타나서 주변 자극에 매우 둔감해 보이므로 상황이 복잡해지면 자신의 능력을 적절히 활용하지 못하고 적응에 어려움을 보일 것으로 생각된다. 부분을 통해 전체 상을 유추하는 능력과 시공간 운동속도는 평균 하 수준으로 나타나서 익숙하거나 간단한 과제를 해결하는 능력은 다소 부족해 보이지만, 시공간 구성능력은 지적장애 수준이어서 추상적인 과제를 해결하는 능력은 매우 부족한 것 같다.

지능검사 결과, 아동은 전반적으로 경도 지적장애 수준을 보이고 있었다. 사회적 판단력은 양호하였으나, 환경 변화에 매우 둔감하여 상황이 복잡해지면 자신의 능력을 적절히 활용하지 못하고 적응에 어려움을 보일 것으로 생각된다. 게다가 언어표현에 대한 부담감이 상당히 크고, 언어적 자원이 빈약해서 의사소통이 필요한 상황에서는 매우 낮은 기능을 보일 것으로 예상된다.

Rorschach 검사 결과, 아동은 총 반응 수가 19개로 스트레스에 대처하려고 부단히 노력하고 있는 것으로 보인다. 그러나 사고 수준이 매우 경직되어 있으며(L=1.25), 왜곡된 형태 반응이 많아서(X-%=0.33) 문제해결 능력이 매우 부족해 보이므로 상기의 노력이 부적절하게 나타날 수 있겠다.

■ 성격과 정서

※ 부모는 미방문하여 설문지 미실시

아동은 SCT에서 '우리 아빠는 우리를 위해 열심히 일을 하신다' '우리 엄마 아빠는 나를 아껴 주신다. 그리고 멋지다'라고 하듯이 부모에 대해 긍정적인 표현을 하고 있었다. 그러나 이러한 표현은 아동이 처한 상황과는 상당히 차이를 보이고 있으며, 친밀감의 대상으로 고양이를 반복적으로 언급하고 있는 것을 볼 때(SCT: '내가 가장 행복한 때는 고양이와 같이 있을 때' '내가 가지고 있는 것 중에서 제일 아끼는 것은 고양이' '내가 만약 외딴곳에 혼자 살게 된다면, 고양이와 제일 같이 가고 싶다'), 실제로는 부모와의 관계에서 친밀하게 느끼지 못하고 있는 것으로 보인다. 또한 아동은 불안 수준이 높으나(SCT: '내가 꾼 꿈 중에서 가장 무서운 꿈은 귀신 나오는 꿈' '내가 가장 무서워하는 것은 높은 계단'), 심리적 불편감을 부인하는 데 익숙해져 있는 것 같다(SCT: '내가 제일 걱정하는 것은 없다' '나의 나쁜 점은 없다'). 따라서 아동은 자신의 불편한 감정을 드러내는 데 어려움이 커 보인다.

지능 수준은 낮지만 인정 욕구와 애정 욕구가 높은 아동은 언어적 자원이 부족함에도 불구하고, SCT에서 '내가 만약 동물로 변할 수 있다면 고양이가 되고 싶다. 왜냐하면 고양이가 좋고 예쁘고 귀엽기 때문이다'라고 하듯이 자신이 할 수 있는 모든 표현을 사용하여 자신의 감정을 나타내고 있는 것으로 보이므로 자신이 할 수 있는 상황에서는 과도한 노력을 기울일 것으로 보인다. 이와 반대로 HTP에서 그림을 그리지 않았고 Rorschach 검사에서도 카드를 제시하자 40분 동안 검사를 거부한 채 아무것도 하지 않는 등 자신의 단점이 드러나는 상황에서는 극도의 수동성을 보일 것으로 예상된다. 다만, 검사자가 40분 동안 같이 자리를 지킨 이후에는 아동이 먼저 적극성을 보이며 검사가 진행된 점을 고려하면, 지지적인 환경이 제공되었을 때 아동의 극단적인 수동성은 개선될 수 있을 것으로 보인다.

■ 요약과 제언

• 요 약

전체 지능: 57, 경도 지적장애 / 언어성 지능: 53, 경도-중등도 지적장애 / 동작성 지능: 69, 경도 지적장애

아동의 지능 수준은 경도 지적장애 수준으로 나타남. 사회적 판단력은 양호하였으나, 환경 변화에 매우 둔감해 보이므로 상황이 복잡해지면 자신의 능력을 적절히 활용하지 못하고 적응에 어려움을 보일 것으로 생각됨. 게다가 언어표현에 대한 부담감이 크고 언어적 자원이 빈약해서 의사소통이 필요한 상황에서는 매우 낮은 기능 수준을 보일 것으로 예상됨. 아동은 부모에 대해 긍정적인 표현을 하고 있었으나, 실제로는 부모와의 관계에서 친밀하게 느끼지 못하고 있는 것으로 보임. 또한 아동은 불안 수준이 높아 보이나, 심리적 불편감을 부인하는 데 익숙해져 있어서 자신의 불편한 감정을 드러내는 데 어려움이 커 보임. 지능 수준은 낮지만 인정 욕구와 애정 욕구가 높은 아동은 자신이 할 수 있는 상황에서는 과도한 노력을 기울일 것으로 보이나, 자신의 단점이 드러나는 상황에서는 극도의 수동성을 보일 것으로 예상됨. 다만, 지지적인 환경이 제공되면 아동의 극단적인 수동성은 개선될 수 있을 것으로 보임.

• 심리평가 결과, 아동은 다음과 같은 진단이 시사됨.

Axis I. Selective Mutism(Selective Mutism)

Mental Retardation, Mild(Intellectual Disability, Mild)

• 제 언

1. 안정적이고 지지적인 환경 조성
2. 언어표현 능력 향상시키기
3. 주변 환경 자극에 적절히 예민해지기

4. 일관된 양육 환경 제공하기
5. 긍정적 감정표현 늘리기

3. 자주 나타나는 반응

1) 주 호소

'학교에서 말을 하지 않는다' / '말이 없고 신경질적이다' / '수줍어하고 부끄럼 많고, 말이 없다'

2) 무언증

행동: 시무룩한 표정으로 질문에 아무런 말도 하지 않았음 / 대부분 "모르겠다."라는 말조차 하지 않은 채 가만히 있음 / 검사 전반에 걸쳐 대부분의 질문에 "모르겠다."라고 말하거나 침묵으로 일관함 / 검사 내내 대답하는 것 말고는 말이 거의 없음 / 자발적인 말은 적었음

지능: 빠진곳찾기 소검사에서 정답을 손가락으로 가리킴 / 언어성 과제에서는 대부분 답변을 하지 않았음 / 어휘 문제 수행 시 안다고 고개를 끄덕이면서도 대답을 하지 않음 / 지능검사의 차례맞추기에 대한 설명을 요구하였을 때 설명 도중에 그만두는 일이 잦았음

3) 분리불안(높은 불안 수준)

행동: "엄마, 거기 있어야 돼." 라며 어머니의 위치를 확인함 / 어머니가 면담 중인 것을 알고 있음에도 불구하고 자신의 휴대폰으로 어머니에게 전화를 걸어 위치를 확인함

HTP: 집 그림과 나무 그림을 좌측 하단에 지면선을 이용해서 그림

Rorschach: '독수리 눈' '거미 눈' '토끼 귀' '나비 눈'

TAT: '깜짝 놀란 표정'

SCT: '선생님들은 무섭다' / '나를 가장 슬프게 하는 것은 엄마가 어디 가는 것' '내가 제일 걱정하는 것은 엄마 핸드폰 켜졌나 안 켜졌나' / '내가 제일 걱정하는 것은 발레 콩쿠르에 나갈까 봐'

4) 무난한 기초적 반응

행동: 발음이나 발성의 문제점은 관찰되지 않았음

Rorschach: 가장 쉽게 자극의 형태를 변별할 수 있는 카드들에서만 '나비' '박쥐' '사람'이라고 반응을 보임

5) 난이도에 따른 극단적 태도(수행 수준) 차이

행동: 과제의 종류에 따른 태도의 차이가 큼

지능: 언어성 지능의 전반적인 저하와 동작성 지능의 전반적인 상승

6) 극단적 거부증

HTP: 사람을 그리라고 하자 못하겠다면서 연필을 던지고 일어서거나 책상 밑으로 계속 발을 굴러 검사자를 건드림

7) 부적절한 친밀감(사회성 부족)

지능: 빠진곳찾기 저하

HTP: 사람 그림에서 '손'을 그리지 않음

8) 미숙함(퇴행)

행동: 목소리가 작고 힘이 없어 보임

지능: '사과'를 '차과'라고 말함

SCT: '가장 행복한 때는 애기 때' / '내가 좀 더 어렸다면 귀여운 아기 모습으로 돌

아가고 싶다'

9) 자신감 부족

행동: 검사자의 기록을 자주 바라봄

18 Chapter 강박장애

1. 심리과정상의 특징

강박장애(Obsessive-Compulsive Disorder)를 가진 사람은 갑작스럽게 머릿속에서 반복되는 생각[강박사고(Obsession)]으로 인해 불안감을 느끼게 되고, 이러한 불안감에서 벗어나기 위해 대응행동[강박행동(Compulsion)]을 하는데, 문제는 대응행동을 해서 불안감에서 벗어나는 시기가 길지 않다는 것이다. 강박사고는 금방 다시 떠오르고 불안감을 떨치기 위해 강박행동을 반복하는 양상은 계속 반복된다.

강박사고와 강박행동을 제대로 보고하지 못하는 경우가 있는데, 보호자와의 면담을 통해서 점검을 해야 한다. 강박행동을 통해서 강박사고를 찾아낼 수 있고, 강박사고를 통해서 아이를 힘들게 하는 핵심 문제가 무엇인지 찾아낼 수 있다. 손을 너무 자주 씻는다면, '손이 지저분하다'라는 생각을 하고 있을 가능성이 높다. 그다음은 핵심 문제를 찾아내야 하는데, '손이 지저분하다'에서 핵심은 '지저분하다'다. 청결과 오염이 아이에게 중요하다는 것을 알았다면 다음 작업은 오염의 대상을 찾는 것이다. 강박행동의 대상은 상징에 그치는 경우가 많다. 따라서 정말 아이가 걱정하는 오염의 대상은 손이 아닌 다른 것일 가능성이 높다. 예를 들면, 엄격하게 자라 도덕성이 너무 높은 여학생이 학원에서 멋진 남학생과 우연히 손이 닿게 되고 순간 키스하는 상상을 했는데, 이러한 욕구를 의식적으로 받아들일 수 없게 되면 손이 깨끗하지 못하다고 생각해서 자꾸 씻게 될 수 있다. 이때 진짜 걱정하는 오염의 대상은 손이 아닌 자신의 순결이다.

강박장애가 있을 때 검사 결과를 보면 분노감이 시사되는 반응들을 자주 볼 수 있지만, 정작 자신은 화가 났다는 것을 인식하지 못하는 경우가 많다. 대개는 억압적인 성향을 가지고 있고, 평소에 지나치게 자신의 욕구를 참는 데 익숙하다. 주변에서도 성실하고 바른 아이라는 인식이 강해서 스스로도 내면의 원초적 욕구를 무작정 부인하고 억압하기 쉽다. 이렇게 억누르는 정도가 강한 것은 자기통제가 지나친 부모의 영향이 크고, 분노감의 대상도 대개는 부모인 경우가 많다.

2. 보고서 사례

1) 통제 가능 범위의 중요성, 분노감의 투사, 오염에 민감(여자 / 만 16세 / 고2)

■ 의뢰 사유

내담자는 '집중력이 떨어짐' '성적 하락' '강박 증상' 등을 주 호소로 내원하였으며, R/O Attention-Deficit/Hyperactivity Disorder, Obsessive-Compulsive Disorder, Depressive Disorder NOS 임상적 인상하에 청소년종합심리평가가 의뢰되었다.

■ 행동 관찰과 면담

단발머리에 안경을 쓴 내담자는 다소 작은 키, 마른 체형의 여고생으로 어머니와 함께 방문하였다. 교복을 입은 단정한 옷차림으로 위생 상태는 양호하였으며, 검사자와의 눈맞춤도 잘 되는 편이었다. 밝은 표정이었고 협조적이었으며, 검사 수행속도가 빨랐다. 웃기도 하면서 여유 있게 검사를 수행하였지만 몇몇 문항에서는 갑작스럽게 많은 시간이 걸리는 모습도 나타났다. 내원 사유에 대해서는 '엄마가 오자고 해서' '집중을 못하고 강박증이 있다'라고 하였다.

■ 지능과 인지 기능

한국 웩슬러 성인 지능검사 (K-WAIS)			
영 역	지 능	백분율(%)	수 준
언어성 지능	123	93	우수
동작성 지능	120	91	우수
전체 지능	124	95	우수

내담자의 전체 지능은 124로 우수 수준을 나타냈으며, 같은 연령대에서 상위 5%의 수준이었다. 언어성 지능은 123으로 우수 수준을, 동작성 지능은 120으로 우수 수준을 나타냈으며, 두 지능 간 양적 차이는 크게 나타나지 않았다.

언어성 지능을 살펴보면, 수계산 능력에서 만점을 받는 등 수 개념을 다루는 데 있어서 탁월한 능력을 가지고 있는 것으로 보인다. 그러나 이에 비해 단순한 자극에 대한 주의력은 평균 수준에 그치고 있으며, 네 자릿수에서 오답을 하는 등 오히려 쉬운 과제에 집중하지 못하는 모습을 보여 주의력상의 문제가 시사된다. 한편, 사물의 유사성을 파악하는 능력과 어휘구사력은 평균 상 수준으로 높게 나타나 언어 개념에 대

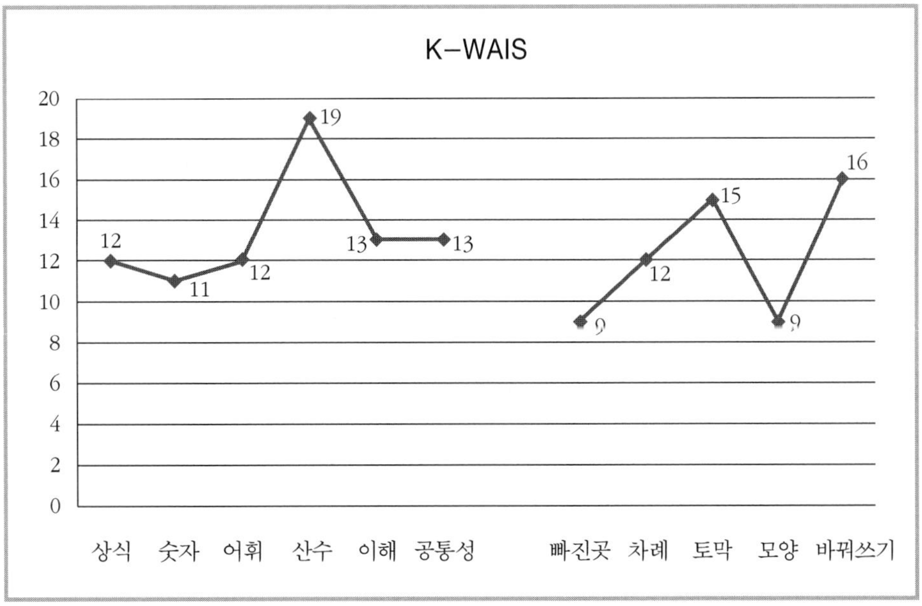

한 이해 수준은 적절해 보였고, 기본적인 상식 수준과 사회적 상황에 대한 이해력도 평균 상 수준으로 나타나 학업적 지식과 사회적 지식의 습득 수준도 양호해 보인다.

동작성 지능 영역에서는 시공간 구성능력이 우수 수준을, 시공간 운동속도가 최우수 수준을 보였으며, 특히 바꿔쓰기 소검사에서는 기준 시간보다 14초를 남긴 채로 과제를 끝내는 등 매우 빠른 반응속도를 보이고 있어 시공간 협응능력이 매우 뛰어난 것 같다. 상황적 맥락을 파악하는 능력은 평균 상 수준으로 사회적 상황에서의 판단 및 대응 능력이 양호해 보이지만, 시각적 예민성은 이보다 3점이나 낮은 평균 수준에 그치고 있어 주변 사람의 감정 반응이나 미묘한 행동 및 외모의 변화에는 둔감할 것으로 생각된다. 또한 부분을 통해 전체 상을 구성하는 능력도 평균 수준이었고 토막 소검사에 비해 6점이나 낮은 수준임을 고려할 때, 내담자는 사고의 유연성이 상대적으로 부족해 보이므로 비구조화된 상황에서는 상당한 혼란감을 느낄 수도 있겠다.

지능검사 결과, 내담자는 숫자나 도형 같은 기계적인 자극을 다루는 능력이 매우 뛰어나 보인다. 또한 이러한 자극들이 구조화된 환경 속에서 주어질 때 우수한 대처능력을 발휘할 수 있을 것으로 기대된다. 그러나 이에 비해 주변 사람의 눈치를 보거나 갑작스러운 상황에 대응해야 하는 등 비구조화된 상황에서의 대처능력이 상대적으로 부족하고, 주의 지속력도 그다지 길지 않아 자신의 통제 범위를 벗어난 상황에서는 원래 기능 수준에 훨씬 미치지 못하는 기능을 보일 수 있겠다.

Rorschach 검사 결과, 평범 반응을 4개 보이듯이 관습적 지각능력은 적절해 보인다. 그리고 총 13개 반응 중 일반적인 부분 반응(D)을 8개나 보이듯이 주변 사람의 시선에도 민감해져 있는 것 같다. 그러나 높은 지적 능력을 가지고 있음에도 불구하고 총 반응 수는 13개에 그칠 정도로 스트레스 상황에서는 사고의 유연성이 크게 떨어질 것으로 예상된다. 이러한 내담자는 Rorschach IX번 카드, TAT 19번 카드 등 가장 애매모호한 카드들에서 모두 반응에 실패하고 있어서 비구조화된 상황에서 대처능력이 현저하게 떨어지는 것 같다(SCT: '나에게 이상한 일이 생겼을 때 불안해서 몇 시간이고 며칠이고 아무 일도 못한다'). 한편, 내담자는 사물의 다양한 특성에 관심을 두고는 있으나, 이를 효율적으로 다루지 못한 채 자기만의 생각에 빠져 지내고 있을 가능성이 높아 보이고, 동물운동 반응을 6개나 보이듯이 자기 자신에 대한 부정적인 생각을 필요 이상으로 반추하고 있을 것으로 여겨지며, 이는 강박적 사고 및 행동으로 이어질 수 있어 주의가 요망된다.

성격과 정서

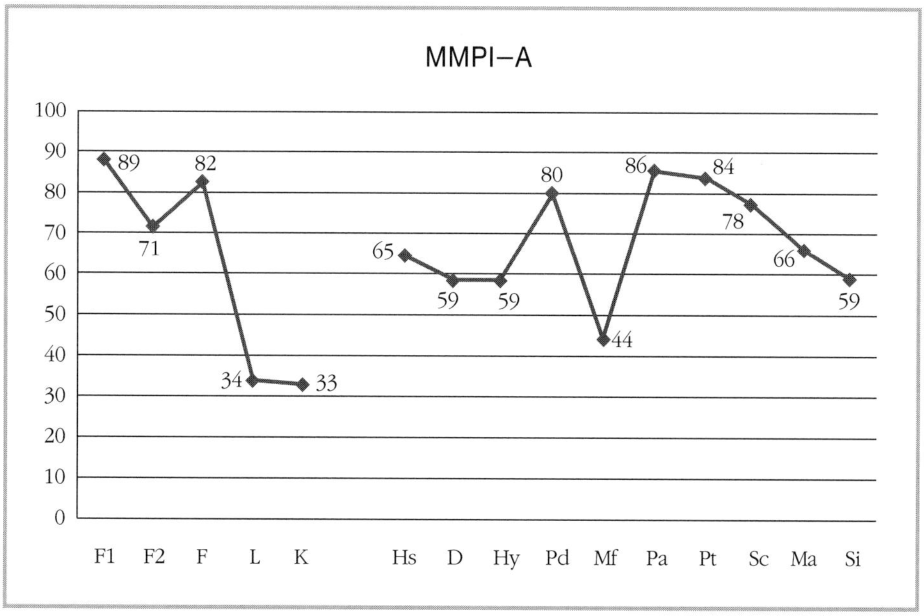

※ 상승한 소척도: 불안, 강박성, 우울, 기태적 정신상태, 냉소적 태도, 품행문제, 알코올 중독, 알코올/약물 문제 인정, 알코올/약물 문제 가능성, 미성숙, 정신증, 부정적 정서성, 둔감성, 깊은 근심, 권태-무기력, 권위불화, 사회적 소외, 피해의식, 정서적 소외, 자아통합 결여, 기분부전, 자기비하, 대인관계 회의, 정신증적 증상, 편집증적 사고, 성마름, 염세적 신념, 표출행동, 반사회적 태도, 가정불화, 낮은 자기개방

내담자는 MMPI에서 6, 7, 8번 척도가 매우 높게 상승해 있고 4번 척도도 이와 비슷하게 상승해 있어 주변 환경을 위협적으로 인식하며 상당한 고통감과 혼란감을 느끼고 있고 불편한 환경에 대한 불만도 상당히 커 보인다. 그러나 K척도가 낮은 내담자는 불만만 쌓여 있을 뿐 이를 해결하기 위한 건설적인 노력을 기울이지는 못하고 있는 것 같다.

내담자는 HTP의 집 그림에서 창문을 7개나 그렸고, 여자 그림에서 가슴에 하트를 그리는 등 애정 욕구가 매우 높아 보인다. 그러나 SCT에서 '내 생각에 가끔 아버지는 슈퍼맨 같다' '나의 어머니는 욕심이 과하다' 등의 반응을 보이듯 지나치게 이상적인 모습으로 비춰지는 아버지와 자신에게 요구가 많은 어머니 상을 가지고 있는 내담자는 상기의 욕구를 충족시키지 못한 채 스스로 높은 이상을 설정하고('내가 어렸을 때는 천사였다'), 그러한 이상적인 모습에 도달하지 못하는 자신을 보며 상당한 부적절감을 느껴 왔을 것으로 여겨진다(SCT: '우리 가족이 나에 대해서 기대가 매우 크다' '내가 믿고 있는 내 능력은 잘 모르겠다' '나의 장래는 불확실하다').

내담자는 HTP의 집 그림에서 '평범하다', 나무 그림에서 '일반 가로수' 등 내면의 모습을 드러내지 않으려는 방어적인 모습을 보이고 있으나, 주변의 기대에 미치지 못하는 자신의 모습에 대한 부적절감과 내면의 분노감을 주변 사람들에게 투사하여(Rorschach: '동물의 피가 흘러 밖으로 나오는 장면' '악령') 주변 환경을 적대적으로 인식하며 경계하고 있을 정도로(TAT: '감시한다' '미행한다' '탈출을 시도한다' / Rorschach: '도깨비, 사악한 눈') 매우 강도 높은 스트레스를 받고 있는 것 같다. 이러한 내담자는 자신을 제외한 주변 환경이 오염되어 교체해야 할 대상으로 여기고 있는 듯 보이나(HTP 나무 그림 '오염이 덜 된 깨끗한 곳으로 갈 수 있으면 좋겠다'), 비현실적이고 극단적인 방법을 통해 현재의 불편감에서 벗어나고자 하고 있어(HTP: 집 그림 '앞으로—철거하고 다시 짓는다', 나무 그림 '앞으로—새로운 나무로 교체된다' / SCT: '내가 정말 행복할 수 있으려면 시간을 돌려야 한다' '내가 잊고 싶은 두려움은 기억상실증에 걸려서라도 잊고 싶다') 강박적인 사고와 행동만 증가할 뿐 현실적인 문제해결은 어려워 보인다.

■ 요약과 제언

- 요 약

  전체 지능: 124, 우수 / 언어성 지능: 123, 우수 / 동작성 지능: 120, 우수

  내담자의 지능은 우수 수준으로 매우 높게 나타났으며, 특히 기계적이고 구조화된 자극을 다루는 능력이 매우 뛰어난 것으로 보임. 그러나 비구조화된 상황에서의 대처능력이 상대적으로 부족하고, 주의지속력도 그다지 길지 않아 자신의 통제 범위를 벗어난 상황에서는 원래 기능 수준보다도 훨씬 미치지 못하는 기능을 보일 수 있음. 내담자는 스트레스 상황에서 사고의 유연성이 급격히 저하되면서 주변의 도움을 얻지 못한 채 혼자서만 반추하는 경향이 강해 보이므로 강박적인 사고와 행동으로 이어질 가능성이 높아 보임. 애정 욕구가 높지만 이를 충족하기보다는 주변의 기대에 맞춰 높아진 이상적인 기준에 이르지 못한다는 불안감이 커 보이며, 이로 인해 주변 환경에 대한 불만도 많아 보이지만 이러한 불편감을 주변에 투사하여 환경을 적대적이고 위협적인 것으로 인식함으로써 오염에 대한 경계와 청결에 대한 강박적인 집착에 이른 것으로 생각됨.

- 심리평가 결과, 내담자는 다음과 같은 진단이 시사됨.

Axis I. Obsessive-Compulsive Disorder(Obsessive-Compulsive Disorder)
Attention-Deficit/Hyperactivity Disorder
(Attention-Deficit/Hyperactivity Disorder, Combined presentation, In partial remission)

2) 완벽주의, 인지적 효율성 저하(여자 / 만 17세 / 고3)

■ 의뢰 사유

내담자는 '여러 가지 생각이 들어서 공부를 할 수가 없다' '아침부터 걱정이 시작된다' '공부를 왜 하는지 모르겠다' 등을 주 호소로 내원하였으며, Depressive Disorder NOS, Obsessive-Compulsive Disorder 임상적 인상하에 청소년종합심리평가를 실시하였다.

■ 행동 관찰과 면담

내담자는 보통 키, 다소 마른 체형의 여고생으로 어머니와 함께 약속 시간보다 40분 정도 늦게 내원하였다. 위생 상태는 양호하였으나, 검사자와의 눈맞춤은 잘하지 않았고, 시선을 어디에 둘지 몰라 난처해하는 모습이었다. 검사에 협조적으로 응하였으나, 목소리가 작고 무표정하였으며, 문제를 제시하면 당황해하는 경우가 자주 있었다. 과제 수행 속도는 다소 느려서 하나하나 신경 쓰는 편이었다. 간혹 과제가 어려울 때 어색하게 웃는 경우가 있었으나, 얼굴 표정은 전반적으로 우울해 보였다. 한편, 대면 검사 종료 후 YSR과 SCT를 작성하도록 하였으나 힘들다며 거부하였다. 면담 시 내원 사유에 대해서 '여러 가지 생각과 걱정이 들어 집중할 수가 없다' '아침부터 걱정으로 시작한다' '공부하고 싶은데 할 수가 없다' 등을 호소하였으며, '공부는 무엇을 위해 하는가?'라는 근본적인 의문을 제기하기도 하였다. 그리고 자신의 사소한 걱정에 대해서는 '친구 질문에 내 대답이 잘못되었을까 봐' '나 때문에 친구에게 피해가 갈까 봐' 등을 언급하였다. 한편, 내담자는 중학교 때 아버지의 실직 당시를 '이전까지 적극적이었던 자신을 소극적으로 바꾼 어두운 시기'라고 하였고, '아버지에 대해서 분노가 있었다'라고까지 말한 반면, 아버지는 같은 시기 내담자에 대해서 '약간 시무룩했으나, 특별히 다른 건 느끼지 못했다'라고 하는 등 내담자에 대해서 내담자와 부모 간의 시각차가 매우 크게 나타나고 있었다.

지능과 인지 기능

한국 웩슬러 성인 지능검사 (K-WAIS)			
영 역	지 능	백분율(%)	수 준
언어성 지능	115	84	평균 상
동작성 지능	96	41	평균
전체 지능	108	71	평균

내담자의 전체 지능은 108로 평균 수준을 나타냈으며, 같은 연령대에서 상위 29%의 수준이었다. 언어성 지능은 115로 평균 상 수준을, 동작성 지능은 96으로 평균 수준을 나타냈다. 두 지능 간의 유의미한 양적 차이가 나타나고 있으며, 소검사 간의 차이도 11점으로 크게 나타나고 있어 인지 기능의 비효율성이 시사된다.

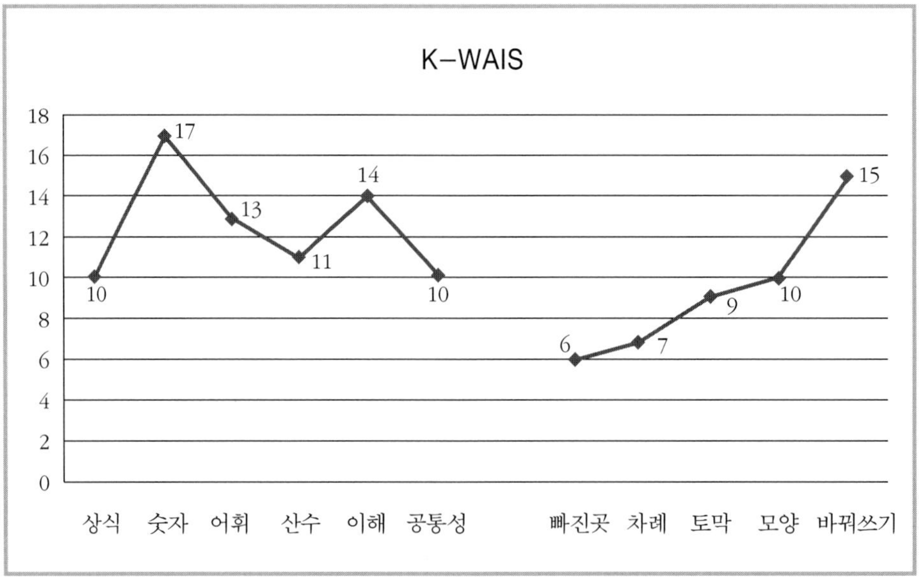

언어성 지능을 살펴보면, 단순한 숫자 자극을 따라 외우는 능력이 최우수 수준으로 나타나고 있어 단기집중력은 매우 우수한 것으로 나타났다. 그러나 보다 복잡한 산수 자극에 대해서는 평균 수준의 대응능력을 보이는 등 과제의 복잡성이 증가함에 따라 주의집중의 어려움이 커지는 것으로 나타났다. 내담자는 사회적 상황에 대한 이해력이 우수 수준으로 높게 나타났으며, 어휘구사력도 평균 상 수준을 보이는 등 전반적인 이해력과 표현력은 또래 수준에 비해 높아 보인다. 그러나 기본적인 상식 수준과 추상적인 사고능력이 평균 수준에 그치는 등 학업 수행능력과 높은 상관을 보이는 소척도에서 자신의 실제 학업 수준에 비해 저조한 수행을 보이고 있으며, 내담자의 대답 양상을 고려할 때 상대적으로 저조한 수행은 지나치게 완벽한 대답을 하려는 경향('김소월—진달래꽃, 한을 부각하여 민요조의 시를 지음, 김억의 제자')과 인지적 유연성의 부족('산속—그냥 느낌대로 걸어간다') 등이 관련이 있는 것 같다.

동작성 지능 영역에서는 가장 단순한 과제인 기호쓰기에서만 우수 수준의 수행을 보였으며, 시공간 협응 및 운동 속도는 매우 뛰어난 수준으로 여겨진다. 그러나 기본적인 문제해결 능력을 시사하는 토막짜기, 모양맞추기 등의 소검사에서 평균 수준의 수행에 그쳤고, 특히 토막 소검사에서 높은 응용력을 요구하는 문항에서 실패하는 등 인지적 유연성이 부족해 보인다. 그리고 상황적 맥락을 파악하는 능력은 평균 하 수준이며, 시각적 예민성은 경계선 수준이어서 대인관계를 형성하고 유지하는 데 필요한 능력이 또래 수준에 비해 부족한 것으로 나타나고 있어 친구들과 어울리는 데 있어서 불편감이 있을 수 있겠다.

지능검사 결과, 내담자의 언어성 지능은 평균 상 수준으로 높게 나타난 반면, 동작성 지능은 평균 수준에 그치고 있어 언어 및 학업적 성취 수준에 비해 실제 행동상의 대처능력은 부족해 보이며, 학업을 제외한 사회적 능력이나 상황에 따른 문제해결 능력은 또래 수준에 비해 부족하거나 부적절할 수 있겠다. 또한 2개의 지능 영역에서 모두 가장 쉽고 단순한 소검사에서 극단적으로 높은 수준의 수행을 보인 반면 다른 소검사들은 평이하거나 평균에도 미치지 못하는 수행을 보이는 등 불균형이 심한 것으로 나타나고 있는데, 이는 전반적으로 자신의 의지만큼 수행을 하지 못하고 있는 상황에서 지나치게 긴장되는 내담자의 태도가 반영되어 있는 것 같다.

Rorschach 검사 결과, 17개의 적절한 반응 수를 보이고 있으며, 주변의 다양한 자극들에 고르게 관심을 두고 있었다. 평범 반응도 5개로 관습적 지각능력이 양호한 것으로 보인다. 그러나 논리적이고 이성적인 판단을 하기보다는 감정적이고 충동적인 판단을 하는 경향이 있으며, 특히 부정적인 사고 내용을 지나치게 반복하고 있어서, 스트레스 상황에서 특정 영역에 과도하게 몰입함으로써 평소와 달리 비정상적인 행동을 보일 수도 있겠다.

성격과 정서

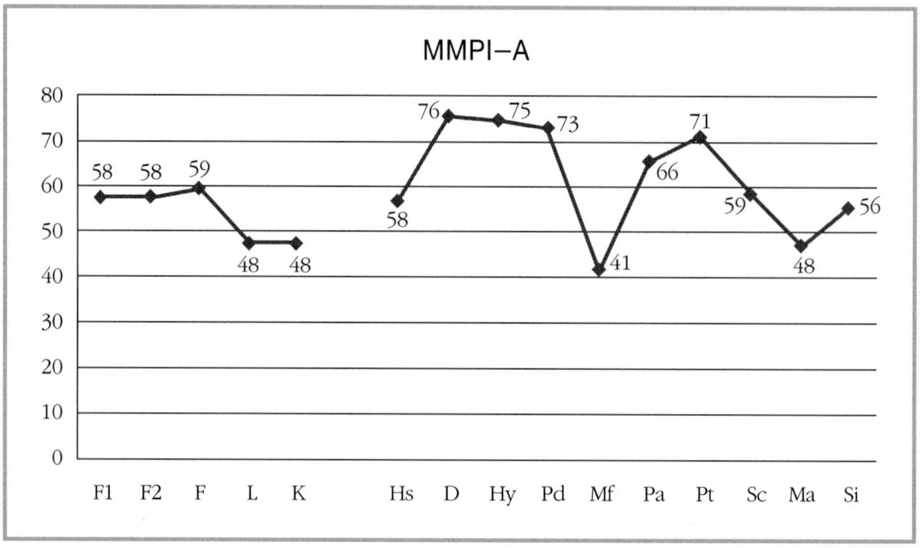

※ K-YSR은 제출하지 않았음.

※ 상승한 소척도: 불안, 강박, 부정적 정서성, 주관적 우울감, 정신운동지체, 신체적 기능장애, 깊은 근심, 권태-무기력

HTP의 나무 그림에서 '크고 굵직굵직한 나무. 오랜 시간 사람들에게 그늘을 만들어 주는 나무'라고 하듯이 자신에 대한 기대가 크고 긍정적인 것 같다. 그러나 MMPI에서 2, 3, 4, 7번 신경증 척도가 모두 70T 이상으로 높게 상승하고 있어 현재는 극심한 정서적 고통감 및 혼란감에 빠져 있는 것으로 보이며, 상대적으로 F척도는 그다지 높지 않아 상기의 불편감이 장기간 지속되어 온 것으로 생각된다. 주변 환경에 대한 불만족감이 매우 큰 것으로 생각되나, 애정과 인정에 대한 욕구가 높은(HTP: 나무 그림 '필요—사람들이 있어 주는 게 필요하다. 밤이 되어 사람들이 떠나면 쓸쓸하다' / Rorschach: '사랑하는 감정이 있는 남녀' '숲 속의 동물들이 모여서 하는 잔치. 왕에게 선물을 바친다') 내담자는 자신의 불만을 잘 표현하지 못한 채 억누르고 있을 가능성이 높아 보인다. 그리고 이러한 억압적 상태가 오랜 기간 지속되면서 경험하게 된 무기력감(HTP: 모든 그림 '선이 흐리고 그림이 작음')과 적대감(Rorschach: '불사조' '뭔가 분출하려는 화산')은 각각 우울 및 불안 등 정서적 불편감(Rorschach: '검은 나비. 검정색이 불쾌하다')을 일으키고 있는 것 같다. 이러한 내담자는 Rorschach 검사에서 '숨어서 지켜보는 동물'이라고 하였고, HTP의 집 그림에서는 울타리를 그리는 등 주변 사람을 경계하는 모습까지 보이고 있다.

내담자는 Rorschach I번 카드에서 '용. 전체적으로 압도하는 분위기' '모호한 것들이 많아서 가장 싫다' 등의 반응을 보이듯 낯설고 불쾌한 자극에 대해서 상당한 중압감을 느끼고 있고, 특히 미결정성(indecisiveness)으로 인한 불편감이 가중되는 것 같다. 이러한 내담자의 미결정성은 HTP의 사람 그림에서 극대화되어 나타나고 있었다. HTP에서 얼굴만 3번 그리다가 사람을 결국 그리지 못했다. 그리지 못한 이유에 대해서 '남녀 누굴 그려야 할지 모르겠다' '얼굴이랑 목이랑 어떻게 매치해야 하는지 모르겠다' '얼굴에 자신이 없다' '눈, 코를 세밀하게 그려야 하는데 못 그린다' 등의 대답을 하듯이 미결정성과 더불어 지나치게 예민하여 매우 구체적인 계획을 세우면서도 좌절에 대해서는 극도의 불안감을 보이고 있었다. 그리고 이러한 불안감이 사람 그림에서 나타났다는 점을 고려할 때, 현재 주변 사람과의 관계에서 심한 불편감을 경험하고 있을 것으로 예상된다. 또한 내담자의 강박사고의 내용('자신이 남에게 피해를 주는 것')을 역설적으로 볼 때, 내담자의 불만은 '주변 사람으로 인해 피해를 당하고 있는 자신'일 수도 있겠다.

◻ 요약과 제언

- 요 약

  전체 지능: 108, 평균 / 언어성 지능: 115, 평균 상 / 동작성 지능: 96, 평균

  내담자는 평가 상황에서 자신의 의지만큼 수행을 하지 못하는 상황을 인식하고 최대한 이를 보완하기 위해 노력하고 있는 것으로 보이나, 언어적 · 학업적 성취 수준에 비해 실제 행동상의 대처능력은 현격하게 낮게 나타났으며, 이는 현재 지나친 강박사고와 관련하여 인지적 효율성이 저하되어 있는 것과 관련이 있어 보임. 그리고 부정적인 사고 내용을 지나치게 반복함으로써 사고 내용이 과장되고 극단적인 양상을 보일 수 있음. 내담자의 반복되는 사고 내용은 '자신이 남에게 피해를 주는 것'인데, 이는 역설적으로 현재 '자신이 피해를 당하고 있음'을 시사함. 이러한 내담자는 주변 사람에 대해 예민해져 있고 경계하는 태도를 보이고 있으나, 이렇듯 불편한 상황이 오랜 기간 지속되어 오면서 무기력하고 한편으로는 분노, 적대감 등도 쌓여 온 것으로 보임.

- 심리평가 결과, 내담자는 다음과 같은 진단이 시사됨.

  Axis I. Depressive Disorder NOS(Unspecified Depressive Disorder)

Obsessive-Compulsive Disorder(Obsessive-Compulsive Disorder)

• 제 언

겉으로 보이는 것과는 달리 내면의 고민과 감정에 대해서 충분히 공감받지 못한 채 혼자서만 고민하는 시간이 많아 극단적인 생각에까지 이르게 된 것으로 여겨지며, 주변 사람, 특히 가족이 이러한 자신의 불편감을 충분히 인식하지 못했던 것으로 보이므로 상담 치료와 함께 가족의 공감적인 개입도 필요할 것으로 생각됨.

19 Chapter 신체이형장애

1. 심리과정상의 특징

거울을 보다 보면 어느 날은 정말 잘생기고 예뻐 보일 때가 있는 반면, 어느 날은 밖에 나가기 싫을 정도로 못생겨 보일 때가 있다. 체형도 마찬가지다. 몸무게는 똑같은데 어느 날은 날씬해 보이고, 어느 날은 뚱뚱해 보인다. 얼굴 외형과 신체 체형은 사실 잘 바뀌지 않는다. 성형이라는 극단적인 방법을 사용하지 않는 한, 학교 성적보다 신체적 외모를 바꾸기가 더 힘들 것이다. 따라서 이전보다 지나치게 나 자신이 못나 보인다면, 이것은 다분히 심리적인 현상으로 볼 수 있다. 잘생겨지기도 힘들지만, 갑자기 못생겨지기도 어렵다.

나의 외형은 나를 상징한다. 내가 이전보다 못생겨졌다는 것은 여러 가지 심리적인 상태 중에서 어느 영역이 이전보다 떨어졌다는 것을 시사한다. 그것도 이전에는 괜찮다고 생각하며 만족했던 영역에서 떨어졌을 가능성이 높다. 원래 부족했다고 여기는 능력에 대해서는 기대도 하지 않기 때문에 조금 떨어졌다고 실망하진 않는다.

오히려 내가 잘한다고 생각했는데 그 능력이 떨어지거나 더 이상 통용되지 않을 때 불안감이 밀려온다. 그리고 이전 능력을 더 높게 평가할수록 불안감은 더 커지기 마련이다.

그런데 왜 하필 몸일까? 자존감이 떨어지면 그냥 우울한 상태에 빠질 수도 있는데, 왜 어렵게 몸을 선택한 것일까? 복통, 두통 등과 같은 질병 증상뿐 아니라 몸으로 핑계를 대는 것은 모두 퇴행이다. 신체 상태는 의학적으로나 객관적으로 확인 가능한 것들이 많은데, 그것을 이유로 든다는 것은 매우 미숙하고 순진한(naive) 문제해결 방식이다. 더군다나 의학적 판단이 가능한 신체 관련 장애보다 신체이형장애(Body Dysmorphic Disorder)에서는 더 그렇다. 구분할 것은 공부를 잘하는 것과 성격적으로 미숙한 것은 별개라는 것이다.

2. 보고서 사례

1) 외로움, 관계 단절에 대한 두려움, 자존감 저하(여자 / 만 15세 / 고1)

■ 의뢰 사유

내담자는 '또래관계가 어렵다' '학교 가기 싫다' '몸에서 냄새가 난다' '감정 기복이 심하다' 등을 주 호소로 상담센터를 방문하였으며, 전반적인 인지 기능 및 정서 파악을 위해 청소년종합심리평가를 실시하였다.

■ 행동 관찰과 면담

내담자는 보통 키에 마른 체격으로 눈에는 다크서클이 있고, 검은 점퍼를 입고 있었으며, 어머니와 함께 센터에 방문하였다. 위생 상태는 양호하였으나, 다른 곳을 응시하면서 말하는 경우가 많아서 검사자와의 눈맞춤은 간헐적으로 이루어졌다. 무표정한 얼굴이었고, 말의 속도가 느리고 작은 목소리로 대답해서 다시 물어봐야 하는 경우가 많았다. 그리고 손으로 턱을 괴거나 책상에 엎드리고, 의자에 기대는 등의 모습을 많이 보이고 있어서 무기력해 보였다. 그러면서도 검사자의 지시 사항을 반복적으로 따라 말하였고, 자신의 생각을 소리 내서 중얼거리기도 하였다. 또한 언어적 반응이 매우 느렸고, "어딘가…… 살짝…… 찜찜한 구석이 있는 것 같다."라면서 말하는 중간에 한

참을 고민한 후에 대답을 하는 경우가 많았다. 내원 사유에 대해서는 '스트레스를 받으면 배가 아프다' '대인관계 문제로 인해서 스트레스가 많다' '내가 이 성격으로 잘 살 수 있을까 하는 생각이 든다'라며 자신의 문제들을 비교적 솔직하게 말하였다.

지능과 인지 기능

한국 웩슬러 아동용 지능검사 4판 (K-WISC-IV)			
영 역	지 능	백분율(%)	수 준
언어이해	96	40	평균
지각추론	109	72	평균
작업기억	109	72	평균
처리속도	106	66	평균
전체 지능	106	65	평균

내담자의 전체 지능은 106으로 평균 수준을 나타냈으며, 같은 연령대에서 상위 35%의 수준이었다. 언어이해는 96으로 평균 수준을, 지각추론은 109로 평균 수준을, 작업기억은 109로 평균 수준을, 처리속도는 106으로 평균 수준을 나타냈으며, 각 지능 영역 간의 차이는 크게 나타나지 않았다.

언어이해 영역에서는 사회적 상황에 대한 이해력이 평균 상 수준으로 나타나서 관

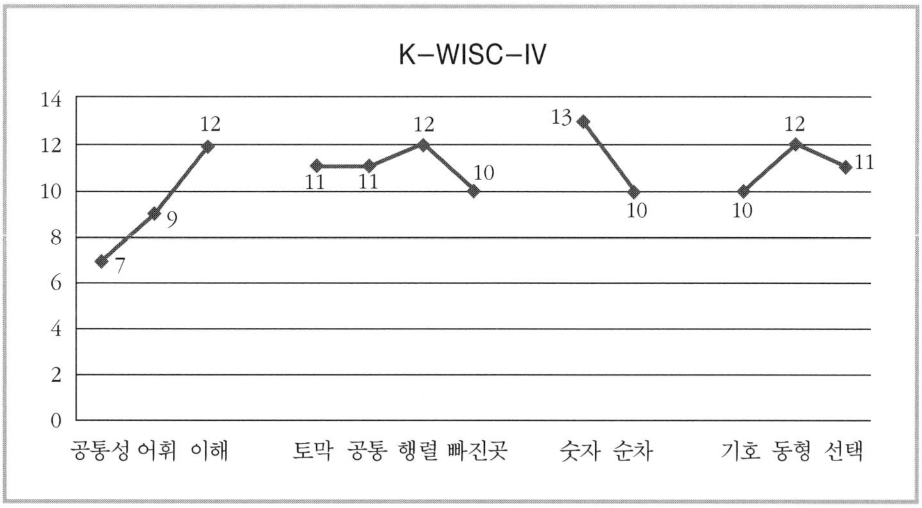

습 및 규범에 대한 습득 수준이 다소 높은 것 같다. 그리고 어휘구사력이 평균 수준을 보이고 있어서 언어를 통해 의사소통하는 능력이 양호해 보이나, 사물의 유사성을 파악하는 능력이 평균 하 수준으로 나타나고 있어서 고차원적인 개념에 대한 이해력이 필요한 상황에서는 기능이 다소 저하될 수 있겠다('셔츠와 신발—꿰매서 만들 수 있다').

지각추론 영역에서는 전체를 고려하여 핵심을 파악하는 능력이 평균 상 수준을 보이고, 자극 간의 관련성을 찾아내는 능력이 평균 수준으로 나타나고 있어서 주어진 자극을 통해서 추론하는 능력이 적절해 보인다. 그리고 시공간 구성능력이 평균 수준을 보이고 있어서 도구를 다루는 능력도 양호한 것 같다. 또한 시각적 예민성이 평균 수준으로 나타나고 있어서 주변 환경 변화에도 적절하게 반응할 것으로 여겨진다.

작업기억 영역에서는 간단한 자극에 주의를 기울이는 능력이 평균 상 수준, 복잡한 자극에 주의를 기울이는 능력이 평균 수준을 보이고 있어서 전반적인 주의집중력이 양호해 보인다.

처리속도 영역에서는 긴장감 속에서 빠른 논리적 판단력을 발휘하는 능력이 평균 상 수준을 보이고 있어서 간단한 과제에서는 압력이 느껴지는 상황에서도 다소 높은 기능을 발휘할 수 있을 것으로 생각된다. 또한 간단한 시각적 자극에 짧은 순간 동안 집중력을 발휘하는 능력과 시공간 운동속도가 평균 수준으로 나타나고 있어서 간단한 시각적인 정보를 다루는 상황에서 적절하게 운동 반응을 보일 것으로 여겨진다.

지능검사 결과, 추론능력, 도구를 다루는 능력, 주의력 등이 적절하게 나타나고 있어서 인지적 잠재력이 양호해 보이며, 대부분의 소검사들이 평이한 수준을 보이고 있어서 전반적으로 무난한 기능을 보일 것으로 생각된다. 그러나 개념적인 이해가 필요한 상황에서는 상대적으로 기능이 떨어질 수 있어서 학년이 올라갈수록 학업의 어려움이 커질 수 있겠다.

Rorschach 검사 결과, 총 19개의 적절한 반응 수를 보이고, 평범 반응을 5개 보이고 있어서 관습적 지각능력도 적절한 것 같다. 그러나 I번 카드에서 5개의 많은 반응을 하다가 뒤로 갈수록 1~2개로 반응 수가 줄어들었는데, 이는 스트레스 상황에서 문제해결을 위한 노력을 충분히 지속하지 못하는 것을 나타내는 것 같다. 그리고 전체 영역 반응이 많으면서도(W:D:Dd = 12:4:3) 사고 수준이 미숙하고(A = 11) 단순해 보이므로(L = 1.38) 정작 문제 상황에서는 간단하고 피상적으로 대응할 수 있겠다. 또한 대인관계에 대한 지각을 부정확하게 함으로써(M- = 2) 주변 사람의 반응을 오해해서 갈등을 겪을 수도 있겠다.

성격과 정서

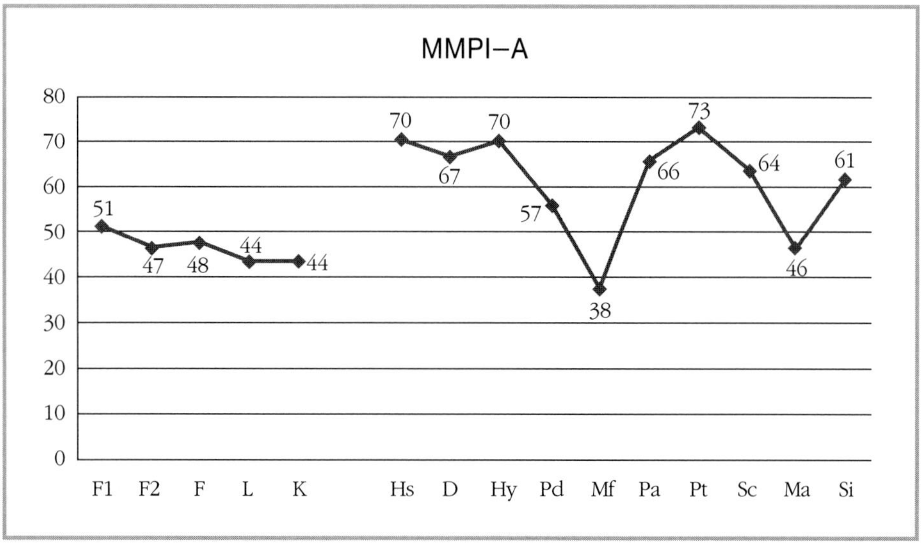

내담자는 SCT에서 '내가 어렸을 때는 혼자 TV를 많이 봤다', HTP 집 그림에서 '별장이요' '분위기－평소에는 썰렁하고, 여름에만 누가 살아요', TAT에서 '새벽에 혼자서 창을 열고 바라보고 있어요'라고 하는 등 고립감을 많이 언급하고 있어서 상당한 외로움을 겪어 왔던 것으로 여겨진다. 그리고 권위에 대한 태도를 나타내는 Rorschach 카드에서 '오소리가 사람 머리를 들고 있어요'라며 독특한 반응을 보이고 있어서 윗사람을 대할 때 적절한 대응을 하기가 힘들어 보이는데, SCT에서 '아버지'와 관련된 문항에서 무응답으로 일관하는 것을 보면, 권위적 대상에 대한 대처능력이 부족한 것은 아버지의 부재와도 관련이 있는 것 같다. 또한 TAT에서 '친구였는데 죽었다' '여자가 죽어서 울고 있다' '할머니가 죽어서 슬퍼하고 있다'라며 죽음을 통한 관계 단절을 반복해서 언급하는 것을 보면, 관계 단절에 대한 두려움이 커 보이므로 내면의 부정적인 감정들을 억압하며 지내는 것 같다(HTP: 사람 그림 '옷에 단추를 그리고, 넥타이를 매고 있음').

한편, MMPI에서 많은 척도가 70T 가까이 비교적 높게 상승하고 있듯이 정서적 불안정성이 높아 보인다. 이러한 내담자는 TAT의 한 카드에서 '남들이 싸우는 것을 구경하고 있는데, 여자가 화가 나서 뛰어가고 있다'라고 한 후에 '어떤 사람이 어떤 사람에게 이마에 뽀뽀한다'라고 하고, Rorschach의 한 카드에서 '피눈물 흘리고 피 토하는 사람'이라고 한 후에 '하이파이브하는 사람'이라며 극단적인 반응들을 같이 보이고 있어서 대인관계에서 급속도로 친밀한 관계를 유지하다가 갑작스럽게 갈등을 겪는 불안정한 관계를 경험하기 쉬운 것 같다. 이렇듯 대인관계 불안정성이 높은 내담자는 우유부단한 모습을 많이 보이고 있는데(TAT: '갑자기 궁금한 것이 생각났다…… 아닌가. 아, 바이올린인가' / HTP: 사람 그림 '나이－나보다 많아요. 아닌가?'), 이는 관계 단절에 대한 부담감으로 인해(SCT: '내 생각에 참다운 친구는 외면하지 않는 친구다') 주체적으로 결정하지 못하는 것과 관련이 있는 것 같다. 그리고 대인관계상의 스트레스로 인해 주변 사람의 평가에 대한 불안이 높고(HTP: 사람 그림 '이목구비를 강조해서 그림'), 자존감이 저하되어 있는 것으로 보이는데(HTP: 나무 그림 '나무를 지면 상단에 작게 그림'), 이러한 상황에서 신체 증상과 외모에 대한 부정적인 지각에 상당히 몰입해 있는 것으로 여겨진다(면담 시 '조용한 순간에 혹시 내 몸에서 냄새가 나지 않을까 걱정한다' '스트레스를 받으면 배가 아픈데 병원에서 과민성대장증후군이라고 하였다').

내담자는 TAT에서 '위에는 해가 비치고 평화로운데 밑에서는 사람들이 강제노역을 하면서 고통받는다' '슬픈 일이 있었어요' '울고 있어요' 등의 반응을 보이듯이 우울감이 커 보인다. 이러한 상황에서 지속적으로 반추하고 있어서(HTP: 사람 그림 '단점－생각이 많다' / SCT: '무슨 일을 해서라도 잊고 싶은 것은 걱정거리들이다') 부정적인 사고들이 더 확대되어 지각되었을 것으로 여겨진다. 그리고 SCT에서 '나에게 이상한 일이 생겼을 때 어지럽고 당황스러워서 빠져나가고 싶다'라고 하듯이 스트레스에 대한 대처능력이 부족해 보이므로 문제 상황에서 퇴행되어(Rorschach: '크리스마스 트리 위에 있는 별') 환상에만 빠져 있을 가능성이 높겠다(가장 형태가 모호하고 애매한 Rorschach 카드 '화난 해골이 불을 뿜어내는 것 같아요').

▫ 요약과 제언

• 요 약

내담자의 지능 수준은 평균 수준으로 나타남. 인지적 잠재력이 양호하고, 전반적으로 무난한 기능을 보일 것으로 생각됨. 그러나 고차원적인 개념에 대한 이

전체 지능	106	평균			
언어이해	96	평균	지각추론	109	평균
작업기억	109	평균	처리속도	106	평균

해력이 다소 부족해 보이므로 학년이 올라갈수록 학업의 어려움이 커질 것으로 여겨짐. 외로움을 많이 겪어 왔던 것으로 보이며, 권위적인 대상을 대할 때 적절한 대응을 하는 데 어려움이 있어 보이는데, 이는 아버지의 부재와도 관련이 있는 것으로 생각됨. 그리고 관계 단절에 대한 두려움이 커 보이는데, 내면의 부정적인 감정들을 억압하며 지내는 것으로 보임. 한편, 대인관계에서 급속도로 친밀한 관계를 유지하다가 갑작스럽게 갈등을 겪는 불안정한 관계를 경험하기 쉬움. 이러한 내담자는 대인관계상의 스트레스로 인해 주변 사람의 평가에 민감하고 자존감이 저하되어 있는 것으로 보이는데, 이러한 상황에서 신체 증상과 외모에 대한 부정적인 지각에 상당히 몰입해 있는 것으로 여겨짐. 내담자는 고통감이 커 보이나, 스트레스 대처능력이 부족해 보이므로 문제 상황에서 퇴행되어 환상에만 빠져 있을 가능성이 높아 보임.

• 심리평가 결과, 내담자는 다음과 같은 진단이 시사됨.

Axis I. Dysthymic Disorder(Persistent Depressive Disorder)
Body Dysmorphic Disorder(Body Dysmorphic Disorder, With poor insight)

Axis II. Borderline Personality Trait(Borderline Personality Trait)

• 제 언

1. 우울 수준 낮추기
2. 긍정적인 자아상 형성하기
3. 주변 환경에 대한 민감성 줄이기
4. 감정표현 능력 키우기
5. 일관되고 안정적인 관계 형성하기
6. 개념이해 능력 향상시키기
7. 지지적이고 공감적인 양육 환경 제공하기

20 Chapter

발모광

1. 심리과정상의 특징

발모광(Trichotillomania)은 충동성장애에서 강박장애로 분류가 바뀌었다. 발모광을 보는 관점이 '갑작스러움'에서 '집착'으로 포인트가 바뀐 것이다. 그렇다면 억압이라는 주된 방어기제와 함께 억압의 대상에 초점이 맞춰져야 할 것 같지만, 사실 발모광이 있을 때 가장 먼저 관심을 가져야 할 것은 머리카락을 뽑는 행위가 '자해'라는 것이다. 손을 너무 많이 씻으면 위생상의 문제가 발생할 수 있으나, 손을 한 번 씻는 것은 오히려 위생을 깨끗하게 하고 통증은 전혀 없다. 머리카락을 한 가닥 뽑는 것이 신체건강을 심하게 해치지는 않지만, 통증을 느끼게 한다. 누군가 내 머리카락을 한 가닥씩 반복적으로 뽑거나 한꺼번에 여러 가닥을 뽑겠다고 한다면 그냥 놔둘 사람이 있겠는가?

자해의 핵심 감정은 분노감이고, 분노감에는 대상이 있으며, 아동 · 청소년기에 주된 분노의 대상은 부모와 친구들이다. 간혹 교사가 있긴 하지만, 병적으로 머리카락을 뽑아야 할 만큼의 강도 높은 스트레스를 주는 경우는 많지 않다. 억압과 부인이 주된 방어기제인 관계로 자신의 화난 감정을 잘 인식하지 못한다. 그러나 부모는 대개 자녀에게 요구적이고 강압적이기 쉽고, 이러한 성격은 완벽함을 추구하는 경향이 강한데, 자녀의 머리에 커다랗게 빈자리가 있는 것을 확인한 부모는 좌절감에 빠지게 되고, 이 경우 아이에게 발모광은 성공적인 수동공격이 될 수 있다.

2. 보고서 사례

1) 단순한 사고가 발모광에 미치는 영향(여자 / 만 11세 / 초5)

■ 의뢰 사유

아동은 '반복적인 거짓말' '친구들과의 다툼' '공격적인 행동' '스마트폰 메신저를 통해서 야한 농담을 주고받는 행동' 등을 주 호소로 심리평가를 위해 상담센터에 의뢰되었고, 전반적인 인지 기능 및 정서 파악을 위해 아동종합심리평가를 실시하였다.

■ 행동 관찰과 면담

아동은 또래보다 큰 키에 약간 마른 체형으로 성숙한 외모였으며, 부모와 함께 센터에 방문하였다. 동그란 얼굴에 안경을 쓰고 있었고, 눈은 작은 편이었으며, 학교 농구복을 입고 있었다. 전반적인 위생 상태는 무난하였고, 검사자와의 눈맞춤도 적절하게 이루어졌다. 그러나 손가락으로 머리카락을 꼬면서 잡아당기는 행동을 많이 보였고, 탁자 위에 손을 올리고 계속 꼼지락거리고 있어서 긴장한 듯 보였다. 또한 초반에 제시되는 과제에서는 자극 책자를 유심히 쳐다보면서 집중하는 태도를 보였으나, 후반부로 갈수록 한숨을 쉬면서 "아, 어렵다." "잘 모르겠어요."라고 불편감을 호소하며 쉽게 포기하려고 하였다. 그리고 난이도가 어려워질수록 손가락으로 입술을 만지거나, 목소리가 점점 작아지고 있어서 수행에 대한 자신감이 부족해 보였다. 게다가 종종 당황한 표정을 지으면서 다리를 미세하게 떨고 있어서 불안해 보였다. 한편, 시간 제한이 있는 검사에서는 빠르게 수행하려고 하다가 실수를 하는 등 성급한 모습을 보이기도 했다. 내원 사유에 대해서는 '친구와의 관계요. 그냥 조금 안 좋은 거 같아요'라고 했다.

지능과 인지 기능

한국 웩슬러 아동용 지능검사 4판 (K-WISC-IV)			
영 역	지 능	백분율(%)	수 준
언어이해	94	34.4	평균
지각추론	80	9.5	평균 하
작업기억	79	8.4	경계선
처리속도	95	35.9	평균
전체 지능	82	11.6	평균 하
일반능력	88	21	평균 하

아동의 전체 지능은 82로 평균 하 수준을 나타냈으며, 같은 연령대에서 하위 12% 정도의 수준이었다. 언어이해는 94로 평균 수준을, 지각추론은 80으로 평균 하 수준을, 작업기억은 79로 경계선 수준을, 처리속도는 95로 평균 수준을 나타냈다. 지능 영역 간의 차이는 크게 나타나지 않았으나(기준은 20점 차이), 처리속도 영역에서 소검사 간 차이가 6점으로 크게 나타나서(기준은 5점 차이), '전체 지능'보다 언어이해와 지각추론을 고려하여 산출된 '일반능력(88, 평균 하)'이 아동의 지능 수준을 보다 적절하게 반영하는 것으로 여겨진다.

언어이해 영역에서는 사물의 유사성을 파악하는 능력과 사회적 상황에 대한 이해

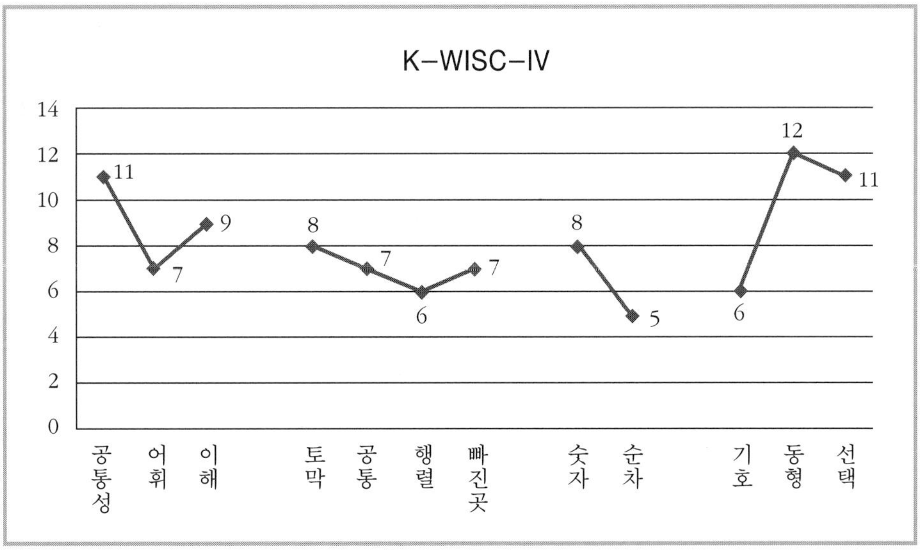

력이 평균 수준으로 나타나서 일상생활에서 경험을 통해 언어적 개념을 습득하는 능력은 양호한 것으로 생각된다. 그러나 어휘구사력이 평균 하 수준으로 나타나서 언어적 학습 수준은 다소 낮은 것으로 여겨진다. 그리고 전반적인 반응 양상을 살펴보면, 대답은 하고 있으나 내용에 대해 본질적인 이해를 바탕으로 대답하기보다 피상적인 수준의 답을 하거나('소—송아지가 커서 되는 것' '흡수하다—무언가를 먹는 것'), 부분적인 단서만을 보고 성급한 판단을 하고 있어서('연기—물 묻힌 수건으로 입을 막고 계단으로 피신해요'), 깊이 있는 의사소통이 필요한 상황에서 주관적 불편감을 느끼기 쉬울 것 같다.

지각추론 영역에서는 시공간 구성능력이 평균 하 수준이어서 도구를 다루는 능력은 다소 낮은 것으로 생각된다. 그리고 자극 간의 관련성을 찾아내는 능력과 전체를 고려하여 핵심을 파악하는 능력이 각각 평균 하, 경계선 수준으로 나타나서 추론능력도 부족한 것 같다. 또한 시각적 예민성이 평균 하 수준으로 나타나서 주변 환경 변화에 다소 둔감할 수 있겠다.

작업기억 영역에서는 간단한 자극에 주의를 기울이는 능력은 평균 하 수준으로 다소 낮은 정도였으나, 고차원적인 자극에 주의를 기울이는 능력이 경계선 수준으로 나타나서 자극이 복잡해지면 집중력이 저하될 것으로 생각된다.

처리속도 영역에서는 긴장감 속에서 빠른 논리적 판단력을 발휘하는 능력이 평균 상 수준으로 높게 나타났고, 간단한 시각적 자극에 짧은 순간 동안 높은 집중력을 발휘하는 능력이 평균 수준을 보이고 있어서 익숙한 자극을 다룰 때에도 양호한 수행능력을 보일 것 같다. 그러나 시공간 운동속도가 경계선 수준이어서 정교한 운동 기능이 필요한 상황에서는 기능 수준이 급격히 떨어질 것으로 예상된다.

지능검사 결과, 아동은 동기 수준이 높고 익숙한 자극을 다루는 상황에서 양호한 기능 수준을 보일 수 있겠다. 하지만 주의력과 기민함이 부족하고 환경 변화에 둔감해서 빠른 대응이 요구되는 상황에서는 적응의 어려움이 커질 수 있으며, 추상적인 시각 자극을 다룰 때에도 기능 수준이 떨어질 것으로 보인다. 또한 일상적인 경험을 통해 학습하는 능력은 적절하지만, 언어학습 수준이 낮고 피상적이고 성급한 대답을 하는 경우가 많아서 깊이 있는 의사소통이 중요한 상황에서는 주관적 불편감이 클 것 같다.

Rorschach 검사 결과, 아동은 총 9개의 적은 반응 수를 보이고 있었다. 게다가 단순형태 반응을 전혀 하지 못하면서(L=0.00), 운동 반응을 5개나 하고 있는 것을 보면

(M=3, FM=2), 문제 상황에 직면했을 때 상황을 적당히 단순하게 보지 못하면서 지나치게 심각하게 받아들이고 있고, 이 과정에서 생기는 불편감을 외부로 투사할 가능성이 높아 보인다. 게다가 주변 사람의 행동을 왜곡해서 받아들이기 쉬워서(M-=1) 원만한 관계를 유지하는 것에도 어려움이 있을 것으로 생각된다.

성격과 정서

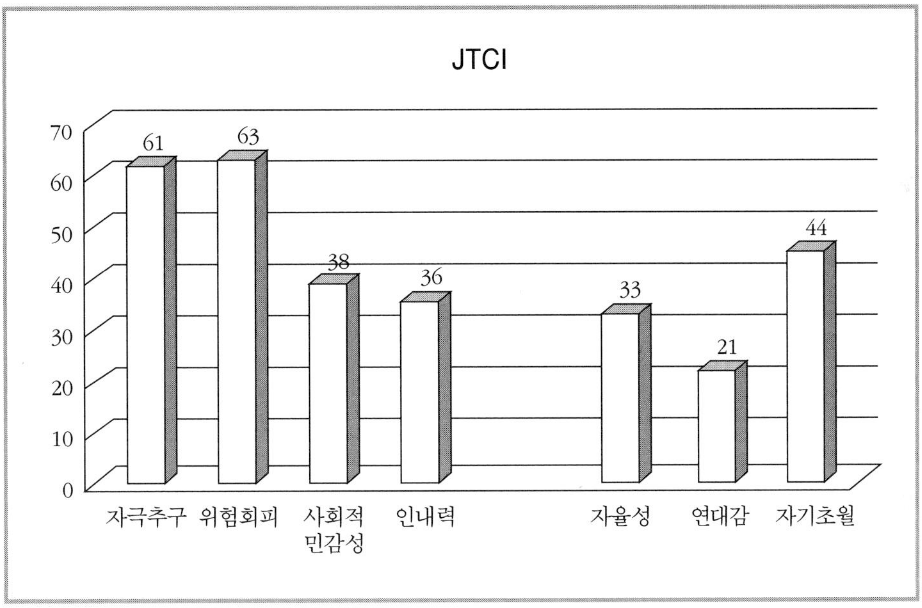

아동은 HTP의 집 그림과 남자 그림에서 '필요—친구요, 진정한 친구', SCT에서 '내가 가장 가지고 싶은 것은 진정한 친구'라고 하고 있어서, 대인관계 욕구가 높아 보인다. 그리고 HTP 나무 그림에서 '필요—가꾸는 주인이요'라고 하는 등 주변 사람들의 관심을 받고 싶어 하는 것 같다(SCT: '내가 만약 동물로 변할 수 있다면 강아지가 되고 싶다. 왜냐하면 귀엽고 애교가 많기 때문이다'). 그러나 자기애적인 성향이 강하고(Rorschach: Fr=1), 사고가 미숙해서(HTP: 나무 그림 '나이—3세') 타인에게 일방적으로 이해받기만 바랄 가능성이 높아 보이므로(JTCI: '연대감—21%'), 친밀한 대인관계를 유지하기는 힘들었을 것으로 생각된다(Rorschach: 친밀감과 관련된 카드에서 반응 실패). 아동은 기대만큼 관계 욕구가 충족되지 못하게 되면서 내면의 분노감이 높아진 것으로 여겨지며(Rorschach: AG=1), 충동적으로 행동할 가능성도 높아서(JTCI:

'자극추구-61%'), 자신의 기분을 상하게 하는 타인에게 쉽게 공격적인 행동을 보일 수 있겠다(지능검사: 이해 소검사 '싸움-싸워요' / HTP: 여자 그림 '생각-남을 괴롭히려는 생각' '앞으로-더 괴롭힐 거 같아요').

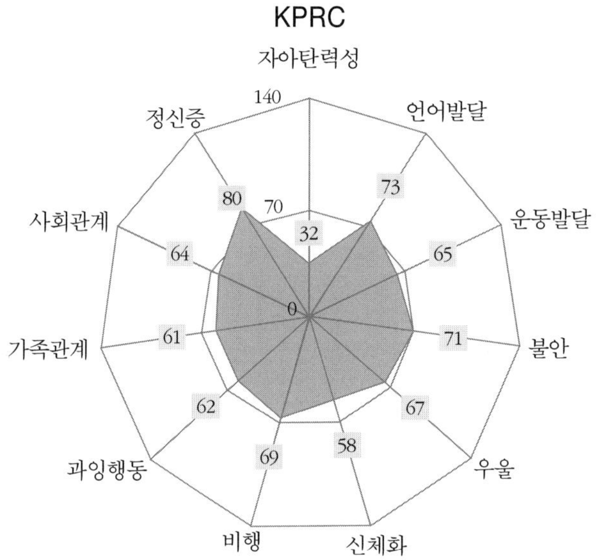

아동은 HTP 여자 그림에서 대부분 공격적인 언급을 하면서도('기분-남을 괴롭히는 게 좋아 보여요' '소원-괴롭히는 친구가 힘들어지는 것'), '필요-사과할 수 있는 용기'와 같이 상반된 언급도 하고 있어서, 주변 사람에 대해서 양가적인 태도를 가지고 있는 것 같다(Rorschach: '악마와 천사의 싸움' / SCT: '나는 친구가 싫기도 하고 좋기도 한다' '우리 엄마는 무서우면서도 착하다' '우리 아빠는 무섭지만 재미있다' '선생님들은 무섭지만 재미있다'). 그리고 Rorschach 색채카드에서 반응에 실패하거나, 공격적인 운동 반응을 보이고 있어서 감정을 통제하는 능력도 부족해 보이므로(SCT: '나는 때때로 기분이 갑자기 나빠진다') 사소한 자극에 의해 극단적으로 행동할 수 있겠다. 이러한 대인관계 양식이 지속되면서 주변 사람과 신뢰적인 관계를 형성하기는 어려웠을 것으로 여겨지며, 타인의 시선에 민감하게 반응하면서도(HTP: 나무 그림 '생각-날 베지 말아 주세요') 자신의 부정적인 모습에 대해서는 직면하기 어려워하는 것 같다(Rorschach: I번 카드 '천사').

스트레스에 취약한(KPRC: ERS=32T) 아동은 문제 상황에 적절하게 대응하지 못하고(Rorschach: '대악마'), 언어적 대처에도 어려움이 있어 보이므로(KPRC: 언어발달

=73T) 스트레스가 가중되는 상황에서 수동적인 모습을 보이기 쉬울 것 같다(JTCI: '위험회피-63%'). 게다가 대인관계에서 어려움을 겪게 되면서 상당한 우울감도 느끼고 있는 것으로 생각되며(Rorschach: C'=1, Y=1), 불안 수준도 높아진 것으로 보인다(KPRC: 불안=71T). 이러한 아동은 KFD에서 자신의 모습을 대략적인 윤곽만 그린 채 가족과 동떨어지게 그리고 있어서 가정 안에서도 안정감을 느끼지 못한 것으로 생각되므로 심리적인 불편감을 혼자서 감내하면서 강박적인 행동을 하거나(손톱을 깨무는 행동, 머리카락을 뽑는 행동), 가상의 활동을 통해 현실에서 느껴지는 스트레스를 해소하는 것으로 생각된다(스마트폰 메신저를 통해 불특정 다수와 친구를 맺는 행동).

■ 요약과 제언

• 요 약

전체 지능	82	평균 하	일반능력	88	평균 하
언어이해	94	평균	지각추론	80	평균 하
작업기억	79	경계선	처리속도	95	평균

아동의 지능 수준은 평균 하 수준으로 나타났음. 동기 수준이 높고, 익숙한 자극을 다룰 때 양호한 기능 수준을 보일 것으로 생각됨. 그러나 빠른 대응이 요구되거나 추상적인 시각 자극을 다룰 때에는 기능 수준이 저하될 것으로 보이며, 의사소통 시 주관적 불편감을 느끼기 쉬울 것으로 생각됨. 대인관계 욕구가 높지만 자기애적 성향이 강해서 타인의 이해만 바랄 것으로 생각되며, 친밀한 대인관계를 맺지 못했을 것으로 보임. 분노감 상승과 더불어 충동적인 성향도 강해서 쉽게 공격적인 태도를 나타낼 것으로 여겨짐. 그리고 양가감정도 강해서 신뢰할 만한 관계를 맺기 힘들었을 것으로 생각되며, 타인에 대한 경계심도 높아진 것으로 보임. 스트레스에 취약하고 문제 대응능력이 부족해서 스트레스를 혼자서 감내하며, 강박행동이나 가상 활동을 통해 해소하고 있는 것으로 생각됨.

• 심리평가 결과, 아동은 다음과 같은 진단이 시사됨.

Axis I. Trichotillomania(Trichotillomania)

Axis IV. Relational Problem NOS

• 제 언

1. 보호자와 일관되고 지지적인 관계 형성하기
2. 또래관계에서 의사소통 능력 향상시키기
3. 깊이 있는 사고력 키우기
4. 부정적 감정을 건전하게 다루기
5. 경계심 낮추기

2) 애정 욕구와 불만 표출 사이의 갈등(남자 / 만 7세 / 초1)

의뢰 사유

아동은 '머리카락을 만지다가 꼬다가 하는 행동을 보임'을 주 호소로 내원하였으며, Trichotillomania, Attention-Deficit/Hyperactivity Disorder 임상적 인상하에 아동종합심리평가를 실시하였다.

행동 관찰과 면담

아동은 보통 키, 마른 체형의 초등학생으로 어머니와 함께 내원하였다. 위생 상태는 양호하였으나, 검사자와의 눈맞춤은 거의 이루어지지 않았다. 검사 내내 목소리가 크고 장난스러웠으며, 까불거리는 태도가 지속되었다. 밝은 표정으로 검사에 협조적이었고, 열심히 하려는 모습을 보였으며, 의자에는 계속 앉아 있었으나, 꼼지락거리는 등 잔동작이 많았다. 내원 사유에 대해서 '머리 만져서' '불안해서' 등을 언급하였고, 걱정되는 내용에 대해서는 '엄마가 죽을까 봐'라고 하였다.

지능과 인지 기능

아동의 전체 지능은 98로 평균 수준을 나타냈으며, 같은 연령대에서 하위 45% 정

한국 웩슬러 아동용 지능검사 3판 (K-WISC-III)

영 역	지 능	백분율(%)	수 준
언어성 지능	96	29.7	평균
동작성 지능	100	50.0	평균
전체 지능	98	44.7	평균

도의 수준이었다. 언어성 지능은 96으로 평균 수준을, 동작성 지능은 100으로 평균 수준을 나타냈으며, 두 지능 간 유의미한 차이는 나타나지 않았다. 그러나 소검사 간의 차이가 8점으로 크게 나타나고 있어 상황에 따라 기능 수준의 차이를 보일 것으로 예상된다.

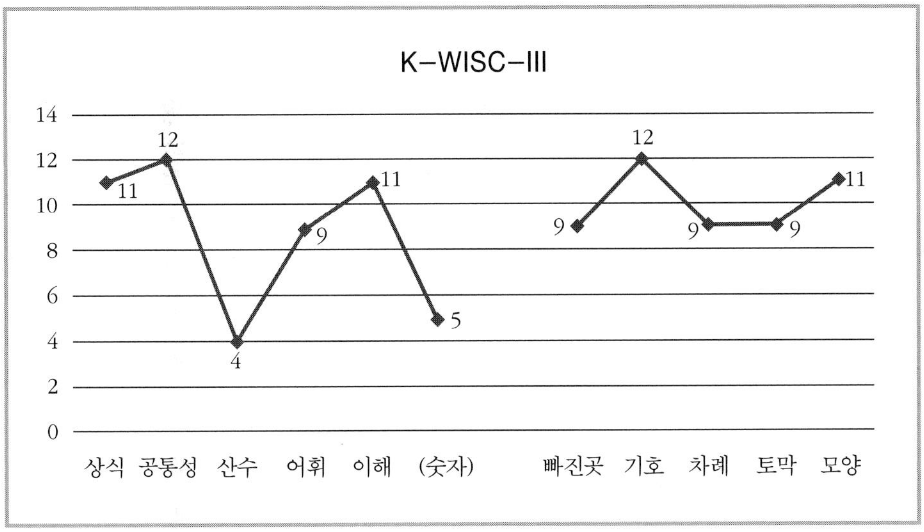

언어성 지능을 살펴보면, 사물의 유사성을 파악하는 능력이 평균 상 수준으로 나타나 고차원적인 개념을 형성하는 능력은 높은 수준이었으나, 어휘구사력은 평균 수준에 그치고 있어('용감하다－자신감' '섬－바다에 있다') 실제 언어적 표현능력은 자신의 잠재력보다 낮은 것으로 나타났으며, 이는 잦은 언어 환경의 변화와도 관련이 있어 보인다. 기본지식과 사회적 상황에 대한 이해력도 평균 수준을 유지하고 있어 학업적 지식이나 사회적 행동양식을 적절히 습득하고 있는 것 같다. 그러나 수계산 능력은 지적장애 수준, 단순한 자극에 대한 주의력은 경계선 수준으로 나타났으며, 이는 아동의 주의력 수준이 또래 수준에 비해 매우 지체되어 있음을 시사한다. 게다가 숫자 소검사에서 바로따라외우기는 6점인 반면 거꾸로따라외우기는 2점에 그치고 있어(두 자릿수까지 성공) 작업기억력의 저하도 시사되므로 잦은 학업적 환경의 변화에 적응하기 힘들었을 것으로 생각된다.

동작성 지능 영역에서는 단순한 도형 자극을 따라 그리는 검사에서 평균 상 수준의 수행을 보이고 있어 평가 상황에서의 동기 수준이 높아 보인다. 시공간 구성능력과 부분을 통해 전체 상을 구성하는 능력은 평균 수준을 보이고 있어, 기본적인 문제 해결 능력 및 응용력이 또래와 비슷한 수준으로 나타났고, 시각적 예민성과 상황적 맥락을 파악하는 능력도 평균 수준을 유지하고 있어 사회적 상황에서의 판단 및 대처 능력도 양호해 보인다.

지능검사 결과, 아동은 평가 상황에서의 동기 수준이 높고 전반적인 지적 능력이 또래와 비슷한 수준을 유지하고 있는 것으로 나타났다. 다만 주의력 수준이 또래에 비해 현저하게 부족한 수준이었고, 작업기억력도 다소 부족한 것으로 나타나 복잡하고 예측이 어려운 상황에서 적응하기 어려울 것으로 예상되므로 안정적이고 구조화된 학업적 · 사회적 환경을 제공할 필요가 있을 것으로 생각된다.

Rorschach 검사 결과, 17개의 반응을 보이고 있어 문제해결을 위해 나름대로 노력하고 있는 것으로 보이나, 그중에서 12개를 전체 반응으로 하는 등 주변 사물을 파악하는 수준이 매우 피상적이며, 색채 반응을 많이 보이듯 순간의 감정에 따라 충동적으로 반응하기도 쉬운 것 같다(EB = 0:5.0). 게다가 주변 환경에 대한 고려는 거의 하지 못한 채(P = 2), 부적절하거나 왜곡된 행동을 하는 경우가 많을 것으로 생각된다(X-% = 0.24, Xu% = 0.24).

■ 성격과 정서

어머니는 설문지상에서 아동의 정서 및 행동상의 문제를 전혀 보고하지 않았으며, 가족관계에 대한 불편감만 호소하였다. HTP의 집 그림에서 창문을 많이 그리고 있듯이 애정 욕구가 높은 아동은 SCT에서도 '내가 가장 좋아하는 사람은 가족'이라고

한국아동인성평정척도 (KPR-C)

	신뢰도	타인 의식	특이 반응	자아 탄력성	언어 발달	운동 발달	불안	우울	신체화	비행	과잉 행동	가족 관계	사회 관계	정신증
T	45	47	45	57	41	46	56	41	31	59	58	68	30	46

아동 · 청소년 행동평가척도 (K-CBCL)

	사회성	학업 수행	총사회 능력	위축	신체 증상	우울 · 불안	사회적 미성숙	사고 문제	주의 집중	비행	공격성	내재화	외현화	총문제
T	53	47	53	41	51	54	45	57	49	50	55	50	54	51

하는 등 겉으로는 가족에 대해 호의적인 태도를 보이고 있으나, HTP의 집 그림에서 '유령집. 아무도 안 살고, 괴물집 같은 분위기'라고 하였고, SCT에서는 '우리 엄마 아빠는 가짜 부모 같다' '대부분의 아이들은 형아를 팬다' '나를 가장 슬프게 하는 것은 형아' 등의 반응을 보이듯이 한편으로는 가정환경을 불안정한 곳으로 인식하고 있으며, 특히 형과의 관계에서는 상당한 불만을 가지고 있는 것 같다. 또한 아동은 HTP의 나무 그림을 크게 그리면서 '세상을 숨 쉬게 도와주는 나무'라고 하였고, KFD에서 '자신에게 하고 싶은 말—넌 역시 천재야', Rorschach 검사에서 '대왕나비' 등의 반응을 보이듯 자신감이 넘치고 통제 욕구가 강하며, 자기중심적인 면도 가지고 있는 것 같다(SCT: '사자, 공룡이 되고 싶다. 다른 동물을 잡을 수 있고 왕이니까'). 게다가 아동은 Rorschach 검사에서 '파워 모으는 거' '장풍' '불꽃놀이' '축제' 등의 반응을 보이듯 충동적인 면도 나타나고 있어 자기 마음대로 하지 못하는 상황에서 상당한 불만을 느끼고 공격적인 행동을 하는 경우도 있을 것으로 생각된다(SCT: '나의 나쁜 점은 화내는 것').

아동은 분노감과 같은 강한 부정적 감정에 대한 태도를 나타내는 Rorschach 카드에서 '피'라고 하듯이 내면에 불만이 가득 쌓여 있고, 이러한 불만은 권위적인 대상을 무력하게 만들어 버릴 정도로 강해 보이나(권위적 대상에 대한 태도를 나타내는 Rorschach: '장애인 거인'), TAT에서는 '뽀뽀하는 거' '산타 할아버지가 선물 주는 거'라고 하듯이 애정 욕구도 높아, 불만을 표출하여 고통스러운 상황을 만드는 것과 친밀한 행동을 함으로써 칭찬을 받는 것 사이에서 상당한 갈등을 겪을 것으로 보인다. 그리고 SCT에서 '내가 가장 싫어하는 사람은 유괴범' '내가 가장 무서워하는 것은 칼' 등의 반응은 내면의 공격성을 스스로 검열하여 차단함으로써 느끼는 불안감으로 여겨지므로 애정에 대한 욕구와 불만 표출 사이의 갈등이 가장 크게 나타날 수 있는 어머니와의 관계에서 머리카락을 뽑는 것과 같은 지극히 수동적인 방식으로 자신의 불만을 표현하게 된 것으로 생각된다(HTP: 남자 그림 '가장 불행할 때—엄마가 컴퓨터 하지 말라고 했을 때').

▣ 요약과 제언

• 요 약

전체 지능: 98, 평균 / 언어성 지능: 96, 평균 / 동작성 지능: 100, 평균

지능검사 결과, 아동의 지능은 평균 수준으로 나타남. 평가 상황에서의 동기 수

준은 높은 편이지만, 주의력 수준이 또래에 비해 현저하게 부족하고 작업기억력도 다소 부족해 변화가 심하고 낯선 환경에서 적응하는 데 어려움이 클 것으로 생각됨. 또한 문제 상황에서 주변 상황을 고려하지 못한 채 충동적으로 대처하고 부적절한 행동을 하기 쉬워 보이므로 갈등 상황에 놓일 가능성이 많아 보임. 정서적으로는 주변 환경에 대한 불만이 많아 보이지만, 그에 못지 않게 애정에 대한 욕구도 높아 불만 표출과 애정 성취 사이에서 갈등하며 머리카락을 뽑는 것과 같은 수동적인 방식으로 대처하고 있는 것으로 보임.

- 심리평가 결과, 아동은 다음과 같은 진단이 시사됨.

Axis I. Trichotillomania(Trichotillomania)
Attention-Deficit/Hyperactivity Disorder
(Attention-Deficit/Hyperactivity Disorder, Combined presentation)

- 제 언

주의력 및 작업기억력 향상 프로그램, 분노 조절 프로그램 등에 참여하는 것이 도움이 될 수 있으며, 안정적인 가정환경을 조성하는 것도 필요할 것으로 생각됨.

3) 화려한 옷차림과 부족한 사회성(여자 / 만 9세 / 초3)

■ 의뢰 사유

아동은 '감정이 조절되지 않을 때 머리카락 뽑는 행동을 함'을 주 호소로 내원하였다. 지난 2학기 기말 시험에서 수학 과목에서 평소와 달리 매우 낮은 점수를 받은 이후 이러한 증상이 생겼다고 하며, '친구들이 놀리고 때린다'라고 하는 등 또래관계가 원만하지 못한 것으로 여겨져 Trichotillomania 임상적 인상하에 아동종합심리평가를 실시하였다.

■ 행동 관찰과 면담

통통한 얼굴에 체구가 좋고 다소 키가 큰 아동은 눈에 띄는 분홍색 두건으로 이마를 가린 모습으로 어머니와 함께 내원하였다. 머리에는 오색의 머리핀을 하고 있었으며, 하얀 후드 티셔츠와 청바지를 입은 화려하고 캐주얼한 차림으로 위생 상태는 양호하였으며, 검사자와의 눈맞춤도 잘 이루어졌다. 계속 웃는 표정을 짓고 있다가도 멍한 표정으로 검사자만 바라보면서 대답을 하지 못하는 경우도 많았다. 말의 내용은 분명하지만 발음은 어눌하게 들리는 경우가 많았는데, 이는 수줍어하는 아동의 태도와도 관련이 있어 보인다. 아동은 포기했다가도 검사자가 다시 하도록 시키면 아무 거부반응 없이 바로 다시 시행하는 등 매우 수동적인 모습을 보였다. HTP에서 여자 그림을 그린 후에는 그리자마자 종이를 엎어 버렸으며, 남자 그림을 그릴 때에는 조금 그린 다음 한참 쉬었다가 하는 등 억지로 그리는 듯하였다. KFD를 가장 힘들어하면서 손으로 가린 채로 그림을 그리기도 하였다. 내원 사유에 대해서는 '모른다'라고 했다가 '머리 때문에 스트레스를 받아서'라고 하였으나, 구체적인 질문에 대해서는 대답을 하지 못했다. 검사자의 질문에 대해서 웃으면서 무조건 '잘 지낸다'라고만 하였다. 그리고 대답을 하지 못하는 상황에서는 검사지를 건드리려고 하는 등 엉뚱한 행동을 하기도 하였다.

■ 지능과 인지 기능

한국 웩슬러 아동용 지능검사 3판 (K-WISC-III)			
영 역	지 능	백분율(%)	수 준
언어성 지능	96	29.7	평균
동작성 지능	101	52.7	평균
전체 지능	98	44.7	평균

아동의 전체 지능은 98로 평균 수준을 나타냈으며, 같은 연령대에서 하위 45% 정도의 수준이었다. 언어성 지능이 96으로 평균 수준을, 동작성 지능이 101로 평균 수준을 나타냈으며, 두 지능 간의 차이는 나타나지 않았다. 그러나 소검사 간의 차이가 7점으로 크게 나타나서 상황에 따른 기능상의 차이가 클 것으로 생각된다.

언어성 지능을 살펴보면, 기본적인 상식 수준이 평균 상 수준으로 높게 나타나고 있으며, 다른 언어성 소검사들에 비해 상대적으로 매우 높은 수준이어서 지식의 습득에 관심이 많고 자신이 가지고 있는 자원에 비해 상당히 노력하고 있는 것으로 생각된다. 그리고 사물의 유사성을 찾아내는 능력과 수계산 능력 등 추상적인 개념을 다루는 능력은 평균 수준을 유지하고 있었다. 그러나 사회적 상황에 대한 이해력은

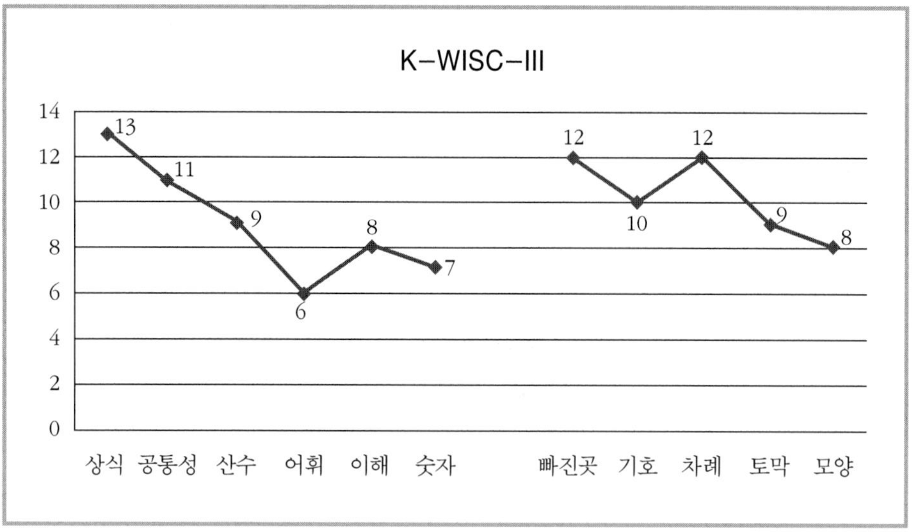

평균 하 수준, 언어적 표현력('용감하다–자신 있다' '섬–사람들이 없는 곳' '전염–모른다')은 경계선 수준으로 나타나는 등 일상생활을 통해 습득할 수 있는 언어적 자원은 상대적으로 부족해 보인다. 단순한 자극에 대한 주의력도 평균 하 수준으로 또래 수준에 비해 다소 낮았다.

동작성 지능 영역에서는 시각적 예민성과 상황적 맥락을 파악하는 능력이 평균 상 수준으로 높게 나타나고 있어 주변 사람의 말이나 행동과 같은 사회적 자극에 민감해져 있는 것으로 보인다. 그리고 시공간 구성능력과 시공간 운동속도는 평균 수준으로 나타나 기본적인 문제해결 능력도 어느 정도는 가지고 있는 것 같다. 다만 부분을 통해 전체 상을 추론하는 능력은 평균 하 수준으로 다소 낮게 나타났으며, 이를 고려할 때 단서를 활용하여 전체적이고 종합적인 판단을 하는 능력은 다소 부족해 보이므로 명확한 대응책이 제시되지 않는 상황에서는 적응에 어려움을 겪을 수도 있겠다.

지능검사 결과, 아동은 평균 수준의 지적 능력을 가지고 있는 것으로 보인다. 아동은 상식이나 단순 지식의 습득에 과도하게 몰입해 있는 것으로 보이며, 사회적 자극에도 필요 이상으로 예민해져 있는 것으로 여겨지므로 학업적인 성취를 통해 주변으로부터 인정받고 싶은 욕구가 강할 것으로 예상된다. 그러나 자신의 사고를 언어화하는 능력과 융통성이 부족한 아동은 사회적 관계에 대한 자신의 기대 수준에 비해 상황에 맞게 발휘할 수 있는 실질적 대처 자원을 상대적으로 적게 가지고 있는 것으로 여겨지므로 대인관계상 어려움을 겪기 쉬울 것으로 생각된다.

Rorschach 검사 결과, 아동은 어린 나이임에도 감정보다는 논리적 사고를 통해 문제 상황에 접근하는 경향이 있는 것 같다(EB = 4:1.0). 그러나 수동적인 태도를 가지고 있어(a:p = 0:3) 자신의 고민을 주변 사람과 충분히 나누지 못하고 혼자서 고민하고 있을 가능성이 높아 보인다. 평범 반응 수는 4개로 관습적 지각은 적절한 수준이나 주변의 다양한 자극들을 주도적으로 조직화하지 못하고 있고(Zd = -3.5), 전반적인 형태질 수준은 다소 낮게 나타나고 있어(X-% = 0.29) 집이나 학교에서 부딪히는 여러 가지 상황들로 인해 상당한 스트레스를 받고 있을 것으로 생각된다.

■ 성격과 정서

아동은 SCT에서 '동물로 변할 수 있다면 토끼가 되고 싶다'라고 하듯이 주변 사람들로부터 관심과 애정을 받고 싶은 욕구가 높아 보인다. 그리고 SCT에서 '나는 엄마가 세상에서 제일 좋다' '다른 사람들은 나를 인기 있다고 생각한다'라고 하듯이 실제로 타인과의 관계 형성을 잘하고 있는 듯 표현하고 있었다. 그러나 HTP의 집 그림에서 문과 창문이 없는 조그만 집을 그리면서 '그냥 보통 집. 썰렁해 보인다' '주변에 아무것도 없다'라고 하듯이 가정환경에서 충분한 만족감을 얻지 못하고 있는 것으로 보이며, KFD에서 아빠, 엄마, 언니, 동생의 4명이 있다고 하면서도 자신은 집에 없다고 하는 등 가족 내에서도 소외된 느낌을 받고 있는 것으로 보인다. 또한 HTP에서 사람 그림 그리기를 거부하는 등 대인관계 불편감을 경험하고 있는 것으로 보이며, 억지로 그린 그림에서도 남녀 모두 얼굴만 크게 그리고 있듯이 주변 사람의 시선에 대해 예민해져 있고, 타인의 평가에 상당히 신경을 쓰고 있는 것으로 여겨진다(Rorschach: '가면').

언어적 자원과 융통성이 부족하고 내향적인 사고 경향을 가지고 있는 아동은 SCT에서 '나를 가장 슬프게 하는 것은 혼날 때' '나를 가장 화나게 하는 것은 아이들이 놀릴 때'라고 하듯이 타인의 부정적 평가에 취약해 적절한 대응은 하지 못하고 있으며, 내면의 적대감과 공격성만 상승해 있는 것으로 여겨진다(Rorschach: S = 3 / SCT: '첫째 소원은 마녀가 된다'). 그러나 HTP의 나무 그림을 매우 작게 그리고 있듯이 자아 강도가 약하고, Rorschach 검사에서 색채 반응을 거의 하지 못하고 있듯이 정서적 자원이 빈약한 아동은 감정 경험 자체를 매우 불편해하고 있는 것으로 여겨지므로(Rorschach: 색채카드 '하마들이 칼 꺼내고 있다' '도깨비 산신령' '사마귀'), 내면에 가지고 있는 불만, 공격성, 적대감 등을 해소할 방법을 찾지 못한 채 심한 우울감과 무기력감을 경험할 수 있으며, 자신을 해하는 행동을 하게 될 수도 있겠다(SCT: '내가 제일 걱정하는 것은 머리').

요약과 제언

• 요 약

전체 지능: 98, 평균 / 언어성 지능: 96, 평균 / 동작성 지능: 101, 평균

아동의 지능은 평균 수준임. 사회적 관계 형성에 대한 욕구가 강해 주변 사람의 행동이나 자신에 대한 평가에 민감해져 있는 것으로 보이나 정서적 자원이 부족해서 학업적인 지식의 습득을 통해서만 주변의 관심을 끌고 있는 것으로 여겨짐. 그러나 정서적 교감을 하는 데 어려움이 있어 또래관계에서는 문제가 될 수 있음. 그리고 지나치게 내향적인 사고 경향이 있는 아동은 학업적인 성취가 이루어지지 않을 경우 주변 사람과의 소통을 통해 이러한 스트레스나 고민을 해결하지 못한 채 스스로 고립되어 심한 고통감을 경험하고 있을 것으로 보임.

• 심리평가 결과, 아동은 다음과 같은 진단이 시사됨.

Axis I. Trichotillomania(Trichotillomania)

• 제 언

아동이 표현하는 것보다 심한 고통감을 경험하고 있음을 주변에서 인식하고 관심을 기울여 줄 필요가 있음. 내면의 고민을 겉으로 표현할 수 있도록 격려해 주고 또래와의 관계에서 감정적인 교류를 할 수 있도록 도움이 필요할 것으로 생각됨.

21 Chapter 반응성 애착장애, 탈억제성 사회적 유대감 장애

1. 심리과정상의 특징

핵심은 영유아기에 양육자의 잦은 교체와 양육자의 불안정한(특히 신경질적인) 양육이다. 한 예로, 태어나자마자 아버지는 사망하였고, 첫 6개월은 친어머니가 양육했으나 정성스럽지 못했고, 이후에 외가에 맡겨져서 외조모와 근처에 사는 이모가 교대로 돌보다가 이모가 이사를 가게 되면서 친조모에게 맡겨졌는데, 아이의 어머니에게 불만이 많았고 신경질적인 친조모는 아이가 미워서 조금만 잘못해도 소리를 지르고 때리기까지 했다. 대개 이 정도의 양육 환경을 경험하고 나면 애착에 문제가 생길 수밖에 없다. 그런데 애착의 문제는 크게 두 가지 양상으로 그 행동이 나타난다.

사랑받지 못한 상처가 커서 주변 환경을 경계하며 위축되어 지내는 경우는 '반응성 애착장애(Reactive Attachment Disorder)'라고 하고, 상처보다는 사랑받고 싶은 마음이 더 커서 부적절하게 애정을 갈구하는 행동을 하는 경우는 '탈억제성 사회적 유대감 장애(Disinhibited Social Engagement Disorder)'라고 한다. 아마도 기질적으로 내향적인 아이는 전자에, 외향적인 아이는 후자에 해당되기 쉬운 듯하다.

2. 보고서 사례

1) 청소년, 유기불안, 관계 형성 욕구와 좌절감(여자 / 만 13세 / 중2)

■ 의뢰 사유

내담자는 '친구와 쉽게 어울리지 못한다' '학교생활에 적응하지 못한다' 등을 주호소로 상담센터를 방문하였으며, 전반적인 인지 기능 및 정서 파악을 위해 청소년 종합심리평가를 실시하였다.

■ 행동 관찰과 면담

내담자는 보통 키에 마른 체격으로 단발머리에 귀염성 있는 얼굴이었다. 왼쪽 손등에 7이라는 숫자와 엄지손가락에만 있는 노란색 매니큐어가 눈에 띄었으며, 웃는 얼굴로 지시에 대해 바로 수긍하며 성실한 태도로 잘 따르고 있었다. 다만, 과제가 어려워지면 "어떻게 하죠?" "어떻게 해요?"라며 검사자를 빤히 쳐다보았고, 동형찾기 소검사에서는 "바꿔도 돼요?"라며 확인을 구하는 등 지속적으로 검사자에게 시선을 보냈다. 그리고 HTP 검사에서 "이거 했었는데~ 그다음 사람 두 명 그리지 않아요?"라며 검사를 경험해 본 듯 아는 체를 하기도 했다. 내원 사유에 대해서는 '모른다' '학교생활이 힘들어서' '친구관계가 좋지 않다' 등을 언급하면서도 구체적인 질문에는 대답하지 못하였다.

■ 지능과 인지 기능

내담자의 전체 지능은 70으로 경계선 수준을 나타냈으며, 같은 연령대에서 하위 2% 정도의 수준이었다. 언어이해는 76으로 경계선 수준을, 지각추론은 87로 평균하 수준을, 작업기억은 70으로 경계선 수준을, 처리속도는 68로 경도 지적장애 수준을 나타냈다. 지능 영역 간의 차이는 19점으로 유의미하게 나타나지는 않았고(기준은 20점 차이), 소검사 간의 차이가 12점으로 크게 나타났으나(기준은 7점 차이), 이는 단일 소검사의 극단적 상승과 관련이 있는 것 같다.

한국 웩슬러 아동용 지능검사 4판 (K-WISC-IV)			
영 역	지 능	백분율(%)	수 준
언어이해	76	5.7	경계선
지각추론	87	18.8	평균 하
작업기억	70	2.5	경계선
처리속도	68	1.5	경도 지적장애
전체 지능	70	2.2	경계선

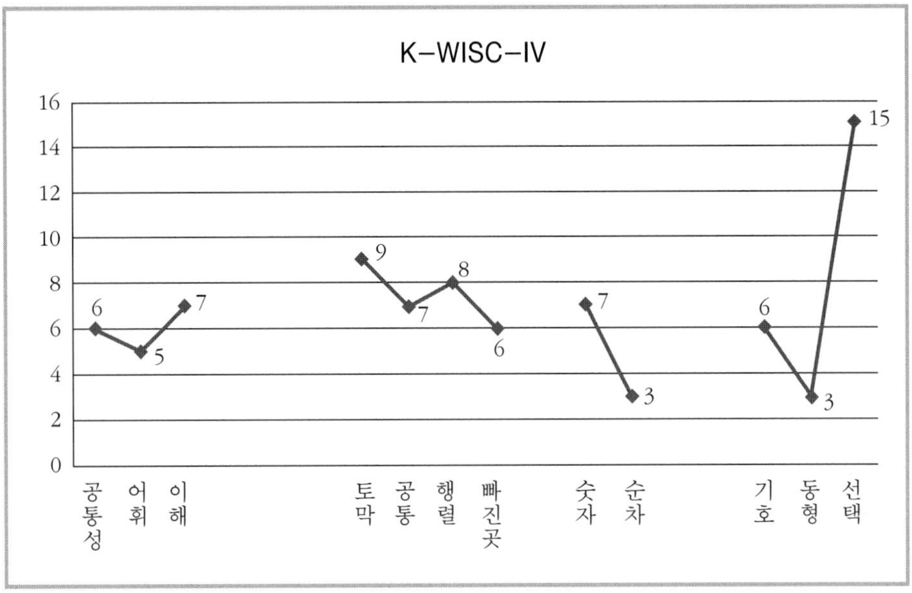

언어이해 영역에서는 사회적 상황에 대한 이해력이 평균 하 수준으로 나타나서 관습과 규범에 대한 습득 수준은 다소 부족해 보인다. 그리고 사물의 유사성을 파악하는 능력과 어휘구사력이 경계선 수준을 보이고 있어서 언어적 자원은 매우 부족해 보이므로('시인과 화가의 공통점－대단한 사람들' '소－작다') 일상적인 대화에서도 미숙한 의사소통 수준을 보일 것으로 예상된다.

지각추론 영역에서는 시공간 구성능력이 평균 수준으로 도구를 다루는 능력은 양호해 보인다. 그러나 자극 간의 관련성을 찾아내는 능력과 전체를 고려하여 핵심을 파악하는 능력은 평균 하 수준으로 나타나서 주어진 자극을 통해 새로운 결론을 찾아내는 추론능력은 다소 부족한 편이었다. 그리고 시각적 예민성이 경계선 수준을 보이고 있어서 주변 환경의 변화를 인식하는 능력은 매우 부족해 보이므로 환경 변화에 취약할 것 같다.

작업기억 영역에서는 간단한 자극에 주의를 기울이는 능력이 평균 하 수준으로 다소 낮은 정도였으나, 고차적인 자극에 주의를 기울이는 능력은 지적장애 수준으로 낮게 나타나서 자극이 복잡해지면 기능 수준이 더욱 떨어질 수 있겠다.

처리속도 영역에서는 간단한 시각적 자극에 짧은 순간 동안 높은 집중력을 발휘하는 능력이 우수 수준으로 나타나서 단순하고 익숙한 시각적 자극을 다루는 상황에서는 상당히 높은 기능을 보일 수 있겠고, 이를 고려할 때 평가 상황에서의 동기 수준이 매우 높아 보인다. 그러나 시공간 운동속도와 긴장감 속에서 빠른 논리적 판단력을 발휘하는 능력이 각각 경계선, 지적장애 수준으로 나타나고 있어서 정교한 운동 기능이 필요하거나 조금이라도 논리적 판단이 필요한 경우에서는 기능 수준이 급격히 떨어질 것으로 예상된다.

지능검사 결과, 시각 자극에 대한 민감성이 매우 높아서 시각적 변별이 필요한 상황에서는 매우 높은 기능을 발휘할 수 있겠으나, 자극이 조금만 복잡해져도 기능 수준이 급격히 떨어질 수 있겠다. 그리고 구조화된 상황에서 도구를 다루는 능력은 양호한 편이지만, 추론능력이 부족해서 환경 변화에 대응하거나 응용력이 필요할 때에도 기능 수준이 현저하게 떨어질 것으로 생각된다. 게다가 언어적 능력이 저조하고, 주의력이 매우 부족해 보이므로 학습에도 어려움이 컸을 것으로 보인다.

Rorschach 검사 결과, 총 반응 수가 17개로 주변 환경에 대한 관심은 적절해 보이나, 주변 자극을 지나치게 피상적으로 지각하고 있는 것 같다(W:D:Dd = 14:1:2). 그리고 관습적 및 객관적 지각에 어려움을 보이고 있고(P = 2, X-% = 0.47), 왜곡된 인간 반응을 많이 보이고 있어서(M- = 2), 스트레스 상황에서는 주변 사람이 공감하기 어려운 부적절한 행동을 할 가능성이 높은 것 같다.

■ 성격과 정서

내담자는 HTP 집 그림에서 창문을 많이 그리고 있듯이 애정 욕구가 높아 보이고, SCT에서 '우리 엄마는 나를 많이 생각해 준다'라고 하듯이 어머니에게 호의적인 태도를 보이고 있었다. 그러나 친밀감에 대한 태도를 나타내는 Rorschach 카드에서 '희귀한 기타' '망치' 등의 반응을 보이듯 실제로는 가정 내에서 자신이 원하는 만큼의 정서적 안정감을 느끼지는 못하고 있는 것 같다. 그리고 SCT에서 '내가 가장 무서워하는 것은 정이 많은 사람이 떠나는 거다'라고 하듯이 유기불안을 시사하는 반응

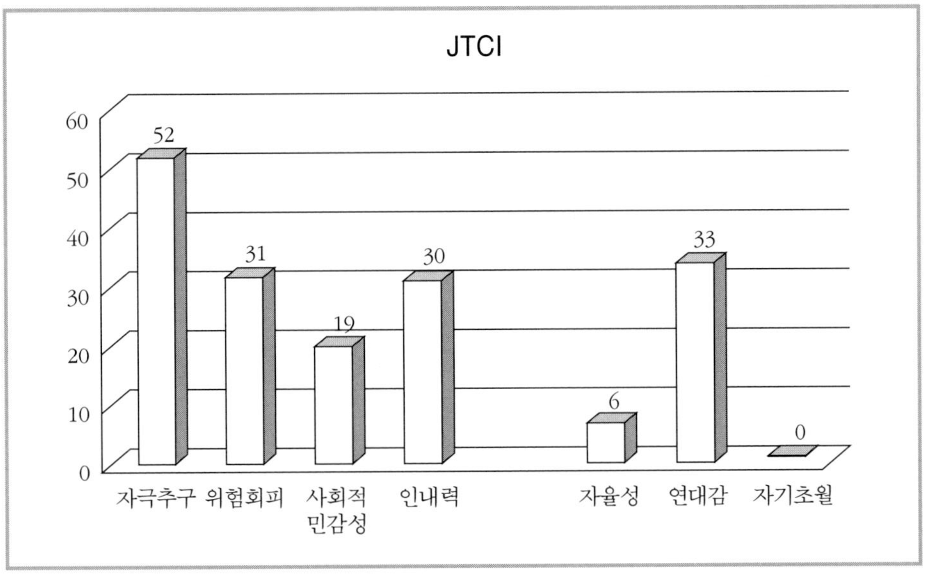

을 보이고 있는 내담자는 자아상도 불안정해 보인다(HTP: 뿌리를 그리지 않음). 내담자는 자신에 대한 평가에 과도하게 민감해져 있으나(SCT: '다른 사람이 나를 어떻게 생각하고 있을지 궁금하다' '대부분의 아이들이 나를 어떻게 생각하는지 궁금하다'), 지능검사에서 나타나듯이 실제 기능 수준이 낮아서 좌절감을 경험하기 쉽고(TAT: '좌절하는 거 같아요. 우는 거'), 우울감도 느끼고 있는 것 같다(SCT: '나는 때때로 우울할 때가 있다' / Rorschach: m＝2, C′＝2).

부모로부터 오랜 기간 떨어져 있었던 내담자는 주변 사람에게서 관심받고 싶은 욕구가 매우 높아 보이고(HTP: 집 그림 '창문을 많이 그림', 나무 그림 '가지를 많이 그림'), 과도한 애정을 바라고 있는 것 같다(SCT: '나는 친구가 다 나를 좋아해 주었으면 좋겠다'). 그러나 자존심이 강하면서도(HTP: 나무 그림 '기둥을 크게 그림'), 사회적 자극에는 둔감해 보이므로(JTCI: '사회적 민감성－19%'), 또래와 친밀한 관계를 맺기 어려웠을 것으로 보이며(SCT: '나를 가장 슬프게 하는 것은 사람이다'), 오히려 부정적인 피드백을 받는 경우가 많았던 것 같다(SCT: '나를 가장 화나게 하는 것은 사람이다'). 내담자는 자신의 이타심을 과도하게 강조하고 있었는데(HTP: 나무 그림 '소원－저희 가족 말고 다른 가족한테도 쉴 수 있는 공간 줬으면 좋겠다는 생각', 여자 그림 '소원－많은 사람들이 불행하지 않고 행복하게 살았으면 좋겠다' / SCT: '나는 커서 남을 도울 수 있는 착한 사람과 또한 가수가 되고 싶다. 왜냐하면 남을 도울 수 있어서 좋고, 힘든 사람과 다른 사람들에게 노래를 들려주고 싶어서다'), 이는 오히려 내담자가 이전의 대인관계에서 자신이 받지 못했던 도움에 대한 욕구를 나타내는 것 같다. 앞서 기술하였듯이, 자아상이 불안정한 내담자는 주변 환경을 위협적으로 지각하면서(Rorschach: '악마' '저승사자'), 경계적인 태도까지 보이고 있고(HTP: 집 그림 '울타리를 그림'), 감정 변화도 심해 보이므로(Rorschach: Col-Shd Blends = 1) 스트레스 상황에서 분노감을 표출하는 경우가 많을 것 같다(Pure: C = 2).

요약과 제언

• 요 약

전체 지능	70	경계선			
언어이해	76	경계선	지각추론	87	평균 하
작업기억	70	경계선	처리속도	68	경도 지적장애

내담자의 지능 수준은 경계선 수준으로 나타남. 시각적 변별능력은 매우 높아 보이나, 자극이 조금만 복잡해지면 기능 수준이 급격히 떨어질 수 있음. 그리고 추론능력이 부족해서 환경 변화에 대응하거나 응용력이 필요할 때도 기능 수준이 떨어질 것으로 보임. 언어적 능력이 저조하고 주의력이 매우 부족해 보이므로 학습에도 어려움이 컸을 것으로 생각됨. 내담자는 가정 내에서 자신이 원하는 만큼의 정서적 안정감을 느끼지는 못하고 있고, 가까운 대상과의 분리에 대한 불안감을 가지고 있는 것으로 보이므로 자아상이 불안정해 보임. 자신에 대한 평가에 과도하게 민감해져 있으나 실제 기능 수준이 낮아서 우울감을 경험하고 있는 것으로 보임. 내담자는 주변 사람들에게 과도한 애정을 바라고 있으나, 자존심이 강하고 사회적 자극에는 둔감해서 또래와 친밀한 관계를 맺기 어려웠을 것으로 여겨지며, 오히려 부정적인 피드백을 받는 경우가 많았던 것으로 보임. 이러한 내담자는 주변 환경을 위협적으로 지각하며 경계하고 있는 것으로 여겨짐. 그리고 자아상이 불안정한 내담자는 감정 변화가 심해 보이므로 스트레스 상황에서 분노감을 표출하는 경우가 많을 것으로 생각됨.

• 심리평가 결과, 내담자는 다음과 같은 진단이 시사됨.

Axis I. Depressive Disorder NOS(Unspecified Depressive Disorder)

Reactive Attachment Disorder(Reactive Attachment Disorder, Persistent)

Axis II. Borderline Intellectual Functioning(Borderline Intellectual Functioning)

• 제 언

1. 지지적인 양육 환경 제공하기
2. 지속적이고 안정적인 관계 형성하기
3. 우울감 해소하기
4. 언어능력 향상시키기
5. 주의력 향상시키기

2) 과도한 친절함(남자 / 만 5세 / 미취학)

■ 의뢰 사유

아동은 '산만한 행동이 늘어났다' '자다가 대변을 가리지 못한 적이 있다' '최근에 많이 울기 시작했다' 등을 주 호소로 상담센터를 방문하였으며, 인지 기능 및 정서 파악을 위해 유아종합심리평가를 실시하였다.

■ 행동 관찰과 면담

아동은 작은 키에 마른 체격이었고, 보육교사와 함께 센터를 방문하였다. 검사자와의 눈맞춤은 적절하였으나, 손바닥이 지저분하고 옷에도 이물질이 묻어 있어서 위생 상태는 불량해 보였다. 그리고 검사 도중에 전혀 거리낌 없이 코딱지를 먹는 모습을 여러 차례 보였다. 잘 웃는 편이었고, "여기 막 다 보여요. 우리나라 건물이 다 보이는 거 같아요. 이거(유리) 안 깨져요?"라며 검사자에게 먼저 말을 거는 등 친근한 태도를 보였다. 검사 도중 의자에서 앉았다 일어났다를 반복하거나 장난감에 시선을 두는 등 다소 산만했으나 과제를 하자고 요청하면 바로 집중하였다. 삼각형 소검사에서는 과제를 보자마자 "어려워."라고 말했다가 곧바로 "알겠다."라고 말하는 경우가 자주 있었고, "이렇게, 이렇게……." "선생님, 이거는 아까처럼 모양을 똑같이 하면 돼요."라며 말을 많이 하는 편이었다. 어려운 문항에서는 "알려 주세요. 이거 어떻게 해요?"라며 도움을 요청하거나 '천백 개' '천만 원' 등 과제와 관련 없는 말이 많아졌다. 쉬는 시간에는 "장난감 가지고 놀아도 돼요?"라며 허락을 구했고, 놀고 난 후에 “내가 넣을게요.”라고 하면서 장난감을 있던 곳에 정리하기도 했다. 검사 후반부에 시행되는 Rorschach 검사에서는 여러 차례 제지했음에도 불구하고 검사자보다 먼저 카드를 뒤집으려고 하거나 “이것만 하면 끝나요?”라고 묻는 등 검사에 집중하기 어려워 보였다. 내원 사유에 대해서는 ‘심리치료 하러’라고 하였다.

■ 지능과 인지 기능

한국 카우프만 아동 지능검사 (K-ABC)			
영 역	지 능	백분율(%)	수 준
순차처리척도	99	47	평균
동시처리척도	127	96	우수
인지처리과정척도	105	63	평균
습득도척도	116	86	평균 상

아동의 인지처리과정척도는 105로 평균 수준을 나타냈으며, 같은 연령대에서 상위 37%의 수준이었다. 순차처리척도는 99로 평균 수준을, 동시처리척도는 127로 우수 수준을 나타냈다. 지능 영역 간의 차이가 28점으로 크게 났고(기준은 13점 차이), 소검사 간의 점수 차이도 7점으로 큰 편이어서 상황에 따라 기능 수준의 차이가 클 것으

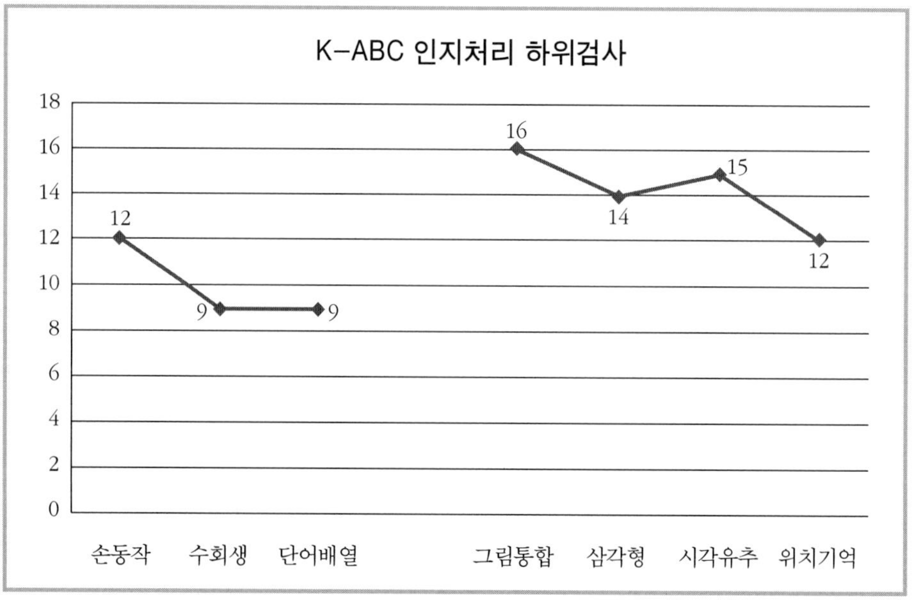

로 예상된다.

아동의 순차처리척도는 99로 평균 수준을 나타냈다. 연속적인 운동 자극 재생능력은 평균 상 수준으로 나타나서 시각-운동 협응능력은 높아 보인다. 단순한 숫자에 대한 주의력과 청각과 시각의 통합능력은 평균 수준이지만 다른 소검사에 비해 낮게 나타나고 있어서 주의력은 다른 능력에 비해 상대적으로 부족한 것 같다.

아동의 동시처리척도는 127로 우수 수준을 나타냈고, 모든 소검사들이 평균 상에서 최우수 수준으로 높아서 많은 자극을 한번에 처리하거나 핵심을 파악하는 능력이 뛰어날 것으로 보인다. 구체적으로 살펴보면, 부분을 통해 전체 상을 구성하는 능력이 최우수 수준이었고, 자극 간의 관련성을 찾아내는 능력과 시공간 구성능력도 우수 수준이어서 시각적 자극을 통해 추론하는 능력이 매우 뛰어나고 구조화된 상황에서 도구를 다루는 능력도 상당히 높아 보인다. 그리고 공간기억 능력도 평균 상 수준으로 나타나서 시각적인 단기기억력도 연령대에 비해 높게 유지되고 있는 것으로 생각된다.

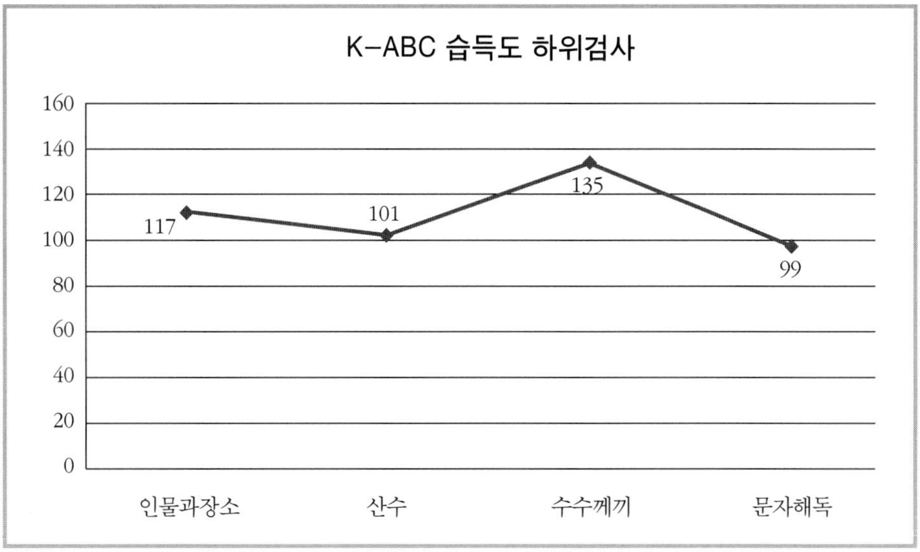

아동의 습득도척도는 116으로 평균 상 수준으로 나타나고 있어서 획득된 사실이나 기능의 활용능력이 높아 보인다. 언어적 자극을 통해 의미를 추론하는 능력은 최우수 수준으로 나타나서 언어적 개념에 대한 이해력이 매우 높은 것으로 보인다. 그림을 보고 언어적 명칭을 표현할 수 있는 능력도 평균 상 수준이어서 기본적인 지식도 다소 높은 것으로 생각된다. 글자재인 능력과 산술능력은 각각 평균 수준으로 나타나서 연령대에 맞게 글자학습을 하고 있는 것으로 보이며, 수 개념을 다루는 능력도 양호한 것 같다.

K-ABC 검사 결과, 대부분의 영역이 평균 수준 이상으로 나타나고 있어서 연령대에 비해 아동의 기능 수준은 전반적으로 높은 것으로 생각된다. 특히 직관적인 판단력, 언어적 · 비언어적 추론능력 등 고차원적인 문제해결 능력이 매우 뛰어난 것으로 나타났다. 그러나 단순한 과제에서 상대적으로 낮은 수행을 보이고 있는 것으로 고려할 때, 학습에 있어서 성실한 태도를 보이지 못한 것 같다. 그리고 일상생활에서 자연스럽게 습득되는 능력은 높지만 학습을 통해서 습득되는 능력은 상대적으로 부족한 것으로 나타났는데, 이는 환경적 결핍으로 인한 기회의 부족과 관련이 있는 것 같다.

Rorschach 검사 결과, 총 반응 수는 14개로 다소 적게 나타났고 산만한 행동을 보이고 있어서 질의응답이 충분히 이루어지지 못하였다. 아동의 높은 지능 수준을 고려할 때, 판단이 애매한 상황에서는 스트레스가 클 것 같다.

사회성숙도

사회성숙도 검사 (Social Maturity Scale)			
영 역	연령 수준	사회 연령(SA)	6.5
자기관리	6.64		
이동	4.28	사회 지수(SQ)	130
작업	4.16		
의사소통	7.14	분류	최우수
사회화	6.15		

사회성숙도 검사 결과, 아동의 사회 연령은 6.5세이며, 사회 지수는 130으로 최우수 수준의 사회적 기능을 하고 있는 것으로 나타났다.

보육교사의 보고에 따르면, 아동의 자기관리 능력은 6.64세 수준으로 외출할 때 혼자서 머리 손질을 가끔 할 수는 있으나 대부분의 경우 교사에게 "머리 해 주세요."라고 요청할 수 있다. 아동의 이동능력은 4.28세 수준으로 친구와 같이 갔던 길을 다녀올 수 있고, 작업능력은 4.16세 수준으로 연필이나 크레파스로 다른 사람이 알아볼 수 있게 그림을 그릴 수 있다. 그리고 아동의 의사소통 능력은 7.14세 수준으로 간단한 읽을거리를 찾아서 읽을 수 있고, 사회화 능력은 6.15세 수준으로 사회적 상황을 상상하는 놀이를 할 수 있다.

이러한 결과를 종합해 볼 때, 아동은 비슷한 연령의 또래와 비교했을 때 최우수 수준의 사회적 기능을 보이고 있으며, 특히 의사소통 능력이 연령대에 비해 가장 높은 것으로 보인다.

성격과 정서

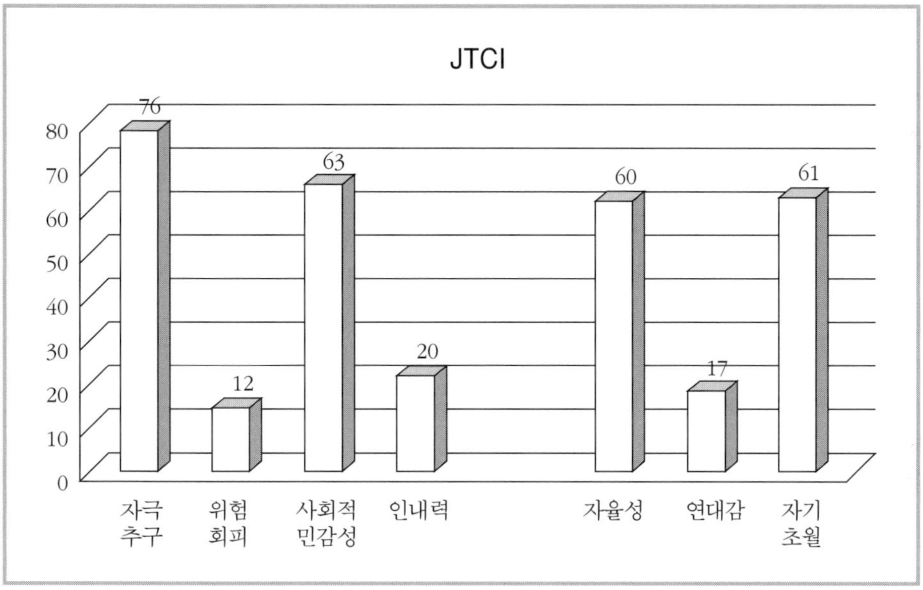

※ 보호자(어머니)가 미방문하여 JTCI는 아동이 현재 거주하고 있는 기관의 보육교사가 작성함.

아동은 HTP의 나무 그림을 크게 그리면서 '100세' '더, 더 커질 것 같아요'라고 말하였고, 사람 그림에서도 '점점점 커질 것 같아요'라고 하는 등 자신에 대한 기대감이 커 보인다. 그리고 SCT에서도 '나는 공부를 좋아하고 잘하는 것 같다'라고 하고 있어서 자신감도 있는 것 같다(JTCI: '위험회피－12%'). 그러나 끈기가 부족하고(JTCI: '인내력－20%') 충동적인 경향이 있어서(JTCI: '자극추구－76%') 산만한 행동을 보일 수 있을 것으로 생각된다. 또한 주변을 고려할 수 있는 능력이 부족해서(JTCI: '연대감－17%') 또래관계가 원만하지 않을 수 있겠다.

어머니와의 잦은 분리를 경험한 아동은 Rorschach 검사에서 '가면' '도깨비' '귀신' 등의 반응을 보이듯 주변 환경을 위협적으로 지각하고 있는 것으로 보인다. 이러한 아동은 친밀감에 대한 태도를 나타내는 카드에서 반응에 실패하고 있는 데다가 가장 싫어하는 카드로 III번 카드를 고르고, '피 같아요'라고 하면서 다른 카드로 III번 카드를 덮는 행동을 하고 있어서 안정적인 대인관계에서조차 불편감이 상당히 클 것으로 여겨진다. 또한 SCT의 32개 문항 중에서 14번이나 '엄마'를 언급하고 있어서 어머니에게 과도하게 집착하고 있는 것으로 보이는데, 이는 아동의 높은 불안정성을 시사하는 것으로 주변 사람에게도 극단적인 행동을 보일 가능성이 높아 보인다.

아동은 Rorschach 검사에서 '뼈' '무서워요'라고 한 뒤 곧바로 '최고, 최고' '무지개'라고 하고 있어서 사소한 자극에도 기분의 변화가 클 것으로 보인다. 이러한 아동은 SCT에서 '다른 사람들은 나를 좋아할 거 같기도 하고 싫어할 거 같기도 하다' '사자가 되면 무서워지고 털이 많아 따뜻할 것 같다'라고 하듯이 양가적이고 극단적인 반응을 보이고 있었다. 한편, HTP의 사람 그림에서 '기분 좋은데, 나쁜데, 아주 조금 기분이 안 좋아요. 제일 조금, 제일 조금'이라고 하듯이 부정적인 기분에 대해서 지나치게 축소하고 있어서 오히려 내면에는 표현되지 못한 감정들이 많을 수 있겠다(면담 시 '싫은 친구 — 없어요' '화날 때 — 없어요'). 기능 수준이 높은 아동은 평소 또래에 비해 높은 기능 수준을 보이면서 외견상 문제가 없는 것처럼 생활하다가도 갑자기 감정을 폭발시키는 등 정서적으로 상당히 불안정한 것으로 보이는데, 자신의 주장이 받아들여지지 않는 경우에는 감정적인 폭발이 두드러질 것으로 여겨지므로(SCT: '나를 가장 화나게 하는 것은 동생들이 때리고 나의 말을 듣지 않을 때') 주의가 필요할 것으로 생각된다.

■ 요약과 제언

• 요 약

인지처리과정척도: 105, 평균 / 순차처리척도: 99, 평균 / 동시처리척도: 127, 우수

아동은 연령대에 비해 기능 수준이 전반적으로 높은 수준임. 직관적인 판단력, 언어적 · 비언어적 추론능력 등 고차원적인 문제해결 능력이 매우 뛰어나지만, 학습 태도는 성실하지 못한 것으로 여겨짐. 한편, 일상생활에서 자연스럽게 습득되는 능력은 높지만 학습을 통해서 습득되는 능력은 상대적으로 저조한데, 이는 환경적 요인으로 인한 기회 부족의 영향으로 생각됨. 아동은 자신에 대한 기대감이 높고 자신감도 있는 것으로 보이지만 산만하고 주변을 배려하는 능력이 부족해서 또래관계가 원활하지 못할 가능성이 있음. 또한 주변을 위협적으로 지

각하고 있고 대인관계에 대한 불편감이 큰 것으로 보임. 어머니에게 과도하게 집착하고 있으며, 아동이 불안정한 상태로 사소한 자극에도 극단적인 기분 및 행동의 변화를 보일 수 있음. 그러나 부정적인 감정을 최소화하고 있어서 겉으로 드러나진 않는 것으로 생각됨. 이러한 아동은 평소에는 또래에 비해 높은 기능을 보이다가 갑자기 감정을 폭발시킬 가능성이 높아 보여서 주의가 필요함

• 심리평가 결과, 아동은 다음과 같은 진단이 시사됨.

Axis I. Reactive Attachment Disorder

(Disinhibited Social Engagement Disorder)

• 제 언

1. 안정적이고 일관된 양육 환경 제공하기
2. 성실한 학습 태도 기르기
3. 충동성 조절하기
4. 사회기술 훈련하기

3. 자주 나타나는 반응

1) 주 호소

'어려서부터 고소공포증이 있다' '혼자 있기 무서워한다' / '틱' '의기소침' '손을 입에 넣는다' / '짜증이 많다' '산만하고 집중을 하지 못한다' '공부에 흥미가 없다' / '폭력적이다' '컴퓨터를 통제하기 어렵다'

2) 양가적 태도

행동: 검사에 협조적이고, 검사 자극을 흩어 주거나 도구상자에 넣어 주는 등 검사자를 도와주기도 하였으나, 검사 도중에 검사 자극을 넘겨 보거나 검사 도구를 자신이 가지고 가려 함 / 검사 도구를 다루는 경우에 지나간 문제를 포기하지 않고 다시

맞히는 등 문제해결에 적극적이었으나, 언어적인 반응이 필요할 때에는 목소리가 작은 편이고, 단답형으로 대답하는 등 소극적인 모습을 보임 / 초반에는 의자에 앉아서 검사자의 설명을 듣는 듯하였으나, 곧바로 의자를 앞뒤로 움직이거나 일어서서 대답을 하였고, 방바닥을 돌아다니며 마이크를 잡고 얘기함 / 도구를 검사자에게 돌려주지 않다가 검사자가 관심을 두지 않으면 다시 지시에 따름 / 일어나서 밖으로 나갈 듯 문까지 갔다가 막상 나가지 않고 손잡이를 잡고 서서 검사자의 눈치를 봄 / 도구를 돌려 달라는 검사자의 요구에 물건을 살짝 던지거나 책상을 발로 참 / 과제 수행에 있어서 쉽게 포기하였으나, 계속 격려하면서 질문을 다시 하면 이전과 달라진 협조적인 태도로 대답함

지능: 토막짜기, 모양맞추기 소검사에서는 다른 소검사와 달리 매우 빠르게 반응하면서, 기호쓰기에서는 매우 느리게 반응함 / 동작성 과제 수행 시 진행이 느리고 정답에 가까운 모양을 만들어 놓고도 전혀 모르겠다는 표정을 짓거나 흩어 버리고 처음부터 다시 함

Rorschach: 평범 반응을 많이 하면서도 형태질이 낮고 특이한 형태 반응이 많음

SCT: '여자애들은 가장 좋은데' '남자애들은 좋은데'라고 하면서 '말이 되고 싶다. 사람 확 넘어지게 하려고'라고 함

3) 미숙함(개념적 이해의 어려움)

행동: 책상에 턱을 갖다 대고 대답을 함 / 손을 입에 넣음 / '이거' '저거' 등 대명사를 자주 사용함

지능: 공통성, 이해 소검사의 저하

HTP: 사람 그림 '놀고 있어요' / 나무, 남자, 여자 그림 모두 '나이－1세'

Rorschach: 많은 동물 반응 / '통닭' / 음식 반응 / '나비' '박쥐' '나방' '바위' 등의 간단한 반응들을 2～4회씩 반복해서 보임

SCT: '내가 좀 더 어렸다면 많이 놀 거다' '내가 좀 더 나이가 많다면 안 된다'

4) 스트레스 취약성(시간적 압력에 견디기 어려움, 위협적 지각)

지능: 동형찾기, 선택 소검사 저하

Rorschach: '피' '벌레' 반응을 많이 보임

5) 부족한 심리적 자원(환경적 결핍, 사회적 규범 습득 부족)

행동: 부모가 상담에 오지 않거나, 설문지를 해 오지 않음

지능: 언어성 지능의 저하 / 이해 소검사 '지갑—그럼 훔쳐 가요' '친구—내가 확 때려 힘이 세니까'

Rorschach: 반응 수 부족 / M=0 / 적은 P, 높은 X-% / CDI=5

6) 부모에 대한 긍정적 태도(부모에 대한 집착, 과도한 관습적 태도, 인정 욕구)

HTP: 집 그림에서 창문을 많이 그림 / 집 그림 '색깔이 필요하다—더 환하게 보이도록' / '평범한 빌라' '평범한 나무' '평범한 사람'

Rorschach: 과도하게 많은 P

SCT: '우리 엄마 아빠는 착하다' / '내가 가장 행복한 때는 엄마가 자기편 들어 주었을 때' / '우리 엄마는 나에게 없어서는 안 될 존재'

7) 친밀감을 느끼지 못함

HTP: 집 그림 '그냥 집. 아마도 안 산다' / 남녀를 모두 지면 하단에 매우 작게 그림 / KFD에서 가족 그림을 전혀 그리지 못함

Rorschach: VI번 카드에서 반응에 실패하거나 싫어하는 카드로 선택함 / VI번 카드 '뼈' / VI번 카드 '창에 목이 매달려 있는 거' '잔인해서 가장 싫다'

SCT: '우리 아빠는 싫어요. 만날 때려서' '어리석게도 내가 두려워하는 것은 누나' '우리 가족이 나에 대해서 미워하는 것 같다' / '나를 제일 화나게 하는 것은 민수(동생)' '누나도 놀린다. 바보라고. 집에 오지 말라고 한다' '여자애들은 조폭' '나는 친구가 무섭다'

8) 불안정한 자아상

HTP: 모든 그림을 종이 아래쪽에 그리고 있음 / 집 그림이 기울어져 있고, 사람 그림은 모두 아래로 치우쳐 있음

9) 특정 관계에의 몰입(과도한 호의적 태도, 부적절한 관계 요구)

행동: 검사자의 눈을 빤히 쳐다봄

HTP: 나무 그림 '소원—옆에 다른 나무가 자라는 것' '필요—친구들' '앞으로—친구가 많이 생겨요'

SCT: '내가 만약 외딴곳에 혼자 살게 된다면, 친구와 제일 같이 가고 싶다' / '나의 좋은 점은 잘 도와준다' / '나는 친구가 많다'

10) 높은 불안 수준

HTP: 나무 그림에서 옹이를 6개나 그림 / 집 그림에서 울타리를 그림

SCT: '내가 가장 무서워하는 것은 귀신' / '내가 가장 무서워하는 것은 무서운 생각' '내가 꾼 꿈 중에 제일 무서운 꿈은 무서운 생각하는 꿈'

11) 부정적 평가에 민감함

HTP: 사람 그림에서 눈을 진하게 그림 / 사람 그림에서 귀를 강조해서 그림

SCT: '나를 괴롭히는 것은 무서운 생각' '나의 나쁜 점은 조금만 화나도 친구들과 싸운다. 시비를 자주 건다'

12) 불편감 부인

SCT: '내가 가장 싫어하는 사람은 없다' '내가 꾼 꿈 중에서 가장 무서운 꿈은 없다'

22 Chapter 신체증상장애

1. 심리과정상의 특징

신체증상장애(Somatic Symptom Disorder)는 간단하게 말해서 심리적 스트레스에 몸으로 대응하는 것이다. 좋은 일이면 굳이 우회적으로 표현할 필요가 없다. 그리고 심리적 스트레스를 좀 더 정확하게 말하면 서운함, 화남 등 구체적이고 일상적인 수준의 부정적 감정을 말한다. 감정을 해소하는 가장 좋은 방법은 그 감정을 느낀 대상에게 직접 표현하는 것인데, 몸으로 반응을 한다는 것은 말로써 자신의 부정적 감정을 잘 표현하지 못하는 성향을 가지고 있다는 것을 의미한다.

이 장애는 감정표현 능력과 밀접한 관련성을 가진다. 재미있는 것은 긍정적 감정과 부정적 감정이 붙어서 다닌다는 것이다. 애초에 시작은 부정적 감정을 잘 표현하지 못하는 것이었는데, 부정적 감정을 표현하지 않으려니 말을 아끼게 되고, 결국은 긍정적인 감정을 표현하는 데도 인색해진다. 그래서 아예 재미없는 사람이 되어 버린다. 그리고 겉으론 웃고 있어도 예의상 보이는 것일 뿐, 상대는 진정 공감하는 듯한 느낌을 받지 못하기 때문에 대인관계도 피상적인 수준에 그치게 된다.

신체증상장애를 가진 사람은 생각이 많고 신중하다. 친구가 약속 시간보다 늦었을 때 화를 바로 내지 않고 친구의 변명을 다 들어 주면 화를 내기 힘들다. 그 사정이 이해가 되기 때문이다. 그래서 신중하고 생각이 많은 아동 · 청소년은 감정을 억누르게 된다. 생각이 많은 것과 감정표현을 잘 못하는 것 중에서 무엇이 더 먼저인지는 알 수 없으나, 둘 중 어느 하나가 있으면 다른 하나가 꼭 따라다니는 것은 자주 볼 수 있는 현상이다.

2. 보고서 사례

1) 높은 관습적 판단력, 높은 기대, 부족한 노력(여자 / 만 16세 / 고1)

■ 의뢰 사유

내담자는 '스트레스를 너무 많이 받는다' '기운이 없고, 위장관 증상이 있다' 등을 주 호소로 내원하였으며, Major Depressive Disorder, Undifferentiated Somatoform Disorder 임상적 인상하에 청소년종합심리평가를 실시하였다.

■ 행동 관찰과 면담

아담한 체구에 긴 생머리, 그리고 뿔테 안경을 착용한 내담자는 어머니와 함께 내원하였다. 손톱마다 다른 색의 매니큐어를 칠하였으나 손톱은 다소 지저분해 보일 정도로 관리는 잘하지 못하였고, 머리도 깔끔하지 않은 모습으로 전반적인 위생 상태는 다소 불량한 상태였다. 검사에는 협조적이었으나, 검사자와의 눈맞춤은 약간 피하는 듯하였으며, 진지함이나 심각성은 매우 부족해 보였다. 면담 중에는 "언제 끝나나?" "물 먹어도 되나?" 등 다소 지루해하는 모습이었다. 한편, HTP에서 사람을 그리도록 하자 "나 사람 그리는 거 싫어하는데"라고 하면서 계속해서 수행을 거부할 정도로 고집스러운 모습도 나타났다. 내원 사유에 대해서 '평소 상태가 안 좋아서' '우울하고 학교 가기 싫어서' '배 아픈 게 신경성인데 뭐가 원인인지 모른다' 등 자신의 증상을 있는 그대로 잘 표현하였다. 그러면서도 구체적 질문에는 애매하게 대답하였고, '응급실에 실려 간 적이 있다'라고 하면서도 별다른 심각성 없이 말하였다.

■ 지능과 인지 기능

한국 웩슬러 성인용 지능검사 (K-WAIS)			
영 역	지 능	백분율(%)	수 준
언어성 지능	97	44	평균
동작성 지능	78	7	경계선
전체 지능	88	21	평균 하

아동의 전체 지능은 88로 평균 하 수준을 나타냈으며, 같은 연령대에서 하위 21%의 수준이었다. 언어성 지능은 97로 평균 수준을, 동작성 지능은 78로 경계선 수준을 나타냈으며, 두 지능 간 유의미한 차이가 크게 나타나고 있어 언어적 지식 수준에 비해 실제 대응행동 수준은 다소 미흡한 것으로 여겨진다.

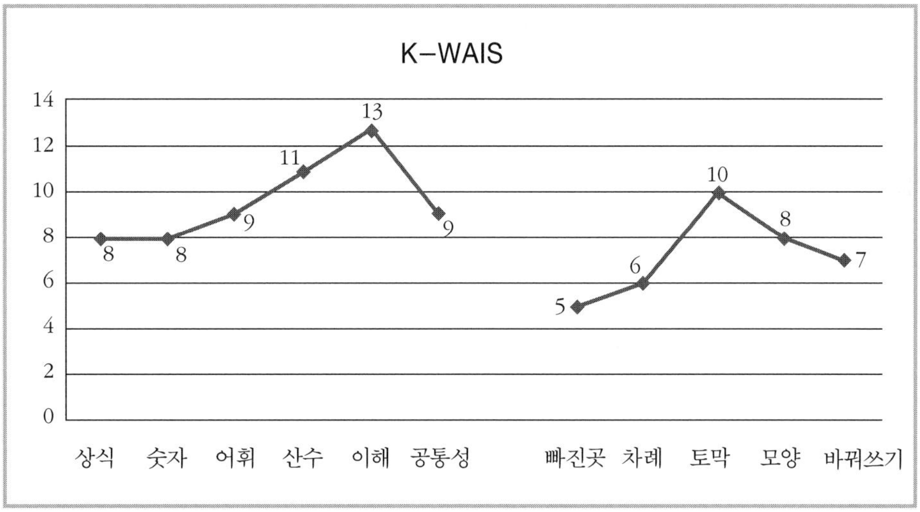

언어성 지능을 살펴보면, 다른 능력에 비해 사회적 상황에 대한 이해력이 상대적으로 높게 나타나고 있어 주변의 평가나 사회적 규준에 민감해져 있는 것 같다. 수계산 능력, 어휘구사력, 추상적 사고능력 등도 평균 수준은 유지하고 있었으나, 어휘 소검사에서는 '겨레－모른다' '숭배하다－업신여기다'라고 하는 등 쉬운 문항에서 나이와 학력에 기대되는 수준의 대답을 하지 못하였고, 산수 소검사에서도 여러 차례 문제를 듣고도 쉬운 문항에서 오답을 하는 경우가 많아 학업적 지식의 습득 과정

이 비일관적이었을 것으로 예상된다. 내담자는 단순한 자극에 대한 주의력도 평균 하 수준으로 다소 낮았으며, 기본지식에서도 '물—0도' '국보—모른다' '섬—모른다' 등의 반응을 보이듯 질적으로는 연령 및 학년 수준에 미치지 못하는 언어적 대처 능력을 가진 것으로 보인다.

동작성 지능 영역에서는 기본적인 문제해결 능력이 평균 수준을 유지하고 있으나, 이보다는 응용력을 요하는 모양 소검사에서는 평균 하 수준의 수행을 보이고 있으며, 단순한 시각운동 과제에서는 평균 하 수준의 느린 반응속도를 보였다. 게다가 사회적 민감성 및 상황적 맥락을 파악하는 능력은 경계선 수준으로 두드러지게 결여된 모습을 보이고 있어 한창 또래 간의 관계가 민감할 시기인 내담자로서는 또래관계를 형성 및 유지하는 데 어려움이 클 것으로 예상된다.

지능검사 결과, 내담자는 언어성 지능이 양적으로는 평균 수준이었으나, 사회적 규준이나 주변의 평가 및 시선에만 민감할 뿐 학업적 지식의 축적이나 언어를 활용하는 능력은 연령이나 학년에 비해 질적으로 부족한 것으로 여겨진다. 게다가 단서를 통해 추론을 하는 능력도 부족해서 사회적 민감성, 상황 판단능력 등이 필요한 상황에서 적응에 상당한 어려움을 겪을 수 있겠다.

Rorschach 검사 결과, 내담자는 12개의 적은 반응 수를 보이고 있어 문제 상황에서의 적극적인 대처능력이 다소 부족한 것 같다. 내담자는 인간운동 반응와 평범 반응을 각각 4개씩 보였으며, 형태질도 양호해서 현실적 판단능력은 적절히 유지되고 있는 것으로 보인다. 그러나 주변 환경을 세심하게 배려하지 못하고 과도하게 자신의 의지대로 통제하려는 경향이 있어 주변 사람과 갈등을 빚을 가능성이 있겠다.

■ 성격과 정서

검사 시 심각성, 진지함이 부족했던 내담자는 MMPI에서도 F척도가 50T를 밑도는 등 주관적 고통감은 그다지 크게 느끼지 못하고 있는 것으로 생각된다. 1~3번 척도가 80T 정도로 높게 상승해 있는 것을 볼 때, 주변의 시선과 평가에 민감해 보이므로 평소에는 예의 바르고 신중한 태도를 보일 수 있겠으나, 그 정도가 과도하여 주변 사람들에게 부담을 줄 수도 있겠다. 또한 긍정적인 자아상을 유지하기 위해서 부단히 노력하고 있을 것으로 여겨지나, 주변 환경이 이러한 노력에 부합되지 않을 때는 배신감을 느끼며 자신에게 관심을 주지 않는 주변 사람들에게 높은 불만을 느낄 수 있겠다. 그러나 이러한 불편감을 잘 인식하지 못한 채 매우 수동적이고 회피적인 방식

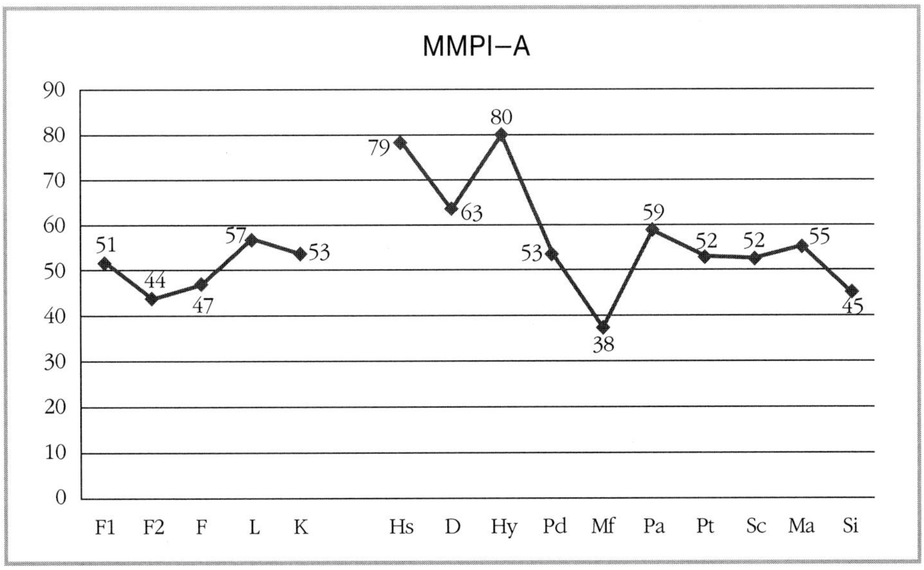

※ 상승한 소척도: 건강염려, 학교문제, 신체적 기능장애, 권태-무기력

으로 대응할 것으로 예상되므로 신체 증상을 통해 자신의 불편감과 고통감을 나타낼 가능성이 높아 보인다(Rorschach: '사람 내장. 식도, 허파, 뼈, 척추' / TAT: '여자가 밖으로 나오려고 한다. 쓰러질 것 같다').

내담자는 HTP 집 그림에서 '그냥 집이다. 아무도 안 산다. 분위기는 썰렁하다. 주변에도 아무것도 없다', SCT에서는 '다른 가정과 비교해서 우리 집안은 감정적 교류가 없다'라고 하듯이 가정 내 환경에 대해서 불만족감을 표현하고 있으며, 정서적 거리감도 느끼고 있는 것 같다. 한편, 어머니와는 오히려 과도하게 밀착된 모습을 보이고 있는데(SCT: '어머니와 나는 붙어 있는 시간이 많고 내가 많이 의지한다'), 이러한 가족관계의 불균형을 고려할 때 전반적인 대인관계에 있어서도 아주 친밀하거나 아니면 정서적 관여를 아예 안 하는 등 극단적인 모습을 보일 가능성이 높아 보인다. 내담자는 HTP 나무 그림에서 종이에 전체 모양을 표현하지 못할 정도로 큰 나무를 그렸으며, Rorschach 검사에서도 '거울에 손대고 있는 사람'이라는 반영 반응을 보이듯 자기중심적인 경향이 강해 보인다. 그러면서도 감정이나 사고의 깊이가 얕아 막연한 수준의 기대만 가짐으로써(SCT: '나의 장래는 끊임없이 목표를 설정하고 이루고 있을 것이다' '내가 늘 원하기는 시작한 일을 끝맺으면서 성취감 느끼기' '내가 믿고 있는 내 능력은 하고자 마음먹으면 잘 해낼 수 있는 것' '내가 보는 나의 앞날은 길고 할 수 있는 것은 무한하다') 현실적인 노력은 하지 못하고 있는 것 같다.

SCT에서 '어리석게도 내가 두려워하는 것은 작은 벌레들' '나만의 두려움은 공포영화의 후유증이 크다는 것'이라고 하듯이 미숙한 수준의 불안감을 보이고 있는 내담자는 스트레스에 대응할 수 있는 심리적 자원이 부족하여 해결이 어려운 상황에서 오히려 분노감을 느끼면서(Rorschach: 공간 반응을 2개 보임, '성난 고양이' '화산') 상대방을 적대시하고 있어서(TAT: '악령이 씌어 있다. 저 남자가 쫓아내려고 한다') 스트레스의 원인을 타인의 탓으로 돌리며 외부에 귀인시키는 경향이 있는 것 같다. 그러나 HTP 집 그림에서 창문을 그리지 않고 있듯이 외부와의 원활한 소통을 하지 못하고 있는 내담자는 HTP에서 사람 그리기를 아예 거부하듯이 회피적인 태도로 일관하면서 스트레스 상황이 자연적으로 끝나기만을 수동적으로 기다리고 있는 것 같다(Rorschach: 마지막 카드 '축제').

요약과 제언

• 요 약

전체 지능: 88, 평균 하 / 언어성 지능: 97, 평균 / 동작성 지능: 78, 경계선

내담자는 지적 잠재력이 그다지 뛰어나지 않은 상황에서 관습적 지각능력이 가장 높게 나타날 정도로 주변의 시선과 평가에 지나치게 민감해져 있는 것으로 보임. 현실 판단능력에 문제가 있지는 않으나, 사회적 상황에서 마주하게 될 문제를 해결하는 데 있어서 기본적인 인지적 · 심리적 자원이 부족하고 문제해결에 대한 의지도 강하지 않아 신체 증상을 호소하는 등의 수동적이고 회피적인 태도로 문제 상황에 대응하고 있는 것으로 여겨짐. 내담자는 자기 자신에 대한 기대가 높지만 이러한 기대감은 다소 피상적이고 애매한 면이 있어 주변으로부터 인정받지 못하고 있는 것으로 생각됨. 그러나 이러한 상황을 외부에 귀인시키며 오히려 주변 환경을 적대시하고 있어 수동공격적인 모습이 나타날 가능성도 높아 보임.

• 심리평가 결과, 내담자는 다음과 같은 진단이 시사됨.

Axis I. Undifferentiated Somatoform Disorder(Somatic Symptom Disorder)

• 제 언

지속적인 상담치료가 필요할 것으로 여겨짐.

2) 아버지의 사망이 주는 영향, 높은 피해의식(여자 / 만 15세 / 중3)

■ 의뢰 사유

내담자는 '잦은 복통과 두통' '높은 불안 수준' 등을 주 호소로 상담센터를 방문하였으며, 전반적인 인지 기능 및 정서 파악을 위해 청소년종합심리평가를 실시하였다.

■ 행동 관찰과 면담

내담자는 보통 키에 마른 체격으로 얼굴에는 여드름이 많이 나 있고, 머리는 다소 헝클어져 있었다. 위생 상태는 양호하였으나, 검사자와의 눈맞춤은 간헐적으로 이루어졌다. 도구를 다루는 과제에서 심하게 손을 떨었고, 지필 과제에서 연필을 잡은 손이 빨갛게 될 정도로 힘을 주어 세게 쥐고 수행하는 등 긴장 수준이 높아 보였다. 그리고 모르는 과제에서 '끙끙' 앓는 소리를 내고 한숨을 쉬며 머리를 만지작거리는 등 안절부절못하였다. 내원 사유에 대해서는 '디자이너가 내 꿈인데 사람들은 너무나 단순하게만 생각하는 것 같다' '내가 하고자 하는 일에 대해 엄마도 잘 이해하지 못하는 것 같다'라며 불만 섞인 목소리로 대답하였다.

■ 지능과 인지 기능

한국 웩슬러 아동용 지능검사 4판 (K-WISC-IV)			
영 역	지 능	백분율	수 준
언어이해	86	17	평균 하
지각추론	96	39	평균
작업기억	117	87	평균 상
처리속도	117	88	평균 상
전체 지능	102	56	평균

내담자의 전체 지능은 102로 평균 수준을 나타냈으며, 같은 연령대에서 상위 44%의 수준이었다. 언어이해는 86으로 평균 하 수준을, 지각추론은 96으로 평균 수준을, 작업기억은 117로 평균 상 수준을, 처리속도는 117로 평균 상 수준을 나타냈다. 다만, 지능 영역 간의 차이가 31점으로 크게 나타나고 있었으며, 언어적 능력이 필요한 상

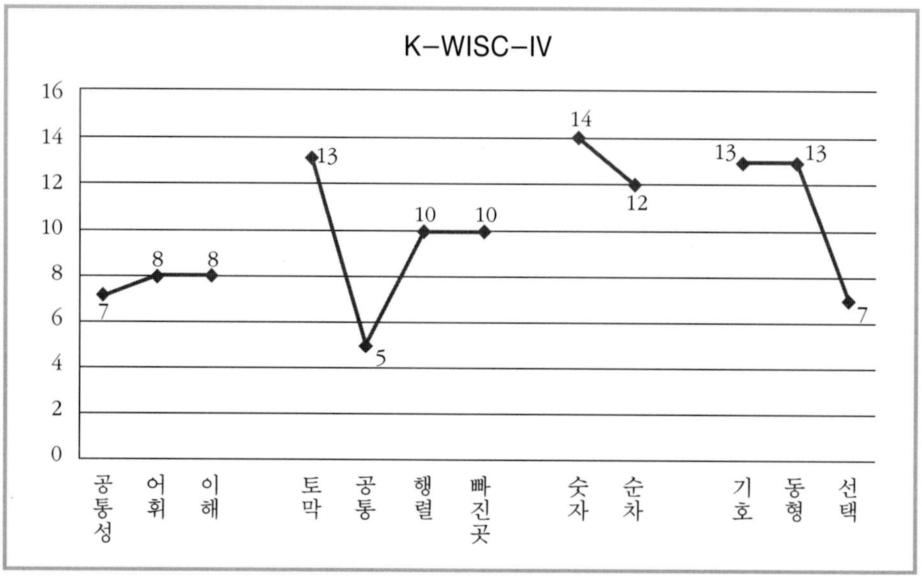

황에서 어려움이 클 것으로 생각된다.

언어이해 영역에서는 어휘구사력과 사물의 유사성을 파악하는 능력이 평균 하 수준으로 나타나고 있어서 언어적 개념을 이해하는 능력이 다소 부족해 보인다('소금과 물—바다' '틀림없는—내가 보기에 옳다고 생각되는 것'). 그리고 사회적 상황에 대한 이해력이 평균 하 수준을 보이고 있어서 관습 및 규범에 대한 습득 수준도 다소 부족한 것 같다('저작권—힘들게 만들었는데 남이 사용하면 보람이 없으니까').

지각추론 영역에서는 시공간 구성능력이 평균 상 수준으로 구조화된 상황에서 도구를 다룰 때는 다소 높은 능력을 발휘할 것으로 여겨진다. 그리고 전체를 고려하여 핵심을 파악하는 능력이 평균 수준을 보이고 있어서 주어진 자극을 바탕으로 새로운 결론을 추론하는 능력도 적절해 보인다. 그러나 자극 간의 관련성을 찾아내는 능력이 경계선 수준이어서 자극의 양이 많아지면 기능 수준이 급격하게 저하될 수 있겠다. 한편, 시각적 예민성이 평균 수준을 보이고 있어서 주변 환경 변화에는 적절히 반응할 것으로 생각된다.

작업기억 영역에서는 간단한 자극에 주의를 기울이는 능력이 우수 수준이었고, 복잡한 자극에 주의를 기울이는 능력이 평균 상 수준을 보이고 있어서 전반적인 주의집중력이 상당히 높아 보인다.

처리속도 영역에서는 긴장감 속에서 빠른 논리적 판단력을 발휘하는 능력이 평균 상 수준을 보이고 있어서 압력이 느껴지는 상황에서도 자신의 기능을 잘 발휘할 것으로 보이며, 시공간 운동속도가 평균 상 수준으로 나타나서 정교한 운동 기능도 높아 보인다. 그러나 가장 간단한 선택 소검사에서 평균 하 수준을 보이고 있어서 자극의 양이 많아지면 인지적 노력을 기울이기 힘들어하는 것 같다.

지능검사 결과, 주의집중력이 높게 나타나고 있고, 특히 지침이 정해져 있는 구조화된 상황에서는 높은 기능 수준을 보일 것으로 생각된다. 추론능력이 적절해서 인지적 잠재력도 양호해 보인다. 그러나 언어적 자원이 매우 부족해서 의사소통이 필요한 상황에서는 그다지 높은 기능을 발휘하지 못하면서 상대적으로 느껴지는 부적절감이 클 것으로 생각된다. 게다가 자극의 양이 많아질 때에도 수행에 대한 부담을 이기지 못하고 기능 수준이 급격하게 저하될 수 있겠다.

Rorschach 검사 결과, 총 15개의 적은 반응 수에도 불구하고 주변 환경을 통제하고자 상당한 노력을 기울이고 있고(ZD = 12.5), 인간운동 반응을 7개나 보이듯이 상당히 이성적으로 대처하고 있는 것 같다. 그러나 형태질이 상당히 저하되어 있어서(X-% = 0.60) 문제해결 능력이 매우 부족하고, 주변 환경의 요구를 충분히 파악하지 못하고 있으며(P = 3), 왜곡된 인간형태 반응을 많이 보이고 있어서(M- = 4) 주변 사람과 깊이 있는 교감을 나누기도 힘든 것 같다.

▣ 성격과 정서

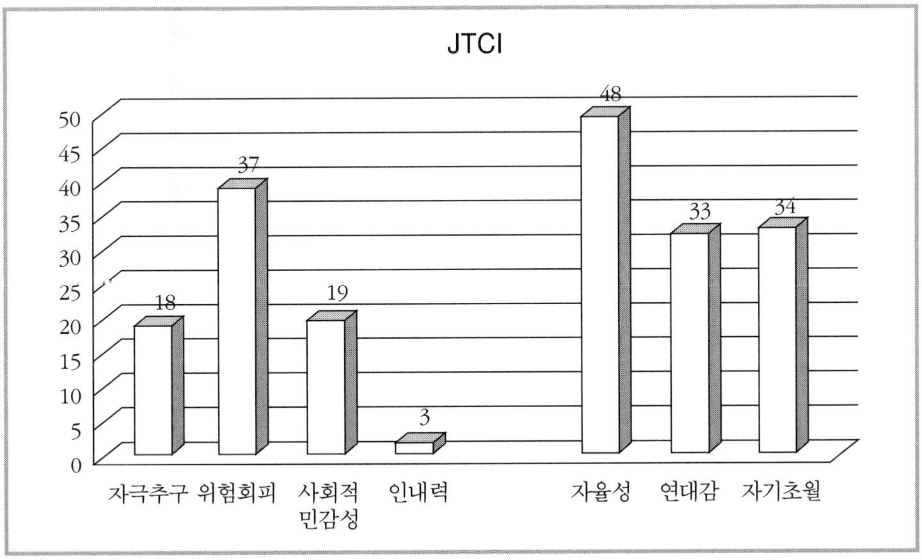

내담자는 SCT에서 '내가 만약 외딴곳에 혼자 살게 된다면, 아빠와 제일 같이 가고 싶다'라고 하듯이 아버지에게 친밀감을 상당히 강하게 느껴 왔던 것으로 보인다. 이러한 내담자는 SCT에서 '우리 아빠는 내가 본 사람 중 제일 멋지고 카리스마 있다'라고 하듯이 아버지를 이상화시키고 있었다. 그러나 2년 전 아버지의 사망으로 인해 현재까지 지속적으로 고통감을 느끼고 있는 것으로 보이는(SCT: '나를 가장 슬프게 하는 것은 아빠 생각이다') 내담자는 가족의 건강에 민감해져 있는데(TAT: '가족이 많이 아파서 상태를 보려고 문을 열어 본다' / SCT: '내가 제일 걱정하는 것은 건강을 잃는 것이다' '내 소원이 마음대로 이루어진다면, 가족건강'), 이는 아버지의 사망에 대한 고통감과 관련이 있는 것 같다(SCT: '내가 꾼 꿈 중에서 가장 무서운 꿈은 사람이 두 동강 나 죽는 꿈이다').

한편, HTP 나무 그림에서 '필요—사람들이 봐 주는 것'이라고 하듯이 관심받고자 하는 욕구가 강해 보인다. 그러나 Rorschach 검사에서 '화려하게 차려입은 사람이 두 팔을 벌리고 서 있다' '무용수가 화려한 동작으로 춤을 춘다'라고 하듯이 극적인 표현을 사용하면서도 색채 반응을 하지 않는 것을 보면, 실제 정서 상태는 피상적인 수준에 머물러 있는 것 같다. 이러한 내담자는 대인관계 상황에서 주변 사람의 감정에 공감하기 힘들 것으로 여겨지므로 원만한 관계를 맺지 못하고 오히려 불편감을 느끼고 있는 것으로 여겨진다(SCT: '대부분의 아이들은 나하고 좀 다른 것 같다'). 또한 SCT에서 '내가 만약 동물로 변할 수 있다면 박쥐가 되고 싶다. 피해 보지 않도록'이라고 하듯이 피해의식이 강해 보이므로 다른 사람의 의도를 의심하기 쉬운 것 같다(SCT: '여자애들은 겉과 속이 다른 것 같다'). 이러한 상황에서 HTP 집 그림에서 '어쩌다 지나가는 사람. 이 집에서 계속 살지 않을 것 같은 사람들이 산다' '앞으로 서로 볼 일 없는 사람이니까 서먹서먹하다'라고 하듯이 주변 사람에게는 거리를 두고, 특정 관심 영역에 몰입함으로써 스트레스에 대응하고 있는 것 같다(SCT: '나는 커서 그림 그리고 사는 사람이 되고 싶다. 왜냐하면 그때가 제일 즐겁다').

내담자는 TAT에서 '사는 게 많이 힘들었던 사람 둘이 껴안고 있다'라고 하듯이 스트레스 상황에서 의존하고자 하는 욕구가 강해 보인다. 그러나 친밀감에 대한 태도를 나타내는 Rorschach 카드에서 '뒷모습을 보이고 걷고 있는 것 같아요'라고 하듯이 친밀한 대상에게 충분한 정서적 지지를 느끼지 못하고 있는 것 같다. 그러면서도 SCT에서 '내가 가장 무서워하는 것은 좋아하는 사람에게 버림받는 것이다'라고 하듯이 유기불안을 느끼고 있는 내담자는, 내면의 고통감을 억압하면서 부적절하게 대처하다가(Rorschach: '모자 쓴 곰 인형이 춤을 추고 있다') 스트레스가 가중되면 신체 증상을 통해서 불편감을 드러내고 있는 것으로 여겨진다[TAT: '오랫동안 앓은 지병(두통)이 또 생긴 것 같아요'/ Rorschach: '신체 내장'].

요약과 제언

• 요 약

전체 지능	102	평균			
언어이해	86	평균 하	지각추론	96	평균
작업기억	117	평균 상	처리속도	117	평균 상

내담자의 지능은 평균 수준으로 나타남. 주의집중력이 높고, 지침이 정해져 있는 구조화된 상황에서는 높은 기능 수준을 보일 것으로 생각됨. 그리고 인지적 잠재력도 양호해 보임. 그러나 의사소통이 필요한 상황에서는 그다지 높은 기능을 발휘하지 못하면서 상대적으로 느껴지는 부적절감이 클 것으로 생각됨. 이러한 내담자는 자극의 양이 많아질수록 수행에 대한 부담감을 이기지 못하고 오히려 기능 수준이 급격하게 저하될 수 있음. 내담자는 아버지에게 친밀감을 상당히 강하게 느껴 왔던 것으로 보임. 그러나 아버지의 사망으로 인해 현재까지 지속적으로 고통감을 느끼고 있는 것으로 생각됨. 한편, 관심받고자 하는 욕구가 강해 보이나, 원만한 관계를 맺지 못하고 오히려 불편감을 느끼고 있음. 또한 피해의식이 강해 보이므로 다른 사람의 의도를 의심하는 경우가 많을 것으로 생각됨. 내담자는 스트레스 상황에서 의존하고자 하는 욕구가 강해 보이나, 친밀한 대상에게 충분한 정서적 지지를 느끼지 못하고 있음. 그러면서도 내면의 고통감을 억압하면서 부적절하게 대처하다가 스트레스가 가중되면 신체 증상을 통해서 불편감을 드러내고 있는 것으로 여겨짐.

• 심리평가 결과, 내담자는 다음과 같은 진단이 시사됨.

Axis I. Undifferentiated Somatoform Disorder

(Somatic Symptom Disorder)

Axis IV. Bereavement(Uncomplicated Bereavement)

• 제 언

1. 인지적 인내력 키우기
2. 언어표현 능력 키우기
3. 감정표현 능력 키우기
4. 신뢰적이고 안정적인 대인관계 형성능력 키우기
5. 또래관계에서의 공감능력 키우기
6. 지지적인 양육관계 유지하기

3. 자주 나타나는 반응

1) 주 호소

'틱 증상' '학교폭력 이후 학교생활의 어려움' '게임 중독' / '지속적으로 배가 아프다고 한다' / '스트레스에 의한 위산 과다 분비 및 두통' / '자주 토하고 현기증이 난다' / '가슴이 답답하다' / '심한 편두통' '다리 마비' / '집단 구타를 당했다' / '이상한 행동을 한다' '쉽게 피곤해한다' / '두통' '현기증' / '고등학교 입학 후 자주 쓰러진다, 호흡이 곤란하고 몸이 뒤틀리며 쓰러진다' / '가슴이 뛰고 머리가 아파 죽을 것 같다'

2) 환경에 대한 둔감성

지능: 빠진곳찾기 저하

Rorschach: 적은 반응 수

3) 피상적이고 긍정적인 표현(협조적 태도)

행동: 면담 시 전반적으로 현재 생활에 대해서는 긍정적으로 답변함 / 웃으면서 말을 많이 하고 지시에 협조적임 / "근데 어쩌다 병원에서 일하게 됐어요?" "근데 애들도 심리검사 많이 받아요?"라고 하는 등 밝은 표정으로 검사 수행과 상관없는 질문을

많이 함

MMPI: L, K 상승

HTP: 집 그림 '화목할 것 같다'

Rorschach: II번 카드 '퍼레이드하는 광대가 손뼉 친다. 흥겨워 보인다'

SCT: '우리 엄마 아빠는 착하다' / '내가 가장 좋아하는 사람은 엄마 아빠' / '나에게 가장 좋았던 일은 미래에 있을 것이다' '내가 가장 행복한 때는 아직 없으며 미래에 행복하겠다' '나는 공부를 잘할 거다' '다른 사람들은 나를 좋게 보도록 노력하겠다' / '다른 가정과 비교해서 우리 집안은 웃음이 넘친다' '내가 제일 좋아하는 사람은 부모님이다'

4) 모순된 표현(상반된 표현)

행동: 약속보다 1시간을 늦게 왔으며, 밥을 먹고 왔다고 하면서 미안해하는 기색은 보이지 않음

Rorschach: II번 카드에서 '따봉 하는 거' '뽀뽀하는 거'라고 하고, III번 카드에서 '피' '불'이라고 함

SCT: '우리 아빠는 착하지만 엄격하다' / '우리 집안은 화목한 가정이었다. 하지만 이젠 아니다' / '우리 엄마 아빠는 나를 무척 사랑하신다'와 '나는 때때로 아빠가 무섭다'

5) 감정의 억압(정서적 자원 부족, 높은 도덕성, 이타적 모습)

MMPI: L척도 상승

HTP: 사람 그림 '나쁜 사람' '좋은 사람' 등 도덕적 표현을 사용함 / 사람 그림 '돈을 기부한다' / 남녀 모두 얼굴을 매우 크고 자세하게 그리고 있는 반면, 얼굴과 신체 크기에 비해 팔, 다리는 작게 그리고, 특히 손은 뒤로 숨긴 자세를 그림

Rorschach: VII번 카드 '사슴벌레. 딱딱하게 생겼다' / 색채카드들에서 왜곡된 형태 반응만 나타남 / 색채 반응을 보이지 않음 / X번 카드 '뼈다귀'

SCT: '나의 좋은 점은 착하다'

6) 건강에 대한 몰입(신체 증상 호소)

MMPI: 1, 3번 상승

Rorschach: 많은 Morbid 반응 / '사고 나서 피나는 얼굴' '찢어진 옷'

SCT: '둘째 소원은 건강' / '나는 때때로 머리가 아프다' / '다른 친구들이 모르는 나만의 두려움은 병의 증세가 나타나는 것이다'

7) 신체 증상에 대한 심각성 부족

행동: 웃으면서 "(검사)하니깐 배 아파요."라고 하거나, 구토에 대해 웃으면서 말함 / '몇 십 초간의 행동장애가 있다'며 자신의 증상에 대해 밝은 표정으로 말함 / 실제 검사 도중 유사간질 행동을 보인 다음에도 전혀 불편감 없이 "바로 이거예요."라고 말하는 등 심각성은 매우 부족함

23 Chapter

유뇨증

1. 심리과정상의 특징

유뇨증(Enuresis)이라 함은 신체적 원인이 없고, 이미 소변을 가릴 수 있는 능력을 획득했음에도 불구하고 소변을 가리지 못하는 것을 말한다. 유뇨증에만 특화된 심리적 원인을 찾기는 힘들기 때문에 배뇨 기관에 미세하게나마 신체적 취약성을 가지고 있을 가능성이 있지만, 스트레스 관리를 통해 벗어날 수 있는 현상이므로 다분히 심리적 문제인 경우가 많다.

긴장을 하면 소변을 자주 보게 된다. 긴장은 불안하고 걱정이 많이 될 때 하는 것이므로 기본적으로는 불안에 취약한 아이들이 유뇨증을 가질 확률이 높다. 그런데 불안 말고도 고려해야 할 것이 하나 더 있다. 예로, 초등학교 2학년 아이가 유뇨증이 생기면 누가 가장 힘들까? 아이가 증상을 부끄러워해서 집단 활동을 회피한다고 하지만, 실제로는 그 회피에 대해서 증상 무관심(la belle indifference)이 느껴지는 경우가 많다. 집단 활동에 못 가는 게 부끄러운 일이긴 하지만, 그렇다고 딱히 가고 싶지도 않은 상태라는 것이다. 그렇다면 유뇨증으로 가장 고생하는 사람은 누구인가? 바로 부모다. 아이가 바지를 적셨다는 전화를 받아서 사회적 체면을 구기고, 다 큰 아이 바지를 갈아입혀 줘야 하고, 냄새나는 바지와 이불을 빨아야 하는 육체적 고통도 더해진다.

행동의 결과가 행동의 목적을 말한다. 유뇨증은 어떤 면에서는 부모에 대한 분노감의 표현이다. 부모로부터의 압박을 받으면서 오랜 기간 기대 수준에 도달하지 못해서 불안하고 긴장된 생활을 해 온 결과인 경우가 많다.

2. 보고서 사례

1) 인지 기능의 불안정성, 불안이 유발한 빈뇨(남자 / 만 6세 / 초1)

■ 의뢰 사유

아동은 '등굣길에 빈뇨 증상이 심하다'를 주 호소로 상담센터를 방문하였으며, 전반적인 인지 기능 및 정서 파악을 위해 아동종합심리평가를 실시하였다.

■ 행동 관찰과 면담

아동은 부모와 함께 센터에 방문하였고, 작은 키에 마른 체격으로 귀여운 외모였다. 위생 상태는 양호하였고, 몸을 움직이는 경우가 많아서 검사자와의 눈맞춤은 간헐적으로 이루어졌다. 검사 초반부터 "하기 싫다." "에이 못하겠어."라고 하거나 소리를 지르며 "어렵다."라고 하는 등 거부적인 모습을 보여서 어머니와 동석한 상태에서 검사가 진행되었다. 검사 도중 "쉬 마려워."라고 하면서 빈번하게(8회) 화장실을 갔다. 자신 있는 과제에서는 "재밌다."라고 하면서 흥미를 보이며 수행하였으나, 문항이 어려워지면 "막 고를까? 막 하자 막 해." "그만하고 싶다." "이걸 어떻게 해?"라고 불편감을 말로 표현하면서 쉽게 포기하였다. 내원 사유에 대해서는 대답하지 못했다.

■ 지능과 인지 기능

내담자의 전체 지능은 93으로 평균 수준을 나타냈으며, 같은 연령대에서 하위

한국 웩슬러 아동용 지능검사 4판 (K-WISC-IV)			
영 역	지 능	백분율(%)	수 준
언어이해	86	17	평균 하
지각추론	102	56	평균
작업기억	103	59	평균
처리속도	95	36	평균
전체 지능	93	33	평균
일반능력	94	34	평균

33%의 수준이었다. 언어이해는 86으로 평균 하 수준을, 지각추론은 102로 평균 수준을, 작업기억은 103으로 평균 수준을, 처리속도는 95로 평균 수준을 나타냈다. 지능 영역 간의 차이가 17점으로 유의미한 차이를 보이지 않았으나(기준은 20점), 지각추론 영역에서 소검사 간 편차가 8점으로 심하여(기준은 5점 차이) 전체 지능과 일반능력 모두 환자의 기능을 온전히 대표한다고 보기 어렵기 때문에 각 소검사가 나타내는 기능 수준을 개별적으로 파악하는 것이 더 중요해 보인다.

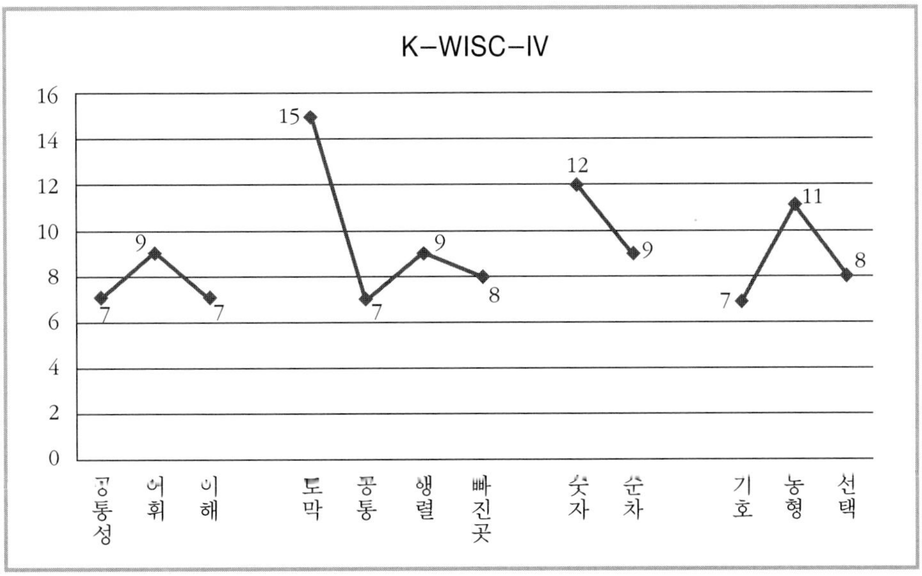

언어이해 영역에서는 어휘구사력이 평균 수준으로 나타나서 언어적 학습이 적절하게 이루어진 것으로 보이나, 언어적 개념을 형성하는 능력이 평균 하 수준을 보이

고 있어서('겨울과 여름—겨울은 춥고 여름은 따뜻해요') 추상적 사고능력은 다소 부족한 것 같다. 그리고 공통성 소검사에서 서로 다른 문항임에도 비슷한 대답을 하고 있어서('볼펜과 연필—검게 나오고 갈색으로 나오고' '우유와 물—하얀색, 색이 없어요') 사고가 단순하고, 사고 전환에도 어려움이 있을 것으로 생각된다. 게다가 사회적 상황에 대한 이해력이 평균 하 수준이어서('연기—밖으로 나가요') 관습과 규범에 대한 습득 수준도 다소 부족해 보인다.

지각추론 영역에서는 시공간 구성능력이 우수 수준으로 나타나서 구조화된 상황에서 도구를 다룰 때 매우 뛰어난 기능 수준을 보일 수 있겠다. 그리고 전체를 고려하여 핵심을 파악하는 능력과 자극 간의 관련성을 찾아내는 능력이 각각 평균, 평균 하 수준을 보이고 있어서 자극을 통해 추론을 하거나 응용력이 필요한 상황에서도 비교적 양호한 기능을 발휘할 것으로 여겨진다. 그러나 토막짜기 소검사에 비해 6~8점이나 낮게 나타나고 있어서 적극적인 인지적 노력이 필요한 상황에서는 무력한 모습을 보일 수 있겠다. 한편, 시각적 예민성이 평균 하 수준으로 나타나서 주변 환경 변화에도 다소 둔감해져 있는 것으로 생각된다.

작업기억 영역에서는 간단한 자극에 주의를 기울이는 능력이 평균 상 수준으로 나타나서 단순주의력이 다소 높아 보인다. 그리고 복잡한 자극에 주의를 기울이는 능력이 평균 수준으로 나타나서 주의분할 능력도 적절한 것 같다.

처리속도 영역에서는 긴장감 속에서 빠른 논리적 판단력을 발휘하는 능력이 평균 수준으로 나타나서 추상적인 시각 자극을 변별하는 상황에서는 양호한 기능을 나타낼 수 있겠다. 그러나 간단한 시각적 자극에 짧은 순간 동안 높은 집중력을 발휘하는 능력과 시공간 운동속도가 평균 하 수준으로 나타나서 반응속도가 다소 저하되어 있는 것으로 보이는데, 이는 인위적인 노력이 필요한 상황에서 검사에 거부적인 태도를 보이는 것과 관련이 있는 것 같다.

지능검사 결과, 아동은 구조화된 상황에서 도구를 다룰 때 매우 뛰어난 기능 수준을 보일 수 있겠다. 대부분의 소검사가 평균에서 평균 하 수준으로 나타나고 있어서 전반적인 기능 수준도 양호할 것으로 보이지만, 자신의 뛰어난 도구 조작능력을 발휘하지 못하는 상황에서는 필요 이상으로 좌절감을 느낄 가능성이 커 보인다. 그리고 언어적으로도 단순한 학습능력은 양호해 보이나, 사고가 경직되어 있어서 사고 전환에 어려움이 시사되고, 인지적 유연성도 부족한 것으로 생각된다. 게다가 순간 집중력이 부족해 보이므로 만족스러운 성취가 더욱 어려울 수 있겠다.

성격과 정서

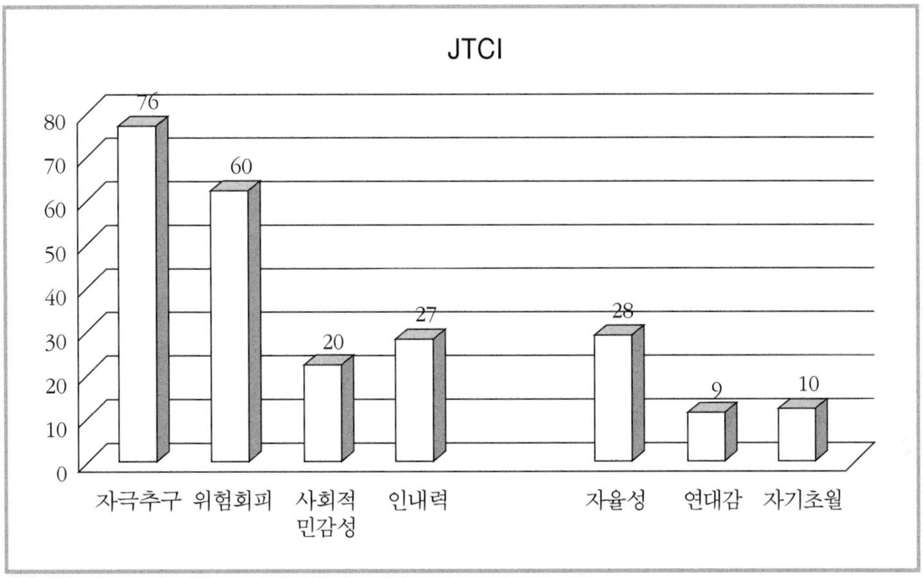

아동은 애정 욕구가 높지만(TAT: '뽀뽀하는 것' '결혼하자고 한다'), SCT에서 '내가 가장 좋아하는 사람은 우리 누나'라고 하는 것을 보면, 정작 부모와는 안정적인 관계를 맺지는 못했던 것으로 여겨진다(HTP: 집 그림 '안 좋은 집'). 한편, 아동은 JTCI에서 '사회적 민감성'과 '연대감'이 낮게 나타나고 있듯이 사회적 자극에 둔감하고, 관계 형성을 위한 자원이 매우 빈약해 보이므로(JTCI: '사회적 민감성－20%') 또래관계에서도 상호작용의 어려움을 느끼며(SCT: '나는 친구가 없어요'), 회피적인 모습을 보일 수 있겠다(JTCI: '위험회피－60%').

아동은 지능검사에서 나타나듯이 무난한 지능 수준을 보이고 있으나, JTCI에서 '인내력'이 27%로 낮아서 좌절을 경험하거나 추가적인 노력이 필요한 상황에서 쉽게 포기할 수 있고, 이는 꾸준한 학습이 필요한 영역에서 방해 요인으로 작용할 것으로 생각된다. 그리고 주도적으로 문제를 해결하지 못하고(JTCI: '자율성－28%'), 불확실한 상황이나 익숙하지 않은 상황에 대한 두려움이 커 보이므로(JTCI: '위험회피－60%') 새로운 일을 시작하거나 판단이 불확실한 상황에서는 불안감이 클 것으로 생각된다. 이러한 아동은 퇴행되고 회피적인 모습을 보이고 있어서(Rorschach: '복숭아' / HTP: 집 그림 '행복－집에 있을 때') 스트레스를 적절하게 해소하지 못하고 빈뇨와 같은 신체 증상을 통해 자신의 심리적 불편감을 드러내고 있는 것 같다.

요약과 제언

• 요 약

전체 지능	93	평균	일반능력	94	평균
언어이해	86	평균 하	지각추론	102	평균
작업기억	103	평균	처리속도	95	평균

아동의 지능 수준은 평균 수준으로 나타남. 아동은 도구를 다룰 때 매우 높은 기능 수준을 보일 수 있겠으나, 자신의 뛰어난 도구 조작능력을 발휘하지 못하는 상황에서는 상대적으로 좌절감을 느끼기 쉬움. 그리고 언어적으로도 단순 학습능력은 양호해 보이나, 사고가 경직되어 있어서 사고 전환에 어려움이 시사되고, 인지적 유연성도 부족한 것으로 생각됨. 아동은 애정 욕구가 높아 보이나 부모와 안정적인 관계를 맺기 어려웠던 것으로 여겨지며, 또래관계에서도 상호작용의 어려움이 있을 것으로 생각됨. 아동은 지적 잠재력이 적절해 보이나, 좌절을 경험하거나 추가적인 노력이 필요한 상황에서 쉽게 포기하는 모습을 보일 수 있겠음. 그리고 주도적으로 문제를 해결하는 능력이 부족하고, 불확실한 상황이나 익숙하지 않은 상황에 대한 두려움이 커 보이므로 새로운 일을 시작하거나 판단이 불확실한 상황에서는 불안감을 느낄 수 있음. 이러한 아동은 스트레스를 적절하게 해소하지 못하고 퇴행적인 신체 증상을 통해 자신의 심리적 불편감을 드러내고 있는 것으로 여겨짐.

• 심리평가 결과, 내담자는 다음과 같은 진단이 시사됨.

Axis I. Anxiety Affecting Urinary Frequency(Other Specified Elimination Disorder, With urinary symptoms, Anxiety Affecting Urinary Frequency)

Axis IV. Parent-Child Relational Problem(Parent-Child Relational Problem)

• 제 언

1. 감정표현 능력 키우기
2. 공감능력 키우기
3. 지지적인 양육 환경 제공하기

4. 불안 수준 낮추기
5. 사고 유연성 향상시키기

2) 관심받지 못한 분노감의 표현(남자 / 만 9세 / 초3)

■ 의뢰 사유

아동은 두 달 전부터 야뇨증이 재발했으며, '최근 학교에서 자주 야단을 맞는다' '집에서 짜증을 많이 낸다' 등을 주 호소로 상담센터를 방문하였으며, Enuresis, Attention-Deficit/Hyperactivity Disorder 임상적 인상하에 아동종합심리평가를 실시하였다.

■ 행동 관찰과 면담

털모자에 검은색 긴 코트를 입은 아동은 안경을 쓴 보통 체구의 초등학생으로 어머니와 함께 내원하였다. 위축된 모습으로 검사실에 들어와 조용하게 있었으며, 검사 종료 시까지 별다른 움직임 없이 착석 상태를 유지하였다. 손톱에 때가 조금 있긴 하였지만 전반적인 위생 상태는 양호하였고, 검사자의 지시에도 잘 따르는 등 협조적이었다. 열심히 문제를 풀기 위해 노력하였으며, 문제해결이 끝난 검사 도구들을 반듯하게 배열하는 등 매사에 꼼꼼한 모습을 보였다. 다만, 무표정하고 말이 없었으며, 검사자와 눈맞춤도 잘하지 않은 채 검사에만 몰입하는 모습이었다. 내원 사유에 대해서는 '성격 때문에' '애들한테 피해를 줬다' '물건 뺏어서 도망가고 그랬다' '3학년부터 시작됐다' 등 주 호소 문제로 거론된 내용을 스스로도 말하였으나, 야뇨증에 대해서는 직접 언급하지 않았다. 검사 내내 조용하고 무표정한 모습이었으나, 검사 종료 후 대기실에서는 밝은 표정이었고 걷는 동작도 가벼워 보였다.

■ 지능과 인지 기능

한국 웩슬러 아동용 지능검사 3판 (K-WISC-III)			
영 역	지 능	백분율(%)	수 준
언어성 지능	118	82.5	평균 상
동작성 지능	92	29.7	평균
전체 지능	108	70.3	평균

아동의 전체 지능은 108로 평균 수준을 나타냈으며, 같은 연령대에서 상위 30% 정도의 수준이었다. 언어성 지능은 118로 평균 상 수준을, 동작성 지능은 92로 평균 수준을 나타냈다. 두 지능 간의 유의미한 양적 차이가 나타나고 있어 언어적 학습 수준은 잘 유지되고 있는 것으로 보이나, 상황에 따른 즉각적 대응 수준은 연령에 비해 다소 부족할 수 있겠다.

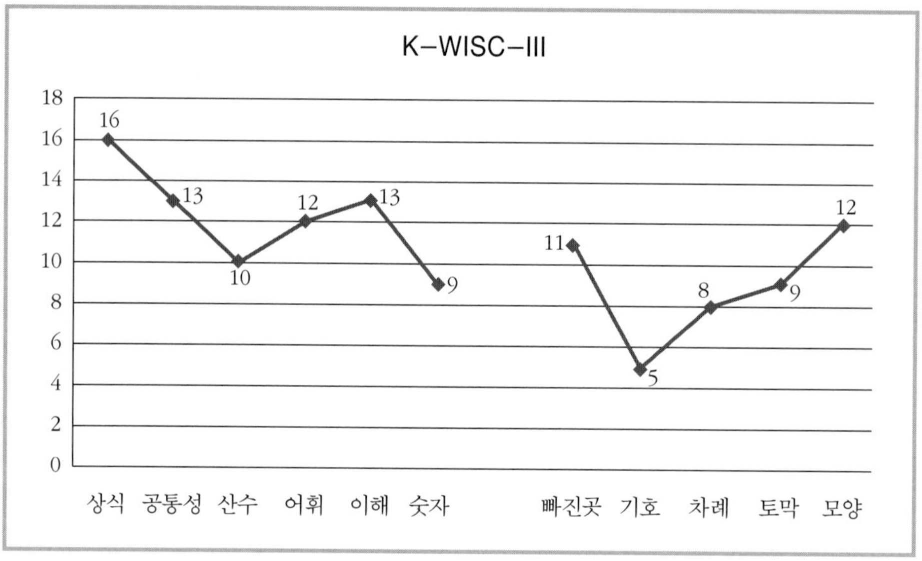

언어성 지능에서 기본적인 상식 수준이 최우수 수준으로 매우 높게 나타나고 있어 단순 지식의 습득에 대한 흥미가 높아 보인다. 그리고 고차원적인 개념 형성능력, 어휘구사력, 사회적 상황에 대한 이해력 등도 평균 상 수준을 유지하고 있듯이 학업적으로나 관습적으로 얻게 되는 지식의 습득 수준이 높은 것 같다. 그러나 산수 및 숫자 소검사에서는 평이한 수준의 수행을 보이고 있어 언어적 능력에 비해 주의력 수준은 상대적으로 다소 부족한 것으로 나타났다.

동작성 지능 영역에서는 익숙한 그림 자극이 주어지는 상황에서의 문제해결 능력은 평균 상 수준으로 다소 높게 나타났으나, 추상적인 자극을 통한 문제해결 수준은 이보다 3점이 낮은 평균 수준으로 나타나 현실적이고 구체적인 자극으로 이루어진 환경에서 보다 잘 기능할 수 있을 것으로 보인다. 그리고 시각적 예민성은 평균 수준인 반면 상황적 맥락을 파악하는 능력은 평균 하 수준으로 낮게 나타나고 있어, 주변의 환경 변화는 민감하게 인식할 수 있으나 상황에 맞는 적절한 대응을 찾아서 실행하는 능력은 또래보다 다소 부족해 보인다. 한편, 매우 간단한 운동 과제인 기호쓰기에서는 경계선 수준의 수행을 보이고 있는데, 이는 시공간 협응에 있어서 유연성 및 민첩성의 부족 때문인 것으로 보이나, 아동의 경직된 수검 태도를 고려할 때 어느 정도는 매우 긴장되어 있던 아동의 정서 상태와도 관련이 있는 것 같다.

지능검사 결과, 아동은 평균-평균 상 정도의 지적 잠재력을 가지고 있는 것으로 보이며, 특히 지식 습득에 대한 선호가 강해 보이므로 이러한 흥미를 적절히 지지해 줄 필요가 있을 것으로 생각된다. 또한 아동은 전반적인 언어적 대처능력을 연령 수준에 맞게 잘 학습한 것으로 보이며, 익숙한 환경에서는 융통성을 발휘하며 문제해결을 하는 데 어려움이 없을 것으로 여겨진다. 그러나 단순하지만 정교함과 민첩성이 요구되거나 낯선 자극이 주어지는 경우에는 불안감이 상승하며 대처에 어려움을 겪을 수 있겠다.

Rorschach 검사 결과, 아동은 37개의 매우 많은 반응 수를 보이고 있으나, 단순한 형태 반응이 대부분이며(L＝1.64), 전반적인 형태질이 매우 낮게 나타나는(X-%＝0.59) 등 문제해결의 질적 수준은 매우 낮은 것으로 여겨지며, 이는 아동의 충동적이고 산만한 사고 경향을 나타내는 것으로 생각된다. 한편, 아동은 4개의 동물운동 반응에서 시사되듯 스트레스가 되는 사고 내용을 반추하고 있으며, 이에 더하여 22개의 특이한 부분 반응(W:D:Dd＝6:9:22)은 사소한 부분에 필요 이상으로 예민해져 있는 모습을 보여 주는 것으로 작은 일에 지나치게 민감해져서 확대 해석함으로써 신경질적인 모습을 자주 보이고 있는 것 같다.

◻ 성격과 정서

아동 · 청소년 행동평가척도 (K-CBCL)														
	사회성	학업수행	총사회능력	위축	신체증상	우울불안	사회적미성숙	사고문제	주의집중	비행	공격성	내재화	외현화	총문제
T	50	64	56	55	51	68	54	45	59	50	67	60	64	61

한국아동인성평정척도 (KPR-C)														
	신뢰도	타인의식	특이반응	자아탄력성	언어발달	운동발달	불안	우울	신체화	비행	과잉행동	가족관계	사회관계	정신증
T	41	37	60	36	49	45	57	49	33	63	61	44	49	51

SCT에서 '내가 꾼 꿈 중에서 제일 무서운 꿈은 귀신이 나에게 달려드는 꿈' '내가 가장 무서워하는 것은 귀신이다' '나는 때때로 무섭다'라고 하듯이 불안 수준이 높은 아동은 HTP의 집과 나무 그림에서 밑선을 그리지 않아서 현재 정서적으로도 다소 불안정한 상태로 여겨진다. 그리고 HTP 집 그림에서 허름한 집을 그린 다음에 '으시시해 보인다'라고 하듯이 가정 내 환경을 상당히 불편하게 여기고 있는 것 같다. HTP 남자 그림에서 '가장 행복할 때—가족하고 외식할 때' '가장 불행할 때—아빠하고 헤어질 때'라고 하듯이 가족과의 친밀감을 중시하고 인정과 관심을 받고 싶은 욕구가 높아 보이나, 여동생이 나타난 이후로 이러한 욕구를 충족시키는 데 어려움이 있었을 것으로 여겨지며, SCT에서 '내가 제일 걱정하는 것은 동생이 아플 때다' '나를 가장 슬프게 하는 것은 내 동생이다'라고 하듯이 여동생에 대한 양가적인 태도로 상당한 괴로움을 겪고 있는 것 같다(Rorschach: C′=3). 아동은 Rorschach 검사에서 '피 흘리는 사자' '화난 물개' '화난 개구리' 등의 공격적인 반응과 함께 14개의 공간반응(S)을 보이고 있듯이 내면에 분노감이 가득한 상태로 보이는데, 이는 현재 스스로를 둘러싼 환경에 대한 강한 불만족감을 시사하는 것 같다. 이러한 아동은 대인관계에 대한 태도를 나타내는 Rorschach 카드에서 '사자' '호랑이' '고릴라' '늑대'라고 하면서 가장 좋아하는 카드로 선택하고 있는데, 이는 외부의 공격적 캐릭터와 자신을 동일시하는 것으로 문제의식 없이 공격적인 행동을 할 가능성이 높아 보인다.

아동은 HTP 사람 그림에서 남녀를 모두 종이에 꽉 찰 정도로 크게 그렸고, SCT에서 '나는 친구가 좋다' '대부분의 아이들은 나를 좋아한다'라고 하듯이 또래관계를 비롯한 전반적인 대인관계에 대해 관심이 많아 보인다. 그러나 지능검사의 차례맞추기 소검사 점수가 평균 하 수준으로 그리 높지 않고, Rorschach 검사에서 왜곡된 인간운동 반응을 2개만 보이고 있듯이 사회적 상황에서 연령 수준에 맞는 대응행동을 하는 데 다소 어려움이 있을 것으로 여겨지므로 주변 사람에 대한 관심이 오히려 타인을 괴롭히거나 귀찮게 하는 행동으로 나타날 것으로 보이며(SCT: '나의 나쁜 점은 아이들에게 피해를 입히는 것이다' / K-CBCL: 공격성=67T), 자신이 통제력을 발휘하기 어려운 가정 내에서는 야뇨증과 같은 매우 수동적이고 회피적인 증상이 나타날 수도 있겠다.

■ 요약과 제언

• 요 약

전체 지능: 108, 평균 / 언어성 지능: 118, 평균 상 / 동작성 지능: 92, 평균

아동의 지능은 평균 수준으로 나타남. 지식의 습득이 위주가 되는 언어적 능력은 또래에 비해 다소 높은 수준이지만, 상황적 대처능력은 이에 비해 상대적으로 부족해 보이며, 낯선 상황에서는 불안감이 상승하여 매우 경직된 대응행동을 보일 수 있음. 게다가 다른 능력들에 비해 주의집중이 잘 되지 않고 다소 산만한 경향도 나타나고 있음. 정서적으로는 불안 수준이 높은 아동은 동생이 생기면서 나타난 가정환경의 변화에 대해 당황스럽고 혼란된 모습을 보이고 있는 것으로 여겨짐. 동생이나 친구를 비롯한 주변 사람에게 다가가고 싶기도 하면서 자신에게 충분히 관심을 기울여 주지 않는 것에 대해 불만족스럽기도 한 양가적인 태도로 인해 스스로도 상당한 고통감을 겪고 있을 것으로 보이나, 이러한 불편감을 주변 사람들에 대한 공격적인 행동으로 표현하고 있는 것으로 생각되며, 자신의 힘을 발휘하기 어려운 가정 내에서는 야뇨증과 같은 수동적이고 회피적인 방식으로 표현될 수 있음.

• 심리평가 결과, 아동은 다음과 같은 진단이 시사됨.

Axis I. Enuresis(Enuresis)

R/O Attention-Deficit/Hyperactivity Disorder, Combined Type

(Attention-Deficit/Hyperactivity Disorder, Combined presentation)

• 제 언

가정 내에서는 꾸중이나 제재를 줄이고, 보다 많은 지지와 관심을 가져 줄 필요가 있으며, 또래관계에 있어서는 아동의 관계 형성에 대한 욕구를 긍정적인 방향으로 충족시킬 수 있도록 도움이 필요할 것으로 생각됨.

3) 정서적 대처능력이 부족한 아동(여자 / 만 7세 / 초2)

■ 의뢰 사유

아동은 '배가 아프다고 호소한다' '위축되어 지낸다' '소변을 못 가린다' 등을 주

호소로 내원하였으며, Enuresis, Somatoform Disorder NOS, Adjustment Disorder 임상적 인상하에 아동종합심리평가를 실시하였다.

행동 관찰과 면담

긴 머리를 뒤로 묶은 아동은 보통 키, 마른 체형으로 어머니와 함께 내원하였다. 위생 상태는 양호하였으며, 검사자와의 눈맞춤도 적절하였다. 밝은 표정으로 검사에 협조적이었으나, 검사 도구에 갑자기 손을 대는 등 다소 충동적인 모습을 보였으며, 검사자가 오답을 정정해 주어도 '아니다'라고 바로 인정하지 않는 등 고집을 부리기도 하였다. 아동은 지필 과제에서 손에 힘이 잔뜩 들어가서 매 과제가 끝날 때마다 손을 흔들어 푸는 등 상당히 긴장되어 보였다. 면담 시 '밥 먹고 나면 배가 아프다' '어떤 때는 밥 안 먹어도 아프다' 등 복통을 호소하였으나, '학교 재밌다' '친구들은 잘 지낸다' '공부 잘한다' 등 다른 불편감에 대해서는 부인하였다.

지능과 인지 기능

한국 웩슬러 아동용 지능검사 3판 (K-WISC-III)			
영 역	지 능	백분율(%)	수 준
언어성 지능	107	65.5	평균
동작성 지능	100	50.0	평균
전체 지능	104	57.9	평균

아동의 전체 지능은 104로 평균 수준을 나타냈으며, 상위 42% 정도의 수준이었다. 언어성 지능은 107로 평균 수준을, 동작성 지능은 100으로 평균 수준을 나타냈으며, 두 지능 간의 유의미한 차이는 나타나지 않았다.

언어성 소검사에서 사회적 상황에 대한 이해력이 평균 상 수준으로 다소 높게 나타났으며, 기본지식, 수계산 능력, 어휘구사력, 단순한 자극에 대한 주의력, 사물의 유사성을 파악하는 능력 등은 모두 평균 수준으로 나타나 전반적으로 연령에 적절한 수준의 언어적 대처능력을 가진 것으로 생각된다.

동작성 영역에서도 시공간 구성능력, 시공간 협응속도, 사물의 핵심을 파악하는 능력, 상황적 맥락을 파악하는 능력 등이 모두 평균 수준으로 적절하게 유지되고 있

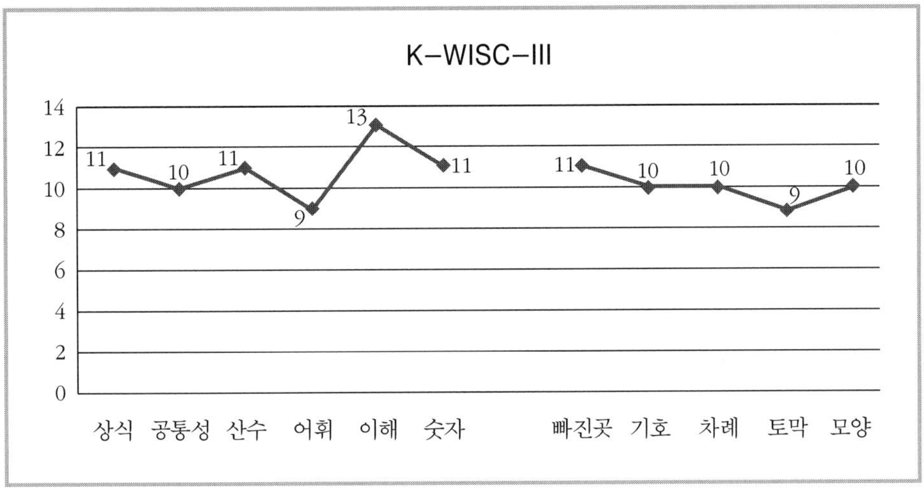

었다.

지능검사 결과, 아동의 지능은 평균 수준이었으며, 모든 소검사가 평균 수준에서 고르게 분포하고 있어서 학업수행 능력, 사회적 상황에서의 대처능력, 주의력, 시공간 협응능력 등이 모두 적절한 수준을 유지하고 있는 것으로 생각된다.

Rorschach 검사 결과, 단순한 형태 반응을 많이 보이면서 색채 반응의 비율도 높아 순간의 감정에 따라 충동적인 반응을 보일 가능성이 높아 보인다. 게다가 다양한 자극이 주어지는 상황에서 적절히 자극을 조직화시키지 못하고 매우 산만하게 지각하고 있으며, 특이한 형태 반응을 많이 보이는 등 주변 상황을 고려하기보다는 자신의 의지대로만 판단하고 행동하여 주변 사람들과 갈등이 일어날 수 있겠다.

아동 · 청소년 행동평가척도 (K-CBCL)

	사회성	학업 수행	총사회 능력	위축	신체 증상	우울 불안	사회적 미성숙	사고 문제	주의 집중	비행	공격성	내재화	외현화	총문제
T	36	55	41	65	68	70	58	58	54	59	64	67	64	65

한국아동인성검사 (KPI-C)

	타인 의식	특이 반응	자아 탄력성	언어 발달	운동 발달	불안	우울	신체화	비행	과잉 행동	가족 관계	사회 관계	정신증
T	42	59	41	43	37	72	51	59	58	67	79	43	57

성격과 정서

아동의 어머니에 따르면, 아동은 우울, 불안 등 심리적 불편감을 경험하며 위축된 모습을 보이고 있고, 가정환경에 대한 스트레스도 많이 받고 있는 것 같다. 아동은 HTP 집 그림에서 큰 창문, 커튼, 화분 등을 그렸고, SCT에서 '제일 좋은 꿈은 내가 공주가 된 꿈' '나는 커서 탤런트, 패션디자이너, 골프선수, 스케이트선수, 미용사, 학교 선생님, 슈퍼마켓 주인, 화장품 판매원, 대통령, 가수가 되고 싶다. 왜냐하면 유명하니까' '강아지가 되고 싶다. 귀여우니까' 등의 반응을 보이듯 애정 욕구가 매우 높아 보인다. 그리고 SCT에서 '우리 아빠는 멋지시다'라고 하고, KFD에서 부모와 함께 있는 그림을 그리면서 '행복해 보인다'라고 하듯이 가족과의 긍정적인 관계를 표현하고 있으나, 이는 현재 스트레스가 많은 가정환경과는 매우 상반된 것으로서 SCT에서 '소원은 엄마가 죽지 않는 것'이라고 하듯이 실제로는 위협적인 주변 상황으로 인하여 혼자 남을 수도 있다는 것에 대한 걱정을 하고 있으며, SCT에서 '내가 가장 무서워하는 것은 처녀귀신' '제일 무서운 꿈은 귀신이 나오는 꿈' 등의 반응을 보이듯이 불안감도 큰 것 같다. 그리고 HTP의 남녀 그림에서 머리만 크게 그리고 있어서 불안과 관련된 생각들을 혼자서 반복하고 있을 가능성도 있겠다.

아동은 SCT에서 '다른 사람들은 나를 좋아한다'라고 하였으나, Rorschach 검사에서 공간 반응을 4개나 보이듯이 분노감이 상당한 것으로 여겨지며, Rorschach 검사에서 대인관계에 대한 태도를 나타내는 카드에서 인간 반응을 하나도 하지 못한 채 왜곡된 형태 반응만 보이듯이 실제 대인관계에서 상당한 불편감을 느끼고 있고, HTP 나무 그림에서 가지를 모두 짧게 그리고 있듯이 문제 상황에 대한 대처 자원도 부족해 보인다. 특히 Rorschach의 3개 색채카드에서 '산'과 같은 회피적 반응을 하고, 특이한 형태 반응을 보이는 등 지각적 어려움을 보였으며, '물감'이라고 하는 등 피상적인 대응 태도까지 보이고 있는데, 이는 정서적 자극이 주어지는 상황에서 아동이 적절하게 대처하지 못하고, 회피하거나 부적절하고 피상적인 대응행동을 보일 수 있음을 시사하는 것으로, 문제해결을 더욱 어렵게 할 것으로 생각되므로 신체 증상을 통해 자신의 불편감을 표현할 가능성이 높아 보인다.

요약과 제언

• 요 약

전체 지능: 104, 평균 / 언어성 지능: 107, 평균 / 동작성 지능: 100, 평균

아동의 지능은 평균 수준이었으며, 모든 기능들이 별다른 편차 없이 비슷한 수준으로 나타나 다양한 상황에서 일관된 기능 수준을 유지할 수 있을 것으로 보임. 그러나 낯선 상황에서는 사소한 자극에 민감해져서 충동적으로 반응하고, 주변 상황을 고려하지 못한 채 자신의 의지대로만 행동하여 주변 사람과 갈등이 있을 수 있음. 아동은 애정 욕구가 높지만, 가족과의 관계에서 양가적인 감정 사이에서 혼란감을 느끼며, 불편감을 혼자서만 반추하고 있을 가능성이 있음. 분노감이 상당한 것으로 여겨지지만, 문제 상황에 대한 대처 자원도 부족한 아동은 회피하거나 부적절하고 피상적인 대응행동을 보이면서 문제해결을 더욱 어렵게 할 것으로 생각되므로 신체 증상을 통해 자신의 불편감을 표현할 가능성이 높아 보임.

• 심리평가 결과, 아동은 다음과 같은 진단이 시사됨.
  Axis I. Enuresis(Enuresis)

• 제 언
  1. 지지적인 가정환경
  2. 놀이치료

3. 자주 나타나는 반응

1) 주 호소

'의욕 없음' '대인관계 부족' '가끔 바지에 소변을 실수함' / '변을 지린다' '성기에 관심이 많다' / '야뇨가 심하다' / '친구와의 갈등'

2) 자신감 부족

행동: '~아니에요?' '~아닌가?'라고 답변하여 자신 없는 모습 / 매우 수줍음을 타며 바닥을 쳐다보는 경우가 많음 / 간단한 질문에도 대답을 잘 하지 못함 / 목소리

가 작음 / 머뭇거리면서 대답함

HTP: 그림을 그릴 때 손으로 가림

3) 평가에 예민함

행동: 검사자의 기록에 상당히 신경 쓰며 몸을 검사자 쪽으로 향하며 기록을 보려고 애쓰는 모습

지능: 기호쓰기의 과도한 상승

Rorschach: D 반응의 높은 비율

4) 평가에 대한 태도 변화

행동: 초반에는 조용히 검사에 임한 것에 비해, 중반 이후에는 "대박 쉽다" "좀 너무하다는. 꽥, 나 죽겠다. 이거 어떻게 만들라는"이라고 혼잣말을 계속하였고, "어려워 죽겠어~"라고 노래를 만들어 부르기도 하는 등 말을 많이 함

5) 언어표현 능력의 부족(불안 관련)

행동: 면담 시 "힘든 게 친구들이랑 쉬는 시간 놀 때 화장실 마려워서 그때 놀아서 좀 그랬어요."라며 어휘구사력이 부족해 이해하기가 어려움 / 언어적 지시를 제대로 이해하지 못하고 엉뚱한 대답을 반복함

지능: 어휘 소검사 저하

6) 단순한 사고(문제해결 능력 부족, 결정의 어려움)

지능: 동작성 지능의 저하 / 쉬운 과제에서는 잘하고, 복잡한 과제에서는 현저히 낮은 점수 / 산수 소검사의 저하 / 과제가 조금만 어려워져도 전혀 해결하지 못함

HTP: 선이 흐리고 명확한 경계선을 그리지 못함

Rorschach: 높은 Lamda / 낮은 Zd / 많은 D / 적은 반응 수

7) 고집스러움(자의적 해석 경향)

지능: 빠진곳찾기 저하

Rorschach: 높은 Xu% / 많은 Dd / 적은 P

TAT: '사람이 깨를 갖고 싶어서 욕심쟁이라서 이 사람에게 안 나눠 주고 그래서 삐쳐서 그냥 간다'

8) 관심과 인정에 대한 욕구(높은 애정 욕구)

행동: 웃는 얼굴로 상냥하게 많은 질문을 함 / 지시에 대해 바로 수긍함 / 검사 시 "와!"라고 하거나 검사 도중 발생하는 작은 소리에도 "깜짝이야."라고 놀람

HTP: 집 그림 '소원-사람이 더 많았으면 좋겠다', 사람 그림에서 남녀 모두 활짝 웃는 표정을 그림, 남자 그림 '기분-좋아 보이지만 일부러 웃는 거예요. 얼굴 이상하면 친구들이 안 놀까 봐 친구들과 같이 놀려고' / 여자 그림 '남자랑 결혼하고 싶은 사람', 남자 그림 '여친 있는 남자'

Rorschach: '천사들이 키스하는 거' / 많은 H

TAT: 16번 카드 '공주랑 왕자가 결혼하는 거, 행복하게 사는 거'

SCT: '다른 사람들은 나를 좋아한다' '내 소원이 마음대로 이루어진다면, 첫째 소원은 엄마 아빠가 좋아해 주시는 것, 둘째 소원은 남자들이 나를 좋아해 주는 것, 셋째 소원은 여자들이 날 사랑해 주는 것' / '여자애들은 남자를 좋아한다'

9) 감정표현의 어려움

HTP: '화날 때' '슬펐을 때?' '미울 때?' 등 부정적인 감정을 묻는 질문에 대해서 '없다'는 말로 일관함

Rorschach: C´>C, FC:CF+C=4:1 / 색채카드 '날개 찢어진 나방' '몸속 등뼈' '전투 비행기 날아가고' '해마 꼬리가 찢어져서 물속에서 막 날아다니고' / 낮은 WSumC

10) 높은 분노감

HTP: 여자 그림 '성격—난폭해요' '기분—누구를 할퀴려고 손톱 뾰족하게 한 거'

Rorschach: 높은 S / '드래곤이 날개 펴지면서 구멍 뚫린 거' / V번 카드 '나비가 어두운 색을 하고 사람들을 겁줘서'

TAT: '죽은 시체 같아요. 사람이 죽였어요. 복수' / '여보, 여보 하는데 모른 척하고 간다' '남자는 여자에게 이마에 뽀뽀하고 여자는 하지 말라고 했는데 계속해서 참을 수 없어서 소리 질렀다' '어떤 여자가 계단을 올라가서 가짜 사람이 나타나서 목이 돌아가게 돌려서 죽였어요'

SCT: '소원—유도 다니는 것. 애들하고 싸울 때 제대로 싸우려고'

11) 주변 환경을 위협적으로 지각함(높은 불안 수준)

HTP: 나무 그림 '미래—잘릴 거 같아요. 사람들이 나무 잘라서 딴 거 만든다' '싫어하는 거—원숭이가 나무 찢으면서 나무 할퀴면서 바나나 가져가고'

Rorschach: '마귀' '괴물' '도깨비불'

TAT: '사람이 죽었는데 나쁜 사람이 나타나서 사람을 물속에 빠뜨리고 돌멩이랑 굴러갔다' '불을 켜려 했는데, 안 보여서 문을 열고 켜려고 했는데 괴물이 있어서 무서워서 막 도망갔다' '이 아이는 등산 가려고 했는데 불이 나서 도망쳐서 사람에게 알렸다'

SCT: '다른 사람들은 나를 무시하는 것 같다' '여자애들은 내가 아무것도 못한다고 생각하는 것 같다' '나를 가장 슬프게 하는 것은 친구들이 날 무시하는 것' / '원숭이가 되고 싶다. 누가 날 잡을 때 나무로 대피할 수 있기 때문이다'

12) 신체화 경향

Rorschach: '팔이 뼈처럼 되어 있고' '몸속 등뼈' '다리 뼈, 팔 뼈'

13) 빈뇨

행동: 급작스럽게 화장실에 가야 한다고 하며 두 번이나 말함

14) 평이한 기능 수준

지능: 높거나 평이한 언어능력 / 상식과 산수 소검사 유지

15) 사회적 판단력 부족

지능: 차례맞추기 저하

16) 관계 형성의 어려움

HTP: 나무 그림 '산에 혼자 있으니까 외로워서 도시로 가고 싶다'

KFD: 엄마와 아빠만 그림

Rorschach: 적은 H

SCT: '대부분의 아이들은 나쁘다' '나를 가장 화나게 하는 것은 친구가 괴롭히는 것' / '내가 제일 걱정하는 것은 친구들이 없어질까 봐 두려움이다'

17) 자기 세계에 빠져 있음

Rorschach: '돼지를 사람이 타고 간다' '세균이 성을 지킨다'

SCT: '내가 가장 좋아하는 놀이는 공주놀이' '내가 꾼 꿈 중에서 제일 좋은 꿈은 공주 꿈'

24 Chapter

유분증

1. 심리과정상의 특징

유분증(Encopresis)은 유뇨증과 심리적 기제가 비슷하다. 다만, 소변보다는 대변이 뒤처리하는 데 있어서 여러모로 부담이 많이 된다는 면에서 그 빈도는 유뇨증보다 덜할 것이라 예상할 수 있다. 위생적으로도 더 문제가 될 것으로 보이지만, 아이들은 위생보다는 불쾌한 촉감을 견뎌야 하는 것이 더 어려울 수 있다.

그 마음속을 이해하기 어렵다면, 초 · 중 · 고등학교를 거치면서 학교에서 대변을 한 번도 본 적이 없는 사람을 떠올려 보자. 배변 활동은 어린 나이에 단체 생활을 하면서 놀림의 대상이 될 수 있는 활동이다. 옷을 벗어야 하고, 냄새가 나며, 밖에서 누군가가 기다리고 있는 경우도 많다. 다행히 하루에 한 번 정도만 하면 되는 일이지만, 그 타이밍을 잘못 맞추면 대낮의 활동이 힘들어진다. 그리고 스트레스를 받아 긴장을 많이 하면 배설 활동도 방해를 받아서 더 불규칙하게 되기 쉽다. 결국 스트레스에 취약하고 소심한 아이에게 유분증이 생길 수 있으나, 그 빈도는 매우 적다.

2. 보고서 사례

1) 성급하지만 효율성이 부족한 아동(남자 / 만 11세 / 초6)

■ 의뢰 사유

아동은 '대변을 묻힌다'를 주 호소로 내원하였으며, Encopresis 임상적 인상하에 아동종합심리평가를 실시하였다.

■ 행동 관찰과 면담

보통 키, 건강해 보이는 체격의 초등학생 남아로, 어머니와 함께 내원하였다. 초록색의 축구복 상의를 입고 있었으며, 유명 축구선수처럼 뒷머리를 기른 모습이었다. 위생 상태는 양호하였으며, 검사자와의 눈맞춤도 적절하였다. 성급하게 과제를 수행하였고, 도구를 너무 세게 다루어 책상에 부딪히는 소리가 크게 났으며, 너무 빨리 하다가 검사 도구를 두 차례 떨어뜨리기도 하였다. 그리고 떨어뜨린 다음에는 깜짝 놀라며 빨리 주워 들었다. 그러면서도 수행 수준은 높지 않았고, 정교함은 매우 부족한 편이었다. 내원 사유에 대해서는 '엄마가 오자고 해서'라고 하였으며, 여타의 스트레스에 대해서는 부인하였고, 축구 얘기를 할 때 유독 자신감 있는 모습이었다. 대변을 묻히는 증상에 대해서 '5학년까지 있었는데 6학년부터는 하지 않았다'라고 하였으나, 어머니는 한 달 전에도 증상이 있었다고 하는 등 서로 간 보고의 차이가 있었다.

■ 지능과 인지 기능

아동의 전체 지능은 99로 평균 수준을 나타냈으며, 같은 연령대에서 하위 47% 정도의 수준이었다. 언어성 지능은 105로 평균 수준을, 동작성 지능은 92로 평균 수준

한국 웩슬러 아동용 지능검사 3판 (K-WISC-III)

영 역	지 능	백분율(%)	수 준
언어성 지능	105	52.7	평균
동작성 지능	92	29.7	평균
전체 지능	99	47.3	평균

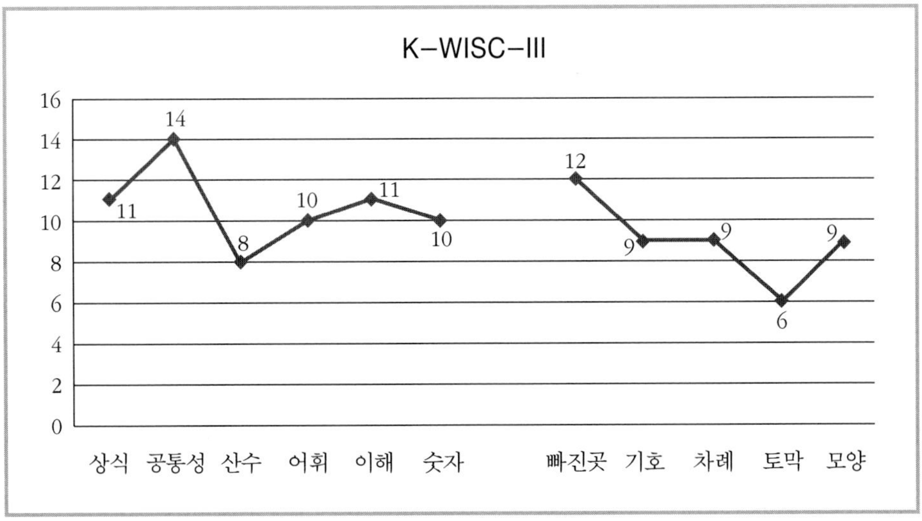

을 나타냈으며, 유의미하진 않지만 두 지능 간의 차이가 크게 나타났고, 소검사 간의 차이도 8점으로 큰 편이어서 상황에 따른 기능상의 차이가 크게 나타날 수 있겠다.

언어성 지능을 살펴보면, 언어적 개념을 형성하는 능력이 우수 수준으로 매우 높게 나타났다. 그리고 학업적 지식 및 관습적 지식 수준과 언어적 표현력이 평균 수준 정도를 유지하고 있었다. 단순한 자극에 대한 주의력도 평균 수준이었으나, 쉬운 문항에서 실수하는 경우가 있었고, 산수 소검사는 평균 하 수준으로 나타나는 등 주의집중을 하는 데에는 다소 어려움이 있어 보인다.

동작성 지능 영역에서는 시각적 예민성이 평균 상 수준으로 높게 나타나고 있어 주변 환경을 면밀하게 관찰해야 하거나, 변화가 있을 때에도 이를 잘 인식할 수 있을 것으로 보인다. 그러나 상황적 맥락을 파악하는 능력은 평균 수준이었으며, 쉬운 문항에서 틀리는 경우가 잦아 실제 상황에서는 성급한 의사결정으로 인해 부적절한 상황 판단을 할 수도 있을 것으로 생각된다. 그리고 문제해결 능력도 그다지 높지 않아 보인다. 익숙한 단서를 통해 전체 상을 추론하는 과제에서는 평균 수준을 유지하고 있으나, 추상적인 시각적 자극이 주어지는 상황에서는 경계선 수준을 보이는 등 낯선 환경에서의 대처에 어려움이 큰 것으로 보인다. 시공간 운동속도는 평균 수준이었다.

지능검사 결과, 아동의 지적 능력은 평균 수준으로 나타났고, 주의력 수준을 제외한 전반적인 언어적 능력은 양호한 반면, 시공간 자극을 다루거나 상황에 따라 유연한 대처가 필요할 때에는 기능 수준이 떨어질 것으로 여겨진다. 다만, 이는 성급한 아동의 수검 태도와도 관련이 있어 보이므로 보다 침착하게 과제를 수행한다면 현재 수준보다는 다소 향상된 모습을 보일 수도 있을 것으로 기대된다.

Rorschach 검사 결과, 아동은 28개의 다양한 반응 수를 보이고 있어 스트레스 상황에서 매우 적극적인 인지적 노력을 기울일 것으로 보이며, 인간운동 반응과 색채 반응을 많이 보이는 등 인지적 · 정서적 자원도 풍부한 것 같다. 그러나 전반적인 형태질 수준이 매우 낮고, 평범 반응은 단 2개에 그치고 있으며, 특이한 형태 반응을 많이 보이는 등 노력에 비해 문제해결의 효율성은 매우 부족해 보이며, 보통 사람은 신경 쓰지 않는 영역에 과도하게 민감한 모습을 보일 수도 있겠다. 게다가 해결하지 못한 스트레스로 인해 고민이 많아 보이며, 이로 인한 불편감을 종종 충동적으로 표현할 수도 있겠다.

성격과 정서

아동은 KFD에 어머니를 가장 크게 그리고, 그 옆에 아버지를 조금 작게 그려 놓는 등 부모에 대해 각기 다른 태도를 가지고 있음을 표현하였고, 이는 현실적인 상황을 인정하면서도 과거의 기억에서 벗어나지 못하고 있는 것을 나타내는 것 같다. 과거의 외상 경험으로부터의 고통감이 아직 남아 있는(HTP: 나무 그림 '기둥에 옹이를 2개 그리고 있음') 아동은 HTP의 나무 그림에서 '소원–빨리 어른이 되고 큰 나무가 되는 거', 사람 그림에서 '소원–공부를 많이 해서 훌륭한 사람 되는 거' 등의 반응을 보이듯 빠른 성장을 통해 현재 경험하고 있는 불편감에서 벗어나고자 하는 것으로 보인다. 그러나 나무 그림에서 기둥에 비해 빈약한 수관을 그리고 있듯이 성장을 위한 심리적 자원은 부족해 보인다.

한편, 아동은 Rorschach VI번 카드에서 '빗자루' '기타'로, VII번 카드에서 '가위' 등 사물 반응을 보이듯 주변 환경과의 관계에 있어서 따뜻하고 친밀한 경험을 잘 하지 못하고 있는 것으로 보인다. 이러한 아동은 감정적 경험과 거리를 두려고 노력하고 있음에도 불구하고 분노감과 같은 강한 부적 감정을 통제하는 데 어려움을 겪고 있어서(Rorschach: S=3, VIII번 카드 '산에 불난 거', II번 카드를 가장 싫어하는 카드로 선택함), 대인관계에서도 경계하는 태도를 보일 것으로 예상된다(HTP: 사람 그림 '얼굴을 매우 크게 그리고 있음' / Rorschach: I번 카드 '가면').

■ 요약과 제언

• 요 약

전체 지능: 99, 평균 / 언어성 지능: 105, 평균 / 동작성 지능: 92, 평균

아동의 지적 능력은 평균 수준인 것으로 나타났으나, 주의집중 능력과 시공간 구성능력은 다소 부족해 보이며, 성급한 태도로 인하여 효율적인 문제해결을 잘 하지 못하고 있는 것으로 보임. 스트레스가 발생하면 그 상황에서 벗어나기 위해 열심히 노력할 것으로 여겨지나, 문제해결 방식이 매우 산만하고 비효율적이며 주변의 인정을 받지 못하는 특이한 방식이어서 그다지 성공적인 대응을 하지 못할 것으로 예상됨. 아동은 과거 외상 경험으로부터 벗어나는 방법의 하나로 빠른 성장을 바라고 있는 것으로 보이나, 이를 위한 자원과 준비는 부족해 보임. 또한 감정 조절을 잘하지 못해 무던하게 정서적 자극을 회피하다가도 충동적으로 부적 감정을 표현하는 경우가 종종 있을 수 있음

• 심리평가 결과, 아동은 다음과 같은 진단이 시사됨.

Axis I. Encopresis(Encopresis)

• 제 언

아동이 기대하는 성장을 위해서는 체계적인 준비가 필요함을 인식시키고, 침착하고 효율적인 문제해결을 할 수 있도록 지도가 필요할 것으로 생각되며, 감정 조절과 관련된 개입이 도움이 될 수 있음.

2) 순진한 방어, 높은 기대, 낮은 기능(남자 / 만 9세 / 초3)

■ 의뢰 사유

아동은 '학교를 다녀오면 늘 변을 묻혀 온다'를 주 호소로 내원하였으며, Encopresis 임상적 인상하에 인지 기능 및 정서 파악을 위해 아동종합심리평가를 실시하였다.

■ 행동 관찰과 면담

순한 인상의 아동은 또래에 비해 덩치가 큰 초등학생으로 이모와 함께 내원하였

다. 스포츠 머리에 팔뚝이 굵고 건강해 보였으며, 위생 상태는 양호하였다. 검사자와의 눈맞춤도 잘하는 편이었다. 시종 밝은 표정으로 열심히 검사에 임하였으나, 과제 수행을 어려워하면서 문제를 풀고 난 다음에는 문제를 해결한 자신이 신기한 듯한 표정을 지었고, 다소 어리숙하고 부적절한 웃음을 보이는 경우가 자주 있었다. 내원 사유에 대해서는 '똥을 조금씩 묻힐 때가 있다' '그냥 씻고 갈아입는다'라고 하였으며, 이에 대해서 '부끄럽다'라고 말하면서도 별다른 심각성 없이 웃으며 대답하였다.

■ 지능과 인지 기능

한국 웩슬러 아동용 지능검사 3판 (K-WISC-III)			
영 역	지 능	백분율(%)	수 준
언어성 지능	85	11.5	평균 하
동작성 지능	83	12.9	평균 하
전체 지능	82	11.5	평균 하

아동의 전체 지능은 82로 평균 하 수준을 나타냈으며, 같은 연령대에서 하위 12% 정도의 수준이었다. 언어성 지능은 85로 평균 하 수준을, 동작성 지능은 83으로 평균 하 수준을 나타냈으며, 두 지능 간의 차이는 크게 나타나지 않았다.

언어성 지능을 살펴보면, 수계산 능력이 평균 수준이었으나, 과제가 어려워지자 전혀 엉뚱한 대답을 하는 등 급격한 기능 저하를 보였고, 단순한 자극에 대한 주의력도 평균 수준이었으나, 거꾸로따라외우기에서는 매 자릿수마다 맞고 틀리기를 반복하면서 어렵게 과제를 수행하는 등 힘들어하는 모습이었다. 따라서 간단한 과제가 주어질 때에는 또래와 비슷한 대응을 할 것으로 보이지만, 자극이 조금만 복잡해져도 해결에 상당한 어려움을 겪을 것으로 예상된다. 기본적인 상식 수준과 사회적 상황에 대한 이해력은 평균 하 수준으로 다소 낮은 정도였으며, 사물의 유사성을 찾아내는 능력도 평균 하 수준을 유지하고 있었으나, 어휘구사력은 경계선 수준으로 낮게 나타나고 있어('전염' '발굴' '경쟁' 등을 모두 대답 못함) 자신의 생각을 말로 표현하는 데 제한적일 것으로 생각된다.

동작성 지능 영역에서는 시각적 예민성은 평균 수준을 유지하고 있으나, 상황적 맥락을 파악하는 능력, 시공간 운동속도, 시공간 구성능력, 부분을 통해 전체 상을

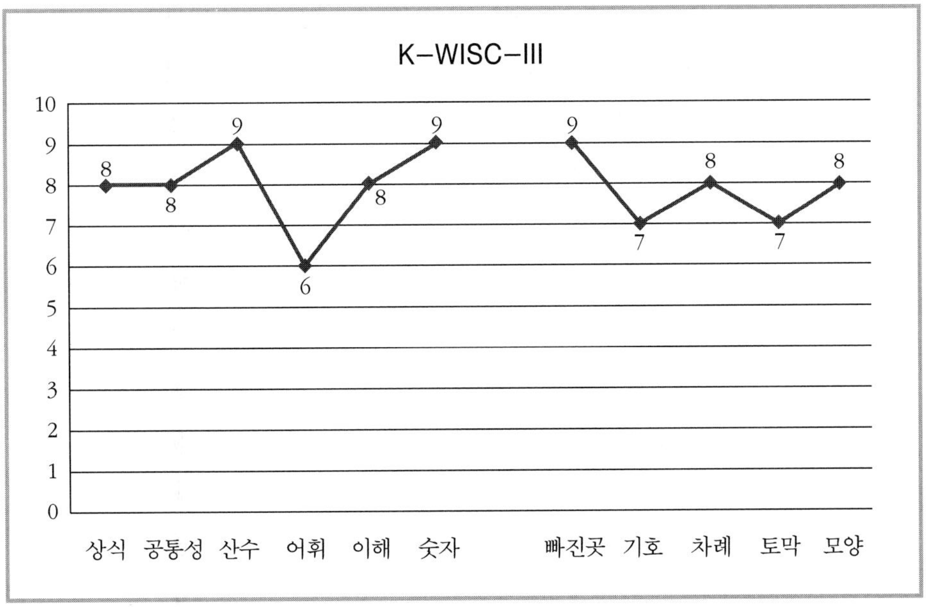

구성하는 능력 등은 모두 평균 하 수준으로 다소 낮게 나타나고 있어 전반적인 대처 능력이 또래 수준에 미치지 못하고 있는 것 같다. 따라서 일상생활이나 또래와의 관계에 있어서 다소 수동적이거나 부적절한 행동을 보일 가능성이 있겠다.

지능검사 결과, 언어적 자원과 상황 대처능력이 모두 평균 하 수준으로 또래 수준에 비해 다소 낮은 인지적 자원을 가지고 있는 것으로 나타났다. 따라서 수동적이고 부적절한 행동을 보이는 경우가 종종 있을 수 있겠다. 그리고 단순한 과제를 다룰 때에는 또래와 비슷한 수준의 대응을 할 수 있겠으나, 자극이 복잡해지면 전혀 해결을 하지 못하는 등 한계가 뚜렷해 보이고, 자신의 생각을 말로 표현하는 능력이 현저하게 부족한 것으로 나타나 원만한 의사소통을 하는 데에도 어려움이 있겠다.

Rorschach 검사 결과, 23개의 비교적 많은 반응 수를 보이고 있어 주변의 자극들에 적절한 호기심을 가지고 있으며 문제해결에 대한 의지도 충분해 보인다. 그리고 평범 반응도 4개를 보이고 있어 관습적인 지각능력도 양호해 보인다. 그러나 대부분 단순형태 반응이어서 사고가 매우 단순화되어 있으며, 왜곡되고 특이한 형태 반응을 많이 보이고 있어 실제로 주어진 문제 상황에 대한 대처행동은 부적절한 경우가 많을 것으로 생각된다.

성격과 정서

아동은 매우 정성스럽게 그리고 밝은 표정으로 가족화를 그렸고, '나는 친구가 많이 있다' '다른 사람들은 나를 좋아하는 것 같다' '내가 가장 좋아하는 사람은 내 친구들이다' '셋째 소원은 이모부, 이모, ○○○(동생), 할머니, 할아버지, 엄마, 아빠, 삼촌하고 행복하게 살고 싶다' '혼자 살게 된다면 내 동생과 제일 같이 살고 싶다' 등의 반응을 보이듯 친구들과의 관계를 매우 긍정적으로 기술하고 있으며, 같이 거주하고 있는 친척들에 대해서도 상당한 친밀감을 나타냈다. 한편, HTP의 집 그림에서 '희한한 집'이라고 하면서 '앞으로－가스 폭발로 날아간다', 나무 그림에서 '자기 열매에서 구린내가 난다', KFD에서 '분위기－썰렁하다' 등의 반응을 보이듯 자기 자신 및 주변 환경에 대해 안정감을 느끼지 못하고 있고 불만스럽게 여기는 부분도 있어 보이나, 그다지 심각성을 느끼지 못하고 있는 채로 자신의 기대감만을 겉으로 드러내고 있는 것 같다.

아동은 HTP의 나무 그림에서 열매를 많이 그리고 있어 자기 자신에 대한 기대감이 높아 보이나(SCT: '나는 커서 화가가 되고 싶다'), HTP의 그림들을 전반적으로 작게 그리고 있듯이 위축되어 있고, Rorschach에서 색채 반응을 거의 하지 못하고 있듯이 정서적 자원도 매우 부족해 보인다. 그리고 Rorschach에서 가장 애매한 카드를 가장 싫어한다고 하듯이 스트레스 상황에서 적절히 대처하지 못한 채로 정서적 불편감을 경험하기 쉬운 아동은 순진하게(naive) 신체 증상을 통해 자신의 불편감을 드러내는 경향이 있을 수 있겠다(Rorschach: '신장' '방광' '심장').

요약과 제언

• 요 약

전체 지능: 82, 평균 하 / 언어성 지능: 85, 평균 하 / 동작성 지능: 83, 평균 하

아동의 지능은 평균 하 수준으로 나타났으며, 전반적으로 또래 수준에 비해 다소 낮은 인지적 자원을 가지고 있는 것으로 나타남. 수동적이고 부적절한 행동을 보이는 경우가 자주 있을 수 있으며, 특히 해결해야 하는 과제나 구사해야 하는 언어 수준이 조금만 복잡해져도 수행에 어려움이 클 것으로 생각됨. 이에 비해 자신에 대한 기대감이 높고, 주변 환경에 대한 호기심도 많아 다양한 영역에 관심을 가지고 참여하고자 시도할 수 있으나, 오히려 상황에 맞지 않는 부적절한 행동을 하게 되면서 갈등을 겪을 수 있어 우려됨. 가족 및 또래와의 관계를 매

우 긍정적으로 표현하고 있고, 상당한 친밀감을 느끼고 있는 듯 보이나, 내면적으로는 주변 환경을 불안정하고 지지적이지 않은 것으로 인식하는 면도 있음. 위축되고, 정서적 자원이 부족하며, 스트레스에 취약해 보이나, 고통감이나 불편감에 대한 심각성은 매우 부족해 보이므로 문제 상황에서 순진하게 신체 증상을 호소하는 경우가 자주 있을 수 있음.

• 심리평가 결과, 아동은 다음과 같은 진단이 시사됨.
Axis I. Encopresis(Encopresis)

• 제 언
아동의 인지적 수준을 고려하여 행동주의에 입각하여 일상생활 규범에 대한 교육 및 사회기술 훈련을 하는 것이 도움이 될 수 있음. 또한 주변 환경을 보다 안정적이고 지지적으로 느낄 수 있도록 할 필요가 있음.

25 Chapter NREM 수면 각성장애, 야경증형

1. 심리과정상의 특징

수면에는 단계가 있다. 1, 2, 3, 4단계를 거치면서 점점 깊은 잠에 빠졌다가 거꾸로 3, 2, 1단계를 거쳐 가장 얕은 잠을 자는 REM(Rapid Eye Movement) 수면 단계에 이르게 되고, 다시 1, 2, 3, 4, 3, 2, 1단계를 거쳐서 REM 수면에 이르는 과정은 하룻밤에 보통 4~5번 반복된다. 야경증과 수면보행증은 수면의 단계 중에서 깊은 잠에 드는 3, 4단계에서 발생하는데, 이 단계를 NREM 수면 각성장애(Non-Rapid Eye Movement Sleep Arousal Disorder)라고도 한다.

REM 수면 단계는 신체 기능이 계속 잠을 자고 있지만 뇌는 깨어 있는 상태로, 이 단계에서는 꿈을 많이 꾸고 그 내용도 잘 기억해 낼 수 있다. 그러나 NREM 단계는 뇌도 거의 잠을 자고 있는 상태인데, 이 단계에서의 대표적인 문제행동인 야경증(Sleep Terror Type)과 수면보행증(Sleepwalking Type)은 뇌가 잠을 자지만 몸은 잠을 자지 않는, REM 수면과 완전히 반대인 상태를 나타낸다.

깊은 잠에 빠져 있을 때의 행동을 나중에 기억할 수는 없지만, 그 당시에는 머릿속에서 무언가가 떠오르는 것 같다. 무서움에 소리를 지르고, 눈을 뜬 채로 돌아다니려면 어쨌든 뇌가 활동을 해야 한다. NREM 수면 단계에서의 문제들은 청소년을 거쳐 성인이 되면 자연스럽게 없어진다. 신경계가 아직은 불안정한 10세 이전의 아이들에게 자주 나타나는 현상이고, 불안 수준이 높고 억압적인 경향이 있는 아이들이 많이 경험한다.

2. 보고서 사례

1) 화가 나지만 기능 수준이 떨어져서 해결이 어려운 아동(남자 / 만 12세 / 초6)

■ 의뢰 사유

아동은 '침착성과 인내력이 부족하다' '덜렁거린다' 등을 주 호소로 내원하였으며, 이러한 증상과 관련하여 정신과적 관찰을 위해 아동종합심리평가를 실시하였다.

■ 행동 관찰과 면담

곱슬머리를 한 아동은 치아교정 중이었고, 작은 키, 보통 체구의 초등학생으로 외조모와 함께 내원하였다. 위생 상태는 양호하였으나, 검사자와의 눈맞춤을 잘하지 못했다. 검사에는 협조적이었으나, 문제가 주어지면 대답하는 데 오랜 시간이 걸렸으며, 몰라도 '모른다'라는 말조차 하지 않아 검사 시간이 많이 지연되었다. 아동은 쉬운 문항에서는 매우 빠르게 대답하면서도 즉각적인 해결이 되지 않으면 당황해하고 심각해져서 금방 울 것 같은 표정을 짓거나 머리를 뜯으면서 심한 스트레스를 받는 듯하였고, 반응도 느렸다. 옆에서 잘 안 들릴 정도로 혼잣말로 "아이 씨~." 라고 하는 등 답답해하면서도 이내 혼자 삭이는 듯한 모습이었다. 그리고 토막짜기, 모양맞추기 등의 소검사에서는 거의 다 맞춰 놓고도 안도하지 못하고 힘든 모습을 보이는 등 쉽게 긴장을 풀지 못하였다. 이러한 아동은 문제가 주어질 때마다 한숨을 쉬면서 부담감을 드러내기도 했다. 내원 사유에 대해서는 대답을 하지 못하다가 한참 후에나 말을 하였으며, '부모님이 가라고 했다'라고 하는 등 수동적인 대답만 하다가 '공부할 때 주의가 산만하다' '잘 때 소리를 지른다' 등의 주요 증상만 겨우 말하였다.

◻ 지능과 인지 기능

한국 웩슬러 아동용 지능검사 3판 (K-WISC-III)			
영 역	지 능	백분율(%)	수 준
언어성 지능	78	3.6	경계선
동작성 지능	65	1.0	경도 지적장애
전체 지능	68	1.6	경도 지적장애

아동의 전체 지능은 68로 경도 지적장애 수준을 나타냈으며, 같은 연령대에서 하위 2% 정도의 수준이었다. 언어성 지능은 78로 경계선 수준을, 동작성 지능은 65로 경도 지적장애 수준을 나타냈으며, 두 지능 간의 유의미한 양적 차이는 나타나지 않았으나, 소검사 간의 차이가 8점으로 크게 나타나고 있어 인지 기능의 불균형이 큰 것으로 나타났다.

언어성 지능을 살펴보면, 산수 소검사에서 평균 수준의 수행을 보이고 있어 지적 잠재력이 현재 측정된 지능 수준보다는 높을 것으로 생각되므로 현재의 지능 수준은 심하게 과소평가된 것으로 보인다. 산수 소검사에서 쉬운 문항을 3회 불러 주었음에도 불구하고 오답을 하는 반면, 어려운 문항에서는 단 2초 만에 정확하게 대답하는 등 매우 독특한 사고 양상을 보이고 있었다. 아동의 기본적인 상식 습득 수준은 평균

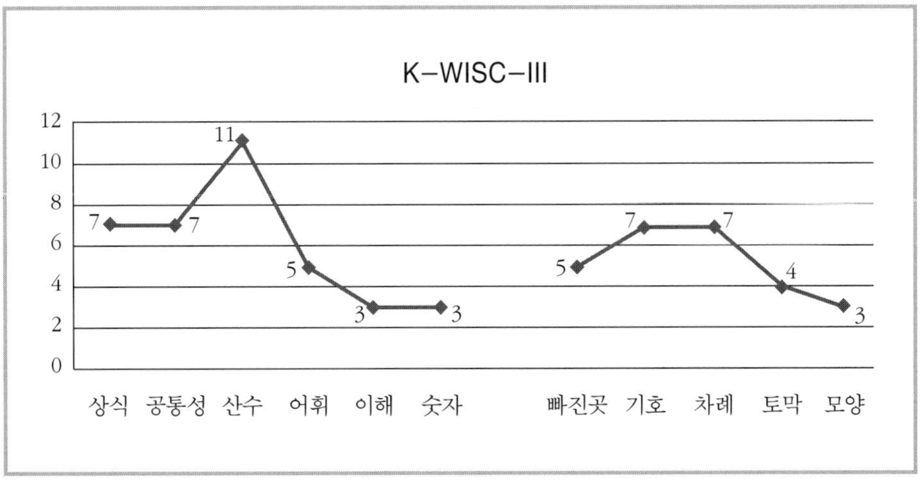

하 정도였으며, 사물의 유사성을 파악하는 능력도 평균 하 수준으로 나타나는 등 학업적 지식의 습득이나 추상적 개념 형성에 어려움이 있어 보인다. 게다가 어휘구사력, 사회적 상황에 대한 이해력 등 일상생활을 통해 습득할 수 있는 언어적 지식은 각각 경계선, 지적장애 수준으로 나타나고 있어 학습을 위한 일상적인 환경 자극이 매우 빈약했던 것으로 생각된다. 아동은 단순한 자극에 대한 주의력이 요구되는 숫자 소검사에서도 지적장애 수준의 수행을 보이고 있어 주의집중의 어려움도 커 보이지만, 산수 과제와 같이 복잡한 과제에서는 오히려 더 높은 집중력을 보이고 있어 자신의 흥미와 관심 여부에 따라 집중력의 차이가 클 것으로 예상된다.

동작성 지능 영역에서는 시공간 운동속도와 상황적 맥락을 파악하는 능력이 평균 하 수준으로 또래 수준에 비해 다소 낮은 것으로 나타났다. 시각적 예민성은 이보다 낮은 경계선 수준으로 나타나고 있어 주변 상황 변화를 살피고 상황에 따라 적절한 대응을 하거나 민첩하게 반응하는 정도가 또래 수준에 비해 부족해 친구관계를 형성하고 유지하는 데 어려움이 있을 것으로 여겨진다. 아동은 토막과 모양 소검사에서 모두 지적장애 수준의 수행을 보이고 있고, 이는 일차적으로 시공간 자극을 처리하는 능력의 결여를 시사하며 HTP에서도 연령 수준에 훨씬 미치지 못하는 발달 수준을 보이고 있었다('기둥뿐인 나무' '목이 없는 사람'). 다만, 매우 긴장되고 당황하였던 수검 태도를 고려할 때 보다 안정된 상황에서는 조금 향상된 수행을 보일 수도 있을 것 같다.

지능검사 결과, 아동의 지능은 경도 지적장애 수준으로 나타났으나, 산수 소검사의 수행 수준과 매우 긴장된 수검 태도를 고려할 때 지적 잠재력이 이보다는 높을 것으로 예상된다. 다만, 문제해결 방식이 매우 독특해 보이며, 스스로 관심과 호기심을 얼마나 기울이는지 여부에 따라서 기능상의 편차가 매우 심하게 나타나고 있는 것으로 여겨지고, 과도한 긴장감과 높은 불안 수준까지 더해져 자신의 능력을 발휘하는 데 어려움이 커 보인다.

Rorschach 검사 결과, 아동은 단 10개의 적은 반응 수를 보이고 있듯이 스트레스 상황에서 적극적인 대처를 하지 못하고 있는 것 같다. 인간운동 반응은 4개로 문제해결을 위한 인지적 노력은 많이 기울이고 있으나, 그중에서 왜곡된 반응이 2개나 되듯이 효율적이고 적절한 해결을 하지 못하고 있으며, 정서적 대처 자원이 빈약하여 사회적 관계 형성에 어려움이 클 것으로 예상된다. 주변 환경을 스스로 통제하고자 하는 욕구는 높아 보이지만 관습적 지각능력과 객관적 지각능력이 모두 부족한 상황에서 자기 자신만 파악할 수 있는 특이한 사고를 하는 경향이 있어 또래를 비롯한 주변 사람과 교감하지 못하고 점점 고립되어 갈 가능성이 높아 보인다.

◻ 성격과 정서

청소년 자기행동평가척도 (K-YSR)															
	사회성	학업 수행	총사회 능력	위축	신체 증상	우울 · 불안	사회적 미성숙	사고의 문제	주의 집중	비행	공격성	내재화	외현화	총문제 행동	파괴적 행동
T	29	46	35	60	50	58	66	56	56	50	50	56	44	54	53

한국아동인성평정척도 (KPR-C)														
	신뢰도	타인 의식	특이 반응	자아 탄력성	언어 발달	운동 발달	불안	우울	신체화	비행	과잉 행동	가족 관계	사회 관계	정신증
T	41	50	61	32	67	67	67	79	51	44	69	53	77	60

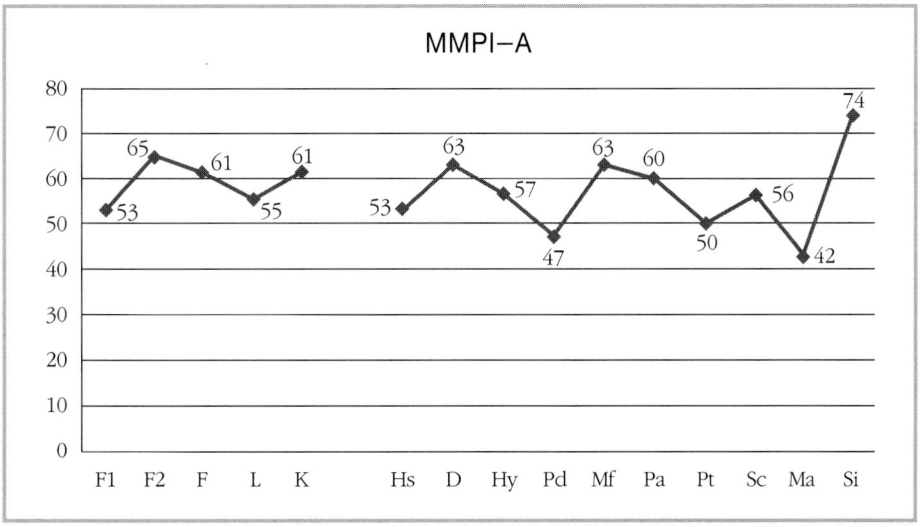

※ 상승한 소척도: 낮은 포부, 사회적 불편감, 억압, 내향성, 신체적 기능장애, 예민성

어머니는 아동의 전반적인 발달이 또래보다 느렸으며, 우울 · 불안 등 정서적 불편감이 심할 뿐 아니라 또래와의 관계에서도 어려움을 겪고 있다고 보고하였다. 반면, 아동이 스스로 작성한 YSR에서는 자신의 발달이 다소 느리다고 할 뿐 정서적 불편감에 대해서는 부인하였고, MMPI에서도 임상척도의 두드러진 상승은 나타나지 않은

채 Si척도만 높게 나타나고 있어 위축되고 내향적인 모습만 드러내고 있었다. 그러나 MMPI에서 F1척도보다 F2척도가 높게 나타나고 있듯이 아동 스스로 문제의식을 충분히 갖지 못하고 있는 듯 보이며, 검사 전반에 걸쳐 외로움과 괴로움을 시사하는 반응들이 많이 나타나고 있듯이 내면의 고통감도 상당 부분 있는 것으로 여겨진다.

MMPI에서 Mf척도가 다소 높은 아동은 정적인 활동이나 친밀한 교감을 나눌 수 있는 활동을 선호할 것으로 생각되며, Rorschach에서 인간 반응을 5개나 보이고 있듯이 사람에 대한 관심도 많아 보인다. 그리고 SCT에서 '내가 가장 좋아하는 사람은 가족들이다'라고 하였으며, HTP의 집 그림에서 창문이 많은 집을 그리고 있듯이 애정과 인정에 대한 욕구도 높아 보이고, 가정 내에서는 만족스러운 관계를 형성하는 듯 보인다. 그러나 HTP의 집 그림에서 '아무도 없고 텅 빈 집' '으스스해 보인다' '앞으로－별로 안 가서 부서질 것 같다' 등의 반응을 보이듯 한편으로는 가정환경에 대한 공허감, 불안감 등을 가지고 있는 것 같다. 그리고 친밀감과 안정감에 대한 태도를 나타내는 Rorschach 카드에서 '나쁜 비행기가 날아가서 사람들을 죽이는 거' 라고 하면서 가장 싫어하는 카드로 선택하고 있듯이 부모와 같이 가깝고 믿을 수 있는 주변 사람과의 안정적인 관계 형성에 어려움이 크고 오히려 친밀감이 느껴질 수 있는 상황을 위협적으로 인식하고 있는 것 같다. 아동은 HTP의 사람 그림에서 눈을 강조하여 그리고 있으며, 심지어 여자 그림에서는 화난 듯한 눈매를 그리는 등 주변 사람의 평가에 민감하고 위축되어 있는 것 같다. 이러한 아동은 또래와의 관계 형성에도 어려움을 보이고 있으며(SCT: '나는 친구가 3명밖에 없다'), 자신에 대한 또래들의 거부적 행동에 대해서도 이렇다 할 대응을 하지 못하고 있는 것 같다(SCT: '다른 사람들은 나를 원숭이라고 생각한다' '대부분의 아이들은 성격이 나쁘다').

HTP의 나무 그림에서 '나뭇가지도 없고 사람들이 다 자른 나무'라고 하였고, 남자 그림에서 '힘이 없고 집에만 있는 사람', 여자 그림에서 '성격은 좋지만 얼굴이 이상한 사람' '애들이 놀아 주지 않는다' 등의 반응을 보이듯이 자존감이 낮고 패배의식에 빠져 있는 아동은 자기개념이 부정적이고(SCT: '나의 좋은 점은 없다'), 이러한 부정적 사고를 반복하면서 스트레스를 가중시키며(Rorschach: FM＝4), 자신을 인정해 주지 않는 주변 사람에 대한 공격성도 커져 있는 것 같다(Rorschach: S＝4, '두 사람이 거대한 새총을 만들어서 괴물을 날려 버리는 거' '전갈하고 새우하고 조그만 게들이 사람을 혼내 주는 거'). 그러나 Rorschach 검사에서 색채 반응을 하나도 하지 못하고 있듯이 정서적 자원이 부족한 아동은 '마술사들이 합쳐져서 이상한 사람이 된 거' '사람들이 합쳐져서 나비가 된 거' '괴물 셋이 합쳐져서 큰 괴물이 된 거' 등 왜곡된 조합 반응을 많이 보이고 있듯이 주변의 다양한 자극들에 압도되어 부적절한 행동을 하기 쉬운 것 같다.

요약과 제언

• 요 약

전체 지능: 68, 경도 지적장애 / 언어성 지능: 78, 경계선 / 동작성 지능: 65, 경도 지적장애

아동의 지능은 경도 지적장애 수준으로 나타남. 지적 잠재력은 현재 측정된 수준보다는 높을 것으로 생각되지만, 잠재 지능 수준도 그리 높지는 않을 것으로 예상됨. 아동은 특이한 사고 경향을 가지고 있어 어려서부터 집중적이고 개별화된 학습지도가 필요했을 것으로 보임. 또한 아동은 수동적이고 친밀한 관계를 좋아하는 여성적 특성을 가지고 있는 것으로 보이나, 초기 양육 환경에서 이러한 정서적 욕구보다는 성취와 규칙 위주의 교육을 받아 왔을 것으로 예상되므로 지적 발달과 정서적 발달 모두 어려움을 겪으면서 다양한 평가 상황에서 긴장된 모습을 보여 온 것으로 생각됨

• 심리평가 결과, 아동은 다음과 같은 진단이 시사됨.

Axis I. Night Terror

(Non-Rapid Eye Movement Sleep Arousal Disorder, Sleep Terror Type)

R/O Borderline Intellectual Functioning(Borderline Intellectual Functioning)

• 제 언

정서적으로 안정된 상황에서 친밀한 관계를 형성하도록 하며, 아동의 수준과 특성을 고려한 학습지도가 필요할 것으로 생각됨.

26 Chapter 청소년과 성인에서의 성별 불쾌감, 변태성욕장애

1. 심리과정상의 특징

남자아이가 여성성을 가지면서 정체감의 문제가 되는 경우는 크게 동성애이거나 성전환 욕구를 가지는 경우의 두 가지로 나뉜다. 그중에서도 일반적인 경우는 사고, 정서, 행동이 여성스러운 특성을 가지면서 동성애적 경향을 가지는 것이다. 이들은 대개 초등학교 때 다소 여성스러운 특성을 보이다가 중학교 때 동성에게 성적 매력을 느낀다는 것을 인지하게 되고, 고등학교 때는 동성애자들이 모이는 인터넷 카페나 클럽에서 실제로 활동을 하면서 성적인 접촉을 하게 된다.

우리 사회에서는 남자가 여성성을 보이는 것이 여전히 놀림과 비난의 대상이 되는 경우가 많다. 여성스러운 손동작 하나만으로도 놀림의 대상이 될 수 있다는 것이다. 따라서 이들은 자신의 성향을 숨기는데, 이 과정에서 자신의 의지와 상관없이 자신이 싫어하는 활동(공격, 경쟁, 책임 등)에 참여해야 하고, 그러다 보니 성과를 잘 내지 못하기 때문에 2차적인 비난을 받게 된다. 실패에 대한 비난과 욕구를 감춰야 하는 스트레스로 인해 더 힘들어진다. 우울감을 동반하기 쉽고, 주변 사람들과 정상적인 관계를 맺기도 힘들다.

'청소년과 성인에서의 성별 불쾌감(Gender Dysphoria in Adolescents and Adults)' 일 때 주변 사람들이 여성성 자체만을 싫어하는 건 아니다. 여성성이 높아서 눈에 더 잘 띄는데, 해야 할 일을 하지 못하기 때문에 비난이 더 심해지는 면도 있다. 반면에, 사회성이 높아서 여성스러움을 매력적으로 표현할 수도 있고, 지능이 높아서 조별 활동에 도움이 될 수도 있고, 체육 시간에 농구를 잘할 수도 있다. 여성성 자체는 타고나는 것이라 바꾸기 힘들다. 따라서 평가에서는 여성성뿐 아니라 학업적·사회적 기능을 제대로 하고 있는지를 파악하는 것이 중요하다.

변태성욕장애(Unspecified Paraphilic Disorder)는 성욕을 부적절한 방식으로 해소하는 것인데, 이는 정상적인 방식으로 성욕을 해소하지 못한다는 말이다. 성욕은 아주 친밀한 관계에 대한 욕구다. 다시 말하면, 변태성욕이라는 것은 아주 친밀한 관계에 대한 욕구를 해소하지 못한 사람이 특이하고 공격적인 방식으로 욕구를 해소하려 하는 것이다. 그러나 부적절한 방식이기 때문에 일시적인 만족에 그치게 되고, 만족을 못하니 반복해서 집착할 수밖에 없다. '공격적'이라고 표현한 것은 변태성욕의 방식을 사람들이 알게 되면 불쾌감을 표현하는 경우가 많기 때문이다. 상대를 불편하게 하는 행동을 반복한다는 것은 무의식 속에 공격 욕구가 자리 잡고 있는 것이다.

2. 보고서 사례

1) 성적 선호에 대한 적극적 표현과 그에 따른 괴로움(남자 / 만 14세 / 중2)

■ 의뢰 사유

내담자는 '여자가 되고 싶다'를 주 호소로 내원하였으며, Sexual Identity Disorder 임상적 인상하에 청소년종합심리평가를 실시하였다.

■ 행동 관찰과 면담

둥근 얼굴에 안경을 쓴 내담자는 보통 키, 통통한 체구의 중학생 남아로 혼자 내원하였다. 짧은 반곱슬머리에 회색 점퍼, 주황색 후드 티셔츠를 입은 평범한 옷차림으로 위생 상태는 양호하였으며, 검사자와의 눈맞춤도 적절한 편이었다. 검사에 협조적이었으며 열심히 하려고 노력하는 편이었으나, 전반적으로 행동이 그다지 섬세하지는 못했다. 과제를 마친 다음에는 손으로 입을 가볍게 가리거나 양손을 볼에 대고 있는 등 여성스러운 동작을 취하는 경우가 많았다. 내원 사유에 대해서는 '친구들과 잘 못 지낸다' '남자애가 좋아서 남자애가 싫다' '여자가 되고 싶어서 여자는 샘이 나서 싫다' 등을 언급하였으며, '이대로 계속 남자를 좋아할까 봐 걱정이다'라고 하는 등 고민을 털어놓기도 했다.

지능과 인지 기능

한국 웩슬러 성인용 지능검사 3판 (K-WISC-III)			
영 역	지 능	백분율(%)	수 준
언어성 지능	82	7.1	평균 하
동작성 지능	82	11.5	평균 하
전체 지능	79	8.1	경계선

내담자의 전체 지능은 79로 경계선 수준을 나타냈으며, 이는 같은 연령대에서 하위 8% 정도의 수준이었다. 언어성 지능은 82로 평균 하 수준을, 동작성 지능은 82로 평균 하 수준을 나타냈으며, 두 지능 간의 차이는 없었다. 그러나 소검사 간의 차이는 7점으로 크게 나타나고 있어서 상황에 따른 기능상의 차이가 있을 수 있겠다.

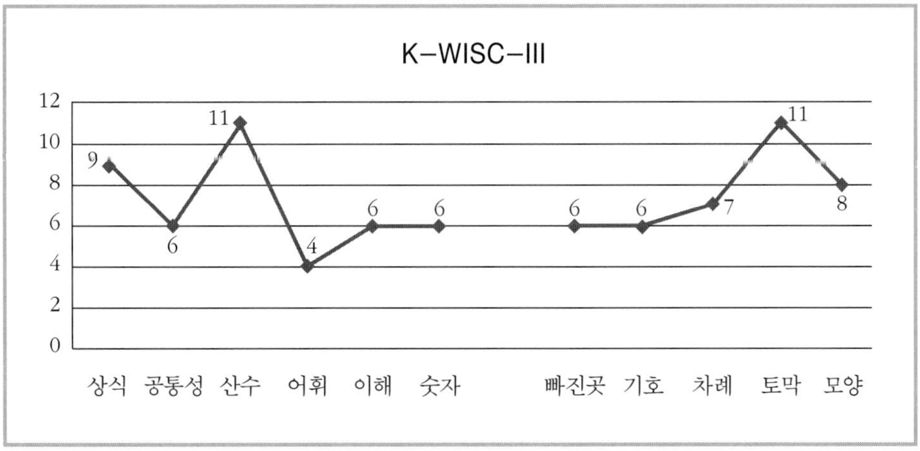

언어성 지능을 살펴보면, 수계산 능력이 평균 수준으로 나타났으며, 비교적 난이도가 높은 문항에서도 성공하고 있어 지적 잠재력은 현재 측정된 지능 수준보다 높을 것으로 생각된다. 그리고 기본적인 상식 수준도 평균 수준을 유지하고 있었다. 그러나 추상적 사고능력은 경계선 수준이며, 어휘구사력은 지적장애 수준으로 언어 개념을 형성하는 능력이 매우 부족한 것으로 나타났으며, 단어의 핵심 의미가 아닌 부수적인 특성을 말하는 경우가 많았다('전염－퍼지면 아픈 거' '경쟁－치열한 거' '이주하다－도망가다' '팔꿈치와 무릎의 공통점－맨 끝'). 사회적 상황에 대한 이해력도 경계선 수준으로 매우 낮게 나타났으며, 1점 대답을 많이 하고 있어서 사회적 규범이나 일상적인 현상들에 대해서 매우 단편적인 이해만 하고 있는 것 같다. 한편, 숫자 소검사가 경계선 수준으로 낮게 나타나고 있어 주의력상의 문제도 나타나고 있었다.

동작성 지능 영역에서도 토막 소검사가 평균 수준을 보이고 있어 구조화된 상황에서의 문제해결 능력은 양호해 보인다. 그러나 부분을 통해 전체 상을 구성하는 능력과 상황적 맥락을 파악하는 능력은 모두 평균 하 수준으로 낮게 나타나서 응용 및 추론 능력, 비구조화된 상황에서의 대처능력 등은 상대적으로 부족해 보인다. 게다가 시각적 예민성과 시공간 운동속도가 모두 경계선 수준이어서 환경 변화를 민감하게 알아채지도, 변화에 따라 기민하게 대응하지도 못하고 있는 것 같다.

지능검사 결과, 산수와 토막짜기 소검사 수준을 고려할 때 내담자는 지적 잠재력이 평균 수준 정도일 것으로 생각되나, 언어적 자원이나 주의력, 상황 판단능력 등은 상대적으로 또래 수준에 미치지 못하고 있는 것으로 나타나 응용을 필요로 하는 학업적 과제나 언어 및 상황 판단력을 필요로 하는 사회적 상황에서 적절한 기능 수준을 발휘하지 못할 수 있겠다.

Rorschach 검사 결과, 총 18개로 적절한 반응 수를 보이고 있으나, 단순한 형태 반응이 많아 사고가 단순하고 경직되어 있는 것으로 보인다. 그리고 평범 반응은 단 3개에 불과하고 왜곡되거나 비일반적인 형태 반응을 많이 보이고 있어 객관적이고 관습적이기보다는 다소 부적절하고 고집스러운 모습을 보일 수 있겠다.

■ 성격과 정서

아동은 MMPI에서 F척도와 함께 9번 척도를 제외한 모든 임상 척도가 70T 이상 높게 상승하고 있어 매우 극심한 혼란감과 고통감을 경험하고 있는 것으로 보이며, 이러한 고통감은 성 정체감의 혼란 및 그에 따른 관계의 어려움과 관련이 있어 보인다

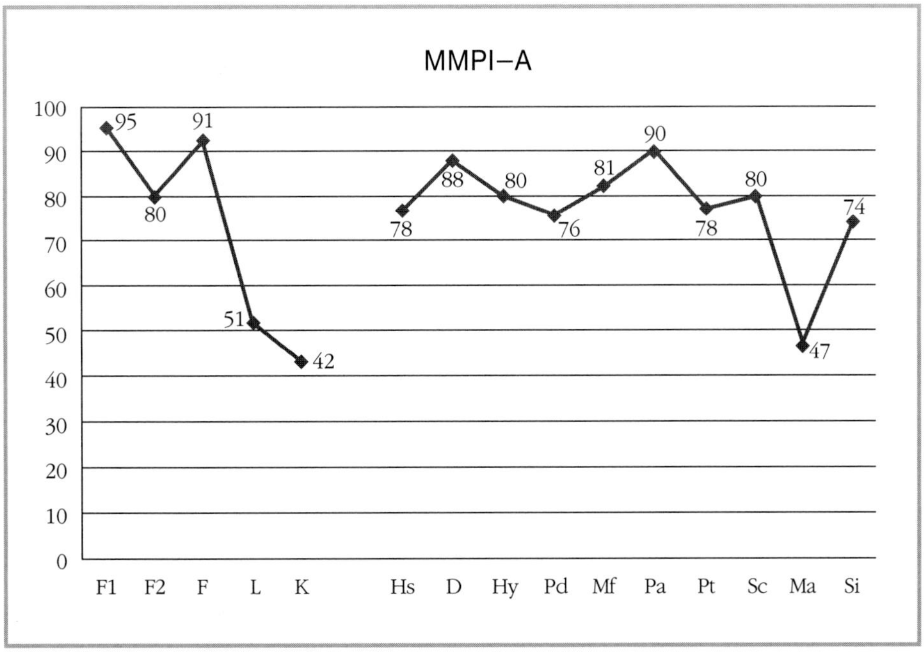

※ 상승한 소척도: 불안, 우울, 건강염려, 소외, 기태적 정신상태, 낮은 자존감, 낮은 포부, 사회적 불편감, 부정적 치료지표, 정신증, 내향성, 주관적 우울감, 신체적 기능장애, 둔감성, 권태-무기력, 신체증상 호소, 사회적 소외, 내적 소외, 피해의식, 자아통합 결여

(SCT: '첫째 소원은 여자가 되는 것' '내가 가장 가지고 싶은 것은 사랑' '내가 꾼 꿈 중에서 제일 좋은 꿈은 내가 여자가 되는 꿈' '나를 가장 슬프게 하는 것은 넌 남자여야 해' '나를 가장 화나게 하는 것은 여자 춤. 노래 좀 하지 마'). 내담자는 HTP의 사람 그림에서 여자를 먼저 그리면서 '장점—여자라는 거. 보호받을 수 있다'라고 하고, 실제 생활에서도 좋아하는 남자에게 공개 고백을 하는 등 여성성에 대한 선호를 적극적으로 표현하였으나, 남자 그림에서는 '학교에서 왕따당하는 아이' '가장 불행할 때—애들이 옆에 있을 때(괴롭히니까)'라고 하듯이 고통받는 남성으로서의 자아상을 가지고 있으며, SCT에서는 '나는 친구가 없다' '다른 사람들은 나를 바보라 한다' '대부분의 아이들은 나를 싫어한다' '여자애들은 미워' '남자애들은 밉다'라고 하듯이 성적 선호에 대한 적극적 표현으로 인하여 또래관계에서 상당한 고통감을 경험하고 있는 것 같다.

이러한 내담자는 HTP의 집 그림에서 외벽을 격자로 그리고 있듯이 자신의 혼란감을 통제하기 위해 부단히 노력하고 있는 것으로 보이나, Rorschach 검사에서 '악마' '사마귀' '몽둥이' 등의 반응을 보이듯 주변 환경을 위협적으로 인식하고 있어 주변 사람의 시선에 매우 민감해져 있는 것 같다(HTP: 사람 그림에서 눈을 강조해서 그림).

그리고 외로움(HTP: 집 그림 '외딴곳에 혼자 있는 집'), 무기력감 및 좌절감(HTP: 나무 그림 '열매가 열리지 않은 나무' / SCT: '내가 제일 걱정하는 것은 공부' '나는 공부가 세상에서 가장 힘들다'), 자존감 저하(SCT: '나의 좋은 점은 없다'), 자살사고(SCT: '나는 때때로 죽고 싶다') 등을 호소하고 있어 상당한 우울감도 경험하고 있는 것으로 보인다.

■ 요약과 제언

• 요 약

전체 지능: 79, 경계선 / 언어성 지능: 82, 평균 하 / 동작성 지능: 82, 평균 하

내담자의 지능은 경계선 수준으로 나타났으나, 실제 지적 잠재력은 이보다는 높을 것으로 예상됨. 기계적인 자극이 주어지거나 구조화된 상황에서의 대응능력은 평이한 수준을 유지하고 있으나, 응용을 필요로 하는 학업적 과제나, 언어 및 상황 판단력을 필요로 하는 사회적 상황에서 적절한 기능 수준을 발휘하지 못할 수 있음. 또한 전반적인 사고 경향이 객관적이고 관습적이기보다는 다소 부적절하고 고집스러운 모습을 보일 수 있음. 내담자는 현재 성 정체감의 심한 혼란감을 느끼고 있는 상태이며, 그로 인해 또래관계 속에서 따돌림을 당하는 등 심각한 위기 상황에 처해 있는 것으로 보임. 내담자는 주변 환경을 매우 위협적이고 공격적인 것으로 인식하고 있으며, 우울감도 심해 보이므로 이에 대한 치료적 개입도 필요할 것으로 생각됨.

• 심리평가 결과, 내담자는 다음과 같은 진단이 시사됨.

Axis I. Sexual Identity Disorder(Gender Dysphoria in Adolescents)
Depressive Disorder NOS(Unspecified Depressive Disorder)

2) 성정체감의 혼란이 예상되는 청소년(남자 / 만 16세 / 고1)

■ 의뢰 사유

내담자는 '학교에서 결석이 자주 있다'를 주 호소로 내원하였으며, 정신과적 관찰을 위해 청소년종합심리평가를 실시하였다.

행동 관찰과 면담

내담자는 보통 키에 체격이 좋은 편이며, 어머니와 함께 내원하였다. 교복 차림에 머리가 단정하고 전반적인 위생 상태도 깔끔하였다. 순한 인상에 진지하게 검사에 임하였으며, 지필 과제를 하지 않을 때도 연필을 손에 꼭 쥐고 있는 등 시종 긴장된 모습이었다. 그리고 검사자를 똑바로 쳐다보고 '네, 네' 하면서 과도하게 예의 바른 태도를 보였다. 내원 사유에 대해서는 '학교 빠지고 우울할 때도 있다'라고 하였고, 침착하게 질문에 대답하였으며, '중1부터 자살에 대해 생각했다'라고 하는 등 오래 지속된 우울감을 표현하기도 하였다.

지능과 인지 기능

한국 웩슬러 성인 지능검사 (K-WAIS)			
영 역	지 능	백분율(%)	수 준
언어성 지능	99	47	평균
동작성 지능	105	64	평균
전체 지능	101	54	평균

내담자의 전체 지능은 101로 평균 수준을 나타냈으며, 같은 연령대에서 상위 46%의 수준이었다. 언어성 지능은 99로 평균 수준을, 동작성 지능은 105로 평균 수준을 나타냈다. 두 지능 간의 차이는 크게 나타나지 않았으나, 소검사 간의 차이는 10점으로 크게 나타나 상황에 따라 기능상의 차이가 있을 것으로 보인다.

언어성 지능을 살펴보면, 단순한 자극에 대한 주의력이 우수 수준으로 매우 높게 나타나 주의집중력이 매우 뛰어나 보인다. 그러나 수계산 능력은 평균 수준에 그치고 있어 자극이 복잡해지면 주의 지속을 잘하지 못하는 것 같다. 사회적 상황에 대한 이해력은 평균 상 수준으로 높은 편이어서 규범과 관습에 대한 이해력은 충분히 가지고 있는 것으로 보이나, 기본적인 상식 수준은 지적장애 수준으로 나타났으며, 이는 외국에서 오래 생활한 문화적인 차이를 고려하더라도 심한 수준으로 여겨지므로 지식 습득이 매우 편중되어 있을 가능성이 있겠다. 사물의 유사성을 파악하는 능력은 평균 수준으로 나타나 언어의 기본적인 개념에 대한 이해는 적절히 하고 있으나, 어휘구사력은 경계선 수준으로 매우 낮았으며, 이 역시 문화적 영향을 고려하더라도

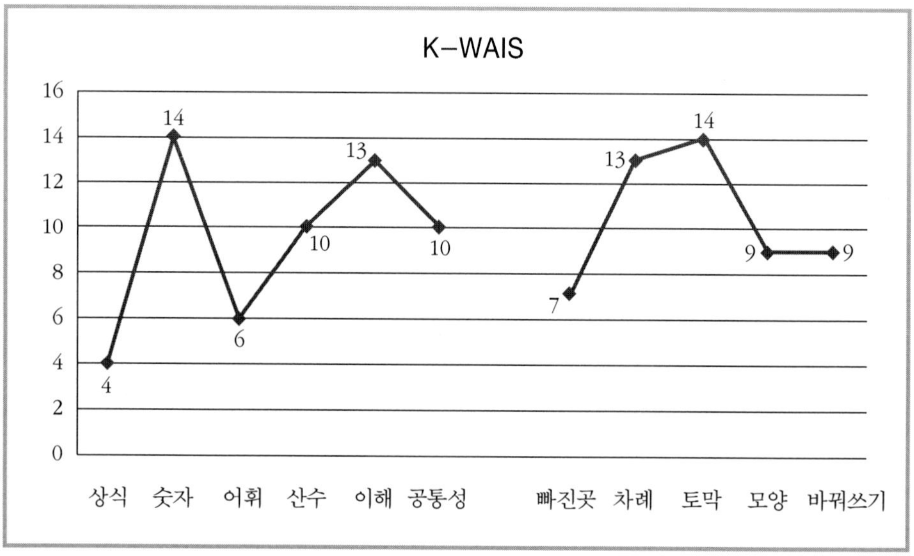

매우 부족해 보이므로 의사소통을 원만하게 하지 못할 가능성이 높아 보인다.

동작성 지능 영역에서는 시공간 구성능력이 우수 수준으로 나타나 지적 잠재력은 매우 뛰어난 것으로 추정되나, 부분을 통해 전체 상을 구성하는 능력은 평균 수준에 그치고 있어 응용 및 추론 능력은 상대적으로 매우 부족해 보이며, 시공간 운동속도도 평균 수준으로 나타나 문제 상황에서 유연성을 발휘하거나 민첩하게 대응하기는 힘들어 보인다. 한편, 상황적 맥락을 파악하는 능력은 평균 상 수준으로 높게 나타나 사회적 상황에서의 판단 및 대처 능력은 충분히 가지고 있는 것으로 보이지만, 시각적 예민성은 평균 하 수준이어서 주변 환경의 작은 변화나 타인의 미묘한 감정은 잘 인식하지 못하여 깊이 있는 관계를 형성하기는 어려울 것 같다.

지능검사 결과, 지적 잠재력은 매우 높아 보이지만, 응용력과 민첩성이 부족해 낯설거나 비구조화된 상황에서는 당황하여 자신의 능력을 발휘하지 못하는 경우가 많을 것으로 여겨진다. 또한 기본적인 어휘력과 상식 수준이 매우 부족하며, 이는 문화적인 차이뿐 아니라 '지나치게 편중된 지식 습득' '대화가 부족한 일상생활' 등과도 관련이 있어 보인다. 그리고 단기집중력은 뛰어난 반면, 복잡한 자극에 대해서는 주의력을 오래 유지하지 못하고 있으며, 이로 인한 학업의 곤란도 있을 것으로 추정된다.

Rorschach 검사 결과, 18개의 적절한 반응 수를 보이고 있으나, 대부분 간단한 형태로만 반응하는 등 반응의 수준은 매우 단순해 보인다. 조직화 점수가 매우 높게 나타나고 있어(ZD = 7.0) 주변 환경을 스스로 통제하고자 하는 욕구가 커 보이지만, 평범 반응은 3개로 관습적 지각능력이 부족하고 왜곡된 형태 반응이 많으며 특이한 부분 반응도 4개나 보이는 등 보통 사람과 소통하기 힘든 특이한 시각을 가지고 있고 대처행동도 부적절하여 오히려 갈등을 겪거나 욕구를 감춘 채 억압적인 생활을 하고 있을 가능성도 있는 것 같다.

◻ 성격과 정서

내담자는 YSR에서 '우울불안' '위축' 등 정서적 불편감을 호소하면서 한편으로는 '비행' '파괴적 행동' 등 공격적인 모습도 나타내고 있어 주변 환경에 대한 불만이 매우 커져 있는 상태로 여겨진다(MMPI: Pd=67T). SCT에서 '우리 엄마는 성질이 나쁘다' '내가 가장 싫어하는 사람은 가족' '우리 엄마 아빠는 시한폭탄과 독과 약을 주는 악마' '남자애들은 웃기는 놈들이다'라고 하듯이 가족과 또래 친구들에 대한 반감을

청소년 자기행동평가척도 (K-YSR)

	사회성	학업 수행	총사회 능력	위축	신체 증상	우울·불안	사회적 미성숙	사고의 문제	주의 집중	비행	공격성	내재화	외현화	총문제 행동	파괴적 행동
T	29	0	0	73	50	66	50	62	53	69	50	65	53	58	68

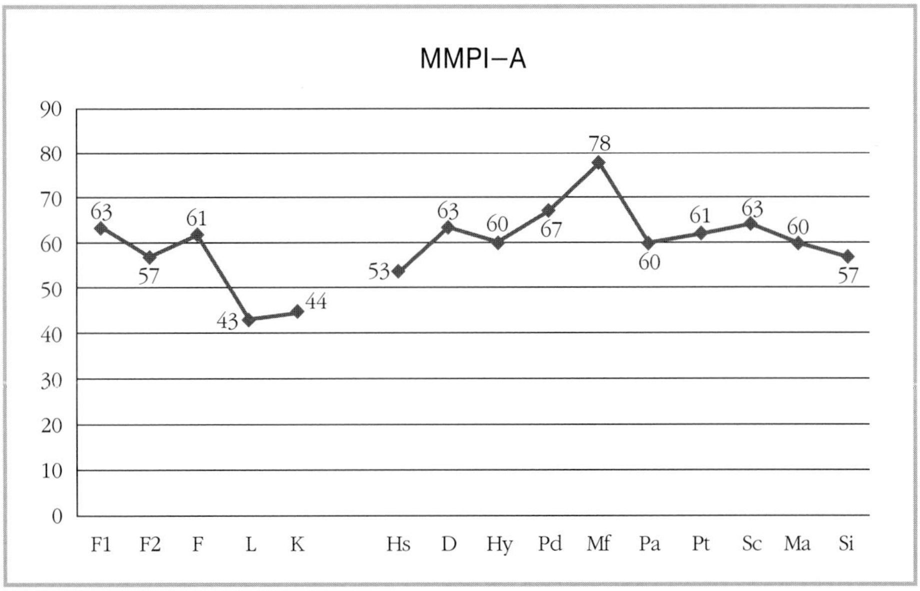

※ 상승한 소척도: 강박성, 우울, 가정문제, 둔감성, 가정불화, 사회적 소외, 자기비하, 주도성 결여, 가족 내 소외, 낮은 동기

그대로 드러낼 정도로 강한 분노감을 가지고 있는 것으로 보인다. 그러나 HTP 집 그림에서 '앞으로—안에 있던 사람들이 그 집에서 오랫동안 살거나 아니면 이사를 가면 다른 가족이 들어온다. 혹은 시간이 오래 지나면 허물고 아파트를 지을 수도 있고', 나무 그림에서 '소원—그 자리에서…… 벗어날 수 있거나 다른 나무들이 주변에 자라거나 동물들이 와 주거나' '앞으로—그대로 계속 자라거나…… 병에 걸려 죽을 수도 있고 아니면…… 몇 십 년을 더 살면서 크게 자랄 수도 있고'라고 하듯이 내면의 모습을 드러내지 않기 위해 부단히 노력하고 있으며, Rorschach의 가장 다채로운 카드에서 '투구와 갑옷'이라는 반응도 감정적 표현에 대한 보호 욕구를 시사하므로 강한 분노감을 드러내지 않기 위한 노력도 많이 하고 있는 것 같다. 한편, MMPI 5번 척도가 과도하게 상승해 있으며, 그 수준을 고려할 때 성정체성의 혼란을 겪고 있을 가능성도 높아 보이므로 HTP에서 가능한 모든 대답을 쏟아 내는 과도한 반응 양상은 이러한 혼란감을 감추기 위한 것으로도 볼 수 있어 이에 대한 추가적인 탐색이 필요해 보인다.

HTP 집 그림에서 창문을 5개나 그리고, 남녀 모두 '가장 행복한 때—친구들과 있을 때'라고 하듯이 애정 욕구가 높은 내담자는 SCT에서 '나의 좋은 점은 어울리고 싶다면 친구를 사귈 수 있다'라고 하듯이 자기 내면의 모습을 감춘 채 주변의 기대에 맞춰 행동하는 데 익숙해져 있는 것으로 보이나, 이러한 노력에도 불구하고 주변의 지지를 받지 못하고 있는 것 같다(SCT: '나는 친구가 별로 없다' '다른 사람들은 나를 재미없는 사람 취급한다'). 또한 인지적 불균형과 교육 환경의 변화에 더하여, 기대 수준에 맞는 구체적이고 현실적인 노력을 하지 못하게 되면서(HTP: 나무 그림 '수관을 크게 그렸지만 가지는 감춰진 모양으로 그림'), 학업적 성취 수준도 기대에 미치지 못하는 것으로 여겨지므로 상당한 좌절감도 느끼고 있을 것으로 생각된다(HTP: 나무 그림 '옹이를 크게 그림').

Rorschach에서 반영 반응을 2개나 보이고, '신의 동상'이라는 반응을 보이듯 자기애적인 성향이 강한 내담자는 주변 환경과 타협하기보다는 자기만의 상상에 빠지거나(SCT: '나는 비현실적인 공상을 잘한다'), 신체 증상을 나타냄으로써 자신의 고통감을 표현할 수 있으며(Rorschach: '사람의 몸속' '소의 해골' '공룡의 뼈'), 끊임없이 스스로 통제감을 얻기 위해 노력하고 있는 것 같다(SCT: '내가 가장 가지고 싶은 것은 자유' '코모도가 되고 싶다. 강하고 자유롭게 사는 동물이기 때문이다'). 그러나 여전히 주변 사람들의 시선에 민감해져 있는 상황에서(Rorschach: '동물의 얼굴' '사람이 입 벌린 모습'

'벌레의 얼굴') 삶의 즐거움을 느끼지 못한 채 무기력해져 있어(SCT: '나는 공부에 대한 즐거움을 잃고 있다' '나는 때때로 모든 것을 싫어한다' '나의 나쁜 점은 쉽게 토라지는 것' '나를 가장 슬프게 하는 것은 바뀌지 않는 허무함') 자신의 욕구를 어느 정도는 충족시킬 수 있도록 환경적 지원도 필요해 보인다.

■ 요약과 제언

• 요 약

전체 지능: 101, 평균 / 언어성 지능: 99, 평균 / 동작성 지능: 105, 평균

내담자의 지능은 평균 수준으로 나타남. 지적 잠재력은 매우 높은 편이지만, 인지적 불균형이 심해 자신의 능력을 온전히 발휘하기 힘들었을 것으로 보임. 자기애적인 성향에 주변 환경을 스스로 통제하고 독립적이고 자율적으로 행동하고 싶은 욕구가 강하지만 정서적 자원이 부족하고 사고 경향도 특이해 주변 사람과 소통하는 데에도 어려움이 컸을 것으로 여겨짐. 이러한 내담자는 주변 환경에 대한 불만이 매우 크고 분노감도 상당해 보임. 애정 욕구가 높아 내면의 불편과 고통을 감춘 채 나름대로 상당한 노력을 기울였던 것으로 보이지만, 만족스러운 관계를 맺지 못하면서 혼자만의 상상에 빠지거나 신체 증상을 보이고, 또는 스스로 고립된 행동을 함으로써 대처해 온 것으로 보임. 또한 성정체감의 혼란을 겪고 있을 가능성도 있으며, 이를 수용하지 못한 채 혼란감을 경험하면서도 겉으로 드러내지 않기 위해 노력함으로써 억제적인 경향이 더욱 강화되었을 수 있어 추가적인 파악과 지속적인 관심이 필요해 보임.

• 심리평가 결과, 내담자는 다음과 같은 진단이 시사됨.

Axis I. Depressive Disorder NOS(Unspecified Depressive Disorder)

R/O Gender Identity Disorder NOS(Unspecified Gender Dysphoria)

• 제 언

자기애적인 경향, 인지적 불균형, 성 정체감의 혼란, 강한 분노감, 정서적 자원의 부재 등으로 상당한 고통감을 느끼고 있는 것으로 여겨짐.

3) 변태성욕장애(남자 / 만 18세 / 고3)

■ 의뢰 사유

내담자는 '인터넷 중독' '자신을 알고 싶다' 등을 주 호소로 방문하였으며, 이에 전반적인 심리 상태를 파악하기 위해 청소년종합심리평가를 실시하였다.

■ 행동 관찰과 면담

내담자는 보통 키, 마른 체형의 고등학생으로 어머니와 누나와 함께 내원하였다. 안경을 쓰고 새하얀 셔츠를 입은 깔끔한 옷차림이었으며, 검사실에 들어와서는 무표정하게 있어 약간 차갑고 냉철한 인상을 주었으나, 검사가 진행되면서 웃는 모습을 자주 보였다. 검사자와의 눈맞춤은 적절하였으며, 협조적인 태도로 검사에 임하였으며, 동작성 과제에서 수행이 끝날 때마다 검사 도구를 검사자 앞으로 바짝 밀어 주는 등 다소 과도하게 성실한 모습을 보이기도 하였다. 그리고 모르거나 어려운 문제가 나오면 안타까워하는 모습이 과장되게 보일 정도로 크게 나타났으며, 그러면서도 포기가 빠른 편이었다. 대답을 할 때도 '모르겠다'라고 하기보다는 '까먹었다' '없는 것 같다'라고 하는 등 자신의 실수나 실패를 인정하지 않으려는 모습을 자주 보였다. 내원 사유에 대해서 '자신이 궁금해져서' '나 자신에 대한 명확한 답을 듣기 위해서' '나는 누구인가 알고 싶다' 등과 같이 애매한 표현을 하면서 직접적인 고통감에 대해서는 언급을 회피하였다.

■ 지능과 인지 기능

내담자의 전체 지능은 94로 평균 수준을 나타냈으며, 같은 연령대에서 하위 35%의 수준이었다. 언어성 지능은 97로 평균 수준을, 동작성 지능은 91로 평균 수준을 나타냈으며, 두 지능 간의 차이는 크게 나타나지 않았다. 다만, 소검사 간의 점수 차이가

한국 웩슬러 성인 지능검사 (K-WAIS)

영 역	지 능	백분율(%)	수 준
언어성 지능	97	43	평균
동작성 지능	91	27	평균
전체 지능	94	35	평균

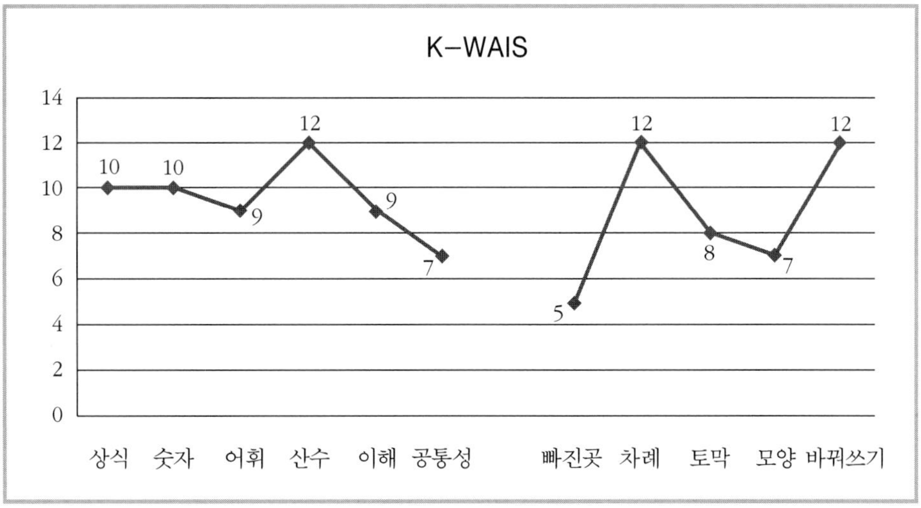

크게 나타나고 있어 상황에 따른 기능 수준의 차이가 클 것으로 예상된다.

언어성 지능을 살펴보면, 수계산 능력은 평균 상 수준으로 높은 편이었으며, 단순한 자극에 대한 주의력도 평균 수준으로 나타나 전반적인 주의집중 능력과 수 개념을 다루는 능력은 양호한 것 같다. 다만, 숫자 소검사에서 바로따라외우기(11점)와 거꾸로따라외우기(6점) 간의 점수 차이가 크게 나타나고 있어 작업기억 능력의 저하가 시사되므로 학년이 올라가면서 점점 더 복잡하고 다양해지는 학업적 요구를 감당하기 어려웠을 수 있겠다. 어휘구사력은 평균 수준이었으나, 사물의 유사성을 파악하는 능력은 평균 하 수준으로 다소 낮게 나타났으며, 이는 언어 개념에 대한 고차원적인 이해능력이 다소 부족하다는 것을 시사한다. 또한 기본적인 상식 수준과 사회적 상황에 대한 이해력은 모두 평균 수준으로 나타나 전반적인 지식 습득 수준은 양호해 보이지만, 이해 소검사에서 나타난 '나무—자연과 인간을 위해서' '근로기준법—사람은 행동하는 존재인데 노예로 대해질까 봐' '무역—우물 안 개구리처럼 지내다가 망할 수 있어서' 등의 대답은 추상적이고 비유적이며 애매한 사고 경향을 보여 주고 있으며, 이로 인해 일상생활 유지에 필요한 기본적인 활동에는 소홀하고 지나치게 이상적이고 추상적인 개념에만 몰입하고 있을 가능성도 있어 보인다.

동작성 지능 영역에서는 상황적 맥락을 파악하는 능력이 평균 상 수준으로 높게 나타나 사회적 상황에서의 판단 및 대처 능력은 양호해 보인다. 따라서 대인관계에 있어서의 이성적인 판단능력은 양호해 보이지만, 시각적 예민성은 경계선 수준에 그치고 있어 주변 환경의 작은 변화나 사람들의 감정 차이를 인식하지 못해 친밀하고 지지적인 관계를 형성하는 데에는 상당한 어려움이 예상된다. 또한 시공간 운동속도도 평균 상 수준을 보이고 있어 평가 상황에서의 동기 수준이 높아 보이지만, 시공간 구성능력과 부분을 통해 전체 상을 구성하는 능력은 모두 평균 하 수준에 그치고, 특히 토막 소검사의 마지막 3개 문항은 전혀 맞추지 못하고 있어 문제해결 및 응용 능력은 또래 수준에 비해 상당히 부족해 보이므로 기대 수준과 실제 기능 수준의 차이로 인해 느끼는 부적절감도 클 것으로 예상된다.

지능검사 결과, 내담자는 평균 수준의 지적 능력을 가지고 있는 것으로 나타났으며, 수계산 및 집중력, 사회적 판단력, 민첩성 등은 비교적 높은 수준이었다. 그러나 언어 개념이나 사회적 현상에 대해서 구체적이고 핵심적인 이해를 하기보다는 추상적이고 애매한 이해 수준에 그치고 있으며, 주변 자극에 지나치게 둔감하고 문제해결 능력이 부족해 상당한 부적절감을 느끼고 있을 가능성이 높아 보인다.

Rorschach 검사 결과, 25개의 많은 반응 수를 보이고 있으며, 자극의 다양한 특성에 관심을 기울여 의사결정을 하고 있는 것 같다. 그러나 내담자는 다양한 주변 자극들을 스스로 통제하려는 경향이 강하면서도(ZD＝6.0), 평범 반응은 단 1개에 불과하고, 왜곡된 형태 반응은 지나치게 많이 나타나고 있어(X-%＝0.72) 주변 상황을 파악하거나 문제를 해결하는 능력은 매우 부족해 보이므로 기대 수준과 실제 기능 수준의 차이가 커 보인다. 내담자는 무엇보다 애매한 반응을 11개나 보이고 있어 주변 환경 자극을 객관화하고 명확하게 인식하는 데 어려움이 있어 보이므로 주관적이고 독자적인 판단에 근거하여 행동할 가능성이 높아 보인다. 또한 문제해결 과정에서 깊이 있게 생각하기보다는 순간의 감정에 따라 판단하는 경향이 강하게 나타나고 있어(EB＝2:7.5) 일관되지 못하고 충동적인 행동으로 인해 문제가 되는 경우가 많을 것으로 예상된다.

■ 성격과 정서

면담 시에도 '불편감'에 대해서는 부인한 채 '나 자신을 알고 싶다'라는 철학적 주제에 대해서만 언급하였던 내담자는 MMPI에서도 임상 척도의 상승이 두드러지게 나타나지 않았으며 K척도만 다소 높게 나타내는 등 불편감을 드러내지 않았다. 그러나 HTP의 사람 그림에서 머리를 진하게 색칠하고 있듯이 겉으로 표현하지 못하고 있는 고민이 상당히 많아 보이고, Rorschach 검사에서 5개나 나타나고 있는 무채색 반응과 4개의 MOR 반응은 우울감과 같은 부정적 정서 경험을 시사하고 있어('나무

청소년 자기행동평가척도 (K-YSR)															
	사회성	학업 수행	총사회 능력	위축	신체 증상	우울 · 불안	사회적 미성숙	사고의 문제	주의 집중	비행	공격성	내재화	외현화	총문제 행동	파괴적 행동
T	67	41	62	54	50	50	54	56	50	55	50	44	49	45	42

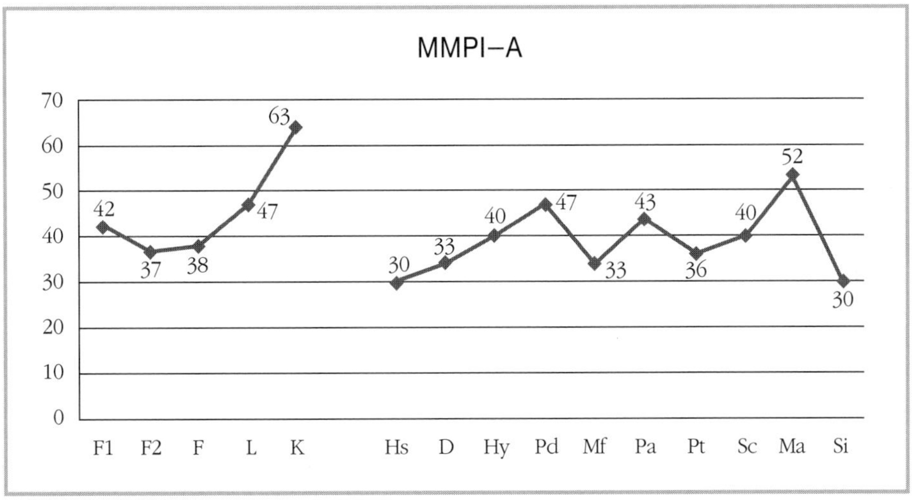

※ 상승한 소척도: 사회적 불안의 부인, 냉정함

가 썩어서 구부러진다'), 상기의 MMPI 결과는 상당히 방어적인 태도를 보여 주고 있는 것 같다. 내담자는 HTP의 집 그림에서 '꽃' '자동차' '냇가' '물고기' '사람' '해' '구름' 등 첨가물을 많이 그렸고, 나무 그림에서도 '열매' '새' 등을 많이 그리듯이 주변 사람의 관심과 애정을 받고 싶은 욕구가 매우 강해 보인다. 그리고 HTP 집 그림에서 '앞으로—최고의 집으로 남을 것 같다', 나무 그림에서 '앞으로—계속해서 사람들에게 명물로 남는다', 남자 그림에서 '가장 행복할 때—무언가를 성취할 때', SCT에서 '나는 내 꿈을 위해 질주한다' '나는 커서 위대한 인물이 될 것이다' '둘째 소원은 신적인 힘을 얻는 것이다', Rorschach 검사에서 '먹구름이 끼어도 절대 어두워지지 않는 휴양지' 등의 반응을 보이듯 자신에 대한 기대가 높은 정도를 넘어 매우 절대적이고 강력한 힘에 대한 동경을 가지고 있는 것으로 보인다. 그러나 HTP 여자 그림에서 '가장 행복할 때—자기가 입은 옷을 누군가 같이 보고 좋아하고 마음에 들어 하면서 기뻐해 줄 때' '가장 불행할 때—분명히 좋아 보이는데 나쁜 마음으로 안 좋다고 말할 때', SCT에서 '내가 가장 싫어하는 사람은 나를 모르면서 자기만의 우매한 잣대로 나를 평가하는 것이다' '나를 가장 슬프게 하는 것은 나를 모르면서 비판하는 것이다' 등의 반응은 자신의 이상적인 자아상을 유지하지 못하게끔 만드는 외부의 스트레스가 있었음을 나타내 주는 것으로, 오히려 상당한 좌절감과 부적절감을 경험하면서 상당 기간을 내면적으로 외롭고 고립된 채 지내 왔을 것으로 여겨진다(SCT: '우리 엄마는 나를 옭아매려고 하고 좁은 시선으로 본다').

이러한 내담자는 분노감과 같은 강한 부적 정서에 민감한 Rorschach 카드에서 '화산 터지는 장면' '피멍 든 모습'과 같은 반응을 보이고 있어 상기의 좌절감을 받아들이기보다는 자신에게 부정적 평가를 내린 대상에게 분노감을 느끼고 있을 가능성이 높아 보인다(HTP: 사람 그림 '이빨을 강조해서 그림'). 그리고 Rorschach 검사에서 '전설' '신화' '지구 위에서 본 세상' '지구에 없는 다른 세계' '상징적인 국기' 등을 자주 언급하고 있어 주지화 방어기제를 통해 자신의 불편감을 부인하려는 것으로 보이나, 한편으로는 색채-음영 혼합 반응을 2개나 보이고, II번 카드에서 '검은 날개를 가진 사람. 머리엔 꽃잎 모양 장식을 하고 있다', VIII번 카드에서 '동물이 싸운다' '맛있게 보이는 음식', X번 카드에서 '지옥의 애들. 도와주는 영웅' 등 동일한 자극을 극단적인 시각에서 보는 반응이 여러 차례 반복해서 나타나고 있어 감정 경험이 극단적이고 잦은 변화가 있을 것으로 예상되므로 불안정한 정서 상태가 외부로 표출되어 갈등을 일으킬 가능성도 높아 보인다. 이러한 내담자는 Rorschach 검사에서 '찢어진 드레스' '등 끈이 풀어져서 펼쳐진 드레스' '동물 생식기' 등 성적 주제와 관련하여 상당히 공격적인 반응을 보이고 있는데, 자신의 불만족감을 성적인 환상을 통해 해소하고 있는 것으로 여겨진다. 그리고 앞서 기술한 높은 이상적 기대감의 표현과는 달리 SCT에서 '내가 가장 무서워하는 것은 내 자신이 유약해지는 것이다'라는 표현은 현재의 스트레스 상황에 대한 두려움을 시사하므로 스트레스가 지속될 경우 극단적인 행동 문제가 나타날 가능성이 우려된다.

요약과 제언

• 요 약

전체 지능: 94, 평균 / 언어성 지능: 97, 평균 / 동작성 지능: 91, 평균

내담자는 평균 수준의 지적 능력을 가지고 있는 것으로 나타났으며, 수계산 및 집중력, 사회적 · 이성적 판단력, 민첩성 등이 높은 수준이었고, 주변의 다양한 영역에 관심을 기울이고 있으나, 주변 자극에 지나치게 둔감하고 문제해결 능력

이 부족해 상당한 부적절감을 느끼고 있을 것으로 보임. 무엇보다 주변 환경 자극을 객관화하고 명확하게 인식하는 데 어려움이 있어 보이므로 주관적이고 독자적인 판단에 근거하여 행동할 가능성이 높아 보임. 또한 문제해결 과정에서 일관되지 못하고 충동적인 행동으로 인해 갈등을 경험하기 쉬움. 애정 욕구가 높고 자신에 대한 이상적인 기대를 가지고 있으나, 부정적 피드백에 대한 내성이 부족하고, 실제 기대 수준에 이를 만큼의 현실적인 노력을 하지 못하고 있어 오히려 좌절감을 경험하고 있는 것으로 여겨짐. 그러나 이러한 상황에서 자신의 역할을 고민하기보다는 주변 사람을 탓하며 분노감을 느끼고 있는 것으로 생각됨. 부정적 평가에 민감한 내담자는 자신의 불편감을 겉으로 드러내기보다는 은밀하게 성적인 환상에 몰입함으로써 자신의 공격성을 표출하고 있는 것으로 여겨지므로 치료적인 개입을 통해 내면의 욕구를 보다 개방된 공간에서 해소할 수 있도록 도움이 필요할 것으로 생각됨.

- 심리평가 결과, 내담자는 다음과 같은 진단이 시사됨.

Axis I. Depressive Disorder NOS(Unspecified Depressive Disorder)
Paraphilia NOS(Unspecified Paraphilic Disorder)
Axis II. Cluster B Personality Disorder(Borderline & Narcissistic Trait)
[Cluster B Personality Disorder(Borderline & Narcissistic Trait)]

27 Chapter 적대적 반항장애

1. 심리과정상의 특징

'적대적'이라는 말은 상대를 적으로 대한다는 것이고, '반항'은 힘이 약한 사람이 힘이 센 사람에게 하는 것이다. 적대적 반항장애(Oppositional Defiant Disorder)는 힘이 약한 사람이 힘이 센 사람을 적으로 대하는 상태를 나타낸다. 나이가 어릴수록 힘이 약한 사람이 되기 쉽다. 성인기에는 능력에 따라서 나이에 상관없이 윗사람이 될 수 있지만, 고등학교를 졸업하기 전까지는 나이를 뒤집고 윗사람, 소위 더 강한 사람이 되기는 쉽지 않다.

성인이 되기 전까지는 꼼짝없이 나이에 맞춰서 상대에게 예의를 갖춰야 한다는 말인데, 대부분의 아이들은 힘의 차이를 받아들이고 순응적인 모습을 보이지만, 그렇지 않은 아이들이 있다. 아무리 반항적인 경향이 강한 사람이라고 해도 24시간, 365일 내내 반항을 하진 않는다. 반항은 자신보다 힘이 센 사람에게 하는 것이기 때문에 상당한 에너지가 필요하다. 따라서 그런 에너지를 오로지 반항만을 위해서 쓰기는 쉽지 않다. 윗사람이고 나보다 힘이 세지만 부당하다고 생각하면 반항을 하게 되는 것이다.

적대적 반항장애를 가진 아동 · 청소년은 윗사람이 부당하다는 생각을 과도하게 하고 있고, 이러한 부당함은 강압적인 부모의 양육을 통해 경험하는 경우가 많다. 그러나 적대적 반항장애 아동 · 청소년이 품행장애 아동 · 청소년과 다른 점은 파괴보다는 자기보호와 관심 끌기가 반항의 목적이라는 것이다. 이들이 보이는 냉소적인 언행들은 주변 사람의 관심을 끌 뿐 아니라 누군가에게는 도움이 되는 경우가 많고, 이러한 지지층을 바탕으로 더욱 반항적인 쇼를 하게 된다.

2. 보고서 사례

1) 높은 지능, 빈약한 사회적 규준(남자 / 만 16세 / 고2)

■ 의뢰 사유

내담자는 '부모와의 갈등이 심하다' '학교를 안 간다' 등을 주 호소로 내원하였으며, R/O Attention-Deficit / Hyperactivity Disorder, R/O Conduct Disorder 임상적 인상 하에 전반적 상황을 파악하기 위해 청소년종합심리평가를 실시하였다.

■ 행동 관찰과 면담

보통 키, 다소 마른 체구의 내담자는 검사자가 이름을 부르자 도도한 표정으로 검사실에 들어왔고, 보호자는 내담자와 다른 시간에 본원으로 방문하여 면담을 실시하였다. 캐주얼한 복장으로 위생 상태는 양호한 편이었고, 검사자와의 눈맞춤도 적절한 편이었으나, 매우 불쾌한 표정으로 쳐다보는 경우가 많았다. 검사상 질문을 하거나 도구가 주어질 때는 협조적으로 대응하였으며, 검사 도구를 챙겨 주기도 하였으나, 개인적인 질문에는 반항적인 태도로 돌변하였다. 면담 시에도 검사자의 질문에 매우 불성실한 태도로 대답하였고, 내원 사유에 대해서는 '엄마가 가자 그래서 왔다. 이유는 모른다'라고 하였으며 '(검사자가) 자꾸 물어봐서 기분이 안 좋다' '학교는 그냥 싫다' '부모님과 말하기 싫다' 등 노골적으로 불편감을 드러내거나 거부적인 모습을 보였다.

지능과 인지 기능

한국 웩슬러 성인 지능검사 (K-WAIS)			
영 역	지 능	백분율(%)	수 준
언어성 지능	111	77	평균 상
동작성 지능	116	86	평균 상
전체 지능	114	82	평균 상

내담자의 전체 지능은 114로 평균 상 수준을 나타냈으며, 같은 연령대에서 상위 18%의 수준이었다. 언어성 지능은 111로 평균 상 수준을, 동작성 지능은 116으로 평균 상 수준을 나타냈으며, 두 지능 간의 유의미한 양적 차이는 나타나지 않았다. 다만, 소검사 간의 차이가 8점으로 크게 나타나고 있어 환경에 따른 기능 차이가 나타날 수 있겠다.

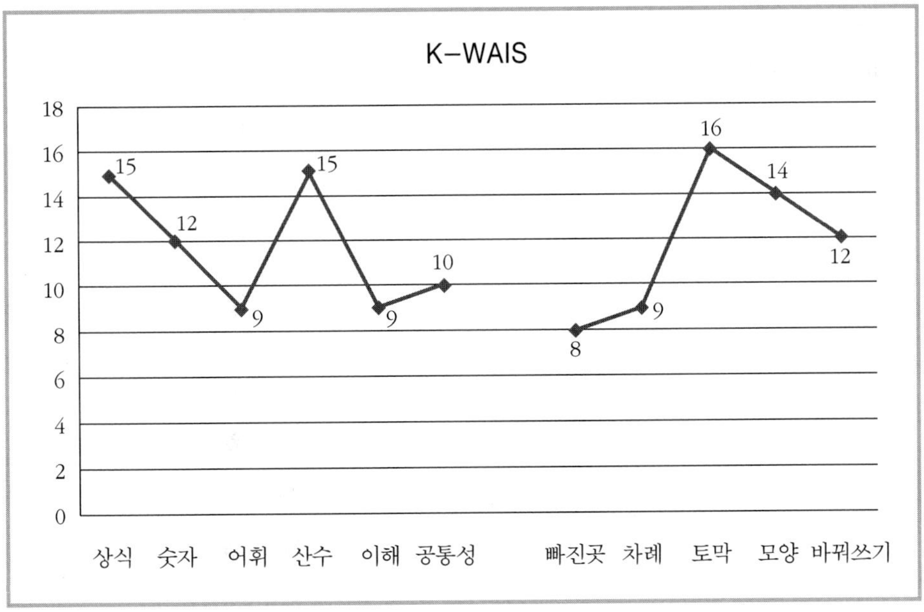

언어성 지능에서 기본적인 상식 수준과 수계산 능력이 우수 수준으로 나타나는 등 학업적 지식 습득 및 수 개념을 다루는 능력이 매우 높게 유지되고 있었으며, 이를 고려할 때 지적 욕구가 높고 실제 학업 성취를 위한 노력도 많이 하고 있는 것으로 생각된다. 그리고 숫자 소검사에서 평균 상 수준의 수행을 보이고 있어 주의집중력도 양

호한 것으로 생각된다. 이에 비해 어휘력, 사회적 상황에 대한 이해력, 추상적 사고 능력 등은 모두 평균 수준에 머물고 있는데, 지식의 양적 수준에 비해 언어를 통한 자기 의사의 표현 및 개념화 능력은 상대적으로 부족해 보이며, '가뭄－잘 모르겠다. 근데 왜 서로 다 아는 거 물어보나' '겨레－제 친구 이름이다' 등 반항적이고 도전적인 태도가 문제해결을 더욱 어렵게 하는 것 같다. 그리고 이해 소검사에서는 '나무－어 진짜…… 왜 심지…… 나무 심자고 약속해서' '세금－이 나라에 살고 있어서…… 왜 그러지…… 모른다……' '삼권분립－혼자 다 하면 힘드니까' 등의 반응을 보이듯 학력과 지능 수준에 비해 매우 빈약한 사회적 규준을 가지고 있는 것으로 여겨진다.

동작성 지능을 살펴보면, 토막 소검사가 최우수 수준으로 나타나는 등 지적 잠재력은 매우 우수한 것으로 여겨진다. 그리고 모양맞추기가 우수 수준, 바꿔쓰기가 평균 상 수준으로 나타나는 등 시공간 자극을 통한 문제해결 수준도 높게 유지되고 있었다. 그러나 시각적 예민성과 상황적 맥락을 파악하는 능력이 평균과 평균 하 수준에 머물러 있어 사회적 상황에서 통상적인 대응행동을 하는 데 있어서 상대적으로 부족함이 있을 수 있겠다.

지능검사 결과, 내담자는 높은 지적 잠재력을 가지고 있으며, 지식의 축적이나 수리-도형 등을 통한 문제해결 수준은 매우 높게 나타나고 있었다. 그러나 사회적 활동을 위해 필요한 언어표현 능력, 관습적 행동양식의 습득 수준, 대인관계 민감성, 상황 판단능력 등은 학력이나 나이, 지적 잠재력에 비해 질적으로 부족한 것으로 여겨진다. 지적 잠재력만큼 자존심도 강할 것으로 예상되므로 자신의 약점이 드러나는 상황에서는 반항적인 태도를 보이며 상황을 벗어나려는 모습을 보일 수 있겠다.

Rorschach 검사 결과, 내담자는 18개의 적절한 반응 수를 보이고 있으며, 인간운동 반응을 9개나 보일 정도로 지나치게 이성적인 문제해결을 선호하는 것 같다. 내담자는 매우 적극적인 사고 과정을 통해 문제해결을 시도할 것으로 여겨지지만, 전반적으로 왜곡된 형태 반응을 많이 보이고 있어 문제해결의 질적 수준이 그리 높지 않을 것으로 보인다. 그리고 주변 환경을 과도하게 통제하려는 욕심이 많으면서도 평범 반응이 1개에 불과할 정도로 사회적 규준을 고려하지 않는 경향이 있어 주변 사람과의 갈등 상황에 자주 처하게 될 것으로 예상된다.

■ 성격과 정서

내담자는 YSR, MMPI 등에서 대부분의 척도가 유의미한 상승을 보였고, MMPI F척

청소년 자기행동평가척도 (K-YSR)															
	사회성	학업 수행	총사회 능력	위축	신체 증상	우울 · 불안	사회적 미성숙	사고의 문제	주의 집중	비행	공격성	내재화	외현화	총문제 행동	파괴적 행동
T	43	30	38	73	59	71	71	52	71	71	62	70	68	72	65

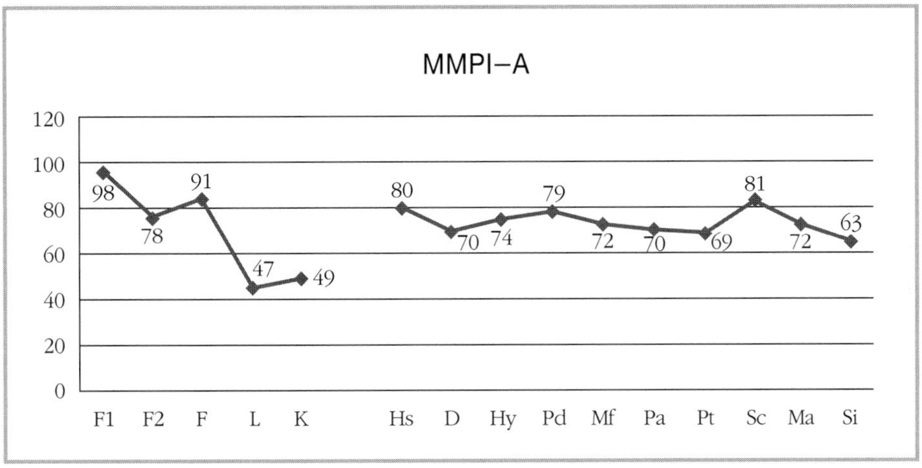

※ 상승한 소척도: 불안, 건강염려, 소외, 낮은 자존감, 낮은 포부, 가정 문제, 알코올/약물문제 가능성, 둔감성, 권태-무기력, 신체증상 호소, 가정불화, 사회적 소외, 피해의식, 정서적 소외, 자아통합 결여-인지적, 자아통합 결여-동기적

도도 100T에 가깝게 나타나는 등 심리적 고통감이 매우 큰 것으로 보고하고 있었다. SCT의 많은 문항에서 '없다'라는 반응을 보이듯 불성실한 태도를 보이고 있으나, 이 또한 극심한 스트레스로 인한 고통감의 표현일 수도 있겠다. 내담자의 주된 스트레스는 위협적으로 인식되는 외부 환경에 있는 것으로 여겨지는데, Rorschach X번 카드에서 '누가 막 화내고 있다', Rorschach에서 전반적으로 나타나는 '누가 웃고 있는 거' '누가 막 비웃는 거' '기괴하게 웃고 있다' 등의 웃음 반응들, SCT에서 '다른 사람들은 나를 어떻게 생각할지 모르겠다' '개와 가장 같이 살고 싶다. 적어도 뒤통수는 안 칠 테니까' 등의 반응을 보이듯 주변 사람이 자신을 비웃고 욕하는 등이 적대적인 태도를 보일 것으로 예상함으로써 주변 환경에 대한 불만족감, 적대감, 공격성 등이 극도로 상승해 있는 것 같다(Rorschach: S = 4). 이러한 내담자는 SCT에서 '선생님들은 역겹다'라고 하듯이 권위적 대상에 대한 반항심도 커 보인다.

상기의 극단적인 태도 및 행동은 내담자 내면의 불안정성과 관련이 있어 보인다. 내담자는 SCT에서 '우리 아빠는 매우 무섭다' '첫째 소원은 엄마 아빠가 사라지는 것이다' '나를 가장 화나게 하는 것은 잔소리다', HTP 집 그림에서 '그냥 아무도 살지 않는 것 같다. 쓸쓸하고 적막하다' 등의 반응을 보이듯 가정환경에 강한 불만족감을 나타내고 있었다. 그리고 친밀감에 대한 태도를 나타내는 Rorschach 카드에서 '시뻘건 천구(일본 만화에 나오는 괴물)'라고 하듯이 가깝고 친밀한 관계일수록 고통감이 더 커지는 것 같다. 그러나 한편으로는 적대적인 겉모습과는 달리 가족과의 단절에 대한 두려움도 가지고 있는 것으로 여겨지므로(SCT: '제일 무서운 꿈은 가족이 다치는 것이다') 불만족감이 커져 갈수록 내면의 고통감도 심해질 것으로 보인다. 이러한 가운데 지적 능력이 높은 내담자는 HTP 나무 그림에서 '자신에 대해서 자랑스러워한다. 오랜 세월을 버텨 왔다'라고 하듯이 과대 자기를 형성하여 점점 고립적인 모습을 보이며 심리적 불편감에 대처하고 있는 것 같다.

요약과 제언

• 요 약

전체 지능: 114, 평균 상 / 언어성 지능: 111, 평균 상 / 동작성 지능: 116, 평균 상
내담자는 높은 지적 잠재력을 가지고 있으며, 단순 지식 습득이나 기계적이고 도구적인 과제들의 수행은 잘 할 수 있을 것으로 여겨지나, 언어를 활용하거나 사회적 상황에 대처해야 하는 상황에서는 적응에 어려움을 겪을 수 있음. 불안정한 자아상을 가지고 있어 항상 누군가 자신을 비난하고 위협할 것이라는 인식으로 인해 고통받고 있으며, 상시 주변을 경계하며 적대적인 태도를 보이고 있음. 지나치게 높은 자율성, 개방성, 융통성 등은 자신의 문제행동에 대한 심각성을 떨어뜨리는 반면, 높은 지적 능력을 바탕으로 과대한 자기상을 형성하여 점점 고립되어 온 것으로 생각됨.

• 심리평가 결과, 내담자는 다음과 같은 진단이 시사됨.

Axis I. Oppositional Defiant Disorder(Oppositional Defiant Disorder)
R/O Attention-Deficit/Hyperactivity Disorder
(Attention-Deficit/Hyperactivity Disorder, In partial remission)

• 제 언

과거 ADHD 병력이 있었을 것으로 보이나 높은 지적 능력으로 인해 기능상의

단점은 보완해 왔을 것으로 여겨짐. 그러나 반항적인 성향은 어렸을 때부터 지속되고 있는 것으로 보이며, 연령이 증가하면서 품행 문제도 증가하고 있는 것으로 생각됨.

2) 높은 불안, 낮은 지능, 좌절에 취약(남자 / 만 15세 / 중3)

■ 의뢰 사유

내담자는 '문제 상황에서도 자신의 잘못을 인정하지 않는다' '수업 시간에 주의집중력이 부족하다' '선생님이나 친구에게 화가 나면 감정 조절이 어렵다' 등을 주 호소로 상담센터를 방문하였으며, 전반적인 인지 기능 및 정서 파악을 위해 청소년종합심리평가를 실시하였다.

■ 행동 관찰과 면담

내담자는 보통 키에 보통 체격이었다. 검사자와의 눈맞춤은 잘 이루어졌으며, 위생 상태도 양호하였으나, 교복의 단추를 잠그지 않아서 단정하지 않은 옷차림이었다. 검사 초반부터 주머니에 손을 넣고 의자에 기대서 다리를 꼬고 앉아 있거나 팔짱을 끼고 있는 등 검사에 거부적인 모습을 보였으며, JTCI에서 80문항이 넘는 설문지를 1분 안에 한 번호로만 체크해서 가져오고, 과제 수행 시 의자에 기대서 하는 등 불성실한 태도도 나타났다. 한편, 한 과제가 중반을 넘어가면 한숨을 쉬거나 의자에 기대고 있는 등 집중을 지속하기 힘들어하였으며, 문항이 어려워지면 오래 고민하지 않고 쉽게 포기하는 편이었다. 그러면서도 자신이 대답하고 난 후에 "맞아요?"라며 여러 번 확인하는 것을 보면 평가에 민감해 보였다. 내원 사유에 대해서는 '스트레스 없어요' '힘든 것도 없어요'라고 반항적인 말투로 말하는 등 다소 저항적인 태도를 보였다.

■ 지능과 인지 기능

내담자의 전체 지능은 67로 경도 지적장애 수준을 나타냈으며, 같은 연령대에서 하위 2%의 수준이었다. 언어이해는 67로 경도 지적장애 수준을, 지각추론은 84로 평균하 수준을, 작업기억은 76으로 경계선 수준을, 처리속도는 71로 경계선 수준을 나타냈으며, 각 지능 영역 간의 차이는 유의미하게 나타나지 않았다.

한국 웩슬러 아동용 지능검사 4판 (K-WISC-IV)			
영 역	지 능	백분율(%)	수 준
언어이해	67	1	경도 지적장애
지각추론	84	15	평균 하
작업기억	76	6	경계선
처리속도	71	3	경계선
전체 지능	67	2	경도 지적장애

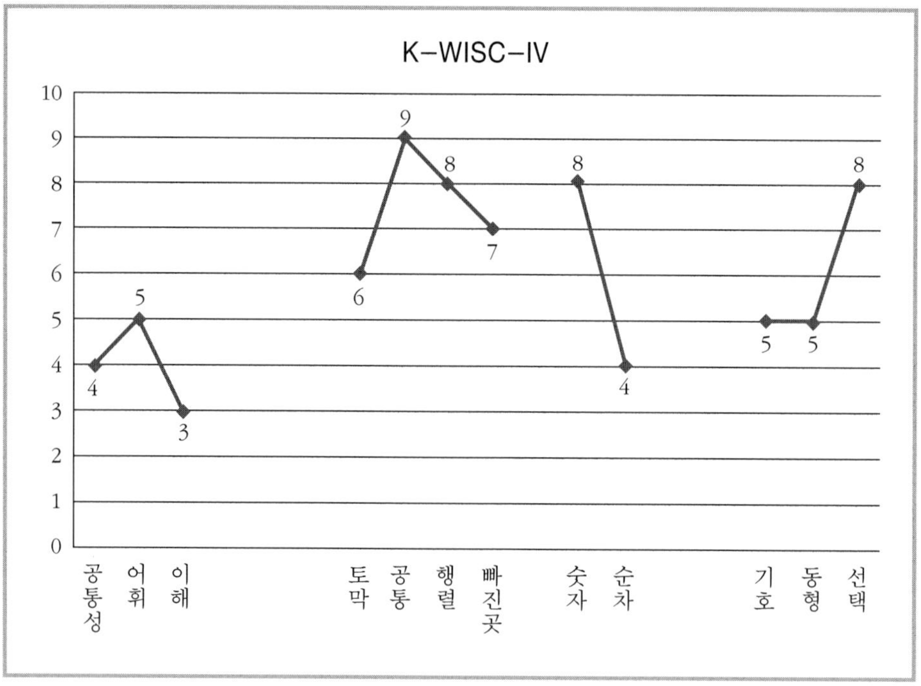

언어성 지능을 살펴보면, 어휘구사력이 경계선 수준, 사물의 유사성을 파악하는 능력이 지적장애 수준으로 나타나고 있어서 언어적인 개념에 대한 이해력이 상당히 부족하게 여겨지므로('홍수와 가뭄—물' '경쟁—서로 같이 붙어서 내기하는 거') 의사소통의 어려움이 클 것으로 보이며, '복종하다—지는 거' '싸움—먼저 때리면 나도 때린다'라며 공격적인 반응을 하고 있어서 사소한 자극에도 주변 사람에게 적대적인 태도를 보일 수 있겠다. 게다가 사회적 상황에 대한 이해력이 지적장애 수준을 보이고 있어서 관습 및 규범에 대한 습득 수준도 상당히 부족해 보이므로('도서관—옆 사람에게 물어볼 수 있어서') 미숙한 모습을 보일 수 있겠다.

지각추론 영역에서는 시각적 예민성이 평균 하 수준으로 환경 변화에 주의를 기울이는 능력이 비교적 양호해 보인다. 또한 자극 간의 관련성을 찾아내는 능력이 평균 수준을 보이고, 전체를 고려하여 핵심을 파악하는 능력이 평균 하 수준으로 주어진 자극을 통해서 추론하는 능력도 비교적 양호하게 나타났다. 그러나 시공간 구성능력이 경계선 수준을 보이고 있어서 도구를 직접 다룰 때는 기능 수준이 상당히 떨어질 수 있겠다.

작업기억 영역에서는 순간적인 자극에 주의를 기울이는 능력이 평균 하 수준으로 나타나고, 바로따라하기가 12점으로 단순한 자극에 대한 집중력이 양호해 보인다. 그러나 거꾸로따라하기가 8점이었고, 보다 복잡한 자극에 주의를 기울이는 능력이 지적장애 수준으로 나타나고 있어서 작업기억력이 부족해 보이므로 과제가 복잡해지면 기능 수준이 급격히 저하될 것으로 생각된다.

처리속도 영역에서는 간단한 시각적 자극에 짧은 순간 동안 집중력을 발휘하는 능력이 평균 하 수준으로 비교적 양호해 보인다. 그러나 긴장감 속에서 빠른 논리적 판단력을 발휘하는 능력이 경계선 수준을 보이고 있어서 시간의 압력이 느껴지는 상황에서 수행 수준이 떨어질 수 있겠다. 그리고 시공간 운동속도도 경계선 수준이어서 정교하거나 미세한 손동작이 필요한 상황에서 상당히 느리게 반응할 것으로 여겨진다. 다만 중반부터는 과제에 집중하지 못하고 의자에 기대서 과제를 수행하는 등 불성실한 태도 또한 점수 저하에 영향을 미쳤을 것으로 생각된다.

지능검사 결과, 언어적 · 행동적 대처능력이 상당히 부족하게 여겨지므로 문제 상황에서 부적절한 행동을 보이는 경우가 많을 것으로 생각된다. 한편, 기본적인 추론능력은 적절해 보이나, 추가적인 노력이 필요해 보이며 기능 수준이 급격하게 저하될 수 있겠다. 또한 빠르게 수행하거나 미세한 손동작이 필요한 상황에서도 어려움이 있을 것으로 여겨지는데, 이는 불성실한 태도와도 관련이 있는 것 같다.

Rorschach 검사 결과, 총 10개의 적은 반응 수를 보이고, 형태 반응만 하고 있어서 스트레스 상황에서 대처할 수 있는 심리적인 자원이 상당히 부족한 것 같다. 또한 전체 10개의 반응 중 동물 반응을 6개나 하고 있어서 사고 수준이 상당히 미숙한 내담자는 스트레스 상황에서는 객관적 판단능력이 매우 부족한 것으로 여겨지므로(X-%=0.50) 문제 상황에서 부적절한 행동을 보일 수 있겠다.

성격과 정서

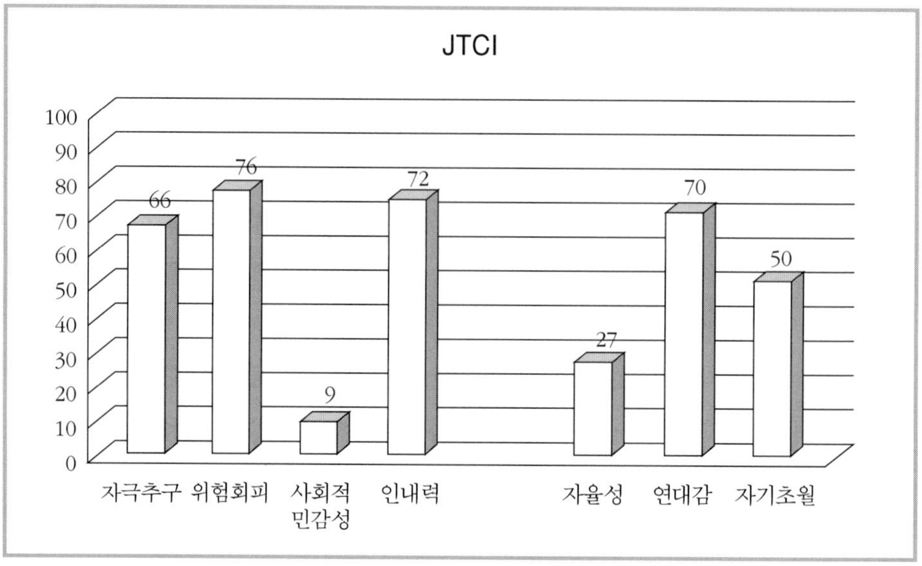

내담자는 SCT에서 '나는 친구가 좋다'라고 하듯이 관계에 대한 욕구가 높아 보인다. 그러나 SCT에서 '여자애들은 이뻐야 한다' '남자애들은 잘생겨야 한다'라고 언급하듯이 내면의 가치보다는 외적인 가치를 상당히 중시하고 있는 것 같다. 게다가 Rorschach 색채카드에서조차 색채 반응을 전혀 하지 못하고 있듯이 정서적 자원이 부족하고, HTP 사람 그림에서 눈의 윤곽은 그리면서도 눈동자를 그리지 않고 있는 것을 보면, 타인의 감정에 둔감하고 무관심해 보인다(JTCI: '사회적 민감성—9%'). 이러한 내담자는 사소한 자극에도 쉽게 흥분을 하거나 화를 표현할 것으로 여겨지는 바(JTCI: '자극추구—66%'), 주변 사람들과 갈등을 경험하는 경우가 많을 것으로 생각된다(SCT: '엄마랑 싸우는데, 엄마가 화내는 거 같아요' '어떤 남자랑 싸운다').

한편, SCT에서 '나는 커서 훌륭한 사람이 될 것이다', HTP 나무 그림에서 '미래—더욱 커질 것 같아요'라고 하듯이 자신에 대한 기대감이 높아 보인다. 그러나 기능 수준이 낮은 내담자는 좌절감을 경험하는 경우가 많았을 것으로 생각된다. 내담자는 HTP에서 그림을 모두 하단 지면에 맞닿게 그리고 있듯이 불안 수준이 높아 보이므로 좌절과 같은 부정적 감정을 회피하기 위해서 상당히 노력해 왔을 것으로 생각된다. 그러나 학교에서는 규칙 준수를 요구함으로써 불만과 불안을 느끼게 하는 교사들에 대해서 상당히 적대적인 태도를 보이고 있으며(SCT: '선생님은 나쁘다' '나를 가장 화나게 하는 것은 선생님'), 공격성도 나타내는 것 같다(SCT: '이 사람이 칼로 찌른 거 같아요'). 한편, SCT에서 '내가 가장 무서워하는 것은 없다' '나의 나쁜 점은 없다' '나를 가장 슬프게 하는 것은 없다'라고 하듯이 부정적인 감정에 대해서 회피적인 태도를 보이고 있으나, HTP 나무 그림에서 '힘들다', TAT에서 '슬퍼 보인다'라고 하듯이 고통감은 여전히 지속되고 있는 것으로 보이므로 치료적인 개입이 필요할 것으로 여겨진다.

요약과 제언

• 요 약

전체 지능	67	경도 지적장애			
언어이해	67	경도 지적장애	지각추론	84	평균 하
작업기억	76	경계선	처리속도	71	경계선

내담자의 지능 수준은 경도 지적장애 수준으로 나타남. 언어적 · 행동적 대처능력이 상당히 부족하게 여겨지므로 문제 상황에서 부적절한 행동을 보이는 경우가 많을 것으로 생각됨. 한편, 과제가 복잡해지면 기능 수준이 급격하게 저하될 수 있음. 또한 빠르게 수행하거나 미세한 손동작이 필요한 상황에서 어려움을 느낄 것으로 보임. 관계에 대한 욕구가 높아 보이나, 정서적 자원이 부족하고 다른 사람의 감정에 둔감한 내담자는 사소한 자극에도 쉽게 화를 표현할 것으로 여겨지므로 사람들과 갈등을 경험하기 쉬움. 한편, 불안 수준이 높은 내담자는 평소에는 처벌이 예상되는 상황을 회피하기 위해 노력하다가도 성취 수준이 좌절되는 상황에서 공격적인 모습을 보일 수 있으며, 지시적이고 통제적인 대상에 대해 적대적인 태도를 보일 것으로 생각됨. 그러면서도 주관적 고통감을 느끼고 있는 것으로 보이므로 치료적 개입이 필요해 보임.

• 심리평가 결과, 내담자는 다음과 같은 진단이 시사됨.

Axis I. Oppositional Defiant Disorder(Oppositional Defiant Disorder)

Axis II. Mental Retardation, Mild(Intellectual Disability, Mild)

• 제 언

1. 언어표현 능력 키우기
2. 주의집중력 키우기
3. 또래관계에서의 공감능력 키우기
4. 문제 상황에서 비공격적인 해결 방법 훈련하기

3) 높은 애정 욕구, 운동을 통한 불만 해소(남자 / 만 12세 / 초6)

■ 의뢰 사유

아동은 '친구와 싸웠다' '선생님과 마찰이 많다' 등을 주 호소로 상담센터를 방문하였으며, 전반적인 인지 기능 및 정서 파악을 위해 아동종합심리평가를 실시하였다.

■ 행동 관찰과 면담

아동은 큰 키에 마른 체격으로, 껌을 씹으며 들어왔다. 밝은 빨간색 머리에 오른쪽 앞머리만 길게 내려와 있는 등 외모에 신경을 쓴 모습이었다. 위생 상태는 양호해 보였고, 검사자와의 눈맞춤도 전반적으로 적절했으나, 종종 멍하게 검사 도구만 바라보고 있기도 하였다. 그리고 상자에 도구를 넣으려는 검사자를 보고 손을 살짝 들었으나 도와주지는 않았다. 한편, 검사 도구를 자신이 가지고 가거나 빠르게 대답하는 경우가 많아서 다소 성급해 보였다. 검사 초반에 '모르겠는데'라며 반말투로 말하는 경우가 많았으나, 시간이 지나자 존댓말을 사용하는 등 말투가 바뀌었다. 내원 사유에 대해서는 '친구랑 싸워서' '장난치다가 친구가 다쳤다' 등을 말하였고, 구체적인 질문에는 '기억이 잘 안 난다'라며 말하기 불편해하였다.

■ 지능과 인지 기능

아동의 전체 지능은 83으로 평균 하 수준을 나타냈으며 같은 연령대에서 하위 13% 정도의 수준이었다. 언어이해는 80으로 평균 하 수준을, 지각추론은 87로 평균 하 수준을, 작업기억은 83으로 평균 하 수준을, 처리속도는 106으로 평균 수준을 나타냈다. 지능 영역 간의 차이가 26점으로 크게 나타나고 있었고(기준은 20점 차이), 소검사

한국 웩슬러 아동용 지능검사 4판 (K-WISC-IV)			
영 역	지 능	백분율(%)	수 준
언어이해	80	9.2	평균 하
지각추론	87	18.8	평균 하
작업기억	83	12.2	평균 하
처리속도	106	65.8	평균
전체 지능	83	12.8	평균 하

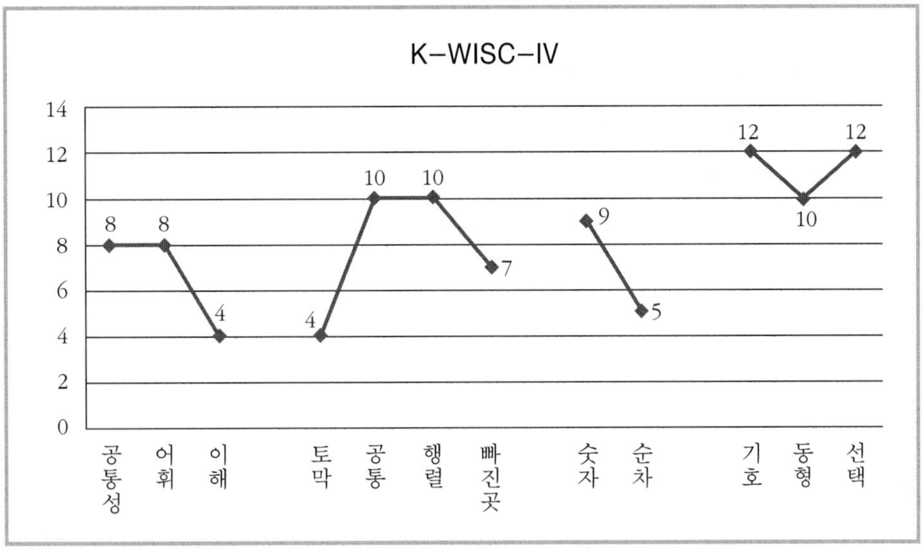

간의 차이도 8점으로 크게 나타나서(기준은 5점 차이) 상황에 따른 기능상의 차이가 클 것으로 생각된다.

언어이해 영역에서는 사물의 유사성을 파악하는 능력과 어휘구사력이 평균 하 수준으로 언어적 개념에 대한 이해력은 비교적 양호해 보인다. 그러나 사회적 상황에 대한 이해력이 지적장애 수준을 보이고 있어서 관습과 규범에 대한 습득 수준은 매우 부족해 보인다('사과 – 모른다'). 다만, 이해 소검사에서 '싸움 – 죽여야죠'와 같은 반응을 보이고 있어서 반항적인 태도로 인해 점수가 낮게 나타난 면도 있는 것 같다.

지각추론 영역에서는 자극 간의 관련성을 찾아내는 능력과 전체를 고려하여 핵심을 파악하는 능력이 평균 수준을 보이고 있어서 시지각적 자극이 주어지는 상황에서 추론능력은 양호해 보인다. 한편, 시공간 구성능력이 지적장애 수준으로 매우 낮게 나타나고 있으나 지시와는 다르게 도구를 배열하고 있는 것을 보면, 이렇듯 낮은 점

수는 아동의 부주의한 모습과 관련이 있는 것 같다. 그리고 시각적 예민성은 평균 하 수준이어서 주변 환경 변화에 다소 둔감해져 있는 것 같다.

작업기억 영역에서는 단순한 자극에 주의를 기울이는 능력이 평균 수준으로 단기 주의력은 적절해 보이나, 고차적인 자극에 주의를 기울이는 능력은 경계선 수준을 보이고 있어서 복잡한 자극이 주어지는 상황에서는 기능 수준이 떨어질 수 있겠다.

처리속도 영역에서는 시공간 운동속도와 간단한 시각적 자극에 짧은 순간 동안 집중력을 발휘하는 능력이 평균 상 수준으로 나타나서 단순하고 기계적인 과제를 다룰 때에 다소 높은 기능 수준을 보일 수 있겠다. 그리고 긴장감 속에서 빠른 논리적 판단력을 발휘하는 능력이 평균 수준을 보이고 있어서 시간적 압력이 느껴지는 상황에서도 자신의 기능 수준을 잘 발휘할 것으로 생각된다.

지능검사 결과, 민첩함이 필요한 상황에서 다소 높은 기능 수준을 보이겠고, 추론능력, 단기주의력 등도 적절한 수준으로 나타나서 지적 잠재력이 양호해 보인다. 그러나 과제가 복잡해지면 주의집중력이 떨어지고 있어서 자신의 능력만큼 기능을 충분히 발휘하지 못하고 있는 것으로 생각된다. 한편, 주변 환경 자극에 다소 둔감해져 있고, 반항적인 태도를 보이고 있는 아동은 대면 상황에서 주변 사람과 갈등을 겪을 가능성이 높은 것 같다.

Rorschach 검사 결과, 주변 환경을 통제하고자 나름대로 노력하고 있는 것으로 보이나(ZD = 3.5), 전체적으로 14개의 적은 반응 수를 보이고, 그중에서도 '꽃' '벌레' 등의 단순한 반응만 반복적으로 하고 있어서 사고가 상당히 단순해 보인다. 그리고 관습적 지각능력이 부족하고(P = 1), 특이한 형태 반응을 많이 보이고 있으며(Xu% = 0.29), 특이한 부분 반응도 4개나 보이고 있어서 스트레스 상황에서는 부적절한 대응행동을 할 가능성이 높아 보인다(X-% = 0.43).

■ 성격과 정서

아동은 자신에 대한 기대감이 높고(HTP: 나무 그림 '더 많이 클 것 같아요'), 실제로 자기가 노력하고 있다고 인식하고 있는 것으로 보인다(JTCI: '인내력–91%'). 그러나 사고가 경직되어 있고(Rorschach: L = 3.67), 지능검사에서 나타나듯이 자극이 복잡해지면 집중력이 떨어지고 있어서 기대만큼 성취를 이루지 못하고 좌절감을 겪기 쉬워 보인다(SCT: '나는 공부를 못한다'). 이러한 아동은 운동을 통해 자신의 성취 욕구를 충족시키고자 하지만(SCT: '나의 좋은 점은 축구 잘하는 것' '내가 가장 행복한 때는 골 넣을

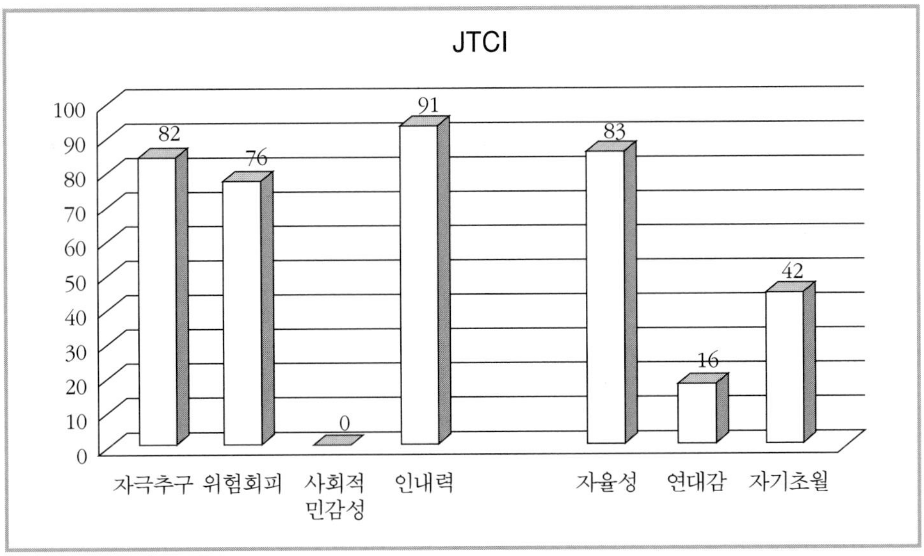

때' '내가 가장 좋았던 일은 골 넣을 때' '나는 커서 축구선수가 되고 싶다. 왜냐하면 난 축구를 잘하기 때문이다'), 반대에 부딪히면서 불만이 쌓인 것 같다(Rorschach: S=1). 게다가 어머니의 강압적인 태도가 지속되면서(SCT: '우리 엄마는 무섭다' '내가 가장 무서워하는 것은 엄마') 스트레스가 더욱 가중되고 있는 것으로 보이나, 자신의 심리적 불편감을 억압하고 있어서(SCT: '내가 가장 싫어하는 사람은 없다' '내가 꾼 꿈 중에서 가장 무서운 꿈은 없다') 내면의 불만을 직접적으로는 표현하지 못하고 있는 것 같다.

아동은 SCT에서 '나는 친구가 많다' '남자애들은 나랑 친하다'라고 하듯이 친구관계가 매우 활발한 것으로 보인다. 그러나 사고가 미숙하고(HTP: 나무 그림 '5세'), 사회적 자극에 둔감하며(JTCI: '사회적 민감성=0%'), 타인에 대한 배려가 부족해서(JTCI: '연대감=16%') 원만한 관계를 형성하지 못할 것으로 생각된다(HTP: 집 그림 '문과 창문을 그리지 않음', 사람 그림 '눈 · 코 · 입을 그리지 않음'). 그리고 자신감이 강하고(JTCI: '자율성-83%'), 통제 욕구가 높아서(Rorschach: ZD=3.5) 자신의 의지대로 행동하려는 성향이 강해 보이므로 권위적인 대상의 요구나 규칙을 받아들이지 못하고 갈등을 겪기 쉬운 것 같다. SCT에서 '내가 좀 더 나이가 많다면 자유로워진다'라는 반응을 볼 때, 자기의 의지에 반하는 상황에서 거부감이 매우 클 것으로 생각되며, 충동성(JTCI: '자극추구-82%')과 공격성도 높아 보이므로(TAT: '살인자' '강도') 주변 사람에게 공격적인 모습을 종종 보일 수 있겠다.

요약과 제언

• 요 약

전체 지능	83	평균 하			
언어이해	80	평균 하	지각추론	87	평균 하
작업기억	83	평균 하	처리속도	106	평균

아동의 지능수준은 평균 하 수준으로 나타남. 지적 잠재력이 양호해 보이나, 과제가 복잡해지면 주의집중력이 떨어져서 자신의 능력만큼 기능을 충분히 발휘하지 못하고 있는 것으로 생각됨. 아동은 자신에 대한 기대감이 높으나, 사고가 경직되어 있어서 기대만큼 성취를 이루지 못하고 좌절감을 겪기 쉬움. 이러한 아동은 운동을 통해 자신의 성취 욕구를 충족시키려 하지만, 반대에 부딪히면서 불만이 쌓인 것으로 생각됨. 그러면서도 자신의 심리적 불편감을 억압하고 있는 것으로 보임. 또한 아동은 친구관계가 활발한 것으로 보이나, 사회적 자극에 둔감하며 타인에 대한 배려가 부족해서 원만한 관계를 형성하지는 못할 것으로 생각됨. 그리고 자신의 의지대로 행동하려는 성향이 강해 보이므로 권위적인 대상의 요구나 규칙을 받아들이지 못하고 갈등을 경험하기 쉬움. 이러한 아동은 자기의 의지에 반하는 상황에서 거부감이 매우 클 것으로 생각됨. 게다가 아동은 충동성과 공격성이 높아 보이므로 주변 사람들에게 공격적인 모습을 종종 보일 수 있음.

• 심리평가 결과, 아동은 다음과 같은 진단이 시사됨.

Axis I. Oppositional Defiant Disorder(Oppositional Defiant Disorder)

• 제 언

1. 어머니의 긍정적인 피드백 증가시키기
2. 분노감 해소하기
3. 관계에서 수용적인 태도 향상시키기
4. 사고의 유연성 향상시키기
5. 복잡한 자극에 주의집중하기

6. 체육 활동 유지

3. 자주 나타나는 반응

1) 주 호소

'의욕이 부족하다' / '말을 더듬는다' '산만하고 주의력이 부족하다' '학습능력에 장애가 있다' / '가정 내 부모에 대한 반감이 크다' '학업에 대한 의욕이 없다' '폭식 증상이 있다' / '학교에서 선생님에게 혼나는 경우가 많다' '듣기 싫은 말을 하면 짜증을 낸다' '관심 있는 과목만 공부하려 한다' / '게임 중독' / '욕을 잘하고 화내고 난폭한 성질을 부린다' / '아이들과 자주 싸우고, 선생님 말씀을 잘 듣지 않고, 산만하며, 한 가지 일에 집착하여 의문이 풀릴 때까지 질문을 한다' / '선생님에게 반항적이고, 학습에 흥미가 없다' / '또래관계가 좋지 않고, 2학년 입학 이후 몸무게가 줄고 충동적인 행동을 한다' / '감정 기복이 심하다' / '주의가 산만하다' '인내심이 부족하다' '말과 행동이 바르지 못하다' '컴퓨터 게임을 즐겨 한다' / '학교에서 친구들이 돈 훔치는데 망을 봐 주다가 걸렸다' / '나쁜 아이들과 어울린다' '가출을 하고 술, 담배도 한다' '짜증을 많이 내고 반항적이다' '외롭다는 이야기를 많이 한다' / '수줍음을 많이 탄다' '산만하다' / '친구들과 자주 다툰다' '엄마에게 대들고 놀린다' / '화를 심하게 내고 난폭한 행동을 한다' '충동적으로 창밖으로 뛰어내리려고 하였다' / '부모에게 욕을 하는 등 반항하고 물건을 던져 부순다' '학교를 가지 않고 컴퓨터 게임을 많이 한다' / '성적이 저하되었다' '가족에게 욕을 하고 물건을 집어 던진다' / '신경질이 많다' '성적 호기심이 지나치다'

2) 반항적 태도(도전적 태도, 불성실)

행동: 답을 모르거나 잘못 대답하면 "그렇게 하는 건지 몰랐어요." "서양에서는 그런데……."라고 하는 등 도전적인 말투로 변명을 함 / 자신이 한 반응을 지워 달라고 요구하고 실제로 검사자가 연필로 적은 내용을 까맣게 색칠함 / 검사를 하기 싫다고 하며 소리를 지르고 엎드려 있음 / 검사자에게 문제를 풀라고 하고, 욕을 함 / 전반적

으로 불만스러운 표정 / 단정적인 어투로 말함 / 화난 표정으로 들어옴 / 반말투로 말함 / 검사 초반부터 의자 위에 올라가고 삐딱하게 기대어 앉으며, 온도 조절용 이불로 머리를 완전히 둘러싸고 발로 책상을 밀어 버림 / 검사 내내 검사자를 자극하는 말을 많이 함 / 다소 거부적이었고, 화난 듯 시선을 다른 곳에 고정시킨 채로 무표정하게 있음 / 곁눈질로 노려보는 경우가 많음 / "싫어, 싫어." "이것도 못해." 등의 거부적이면서 반말투의 말 / 그림 그릴 종이를 제시하자 "찢어도 돼?"라고 하거나, 검사자의 펜을 뺏어서 그리려고 하였으며, 연필이 바닥에 떨어져도 검사자를 빤히 쳐다보며 주워 올리려는 모습을 전혀 보이지 않음 / 표정이 매우 불만족스러웠으며 검사 지시를 제대로 이행하지 않는 등 성의 없는 행동으로 불편감을 드러냄 / "아! 황당하네." "이거 하나 안 한다고 선생님 안 짤려요." 등의 말을 자주 하며 부정적이고 냉소적인 태도를 보임 / 과제에 실패하면 검사자를 탓함

지능: 기호쓰기의 낮은 점수 / 어휘 소검사에서 '방해하다—짜증난다' / 이해 소검사에서 '싸움—싸운다' / 이해 소검사에서 '연기— 옆집 가서 연기 그만 내라고 해요, 옆집에 쳐들어가요, 왜 자꾸 연기 내냐고' / 검사 초반에 실시한 소검사의 저하

MMPI: '반사회적 태도' '학교품행문제' 상승

TAT: '억지로 바이올린 학원을 다니라고 해서 바이올린이 하기 싫어서 졸고 있다' '공부하랬더니 창문으로 도망쳤다'

3) 거짓말

행동: 차례맞추기 과제에서 과제 수행 후 카드를 바꿨으나 바꾸지 않았다고 하고, 약속이 있다고 검사를 빨리 끝내 달라고 하였으나 실제로는 약속이 없었음

4) 공격성(분노감, 죄책감 부재, 공격의 당위성)

행동: 검사 도구를 주먹으로 침 / 검사자가 원숭이를 닮았다고 놀림 / 갑자기 대답을 안 하거나, 성의 없이 마구 대답을 하면서 살짝 웃으며 자신은 재미있어 하는 모습 / 장난스러운 표정을 짓고 빤히 웃으며 쳐다보고 말함 / 억지로 말하는 듯 발음이 약간 어눌하고, 귀찮은 듯 빠르게 대답함 / 토막 과제가 점점 어려워지자 토막을 던지면서 노는 등 과격한 모습

지능: 이해 소검사 '지갑—가져간다' '약속—약속했으니까'

MMPI: 4번 척도 상승

HTP: 사람 그림 '기분—화난 것 같다' / 남자 그림 '강도'라고 하면서 '성격—순수하다' / 남자 그림 '싸움을 잘 해요, 짜증나니까' / 남자 그림 '무적 전갈, 의사선생님 물면 선생님 한 방에 죽는다'

Rorschach: '화산' '불' 많음 / '토끼가 춤을 추고 있어요'라고 한 후에 '토끼 둘이 싸우고 있어요' / 많은 S / '칼' '상어 이빨' / '방광 속에서 피 터지는 거' '사마귀' '불 속에 뛰어든 장수풍뎅이' / '괴물들이 장수풍뎅이를 공격하고, 한쪽에선 장수풍뎅이를 도와주는 애들도 있다' / '핏자국' '화염이 나오려고 입을 열고 있는 거' / VI번 카드 '대포' '호랑이' '날파리' / 이빨 강조 / '피가 터진 박쥐' '초점이 없고 몸도 죽어 있는 거 같아요'

TAT: '도둑이 여유롭게 완강기를 타고 내려온다' '도둑이 탈출을 시도하는 것 같아요' / '사람을 죽이는 것 같아요' / '도둑질하러 온 것 같아요, 범죄자가 될 것 같아요' / '칼로 째는 거, 잔인하다'

SCT: '나의 나쁜 점은 괜히 시비를 건다' / '나는 때때로 화를 낸다' / '호랑이가 되고 싶다. 동물을 부려 먹으려고' / '선생님들은 짜증 난다' '나를 가장 화나게 하는 것은 뭐라 하는 것'

5) 억울함 호소

SCT: '나를 가장 슬프게 하는 것은 어쩌다 내 말을 안 믿어 줄 때'

6) 공감의 어려움(정서적 자원 부족)

Rorschach: 적은 M / 적은 WSumC / '물' '산' 등의 자연물 반응 / VI번 카드 '단풍잎에 벌레' '나뭇잎 속에 기공' / '나비' '벌' '꽃' '새' '기타' '토끼' 등 평이하고 무난한 반응들만 보임

7) 주변 사람에 대한 불만(부모, 교사, 친구)

HTP: 집 그림 '분위기－안 좋을 것 같은데요' / 남자 그림 '생각－왜 세상은 공평하지 않을까'

Rorschach: '악마' / IV번 카드 반응 실패 / IV번 카드를 가장 싫어하는 카드로 선택함 / III번 카드에서 반응 실패

TAT: '엄마가 새끼 강아지 씻기고 있는데 새끼 강아지는 좀 싫어하는 것 같아요' / '손자들이 안 찾아와서 우울한 할머니' '주인이 관리 좀 잘해 달라고 소원하는 나무' / '마음이 쓰레기 더미로 쌓여 있는 것' '감옥에 있는 것 같아요' / '짜증 난다, 엄마가 동생만 이뻐해서'

SCT: '우리 엄마는 그저 그렇다' '우리 아빠는 별로다' / '나의 어머니는 김순자(실제 어머니 이름)다' / '내가 좀 더 나이가 많다면…… 독립하고 알바한다' / '내가 동물로 변할 수 있다면 새가 되어 자유롭게 날아다녔으면 좋겠다' / '우리 아빠는 화나면 무섭다' / '내가 가장 싫어하는 사람은 미술 선생님' / '내가 가장 싫어하는 사람은 선생님' / '나를 가장 슬프게 하는 것은 친구들이 마구 때리는 것이다' / '내가 좀 더 나이가 많다면 나를 괴롭히는 친구들을 혼내 줄 거다' / '나의 나쁜 점은 친구들을 때린다' / '나를 가장 슬프게 하는 것은 나를 외면할 때다' '나를 가장 화나게 하는 것은 나를 차별할 때다' / '내가 바라기에 아버지는 다혈질이 없는 아버지' / '나의 야망은 강제로 잡히기 싫다' / '내가 제일 걱정하는 것은 아빠가 공부할 때 혼내는 거예요' '나를 가장 화나게 하는 것은 엄마가 공부 시키며 바보라고 할 때'

8) 수동공격(무성의함)

행동: 느리고 지연된 대답 / 검사자의 눈을 똑바로 쳐다보면서 대답함 / 책상을 툭툭 치면서 생각함

지능: 모르는 문제에 대해서는 모른다는 말도 하지 않고 머리만 만지고 있음 / 과제가 어려워지자 수행 도중 토막들을 흩어 버림

HTP: 사람 그림에서 선을 하나로 이어서 외형만 그림 / 나무 그림에서는 지면 오른쪽 끝에 나무의 반쪽만 그림

9) 방어적 태도

행동: 가출, 음주, 흡연, 싸움 등 비행행동에 대해 솔직하게 말하는 편이었으나, 정도를 약하게 말함

MMPI: L, K 척도 상승

HTP: '평범한 집' '평범한 나무' '평범한 청년'

Rorschach: '여자예요? 남자예요?' '이게 뭐예요?' '안에 누가 있나요?' 등 과도하게 확인하는 질문을 함 / '데칼코마니'

10) 학습의 일관성 부족

지능: 각 소검사에서 난이도 상승에 따라 맞고 틀리기를 반복함 / 상식 소검사에서 쉬운 문항에서 틀리고 어려운 문항을 맞힘 / 소검사 간 편차가 큼 / 산수 소검사는 빠르고 정확하게 풀고, 숫자 소검사에서는 낮은 점수를 보임

SCT: '내가 잊고 싶은 두려움은 시험이다' '내가 저지른 가장 큰 잘못은 시험 못 본 것' / '엄마에게 가장 화날 때 시험 못 봐서 혼났을 때' '아빠에게 소원은 잔소리하지 않는 거. 공부'

11) 높은 자기중심성(자만심)

행동: 과도한 자신감을 보이며 질문이 끝나기 전에 대답함 / 정답을 맞힌 후에는 만족스럽다는 듯 웃음 / 검사지를 보고 있다가 답을 예상하고 문제를 낼 순서가 되면 답을 먼저 말해 버림 / 쉬운 문항에서는 '이렇게 쉬운 걸 누가 못해!'

HTP: 나무 그림에서 가지를 많이 그림 / 사람 그림 '생각—내가 짱이다' / 나무를 크게 그림

Rorschach: 반영 반응이 있음 / 높은 Xu%

SCT: '내가 좀 더 어렸다면 천재 소리를 듣고 싶다' / '나는 얼마나 능력이 되는지 궁금하다는 공상을 잘한다' / '대부분의 사람들은 나를 좋아한다' / '나의 좋은 점은 발표를 잘한다는 것' / '내가 제일 좋아하는 사람은 나를 위하는 사람' / '내가 믿고 있는 내 능력은 기억력과 사고력이다'

12) 문제행동의 부인(무책임, 외부 귀인, 남 탓하기)

행동: 자신이 말한 답이 틀리자 "아니면 뭐야!"라고 소리침 / 어려운 과제에 대해서는 "이걸 할 수 있는 거예요?"라고 하는 등 문제를 탓함

MMPI: L, K 척도 상승

HTP: 나무 그림 '비틀비틀하고 물도 안 줘서 몸이 안 좋다'

TAT: '전쟁이 일어나서 가난해졌다' '바위가 무너져서 죽을 것 같아요' '일하다가 해고당해서 밥도 못 먹고 밥 먹는 것 구경하는 것 같아요'

SCT: '내가 잊고 싶은 두려움은 없다' '내가 저지른 가장 큰 잘못은 잘못한 거 없음' / '내가 제일 걱정하는 것은 친구들은 왜 나를 싫어할까'

13) 또래관계의 어려움(피해의식)

HTP: 나무 그림 '생각—오래 살았는데 주위에 다른 나무가 하나도 없지?' / 나무 그림 '앞으로—사람들이 벨 것 같다'

Rorschach: 적은 H

SCT: '나는 친구가 없다' / '나를 가장 슬프게 하는 것은 내 욕을 하는 것이다' '나를 가장 화나게 하는 것은 내 욕을 하는 것이다' / '다른 사람들은 나를 어떻게 볼까 궁금하다'

14) 규칙 무시

지능: 각 문항을 순서대로 하지 못하고 한 칸을 건너뛰고 수행함

Rorschach: 많은 Dd

15) 긍정 정서의 거부

HTP: 각 그림들에 대해서 '그냥 집' '그냥 나무'

TAT: '뽀뽀하고 있는 것 같아요'라고 한 후에 '이혼할 것 같은데' / '바람을 피워서 싫어하는 것 같아요'

SCT: '내가 가장 가지고 싶은 것은 없다' '내가 가지고 있는 것 중에서 제일 아끼는 것은 없다'

28 Chapter 품행장애

1. 심리과정상의 특징

품행장애(Conduct Disorder)는 남에게 해를 끼치는 대표적인 장애다. 다시 말해, 남에게 피해를 주는 것이 삶의 모토가 되어 버린 아동 · 청소년이 여기에 해당된다. 나 자신이나 나와 친한 사람들이 그 공격의 대상이 되면 그 사람이 정말 밉겠지만, 조금 더 객관적인 시각에서 볼 수 있다면 원래부터 남을 괴롭히고 싶은 사람은 없다. 누구나 부적절하게 화를 낼 때가 있다. 사람은 한 번쯤은 허용할 수 있는 수준을 넘어서 심하게 화를 낼 때도 있고, 자신에게 잘못한 사람에게는 아무 말도 못하면서 더 만만한 사람에게 화를 내기도 한다. 문제는 품행장애 아동 · 청소년에게 이러한 일이 너무 자주 일어난다는 것이다.

첫 번째 유형은 어떻게 보면 타고났다고 보이는 경우다. 초등학교 1학년을 진후하여 포유동물에게 가학적인 행동을 한 것은 중요한 지표가 된다. 거기다가 그 행동을 통해 즐거움을 느꼈다면 품행장애의 가능성은 더 높아진다. 고통감을 표현할 수 있는 대상(동물이든 사람이든)에게 별다른 거리낌 없이 가학적인 행동을 한다는 것은 공감능력이 결여되어 있다는 것을 시사한다. 공감하지 못하는 것을 타고났다는 건 별로 중요하지 않다. 어렸을 때부터 품행 문제를 보이는 아동은 대부분 아주 어렸을 때부터 상당히 폭력적이고 강압적인 환경에서 지낸 경우가 많다. 네 살 때부터 밤마다 아버지에게 맞아야 잠을 잘 수 있었던 중1 남학생이 방학마다 부모와 해외여행을 가는 반장과 싸움이 붙어서 한 대 때렸는데 반장이 두려움에 찬 표정으로 봐 달라고 하면, 과연 반장의 두려움에 공감할 수 있을까? 기억하는 인생의 대부분의 시간을 두려움에 떨면서 지낸 아동이 기억하는 인생의 대부분이 무난한 아동의 두려움에 냉소적으로 반응하는 것이 그렇게 이상한 일인가? 가끔 TV에 연예인이 나와서 전문가도 아니면서 사람들에게 당당하게 인생의 조언을 하는 경우가 있다. 그들의 정당성은 쉽게 말해서 '내가 당신보다 더 고생을 많이 해 봐서 안다'에서 나온다. 품행장애 아이들은 이 표현이 좀 더 공격적일 뿐이다.

두 번째 유형은 청소년기에 나타나는데, 기존의 능력으로 더 이상은 자존감을 유지하지 못하게 되면서 우울증에 빠질 수 있는데, 이때 비행행동이 자존감 유지의 수단으로서 나타나는 경우이다. 이들은 무감동하기보다는 자아상의 생존을 위한 반항이 더 중요한 주제다. 머리가 좋아서 초등학교까지는 공부를 잘했는데 노력은 잘 안 하던 아이가 중학교 가서도 노력을 안 하니까 성적이 떨어진다. 부모의 비난을 받을 뿐 아니라, 성적이 비슷했던 또래와도 멀어진다. 자존심이 바닥에 떨어졌을 때, 음침한 곳에서 담배를 피우다 보니까 비행 집단의 아이들과 어울리게 되고, 대부분의 비행 집단 아이들이 갖지 못한 똑똑함은 장점이 되어 자존감을 유지할 수 있게 된다.

한편, 검사 상황에서는 상당히 친사회적인 모습을 보이거나 자신의 잘못을 뉘우치는 듯한 모습을 보일 수 있다. 그러나 이들의 목적은 '문제행동을 지속하는 것'이고, 이러한 목적을 달성하기 위한 것이라면 잠깐 동안은 도덕적이고 양심적인 '역할'을 할 수도 있다. 검사를 하러 왔다는 것은 이미 보다 강한 힘에 의해서 통제되고 있는 상황이기 때문에, 이에서 벗어나기 위해 도움이 된다면 충분히 순응적인 모습을 보일 수 있으니 주의가 필요하다.

2. 보고서 사례

1) 좌절에 따른 문제행동(남자 / 만 15세 / 중3)

■ 의뢰 사유

내담자는 '반항적인 태도' '일탈행동' '분노 조절의 어려움' 등을 주 호소로 상담센터를 방문하였으며, 전반적인 인지 기능 및 정서 파악을 위해 청소년종합심리평가를 실시하였다.

■ 행동 관찰과 면담

내담자는 큰 키에 마른 체격으로, 부모와 함께 센터에 방문하였다. 위생 상태는 양호하였으나, 검사자와의 눈맞춤은 빤히 쳐다보는 경우가 많아서 오히려 도전적으로 느껴졌다. 의자를 뒤로 밀어 놓고 앉아서 검사자와 거리를 유지하였고, 질문을 하면 짜증스럽다는 듯이 인상을 쓰고 쳐다보았으며, 다리를 꼬고 의자에 기대어 있어서 태도가 불량했다. 그러면서도 과제 난이도가 높아지면 지시 사항을 확인하는 등 성취욕구가 높아 보였고, 과제 수행 방법에 대해 확인할 때는 편안한 인상과 고분고분한 말투로 묻는 차분한 모습이었다. 그러나 연속으로 정답에 실패하자 이내 신경질적인 반응을 보이며 자신의 불편감을 있는 그대로 표현하였고, 정답에 대한 확신이 들지 않으면 말끝을 흐리거나 끝맺음을 하지 않아서 자신감도 부족해 보였다. 내원 사유에 대해서는 '성적' '여자친구 문제' '원하는 대로 안 돼서 짜증 난다' 등을 언급하였다.

■ 지능과 인지 기능

한국 웩슬러 아동용 지능검사 4판 (K-WISC-IV)			
영 역	지 능	백분율(%)	수 준
언어이해	86	17	평균 하
지각추론	84	15	평균 하
작업기억	97	43	평균
처리속도	95	36	평균
전체 지능	85	16	평균 하

내담자의 전체 지능은 85로 평균 하 수준을 나타냈으며, 같은 연령대에서 하위 16%의 수준이었다. 언어이해는 86으로 평균 하 수준을, 지각추론은 84로 평균 하 수준을, 작업기억은 97로 평균 수준을, 처리속도는 95로 평균 수준을 나타냈으며, 각 지능 영역 간의 차이는 크게 나타나지 않았다. 그러나 소검사 간의 차이는 6점으로 크게 나타나서 상황에 따라 기능상의 차이도 클 것으로 생각된다.

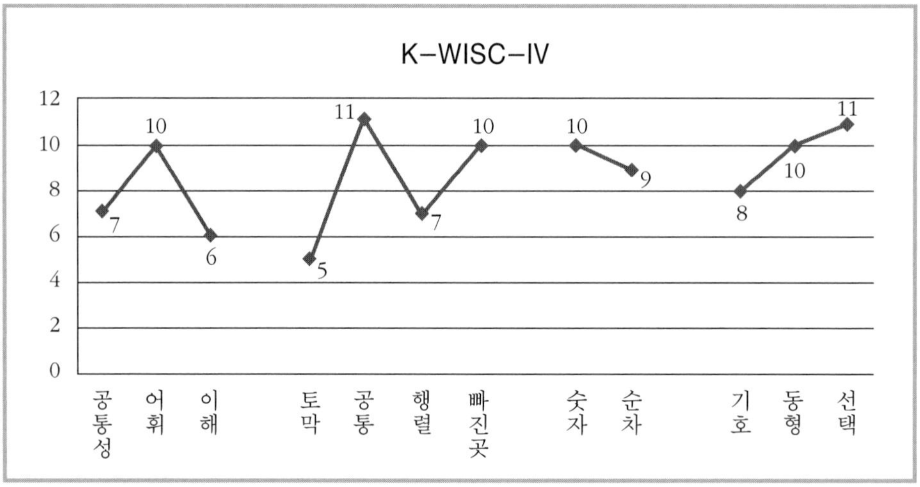

언어이해 영역에서는 어휘구사력이 평균 수준을 보이고 있어서 단편적인 언어적 지식 수준은 적절해 보이나, 사물의 유사성을 파악하는 능력이 평균 하 수준으로 나타나고 있어서 고차원적인 이해력이 필요해지면 기능 수준이 저하될 수 있겠다. 그리고 사회적 상황에 대한 이해력이 경계선 수준을 보이고 있어서 관습 및 규범에 대한 습득 수준도 상당히 부족한 것 같다('사과—오해가 있을 수 있으니까').

지각추론 영역에서는 자극 간의 관련성을 찾아내는 능력이 평균 수준을 보이고 있어서 익숙한 자극을 통해서 추론하는 능력은 적절해 보인다. 전체를 고려하여 핵심을 파악하는 능력이 평균 하 수준이었고, 시공간 구성능력이 경계선 수준을 보이고 있는데, 공통그림찾기 소검사에 비해 6점 이상 낮게 나타나고 있어서 자극의 추상성이 높아질수록 기능 수준이 급격하게 저하될 것으로 예상된다. 한편, 시각적 예민성이 평균 수준을 보이고 있어서 주변 환경 변화를 인식하는 능력은 적절해 보인다.

작업기억 영역에서는 간단한 자극에 주의를 기울이는 능력과 복잡한 자극에 주의를 기울이는 능력이 평균 수준을 보이고 있어서 전반적인 주의집중력은 양호해 보인다.

처리속도 영역에서는 긴장감 속에서 빠른 논리적 판단력을 발휘하는 능력이 평균 수준을 보이고 있어서 간단한 과제에서는 압력이 느껴져도 양호한 기능을 보일 수 있겠다. 그리고 간단한 시각적 자극에 짧은 순간 동안 집중력을 발휘하는 능력도 평균 수준으로 적절하게 나타났다. 그러나 시공간 운동속도가 평균 하 수준으로 상대적으로 낮게 나타나서 정교하거나 미세한 손동작이 필요해지면 기능이 저하될 수 있겠다.

지능검사 결과, 간단하거나 익숙한 자극을 다루는 상황에서는 양호한 기능을 발휘할 것으로 생각된다. 그리고 대부분의 기능들이 평이한 수준을 보이고 있어서 일상생활에서 무난한 능력을 보일 것으로 여겨진다. 그러나 자극의 추상성이 높아지거나 과제가 복잡해지면 기능 수준이 급격하게 저하될 것으로 보이므로 좌절감을 느낄 수 있겠다. 한편, 전반적인 수검 태도를 고려할 때 자존심이 강해 보이므로 부적절감을 느끼는 상황에서 자신의 낮은 기능에 직면하지 못하고 신경질적이고 반항적인 태도로 대응할 수 있겠다.

Rorschach 검사 결과, I번 카드에서 "카드가 왜 이렇게 많아요?"라고 하면서 부담감을 표현할 정도로 스트레스에 취약한 내담자는 1차 시행 시 10개의 적은 반응 수를 보였다. 그럼에도 불구하고 주변 사람의 평가에 민감한 내담자는(W:D:Dd = 3:14:5) 2차 시행에서 12개의 반응을 추가적으로 더 보이고 있어서 스트레스에 대처하기 위해 나름대로 상당한 노력을 기울였을 것으로 여겨진다. 그러나 특이한 영역 반응을 5개나 보이고 있어서, 주변 사람이 공감하기 어려운 부적절한 방식으로 대응할 가능성이 높아 보인다.

■ 성격과 정서

내담자는 주변 환경을 통제하고 지배하려는 욕구가 매우 강해서(SCT: '내가 가장 행복한 때는 다 좋을 때. 내 뜻대로 흘러갈 때' / HTP에서 팔을 다른 신체에 비해 굵게 그리고, 손과 발을 크게 그림) 주변 사람을 배려하지 못하고 자기중심적으로 행동하는 경우가 많았을 것으로 보인다. 그리고 감정적인 부담이 커질수록 대처하는 데 어려움이 커 보이는 내담자는(Rorschach: 색채카드에서 색채 반응을 전혀 보이지 못하고, 가장 다채로운 X번 카드에서 반응에 실패함) 불편감이 느껴지는 상황에서 쉽게 흥분하거나 화를 표현할 것으로 여겨지므로(JTCI: '자극추구 – 82%' / SCT: '나를 가장 화나게 하는 것은 내가 싫어하는 행동을 할 때'), 자신의 뜻대로 되지 않는 상황에서 갑작스럽게 공격적인

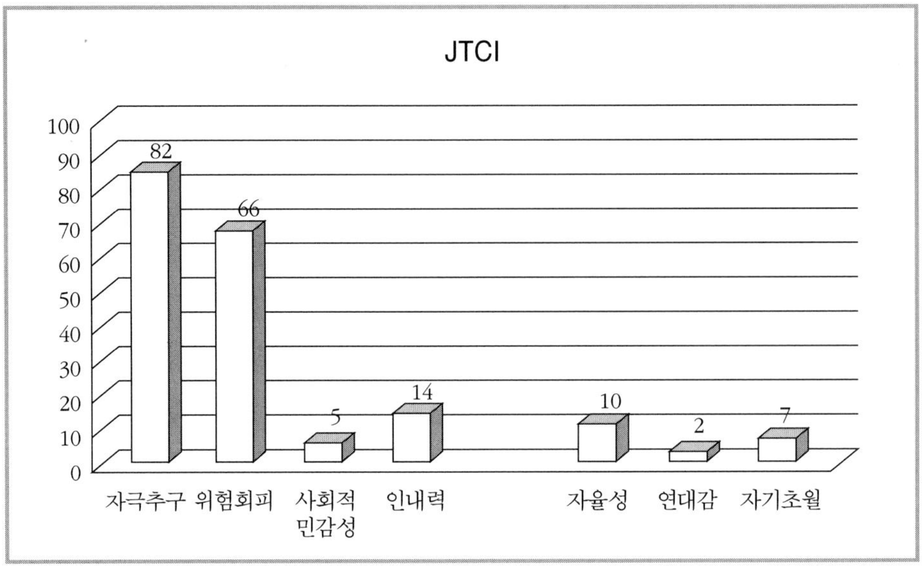

행동을 함으로써 주변 사람과 갈등을 경험하는 경우가 많았을 것으로 생각된다. 이러한 내담자는 행동의 규제와 제재가 많은 학교생활에서 불만감을 느끼면서(SCT: '나는 때때로 학교 가기 싫다') 적대적인 태도를 보일 수 있겠다.

내담자는 부모를 강압적으로 인식하고 있어서(SCT: '우리 엄마 아빠는 엄격하다') 가정 내에서 스트레스가 컸을 것으로 생각된다. 그리고 어머니에게 정서적인 거리감을 느끼고(SCT: '우리 엄마는 엄마다' / TAT: '엄마를 오랜만에 만나러 온 아들'), 아버지에게는 양가적인 감정을 느끼면서(SCT: '우리 아빠는 자상하실 때도 있고 무서울 때도 있다') 가족과 같이 친밀한 대상에게 충분한 정서적 지지를 느끼지 못하고 있는 것 같다. 이러한 내담자는 부정적인 평가에 민감하지만(JTCI: '위험회피－66%'), 주변 사람과 소통하고자 하는 욕구가 높아 보이므로(HTP: 집 그림 '필요－문') 자신을 수용해 주는 대상에게는 호의적인 태도를 보이지만, 반대의 경우에는 필요 이상으로 적대적인 모습을 보일 수 있겠다(SCT: '다른 사람들은 나를 좋게 생각하는 사람도 있고 안 좋게 생각하는 사람도 있다'). 게다가 사회적 자극에도 둔감해서(JTCI: '사회적 민감성－5%' '연대감－2%') 또래관계를 오래 지속하기가 어려웠을 것으로 보인다.

내담자는 기능 수준이 낮고, 실제적인 노력이 부족해 보이므로(HTP: 나무 그림 '가지를 그리지 않음' / JTCI: '인내력－14%') 성과를 얻지 못하고 좌절하는 경험이 많았을 것으로 생각된다(SCT: '문제를 풀려고 하는데 잘 안 풀려서 책상 위에 앉아서 고민하는 것 같아요'). 이러한 내담자는 자기 자신에 대한 부적절감이 커 보이는데(SCT: '나는 커서 되고 싶은 것이 없다' '나의 좋은 점은 없다'), 높은 지배성과 통제 욕구를 고려하면 자존심이 강할 것으로 여겨지므로 낮은 기능이 예상되는 상황에서 오히려 거부적인 태도를 보이며 자존감을 유지하고 있는 것 같다(SCT: '나는 공부를 싫어한다'). 내담자는 불안 수준도 높아 보이는데(HTP: 그림을 지면 아래에 붙여서 그리고 있음), 판단이 애매한 스트레스 상황에서 대처하는 능력이 부족해서(가장 형태가 모호하고 애매한 Rorschach 카드에서 '가장 느낌이 안 오고 애매해서'라며 비선호 카드로 선택함 / 가장 모호한 TAT 19번 카드에서 반응에 실패함) 정서적인 불편감을 느끼며(Rorschach: C′ = 2) 공상에 빠지는 등 회피적인 대처를 하고 있을 가능성이 높아 보인다(SCT: '나는 미래에 일어났으면 하는 공상을 잘한다').

요약과 제언

• 요 약

전체 지능	85	평균 하			
언어이해	86	평균 하	지각추론	84	평균 하
작업기억	97	평균	처리속도	95	평균

내담자의 지능 수준은 평균 하 수준으로 나타남. 간단하거나 익숙한 자극을 다루는 상황에서는 양호한 기능을 발휘할 것으로 보이고, 일상생활에서 무난한 능력을 보일 것으로 예상되나, 과제가 복잡해지면 기능 수준이 급격하게 저하될 수 있음. 내담자는 주변 환경을 통제하고 지배하려는 욕구가 매우 강하고, 불편감이 느껴지는 자극에 대해 쉽게 흥분을 하거나 화를 표현할 가능성이 높아 보이므로 갑작스럽게 공격적으로 대응할 수 있음. 이러한 내담자는 규제와 제재가 강한 학교 환경에서 적대적 태도를 보이면서도 자신의 행동에 대한 문제의식은 느끼고 있는 것으로 생각됨. 한편, 부모를 강압적으로 인식하고 있어서 가정 내에서 스트레스가 컸을 것으로 생각되고, 가족과 같은 친밀한 대상에게 충분한 정서적 지지를 느끼지 못한 것으로 보이며, 또래관계에서도 소통의 어려움이 컸을 것으로 여겨짐. 내담자는 좌절 경험으로 인해 자기 자신에 대한 부적절감을 느낄 것으로 생각되고, 판단이 애매한 스트레스 상황에서 적절히 대처하지 못한 채 공상과 같은 회피적인 대처를 하고 있을 가능성이 높아 보임.

• 심리평가 결과, 내담자는 다음과 같은 진단이 시사됨.
Axis I. Conduct Disorder(Conduct Disorder)

• 제 언
1. 감정조절 능력 키우기
2. 수준에 맞는 과제 수행을 통해 성취감 높이기
3. 또래관계에서의 공감능력 키우기
4. 문제 상황에서 비공격적인 해결 방법 훈련시키기
5. 부모와의 상호 의사소통 기술 익히기

2) 자기직면의 두려움(여자 / 만 14세 / 중2)

■ 의뢰 사유

내담자는 '가슴이 답답하고 호흡이 곤란한 경우가 있다' '집에서는 마음이 안정이 안 된다' '가출을 했다' 등을 주 호소로 내원하였으며, R/O Conduct Disorder 임상적 인상하에 청소년종합심리평가를 실시하였다.

■ 행동 관찰과 면담

긴 파마 머리를 한 내담자는 다소 큰 키에 보통 체구로 호감 가는 인상이었으며, 부모와 함께 내원하였다. 교복을 입은 모습으로 위생 상태는 양호하였으며, 검사자와의 눈맞춤도 잘 이루어졌다. 시종 웃는 모습을 자주 보이며 검사에 협조적이었고, 기분이 좋아 보이고 말도 잘하였다. 한편, BGT 수행 시에는 점이나 선의 개수를 꼼꼼히 세거나 검사 도구들을 정리해서 놓는 등 깔끔한 모습도 보였다. 내원 사유에 대해서 '엄마가 오라고 했다. 늦게 오는 거에 대해서 서로 생각이 안 맞다'라고 하였으며, '답답해서 가출했다'라고 하면서 심각성 없이 말하였고, 가출 이후 귀가 시간이 12시로 정해진 것에 대해서 상당한 만족감을 표현하였다. 또한 학원이나 수업에는 빠지지 않는다고 하면서도 '수업 시간에 자거나 머리 모양 때문에 지적받는 경우가 종종 있다'라고 하였으며, '장래희망은 없고 그냥 편안하게 살고 싶다'라고 하는 등 별다른 문제의식을 갖고 있지 않았다.

지능과 인지 기능

한국 웩슬러 아동용 지능검사 3판 (K-WISC-III)			
영 역	지 능	백분율(%)	수 준
언어성 지능	101	42.1	평균
동작성 지능	95	36.9	평균
전체 지능	98	44.7	평균

내담자의 전체 지능은 98로 평균 수준을 나타냈으며, 같은 연령대에서 하위 45% 정도의 수준이었다. 언어성 지능은 101로 평균 수준을, 동작성 지능은 95로 평균 수준을 나타냈으며, 두 지능 간의 유의미한 양적 차이는 나타나지 않았다.

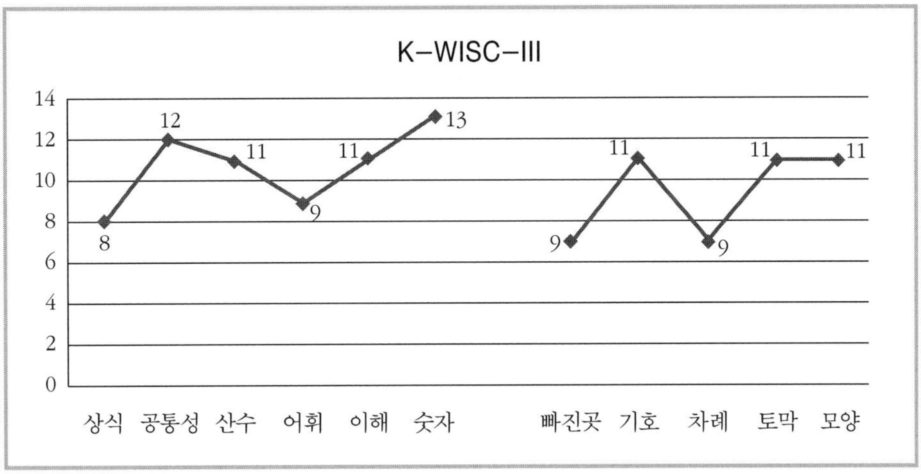

언어적 영역에서는 단순한 자극에 대한 주의력을 요하는 숫자 소검사에서 평균 상 수준의 수행을 보이는 등 단기집중 능력은 적절히 유지되고 있었으며, 추상적 사고 능력도 평균 상 수준으로 나타나는 등 고차원적인 개념 형성능력도 다소 높게 나타났다. 수계산 능력, 어휘구사력, 사회적 상황에 대한 이해력 등은 평균 수준을 유지하고 있어 학습능력 및 관습적 지식의 습득 수준도 양호해 보인다. 다만, 기본지식이 평균 하 수준이어서('나흘—5일' '그림자—동쪽' '기압계—공기를 조사하는 거') 지능 수준에 비해 학업적 지식의 습득을 위한 노력은 다소 부족해 보이며, 이해 소검사에서도 '지갑—지폐 같은 건 쓰고 카드 같은 건 그냥 둔다'라고 하는 등 실제 행동은 관습적인 틀에서 벗어나 있을 가능성이 높아 보인다.

동작성 지능을 살펴보면 토막과 모양 소검사에서 평균 수준의 수행을 보이고 있어 기본적인 문제해결 능력이 양호한 수준이었으며, 시공간 운동속도도 평균 수준을 유지하고 있었다. 그러나 시각적 예민성이나 상황적 맥락을 파악하는 능력은 평균 하 수준으로 낮게 나타나고 있어서 주변 환경의 미묘한 변화를 인식하거나 추후 상황을 예측하여 계획하는 능력은 다소 부족해 보인다.

지능검사 결과, 전반적으로 평균 수준의 지적 능력을 가지고 있는 것으로 보인다. 주의력 수준이나 언어적 능력, 기본적인 문제해결 능력 등은 적절히 유지되고 있는 것으로 여겨지나, 자신의 지적 능력에 비해 학업적 지식의 습득 수준은 다소 부족해 보이며, 관습적인 행동양식에 있어서는 지식 수준과 행동 수준의 차이가 있을 가능성도 있겠다. 또한 주변 환경에 대한 민감성이나 추후 행동을 계획하는 능력이 부족하여 사회적 상황에서도 갈등의 소지가 있을 수 있겠다.

Rorschach 검사 결과, 내담자는 22개의 많은 반응 수를 보이고 있어 스트레스 상황에서 적극적인 인지적 노력을 기울이고 있는 것으로 보인다. 그러나 색채 반응이 많아서 사고 기능보다는 정서적 충동성이 우선시되는 경우가 자주 있을 수 있으며, 관습적이고 통상적인 행동양식에 지나치게 둔감하며, 연령에 맞지 않는 특이한 주제('빨간 귀가 있는 개구리가 코에 리본 달고 웃고 있다' '뱀이 거대한 건물을 집어삼키고 가다가 물에 비춰진 걸 찍은 거')에 몰입하는 등 문제해결을 위한 노력이 부적절한 방향으로 갈 가능성이 높아 보인다. 특히 가장 다양한 색채 자극이 주어지는 마지막 카드에서는 '벌레들의 성, 사슴이 죽은 걸 물고기가 먹고 피가 흐르는 거, 성 아래에서 사람이 제트기 타는 거, 여왕벌레가 애기 낳으려고 하는데 액체가 흐른다'라고 하는 등 주변의 환경적인 자극들에 의해서 쉽게 충동적이고 공격적인 반응을 보일 수 있겠다.

■ 성격과 정서

MMPI에서는 F척도가 70T 정도로 높게 상승하고 있어 높은 주관적 불편감을 호소

한국아동인성평정척도 (KPR-C)														
	신뢰도	타인 의식	특이 반응	자아 탄력성	언어 발달	운동 발달	불안	우울	신체화	비행	과잉 행동	가족 관계	사회 관계	정신증
T	42	33	61	49	52	41	59	63	62	75	62	45	50	71

아동 · 청소년 행동평가척도 (K-CBCL)														
	사회성	학업 수행	총사회 능력	위축	신체 증상	우울 · 불안	사회적 미성숙	사고의 문제	주의 집중	비행	공격성	내재화	외현화	총문제
T	71	60	72	71	77	72	60	67	66	77	59	78	68	72

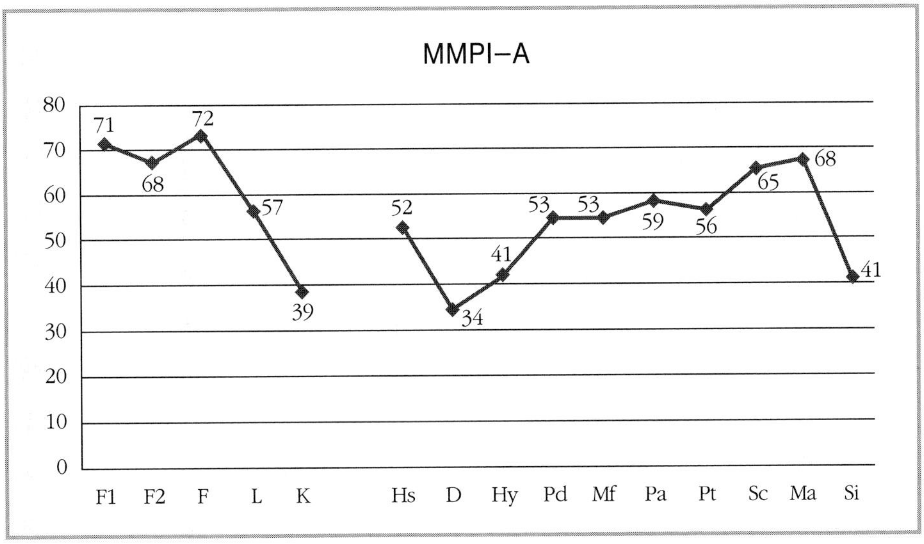

※ 상승한 소척도: 강박성, 기태적 정신상태, 냉소적 태도, 알코올중독, 알코올/약물 문제 인정

하고 있는 것으로 보이며, 9번 척도의 상승은 '냉소적 태도'와 관련이 있는 것으로 여겨지므로 타인을 배려하지 못하고 오히려 의심하며, 전반적인 대인관계에서 경계하는 태도를 가지고 있는 것 같다. 또한 자기중심적인 면이 있어 자신의 요구가 좌절되는 것은 참지 못하면서 타인의 요구에 대해서는 불만을 토로하는 경우도 있을 수 있겠다(MMPI: '냉소적 태도' 상승). 한편, 성취 지향적인 면이 강해 목표가 생기면 열의를 다해 정진할 것으로 보이나, 방해물에 대한 태도는 매우 적대적일 수 있겠다.

내담자는 HTP 집 그림에서 '그냥 선생님이 집을 그리라고 했을 때 그릴 수 있는 집이다. 초라하다. 아무도 안 산다'라고 하듯이 가정환경에 대해 방어적인 태도를 보이고 있으며, 통상적으로 친밀감, 안정감 등을 느낄 수 있는 상황에서 오히려 심한 고통감을 느끼며 거리감을 유지하기 위해 노력하고 있는 것 같다. 이러한 내담자는 HTP 나무 그림에서 윗부분은 풍성하게 그린 반면 아랫부분은 매우 빈약하게 그리는 등 불안정한 상태로 보이며, '3세. 열매를 못 맺는다' 등의 반응을 보이듯 자존감도 부족해 보인다. HTP 여자 그림에서 '장점—팔이 길다' '단점—목이 길다', SCT에서 '내가 제일 아끼는 것은 고데기' '내가 가장 가지고 싶은 것은 돈 많이 버는 직업' 등의 반응을 보이듯 외모에 많은 관심을 쏟고 있으나, 이 역시 내면의 진지한 고민을 하는 데 익숙하지 않거나, 혹은 불안정한 자신을 인식하는 것에 대한 두려움을 회피하기 위한 것으로 여겨진다.

Rorschach 검사에서 '고양이가 싸우다가 눈과 입에 피가 흐르는 거' '화산이 불을 뿜고 검은 풀이 성을 감싸는 거' '암흑의 연기' '위험한 낭떠러지에 있는 성' '달팽이가 등껍질이 찢어져서 피 흘린다' '더러운 늑대' '사슴이 죽은 걸 물고기가 먹는 거' 등의 반응을 보이듯 자신을 둘러싼 환경을 기괴하면서도 고통스럽고 불쾌한 것으로 인식하고 있는 것 같다. 충분히 지지적인 환경을 제공받지 못했다고 느끼고 있는 내담자에게 있어서 이렇듯 암울한 환경에서 지내기 위한 대응책은 자기중심적인 사고(Rorschach: 다수의 반영 반응들 / SCT: '여자애들은 하나같이 가식적이지만 나 같은 여자는 좋다' '용이 되고 싶다. 멋있고 희귀종이고 힘도 세고 공격받을 염려가 없기 때문에')와 공감의 부재(SCT: '다른 사람은 나를 인정하지 않아도 상관없다. 나만 잘되면 된다')인 것으로 생각된다. 그리고 내담자는 겉으로 자신의 건재함을 과시하고 있으나, 비교적 쉽게 반응할 수 있는 Rorschach 카드에서 '나비의 뒷모습' '악마 요정'이라고 하거나, SCT에서 '제일 무서운 꿈은 내가 목이 잘린 상태로 내 얼굴을 들고 다니면서 친구들과 포장마차에서 술 먹는 꿈' 등과 같이 과격하고 잔인한 반응을 보이고 있어서 휴식을 취하지 못한 채 지속적인 긴장 상태를 유지하고 있는 것으로 여겨지므로 내면의 고통감에 대한 이해와 지지가 필요할 것으로 생각된다.

■ 요약과 제언

• 요 약

전체 지능: 98, 평균 / 언어성 지능: 101, 평균 / 동작성 지능: 95, 평균

내담자의 지능은 평균 수준으로 나타났으며, 학업적 · 사회적 상황에서 충분한 인지적 노력을 기울이지 못하여 자신의 능력을 온전히 발휘하지 못할 것으로 여겨짐. 현재 두드러지게 심각한 문제행동을 보이고 있지는 않으나, 가출이나 또래관계 등에 대한 심각성이 부족하고 자기중심적이면서도 비공감적인 사고 경향을 보이고 있음. 또한 불안정한 자아상을 바탕으로 주변 환경에 대한 불신이나 고통감이 큰 것으로 보이며, 이에 대해 특이하고 환상적인 사고에 몰입하거

나 불편감을 부인하는 등의 방식으로 대응하려 노력하고 있으나, 내면의 긴장 상태는 여전히 지속되고 있으며, 억제되어 표현하지 못한 불편감은 충동적인 행동으로 나타날 가능성이 있음. 따라서 지지적이고 안정적인 환경을 제공할 수 있도록 지속적인 상담치료가 필요할 것으로 보임.

- 심리평가 결과, 내담자는 다음과 같은 진단이 시사됨.
  Axis I. Conduct Disorder, Adolescent-Onset Type
  (Conduct Disorder, Adolescent-onset type)

3) 사회적 바람직성 추구, 외적 가치 추구(여자 / 만 12세 / 중1)

■ 의뢰 사유

내담자는 '학교에서 친구들을 괴롭힌다' '술과 담배를 한다' 등을 주 호소로 상담센터를 방문하였으며, 전반적인 인지 기능 및 정서 파악을 위해 청소년종합심리평가를 실시하였다.

■ 행동 관찰과 면담

내담자는 보통 키에 마른 체격으로 예쁘장한 외모였으며, 빨간색 매니큐어를 칠했다. 위생 상태는 양호하였으나, 고개를 숙이고 있는 경우가 많아서 검사자와의 눈맞춤은 간헐적으로 이루어졌다. 모르는 문항에서 말을 하지 않고 고개만 흔들거나 검사자를 쳐다보며 웃는 등 수동적인 모습이었다. 또한 과제 수행 시 오래 고민하지 않고 쉽게 포기하였으며, 질문에 단답형으로 간단하게만 대답하고 있어서 평가 상황에서의 동기 수준이 부족해 보였다. 내원 사유에 대해서는 2~3분 정도 아무 말도 안 하고 고개만 숙이고 있다가, 한참 후에야 머뭇거리면서 '학교에서 친구들 돈을 빼앗았다' '술과 담배를 한다'라며 자신의 문제행동을 언급하였다.

■ 지능과 인지 기능

내담자의 전체 지능은 79로 경계선 수준을 나타냈으며, 같은 연령대에서 하위 8%의 수준이었다. 언어이해는 73으로 경계선 수준을, 지각추론은 94로 평균 수준을, 작업기억은 79로 경계선 수준을, 처리속도는 97로 평균 수준을 나타냈다. 지능 영역 간의

한국 웩슬러 아동용 지능검사 4판 (K-WISC-IV)			
영 역	지 능	백분율(%)	수 준
언어이해	73	4	경계선
지각추론	94	33	평균
작업기억	79	8	경계선
처리속도	97	43	평균
전체 지능	79	8	경계선

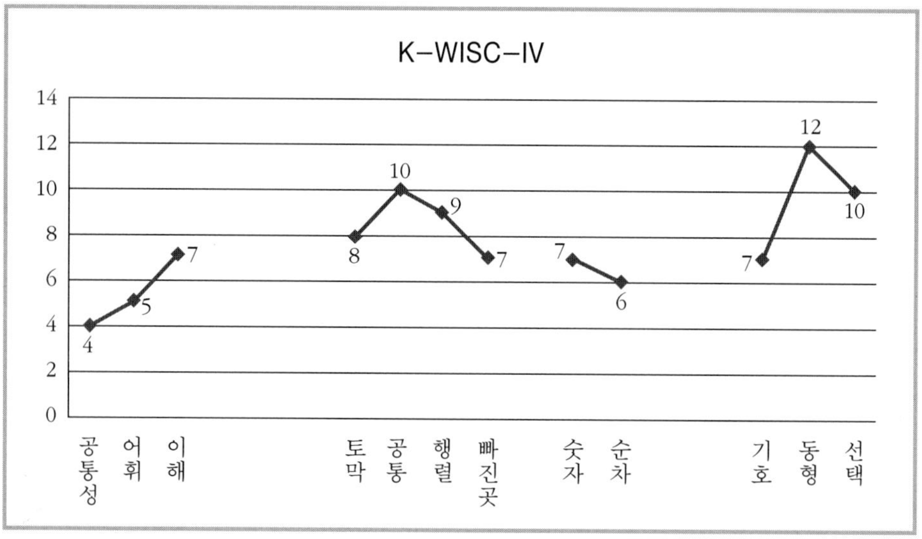

차이가 24점으로 크게 나타나고 있으며, 소검사 간의 차이도 8점으로 크게 나타나고 있어서 상황에 따른 기능상의 차이가 클 것으로 예상된다.

언어성 지능을 살펴보면, 사회적 상황에 대한 이해력이 평균 하 수준을 보이고 있어서 일상생활 경험을 통해 습득되는 지식 수준은 비교적 양호하게 나타났다. 그러나 어휘구사력이 경계선 수준이었고, 사물의 유사성을 파악하는 능력이 지적장애 수준을 보이고 있어서 언어적 개념에 대한 이해력은 상당히 부족해 보이므로('분노와 환희–모르겠어요' '복종하다–모르겠어요') 의사소통 상황에서 자신의 생각을 명확히 전달하지 못하고 미숙한 모습을 보일 수 있겠다.

지각추론 영역에서는 자극 간의 관련성을 찾아내는 능력과 전체를 고려하여 핵심을 파악하는 능력이 평균 수준으로 나타나서 주어진 자극을 통해서 추론하는 능력이 적절해 보인다. 또한 시공간 구성능력과 시각적 예민성이 평균 하 수준을 보이고 있어서 도구를 다루거나 환경 변화를 파악하는 능력도 비교적 양호한 편이었다.

작업기억 영역에서는 순간적인 자극에 주의를 기울이는 능력이 평균 하 수준을 보이고, 바로따라하기가 11점이어서 단순한 자극에 대한 집중력은 비교적 양호한 것 같다. 그러나 거꾸로따라하기가 5점으로 낮고, 복잡한 자극에 주의를 기울이는 능력이 경계선 수준을 보이고 있어서 작업기억력은 상당히 부족해 보이므로 자극이 복잡해지면 기능 수준이 급격하게 저하될 것으로 생각된다.

처리속도 영역에서는 긴장감 속에서 빠른 논리적 판단력을 발휘하는 능력이 평균 상 수준을 보이고 있어서 간단한 과제에서는 압력이 느껴지는 상황에서도 자신의 기능을 잘 발휘할 수 있겠다. 또한 간단한 시각적 자극에 짧은 순간 동안 집중력을 발휘하는 능력도 평균 수준으로 적절해 보인다. 그러나 시공간 운동속도가 평균 하 수준을 보이고 있는데, 다른 소검사에 비해서 낮은 편이어서 정교하거나 미세한 손동작이 필요한 상황에서는 다소 느리게 반응할 것으로 여겨진다.

지능검사 결과, 간단한 운동능력이 필요하거나, 기존의 자료를 바탕으로 새로운 결론을 추론하는 능력은 양호한 것 같다. 그러나 운동의 정교함이 더 필요해지거나 자극이 복잡할수록 기능 수준이 저하될 것으로 보인다. 게다가 구사할 수 있는 어휘 수준이 부족해 보이므로 대면 상황에서 자신이 기대한 만큼의 소통을 하기도 힘들 수 있겠다.

Rorschach 검사 결과, 총 23개의 적절한 반응 수를 보이고 있으나, 단순한 형태 반응을 많이 보이고 있어서 사고가 단순하고 경직되어 있는 것 같다(L=3.60). 주변 사람의 평가에 다소 민감해 보이나(W:D:Dd=4:13:6), 평범 반응을 단 2개밖에 보이지 않고 있어서 관습적인 판단력이 상당히 부족해 보인다. 게다가 문제해결 능력도 부족해서(X-%=0.39) 적절한 대처를 하기는 어려워 보이므로 실제 문제 상황에서는 직접적으로 대응하지 못하고 환상이나 상상에 빠지는(Ma:Mp=0:3) 등 수동적이고 회피적인 대응을 하고 있을 것으로 생각된다.

■ 성격과 정서

내담자는 SCT에서 '나는 커서 가수가 되고 싶다. 왜냐하면 유명해지고 돈 많이 벌어서 부모님께 효도하려고', HTP 사람 그림에서 '착한 사람' 등의 반응을 보이듯 사회적 바람직성을 중요히 여기고 있는 것 같다. 그러나 Rorschach에서 동물 반응을 8개나 보이고 있듯이 사고 수준이 미숙하고, Rorschach 색채카드에서 색채 반응을 전혀

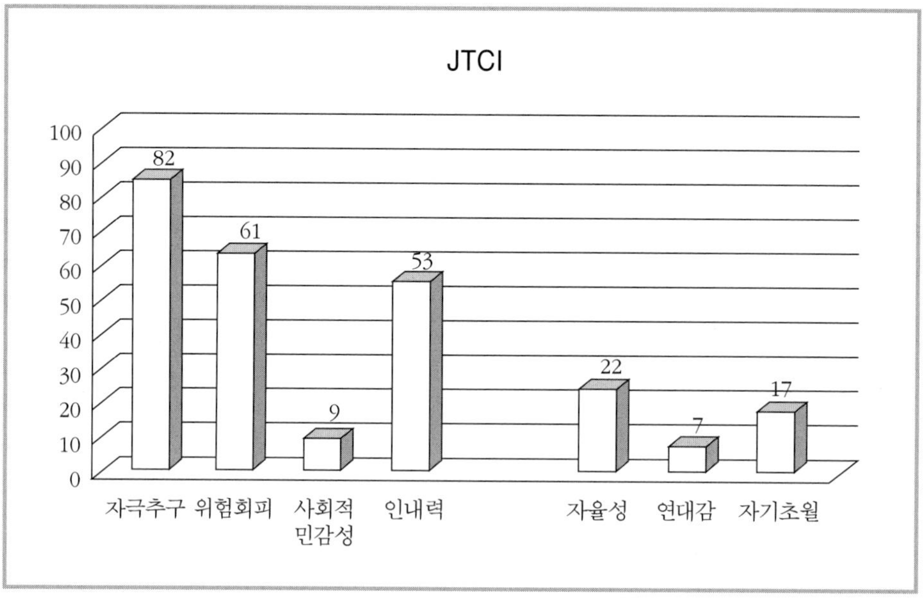

하지 못하고 있듯이 정서적 자원이 상당히 부족한 내담자는 정작 실제 대인관계에서는 자신의 의도대로만 행동할 가능성이 높겠다(JTCI: '사회적 민감성—9%'). 게다가 SCT에서 '내가 가지고 있는 것 중에서 제일 아끼는 것은 담배'라고 하듯이 비행행동에 대해 서슴없이 말하고, 타인의 부정적 평가에 대해서도 별다른 스트레스 없이 표현하고 있는 것을 보면(SCT: '나의 나쁜 점은 싫어하는 행동을 하고 있는 것' '선생님들은 나를 나쁘게 본다'), 자신의 일탈행동에 대한 문제의식이 매우 부족해 보이며, 권위에 굴하지 않는 반항적인 모습을 보이는 경우도 많을 것으로 생각된다.

한편, SCT에서 '내가 꾼 꿈 중에서 가장 무서운 꿈은 집에 강도가 들어와서 가족을 죽이는 것'이라고 하듯이 주변 환경을 위협적이고 적대적으로 인식하고 있는 것 같다. 이러한 내담자가 부정적 감정에 대해서 반복적으로 언급하고 있는 것을 보면(TAT: '안 좋은 일' '슬픈 일' '힘들게 산다'), 상당한 고통감을 경험하고 있는 것 같다. 게다가 SCT에서 '우리 아빠는 나쁠 때도 있고 착할 때도 있다'라고 하듯이 주변 사람에 대해 양가적인 태도를 가지고 있는 내담자는 관계에서도 혼란감이 클 수 있겠다. 그러나 문제해결 능력이 부족하고(Rorschach: CDI = 4), 쉽게 흥분하면서도 충동적인 경향이 있어서(JTCI: '자극추구—82%') 스트레스 상황에서 극단적인 문제행동을 보일 수 있겠다(TAT: '짜증 나는 일이 있는 한 여자가 죽으려고 한다').

내담자는 즐거움을 추구할 수 있는 활동(SCT: '내가 가장 행복할 때는 놀러 갈 때' '내가 가장 좋아하는 놀이는 친구들과 놀기' / HTP: 사람 그림 '놀 생각 한다')과 외적인 가치에 상당히 몰입해 있는 것 같다(SCT: '내 소원이 마음대로 이루어진다면, 셋째 소원은 얼굴이 이뻐지는 것'). 이는 앞서 언급한 고통을 벗어나기 위한 노력으로 여겨지지만, 이러한 노력이 내면의 불편감을 해소해 주지 못한 채 오히려 가중시킬 가능성이 높아 보이므로 환경적인 개입이 필요해 보인다.

요약과 제언

• 요 약

전체 지능	79	경계선			
언어이해	73	경계선	지각추론	94	평균
작업기억	79	경계선	처리속도	97	평균

내담자의 지능 수준은 경계선 수준으로 나타남. 간단한 운동능력이 필요하거나, 기존의 자료를 바탕으로 새로운 결론을 추론하는 능력은 양호해 보임. 그러나 운동의 정교함이 더 필요해지거나 자극이 복잡할수록 기능 수준이 저하될 것으로 보임. 게다가 대면 상황에서 자신이 기대한 만큼의 소통을 하기도 힘들어 보임. 내담자는 사회적 바람직성을 중요하게 여기고 있으나, 정작 실제 대인관계에서는 자신의 의도대로 행동할 가능성이 높고, 주변 사람의 부정적 평가도 심각하게 인식하지 않는 것으로 생각됨. 한편, 주변 환경을 위협적으로 느끼고 있는 내담자는 내면의 고통감이 커 보이지만, 대처능력이 부족해서 스트레스 상황에서 극단적인 문제행동을 보일 수 있음. 내담자는 즐거움을 추구하는 활동이나 외적인 가치에만 몰입해 있는 것으로 보이며, 이는 내면의 불편감을 벗어나기 위한 노력으로 보이지만, 이를 해소하지 못한 채 오히려 가중시킬 가능성이 높아 보이므로 환경적인 개입이 필요해 보임.

• 심리평가 결과, 내담자는 다음과 같은 진단이 시사됨.

Axis I. Conduct Disorder(Conduct Disorder)

• 제 언

1. 언어능력 키우기
2. 작업기억력 키우기
3. 또래관계에서의 공감능력 키우기
4. 불안과 우울 수준 낮추기
5. 문제 상황에서 건전한 해결 방법 훈련시키기
6. 자신의 능력에 대한 객관적 시각 형성하기

4) 높은 개선 가능성(남자 / 만 16세 / 고1)

의뢰 사유

내담자는 '학교에서 적응하기 어려워한다' '부모와의 대화를 거부한다' '오토바이 절도를 했다' 등을 주 호소로 상담센터를 방문하였으며, 전반적인 인지 기능 및 정서 파악을 위해 청소년종합심리평가를 실시하였다.

행동 관찰과 면담

내담자는 보통 키에 마른 체격으로 바가지 머리를 하였고, 눈에는 다크서클이 진하게 있었다. 그리고 대기실에서는 모와 멀리 떨어져 앉아 휴대폰만 만지작거리고 있었다. 검사 내내 스트레칭을 반복하였고, 눈에는 경련이 자주 나타났다. 위생 상태는 양호하였으며, 검사자와의 눈맞춤은 잘 이루어졌다. 한편, 도구를 다루는 과제에서 손이 떨리는 경우가 많았는데, 수행 후에는 긴장한 모습을 보이지 않으려는 듯 손을 바로 책상 밑에 내려놓으면서도 손에 힘은 꽉 쥐고 있었다. 또한 과제 수행 시 초반에는 의자를 당겨 앉아서 의욕적인 모습을 보였으나, 중반으로 넘어갈수록 검사실 주변을 둘러보거나 시계를 풀었다 차는 행동을 반복하는 등 부산스러운 모습도 보였다. 내원 사유에 대해서는 '엄마가 가자고 했다'라며 수동적인 태도를 나타냈고, '학교 수업을 땡땡이쳐서 선생님이 집으로 전화했다' '전학 왔는데 여기 애들은 내 장난을 받아 주지 않아 성격이 안 맞는다'라고 하는 등 학교생활의 어려움에 대해서 말하였다.

지능과 인지 기능

내담자의 전체 지능은 93으로 평균 수준을 나타냈으며, 같은 연령대에서 하위

한국 웩슬러 성인 지능검사 4판 (K-WAIS-IV)			
영 역	지 능	백분율(%)	수 준
언어이해	93	33	평균
지각추론	103	57	평균
작업기억	96	39	평균
처리속도	89	23	평균 하
전체 지능	93	31	평균

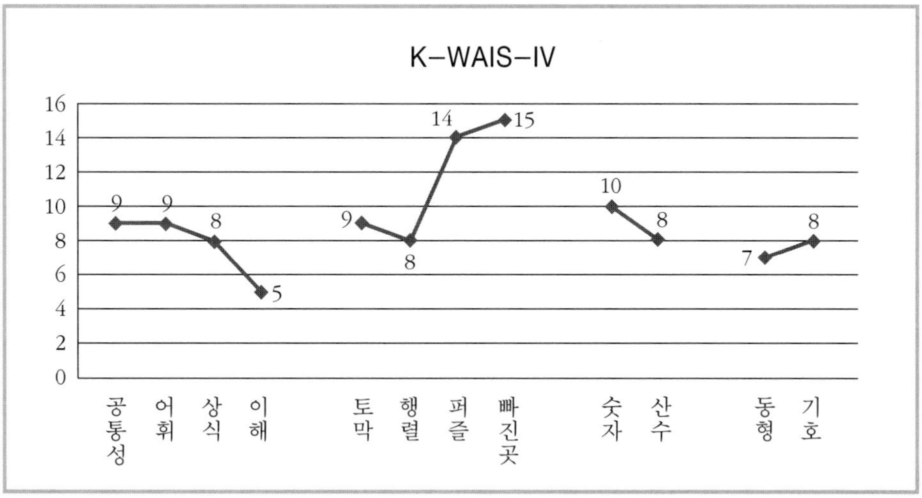

31%의 수준이었다. 언어이해는 93으로 평균 수준을, 지각추론은 103으로 평균 수준을, 작업기억은 96으로 평균 수준을, 처리속도는 89로 평균 하 수준을 나타냈으며, 각 지능 영역 간의 차이는 크게 나타나지 않았다. 그러나 소검사 간의 차이가 10점으로 크게 나타나고 있어서 상황에 따른 기능상의 차이가 클 것으로 예상된다.

언어성 지능을 살펴보면, 사물의 유사성을 파악하는 능력과 어휘구사력이 평균 수준으로 나타나고 있어서 언어적 개념을 이해하는 능력이 적절해 보인다. 또한 기본 상식이 평균 하 수준을 보이고 있어서 학업적인 지식 습득 수준도 비교적 양호하게 나타났다. 그러나 사회적 상황에 대한 이해력이 경계선 수준에 그치고 있어서 관습 및 규범에 대한 습득 수준은 상당히 부족해 보인다. 다만, 객관적인 지능검사에서조차 '법—사람한테 욕망은 자주 욱해서' '사공—사람이 많으면 의견을 모으기 힘들다' 등 충동적 성향과 관계에 대한 부정적인 태도를 시사하는 반응을 보이고 있어서 감정에 치우쳐서 점수를 획득하지 못한 면도 있는 것 같다.

지각추론 영역에서는 시각적 예민성이 우수 수준을 보이고 있어서 주변 환경을 파악하는 능력이 높은 것으로 나타났다. 또한 부분들 간의 관계를 예상하는 능력도 우수 수준으로 나타나고 있어서 주어진 단서를 통해서 보다 확장된 사고를 하는 능력도 높아 보인다. 그러나 다양한 자극들 간에 논리적 연관성을 찾아내는 능력이 6점이나 낮은 평균 하 수준에 그치고 있어서 체계적으로 다양한 정보를 비교분석해야 하는 경우에는 기능 수준이 급격하게 저하될 것으로 생각된다. 한편, 시공간 구성능력이 평균 수준을 보이고 있어서 도구를 다루는 능력은 적절하게 나타났다.

작업기억 영역에서는 간단한 자극에 주의를 기울이는 능력이 평균 수준으로 나타나고, 바로따라하기가 15점을 보이므로 단순한 자극에 대해서는 높은 집중력을 발휘할 수 있는 것 같다. 그러나 거꾸로따라하기와 순서대로따라하기가 각각 8점, 7점으로 상대적으로 낮게 나타나고 있어서 과제가 복잡해질수록 기능 수준이 급격하게 저하될 것으로 생각된다. 또한 산술능력이 평균 하 수준을 보이고 있어서 수계산 능력도 다소 부족한 편이었다.

처리속도 영역에서는 긴장감 속에서 빠른 논리적 판단력을 발휘하는 능력과 시공간 운동속도가 평균 하 수준을 보이고 있는데, 검사 초반에는 의자를 당겨 앉아 바른 자세를 취하는 등 성실하게 수행하였으나, 시간이 지날수록 시계를 만지작거리거나 한 손으로 과제를 수행하는 등 부산스러운 모습을 보인 것이 점수 저하에 영향을 미친 것 같다.

지능검사 결과, 주변 환경 자극에 예민해져 있는 것으로 보이며, 추론능력도 높게 나타나고 있어서 상황적인 대처능력은 높아 보인다. 그러나 이에 비해 대부분의 소검사들이 평이한 수준에 머물러 있어서 즉각적인 해결이 어려운 상황에서는 스트레스가 클 것으로 여겨진다. 또한 작업기억력이 부족해서 과제가 복잡해지면 기능 수준이 급격하게 저하될 것으로 생각된다. 한편, 이해 소검사의 점수가 두드러지게 저하되어 있는 것을 보면, 내담자의 반항적인 태도가 기능 저하에 영향을 미칠 수도 있겠다.

Rorschach 검사 결과, 2회의 시행에도 불구하고 총 12개의 적은 반응 수를 보였고, 전체 반응을 많이 보이고 있어서 주변 사물을 바라보는 시각이 매우 피상적인 것 같다(W:D::Dd=9:2:1). 또한 적절한 지능 수준을 보이고 있음에도 불구하고 이해 소검사가 가장 낮게 나타나고, 평범 반응을 단 2개밖에 하지 못하고 있어서 관습적 지각능력도 부족해 보인다. 그리고 객관적으로 파악하는 능력도 부족해서(X-%=0.39), 문제 상황에 적절히 대처하기 어려워 보이므로 충동적인 문제행동을 보일 수도 있겠다(Pure C=1).

성격과 정서

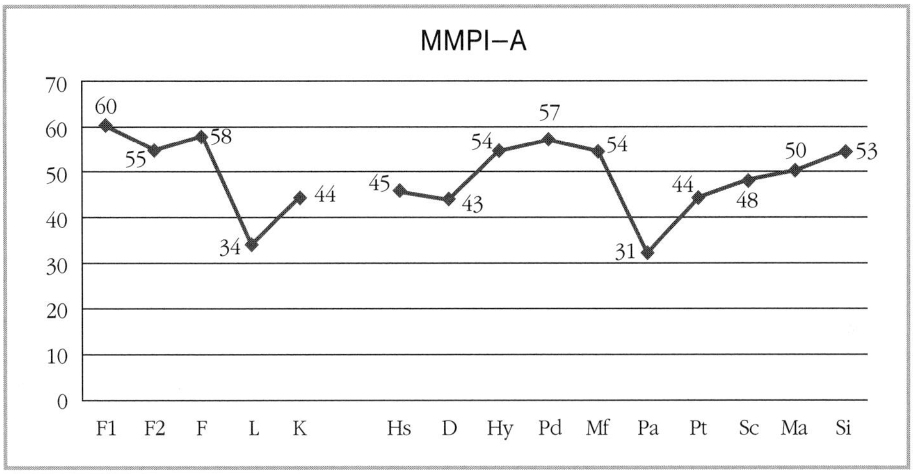

내담자는 사회적 바람직성(SCT: '다른 친구들이 모르는 나만의 두려움은 커서 엄마 아빠한테 효도 못할 것 같다' '언젠가 나는 엄마 아빠 차도 사 주고 집도 사 주고 옷도 사 주고 해외도 보내 드릴 것이다')과 정의적인 태도(SCT: '남자에 대해서 무엇보다도 좋지 않게 생각하는 것은 여자를 때리는 것이다' '무엇보다도 좋지 않게 여기는 것은 부모님을 때리는 것')를 강조하고 있었다. 또한 SCT에서 '무슨 일을 해서라도 잊고 싶은 것은 오토바이를 훔친 것'이라고 하듯이 문제행동에 대한 죄책감도 보였다. 그러나 SCT에서 '우리 윗사람들은 정치를 못한다'라고 하듯이 한편으로는 권위에 대해 저항적인 태도를 보였고, HTP 사람 그림에서 '아무 생각도 안 한다'라고 하듯이 문제를 부인하는 모습도 보이고 있었다. 또한 TAT에서 '그냥 막 살아왔다'라고 하듯이 자신의 의도대로 행동하는 경향이 강해 보이는 내담자는 TAT에서 '새벽에 부모님 몰래 나가는 거 같아요. 나와서 친구들이랑 잘 놀 것 같은데'라고 하듯이 문제의식이 부족한 채로 규칙을 어기는 행동을 한 것으로 여겨지므로 내담자가 보인 비행행동은 규범에 대한 불만일 가능성이 높아 보인다.

한편, SCT에서 '대개 아버지는 엄하다' '아버지와 나는 별로 안 친하다'라고 하듯이 아버지와의 관계에서 불편감을 느끼고 있는 내담자는 충분한 정서적 지지를 받지 못해 왔던 것으로 여겨진다(친밀한 관계에 대한 태도를 나타내는 Rorschach 카드에서 반응을 실패함). 이러한 내담자는 SCT에서 '내가 제일 좋아하는 사람은 나를 믿는 사람'이라고 하듯이 신뢰를 강조하고 있는데, 이는 오히려 주변 사람에 대한 의심과 경계심을 반영하고 있는 것으로 보인다. 그러면서도 MMPI에서 6번 척도가 31T로 극단적인 점수의 저하를 보이는 것은 신뢰에 대한 내담자의 복잡한 마음 상태를 반영하고 있는 것으로 생각되므로 자기개방의 어려움을 느끼고 있는 것 같다(HTP: 사람 그림 '편안한 사람한테만 자기 모습을 보여 준다'). 그러나 SCT에서 '내 생각에 참다운 친구는 서로 의지할 수 있는 친구다'라고 하듯이 한편으로는 밀착된 관계를 원하고 있는 것으로 여겨지므로 상대적으로 공유할 영역이 많은 또래관계에만 몰입해 있는 것 같다.

Rorschach 검사에서 '괴물' '매복한다'라고 하듯이 주변 환경을 위협적으로 인식하고 있는 내담자는 MMPI에서 4번 척도가 57T로 상대적으로 높게 나타나고 있어서 문제 상황에 대해서 주변 환경만 탓하기 쉬운 것 같다. 그러면서도 HTP 나무 그림에서 '필요—가꿔 주는 거'라고 하듯이 지지적인 대상을 원하고, 주변 사람에게 도움을 요청하고 있는 것을 보면, 환경적인 개입을 통해서 행동적인 개선이 이루어질 수도 있겠다.

요약과 제언

• 요 약

전체 지능	93	평균			
언어이해	93	평균	지각추론	103	평균
작업기억	96	평균	처리속도	89	평균 하

내담자의 지능 수준은 평균 수준으로 나타남. 상황적인 대처능력은 높아 보이나, 즉각적인 해결이 어려운 상황에서는 스트레스가 클 것으로 여겨짐. 또한 과제가 복잡해지면 기능 수준이 급격하게 저하될 것으로 생각되며, 반항적인 태도가 기능 저하에 영향을 미칠 수도 있음. 사회적 바람직성과 정의적인 태도를 강조하고 있는 내담자는 자신의 문제행동에 대한 죄책감도 드러내고 있으나, 한편으로는 문제의식이 부족한 채로 규칙을 어기는 행동을 보여 왔던 것으로 여겨

짐. 그리고 아버지와의 관계에서 충분한 정서적 지지를 받지 못해 왔던 것으로 여겨지며, 주변 사람에 대한 의심과 경계심으로 인해 자기개방의 어려움을 느끼면서도 상대적으로 공유할 영역이 많은 또래관계에 몰입해 있는 것으로 생각됨. 주변 환경에 대한 불만이 많으면서도 지지적인 대상을 원하고 도움을 요청하고 있는 것으로 여겨지므로 환경적인 개입을 통해서 행동적인 개선이 이루어질 수도 있겠음.

• 심리평가 결과, 내담자는 다음과 같은 진단이 시사됨.
  Axis I. Conduct Disorder(Conduct Disorder)

• 제 언
  1. 정서조절 능력 키우기
  2. 작업기억력 키우기
  3. 문제 상황에서 건전한 해결 방법 훈련시키기
  4. 안정적이고 지지적인 양육 환경 제공하기

5) 우울증, 또래관계에의 몰입(여자 / 만 15세 / 고1)

■ 의뢰 사유

내담자는 '학습능력 부족' '일탈행동' '가출' 등을 주 호소로 상담센터를 방문하였으며, 전반적인 인지 기능 및 정서 파악을 위해 청소년종합심리평가를 실시하였다.

■ 행동 관찰과 면담

내담자는 보통 키에 보통 체격으로 손에는 은색 반지를 끼고 보라색 매니큐어를 발랐고, 아이라인을 진하게 그리고 있었으며, 어머니와 함께 센터에 방문하였다. 위생 상태는 양호하였고, 검사자와의 눈맞춤도 잘 이루어졌다. 검사 내내 머리카락을 넘기고, 옷매무새를 다듬는 등 검사에 집중하지 못하고 외모에 신경을 많이 쓰고 있었다. 한편, 간단하고 쉬운 과제에서는 팔을 걷어붙이고, 또박또박 쓰기 위해서 노력을 기울이는 등 상당히 의욕적인 모습을 보였으나, 언어성 과제에서는 피상적인 수준의 대답을 많이 하였다. 그리고 과제를 성급하게 수행하느라 실수를 하거나 정답을 다시 수정하는 경우가 많았다. 내원 사유에 대해서는 '집에서 가출해서 친구네서 지내고 있고, 이번이 다섯 번째 가출이다'라며 서슴없이 말하고 있어서 문제의식이 부족해 보였으며, '내가 어울려서 다니는 친구들에 대해서 나쁘게 얘기하는 것을 이해할 수 없고, 너무 엄격하고 통제가 심하다'라며 불만을 말하였다. 면담 시에는 '다른 애들보다 경제적으로 내가 좀 부유한 편인데, 나보다 못한 애들이 아르바이트를 하고 독립적으로 생활하는 것을 보면서 나도 혼자 힘으로 무언가 해 봐야겠다는 생각이 들어서 가출한 것도 있다'라며 자신의 가출에 대한 이유를 정당화시키고 있었다.

지능과 인지 기능

한국 웩슬러 아동용 지능검사 4판 (K-WISC-IV)			
영 역	지 능	백분율(%)	수 준
언어이해	76	6	경계선
지각추론	98	44	평균
작업기억	76	6	경계선
처리속도	117	88	평균 상
전체 지능	87	19	평균 하

내담자의 전체 지능은 87로 평균 하 수준을 나타냈으며, 같은 연령대에서 하위 19%의 수준이었다. 언어이해는 76으로 경계선 수준을, 지각추론은 98로 평균 수준을, 작업기억은 76으로 경계선 수준을, 처리속도는 117로 평균 상 수준을 나타냈으며, 지능 영역 간의 차이가 41점으로 크게 나타나고 있고, 소검사 간의 차이도 12점으로 크게 나타나고 있어서 상황에 따른 기능상의 차이가 클 것으로 예상된다.

언어이해 영역에서는 사회적 상황에 대한 이해력이 평균 하 수준을 보이고 있어서 관습 및 규범에 대한 습득 수준은 비교적 양호해 보인다. 그러나 사물의 유사성을 파악하는 능력이 경계선 수준, 어휘구사력이 지적장애 수준을 보이고 있어서 언어적 개념에 대한 이해력은 매우 부족한 것 같다('나비와 벌－붙어 있는 것' '방해하다－불편하게 하다'). 게다가 쉬운 문항에서조차 지엽적인 대답을 많이 하고 있어서('소－농사지을 때 사용되는 것') 지나치게 자신의 편의대로만 정보를 습득하고 있는 것 같다.

지각추론 영역에서는 시공간 구성능력이 평균 상 수준을 보이고, 전체를 고려하여

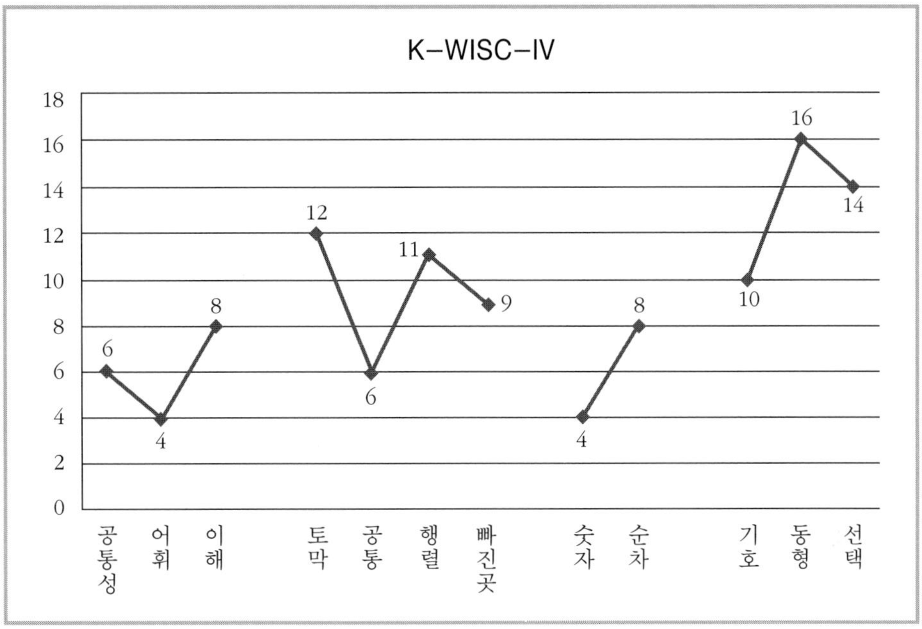

핵심을 파악하는 능력이 평균 수준으로 나타나고 있어서 추상적인 자극을 다루거나 추론하는 능력이 적절해 보인다. 그러나 자극 간의 관련성을 찾아내는 능력이 경계선 수준이었고, 자극의 양과 상관없이 빠르게 반응했던 점을 고려하면, 처리해야 할 정보의 양이 많아지는 상황에서는 인상에 근거하여 피상적으로 자극 간의 관계를 추론하는 것 같다. 한편, 시각적 예민성이 평균 수준으로 나타나고 있어서 주변 환경 변화에 적절히 민감한 모습을 보일 것으로 여겨진다.

작업기억 영역에서는 복잡한 자극에 주의를 기울이는 능력이 평균 하 수준을 보이고 있어서 주의력이 비교적 양호한 것 같다. 그러나 간단한 자극에 주의를 기울이는 능력이 지적장애 수준으로 순차연결 소검사에 비해 4점이나 낮게 나타나고 있어서 오히려 쉽고 간단한 자극에 대해서는 주의를 더 기울이지 못하는 것 같다.

처리속도 영역에서는 긴장감 속에서 빠른 논리적 판단력을 발휘하는 능력이 최우수 수준으로 나타나고 있어서 간단한 과제에서는 매우 빠르게 논리적 판단을 할 수 있을 것으로 보인다. 그리고 간단한 시각적 자극에 짧은 순간 동안 집중력을 발휘하는 능력도 우수 수준으로 상당히 높게 나타났다. 그러나 시공간 운동속도가 평균 수준으로 동형찾기와 선택 소검사에 비해 4점 이상 낮게 나타나고 있어서 정교하거나 미세한 손동작이 필요한 상황에서는 기능이 저하될 수 있겠다.

지능검사 결과, 간단한 자극을 다루는 상황에서 매우 높은 기능을 발휘하는 것을 보면, 평가 상황에서의 동기 수준이 높아 보인다. 그리고 추론능력도 적절한 수준으로 나타나고 있어서 인지적 잠재력도 양호한 것 같다. 그러나 외부 자극에 대한 수용성이 부족하고, 추가적인 노력이 필요한 상황에서 기능이 저하되고 있어서 학습의 양이 많아지거나 과제가 복잡해지는 상황에서 기능이 떨어지면서 스트레스가 컸을 것으로 여겨진다. 그리고 언어적인 능력과 주의력이 부족해서 학업 수행 상황에서 어려움이 클 것 같다.

Rorschach 검사 결과, 1차 시행에서 12개의 적은 반응 수를 보였고, 2차 수행에서도 추가적으로 5개의 반응밖에 하지 못하고 있어서 스트레스에 대처할 수 있는 심리적인 자원이 매우 부족한 것 같다. 내담자는 인간운동 반응을 4개나 보이듯이 지나치게 이성적으로 대처하고 있는 것으로 보이나, 관습적 판단력이 부족하고(P=1) 자의적으로 해석하는 경향이 높아 보이므로(Xu%=0.35) 주변 사람의 행동을 고려하지 못하고 행동함으로써 갈등을 겪는 경우가 많겠다.

◻ 성격과 정서

내담자는 JTCI에서 '자율성-94%'로 상당히 높게 나타나고 있듯이 주도적으로 행동하고자 하는 욕구가 강해 보이므로 통제받는다고 인식되는 부모와의 관계에서 극심한 스트레스를 받아 왔던 것으로 여겨진다(SCT: '우리 아빠는 엄격하다' '우리 엄마

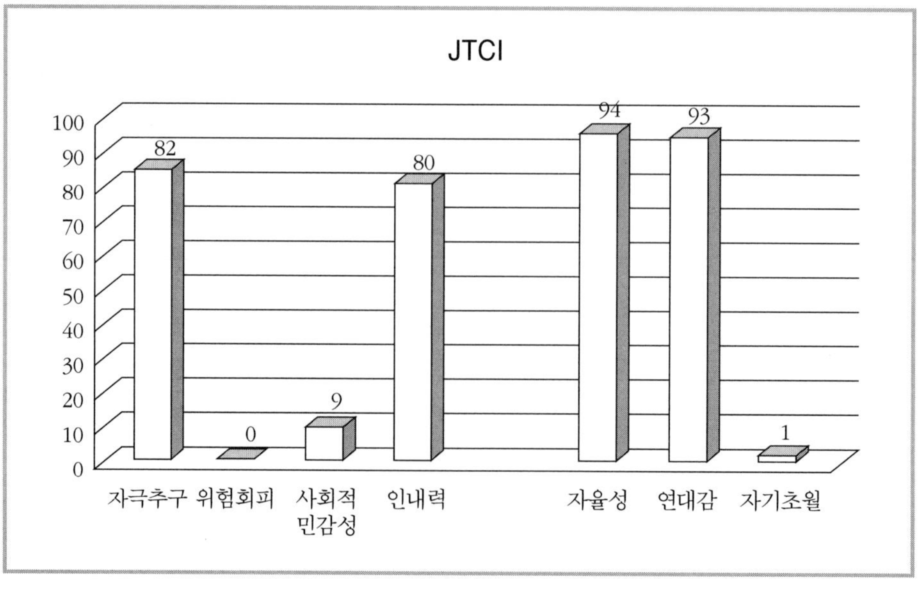

아빠는 보수적이다'). 그리고 SCT에서 '내가 가장 무서워하는 것은 아빠'라고 하듯이 아버지를 위협적으로 인식하는 것으로 보이며, 가족과 같은 가까운 대상에게 오히려 정서적인 거리감을 느끼고 있는 것 같다(친밀감에 대한 태도를 나타내는 Rorschach 카드에서 '단풍잎' '기타'). 이러한 내담자는 SCT에서 '내 소원이 마음대로 이루어진다면, 첫째 소원은 엄마 아빠가 덜 힘들게 했음 좋겠다'라고 하듯이 스트레스에 대한 원인을 전적으로 부모에게 귀인하면서 분노감을 느끼고 있는 것으로 보이며(Rorschach: S=3), 위압적으로 인식되는 환경에서 벗어나고자 하는 욕구가 강한 것 같다(TAT: '노비의 주인이 노비들에게 밭일을 시키고 있는데 성경책을 들고 있는 여자가 몰래 도망간다').

앞서 기술하였듯이 가정 내에서 스트레스가 커 보이는 내담자는 상대적으로 공유할 영역이 많은 또래관계에 몰입해 있는 것 같다(SCT: '나는 친구가 없으면 안 된다' / JTCI: '연대감—93%'). 이러한 내담자는 또래관계에서 친근한 태도를 보이고(SCT: '나의 좋은 점은 곁에 있는 사람들의 기분을 좋게 만든다'), 이타적인 태도를 중요히 여기고 있는 것 같다(HTP: 나무 그림 '생각—사람들을 쉬게 하고 싶다'). 그러나 Rorschach에서 색채 반응을 전혀 보이지 못하고 있듯이 정서적 자원이 매우 빈약한 내담자는 정작 실제 대인관계에서는 자신의 의도대로만 행동하면서(JTCI: '사회적 민감성—9%'), 다른 사람들에게는 요구적인 모습을 보일 수 있겠다(SCT: '내가 가장 싫어하는 사람은 자기가 한 말에 대한 책임을 못 지는 사람'). 그리고 HTP 사람 그림에서 '성격—좋아하는 사람에게 잘해 주고, 싫어하는 사람에게는 티 내는 사람'이라고 하듯이 상대의 행동에 따라 대처 방식이 크게 변할 수 있어서 또래관계에서 갈등을 겪는 경우가 많겠다(SCT: '내 소원이 마음대로 이루어진다면, 애들이랑 그만 싸우고 싶다').

내담자는 HTP 나무 그림에서 '나이—200세'라고 하듯이 자기 자신에 대한 기대수준이 높아 보이며, 나무 그림에서 기둥을 굵게 그리고 있어서 자존심도 강해 보이나 언어적 능력과 주의력이 저하되어 있어서 자신의 기대와는 달리 좌절감을 겪어 왔을 것으로 보인다(HTP: 사람 그림 '단점—공부를 못한다'). 그러면서도 가장 형태가 애매하고 모호한 Rorschach 카드에서 '왕관'이라며 자신을 이상화시킴으로써 대처하고, TAT에서 '노비와 왕'과 같이 관계를 극단적인 위계로 나누어서 인식하는 것을 보면, 낮은 기능에 직면하게 되는 학업 상황에서 무력감을 더 크게 느껴 왔을 것으로 여겨지므로(SCT: '나는 커서 장래희망이 없다. 왜냐하면 희망이 없기 때문이다'), 억지로 밝은 모습을 보이며 이러한 불편감을 감추는 데 많은 에너지를 소모하고 있는 것 같다(Rorschach: '천사' / HTP: 사람 그림에서 손을 뒤로 숨기고, 집 그림에서 창문을 커튼으로 가림). 그러나 여전히 내면의 우울감과 분노감이 상당히 커 보이므로(SCT: '나는 때때로 우울하다' / Rorschach: S=3) 가출과 같은 문제행동을 보이고 있는 것 같다.

요약과 제언

• 요 약

전체 지능	87	평균 하			
언어이해	76	경계선	지각추론	98	평균
작업기억	76	경계선	처리속도	117	평균 상

내담자의 지능 수준은 평균 하 수준으로 나타남. 평가 상황에서의 동기 수준이 높고, 인지적 잠재력도 양호해 보임. 그러나 과제의 난이도가 증가하거나 자극의 양이 많아지면 기능이 저하될 것으로 생각됨. 또한 대면 상황에서 자신이 기대한 만큼의 소통을 하기도 힘들어 보임. 주도적으로 행동하고자 하는 욕구가 강한 내담자는 통제받는다고 인식되는 부모와의 관계에서 극심한 스트레스를 받아 왔던 것으로 여겨지며, 위압적으로 인식되는 환경에서 벗어나고자 하는 욕구가 강해 보이므로 공유할 영역이 많은 또래관계에 더욱 몰입해 있는 것으로 보임. 실제 대인관계에서는 자신의 의도대로만 행동하고, 사람에 따라 행동의 변화가 클 것으로 여겨지므로 또래관계에서 갈등을 겪는 경우가 많겠음. 또한 과대한 자아상을 가지고 있으나, 자신의 기대와는 달리 좌절감을 겪는 상황에서 우울감을 느끼고 신경질적이고 공격적으로 대응하고 있는 것으로 생각됨. 그리고 스트레스 상황에서 미숙하게 회피하거나 의존적인 태도를 보이면서 문제해결을 다른 사람에게 미룰 수 있음.

• 심리평가 결과, 내담자는 다음과 같은 진단이 시사됨.

Axis I. Depressive Disorder NOS(Unspecified Depressive Disorder)

Conduct Disorder(Conduct Disorder)

• 제 언

1. 우울 수준 낮추기

2. 언어능력 키우기
3. 자신의 능력에 대한 객관적 시각 형성하기
4. 또래관계에서의 공감능력 키우기
5. 일관되고 안정적인 관계 형성하기
6. 문제 상황에서 건전한 해결 방법 훈련시키기
7. 부모와의 상호 의사소통 기술 익히기

3. 자주 나타나는 반응

1) 주 호소

'가출' '무단결석' '거짓말' '물건 던지기' '욕설' / '자기 마음대로 안 되거나 화가 나면 친구들에게 욕설, 폭력 등을 사용한다' '친구 물건 빌려서 망가뜨리고 사과하지 않는다' / '충동적인 행동과 흡연, 반항적인 언어, 폭력, 밤늦게까지 돌아다니며 노는 것' / '가출' '학교 적응의 어려움' / '거짓말' '남의 물건을 훔침' / '학교에서의 반복적인 교칙위반 행동(무단지각과 결석)' '우울감 호소 및 가족 구성원 간의 갈등' / '특수절도로 재판을 받음' / '의사결정의 어려움' '대인관계 문제' '욕설이 심함' / '학교생활에 적응을 잘 하지 못한다' '수업 시간에 자고 지각도 많아졌다' / '집중을 하지 않는다' / '행동 문제' '자해' / '어떻게 해야 할지 모르겠다' '아무도 나를 이해하지 못한다' / '품행 문제가 걱정된다' / '동생과 두 번째 가출을 했다' '집에 들어오기 싫다' / '무단결석' '가출' '음주' '흡연' / '정서적 불안정' / '반항심이 심하다' / '머리가 아프다' / '학교를 안 가고 싸움을 많이 한다' / '집중력이 없고 산만하다' '친구들을 때린다' / '거짓말' '난폭한 행동'

2) 협조적 태도(이타적 태도)

행동: 지능검사의 토막짜기 소검사에서 토막을 흩어 주기도 하는 등 상당히 협조적인 태도를 보임 / 과제를 시작하면 몸을 책상 쪽으로 바짝 당기고 앉아서 준비 자세를 취하고 기다렸고, 토막을 흩어 줌 / 검사 시에는 협조적인 태도를 보였고 비교적

열심히 과제에 임함 / 수행이 끝난 도구를 검사자 쪽으로 방향을 돌려 밀어 주는 등 매우 순응적이었고, 토막과 모양 소검사에서는 조심스럽게 도구를 다루는 등 세심한 모습을 보임 / 시종 진지한 표정과 바른 자세로 검사에 임함

지능: 조심스럽게 도구를 다룸

HTP: 집 그림 '화려한 집' '화목해요' '더 좋은 가정이 될 것 같다' / 남녀 그림에서 각각의 소원을 모두 '항상 행복하길 바라는 거' '항상 신나는 일들만 생겼으면 좋겠다는 거'

Rorschach: W:D:Dd=0:13:3 / D 반응의 비율이 높음

TAT: '여자가 다친 여자를 계단에 올려 주고 있어요' / '엄마랑 화해하고 친해질 것'

SCT: '다른 사람들은 나를 착하게 본다' / '내가 가장 좋아하는 사람은 가족이다' / '나는 친구가 많이 있다' / '내가 가장 행복할 때는 부모님이랑 있을 때다'

3) 자기중심적 태도(과도한 통제 욕구)

행동: 사탕을 입에 넣고 검사실에 들어와서 소리 내어 먹음 / 책상에 엎드려 과제를 수행함 / 치아를 보이며 활짝 웃다가 검사자의 눈을 똑바로 쳐다보면서 갑자기 무표정으로 변함 / 무표정하게 있다가 갑자기 큰 소리로 대답함

MMPI: '학교 문제' '알코올/약물 문제 가능성' '미성숙' '통제결여' 상승

HTP: 사람 그림에서 손을 강조해서 그리고, 어깨를 크고 넓게 그림 / 나무 그림에서 가지를 많이 그림 / 스스로 통제감을 갖고 수행할 수 있는 HTP 수행 시에는 매우 적극적인 모습으로 필압이 높고 정성스럽게 그림을 그림

Rorschach: 높은 Zd

SCT: '나를 가장 화나게 하는 것은 하고 싶은 것을 못하게 하는 것' / '나를 가장 슬프게 하는 것은 하고 싶은 것을 막을 때다' '나를 가장 화나게 하는 것은 내 신경을 건드리는 일이다'

4) 반규범적 사고(반항적 태도)

행동: 왼쪽 귀에만 피어싱 귀걸이를 하고, 무늬가 화려한 모자를 쓰고, 검은색 운동복을 입고 있음 / 의자에 비스듬히 앉아서 껌을 씹으며 한 손으로 느릿느릿 움직이

고, 귀찮은 듯한 말투로 말함 / 모자를 눌러쓰고 불만스러운 표정에 눈을 치켜뜨고 보는 경우가 많았음 / 검사실에 들어오자마자 의자에 눕다시피 뒤로 기대어 앉아서 검사자의 질문에 고개만 끄덕이며 대답함 / 검사 내내 주머니에 손을 넣고 심드렁한 태도를 보임 / 30분을 늦게 도착하였으며, 친구들과 식사 시간을 보내느라고 늦었다고 함 / 친구의 이름이 적힌 교복 조끼를 입음 / 손에는 금반지를 끼고 있음 / 웅얼거리는 말투로 말을 한 번에 알아듣기 어려움 / 흔하지 않은 2 대 8 가르마를 하고, 귀고리를 하고 검은색 뿔테 안경을 착용함 / 다부진 외모에 중절모와 가죽 점퍼를 입고, 매우 큰 손목시계를 차고 있음 / 초록색 머플러를 하고, 검은색 니트에 굽이 높은 구두를 신고 있었으며, 얼굴엔 화장을 하고 있음

지능: 이해 소검사의 저하 / 이해 소검사 '지갑 — 갖는데' '싸움 — 싸워요' / 이해 소검사 '지갑 — 제가 가져요' '공 — 배 째라' '싸움 — 밟아요' / '지갑 — 가져가요' '싸움 — 패요' / 토막 소검사 '못하겠다'라고 하면서 도구를 던지듯이 내려놓음 / 이해 소검사 '불 — 그냥 그러려니 한다'

HTP: 검사자가 제시한 종이를 계속적으로 반대로 돌림 / 사람 그림에서 '발 → 다리 → 몸 → 팔 → 얼굴' 순으로 보편적 수행 양상을 벗어난 순서로 그림 / 그림을 다 그린 다음에 종이를 던지고 검사자를 빤히 쳐다봄 / 여자 그림에서 가슴의 윤곽을 사실적으로 그림

Rorschach: 각 카드를 받자마자 돌림 / 친밀감에 대한 태도를 나타내는 Rorschach 카드에서 '몽둥이' / 카드를 검사자 쪽으로 돌린 채 '이게 뭐로 보여요?'라며 도발적인 행동을 보임

TAT: '남편이 이혼하는 거 같아요' '아버지가 돌아가셨어요' '잠자고 있었는데 일어나 보니 아내가 죽어 있어서 울고 있어요' / '남자가 여자를 꼬셔요. 청소하는 아줌마인데 남자가 여자가 예뻐서 안는다' / '저 여자가 꼬리 쳐요. 나쁜 일이 생겨요. 이러쿵저러쿵해서 아기를 낳아요' '나쁜 짓 했어요. 이러쿵저러쿵(강간)'

SCT: '다른 사람은 나를 꼴통이라고 부른다'

5) 자의적 판단 경향

Rorschach: 높은 Xu%

6) 자기과대성

HTP: 나무 그림 '200세' '더 오랫동안 클 거 같아요' / 나무 그림 '나이－500세' / 지면을 가득 메울 정도로 나무를 크게 그림 / 나무 그림 '큰 나무' / 나무 그림에서 기둥을 굵게 그림 / 나무 그림에서 수관을 크게 그림

SCT: '나의 좋은 점은 거의 잘한다' / '나는 신이었으면 하는 공상을 잘한다' '내가 가장 가지고 싶은 것은 세상이다. 모든 게 내가 주도하끔 돌아갔으면 좋겠다' / '언젠가 나는 크게 될 것이다'

7) 도덕성 강조

SCT: '나를 가장 화나게 하는 것은 거짓말, 배신' '내가 가장 싫어하는 사람은 범죄자' / '다른 사람들과 함께 있는 것은 즐겁다' '나의 좋은 점은 남을 배려할 줄 안다'

8) 불성실한 태도(피상적 태도, 건성으로 대응함)

행동: 검사자와 눈맞춤 없이 의자에 비스듬히 등을 기대고 앉았으며, 한 번 흘끔 쳐다보고 피식 웃거나 바닥을 봄 / 귀찮은 듯 묻는 말에 잘 대답하지 않았고, 아무거나 건성으로 대답하는 경향 / 간단하고 짧게만 대답하였고, 간혹 멋쩍은 듯한 웃음을 보임 / 반응속도가 느린 편이었고, 시간이 지날수록 하품을 하며 검사를 지루해함 / 면담 시에는 다소 불리하거나 곤란한 질문에 대해서는 매우 피상적으로 언급함

지능: 난이도가 높은 소검사에서는 웃음을 지으며 '뭐야?' '아, 머리가 안 좋다' '어려워. 머리 터질 것 같아' 등 소리 내어 혼잣말을 함 / 바로따라하기 < 거꾸로따라하기 / 쉬운 문항에서 엉뚱한 대답으로 틀리고 어려운 문항에서는 정답을 맞힘 / 전반적으로 쉽게 포기함 / 안 되면 풀다가 그냥 중단하고는 아무 말 없이 가만히 있음

MMPI: 높은 VRIN

HTP: '모르겠다'라는 대답을 많이 함

Rorschach: 적은 반응 수 / '모른다' '동물' '동물들' 등의 단순하고 피상적인 반응 양상 / 높은 Lamda

SCT: '잘한다' '모른다' '착하다' '없다' '소원은 100억 원이 생기는 것' 등의 반응

을 반복함 / '좋다' '없다' 등 단순한 표현들을 다수 보임

9) 강압적 가정환경(부모에 대한 공격성)

MMPI: '가정불화' 상승

HTP: 집 그림 '분위기—무섭다' / '혼날 때' '야단맞을 때' 등의 표현을 반복함 / 집 그림 '필요—집을 부숴야 해요' / 집 그림을 문과 창문이 없는 외형만 간단하게 그림

Rorschach: IV번 카드 반응 실패

TAT: '엄마랑 딸 같아요. 싸운 것 같아요' / '집이 불에 타고 있는 느낌'

SCT: '우리 엄마는 무섭다' '내가 가장 무서워하는 것은 엄마' / '대개 아버지들이란 많이 때린다' / '우리 엄마는 잔소리가 심하다' / '나를 가장 슬프게 하는 것은 엄마, 새아빠' / '나는 어머니를 좋아했지만 화낼 때 싫다' / '나를 가장 화나게 하는 것은 가족이다' / '내가 가장 무서워하는 것은 아빠' / '나를 가장 화나게 하는 것은 잔소리다' / '우리 엄마는 잔소리가 심하다' '내가 가장 싫어하는 사람은 부모님이다' '우리 아빠는 가끔 무섭다' / '나의 아버지는 이기적이다' '가족을 부양하는 것은 내 일이 아니다(아빠가 할 일이다)'

10) 분노감(공격성)

지능: 이해 '싸움—참았다가 계속 그러면 싸운다' / '싸움—나대지 말라고 한다' '복종하다—가지고 놀다' '방해하다—싸가지 없다'

MMPI: 4번 상승 / 4, 9번 상승 / '분노' 상승 / 4, 6번 상승 / '알코올/약물 문제 가능성' 상승

HTP: 나무 그림에서 불타는 모양 비슷하게 그리고 있음 / 나무 그림에서 가지를 뾰족하게 그림 / 나무 그림 '앞으로—아저씨가 잘라서 죽여요' / 남자 그림에서 입을 벌리고 이빨을 드러낸 상을 그림

Rorschach: 많은 S / II번 카드 '무릎을 꿇고 손으로 비는 것 같다' / '악마. 무서워 보이는 눈매' / VI번 카드 '탱크' '총' '나쁜 미소' / '불타고 있는 산' / '악마' '화난 고릴라' / '악마. 비열하다' '화난 사람' / '창' '화살' '화난 표정' '전기 충격기' '피

묻은 호랑이 송곳니' / '찢어진 책' '코가 잘린 강아지' / '죽은 개구리' '총에 맞은 곰'/ '무얼 잡아먹을 때 그 뾰족한 것' '사람 피 빨아 먹는 데'

TAT: '바이올린 치기가 어렵고 짜증이 나서 바이올린을 부술까 말까 생각하는 중' / '쓰레기통을 다 뒤졌는데 음식이 없어서 곧 죽을 것 같다' / '학대당해요' '더 맞아요' / '떨어져 죽어요' '얘는 죽어요' '손이 미끄러져서 떨어져 죽어요' / '죽으려나 봐요. 총 맞아서'

SCT: '나의 나쁜 점은 막말이 심하다' / '우리 윗사람들은 짜증 난다' '윗사람이 오는 것을 보면 나는 때려 주고 싶다' / '나에게 이상한 일이 생겼을 때. 야마 돈다' / '나는 때때로 짜증을 심하게 낸다' / '짜증'을 반복해서 언급함 / '나의 나쁜 점은 욕을 많이 한다' / '나는 때때로 화가 난다' / '선생님들은 미쳤다' / '나를 가장 화나게 하는 것은 학교 생활이다' / '나의 가장 나쁜 점은 화를 잘 내는 것이다' / '나의 가장 나쁜 점은 화를 못 참고 몸이 먼저 나가는 것이다' / '나는 때때로 화를 심하게 낸다' '나의 나쁜 점은 욕하는 것이다' / '선생님들은 짜증 나고 화나게 한다' / '나는 전투를 벌이는 공상을 잘한다'

11) 공격성에 대한 호의적 태도

HTP: 사람 그림에서 '성격—대든다' '단점—성격이 안 좋다'라고 한 후에 '기분—행복하다' / 사람 그림 '성격—착할 땐 착한데 화날 때 무서운 사람'

Rorschach: '싸우다가 터진 놈, 입에서 피 나오고 눈에서 피 나와요' '싸우다가 이긴 놈. 씩 웃고 있잖아요. 여기 이가 보이면서' / '악마. 웃는 거' / '폭탄 터지는 거' 라고 하면서 '축제 분위기'

TAT: '여자가 남자를 좋아해요'라고 한 후에 '남자가 여자를 죽여요'

SCT: '나는 죽이는 공상을 잘한다' '내가 가장 행복한 때는 내가 싫어하는 애를 반쯤 죽여 놓는 것' '남자애들은 맞아야 한다' '나의 나쁜 점은 잘 때리는 것이다' '선생님들은 해고해야 한다' / '맞을 만한 놈들을 때린다'

12) 문제의 부인

SCT: '내가 저지른 가장 큰 잘못은 없다'

13) 또래관계에의 몰입

HTP: 남녀 그림 모두에서 '가장 행복한 때는 – 친구랑 놀 때'

Rorschach: III번 카드를 가장 좋아하는 카드로 선택함

SCT: '내가 가장 행복한 때는 친구들이랑 있을 때' '내 소원이 마음대로 이루어진다면, 커서도 친구들과 헤어지지 않았으면 좋겠다' '내가 가장 좋았던 일은 친구들과 논 것' / '나는 친구가 많다' / '내가 가장 행복한 때는 아이유(가수 이름)하고 김수지(친구 이름) 볼 때' '나는 친구가 소중하다' / '나는 친구가 가족만큼 소중하다고 생각한다' / '내가 가장 행복한 때는 애들이랑 놀 때다' '나는 친구가 세상에서 제일 좋다' '내가 가장 좋아하는 사람들은 친구들이다'

14) 정서적 자원 부족(공감 결여)

Rorschach: 색채카드에서 색채 반응을 전혀 하지 못함 / 색채카드에서 '화사하고 아름다워서'라고 하면서도 '숲' '눈'이라며 거리감 있는 반응을 함

29 Chapter

외상후 스트레스장애

1. 심리과정상의 특징

외상후 스트레스장애(Posttraumatic Stress Disorder)에서는 외상의 존재 유무를 파악하는 것이 가장 중요하다. 재경험, 관련 자극의 회피, 무감동 등 특징적인 증상들이 있긴 하지만, 이 장애에서 나타나는 여러 가지 증상들은 대부분 외상 없이도 나타날 수 있는 것들이다. 따라서 명확한 외상이 있었고, 그 이후에 증상이 나타났다는 시간적 사실을 확인해야 한다. 외상은 심각하게 자기(또는 중요한 타인)의 생명을 위협할 정도의 사건을 겪은 것을 말한다. 진단적으로 외상이라는 단어는 아주 심각한 수준의 사건에만 쓰는 단어다. 학교폭력은 범위가 넓기 때문에 '학교폭력'이라는 말만 가지고 외상이라고 단정 지을 수는 없다. 여러 명이 때렸다는 정보만 가지고는 부족하다. 여러 명이 어떤 상황에서 얼마나 때렸고, 그래서 상처가 어느 정도였는지를 구체적으로 확인해야 한다.

재경험 또한 조심해서 판단해야 한다. 같은 반 일진이 '시키는 대로 안 하면 죽여 버린다'라고 한마디 한 것을 계속해서 반추하는 것은 재경험이 아니다. 이것은 걱정을 심하게 하는 것으로 보는 게 더 적당하다. 재경험은 걱정이 아니고, '마치 외상 사건이 바로 눈앞에서 일어나고 있는 것처럼' 느끼는 것이다. 순간 정신이 타임머신을 탄 것 같은 상태가 되는 것이다.

외상후 스트레스장애를 판단할 때 주의해야 할 것은 외상 이외에 영향을 줄 수 있는 요인들(기존의 성격과 기존의 가족관계)을 간과하지 않아야 한다는 것이다. 갑작스러운 사고로 아버지가 사망한 경우, 나머지 가족은 그 슬픔으로 고통스럽기도 하지만 아버지의 사망을 핑계로 서로 기싸움을 벌이기도 한다. 이럴 때 검사를 하면 재경험 관련된 반응이 많이 나오기 때문에 외상과의 관련성이 높아 보이지만, 어머니가 아이를, 아이가 어머니를 조종(manipulation)하려는 목적으로 아버지의 사망을 활용하기도 한다. 물론 현실을 살아가야 하는 사람에게 이러한 과정은 다분히 무의식적으로 일어나고, 이 내용을 강조하면 오히려 수검자의 고통을 평가절하할 수도 있지만, 평가에서는 이러한 내용도 언급할 수 있어야 한다. 따라서 외상 이전의 모습에 대한 면담도 잘 이루어져야 한다.

2. 보고서 사례

1) 현재의 고통감이 과거의 외상을 자극함(여자 / 만 13세 / 중2)

▣ 의뢰 사유

내담자는 '우울' '자살사고' 등을 주 호소로 상담센터를 방문하였으며, 전반적인 인지 기능 및 정서 파악을 위해 청소년종합심리평가를 실시하였다.

▣ 행동 관찰과 면담

내담자는 보통 키와 체격으로 교복 차림에 검은색 후드 점퍼를 머리까지 덮고 있었다. 위생 상태는 양호해 보였고, 검사자와의 눈맞춤도 적절하게 이루어졌다. 검사에 협조적이었고, 지능검사의 토막짜기 소검사에서 토막을 흩어 주기도 하였으며, 비교적 과제해결에 적극적인 모습을 보이고 있었다. 그러나 과제가 어려워지자 "못하겠어요."라며 엎드리거나 얼굴을 감싸 쥐는 등 자신의 불편감을 과장되게 표현하였고, 책상에 엎드려서 과제를 수행하는 등 미숙한 모습을 보이기도 하였다. 그리고 검사가 50분 정도 지나자 "아직도 많이 남았어요?" "저거 다 해요?" "이제 끝나요?" "아직 많이 남았어요?"라며 힘들어하는 등 인내력이 부족해 보였다. 내원 사유에 대해서는 '잘 나가는 애들 시선 때문에 신경이 쓰인다' '지금은 별로 없는데 예전에 답답했던 거 같다' 등을 말하였고, 면담 시에 아버지에 대한 얘기를 하면서 우는 등 격한 감정 반응을 보이기도 했다.

■ 지능과 인지 기능

한국 웩슬러 아동용 지능검사 4판 (K-WISC-IV)			
영 역	지 능	백분율(%)	수 준
언어이해	84	14.3	평균 하
지각추론	89	23.2	평균 하
작업기억	92	29.1	평균
처리속도	95	35.9	평균
전체 지능	84	15.0	평균 하

내담자의 전체 지능은 84로 평균 하 수준을 나타냈으며, 같은 연령대에서 하위 15%의 수준이었다. 언어이해는 84로 평균 하 수준을, 지각추론은 89로 평균 하 수준

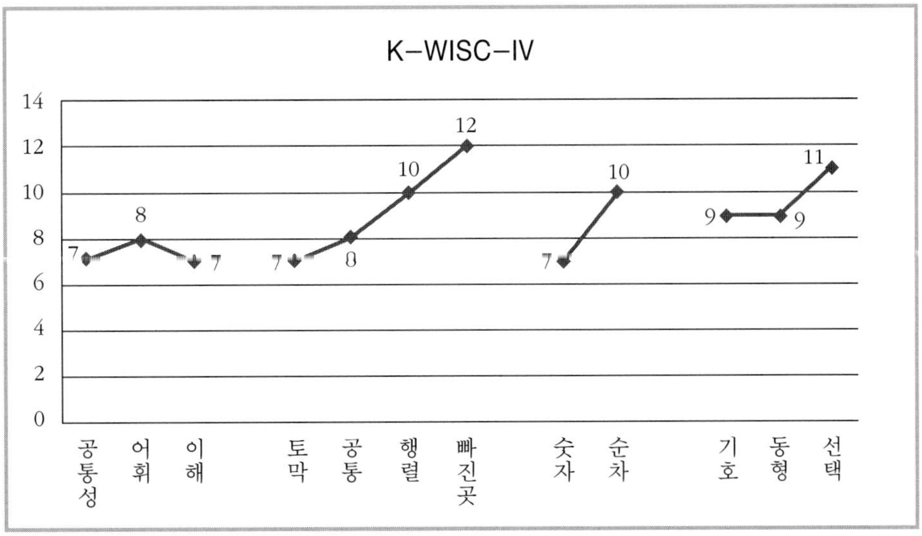

을, 작업기억은 92로 평균 수준을, 처리속도는 95로 평균 수준을 나타냈으며, 지능 영역 간의 차이는 크게 나타나지 않았다.

언어이해 영역에서는 어휘구사력과 사물의 유사성을 파악하는 능력이 평균 하 수준으로 나타나서 의사소통에 필요한 언어적 자원은 다소 부족해 보인다. 그리고 사회적 상황에 대한 이해력은 평균 하 수준을 보이고 있어서 관습과 규범에 대한 습득 수준도 약간 저조해 보인다.

지각추론 영역에서는 시각적 예민성이 평균 상 수준을 보이고 있는데, 이는 주변 환경 자극에 민감해져 있음을 나타내는 것 같다. 그리고 전체를 고려하여 핵심을 파악하는 능력이 평균 수준으로 나타나서 기하학적인 도형을 다루는 능력은 양호해 보이나, 자극 간의 관련성을 찾아내는 능력은 평균 하 수준을 보이고 있어서 자연물을 다루는 능력은 부족해 보이므로 사고의 유연성이 필요해질수록 기능 수준이 저하될 수 있겠다. 그리고 시공간 구성능력이 평균 하 수준으로 나타났는데, 마지막 두 문항에서 '못하겠다'며 불편감을 드러낸 것을 볼 때, 정답 유무가 바로 가려지는 상황에서 스트레스가 커지는 것 같다.

작업기억 영역에서는 고차적인 자극에 주의를 기울이는 능력이 양호해 보인다. 그러나 순차 소검사보다 더 쉽고 단순한 자극이 주어지는 숫자 소검사에서 평균 하 수준으로 낮은 수행을 보이고 있는데, 이는 자극이 단순하고 지루할수록 성취에 대한 부담감을 많이 느끼며 집중력이 떨어지는 것을 반영하고 있는 것 같다.

처리속도 영역에서는 간단한 시각적 자극에 짧은 순간 동안 높은 집중력을 발휘하는 능력이 평균 수준을 보이고 있어서 단순한 자극을 다루는 상황에서 양호한 기능을 보일 수 있겠다. 그리고 시공간 운동속도와 긴장감 속에서 빠른 논리적 판단력을 발휘하는 능력이 평균 수준으로 나타나서 시각-운동 협응능력도 적절해 보인다.

지능검사 결과, 추상적 추론능력, 주의력, 민첩성 등이 평균 수준으로 나타나서 지적 잠재력은 양호해 보이고, 적당한 난이도가 있는 과제에서는 부담 없이 수행해서 자신의 능력을 적절히 발휘할 것으로 생각된다. 그러나 쉬운 과제에서 오히려 성취에 대한 부담을 크게 느끼면서 집중하지 못하고 있어서 과제수행 능력이 떨어지는 비효율적인 양상이 나타날 수 있겠다.

Rorschach 검사 결과, 내담자는 20개의 적절한 반응 수를 보이고 있어서 스트레스에 대처할 수 있는 심리적 자원은 양호해 보인다. 그러나 평범 반응을 6개로 많이 보이고 있어서 도덕적이고 관습적인 사고 경향이 지나치게 강한 상태로 사고가 경직되어 있고(L=1.22), 피상적인 시각으로만 주변 사물들을 바라보고 있으며(W:D:Dd=14:5:1), 특이한 형태 반응을 많이 보이고 있어서(Xu%=0.30) 다른 사람의 의견을 수용하지 않고 자신의 의견만 고집함으로써 갈등이 생길 수 있겠다.

■ 성격과 정서

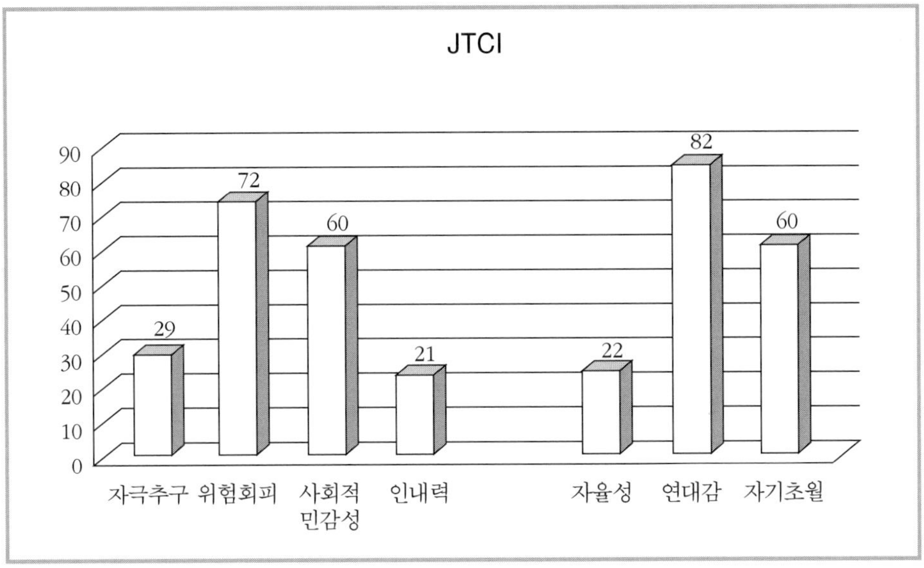

내담자는 HTP 집 그림에서 나무, 꽃 등 첨가물을 그리면서 벽면을 거의 다 차지할 정도로 창문을 크게 그렸고, 나무 그림에서 '사과나무'라고 하듯이 애정 욕구가 매우 높아 보인다. 그리고 SCT에서 '내가 가장 행복한 때는 가족이랑 어렸을 때 롯데월드 갔을 때' '내가 가장 좋았던 일은 가족들이랑 롯데월드 갔을 때' 등의 반응을 보이듯 가족애를 높게 표현하고 있었다. 그러나 검사 전반에 걸쳐 죽음에 관련된 내용이 많았고(TAT: '죽음의 신' '여자가 죽고 남편이 되게 슬퍼하는 거 같아요' '사신' '누가 죽어서 믿을 수 없다는 듯이 쳐다보는 거 같아요' '경찰 옆에 유령 같은 게 붙어 다니는 거 같아요'), 아버지의 사망에 대한 책임감을 표현하고 있는 것을 볼 때(HTP: 집 그림 '필요—아빠' / SCT: '내가 좀 더 어렸다면 7세로 돌아가 아빠를 살릴 것이다' '내 소원이 마음대로 이루어진다면, 첫째 소원은 아빠를 살리는 것'), 외상으로 인한 재경험이 시사되며, 이로 인한 고통감이 큰 것으로 보인다(HTP: 사람 그림 '불행—소중한 사람이 없을 때, 소중한 사람이 떠나갈 때'). 아버지를 갑작스럽게 잃은 내담자는 나머지 가족과의 분리에 대한 불안감도 커 보인다(SCT: '내가 제일 걱정하는 것은 가족이 죽을까 봐'). 이러한 내담자는 생활하면서 당연하게 있을 수 있는 일상적인 스트레스조차 어머니와 공유하지 못하고 있는 것 같다.

내담자는 자신에 대한 기대감이 높아 보이나(HTP: 나무 그림 '엄청 오래된 거 같다'), 주도적으로 일을 시작하지 못하고 있고(JTCI: '자율성−22%'), 지속적으로 노력을 기울이지도 못하고 있으며(JTCI: '인내력−21%'), 지능검사에서 나타나듯이 인지 기능의 효율성도 부족해서 만족할 만한 성과를 얻기는 힘들 것으로 생각되므로 자존감이 저하된 것 같다(SCT: '나는 공부를 못한다'). 이러한 내담자는 자존감을 유지하기 위한 도구로서 대인관계에 몰입하면서(JTCI: '연대감−82%' / SCT: '내가 만약 외딴곳에 혼자 살게 된다면, 소중한 사람들과 제일 같이 가고 싶다') 과도하게 순응적인 모습을 보일 것으로 생각된다(SCT: '나는 커서 가수, 배우, 파티시에, 심리학자, 사회복지사가 되고 싶다. 왜냐하면 사람들에게 희망과 행복을 주니깐' '나는 친구가 소중하다'). 내담자는 자기중심적인 모습을 가지고 있으나(Rorschach: Fr+rF=2), 앞서 기술하였듯이 분리에 대한 불안감으로 인해서 이러한 성향을 드러내지 못하고 있는 것 같다. 그러나 스트레스가 가중되면 순간적으로 자기중심적인 모습이 노출되고, 충동적인 모습도 보일 것으로 생각되므로(Rorschach: Pure C=1) 대인관계에서 갈등을 겪을 수 있겠다.

이와 같이 자신의 기대만큼 성취하지 못하고 있고, 대인관계에서도 원만한 관계 형성이 유지되기 힘들어 보이는 내담자는 TAT에서 '여자가 되게 아파하는 거처럼 보인다. 힘들어하고'라고 하듯이 우울감을 경험하고 있는 것으로 보인다(Rorschach: C′=2, m=1). 이러한 내담자는 정서적 고통감을 느낄 때마다 아버지의 죽음을 재경험하면서 외상에 더욱 빠져들고 있는 것 같다. 그리고 감정을 통제하는 데 익숙해 보이므로(HTP: 여자 그림에서 옷깃에 넥타이를 단정하게 그리면서 단추를 일렬로 그림) 자신의 불편감을 드러내지 못하고 있는 것으로 보인다. 그러나 스트레스 대처능력이 부족해서(SCT: 심리적 불편감이 느껴지는 문항을 작성하지 않음) 내면의 불편감을 해소하기 힘들어 보이므로 분노감이 커져 왔던 것 같다(Rorschach: '피' / TAT: '여자가 엄청 화가 난 여자를 지켜보고 있는 거 같아요').

■ 요약과 제언

• 요 약

내담자의 지능 수준은 평균 하 수준으로 나타남. 적당한 난이도가 있는 과제에

전체 지능	84	평균 하			
언어이해	84	평균 하	지각추론	89	평균 하
작업기억	92	평균	처리속도	95	평균

서는 부담 없이 수행해서 자신의 능력을 적절히 발휘할 것으로 생각되나, 쉬운 과제에서 오히려 성취에 대한 부담을 크게 느끼면서 집중하지 못하고 과제수행 능력도 떨어지고 있는 것으로 보임. 검사 전반에 걸쳐 죽음에 관련된 내용이 많았고, 아버지의 사망에 대한 책임감을 표현하고 있는 것을 볼 때, 외상으로 인한 재경험이 시사되며, 이로 인한 고통감이 큰 것으로 보임. 이러한 내담자는 나머지 가족과의 분리에 대한 불안감이 커 보임. 자존감이 저하되어 있는 내담자는 대인관계에 몰입하면서 과도하게 순응적인 모습을 보일 것으로 생각되나, 스트레스가 가중되면 순간적으로 이기적인 모습이 노출되고 충동적인 모습도 보일 것으로 생각되므로 대인관계에서 갈등을 겪을 수 있겠음. 그리고 우울감을 경험하고 있는 내담자는 정서적 고통감을 느낄 때마다 아버지의 죽음을 재경험하면서 외상에 더욱 빠져들고 있는 것으로 보임. 그리고 감정을 통제하는 데 익숙하지만, 분노감이 커져 왔던 것으로 보임.

• 심리평가 결과, 내담자는 다음과 같은 진단이 시사됨. 내담자는 기간이 오래되었으나, 외상으로 인한 재경험과 고통감이 여전히 지속되고 있는 것으로 보임.
Axis I. Posttraumatic Stress Disorder, Chronic
(Posttraumatic Stress Disorder, With Delayed expression)
Depressive Disorder NOS(Unspecified Depressive Disorder)

• 제 언
1. 분노감 표현하기
2. 아버지에 대한 외상 다루기
3. 자신의 수준에 맞는 능력 향상시키기
4. 사고의 유연성 향상시키기

2) 외상으로 인해 취약성이 드러남(여자 / 만 16세 / 고2)

◻ 의뢰 사유

내담자는 3개월 전 교통사고 이후 '불면증' '버스 공포증' 등을 주 호소로 내원하였으며, R/O Posttraumatic Stress Disorder 임상적 인상하에 청소년종합심리평가를 실시하였다.

◻ 행동 관찰과 면담

교복 차림의 내담자는 보통 키, 보통 체구의 고등학생으로 어머니와 함께 내원하였다. 차분하고 순한 이미지의 내담자는 목에 보호대를 하고 있었으나, 전반적인 위생 상태는 양호하였으며, 검사자와의 눈맞춤도 잘 이루어졌다. 걸음걸이가 느렸으나, 손동작은 양호하였다. 어색한 듯 웃는 모습으로 검사실에 들어와 비교적 밝은 표정으로 성실하게 과제에 임하였으나, 사고에 대해 언급하자 표정이 굳어지고 시선을 잘 맞추지 못하였다. 그러나 교통사고 당시의 상황과 그 이후 겪고 있는 불편감에 대해서는 적절하게 설명할 수 있었다.

◻ 지능과 인지 기능

한국 웩슬러 성인용 지능검사 (K-WAIS)

영 역	지 능	백분율(%)	수 준
언어성 지능	87	19	평균 하
동작성 지능	85	17	평균 하
전체 지능	84	15	평균 하

내담자의 전체 지능은 84로 평균 하 수준을 나타냈으며, 같은 연령대에서 하위 15%의 수준이었다. 언어성 지능은 87로 평균 하 수준, 동작성 지능은 85로 평균 하 수준을 나타내 두 지능 간 양적 차이는 크게 나타나지 않았다.

언어성 지능을 살펴보면, 수계산 능력과 단순한 자극에 대한 주의력은 평균 수준으로 나타나 전반적인 주의력 수준은 양호해 보이지만, 숫자 소검사에서는 자릿수 증가에 따라 맞고 틀리기를 반복하고 있어 주의지속력은 다소 부족해 보인다. 그리

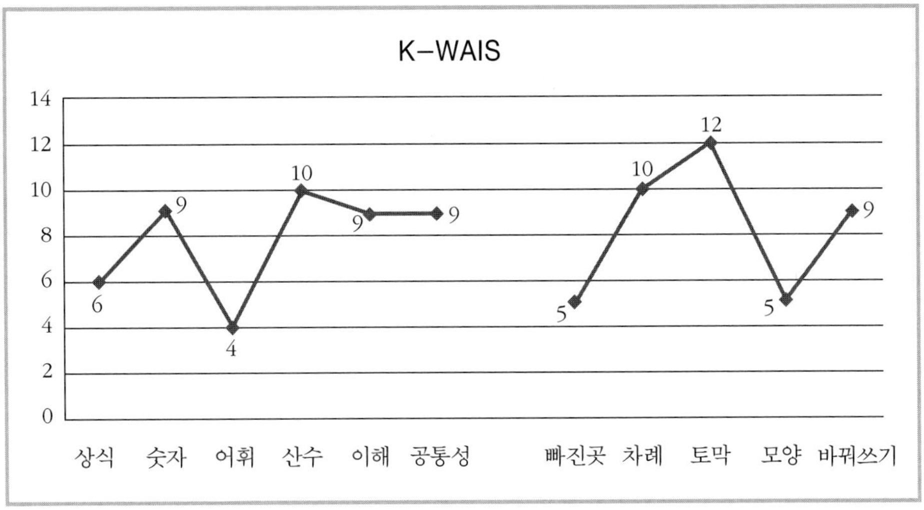

고 추상적인 언어 개념에 대한 이해력이나 사회적 상황에 대한 이해력도 평균 수준을 유지하고 있어 지적 잠재력도 평균 수준 정도일 것으로 여겨지나, 기본적인 상식 수준과 어휘구사력은 각각 경계선과 지적장애 수준으로 나타나 자신의 능력에 비해 학업 성취를 위한 노력이 매우 부족했을 것으로 추정된다. 내담자는 단어의 핵심 의미를 모르거나 언어표현이 애매한 경우가 많았다('나태하다—무언가를 할 수 없는 상태' '망각하다—무언가가 가만히 있는 데 있는 거').

동작성 지능 영역에서는 시공간 구성능력이 평균 상 수준으로 나타나 구조화된 자극을 다루는 능력은 높은 편이며, 익숙한 환경에서 일상적인 문제들은 반복적인 연습을 통해 적절히 해결할 수 있을 것으로 예상된다. 그러나 부분을 통해 전체 상을 구성하는 능력은 경계선 수준으로 낮게 나타나고 있어 응용 및 추론 능력이 매우 부족한 것으로 나타났으며, 새로운 환경에 적응하는 데 어려움이 클 것으로 생각된다. 그리고 시공간 운동속도가 평균 수준으로 나타나 민첩성은 양호해 보이지만, 시각적 예민성은 경계선 수준이어서 주변 환경의 변화를 빨리 인식하지 못하여 둔감한 모습을 보이는 경우도 많을 것으로 여겨진다.

지능검사 결과, 내담자는 평균 수준의 지적 잠재력을 가지고 있는 것으로 보이나, 이에 비해 학습 수준이 매우 부족하며, 주변 환경 자극에 둔감하고 응용 및 추론 능력이 부족해 새로운 환경에 적응하는 데 있어서 어려움이 많을 것으로 예상된다. 따라서 구조화된 환경에서 안정적으로 학습할 수 있는 환경을 제공하면 보다 나은 성취를 이룰 수 있을 것으로 생각된다.

Rorschach 검사 결과, 11개의 적은 반응 수를 보이고 있으며, 그중에서도 단순한 형태 반응이 많아 문제에 대응할 수 있는 자원이 부족해 스트레스 상황을 감당하지 못한 채 고통감만 크게 느끼고 있을 가능성이 높아 보인다. 조직화 점수가 높게 나타나 통제감에 대한 욕구는 높아 보이지만, 평범 반응은 단 3개만 보이는 등 주변 환경을 고려하는 능력은 부족해 보이므로 통제감보다는 부적절감을 느끼기 쉽고, 동물운동 반응을 3개나 보이고 있어 혼자서 스트레스 사건을 반추함으로써 고통감을 가중시키고 있을 가능성도 높아 보인다.

■ 성격과 정서

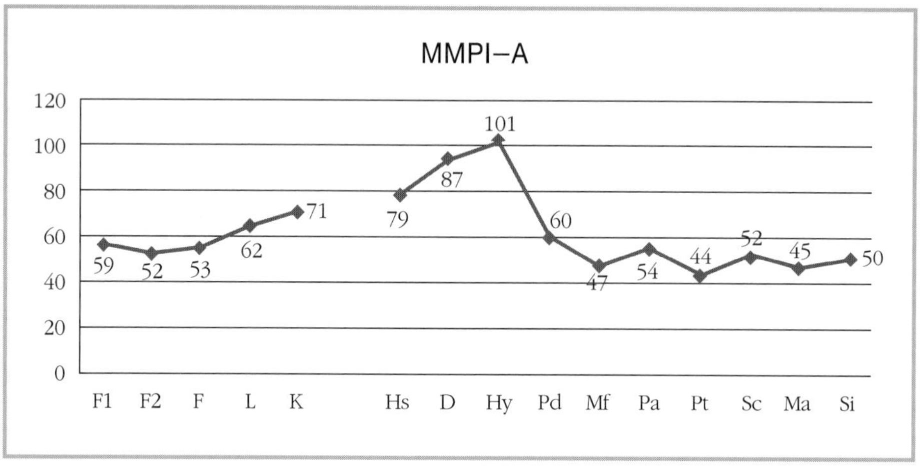

※ 상승한 소척도: 건강염려, 억압, 주관적 우울감, 신체적 기능장애, 권태-무기력

내담자는 MMPI에서 1, 2, 3번 척도가 높게 나타나고 있으며, 3번 척도는 101T로 매우 극단적인 점수를 보이고 있어 주변 사람과의 관계를 맺고 그 관계 속에서 자신의 긍정적인 이미지를 유지하는 데 과도하게 몰입해 있는 것으로 보이며, 현재는 이러한 욕구를 충족시키지 못한 채 높은 스트레스를 받고 있는 것 같다. SCT에서 '우리 집안은 화목하다는 생각은 들지 않는다'라고 하듯이 가정 내 환경을 안정적으로 인식하지 못하고 있는 내담자는 자신의 존재감을 느낄 수 있는 봉사 현장에서의 활동에 상당한 의미를 부여하고 있는 것으로 보인다(SCT: '나의 평생 가장 하고 싶은 일은 봉사활동과 사회복지사 되는 것' '내가 제일 좋아하는 사람은 장애인과 아기 그리고 치매 할머니 할아버지들' '내가 정말 행복할 수 있으려면 봉사활동을 가야 한다'). 그러나 사고 이

후 독립적인 활동의 어려움으로 인해 봉사활동이 제한되면서 무기력감과 우울감을 느끼고 있는 것 같다.

한편, 내담자는 HTP에서 '그냥 집' '그냥 나무' '그냥 꼬마' 등의 반응을 보이고 있고, 그림에 대한 질문에도 '모르겠다'라는 대답을 많이 하고 있듯이 자신의 내면을 드러내는 것에 대해서 경계하고 방어적인 태도를 보이고 있으나, 나무 그림에서는 갑자기 울먹이는 등 겉으로 표현하지 못한 채 간직하고 있는 내면의 고통감이 매우 클 것으로 예상된다(TAT: '절망하고 있는 한 여자'). 그리고 MMPI 3번 척도의 높은 수준을 고려할 때, 이러한 불편감을 신체적 증상을 통해 나타낼 가능성도 높아 보인다.

요약과 제언

• 요 약

전체 지능: 84, 평균 하 / 언어성 지능: 87, 평균 하 / 동작성 지능: 85, 평균 하

내담자의 지능은 평균 하 수준으로 나타났으나, 지적 잠재력은 평균 수준 정도로 여겨지며, 이에 비해 학업적 자극이 부족했을 것으로 예상됨. 또한 응용 및 추론 능력, 주변 환경 자극에 대한 민감성 등이 부족하고 문제 상황에 대응할 수 있는 인지적 유연성을 충분히 가지지 못해 새로운 환경에 적응해야 하는 상황이 상당한 스트레스일 것으로 여겨짐. 이타적인 태도와 함께 주변 환경을 스스로 통제하고자 하는 욕구도 높아 보이지만, 정서적 자원이 부족하고 주변 환경을 배려하고 고려하는 능력도 다소 부족해 보이므로 오히려 부적절감을 느끼기 쉽고, 혼자서 스트레스 사건을 반추함으로써 고통감을 가중시키고 있을 가능성도 높아 보임. 가정 내에서 안정된 느낌을 받지 못하고 있는 내담자는 자원봉사를 통해서 만족감을 얻어 왔던 것으로 보이나, 사고 이후 이러한 욕구 충족의 수단이 차단되면서 불편감이 더욱 가중되고 있는 것으로 생각됨.

• 심리평가 결과, 내담자는 다음과 같은 진단이 시사됨.

Axis I. Posttraumatic Stress Disorder, Acute(Posttraumatic Stress Disorder)

• 제 언

사고 이후 재경험(flashback), 자극의 회피('어리석게도 내가 두려워하는 것은 요즘은 버스 타는 것이다'), 불면, 짜증 등의 증상이 지속되고 있음.

보고서 작성에 도움이 되는 참고문헌

곽금주, 오상우, 김청택(2011). K-WISC-IV(한국 웩슬러 아동지능검사-4판) 전문가 지침서. 서울: 학지사.

권석만(2013). 현대이상심리학(2판). 서울: 학지사.

김재환, 오상우, 홍창희, 김지혜, 황순택, 문혜신, 정승아, 이장한, 정은경(2014). 임상심리검사의 이해(2판). 서울: 학지사.

김중술(2010). 다면적 인성검사 MMPI의 임상적 해석. 서울: 서울대학교출판부.

신민섭(2007). 그림을 통한 아동의 진단과 이해. 서울: 학지사.

신민섭, 김은정, 김지영(2007). 아동 · 청소년 로샤의 이론과 실제. 서울: 학지사.

정문자, 정혜정, 이선혜, 전영주(2010). 가족치료의 이해(2판). 서울: 학지사.

조수철, 신민섭, 김붕년, 김재원(2010). 아동청소년 임상면담. 서울: 학지사.

American Psychiatric Association(2013). *Diagnostic and statistical manual of mental disorders* (5th ed.). 권준수, 김재진, 남궁기, 박원명, 신민섭, 유범희, 유진상, 이상익, 이승환, 이영식, 이헌정, 임효덕, 강도형, 최수희 공역(2015). DSM-5 정신질환의 진단 및 통계 편람(제5판). 서울: 학지사.

Graham, J. R.(1990). *MMPI-2: Assessing personality and psychopathology*. 이훈진, 문혜신, 박혁진 공역(2007). MMPI-2 성격 및 정신병리 평가. 서울: 시그마프레스.

Kernberg, O. F. (2004). *Borderline conditions and pathological narcissism*. 윤순임, 이용승, 김정욱, 도상금, 심영숙, 문형춘, 남기숙 공역(2008). 경계선 장애와 병리적 나르시시즘. 서울: 학지사.

Lichtenberger, E. O., & Kaufman, A. S. (1999). *Essentials of WAIS-IV assessment*. 황순택, 김지혜, 최진영, 홍상황 공역(2013). WAIS-IV 평가의 핵심. 대구: 한국심리주식회사.

McWilliams, N. (1996). *Psychoanalytic diagnosis : understanding personality structure in the clinical process*. 정남운, 이기련 공역(2008). 정신분석적 진단: 성격구조의 이해. 서울: 학지사.

Miltenberger, R. G. (2008). *Behavior modification: principles and procedures* (4th ed.). 안병환, 윤치연, 이영순 공역(2011). 최신 행동수정(4판). 서울: Cengage Learnig.

Quinnett, P. G. (2000). *Counseling suicidal people: A therapy of hope*. 이혜선, 육성필 공역(2006). 자살 심리치료의 실제. 서울: 학지사.

Sims. A. (2008). *Symptoms in the mind*. 김용식 역(2009). 마음의 증상과 징후. 서울: 중앙문화사.

Wallin, D. J. (2007). *Attachment in psychotherapy*. 김진숙, 이지연, 윤숙경 공역(2010). 애착과 심리치료. 서울: 학지사.

Weiner, I. B. (2003). *Principles of rorschach interpretation* (2nd ed.) . 김영환, 김지혜, 홍상황 공역(2005). 로르샤하 해석의 원리(2판). 서울: 학지사.

Young, J. E., Klosko, J. S., & Weishaar, M. (2003). *Schema Therapy: A Practitioner's Guide*. 권석만, 김진숙, 서수균, 주리애, 유성진, 이지영 공역(2005). 심리도식치료. 서울: 학지사.

저자 소개

성태훈(Sung Taehun)

고려대학교에서 학사, 석사를 거쳐 임상심리 전공 박사과정을 수료하였다. 삼성서울병원 정신과에서 3년의 임상심리 수련을 마쳤고, 임상심리전문가자격을 취득한 이후에는 개인병원, 중소병원, 전문상담센터, 사회복지기관 등 여러 장면에서 심리평가를 담당하였으며, 2009년 원주에서 지우심리상담센터를 개소한 이후에도 인근 병원과 협력관계를 유지하면서 수련감독자로서 다수의 심리평가를 지도감독하고 있다. 상담센터에서는 직접 찾아오는 내담자들뿐 아니라 교육기관, EAP업체, 도박센터, 법원, 보호관찰소 등 다양한 기관으로부터 의뢰된 내담자들을 대상으로 심리 상담 및 평가를 시행하고 있으며, 심리평가 보고서 작성뿐 아니라 정신병리, 심리치료 등에 대해서도 자문, 강의, 저술 및 슈퍼비전을 지속하고 있다.

임상심리 수련생을 위한
종합심리평가 보고서 작성법 2
-아동 · 청소년 정신장애(DSM-5 진단 포함)-
Psychological Assessment Report Writing 2

2017년 1월 20일 1판 1쇄 발행
2024년 6월 20일 1판 7쇄 발행

지은이 • 성 태 훈
펴낸이 • 김 진 환
펴낸곳 • (주) 학지사
04031 서울특별시 마포구 양화로 15길 20 마인드월드빌딩 5층
대표전화 • 02) 330-5114 팩스 • 02) 324-2345
등록번호 • 제313-2006-000265호
홈페이지 • http://www.hakjisa.co.kr
인스타그램 • https://www.instagram.com/hakjisabook

ISBN 978-89-997-1122-0 93180

정가 24,000원